THÉATRE CHOISI
DE
RACINE

NOUVELLE ÉDITION

AVEC UNE INTRODUCTION, DES NOTICES ET DES NOTES

PAR

L. PETIT de JULLEVILLE

Professeur-adjoint et Directeur d'études pour les Lettres et la Philologie
à la Faculté des lettres de Paris.

ANDROMAQUE — LES PLAIDEURS
BRITANNICUS — IPHIGÉNIE — ESTHER — ATHALIE

Analyses et extraits des autres pièces de Racine

Armand COLIN & Cie, Éditeurs

5, RUE DE MÉZIÈRES, PARIS

THÉATRE CHOISI
DE RACINE

NOUVELLE COLLECTION IN-18 JÉSUS

HISTOIRE, SCIENCE, LITTÉRATURE

Histoire de la Civilisation française, par M. A. Rambaud, professeur à la Faculté des lettres de Paris. 2 vol. in-18 jésus. Brochés.. 8 »

Histoire de la Civilisation contemporaine en France, par Le Même, 1 vol. in-18 jésus. Broché.................... 5 »

L'Expansion de l'Angleterre, par M. J.-R. Seeley, professeur à l'université de Cambridge, traduction de M. le colonel J.-B. Baille et de M. A. Rambaud, avec une préface de M. Rambaud. 1 vol. in-18 jésus. Broché.. 3 50

Courte Histoire de Napoléon Ier, par M. J.-R. Seeley, traduction de M. J.-B. Baille. 1 vol. in-18 jésus. Broché... 3 50

Racine et Victor Hugo, par M. P. Stapfer, professeur à la Faculté des lettres de Bordeaux. 1 vol. in-18 jésus. Broché. 3 50

Questions d'Enseignement national, par M. E. Lavisse, directeur d'études pour l'histoire à la Faculté des lettres de Paris. 1 vol. in-18 jésus. Broché.. 3 50

Notes et Discours d'Albert Dumont, directeur de l'enseignement supérieur au ministère de l'instruction publique. 1 vol. in-18 jésus. Broché.. 3 50

Les Héros, le Culte des héros et l'Héroïque dans l'histoire, par Carlyle, traduction de M. Izoulet, agrégé de l'Université, professeur de philosophie au lycée Condorcet. 1 vol. in-18. jésus. Broché.. 3 50

Leçons de Psychologie, par M. H. Marion, professeur à la Faculté des lettres de Paris. 1 vol. in-18 jésus. Broché..... 4 50

Leçons de Morale, par le Même, 1 vol. in-18 jésus. Br. 4 »

Études sur l'Histoire religieuse de la Révolution (de la réunion des États généraux jusqu'au Directoire), par M. A. Gazier, maître de Conférences à la Faculté des lettres de Paris. 1 vol. in-18 jésus. Broché.. 3 50

Œuvres poétiques de Boileau, annotées par M. A. Gazier, 1 vol. in-18 jésus. Broché.. 2 »

Théâtre choisi de Molière, par M. Maurice Albert, agrégé de l'Université, professeur au collège Rollin. 1 vol. in-18 jésus. Broché.. 4 »

Extraits historiques de J. Michelet, choisis et annotés par M. E. Seignobos, docteur ès lettres, publiés sous la direction de Mme J. Michelet (*seule édition autorisée*). 1 vol. in-18 jésus. Broché.. 3 »

Théâtre choisi de Corneille, par M. Desjardins, agrégé de l'Université, professeur de rhétorique au collège Stanislas. 1 vol. in-18 jésus. Broché (*en préparation*)................... » »

Choix de lettres de Mme de Sévigné, par M. Doumic, agrégé de l'Université, professeur au collège Stanislas. 1 vol. in-18 jésus. Broché (*en préparation*)................... » »

THÉATRE CHOISI
DE
RACINE

NOUVELLE ÉDITION
AVEC UNE INTRODUCTION, DES NOTICES ET DES NOTES

PAR

L. PETIT DE JULLEVILLE

Professeur adjoint et directeur d'études pour les Lettres
et la Philologie à la Faculté des lettres de Paris.

ANDROMAQUE — LES PLAIDEURS
BRITANNICUS — IPHIGÉNIE — ESTHER — ATHALIE

Analyses et extraits des autres pièces de Racine

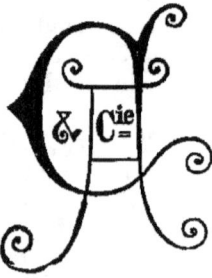

PARIS
ARMAND COLIN ET Cie, ÉDITEURS
1, 3, 5, RUE DE MÉZIÈRES
1888

Tous droits réservés.

AVANT-PROPOS

Cette édition du *Théâtre choisi de Racine* renferme cinq tragédies entières (*Andromaque, Britannicus, Iphigénie, Esther, Athalie*); la comédie des *Plaideurs*, et des *extraits* des six autres tragédies qu'a composées l'auteur. Les *extraits* sont reliés entre eux par une analyse rapide des scènes non reproduites. Chaque pièce est précédée d'une notice, où l'on s'est attaché à en retracer brièvement l'histoire. L'ensemble de ces notices forme une étude assez étendue de l'œuvre dramatique de Racine. Cette étude est seulement résumée, en tête du livre, dans la *Notice biographique et littéraire*, où l'on a fait une plus large part à l'histoire de notre poète.

Les dernières pages de cet ouvrage renferment quelques extraits de l'œuvre de Racine en dehors de son théâtre. Il est bon que les jeunes gens n'ignorent pas que l'auteur d'*Andromaque* et d'*Iphigénie* fut un poète lyrique du premier ordre et qu'il n'a pas écrit seulement, dans ce genre, les chœurs d'*Esther* et ceux d'*Athalie*. On aurait voulu pouvoir emprunter un plus grand nombre de pages à sa *Correspondance*, où l'homme privé, l'ami confiant, le père tendre et éclairé se fait connaître d'une façon si honorable.

Le texte suivi est celui de l'édition des *Œuvres de Racine* donnée en 1697 (Paris, Cl. Barbin, 2 vol. in-12). C'est la dernière revue par l'auteur et par conséquent elle renferme l'expression définitive de son goût et de sa pensée. Mais nous avons suivi partout l'orthographe actuelle. Lorsque cette orthographe altère ou modifie la rime, une note explique et éclaircit la difficulté.

D'ailleurs nous n'avons pas multiplié les notes outre mesure; on trouvera ici, nous l'espérons, tout ce qui est nécessaire à l'intelligence du texte; mais à quoi bon multiplier les rapprochements, parfois douteux, auxquels l'auteur lui-même n'a pas toujours pensé? pourquoi citer à profusion les jugements, souvent vieillis, de critiques un peu oubliés? surtout qu'est-il besoin de prodiguer les réflexions admiratives? Elles ne révéleront rien du tout à ceux qui n'ont pas le bonheur de sentir le charme de Racine. Les autres, et même les écoliers, n'ont pas besoin d'être prévenus, pour goûter ce qui est exquis.

NOTICE SUR JEAN RACINE

I

Naissance de Racine. Son enfance et sa jeunesse. — Jean Racine naquit le 21 décembre 1639, à La Ferté-Milon, petite ville du Valois, très près de Villers-Cotterets. Sa famille était de bonne bourgeoisie; son bisaïeul avait été anobli, et portait dans ses armes parlantes, un *rat* et un *cygne* (on prononçait *cyne*). Racine, quoique le sens de ce jeu de mots n'ait pu lui échapper, supprima le rat, lorsqu'il fit enregistrer ses armoiries en 1697, et porta d'*azur au cygne d'argent*.

Son berceau ne fut pas heureux; sa mère mourut quatorze mois après sa naissance; son père la suivit deux ans plus tard. Orphelin à trois ans, l'enfant fut élevé par ses grands-parents paternels; on le mit à dix

Portrait de Racine, d'après Edelinck.

ans au collège de Beauvais. Il en sortit à seize ans pour achever ses études à Port-Royal, sous Nicole et Lancelot. Il avait dans le couvent son aïeule et deux de ses tantes. Racine a rendu hommage à ses maîtres dans son *Abrégé de l'histoire de Port-Royal*. « Ce n'étaient pas, dit-il, des hommes ordinaires. » Lancelot savait fort bien le grec; il l'apprit à Racine. On connaît l'anecdote du roman grec de *Théagène et Chariclée*, plusieurs fois confisqué entre les mains de l'écolier qui finit par l'apprendre par cœur. Nicole était bon latiniste. Plusieurs autres *solitaires*, entre autres l'illustre avocat Antoine Le Maistre, neveu d'Arnauld, donnèrent aussi des leçons à Racine. Il quitta Port-Royal en 1658; il y avait composé déjà force vers français du genre descriptif. Ces essais sont sans valeur; à peine y peut-on louer un certain goût de l'harmonie.

On s'est demandé si l'éducation si particulière qu'on recevait dans cette maison avait eu quelque influence marquée sur le développement du génie tragique de Racine. Il semble d'abord qu'il n'en est rien; qu'apprenait-on du théâtre, à Port-Royal, sinon à le haïr et à le condamner? Mais juger ainsi, c'est trop s'en tenir aux apparences et aux surfaces et négliger les résultats indirects et les fruits inattendus. En fait, le commerce des *solitaires* de Port-Royal avait été pour un jeune homme aussi bien doué une merveilleuse école de réflexion morale et de développement psychologique. Bien plus, on peut encore voir dans l'œuvre de l'homme fait une marque plus singulière de l'éducation d'esprit donnée à l'adolescent.

Il est superflu de dire que parmi les poètes qui ont mis sur la scène le tableau des passions humaines, Racine est l'un de ceux qui en ont le mieux connu les mouvements les plus secrets et les ressorts les plus délicats. Mais comment a-t-il peint les hommes? Maîtres de leurs cœurs, comme ces héros de Corneille, et rois de leurs passions; ou bien livrés à elles, plus faibles que leur haine ou leur amour, toujours entraînés, toujours ballottés, vains jouets de leurs désirs? Mais où Racine a-t-il appris à se figurer l'homme ainsi faible, impuissant, abandonné? N'est-ce pas à Port-Royal qu'on lui a enseigné à croire aussi peu à la force de la volonté humaine, destituée de la grâce? Où celle-ci fait défaut, l'homme ne peut rien, que suivre aveuglément ses passions. Toute la psychologie de Racine est ainsi imprégnée de jansénisme, et conforme aux doctrines qu'il reçut à Port-Royal.

Racine acheva ses études au collège d'Harcourt, à Paris. Il fit sa logique et commença d'oublier un peu les austères leçons de Port-Royal. L'année suivante, il entra tout à fait dans le monde, et, sans se presser de choisir une profession, malgré les instances de sa famille, il s'occupa d'écrire quelques vers de circonstance : un sonnet sur la paix des Pyrénées, une ode sur le mariage du roi, *la Nymphe de la Seine*. En ce temps-là, Chapelain était en France une façon de grand-prévôt de la littérature et de la poésie; on croyait à son génie et surtout à son goût. Il loua *la Nymphe de la Seine*, il se fit présenter l'auteur, et obtint pour lui une gratification de cent louis.

Cent louis ne sont pas inépuisables; Racine était toujours sans fortune et sans profession; la bonne volonté de ses parents commençait à se lasser. Un oncle de sa mère, vicaire général de l'évêque d'Uzès, l'appelait près de lui pour lui faire faire sa théologie, et lui promettait un bénéfice. Il fallut obéir. En novembre 1661, Racine quitta Paris pour Uzès où il vécut plus d'une année, se croyant chez les barbares, et gémissant sur son exil. Mais la bienveillance de son oncle surpassait son crédit; il ne put obtenir à son neveu un bénéfice séculier; et Racine, qui ne se sentait aucune vocation pour être d'Église, refusa d'entrer dans les ordres. Il revint donc à Paris, aussi dépourvu qu'au départ. Les bénéfices devaient lui venir plus tard; il en eut au moins trois successivement; il paraît s'en être défait (probablement par scrupule) à l'époque de sa conversion. Le premier, qu'il posséda, le prieuré de l'Épinay, en Anjou, fut perdu par lui à la suite d'un procès, d'où naquirent, dit-on, *les Plaideurs;* ce fut sa façon de maudire ses juges.

Dans les loisirs d'Uzès, Racine avait beaucoup perfectionné sa langue poétique. Son ode *Sur la convalescence du Roi*[1] lui valut une pension de 600 livres. L'Ode de *la Renommée aux Muses* fut son remerciement, et lui procura l'honneur d'être présenté à la cour par le duc de Saint-Aignan. Vers le même temps, il se liait avec Boileau qui, par l'intermédiaire d'un ami commun, lui avait fait parvenir des observations sur cette ode. La mort de Racine dénoua seule, après trente-sept ans, leur illustre et fidèle amitié.

II

Débuts de Racine au théâtre. Amitié de Racine et de Boileau. — Le théâtre, et surtout la tragédie, était alors la seule voie qui pût rapidement conduire un poète au succès et à la renommée : Racine écrivit *la Thébaïde* ou *les Frères ennemis,* pour la troupe de Molière avec lequel il s'était lié, presque en même temps qu'avec Boileau; la pièce fut jouée le 20 juin 1664 :

---

1. Le roi eut la rougeole en juin 1663.

L'année suivante il lui confia *Alexandre*, mais la troupe de Molière était médiocre dans le tragique. Racine, mécontent de ses interprètes, porta sa tragédie au théâtre rival de l'Hôtel de Bourgogne. Molière fut justement mécontent, et sans se brouiller avec Racine il cessa d'être son ami.

La liaison des quatre grands poètes Molière et La Fontaine, Racine et Boileau, a donc été moins étroite, et surtout l'intimité de cette liaison a été moins durable qu'on n'a paru souvent le penser. Racine a connu très tôt La Fontaine qui était presque son compatriote ; il lui écrivit plusieurs fois durant son séjour à Uzès. Mais il n'a connu Molière qu'après son retour à Paris, au commencement de 1663, et Boileau, vers la fin de la même année. Deux ans après, l'intimité des quatre amis était rompue par l'affaire d'*Alexandre ;* Molière s'éloignait ; La Fontaine, toujours distrait, rêveur, occupé beaucoup de ses plaisirs, isolait de plus en plus sa vie décousue et mal réglée. Mais Racine et Boileau demeuraient fidèlement amis ; et l'influence de l'auteur de l'*Art poétique* sur l'auteur des *Tragédies* ne saurait être contestée.

C'est donc pendant les années 1664 et 1665 que les quatre poètes se réunirent le plus souvent et avec le plus d'abandon. La Fontaine, Molière, Boileau, Racine, Chapelle, Furetière, le duc de Vivonne et le chevalier de Nantouillet formaient alors une petite société fort joyeuse qui se rassemblait souvent chez Boileau rue du Vieux-Colombier, plus volontiers encore aux cabarets du *Mouton-Blanc*, de la *Pomme de Pin*, de la *Croix de Lorraine*. On y buvait bien, on y était fort gai. Quoiqu'on ait prétendu que dans ces réunions furent discutés et arrêtés d'un commun accord les principes de l'*Art poétique*, il est plus authentique qu'on y composa, le verre en main, *Chapelain décoiffé*, ou qu'on y ébaucha quelques plaisanteries qui devaient inspirer plus tard *les Plaideurs*. Sans doute les discussions poétiques avaient leur place dans les entretiens, mais sans que rien y sentît la thèse académique ou le pédantisme. La Fontaine, à la première page de son roman de *Psyché*, a gracieusement dépeint cette aimable compagnie. « Quatre amis dont la connaissance avait commencé par le Parnasse lièrent une espèce de société que j'appellerais académie si leur nombre eût été plus grand et qu'ils eussent autant regardé les muses que le plaisir. La première chose qu'ils firent, ce fut de bannir d'entre eux les conversations réglées et tout ce qui sent sa conférence académique. Quand ils se trouvaient ensemble, et qu'ils avaient bien parlé de leurs divertissements, si le hasard les faisait tomber sur quelque point de science ou de belles-lettres, ils profitaient de l'occasion; c'était toutefois sans s'arrêter trop longtemps à une même matière, voltigeant de propos en autre comme des abeilles qui rencontreraient en leur chemin diverses sortes de fleurs. »

Les portraits des « quatre amis » sont ensuite fidèlement tracés sous les noms de *Polyphile* (La Fontaine), *Acanthe* (Racine), *Ariste* (Boileau), *Gélaste* (Chapelle et non Molière, qu'on avait cru reconnaître dans ce portrait, qui ne lui ressemble guère). Mais surtout *Racine-Acanthe* est bien dépeint avec sa tendresse universelle, son penchant à la mélancolie, son goût des larmes; avec son talent souple et brillant qui eût pu s'appliquer à tout et partout réussir.

Sa longue intimité avec Boileau fut profitable à tous deux : on peut dire que Racine élargit l'âme de Boileau, et que Boileau épura le goût de Racine.

Racine apprit à Boileau à sentir vivement la poésie dans certains domaines que la nature de son esprit semblait lui avoir fermés; il était au début un peu sec et trop purement satirique; il sentait vivement le ridicule; mais est-ce là toute la poésie? Sa critique avait quelque chose de négatif et de dur, que le commerce de Racine élargit et assouplit peu à peu. Cette influence de Racine est très sensible dans l'*Art poétique*.

Mais de son côté Boileau a été pour Racine un ami bien précieux, et vraiment ce censeur solide et salutaire, dont lui-même a tracé le portrait et réalisé l'idée.

Racine avait un fort bel esprit, mais que facilement les faux brillants auraient pu séduire. Il eût versé très volontiers dans l'école de Théophile et dans cette versification spécieuse et chatoyante, qui mêle aux pierreries les paillettes et n'en fait pas très bien la différence. A Port-Royal il écrivit d'abord des vers descriptifs qu'on croirait de Théophile, ou de Saint-Amant.

Ses premières tragédies, *la Thébaïde*, *Alexandre*, abondent encore en faux agréments de style, en affectations d'images. Ces défauts sont infiniment rares chez lui à partir d'*Andromaque;* il en demeure juste assez pour marquer que c'eût été là comme la pente fâcheuse de son génie, si son goût épuré de plus en plus ne l'avait retenu et corrigé. Mais quelle grande part dut avoir l'influence de Boileau dans ce perfectionnement du goût chez Racine ! Quel merveilleux profit l'esprit vif et souple de Racine dut retirer du commerce assidu d'un homme dont le jugement était si merveilleusement sûr ! Souvenons-nous que Boileau seul, à propos de toutes les œuvres contemporaines, a toujours parlé d'avance le langage de la postérité. Mérite unique, propre à lui, qui ne s'est jamais retrouvé chez personne.

III

D'Andromaque (1667) **à Phèdre** (1677). — Sous l'influence de Boileau, dans le commerce de ses illustres amis, Racine semble avoir commencé de se connaître et d'oser être lui-même. Après le demi-succès de la *Thébaïde* et d'*Alexandre*, *Andromaque* fut joué au mois de novembre 1667; Racine avait alors vingt-huit ans.

Ce fut un triomphe qu'on a comparé même à celui du *Cid*. *Andromaque* révéla Racine tout entier au public, à ses amis, et j'ose dire à lui-même; car dès lors, il connut sa voie, et s'y tint jusqu'au bout. En dix ans, il allait donner sept tragédies à la scène; et presque toutes sont des chefs-d'œuvre; aucune n'est faible; à tel point que celles mêmes que l'opinion commune range un peu au-dessous des autres, ont trouvé parfois de bons juges qui les préfèrent à tout le reste de l'œuvre. Merveilleuse égalité dans la perfection, qui permet de dire que si notre histoire littéraire nous offre les noms de poètes doués d'un génie plus large ou plus puissant, Racine est le seul dont on puisse dire qu'il n'est jamais tombé au-dessous de son génie.

Toutefois aucun mérite ne fut plus violemment et plus obstinément contesté. Racine eut le fâcheux privilège de soulever contre lui jusqu'à la fin, des nuées d'ennemis. Convenons qu'il se les attira quelquefois; son caractère a d'assez belles parties pour qu'on reconnaisse franchement ses défauts. Trop sensible à la critique il avouait plus tard à son fils aîné que la plus mauvaise censure lui avait toujours causé plus de chagrin que les plus grands applaudissements ne lui avaient fait de plaisir. Il l'amusait d'exaspérer ses rivaux par l'impertinence avec laquelle il traitait (dans ses premières *préfaces*) les gloires les plus respectées, sans ménager Corneille qui avait eu le tort de ne pas dissimuler assez sa mauvaise humeur contre un rival jeune, ardent, ambitieux; sans épargner ses vieux maîtres de Port-Royal, qui, affligés d'avoir nourri dans leur sein un poète de théâtre, excommuniaient à huis-clos cet enfant prodigue. Nicole dans ses *Visionnaires* avait fulminé contre la comédie et traité les poètes tragiques d'empoisonneurs publics. Mais enfin il ne nommait pas Racine. Celui-ci était si prompt à la riposte qu'il semble se donner tous les torts, et attaquer quand il se défend. Ses deux lettres contre Port-Royal sont deux petits chefs-d'œuvre de langue et d'esprit, la malice ne peut être plus aiguisée, plus acérée; cela vaut à peu près les meilleures *Provinciales*; mais devait-il écrire ces pages trop amusantes contre des maîtres dont il n'avait reçu que des bienfaits et dont les reproches même étaient dictés par leur affection pour lui? Boileau sentit le tort de Racine et intervint à temps pour empêcher que la seconde lettre ne parût. Plus tard Racine lui-même se repentit amèrement d'avoir publié la première, et expia sa faute par une fidélité courageuse à Port-Poyal persécuté.

Ces dix années (1667-1677) où le génie de Racine brilla du plus vif éclat, sont pour nous, par un singulier contraste, la période obscure de sa vie. Sa correspondance nous fait entièrement défaut pour cette époque; les témoignages relatifs à lui sont rares. Racine durant ces dix années semble n'exister que dans ses œuvres. Tout ce qu'on sait de lui se réduit à l'histoire (même assez mal connue) de sa liaison avec deux actrices fameuses qui jouèrent successivement les premiers rôles dans ses pièces, mademoiselle Duparc, et cette Champmeslé dont Boileau a célébré le talent prestigieux dans les premiers vers de l'épître à Racine. Nous n'aurions pas même à rappeler ici leurs noms si madame de Sévigné, d'autres contemporains encore, et, après eux, des critiques un peu légers n'avaient souvent répété que la tragédie de Racine avait été écrite pour ces reines de théâtre et inspirée par elles. En vérité c'est faire trop d'honneur à deux femmes qui ne semblent pas avoir été douées de beaucoup d'esprit; et surtout c'est rabaisser injustement le génie de Racine que d'en rattacher l'inspiration à une source aussi vulgaire; elle venait d'ailleurs et de plus haut.

En dehors des *tragédies*, nous n'avons qu'une source d'informations sur Racine durant cette phase de sa vie; mais elle est intéressante et abondante : ce sont les *préfaces* qu'il mit en tête de ses pièces publiées isolément peu après les représentations.

A défaut de *correspondance*, elles nous font connaître assez bien le caractère de l'auteur, et l'idée qu'il se faisait de son art. On le voit se développer et s'affermir très vite et très tôt dans ses principes dramatiques; les justifier par de bonnes raisons, les défendre avec vivacité, parfois même avec amertume, contre ses adversaires. Les préfaces de Racine sont vivantes et passionnées, presque autant que son théâtre.

IV

Racine renonce au théâtre. — On verra plus loin[1] de quels dégoûts et de quels soucis la représentation de *Phèdre*, en 1677, devint pour lui la source. Une cabale effrontée voulut faire tomber son chef-d'œuvre et réussit pendant quelques jours à opposer victorieusement Pradon à Racine. Les amis de Racine, exaspérés, lancèrent contre les chefs de cette cabale (le duc de Nevers et la duchesse de Bouillon, sa sœur) des épigrammes mordantes. Le duc de Nevers menaça de se venger en faisant bâtonner Racine. Il fallut que le grand Condé le couvrît hautement de sa protection. La querelle et le bruit s'apaisèrent; tout rentra dans l'ordre, et Pradon dans l'oubli. Mais en vain Boileau s'efforçait, par une admirable épître (*Sur l'utilité des ennemis*) de relever le courage de Racine; en vain il lui adressait ces magnifiques vers, en lui rappelant Molière longtemps méconnu, et lui-même, Boileau, redevable à la critique de ses efforts vers la perfection :

> Imite mon exemple et lorsqu'une cabale,
> Un flot de vains auteurs follement te ravale,
> Profite de leur haine, et de leur mauvais sens,
> Ris du bruit passager de leurs cris impuissants.
> Que peut contre tes vers une ignorance vaine?
> Le Parnasse français ennobli par ta veine,
> Contre tous ces complots saura te maintenir;
> Et soulever pour toi l'équitable avenir.
> Et qui, voyant un jour la douleur vertueuse
> De Phèdre, malgré soi, perfide, incestueuse,
> D'un si noble travail justement étonné
> Ne bénira d'abord le siècle fortuné,
> Qui, rendu plus fameux par tes illustres veilles,
> Vit naître sous ta main ces pompeuses merveilles?

1. Voy. Notice sur *Phèdre*.

Mais Racine avait été blessé jusqu'au fond du cœur; à jamais désenchanté du théâtre et de la gloire trop disputée qu'il procure. En même temps il était touché d'un scrupule tout religieux sur la légitimité de son œuvre dramatique. Les souvenirs de sa pieuse adolescence commençaient à se réveiller dans son cœur avec beaucoup de force par l'effet de l'âge mûr, et du chagrin. Déjà il s'était efforcé de donner à sa dernière tragédie une portée plus morale et pour ainsi dire un sens plus chrétien. Il disait dans la *Préface* de *Phèdre* [1] :

« Je n'ose encore assurer que cette pièce soit en effet la meilleure de mes tragédies. Je laisse aux lecteurs et au temps à décider de son véritable prix. Ce que je puis assurer c'est que je n'en ai point fait où la vertu soit plus mise au jour que dans celle-ci. Les moindres fautes y sont sévèrement punies; la seule pensée du crime y est regardée avec autant d'horreur que le crime même; les faiblesses de l'amour y passent pour de vraies faiblesses; les passions n'y sont présentées aux yeux que pour montrer tout le désordre dont elles sont cause, et le vice y est peint partout avec des couleurs qui en font connaître et haïr la difformité. »

Le poète loue ensuite les anciens d'avoir conçu leurs tragédies selon ces règles austères; puis il ajoute :

« Il serait à souhaiter que nos ouvrages fussent aussi solides et aussi pleins d'utiles instructions que ceux de ces poètes; ce serait peut-être un moyen de réconcilier la tragédie avec quantité de personnes, célèbres par leur piété et par leur doctrine, qui l'ont condamnée dans ces derniers temps et qui en jugeraient sans doute plus favorablement, si les auteurs songeaient autant à instruire leurs spectateurs qu'à les divertir, et s'ils suivaient en cela la véritable intention de la tragédie. »

Dans ces lignes perçait le désir ardent qu'avait Racine de se réconcilier avec ses anciens maîtres de Port-Royal, injustement offensés par lui dans un jour de dépit qu'il regrettait amèrement. La tragédie de *Phèdre*, présentée à Arnauld, obtint son approbation : il en jugea l'intention morale irréprochable. Ce fut une occasion pour Boileau de mener Racine chez Arnauld, qui lui ouvrit ses bras; la réconciliation fut entière. Mais chez une âme ardente et sensible

---

[1] On remarquera que cette préface est la première où Racine se soit abstenu de toute récrimination et même de toute raillerie contre ses ennemis.

comme était celle de Racine, le retour à la religion devait être absolu; non seulement, dans l'ardeur de son zèle, il renonça pour toujours au théâtre, mais il songeait même à se faire chartreux. Un sage directeur le détourna de ce dessein, jugeant, non sans raison, Racine incapable de supporter la solitude. Il lui conseilla d'épouser une femme pieuse et sage et de fonder une famille chrétienne. Racine suivit ce conseil; en philosophe plus qu'en poète, il faut l'avouer. Louis Racine, dans ses *Mémoires* sur la vie de son père, nous dit franchement : « Lorsqu'il eut pris la résolution de se marier, l'amour ni l'intérêt n'eurent aucune part à son choix; il ne consulta que la raison pour une affaire si sérieuse. » Le 1er juin 1677 Racine épousa Catherine de Romanet, orpheline de bonne famille. Elle avait un peu de bien, mais surtout beaucoup de sens, de jugement, d'esprit de conduite; au reste absolument fermée à l'intelligence de tout ce qui avait occupé et charmé Racine depuis vingt ans, elle ne lut jamais un seul vers de son mari, ni avant, ni après le mariage; et ne savait même pas ce que c'était qu'un vers. Elle connut vaguement les titres des tragédies de Racine et les regarda toujours comme des fautes de jeunesse, qu'elle devait ignorer et pardonner avec les autres. Racine fut très heureux dans cette union qui ne semblait pas faite pour lui; rien n'en troubla jamais l'entière sérénité. Sept enfants naquirent de son mariage : cinq filles dont l'aînée seule fut mariée, les autres se firent religieuses; et deux fils : Jean-Baptiste, l'aîné, pour qui son père avait rêvé une haute fortune, vécut dans la retraite et ne se maria point; le dernier enfant, Louis, fut poète, comme son père, bien inférieur sans doute à son père; toutefois il réussit à échapper au ridicule dont est menacé un homme qui fait des vers en s'appelant Racine.

V

Racine historiographe et courtisan. — Racine était marié depuis peu de semaines, et peut-être incertain sur les moyens qu'il prendrait pour soutenir sa maison avec si peu de fortune, quand le roi, sachant sa résolution de quitter le théâtre, lui offrit de le nommer son historiographe conjointement avec Boileau. Plusieurs ont prétendu que le roi avait enjoint à Racine et à Boileau de renoncer à la poésie pour s'appliquer uniquement à écrire son histoire. Il est plus probable que Racine avait déjà pris le parti de ne plus faire de tragédies lorsque le roi le désigna pour cette charge qui le combla de joie.

Toutefois Racine s'abusait un peu sur sa vocation historique. Il avait au besoin le style de l'histoire, sobre et précis, suffisamment coloré; il l'a bien prouvé dans son *Abrégé de l'histoire de Port-Royal;* mais il n'en avait ni l'esprit ni la méthode. Était-il possible d'ailleurs d'écrire une histoire véridique et impartiale de Louis XIV, sous les yeux de Louis XIV lui-même, prince rempli de bonnes qualités, mais naïvement orgueilleux, et jaloux de sa gloire? Aussi Racine et Boileau n'écrivirent-ils rien du grand ouvrage tant de fois promis par eux; il en est resté quelques fragments insignifiants. D'autres de plus de valeur et d'étendue ont péri, dit-on, dans l'incendie de la maison de Valincour, en 1726. Mais s'il exista quelque partie achevée de l'*Histoire de Louis XIV*, comment n'avait-elle pas été publiée en 1726, vingt-sept ans après la mort de Racine, quarante-neuf ans après sa nomination? Il est bien probable que l'incendie de la maison de Valincour n'a rien détruit de fort précieux, et que ce qui a péri eût ajouté peu de chose à la gloire de Racine.

Mais le titre d'historiographe avait attaché le poète à la cour; il ne cessa, jusqu'à sa mort, d'y faire de longs séjours, et sa faveur toujours croissante ne subit de déclin que pendant la dernière année de sa vie. Racine fut courtisan avec un succès qui rendit jaloux de lui parfois les gens de la plus haute naissance. A Versailles il eut son appartement, dont une princesse du sang (Mademoiselle de Charolais) se contenta, après la mort du poète. Il était de tous les séjours à Marly avec un petit nombre de favorisés. Louis XIV aimait Racine, sa belle et noble figure, son esprit, jusqu'à sa voix. En 1696, le roi malade le fit coucher dans sa chambre pour que Racine lui fît la lecture pendant ses insomnies. Madame de Maintenon partageait ce goût du roi pour le poète. Saint-Simon rapporte qu'elle et le roi envoyaient parfois chercher Racine pour causer avec lui et jouir de son esprit. *Esther* et même *Athalie* mirent le comble à cette faveur. Au lendemain d'*Athalie*, Racine fut nommé gentilhomme ordinaire du roi, faveur considérable pour un homme sans naissance. Racine aimait ces grandeurs de cour; c'est une faiblesse; mais il l'avait. Il jouissait vivement du bonheur de plaire au roi, et il en jouissait sans scrupule, parce qu'à ses yeux le dévouement à la personne royale faisait partie des devoirs d'un bon sujet.

Il croyait donc ce métier de courtisan (malgré tant de concessions fâcheuses auxquelles il oblige) très conciliable avec sa dévotion profonde, avec la fidélité qu'il conservait pour Port-Royal. Quoique Louis XIV eût conçu contre ce monastère, et contre tout ce qui était suspect de jansénisme, une inflexible aversion, Racine fréquentait, sans se cacher, dans la pieuse maison; il y suivait des processions, avec sa femme et ses enfants; il y faisait des retraites. Il visitait Nicole vieux et malade. Il correspondait avec Arnauld exilé; et après la mort d'Arnauld, avec Quesnel, comme avec beaucoup d'autres amis dévoués de Port-Royal. Il était au dehors l'homme d'affaires du monastère; il portait à l'archevêché les plaintes des religieuses, qui se plaignaient souvent, étant toujours persécutées. Il fut leur agent dévoué, patient et prudent auprès de M. de Harlay, et, plus tard, auprès de M. de Noailles[1]. Rien ne pouvait déplaire davantage au roi; cette considération ne retenait point Racine; il faut l'en louer; mais était-il sage de vouloir à la fois servir la cour et servir Port-Royal?

Son habileté, son esprit, sa bonne grâce, et sa modération firent que cette situation difficile se prolongea vingt années sans amener d'éclat fâcheux; mais à la fin la rupture se fit, sans bruit, et le déchirement s'opéra. Forcé de sacrifier ou Port-Royal ou la faveur, Racine sacrifia la faveur; mais il en mourut peut-être; au moins ce sacrifice hâta sa mort.

Sur la disgrâce de Racine les témoignages varient. Celui de Saint-Simon doit d'abord être écarté : il prétend que Racine fut disgracié pour avoir par distraction parlé un jour de Scarron devant Louis XIV et madame de Maintenon. Saint-Simon a été mal informé. C'est à Boileau que cette mésaventure arriva; d'ailleurs elle n'eut rien de grave; Louis XIV, moins ombrageux qu'on ne croit, laissait fort bien parler de Scarron devant lui, et même il assista plusieurs fois à des représentations des pièces du premier mari de sa femme.

Le récit de Louis Racine est-il beaucoup plus plausible? Il prétend que madame de Maintenon ayant demandé au poëte (au commencement de l'année 1698) de rédiger un mémoire sur les souffrances du peuple et sur les moyens de les soulager, le roi la surprit lisant ce travail, le prit, le parcourut, et s'en montra mécontent : « Parce qu'il sait faire parfaitement des vers, croit-il tout savoir? dit le roi. Et parce qu'il

---

[1]. Archevêques de Paris, le premier de 1671 à 1695; le second de 1695 à 1729.

est grand poète, veut-il être ministre ? » Madame de Maintenon effrayée fit dire à Racine de ne pas chercher à la voir de quelque temps. Racine fut navré de douleur; il en tomba malade. Un peu plus tard, une scène pénible, racontée aussi par Louis Racine, acheva de lui montrer la profondeur de sa disgrâce : « Madame de Maintenon avait une grande envie de lui parler; mais comme il ne lui était plus permis de le recevoir chez elle, l'ayant aperçu un jour dans le jardin de Versailles, elle s'écarta dans une allée pour qu'il pût l'y joindre : sitôt qu'il fut près d'elle elle lui dit : « Que craignez-vous ? c'est moi qui suis cause de votre mal« heur ; il est de mon intérêt et de mon honneur de réparer ce « que j'ai fait. Votre fortune devient la mienne. Laissez passer « ce nuage, je ramènerai le beau temps. — Non, non, Madame, « lui répondit-il; vous ne le ramènerez jamais pour moi. — « Et pourquoi, reprit-elle, avez-vous une pareille pensée ? Dou« tez-vous de mon cœur ou de mon crédit ? » Il lui répondit : « Je sais, Madame, quel est votre crédit, et je sais quelles « bontés vous avez pour moi; mais j'ai une tante qui m'aime « d'une façon bien différente. Cette sainte fille demande tous « les jours à Dieu pour moi des disgrâces, des humiliations, « des sujets de pénitence, et elle a plus de crédit que vous. » Dans le moment qu'il parlait, on entendit le bruit d'une calèche : « C'est le roi qui se promène, s'écria madame de Main« tenon; cachez-vous. » Il se sauva dans un bosquet. »

Le fond de l'anecdote est certainement vrai; mais la conversation a dû être un peu arrangée. Car elle fait allusion à ce fameux mémoire sur les souffrances du peuple, qui paraît n'avoir jamais existé que dans l'imagination de Louis Racine; il en a parlé le premier, cinquante ans après l'événement. On ne voit pas bien madame de Maintenon demandant un tel travail à Racine. Elle était fort mesurée, fort prudente, et même assez timorée. Elle était beaucoup moins mêlée au gouvernement qu'on ne l'a cru souvent (on s'en aperçoit davantage à mesure qu'on l'étudie mieux), et elle affectait de n'y être point mêlée du tout. On voit bien moins encore Racine offrant à madame de Maintenon de lui fournir un moyen pour alléger les impôts, et relever la prospérité publique. Il n'entendait rien à ces questions ; il était humain, compatissant, charitable; mais en bon chrétien, non en économiste; il faisait d'abondantes aumônes, mais il ne faisait pas de projets pour une meilleure répartition des richesses. Dans toute son œuvre on ne trouvera pas une ligne qui montre qu'il ait réfléchi un quart d'heure sur les questions sociales. Il se reposait de tout sur le roi et sur les ministres; non qu'il les crût infaillibles, mais parce qu'il était d'un temps où l'on croyait que tout irait plus mal encore si le public mettait la main aux affaires.

L'erreur de Louis Racine est née d'une confusion probable. Il n'y eut jamais d'autre *mémoire* que celui dont parle Racine dans une lettre très authentique, où il plaide sa cause auprès de madame de Maintenon avec une éloquence attristée. La lettre est datée du 4 mars 1698. Racine était alors à Marly. Il la commence par s'excuser d'avoir déplu au roi, en lui faisant présenter un placet (qu'il nomme un *mémoire*) pour obtenir d'être déchargé d'une très lourde taxe qu'on venait d'imposer aux secrétaires du roi « et qui avait fort, dit-il, dérangé ses petites affaires ». L'existence de ce placet, où peut-être Racine avait imprudemment glissé quelque plainte générale sur la misère du temps, a donné lieu sans doute à l'erreur de son fils Louis.

Laissant brusquement de côté ce sujet qui avait au fond peu d'importance, le poète se défend ensuite contre un grief bien plus réel : « J'apprends que j'ai une autre affaire plus terrible sur les bras, et qu'on m'a fait passer pour janséniste dans l'esprit du roi. Je vous avoue que lorsque je faisais tant chanter dans *Esther : Rois, chassez la calomnie*, je ne m'attendais guère que je serais moi-même un jour attaqué par la calomnie! » Et combattant pied à pied l'accusation, le poète s'attache à prouver que si, comme il le croit, « *janséniste* aux yeux du roi signifie tout ensemble un homme de cabale et un homme rebelle à l'Église », il n'est point janséniste. Il proteste de sa « soumission d'enfant pour tout ce que l'Église croit et ordonne ». Il affirme que le roi n'a pas de sujet plus dévoué à sa personne et à sa gloire et qu'il s'est toujours fait honneur de cet absolu dévouement.

« Dans quelque compagnie que je me sois trouvé, Dieu m'a fait la grâce de ne rougir jamais ni du roi ni de l'Évangile. Du reste je puis vous protester devant Dieu que je ne connais ni ne fréquente aucun homme qui soit suspect de la moindre nouveauté. Je passe ma vie le plus retiré que je puis dans ma famille, et je ne suis pour ainsi dire dans le monde que lorsque je suis à Marly. Je vous assure, Madame, que l'état où je me trouve est très digne de la compassion que je vous ai toujours vue pour les malheureux. Je suis privé de l'honneur de vous voir; je n'ose presque plus compter sur votre protection qui est pourtant la seule que j'aie tâché de mériter. Je cherchais du moins ma consolation dans mon travail; mais jugez quelle amertume doit jeter sur ce travail la pensée que ce même grand prince, dont je suis continuellement occupé, me regarde peut-être comme un homme plus digne de sa colère que de ses bontés. »

Cette lettre ne laisse aucun doute sur la réalité de la disgrâce de Racine. Autrement, il faudrait croire que le poète était atteint de cette manie qu'on appelle, aujourd'hui, le délire des persécutions. Or les lettres de sa dernière année, les témoignages de tous ses amis le montrent à cette époque, souffrant de corps, mais parfaitement calme d'esprit, malgré sa tristesse croissante. Qu'on ne s'étonne pas d'ailleurs du silence que sa propre correspondance et les témoignages contemporains ont gardé sur cette disgrâce. Elle n'eut rien d'éclatant; elle se fit à petit bruit, sans que les témoins peu intéressés, ou peu attentifs, en eussent seulement connaissance. Racine ne fut chassé ni de la cour, ni même de la présence du roi. Il fut toujours admis non seulement à Versailles, mais à Fontainebleau, à Marly, et partout où l'on triait la cour, pour n'en garder que l'élite. Il allait suivre le roi à Marly, lorsqu'il tomba malade pour ne plus se relever. On l'invitait encore; mais sans doute, on ne lui parlait plus, on ne le regardait pas. Racine avait cessé de plaire.

Il eût été plus digne et plus sage de quitter cette cour qui le quittait, et de colorer l'affront de la faveur perdue, ou diminuée, sous les apparences d'une retraite volontaire. Racine y pensa, mais il n'eut pas le courage de l'accomplir. Le souci d'assurer la fortune des siens le retint dans cette cour, d'où partaient toutes les grâces. Au reste il survécut peu à sa faveur, une année seulement.

VI

Mort de Racine. — La lettre douloureuse à madame de Maintenon est du 4 mars 1698. Le 21 avril de l'année suivante Racine mourut. Sa dernière année avait été remplie d'émotions, et son cœur de père, cœur très tendre et très sensible, avait été soumis à de rudes épreuves. Il avait dû se séparer de son fils aîné Jean-Baptiste, qui suivit en Hollande l'ambassadeur de France. Le 6 novembre 1698, il avait assisté à la prise de voile de sa seconde fille, Anne, qui, ce jour-là, prononça ses vœux dans le couvent des Ursulines de Melun : « Je n'ai cessé de sangloter, écrivait-il le surlendemain à son fils, et je crois même que cela n'a pas peu contribué à déranger ma faible santé. » Sainte-Beuve a poétiquement rappelé ces sanglots dans une strophe de la jolie pièce intitulée : *les Larmes de Racine*.

> Surtout ces pleurs avec délices
> En ruisseaux d'amour s'écoulaient
> Chaque fois que sous des cilices
> Des fronts de seize ans se voilaient,
> Chaque fois que des jeunes filles
> Le jour de leurs vœux, sous les grilles,
> S'en allaient aux yeux des parents,
> Et foulant leurs bouquets de fête,
> Livrant les cheveux de leur tête,
> Épanchaient leur âme à torrents.
>
> Lui-même dut payer sa dette :
> Au temple il porta son agneau.
> Dieu marquant sa fille cadette
> La dota du mystique anneau.
> Au pied de l'autel avancée,
> La douce et blanche fiancée
> Attendait le divin époux.
> Mais sans voir la cérémonie,
> Parmi l'encens et l'harmonie
> Sanglotait le père à genoux.

Deux mois plus tard il mariait sa fille aînée, le 7 janvier 1699. Dès le mois suivant, il tomba tout à fait malade et ne fit plus que languir, dans des souffrances très cruelles; il avait un abcès au foie. Il supporta la douleur avec une admirable résignation qu'il puisait dans sa piété profonde; car il était naturellement impatient. Mais ce qui nous étonne le plus dans cette mort du grand poète, c'est le peu de place qu'y tient le souvenir de la poésie. La dévotion avait enfin étouffé les derniers germes de l'amour-propre. Racine autrefois si chatouilleux, si ombrageux, même si vindicatif à l'endroit de sa gloire poétique, avait fini par y devenir tout à fait indifférent. Il en donna peu avant sa mort une preuve singulière.

« Il avait, dit son fils [1], un exemplaire de ses œuvres sur lequel il avait corrigé de sa main toutes les expressions et les rimes dont il n'était pas content ; et mon frère m'a assuré que ces corrections étaient en très grand nombre. Peu de jours avant sa mort, par un entier détachement d'une réputation qui lui paraissait frivole, il se fit apporter cet exemplaire et le jeta au feu. Ce fut par un motif tout contraire que Virgile voulut brûler son *Énéide.* »

VII

L'œuvre et le génie de Racine. — Virgile avait craint d'être trouvé imparfait : Racine tremblait d'avoir eu un souci exagéré de cette perfection littéraire que, prêt à mourir, il dédaignait. C'est toutefois cette perfection qui fait le mérite suprême de son œuvre, aux yeux de la postérité.

Racine a placé moins haut que n'a fait Corneille son idéal tragique ; mais il n'est resté presque jamais au-dessous. « Racine, disait La Bruyère, *peint les hommes tels qu'ils sont* » ; et là réside en effet, dans la vérité des passions, le caractère et l'objet de la tragédie, telle que Racine l'a conçue. Le poète avait lui-même expliqué dans ses *préfaces*, avec une admirable netteté, l'œuvre qu'il voulait faire et le but qu'il se proposait : « attacher les spectateurs par une action simple, soutenue de la violence des passions, de la beauté des sentiments, et de l'élégance de l'expression » (*Préface* de *Bérénice*). Ailleurs (dans la *Préface* de *Britannicus*) il définit la tragédie par « une action simple, chargée de peu de matière, telle que doit être une action qui se passe en un seul jour, et qui, s'avançant par degrés vers sa fin, n'est soutenue que par les intérêts, les sentiments et les passions des personnages. » Ainsi le poète exclut volontairement de son œuvre les événements imprévus, les complications de l'intrigue, le mouvement dramatique, en un mot tout cet élément de surprise ou de curiosité par où d'autres tragiques ont su émouvoir ou entraîner les spectateurs. Il fait naître l'intérêt du seul jeu des passions et de la peinture des caractères, non pas même du développement com-

---

1. Lettre de Louis Racine à l'abbé d'Olivet.

plet d'un caractère ou d'une passion, mais du dénouement logique et naturel qu'amène une crise déjà commencée avant que l'action s'engage. Ainsi le drame, tout psychologique, se passe entièrement dans l'âme humaine ; il n'a presque aucun besoin du décor; il peut se dérouler aisément dans le vestibule banal d'un palais « à volonté ». Les tragédies de Corneille, plus chargées d'incidents, moins sobres de spectacle et de mouvement, semblent à l'étroit souvent dans le cadre gênant des règles, et parfois se plient mal aux lois des trois unités; celles de Racine supportent ce joug avec une merveilleuse facilité.

Mais quelque admiration qu'on accorde à la conception dramatique de Racine, si naturelle, si simple et si vraie, on doit louer surtout la perfection unie et soutenue de son style. Personne n'écrit en vers mieux que Racine ; mais voici ce qu'il y a de plus étonnant dans cette versification merveilleuse : c'est que sa langue est celle de tout le monde et que, toutefois, personne ne la parle comme lui. Son vocabulaire est celui de tous les poètes de son temps; plus restreint même que chez la plupart; il rejette l'emploi des néologismes et des archaïsmes; il n'use même pas de tous les mots du langage commun, mais seulement des plus simples, des plus courants, sans affecter d'ailleurs l'emploi des mots prétendus nobles. Il élargit à l'infini les ressources de ce vocabulaire limité, en sachant, comme nul ne l'a su, l'art d'assouplir les mêmes mots à des emplois variés et nombreux; tantôt en les ramenant au sens primitif de leur étymologie latine, tantôt en les pliant à des tournures neuves et personnelles, mais toujours justes et claires, tantôt en les rajeunissant par l'expression figurée, précise et hardie dans laquelle il les enveloppe.

Est-ce à dire que Racine est sans défauts? Non, sans doute. Il est vrai que d'autres poètes dramatiques ont été plus féconds dans l'invention, plus variés dans l'exécution. La Bruyère qui l'admirait passionnément, et le préférait tout haut à Corneille, avouait toutefois, en le comparant avec l'auteur du *Cid*, qu'il y a moins de variété, « plus de ressemblance dans les poèmes de Racine et qu'ils tendent un peu plus à une même chose ». La vérité particulière des lieux et des temps n'est pas chez lui sans reproche; et souvent il a retracé, sous des noms grecs, romains ou turcs, des héros un peu trop semblables aux gentilshommes français du XVIIe siècle.

Les restes du goût précieux, qui avait fleuri avant lui, ont quelquefois marqué ses vers d'un peu d'affectation, d'une légère tendance à la phraséologie galante. Ailleurs par un défaut contraire, en recherchant la simplicité, qui est un des charmes de son style, Racine a paru côtoyer de trop près la prose. Ce sont là des taches bien légères que l'harmonie savante et continue de la langue et de la pensée laisse apercevoir à peine à un lecteur très attentif, et dérobe au spectateur toujours ému, charmé, attendri. En vérité rien ne manque aux poètes, mais surtout aux poètes dramatiques, lorsqu'ils ont reçu ce don suprême : le don de plaire et de toucher.

EXPLICATION D'UNE SCÈNE

DE

BRITANNICUS

(ACTE IV, *scène* IV)

NÉRON, NARCISSE.

Néron, dans la tragédie de *Britannicus*, n'est encore, selon l'expression de Racine, qu'« un monstre naissant ». Il hait son frère, et il a commandé à l'affranchi Narcisse de préparer le crime qui doit le délivrer de Britannicus. Mais il hésite encore au moment d'exécuter son forfait; les éloquentes objurgations de Burrhus ont jeté dans son âme, non le remords, mais du moins le trouble (ACTE IV, *scène* III). Ébranlé par les larmes de cet honnête homme, il a presque promis à Burrhus de se réconcilier avec son frère. Burrhus, plein de confiance et de joie, s'éloigne et va chercher Britannicus pour le ramener auprès de Néron. Narcisse paraît alors :

> Seigneur, j'ai tout prévu pour une mort si juste.
> Le poison est tout prêt. La fameuse Locuste
> A redoublé pour moi ses soins officieux ;
> Elle a fait expirer un esclave à mes yeux,
> Et le fer est moins prompt à trancher une vie
> Que le nouveau poison que sa main me confie.

Ainsi parle Narcisse, le mauvais génie des deux frères ; il trahit l'un (Narcisse était gouverneur de Britannicus) ; il flatte et corrompt l'autre ; il les perd tous deux. Il n'est pas encore assez sûr de Néron pour ne pas vouloir lui dissimuler l'horreur du crime, *une mort si juste* : frapper Britannicus n'est-ce pas punir un conspirateur ? D'ailleurs le poison est si prompt que l'on pourra feindre une mort subite, un accident. *Le fer est moins prompt.* L'empoisonneuse Locuste est un personnage historique et fut longtemps, dit Tacite,

« un des ressorts du pouvoir » (*Annales*, l. XII, c. LXVI). C'est elle qui fournit le poison dont mourut Claude. Observons que Racine ajoute ici à l'atrocité des mœurs romaines ; l'essai du poison destiné à Britannicus fut fait, non sur un esclave, mais simplement sur un bouc et sur un pourceau.

> Narcisse c'est assez ; je reconnais ce soin,
> Et ne souhaite pas que vous alliez plus loin.

Néron répond froidement, en tenant Narcisse à distance et sans lui donner ses raisons, comme s'il sentait déjà qu'il lui cédera, s'il entre en explications. *Je reconnais ce soin ;* c'est-à-dire je vous en sais bon gré.

> Quoi ! pour Britannicus, votre haine affaiblie
> Me défend... — Oui, Narcisse, on nous réconcilie.

La surprise et l'effroi arrachent à Narcisse une exclamation qui est peut-être imprudente ; mais il se remettra vite, et le ton dont Néron lui réplique est déjà fait pour l'encourager. *On nous réconcilie ;* cette forme semble un aveu de la contrainte que subit Néron. Narcisse comprend bientôt que l'empereur est intimidé mais son cœur n'est point changé. Il feint habilement de se rendre aux nouveaux ordres qu'il reçoit :

> Je me garderai bien de vous en détourner,
> Seigneur...

Mais en reculant, il combat encore ; pour regagner son empire sur Néron, il fera jouer tous les ressorts ; il emploiera tous les arguments. Il ignore encore par quels moyens l'on a pu détourner l'empereur du crime projeté. Mais pour le ramener à ses premiers desseins il essaiera d'abord de lui inspirer des craintes sur les suites de sa clémence :

> ...Mais il s'est vu tantôt emprisonner.
> Cette offense en son cœur sera longtemps nouvelle.
> Il n'est point de secrets que le temps ne révèle :
> Il saura que ma main lui devait présenter
> Un poison que votre ordre avait fait apprêter.
> Les Dieux de ce dessein puissent-ils le distraire !
> Mais peut-être il fera ce que vous n'osez faire.

Chaque mot est un trait perfide. *Ma main* devait offrir la

coupe, mais *votre ordre* avait conduit ma main. Il est trop
tard pour reculer ; on ne peut faire grâce à un rival offensé;
si vous lui pardonnez, lui ne vous pardonnera pas. Remarquez
cette hypocrite intervention de la divinité : **Les *Dieux de ce
dessein*,** etc. Le poète a voulu qu'aucune infamie ne manquât
à Narcisse, qui ose compromettre les Dieux dans ses projets
infâmes.

Néron n'est point brave ; mais Britannicus est si faible !
Les craintes de Narcisse le laissent insensible.

> On répond de son cœur et je vaincrai le mien.

La jalousie obtiendra peut-être ce que la crainte n'a pu
obtenir.

> Et l'hymen de Junie en est-il le lien?
> Seigneur, lui faites-vous encor ce sacrifice?

C'est un trait cruel et piquant ; Néron en a senti la blessure ; mais il est d'abord plus choqué de l'impertinence
qu'ému de l'argument.

> C'est prendre trop de soin. Quoi qu'il en soit, Narcisse
> Je ne le compte plus parmi mes ennemis.

C'est presque un congé en forme, et qui remet l'esclave à
sa place. Boursault blâmait avec raison ce *quoi qu'il en soit*,
un peu prosaïque et trop répété dans *Britannicus*. Mais ici,
on peut le justifier ; c'est une manière sèche et décisive d'imposer silence à Narcisse sans discuter plus longtemps. L'affranchi se sent perdu, s'il ne découvre immédiatement le
point faible dans cette conversion obstinée de Néron. Il lance
impudemment son dernier argument, sans précaution, sans
réserve, avec une insolence qui va lui donner cette fois la
victoire ou le perdre tout à fait :

> — Agrippine, Seigneur, se l'était bien promis :
> Elle a repris sur vous son souverain empire.
> — Quoi donc ? Qu'a-t-elle dit ? Et que voulez vous dire ?

Néron est vaincu. S'il s'explique avec Narcisse, Britannicus
est perdu. Ce que n'a pu faire la crainte, ni la jalousie, la
vanité va le faire. Néron pouvait sacrifier sa sûreté, son amour,
mais non son amour-propre, parce que la vanité est le fond

même de son caractère. Puisqu'on croit qu'il a fait grâce à son frère par obéissance et soumission envers Agrippine, il faut que son frère périsse.

> — Elle s'en est *vantée assez publiquement.*
> — De quoi? — Qu'elle n'avait qu'à vous voir *un moment*
> Qu'à tout ce *grand éclat*, à ce courroux funeste
> On verrait succéder un *silence modeste,*
> Que *vous-même* à la paix souscririez le *premier ;*
> *Heureux* que sa *bonté daignât* tout *oublier.*

Chaque mot poignarde ce cœur vaniteux. Il devrait châtier l'insolence de Narcisse ; il ne songe plus qu'à cette mère qui s'est vantée d'avoir fait peur à son fils. Il entre alors en confidence avec Narcisse. Il lui avoue, ce que l'affranchi sait mieux que lui, qu'il n'a pardonné que contraint ; qu'il hait toujours son frère; mais qu'il n'ose le frapper. Tout à l'heure il disait *vous* à Narcisse ; maintenant il le tutoie, sur un ton d'amitié, au moins de confiance. Le latin, tutoyant toujours, ignorait cette nuance ; mais puisque le français la possède, on ne voit pas pourquoi nos poètes ne pourraient s'en servir, même dans un sujet antique, aussi bien que des autres ressources que peut offrir la langue moderne.

> — Mais Narcisse, dis-moi, que veux-tu que je fasse ?

Ainsi l'affranchi presque chassé tout à l'heure est maintenant l'arbitre d'une situation si grave.

> Je n'ai que trop de pente à punir son audace ;
> Et si je m'en croyais ce triomphe indiscret
> Serait bientôt suivi d'un éternel regret.
> Mais de tout l'univers quel sera le langage ?
> Sur les pas des tyrans veux-tu que je m'engage,
> Et que Rome effaçant tant de titres d'honneur
> Me laisse pour tous noms celui d'empoisonneur?
> Ils mettront ma vengeance au rang des parricides.

Parricide n'est pas seulement le meurtre d'un père, mais il désigne tout crime énorme, outrageant la nature. Ainsi un reste de honte, qui ne tient en rien de la vertu, empêche seul Néron de mettre à mort son frère. C'est cette pudeur mourante qu'il faut étouffer tout à fait ; il faut montrer à l'empereur que sa volonté doit prévaloir sur toute chose et que d'ailleurs il s'effraie à tort de l'opinion publique ; la ménager, c'est lui faire croire qu'on la peut craindre. Les Romains assouplis au joug ne méritent plus tant d'égards.

> Et prenez-vous, Seigneur, leurs caprices pour guides ?
> Avez-vous prétendu qu'ils se tairaient toujours ?...
> Mais, Seigneur, les Romains ne vous sont pas connus...
> Tant de précaution affaiblit votre règne :
> Ils croiront en effet mériter qu'on les craigne...
> Au joug depuis longtemps ils se sont façonnés...
> Leur prompte servitude a fatigué Tibère.

« O hommes, nés pour servir ! » disait, selon Tacite, en sortant du Sénat, Tibère, écœuré des adulations dont il s'était vu l'objet. « Et moi-même, continue Narcisse, moi, simple affranchi, je les ai vus prosternés à mes pieds » :

> J'ai cent fois dans le cours de ma gloire passée
> Tenté leur patience et ne l'ai point lassée.

De ma gloire passée, car Narcisse puissant sous Claude affecte habilement de n'être plus rien sous Néron ; ce n'est pas lui qui ferait obstacle à la volonté de son maître. Il n'est pas comme Burrhus un indiscret témoin, un censeur importun de toutes les actions de l'empereur. Néron se sent gêné, contraint, excédé de cette surveillance ; il n'ose encore toutefois secouer brusquement un joug porté dès l'enfance :

> Narcisse, encore un coup, je ne puis l'entreprendre
> J'ai promis à Burrhus ; il a fallu me rendre.
> Je ne veux point encore, en lui manquant de foi
> Donner à sa vertu des armes contre moi.
> J'oppose à ses raisons un courage inutile :
> Je ne l'écoute point avec un cœur tranquille.

Que reste-t-il à faire à Narcisse, puisqu'il n'y a plus dans le cœur de Néron qu'une dernière trace d'un bon sentiment, je ne sais quel respect des gens vertueux, et surtout de son vieux maître ? il reste à extirper ce respect par la calomnie et à faire haïr à Néron ceux qu'il craint encore plus par habitude que par honnêteté.

> Burrhus ne pense pas, Seigneur, tout ce qu'il dit.
> Son adroite vertu ménage son crédit.

Le trait est jeté ; c'est assez ; insister plus serait maladroit ; car Néron sait bien, au fond, que Burrhus est un honnête homme et que Narcisse est un scélérat; il ne faut pas provoquer dans son esprit une comparaison dangereuse. Il faut plutôt reprendre l'argument qui a déjà si bien servi Narcisse et s'en armer pour achever la victoire.

> Ou plutôt ils n'ont tous qu'une même pensée.
> Ils verraient par ce coup leur puissance abaissée;
> Vous seriez libre alors, Seigneur; et devant vous
> Ces maîtres orgueilleux fléchiraient, comme nous.

Comme nous qui seuls savons obéir, et savons servir.

> Quoi donc ! ignorez-vous tout ce qu'ils osent dire.
> Néron, s'ils en sont crus, n'est pas né pour l'empire.
> Il ne dit, il ne fait que ce qu'on lui prescrit :
> Burrhus conduit son cœur, Sénèque son esprit.
> Pour toute ambition, pour vertu singulière,
> Il excelle à conduire un char dans la carrière,
> A disputer des prix indignes de ses mains,
> A se donner lui-même en spectacle aux Romains,
> A venir prodiguer sa voix sur un théâtre,
> A réciter des chants qu'il veut qu'on idolâtre,
> Tandis que des soldats, de moments en moments,
> Vont arracher pour lui les applaudissements.
> Ah ! ne voulez-vous pas les forcer à se taire ?

Quel supplice pour Néron d'entendre ainsi railler les talents dont il est si fier; pour Néron, le vainqueur au combat des chars; pour Néron, acteur et chanteur; qui mourra en disant : « Quel artiste le monde va perdre ! » Blesser sa vanité impériale c'était déjà lui porter le coup le plus sensible; mais sa vanité artistique est plus délicate encore ; certes Narcisse est audacieux, en parlant ainsi ; Néron serait homme à châtier sur lui-même l'insolence d'un discours qui doit l'exaspérer ; mais on sent bien qu'il faut en finir, et porter le dernier coup; la victoire est à ce prix. Désormais elle est certaine, quoique le poète ait voulu suspendre le dénouement, et prolonger l'intérêt, en dissimulant, dans la réponse de Néron, la décision définitive :

> Viens, Narcisse. Allons voir ce que nous devons faire.

Ce que nous devons faire : ils sont redevenus complices; Néron, emmenant Narcisse, s'abandonne à lui; Britannicus va périr.

On raconte que les derniers vers prononcés par Narcisse

eurent une influence singulière sur la conduite de Louis XIV. Boileau écrit dans une lettre à Monchesnay, en septembre 1707 : « Un grand prince ayant vu jouer *Britannicus* de M. Racine où la fureur de Néron à monter sur le théâtre est si bien attaquée, il ne dansa plus à aucun ballet, non pas même au temps du carnaval. » On a contesté l'authenticité du fait. *Britannicus* fut représenté pour la première fois le 13 décembre 1669; or une lettre de Robinet du 9 mars 1669 atteste que le roi avait déjà cessé de danser en public. D'autre part l'édition originale des *Amants magnifiques* de Molière, donnée en 1670, attribue encore un personnage au roi dans le ballet de cette pièce. Mais on sait qu'il ne remplit pas ce rôle qui lui avait été destiné.

L'admirable scène entre Néron et Narcisse à l'acte IV de *Britannicus*, est une de celles où s'accuse le mieux le procédé dramatique de l'auteur et ce talent merveilleux de développer une action par le seul jeu des caractères. Néron, ramené par la voix de Burrhus à la vertu, à la clémence, oublie tous ses serments, et se rhabitue à la pensée du crime en écoutant seulement Narcisse. Nul événement extérieur n'a modifié la situation et toutefois, le sort de Britannicus, et le dénouement de la tragédie, sont décidés par cette seule scène, où une âme perfide, habile et méchante, entraîne logiquement au crime une âme faible, vaniteuse, instinctivement portée au mal et seulement préservée par une sorte de timidité ombrageuse. La vérité historique est respectée dans cette scène; et tel fut probablement Néron à la veille de son premier crime. L'infamie d'un de ces affranchis de Claude, à qui l'abaissement des mœurs publiques livrait l'empire en proie, n'est pas exagérée dans la figure de Narcisse. Mais dans cette lutte de Narcisse contre Néron, la vérité humaine, celle de tous les temps et de tous les pays, n'est pas moins bien représentée : dans un cœur déjà corrompu, c'est une trop faible barrière que le respect humain contre la tentation du crime.

NOTICE SUR LA *THÉBAÏDE*

OU LES *FRÈRES ENNEMIS*

(1664)

Œdipe, roi de Thèbes, a ordonné en mourant que ses deux fils, Étéocle et Polynice, régnassent tour à tour, une année chacun. Étéocle règne le premier; puis l'an expiré, refuse de céder le trône à son frère. Polynice s'éloigne, rassemble une armée, revient assiéger Thèbes. L'action s'ouvre au moment où la ville est vivement pressée. Jocaste, mère des deux princes, et Antigone, leur sœur, s'efforcent en vain d'amener une réconciliation entre eux. Créon, frère de Jocaste, ambitieux de régner lui-même, et secrètement amoureux d'Antigone, fomente la haine mutuelle des deux frères. Un oracle a prédit que Thèbes n'aurait la paix qu'après que *le dernier* de la race royale aurait péri. Ménecée, le plus jeune fils de Créon, s'applique cet oracle et s'immole lui-même. Ce dévouement reste inutile. Une entrevue entre les deux princes ne sert qu'à exciter leur fureur ; ils sortent pour se battre. Hémon, fils aîné de Créon, sur l'ordre d'Antigone qu'il aime et dont il est aimé, s'efforce en vain de séparer les combattants ; il tombe sous leurs coups ; puis les deux frères se percent l'un l'autre. Déjà leur mère Jocaste, en les sachant aux mains, s'est frappée d'un poignard. Créon, enfin devenu roi, offre sa main et son trône à Antigone qui le repousse et lui répond en se tuant elle-même ; Créon s'immole à son tour, en proie aux remords de tant de crimes inutiles. L'oracle est accompli. Le dernier de la race royale a vécu.

Telle est la tragédie que Racine a tirée d'une vieille fable antique, bien souvent traitée avant lui : par Euripide (dans *les Phéniciennes*); Stace (dans son poème *la Thébaïde*); Sénèque (dans sa tragédie intitulée aussi *Thébaïde*); Robert Garnier (dans son *Antigone*) et Rotrou, plus récemment, dans une autre *Antigone* représentée en 1638.

Une tradition peu fondée [1] veut que Molière ait fourni à Racine le sujet de la pièce, et beaucoup de vers. Elle est contredite par Louis Racine, qui dit que son père fit la *Thébaïde* à Uzès, sans autre collaborateur qu'Euripide, Sénèque et Rotrou. Mais les lettres de Racine montrent la fausseté de l'un et l'autre récit. Il écrit, en novembre 1663, à l'abbé Le Vasseur : « Pour ce qui regarde les *Frères*, il ne sont pas si avancés qu'à l'ordinaire. Le quatrième était fait dès samedi ; mais malheureusement, je ne goûtais point (ni les autres non plus) toutes les épées tirées. Ainsi il a fallu les rengainer, et pour cela ôter plus de deux cents vers. » Le mois suivant : « Je n'ai fait que retoucher continuellement au ve acte, et il n'est tout achevé que d'hier. J'en ai changé toutes les stances avec quelque regret. Ceux qui me les avaient demandées (*les acteurs goûtaient fort ces stances lyriques mêlées dans l'action ; c'étaient des morceaux d'éclat où ils faisaient briller leurs talents*) s'avisèrent ensuite de me proposer quelque difficulté sur l'état où était ma princesse, peu convenable à s'étendre sur des lieux communs. J'ai donc tout réduit à trois stances, et ôté celle de l'ambition qui me servira peut-être ailleurs. On promet depuis hier la *Thébaïde* à l'Hôtel (*de Bourgogne*); mais ils ne la promettent qu'après trois autres pièces. » L'Hôtel de Bourgogne était le théâtre rival de celui du Palais-Royal qui appartenait à Molière. Il est donc certain que Molière ne perdit pas son temps à parfaire une pièce destinée à ses concurrents. D'autre part on voit que Racine fit la *Thébaïde* à Paris, non à Uzès, d'où il était revenu dès le commencement de 1663.

Las d'attendre son tour à l'Hôtel de Bourgogne, le jeune auteur se décida enfin à donner sa pièce à Molière. Elle fut jouée au Palais-Royal, le 20 juin 1664. La représentation passa presque inaperçue. Racine était encore inconnu. Il fallut le succès d'*Alexandre*, et surtout d'*Andromaque*, pour ramener l'attention sur la *Thébaïde*; on vit alors que la pièce n'est pas sans mérite, et renferme de réelles beautés de style ; mais elle est faiblement conduite et toute originalité y fait défaut.

Racine, dans la *Thébaïde*, n'imite pas seulement Euripide, Sénèque, Stace et Rotrou, il imite surtout Corneille, dont la gloire l'éblouissait encore ; et, dans Corneille, il n'imite

---

1. Elle remonte à Grimarest, auteur d'une *Vie de Molière* (1705).

guère que les défauts de ses moins bonnes pièces. C'est le même usage des tirades sentencieuses et des raisonnements politiques ; c'est, chez les scélérats et les traîtres, le même étalage de noirceurs ; c'est surtout un fâcheux abus de la galanterie ; l'idée de rendre Créon amoureux d'Antigone est absolument inutile et déplacée. Sophocle avait indiqué avec une extrême discrétion[1] l'amour d'Hémon pour Antigone ; mais dans Racine ces deux amants deviennent diffus et prolixes, et parlent le pur langage de la galanterie à la mode en 1664.

> Permettez que mon cœur en voyant vos beaux yeux
> De l'état de son sort interroge ses dieux.
> Puis-je leur demander, sans être téméraire,
> S'ils ont toujours pour moi leur douceur ordinaire ?
> Souffrent-ils sans courroux mon ardente amitié ?
> Et du mal qu'ils ont fait ont-ils quelque pitié ?

Les stances du monologue d'Antigone sont une imitation maladroite de la manière cornélienne ; elles sont toutes en antithèses : Antigone s'apostrophe elle-même ainsi :

> ... Toi seule verses des larmes,
> Tous les autres versent du sang.
> ... Dois-je vivre, dois-je mourir ?
> Ce que veut la raison, l'amour me le défend, etc.

Racine emprunte encore de Corneille et de la tragédie d'*Horace* l'idée de tromper Antigone par une fausse relation du duel fraternel, qui lui fait croire que Polynice est vainqueur. Au milieu de ces faiblesses, on trouve des vers fortement écrits, toujours à l'école de Corneille. Par exemple, ceux-ci que dit Polynice à sa mère Jocaste, lorsqu'elle lui reproche l'animosité des Thébains contre lui :

> Est-ce au peuple, Madame, à se choisir un maître ?
> Sitôt qu'il hait un roi, doit-on cesser de l'être ?
> Sa haine ou son amour, sont-ce les premiers droits
> Qui font monter au trône ou descendre les rois ?
> Que le peuple à son gré nous craigne ou nous chérisse,
> Le sang nous met au trône, et non pas son caprice :
> Ce que le sang lui donne, il le doit accepter ;
> Et, s'il n'aime son prince, il le doit respecter.

La partie la plus faible de la pièce, ce sont les caractères ; tous les personnages sont pâles, sans vie et sans relief. Les

---

1. Dans sa tragédie d'*Antigone*.

deux frères sont tout à fait semblables entre eux ; Euripide avait distingué heureusement Polynice d'Étéocle en le montrant moins farouche, plus accessible aux sentiments vertueux, et poussé aux excès seulement par l'injustice de son frère. Racine a négligé à tort de conserver cette nuance [1]. Antigone et Jocaste ne savent que gémir et mourir. Hémon est insignifiant. Créon, qui veut être vigoureux, n'est qu'odieux. C'est d'ailleurs comme une tradition de notre théâtre (elle remonte jusqu'aux mystères du moyen âge; elle descend jusqu'aux *mélodrames* de notre temps) de prêter aux personnages de *traîtres* une complaisance invraisemblable à étaler emphatiquement leur scélératesse. Créon, comme Félix dans *Polyeucte*, se vante à son confident Attale de ses abominables convoitises, et se montre fier surtout de n'avoir pas de remords :

> ... Le remords n'est pas ce qui me touche
> Et je n'ai plus un cœur que le crime effarouche.
> Tous les premiers forfaits coûtent quelques efforts ;
> Mais, Attale, on commet les seconds sans remords.

Le même Créon, après avoir vu périr sa sœur, ses deux neveux et ses deux fils, s'écrie d'un air triomphant :

> Il n'est point de fortune à mon bonheur égale.

Attale vainement le rappelle à la pudeur :

> Vous seriez heureux, si vous n'étiez point père.

Créon répond sans nul embarras :

> Le nom de père, Attale, est un titre vulgaire...
> Mais le trône est un bien dont le ciel est avare.

Est-il vraisemblable que Créon, ainsi ambitieux jusqu'à la fureur, se tue à la fin de la pièce parce qu'Antigone refuse de l'épouser? Tous ces traits s'accordent mal ensemble et ne font pas une figure vivante et vraie.

Racine avait voulu faire périr tous ses personnages. Lui-même s'est blâmé plus tard de tant de cruauté. Dans la

---

1. Dans ses notes sur Euripide, Racine avait observé toutefois et admiré ce contraste des deux frères, Étéocle et Polynice.

préface de la *Thébaïde*, publiée en 1676, avec l'édition collective de son théâtre, il juge ainsi sans faveur cette œuvre de jeunesse : « J'étais fort jeune [1] quand je la fis... La catastrophe de ma pièce est peut-être un peu trop sanglante. » Mais il ne rend pas assez justice à Rotrou, même en disant que son *Antigone* est « remplie de quantité de beaux endroits ». On peut relever plus de dix passages où Racine s'est souvenu de son prédécesseur, et l'a imité d'une façon un peu indiscrète, comme il arrive souvent aux jeunes auteurs [2].

Racine se loue dans cette même préface de n'avoir donné que peu de part à l'amour dans cette tragédie ; il eût mieux valu qu'il n'en donnât aucune. Racine dit lui-même avec beaucoup de raison que « cette passion, quand elle devient comme étrangère au sujet, ne peut produire que de médiocres effets ». N'est-ce pas ici le cas ? Mais il tomba dans cette erreur en s'attachant aux exemples de Corneille, qui, dans la seconde moitié de sa carrière, n'a guère manqué de mêler un amour épisodique et froid dans des tragédies tout historiques et politiques. Corneille érigea même cette faute en système dans une lettre écrite à Saint-Evremond à propos de l'*Alexandre* de Racine. Celui-ci heureusement se dégagea de bonne heure d'une imitation qui ne lui eût permis d'emprunter à son modèle que ses défauts.

La Thébaïde ou *les Frères ennemis* fut publiée en édition originale vers la fin de 1664 (l'achevé d'imprimer est du 30 octobre). La pièce parut avec une dédicace à Monseigneur le duc de Saint-Aignan, qui avait été le protecteur des débuts de Racine ; c'est lui qui présenta au roi *la Renommée aux Muses* [3]. Les éditions suivantes offrent beaucoup de variantes. Racine retoucha plusieurs fois sa pièce dont il ne fut jamais très satisfait, comme l'atteste assez la *préface* citée plus haut.

---

1. Racine, né le 21 décembre 1639, avait vingt-quatre ans et demi le 20 juin 1664, date de la première représentation.

2. Comparez ainsi les deux débuts. En outre Racine, acte II, scène 1re, avec Rotrou, acte Ier, scène IV ; — acte II, scène III, avec acte II, scène IV ; — acte III, scène III, avec acte Ier, scène II ; — acte IV, scène III, avec acte II, scène II ; — acte V, scène III, avec acte III, scène II.

3. Voy. ci-dessus p. 5.

NOTICE SUR *ALEXANDRE*
(1665)

Au commencement de l'année 1665, Racine lisait trois actes et demi de sa tragédie d'*Alexandre* à l'hôtel de Nevers, devant La Rochefoucauld, Pomponne, madame de La Fayette, madame et mademoiselle de Sévigné. La première représentation de la pièce eut lieu le 4 décembre suivant, sur le théâtre de Molière au Palais-Royal, devant Monsieur, frère du roi, sa femme, Henriette d'Angleterre, le grand Condé, le duc d'Enghien et la princesse Palatine. Quoique *la Muse de Cour* (une des gazettes rimées qui couraient alors et tenaient lieu de nos journaux) affirme que le succès fut grand, Racine fut certainement mécontent des acteurs; car, sans rien dire, il porta sa pièce au théâtre rival de l'Hôtel de Bourgogne, où on se mit en toute hâte à l'apprendre. Elle y fut jouée dès le 18 décembre.

Cependant on la jouait toujours chez Molière, et on l'y joua jusqu'au 27 décembre. Molière fut justement blessé du procédé de Racine; il refusa de lui payer les droits d'auteur, et cessa d'être son ami. L'usage autant que l'amitié donnait tort à Racine. Les premiers comédiens qui jouaient une pièce conservaient le droit de la jouer seuls jusqu'à l'impression qui d'ordinaire tardait de plusieurs mois. Racine fit hâter au contraire l'impression d'*Alexandre;* elle fut achevée le 13 janvier, et la pièce parut avec une dédicace au roi. « Je ne me contente pas d'avoir mis à la tête de mon ouvrage le nom d'Alexandre, j'y ajoute encore celui de Votre Majesté, c'est-à-dire que j'assemble tout ce que le siècle présent et les siècles passés nous peuvent offrir de plus grand. » Pour amener cette flatterie délicate la pièce avait changé de nom. Elle s'appelait d'abord *Porus*[1].

Le sujet est tiré du huitième livre de Quinte-Curce. Mais Racine a inventé la parenté de Taxile et de Cléophile qu'il

---

1. Lettre de Pomponne à Arnauld d'Andilly, son père, 4 février 1665.

fait frère et sœur; et le personnage d'Axiane, inconnu à l'histoire. La scène est sur les bords de l'Hydaspe. Alexandre, vainqueur des Perses, veut envahir et soumettre l'Inde où règnent deux puissants rois : Porus et Taxile, et une reine, Axiane, aimée des deux rois. Axiane est l'ennemie d'Alexandre; elle excite contre lui le vaillant mais téméraire Porus; au contraire Taxile, poussé par sa sœur Cléophile, qui est aimée d'Alexandre, négocie avec l'ennemi, et trahit son allié Porus. Celui-ci, malgré son courage essuie une défaite complète. Alexandre apparaît vainqueur, au troisième acte. Il veut récompenser Taxile en lui donnant la main d'Axiane, mais cette généreuse reine repousse avec indignation le traître qui l'ose aimer. Taxile désespéré court provoquer Porus sur le champ de bataille où ce roi tient encore, avec ses plus braves soldats. Porus perce le cœur de son rival, et satisfait de s'être vengé, il se rend au vainqueur. Alexandre est touché de ce grand courage. Il dit à Porus :

> Comment prétendez-vous que je vous traite ?
> — En roi

répond Porus; et le vainqueur qui ne veut pas le céder en magnanimité, rend au vaincu sa couronne et l'unit à Axiane :

> Régnez toujours Porus, je vous rends vos états.
> Avec mon amitié recevez Axiane...

On sait que Racine avait présenté sa pièce à Corneille qui avait loué les vers, mais conseillé au jeune poète de renoncer au théâtre. Corneille avait parlé sincèrement, on le peut croire; jamais il ne put prendre sur lui de goûter Racine, même après *Andromaque*. Chez ces deux grands poètes deux systèmes dramatiques, deux styles, deux génies, deux générations étaient aux prises.

Les amis et admirateurs de Corneille furent sévères pour Racine. Saint-Évremond envoya de Londres une critique en règle de l'*Alexandre*. Il commençait par des compliments, pour finir par des reproches assez vifs : « La vieillesse de Corneille me donne bien moins d'alarmes, je n'appréhende plus tant de voir finir avec lui la tragédie... Je voudrais qu'avant sa mort, il adoptât l'auteur de cette pièce pour former avec la tendresse d'un père, son vrai successeur. » Puis le ton changeait : « Racine ne comprend pas l'antiquité : son Alexandre est mesquin, et tous ses héros, Grecs ou Indiens, parlent et sentent en gentilshommes français. »

Cette critique était peut-être fondée; mais elle tombait sur beaucoup d'autres que Racine et sur Corneille lui-même. Où donc était au XVIIe siècle ce qu'on devait appeler, cent cinquante ans plus tard, la couleur locale? et n'est-ce pas cette couleur locale que Saint-Évremond réclame avant les romantiques, quand il dit : « J'aurais voulu que l'auteur (d'*Alexandre*) nous eût donné une plus grande idée de cette guerre. En effet ce passage de l'Hydaspe si étrange qu'il se laisse à peine concevoir : une grande armée de l'autre côté avec des chariots terribles, et des éléphants alors effroyables, des éclairs, des foudres, des tempêtes, qui mettaient la confusion partout, quand il fallut passer un fleuve si large sur de simples peaux... tout cela devait fort élever l'imagination du poète et dans la peinture de l'appareil et dans le récit de la bataille. » Il y a là une grande illusion. La vérité du décor est le moindre objet de l'art dramatique. Une restitution absolument fidèle d'une civilisation éteinte comme celle du royaume de Porus peut être un chef-d'œuvre de science archéologique; au théâtre elle serait absolument froide, ennuyeuse et même incompréhensible.

Les reproches de Saint-Évremond étaient plus justes, quand il blâmait Racine d'avoir fait une trop grande part à l'amour dans sa tragédie; en effet l'histoire nous montre dans Alexandre un héros bien plus occupé de sa gloire que de ses galanteries. Corneille en remerciant Saint-Évremond des éloges qu'il lui avait donnés, et de ce premier rang où il l'avait confirmé, ne manque pas de s'associer à ce reproche et il émet à ce propos une singulière théorie dramatique : « J'ai cru jusques ici, dit-il, que l'amour était une passion trop chargée de faiblesse pour être la dominante dans une pièce héroïque; j'aime qu'elle y serve d'ornement, et non pas de corps; et que les grandes âmes ne la laissent agir qu'autant qu'elle est compatible avec de plus nobles impressions. Nos doucereux et nos enjoués sont de contraire avis, mais vous vous déclarez du mien. » Corneille ne s'est que trop conformé, surtout dans la seconde moitié de sa carrière dramatique à cette théorie, qui veut conserver l'amour dans toute pièce de théâtre, mais l'y tenir au second rang ; théorie tout à fait fausse, car l'amour n'est à sa place dans la tragédie que s'il en est l'âme et le principal ressort ; un amour épisodique est presque toujours fastidieux, ou du moins n'intéresse pas.

Le grand défaut de l'*Alexandre* est, comme l'avoue Louis Racine, « que l'amour, dans cette pièce en paraît faire le nœud, tandis qu'un des plus glorieux exploits d'Alexandre n'en paraît que l'épisode ». Corneille n'eût-il pas gâté la magnanimité d'Auguste en s'avisant de le faire amoureux ? Toutefois, tel était le goût des spectateurs du temps pour le langage et les sentiments de la galanterie qu'il s'en trouva pour se plaindre encore qu'Alexandre fût trop farouche, et manquât de tendresse et de politesse. Boileau s'est moqué de ces « doucereux » dans son *Repas ridicule* ; il fait dire à ses campagnards « grands lecteurs de romans » tout pleins de *Cyrus* et de la *Clélie* :

> Mais je ne sais pourquoi l'on vante l'Alexandre.
> Ce n'est qu'un glorieux qui ne dit rien de tendre.
> Les héros chez Quinault parlent bien autrement,
> Et jusqu'à : « Je vous hais », tout s'y dit tendrement.

Racine (comme s'il eût senti que sa faute était ailleurs), fort habilement ne se défend que contre ce reproche absurde dans la préface d'*Alexandre*. Cette préface est curieuse ; elle a paru sous deux formes différentes : la forme irritée en 1666 ; la forme adoucie en 1676. Le premier texte est plein d'aigreur, dont il faut avouer que le doux Racine avait reçu de la nature une bonne dose ; la piété ne triompha que lentement de ce défaut. Racine avait tort ; un poète à tout âge, et surtout un jeune homme de vingt-six ans, doit laisser critiquer ses vers de meilleure grâce ; on peut difficilement espérer de faire un meuble ou un habit qui plaise à tout le monde ; mais il est insensé de croire qu'on puisse écrire un poème qui agrée à tous. Racine se plaignait que les uns trouvassent que son Alexandre n'était pas assez amoureux ; les autres qu'il ne venait sur le théâtre que pour parler d'amour. Ces reproches opposés sont moins contradictoires qu'ils n'en ont l'air. Alexandre parle trop d'amour et peut-être il en sent trop peu.

Au reste, la première préface est intéressante parce qu'elle nous montre que Racine, dès 1666, lorsqu'il s'attachait encore aux traces de Corneille, tout en suivant le goût du maître dans les caractères qu'il prête aux héros, tout en imitant son style dans les discours qu'il leur fait tenir, concevait toutefois la tragédie d'une façon personnelle selon le système logique et vigoureux auquel il devait se tenir jusqu'à la fin. « La plus importante objection que l'on me fasse, dit-il, c'est que mon sujet est trop simple et trop stérile... Mais de quoi se plaignent les critiques si toutes mes scènes sont bien remplies, si elles sont liées nécessairement les unes avec les autres, si tous mes acteurs ne viennent point sur le théâtre qu'on ne sache la raison qui les y fait venir, et si avec peu d'incidents et peu de matière j'ai été assez heureux pour faire une pièce qui les a peut-être attachés depuis le commencement jusqu'à la fin. »

Cette pièce qui avait fait un si grand bruit à sa naissance fut vite oubliée. On ne la joua guère au XVIIe siècle, on ne la joue plus jamais au nôtre. Elle a un défaut grave : elle est ennuyeuse. *La Thébaïde*, inférieure par le style et l'arrangement des parties, offre au moins plus de vie et d'intérêt qu'*Alexandre*; ici le personnage principal est faiblement esquissé; le nom trop lourd à porter fait plier le rôle. Taxile et Cléophile sont tout à fait misérables. Porus seul avec Axiane soutient la pièce par quelques beaux vers. Nous citerons les plus remarquables :

Porus menacé par Ephestion, envoyé d'Alexandre, déclare au Macédonien que la défaite des Perses ne l'a pas effrayé; les Indiens seront moins aisés peut-être à vaincre et à subjuguer (acte II, scène II, vers 557-584).

> Que verrais-je ? et que pourrais-je apprendre
> Qui m'abaisse si fort au-dessous d'Alexandre ?
> Serait-ce sans effort les Persans subjugués,
> Et vos bras tant de fois de meurtres fatigués ?
> Quelle gloire en effet d'accabler la faiblesse
> D'un roi déjà vaincu par sa propre mollesse,
> D'un peuple sans vigueur et presque inanimé,
> Qui gémissait sous l'or dont il était armé,
> Et qui, tombant en foule, au lieu de se défendre,
> N'opposait que des morts au grand cœur d'Alexandre ?
> Les autres, éblouis de ses moindres exploits,
> Sont venus à genoux lui demander des lois ;
> Et, leur crainte écoutant je ne sais quels oracles,
> Ils n'ont pas cru qu'un dieu pût trouver des obstacles.
> Mais nous, qui d'un autre œil jugeons des conquérants,
> Nous savons que les dieux ne sont pas des tyrans,
> Et, de quelque façon qu'un esclave le nomme,
> Le fils de Jupiter passe ici pour un homme.

Nous n'allons point de fleurs parfumer son chemin ;
Il nous trouve partout les armes à la main :
Il voit à chaque pas arrêter ses conquêtes ;
Un seul rocher ici lui coûte plus de têtes[1],
Plus de soins, plus d'assauts, et presque plus de temps,
Que n'en coûte à son bras l'empire des Persans.
Ennemis du repos qui perdit ces infâmes,
L'or qui naît sous nos pas ne corrompt point nos âmes ;
La gloire est le seul bien qui nous puisse tenter,
Et le seul que mon cœur cherche à lui disputer.

---

1. Quinte-Curce au livre VIII (chapitre xi) de son histoire parle du rocher fortifié d'Aorne, au bord de l'Indus ; cette place arrêta longtemps l'armée d'Alexandre. Une autre place du même nom avait été prise auparavant dans la Bactriane.

ANDROMAQUE

TRAGÉDIE (1667)

NOTICE

« Cette tragédie d'*Andromaque*, dit Charles Perrault dans ses *Hommes illustres*, fit le même bruit à peu près que *le Cid* lorsqu'il fut représenté. » Les ennemis de Racine furent décontenancés; ils se rejetèrent pour expliquer le succès de la pièce sur le mérite extraordinaire des acteurs : mademoiselle Du Parc, enlevée par Racine à la troupe de Molière, jouait Andromaque; Floridor jouait Pyrrhus; et Montfleury Oreste. Ce dernier mourut peu de temps après, par suite, à ce qu'on prétendit, des efforts violents qu'il avait faits en jouant les fureurs d'Oreste.

Saint-Évremond que son admiration exclusive pour Corneille disposait mal pour Racine, essaya de contester la valeur d'un succès trop éclatant. « La pièce a besoin de grands comédiens qui remplissent par l'action ce qui lui manque... Elle a bien l'air des belles choses. Il ne s'en faut presque rien qu'il y ait du grand. Ceux qui n'entreront pas assez dans les choses l'admireront; ceux qui veulent des beautés pleines y chercheront *je ne sais quoi* qui les empêchera d'être tout à fait contents. Mais à tout prendre c'est une belle pièce, et qui est fort au-dessus du médiocre, quoique un peu au-dessous du grand. » Ailleurs il dit : « On peut aller plus loin dans les passions... Ce qui doit être tendre n'y est que doux; et ce qui doit exciter de la pitié ne donne que de la tendresse. » Critique vraiment injuste, et qu'explique seulement chez cet homme de goût le dessein arrêté de mettre Corneille au-dessus de tout. Il conclut en disant : « A tout prendre, Racine doit avoir plus de réputation qu'aucun autre *après Corneille.* » C'est là qu'il en voulait venir.

Le rôle de Pyrrhus était surtout vivement attaqué; les uns, dit-on, le trouvaient trop farouche; et Racine, dans sa préface affecte de répondre surtout à ce reproche et y répond sans peine. Mais d'autres plus nombreux trouvaient le fils d'Achille un peu trop galant dans ses entretiens avec Andromaque; et ils n'avaient pas tout à fait tort. Ceux-là auraient objecté volontiers à Racine ce qu'il dit lui-même dans sa première préface à propos de son héros : « Pyrrhus n'avait pas lu les romans. Il était violent de son naturel. Et tous les héros ne sont pas faits pour être des Céladons. »

Racine a puisé à des sources très nombreuses pour composer *Andromaque* : dans Homère, dans Euripide, dans Virgile, dans Sénèque [1].

La tragédie d'Euripide est profondément différente de celle de Racine. Dans Euripide, Hermione, épouse de Pyrrhus, profitant de l'absence de son mari, veut faire périr Andromaque et le fils que cette captive troyenne a eu de Pyrrhus, Molossus. L'arrivée de Pélée, aïeul de Pyrrhus, sauve la vie d'Andromaque et de l'enfant. Hermione, effrayée, craignant la vengeance de Pyrrhus, s'enfuit avec Oreste, qu'elle avait dû épouser jadis, mais qu'elle n'aime point d'ailleurs, et dont elle n'est pas aimée. On apprend peu après la mort de Pyrrhus, tué à Delphes dans une embuscade qu'Oreste lui a tendue. La pièce a de belles parties, mais l'intérêt est double, et la composition décousue.

Racine dit lui-même (seconde préface d'*Andromaque*) que le caractère d'Hermione dont la jalousie et les emportements sont assez marqués dans l'*Andromaque* d'Euripide, est presque la seule chose qu'il emprunte ici de cet auteur. « Car quoique ma tragédie porte le même nom que la sienne le sujet en est pourtant très différent. Andromaque, dans Euripide, craint pour la vie de Molossus, qui est un fils qu'elle a eu de Pyrrhus et qu'Hermione veut faire mourir avec sa mère. Mais ici il ne s'agit point de Molossus. Andromaque ne connaît point d'autre mari qu'Hector, ni d'autre fils qu'Astyanax. J'ai cru en cela me conformer à l'idée que nous avons maintenant de cette princesse. La plupart de ceux qui ont entendu parler d'Andromaque ne la connaissent guère que pour la veuve d'Hector et pour la mère d'Astyanax. On ne croit point qu'elle doive aimer ni un autre mari ni un autre fils. Et je doute que les larmes d'Andromaque eussent fait sur l'esprit de mes spectateurs l'impression

---

1. Homère, *Iliade*; — Euripide, *Andromaque*; — Virgile, *Énéide*; livre III; — Sénèque, *les Troyennes*.

qu'elles ont faite, si elles avaient coulé pour un autre fils que celui qu'elle avait d'Hector. »

D'autre part Racine a rendu la jalousie d'Hermione plus naturelle et plus excusable en la présentant comme fiancée à Pyrrhus, et dédaignée, rejetée par lui. Oreste est devenu l'amant passionné d'Hermione et l'on voit mieux pourquoi il lui obéit jusqu'au crime. Racine a mis en scène Pyrrhus qu'Euripide nous dérobait et lui a prêté un double rôle : il est aimé d'Hermione qu'il dédaigne, et épris d'Andromaque, dont il est dédaigné. Cette situation des quatre personnages, Oreste, Hermione, Pyrrhus, Andromaque, se retrouve exactement dans le *Pertharite* de Corneille, pièce malheureuse qui mourut à peine née en 1652; c'est très probablement à *Pertharite* que l'a empruntée Racine.

Ainsi Racine se trompe quand il écrit dans la première préface en parlant de ses personnages : « Je les ai rendus tels que les anciens poètes nous les ont donnés. » Dans la seconde préface écrite neuf ans plus tard, pour une édition collective de ses tragédies, Racine, comprenant mieux son œuvre, dit du personnage d'Andromaque : « J'ai cru devoir me conformer à l'idée que nous avons maintenant de cette princesse. » Qui donc voudrait l'en blâmer? telle est peut-être, après tout, la vérité dramatique; il faut peindre l'antiquité au théâtre non pas telle qu'elle fut, mais telle que nous la voyons à travers nos souvenirs, notre imagination et nos propres mœurs. La faute est de blesser ce que nous savons, non pas de ne point nous apprendre ce que nous ignorons; car nous ne sommes pas au théâtre pour étudier l'archéologie, mais pour y voir vivre et agir les passions humaines.

Au reste tous les siècles successivement transfigurent les données poétiques qu'ils se transmettent les uns aux autres; l'Andromaque réelle, si elle exista, fut assurément plus farouche que l'Andromaque homérique; et celle-ci s'est adoucie en passant d'Homère à Euripide; et davantage encore en passant d'Euripide à Virgile, comme elle devait se polir et se raffiner, devenir toute digne, et noble, et pure, et presque à demi chrétienne en passant de Virgile à Racine. Cet anachronisme mitigé, mais continu, n'est pas un caractère propre à notre tragédie classique. Il y a plus des mœurs anglaises du XVIe siècle dans les pièces grecques et romaines de Shakespeare qu'il n'y a des mœurs de Versailles dans le théâtre de Racine.

Andromaque avait été représentée pour la première fois à l'Hôtel de Bourgogne dans le courant de novembre 1667. L'édition imprimée parut au commencement de l'année suivante (le *privilège* est du 28 décembre). Elle est dédiée à Madame, duchesse d'Orléans « qui avait daigné prendre soin de la conduite de cette tragédie » et l'honorer « de quelques larmes à la première lecture qui lui fut faite ». Quelques mois après, Molière fit jouer sur son théâtre *la Folle Querelle* de Subligny, sorte de parodie d'*Andromaque*, ou plutôt critique acerbe de la pièce. On a même prétendu que Molière avait mis la main à cet ouvrage; mais rien n'est moins prouvé. Racine, dont on connaît la sensibilité presque maladive, dut souffrir vivement de voir son œuvre ainsi profanée. Il avait tort; les pièces qu'on parodie ne sont pas toujours des chefs-d'œuvre, mais ce sont toujours au moins des pièces à grand succès.

ANDROMAQUE

PERSONNAGES

ANDROMAQUE, veuve d'Hector, captive de Pyrrhus.
PYRRHUS, fils d'Achille, roi d'Épire.
ORESTE, fils d'Agamemnon, amant d'Hermione.
HERMIONE, fille d'Hélène, accordée avec Pyrrhus.
PYLADE, ami d'Oreste.
CLÉONE, confidente d'Hermione.
CÉPHISE, confidente d'Andromaque.
PHOENIX, gouverneur d'Achille, et ensuite de Pyrrhus.
SUITE D'ORESTE

La scène est à Buthrot, ville d'Épire, dans une salle du palais de Pyrrhus.

ACTE PREMIER

SCÈNE PREMIÈRE
ORESTE, PYLADE.

ORESTE.
Oui, puisque je retrouve un ami si fidèle [1],
Ma fortune va prendre une face nouvelle;
Et déjà son courroux semble s'être adouci

---

1. On a prétendu que André Chénier et Roucher, conduits à l'échafaud, sur la même charrette, le 27 juillet 1794, récitèrent cette première scène d'*An-*

Depuis qu'elle a pris soin de nous rejoindre ici.
Qui l'eût dit, qu'un rivage à mes vœux si funeste
Présenterait d'abord Pylade aux yeux d'Oreste;
Qu'après plus de six mois que je t'avais perdu,
A la cour de Pyrrhus tu me serais rendu!

PYLADE.

J'en rends grâces au ciel, qui m'arrêtant sans cesse
Semblait m'avoir fermé le chemin de la Grèce,
Depuis le jour fatal que la fureur des eaux,
Presque aux yeux de l'Épire, écarta nos vaisseaux.
Combien dans cet exil ai-je souffert d'alarmes,
Combien à vos malheurs ai-je donné de larmes,
Craignant toujours pour vous quelque nouveau danger
Que ma triste amitié ne pouvait partager!
Surtout je redoutais cette mélancolie
Où j'ai vu si longtemps votre âme ensevelie :
Je craignais que le ciel, par un cruel secours,
Ne vous offrît la mort que vous cherchiez toujours.
Mais je vous vois, Seigneur; et, si j'ose le dire,
Un destin plus heureux vous conduit en Épire :
Le pompeux appareil qui suit ici vos pas
N'est point d'un malheureux qui cherche le trépas.

ORESTE.

Hélas! qui peut savoir le destin qui m'amène?
L'amour me fait ici chercher une inhumaine [1] :
Mais qui sait ce qu'il doit ordonner de mon sort,
Et si je viens chercher ou la vie ou la mort?

PYLADE.

Quoi! votre âme à l'amour en esclave asservie
Se repose sur lui du soin de votre vie?
Par quel charme [2] oubliant tant de tourments soufferts,
Pouvez-vous consentir à rentrer dans ses fers?
Pensez-vous qu'Hermione, à Sparte inexorable,
Vous prépare en Épire un sort plus favorable?

---

dromaque. La Touche est l'inventeur de cette légende fade. Les vingt-quatre compagnons de Chénier, guillotinés avec lui, n'ont rien pu raconter; et les gendarmes d'escorte tenaient la foule à distance, et ne s'occupaient guère des derniers mots échangés par les condamnés.

1. Les romans avaient mis à la mode ce langage précieux et ces expressions convenues; Corneille non plus que Racine, n'a pu se dégager entièrement de ces fadeurs : elles sont un peu plus fréquentes dans *Andromaque* que dans le reste du théâtre de Racine.

2. *Charme* a ici son sens étymologique (*Carmen*. formule magique). Par quel enchantement?

Honteux d'avoir poussé tant de vœux superflus,
Vous l'abhorriez : enfin, vous ne m'en parliez plus.
Vous me trompiez, Seigneur.

ORESTE.

Je me trompais moi-même !
Ami, n'accable point un malheureux qui t'aime.
T'ai-je jamais caché mon cœur et mes désirs ?
Tu vis naître ma flamme et mes premiers soupirs.
Enfin, quand Ménélas disposa de sa fille
En faveur de Pyrrhus, vengeur de sa famille,
Tu vis mon désespoir ; et tu m'as vu depuis
Traîner de mers en mers ma chaine et mes ennuis [1].
Je te vis à regret, en cet état funeste,
Prêt à suivre partout le déplorable Oreste,
Toujours de ma fureur interrompre le cours,
Et de moi-même enfin me sauver tous les jours.
Mais quand je me souviens que, parmi tant d'alarmes,
Hermione à Pyrrhus prodiguait tous ses charmes,
Tu sais de quel courroux mon cœur alors épris
Voulut en l'oubliant punir tous ses mépris.
Je fis croire et je crus ma victoire certaine ;
Je pris tous mes transports pour des transports de haine :
Détestant ses rigueurs, rabaissant ses attraits,
Je défiais ses yeux de me troubler jamais.
Voilà comme je crus étouffer ma tendresse.
En ce calme trompeur j'arrivai dans la Grèce ;
Et je trouvai d'abord ses princes rassemblés,
Qu'un péril assez grand semblait avoir troublés.
J'y courus. Je pensais que la guerre et la gloire
De soins plus importants rempliraient ma mémoire ;
Que, mes sens reprenant leur première vigueur,
L'amour achèverait de sortir de mon cœur.
Mais admire avec moi le sort, dont la poursuite
Me fait courir alors au piège que j'évite.
J'entends de tous côtés qu'on menace Pyrrhus :
Toute la Grèce éclate en murmures confus :
On se plaint qu'oubliant son sang et sa promesse
Il élève en sa cour l'ennemi de la Grèce,

---

1. *Ennui* s'est affaibli beaucoup depuis le XVIIᵉ siècle. Comparez le vers 19 page 55. *Sa mort avancera la fin de mes ennuis.* Andromaque y désigne par ce mot les catastrophes de sa vie infortunée.

Astyanax, d'Hector jeune et malheureux fils,
Reste de tant de rois sous Troie ensevelis.
J'apprends que pour ravir son enfance au supplice
Andromaque trompa l'ingénieux Ulysse,
Tandis qu'un autre enfant arraché de ses bras
Sous le nom de son fils fut conduit au trépas.
On dit que, peu sensible aux charmes d'Hermione,
Mon rival porte ailleurs son cœur et sa couronne.
Ménélas, sans le croire, en paraît affligé,
Et se plaint d'un hymen si longtemps négligé.
Parmi les déplaisirs [1] où son âme se noie,
Il s'élève en la mienne une secrète joie :
Je triomphe ; et pourtant je me flatte d'abord
Que la seule vengeance excite ce transport.
Mais l'ingrate en mon cœur reprit bientôt sa place :
De mes feux mal éteints je reconnus la trace ;
Je sentis que ma haine allait finir son cours ;
Ou plutôt je sentis que je l'aimais toujours.
Ainsi de tous les Grecs je brigue le suffrage.
On m'envoie à Pyrrhus : j'entreprends ce voyage.
Je viens voir si l'on peut arracher de ses bras
Cet enfant dont la vie alarme tant d'États.
Heureux si je pouvais, dans l'ardeur qui me presse,
Au lieu d'Astyanax, lui ravir ma princesse !
Car enfin n'attends pas que mes feux redoublés
Des périls les plus grands puissent être troublés.
Puisqu'après tant d'efforts ma résistance est vaine,
Je me livre en aveugle au destin qui m'entraîne.
J'aime : je viens chercher Hermione en ces lieux,
La fléchir, l'enlever, ou mourir à ses yeux.
Toi qui connais Pyrrhus, que penses-tu qu'il fasse ?
Dans sa cour, dans son cœur, dis-moi ce qui se passe.
Mon Hermione encor le tient-elle asservi ?
Me rendra-t-il, Pylade, un bien qu'il m'a ravi ?

PYLADE.

Je vous abuserais si j'osais vous promettre
Qu'entre vos mains, Seigneur, il voulût la remettre :
Non que de sa conquête il paraisse flatté.

---

1. Déplaisir s'est beaucoup affaibli depuis le xvii° siècle. Le vieil Horace venant de perdre deux fils et sa fille, dit au roi Tulle dans Corneille: qu'il supporte leur mort

... avec déplaisir, mais avec patience.

(*Horace*, vers 1459.)

Pour la veuve d'Hector ses feux ont éclaté;
Il l'aime : mais enfin cette veuve inhumaine[1]
N'a payé jusqu'ici son amour que de haine ;
Et chaque jour encore on lui voit tout tenter
Pour fléchir sa captive, ou pour l'épouvanter.
De son fils, qu'il lui cache, il menace la tête,
Et fait couler des pleurs qu'aussitôt il arrête.
Hermione elle-même a vu plus de cent fois
Cet amant irrité revenir sous ses lois,
Et, de ses vœux troublés lui rapportant l'hommage,
Soupirer à ses pieds moins d'amour que de rage.
Ainsi n'attendez pas que l'on puisse aujourd'hui
Vous répondre d'un cœur si peu maître de lui :
Il peut, Seigneur, il peut, dans ce désordre extrême,
Épouser ce qu'il hait, et punir ce qu'il aime.

ORESTE.

Mais dis-moi de quel œil Hermione peut voir
Son hymen différé, ses charmes sans pouvoir?

PYLADE.

Hermione, Seigneur, au moins en apparence,
Semble de son amant dédaigner l'inconstance,
Et croit que, trop heureux de fléchir sa rigueur,
Il la viendra presser de reprendre son cœur.
Mais je l'ai vue enfin me confier ses larmes :
Elle pleure en secret le mépris de ses charmes[2];
Toujours prête à partir, et demeurant toujours,
Quelquefois elle appelle Oreste à son secours.

ORESTE.

Ah! si je le croyais, j'irais bientôt, Pylade,
Me jeter...

PYLADE.

Achevez, Seigneur, votre ambassade.
Vous attendez le roi. Parlez, et lui montrez
Contre le fils d'Hector tous les Grecs conjurés.
Loin de leur accorder ce fils de sa maîtresse,
Leur haine ne fera qu'irriter sa tendresse :
Plus on les veut brouiller, plus on va les unir.
Pressez : demandez tout, pour ne rien obtenir.
Il vient.

---

1. Voir ci-dessus, note 1, page 44.
2. Ce mot trop répété reparaît quatre fois dans cette première scène, avec diverses nuances de sens.

ORESTE.

Hé bien ! va donc disposer la cruelle
A revoir un amant qui ne vient que pour elle.

SCÈNE II

PYRRHUS, ORESTE, PHŒNIX.

ORESTE.

Avant que tous les Grecs vous parlent par ma voix,
Souffrez que j'ose ici me flatter de leur choix,
Et qu'à vos yeux, Seigneur, je montre quelque joie
De voir le fils d'Achille et le vainqueur de Troie.
Oui, comme ses exploits nous admirons vos coups;
Hector tomba sous lui, Troie expira sous vous;
Et vous avez montré, par une heureuse audace,
Que le fils seul d'Achille a pu remplir sa place.
Mais, ce qu'il n'eût point fait, la Grèce avec douleur
Vous voit du sang troyen relever le malheur,
Et, vous laissant toucher d'une pitié funeste,
D'une guerre si longue entretenir le reste.
Ne vous souvient-il plus, Seigneur, quel fut Hector?
Nos peuples affaiblis s'en souviennent encor :
Son nom seul fait frémir nos veuves et nos filles;
Et dans toute la Grèce il n'est point de familles
Qui ne demandent compte à ce malheureux fils
D'un père ou d'un époux qu'Hector leur a ravis.
Et qui sait ce qu'un jour ce fils peut entreprendre?
Peut-être dans nos ports nous le verrons descendre,
Tel qu'on a vu son père embraser nos vaisseaux,
Et, la flamme à la main, les suivre sur les eaux.
Oserai-je, Seigneur, dire ce que je pense ?
Vous-même de vos soins craignez la récompense,
Et que dans votre sein ce serpent élevé
Ne vous punisse un jour de l'avoir conservé [1].
Enfin, de tous les Grecs satisfaites l'envie [2],
Assurez leur vengeance, assurez votre vie;
Perdez un ennemi d'autant plus dangereux

---

[1]. Cette tournure, qui donne au même verbe deux compléments, l'un qui est un substantif, l'autre qui forme une préposition distincte, est parfaitement correcte, et se trouve chez tous nos écrivains classiques : c'est donc à tort que quelques grammairiens modernes l'ont condamnée.

[2]. *Envie*, au sens latin *invidia*, animosité jalouse.

Qu'il s'essaiera sur vous à combattre contre eux[1].
PYRRHUS.
La Grèce en ma faveur est trop inquiétée :
De soins plus importants je l'ai crue agitée,
Seigneur ; et, sur le nom de son ambassadeur,
J'avais dans ses projets conçu plus de grandeur.
Qui croirait en effet qu'une telle entreprise
Du fils d'Agamemnon méritât l'entremise ;
Qu'un peuple tout entier, tant de fois triomphant,
N'eût daigné conspirer[2] que la mort d'un enfant ?
Mais à qui prétend-on que je le sacrifie ?
La Grèce a-t-elle encor quelque droit sur sa vie ?
Et seul de tous les Grecs ne m'est-il pas permis
D'ordonner d'un captif que le sort m'a soumis ?
Oui, Seigneur, lorsqu'au pied des murs fumants de Troie
Les vainqueurs tout sanglants partagèrent leur proie,
Le sort, dont les arrêts furent alors suivis,
Fit tomber en mes mains Andromaque et son fils.
Hécube près d'Ulysse acheva sa misère ;
Cassandre dans Argos a suivi votre père :
Sur eux, sur leurs captifs, ai-je étendu mes droits ?
Ai-je enfin disposé du fruit de leurs exploits ?
On craint qu'avec Hector Troie un jour ne renaisse !
Son fils peut me ravir le jour que je lui laisse !
Seigneur, tant de prudence entraîne trop de soin ;
Je ne sais point prévoir les malheurs de si loin.
Je songe quelle était autrefois cette ville,
Si superbe en remparts, en héros si fertile,
Maîtresse de l'Asie ; et je regarde enfin
Quel fut le sort de Troie, et quel est son destin :
Je ne vois que des tours que la cendre a couvertes,
Un fleuve teint de sang, des campagnes désertes,
Un enfant dans les fers ; et je ne puis songer
Que Troie en cet état aspire à se venger.
Ah ! si du fils d'Hector la perte était jurée,
Pourquoi d'un an entier l'avons-nous différée ?
Dans le sein de Priam n'a-t-on pu l'immoler ?

---

1. Ce discours d'Oreste est un modèle achevé de rhétorique. On y peut blâmer seulement que l'argument tiré de la sûreté de Pyrrhus (argument propre à blesser ce cœur orgueilleux) soit employé le dernier. Mais Oreste ou plutôt Racine l'a fait à dessein ; car il ne tient nullement à réussir dans son ambassade. Voir vers 33, page 47.

2. *Conspirer* a ici son sens étymologique, c'est-à-dire *respirer ensemble*, et souhaiter d'un commun accord.

Sous tant de morts, sous Troie, il fallait l'accabler.
Tout était juste alors : la vieillesse et l'enfance
En vain sur leur faiblesse appuyaient leur défense.
La victoire et la nuit, plus cruelles que nous,
Nous excitaient au meurtre et confondaient nos coups.
Mon courroux aux vaincus ne fût que trop sévère.
Mais que ma cruauté survive à ma colère?
Que malgré la pitié dont je me sens saisir,
Dans le sang d'un enfant je me baigne à loisir?
Non, Seigneur. Que les Grecs cherchent quelque autre proie;
Qu'ils poursuivent ailleurs ce qui reste de Troie :
De mes inimitiés le cours est achevé;
L'Épire sauvera ce que Troie a sauvé [1].

ORESTE.

Seigneur, vous savez trop avec quel artifice
Un faux Astyanax fut offert au supplice [2]
Où le seul fils d'Hector devait être conduit.
Ce n'est pas les Troyens, c'est Hector qu'on poursuit.
Oui, les Grecs sur le fils persécutent le père;
Il a par trop de sang acheté leur colère :
Ce n'est que dans le sien qu'elle peut expirer;
Et jusque dans l'Épire il les peut attirer;
Prévenez-les.

PYRRHUS.

Non, non. J'y consens avec joie;
Qu'ils cherchent dans l'Épire une seconde Troie;
Qu'ils confondent leur haine, et ne distinguent plus
Le sang qui les fit vaincre, et celui des vaincus.
Aussi bien ce n'est pas la première injustice
Dont la Grèce d'Achille a payé le service.
Hector en profita, Seigneur; et quelque jour
Son fils en pourrait bien profiter à son tour.

ORESTE.

Ainsi la Grèce en vous trouve un enfant rebelle?

PYRRHUS.

Et je n'ai donc vaincu que pour dépendre d'elle?

---

1. Ces beaux vers sont imités en partie des *Troyennes* de Sénèque, les vers suivants rappelant surtout ceux-ci :
Regi frenis nequit
Et ira, et ardens hostis, et victoria
Commissa nocti.

2. Quelques anciens, entre autres Denys d'Halicarnasse, veulent en effet qu'Astyanax ait survécu à la prise de Troie. Mais Racine seul inventa de le conduire en Épire sous la protection de Pyrrhus.

ORESTE.

Hermione, Seigneur, arrêtera vos coups :
Ses yeux [1] s'opposeront entre son père et vous.

PYRRHUS.

Hermione, Seigneur, peut m'être toujours chère ;
Je puis l'aimer, sans être esclave de son père :
Et je saurai peut-être accorder quelque jour
Les soins de ma grandeur et ceux de mon amour.
Vous pouvez cependant voir la fille d'Hélène :
Du sang qui vous unit je sais l'étroite chaine [2].
Après cela, Seigneur, je ne vous retiens plus,
Et vous pourrez aux Grecs annoncer mon refus.

SCÈNE III

PYRRHUS, PHŒNIX.

PHŒNIX.

Ainsi vous l'envoyez aux pieds de sa maîtresse !

PYRRHUS.

On dit qu'il a longtemps brûlé pour la princesse.

PHŒNIX.

Mais si ce feu, Seigneur, vient à se rallumer,
S'il lui rendait son cœur, s'il s'en faisait aimer ?

PYRRHUS.

Ah ! qu'ils s'aiment, Phœnix ! J'y consens. Qu'elle parte !
Que, charmés l'un de l'autre, ils retournent à Sparte.
Tous nos ports sont ouverts et pour elle et pour lui.
Qu'elle m'épargnerait de contrainte et d'ennui !

PHŒNIX.

Seigneur...

PYRRHUS.

Une autre fois je t'ouvrirai mon âme ;
Andromaque paraît.

SCÈNE IV

PYRRHUS, ANDROMAQUE, CÉPHISE.

PYRRHUS.

Me cherchiez-vous, Madame ?
Un espoir si charmant me serait-il permis ?

---

1. *Ses yeux*, c.-à-d. sa beauté, et l'amour qu'elle vous inspire.

2. Agamemnon, père d'Oreste, fut frère de Ménélas, père d'Hermione.

ANDROMAQUE.
Je passais jusqu'aux lieux où l'on garde mon fils.
Puisqu'une fois le jour vous souffrez que je voie
Le seul bien qui me reste et d'Hector et de Troie,
J'allais, Seigneur, pleurer un moment avec lui :
Je ne l'ai point encore embrassé d'aujourd'hui.

PYRRHUS.
Ah! Madame, les Grecs, si j'en crois leurs alarmes,
Vous donneront bientôt d'autres sujets de larmes.

ANDROMAQUE.
Et quelle est cette peur dont leur cœur est frappé,
Seigneur? Quelque Troyen vous est-il échappé?

PYRRHUS.
Leur haine pour Hector n'est pas encore éteinte :
Ils redoutent son fils.

ANDROMAQUE.
                Digne objet de leur crainte !
Un enfant malheureux, qui ne sait pas encor
Que Pyrrhus est son maître, et qu'il est fils d'Hector !

PYRRHUS.
Tel qu'il est, tous les Grecs demandent qu'il périsse.
Le fils d'Agamemnon vient hâter son supplice.

ANDROMAQUE.
Et vous prononcerez un arrêt si cruel?
Est-ce mon intérêt qui le rend criminel?
Hélas! on ne craint point qu'il venge un jour son père;
On craint qu'il n'essuyât les larmes de sa mère [1].
Il m'aurait tenu lieu d'un père et d'un époux;
Mais il me faut tout perdre, et toujours par vos coups.

PYRRHUS.
Madame, mes refus ont prévenu vos larmes.
Tous les Grecs m'ont déjà menacé de leurs armes;
Mais, dussent-ils encore, en repassant les eaux,
Demander votre fils avec mille vaisseaux;
Coûtât-il tout le sang qu'Hélène a fait répandre;
Dussé-je après dix ans voir mon palais en cendre;

---

1. La grammaire veut qu'on dise : *On craint qu'il n'essuie*, ou *On craindrait qu'il n'essuyât*. Mais au XVIIe siècle l'emploi de l'imparfait du subjonctif en corrélation avec le présent de l'indicatif est fréquent (même en prose), lorsqu'on veut indiquer vivement le caractère hypothétique de l'action exprimée par ce subjonctif. Car ce mode équivaut ici à un véritable conditionnel. Racine veut dire : Il *essuierait* les larmes de sa mère; c'est là ce qu'on *craint*. Cette construction se rencontre souvent chez madame de Sévigné.

Je ne balance point, je vole à son secours,
Je défendrai sa vie aux dépens de mes jours.
Mais, parmi ces périls où je cours pour vous plaire,
Me refuserez-vous un regard moins sévère?
Haï de tous les Grecs, pressé de tous côtés,
Me faudra-t-il combattre encor vos cruautés?
Je vous offre mon bras. Puis-je espérer encore
Que vous accepterez un cœur qui vous adore?
En combattant pour vous, me sera-t-il permis
De ne vous point compter parmi mes ennemis?

ANDROMAQUE.

Seigneur, que faites-vous, et que dira la Grèce?
Faut-il qu'un si grand cœur montre tant de faiblesse?
Voulez-vous qu'un dessein si beau, si généreux,
Passe pour le transport d'un esprit amoureux?
Captive, toujours triste, importune à moi-même,
Pouvez-vous souhaiter qu'Andromaque vous aime?
Quels charmes ont pour vous des yeux infortunés
Qu'à des pleurs éternels vous avez condamnés?
Non, non : d'un ennemi respecter la misère,
Sauver des malheureux, rendre un fils à sa mère,
De cent peuples pour lui combattre la rigueur
Sans me faire payer son salut de mon cœur,
Malgré moi, s'il le faut, lui donner un asile;
Seigneur, voilà des soins dignes du fils d'Achille.

PYRRHUS.

Hé quoi! votre courroux n'a-t-il pas eu son cours?
Peut-on haïr sans cesse? et punit-on toujours?
J'ai fait des malheureux, sans doute; et la Phrygie
Cent fois de votre sang a vu ma main rougie.
Mais que vos yeux sur moi se sont bien exercés!
Qu'ils m'ont vendu bien cher les pleurs qu'ils ont versés!
De combien de remords m'ont-ils rendu la proie!
Je souffre tous les maux que j'ai faits devant Troie.
Vaincu, chargé de fers, de regrets consumé,
Brûlé de plus de feux que je n'en allumai[1],
Tant de soins, tant de pleurs, tant d'ardeurs inquiètes...

---

1. Racine, dont le goût ne cessa de s'épurer, eût rejeté plus tard ce jeu de mots brillant; il en avait retenu l'idée de ce roman grec de *Théagène et Chariclée*, qu'il apprit par cœur à Port-Royal. Le père de Chariclée, forcé d'immoler sa fille, la met « sur le bûcher, brûlé lui-même au cœur d'un feu plus violent ». Voyez ci-dessus page 3, ligne 30.

Hélas! fus-je jamais si cruel que vous l'êtes?
Mais enfin, tour à tour, c'est assez nous punir.
Nos ennemis communs devraient nous réunir :
Madame, dites-moi seulement que j'espère,
Je vous rends votre fils, et je lui sers de père;
Je l'instruirai moi-même à venger les Troyens;
J'irai punir les Grecs de vos maux et des miens.
Animé d'un regard, je puis tout entreprendre :
Votre Ilion encor peut sortir de sa cendre ;
Je puis, en moins de temps que les Grecs ne l'ont pris,
Dans ses murs relevés couronner votre fils.

ANDROMAQUE.

Seigneur, tant de grandeurs ne nous touchent plus guère;
Je les lui promettais tant qu'a vécu son père.
Non, vous n'espérez plus de nous revoir encor,
Sacrés murs, que n'a pu conserver mon Hector!
A de moindres faveurs des malheureux prétendent,
Seigneur: c'est un exil que mes pleurs vous demandent.
Souffrez que, loin des Grecs, et même loin de vous,
J'aille cacher mon fils, et pleurer mon époux.
Votre amour contre nous allume trop de haine :
Retournez, retournez à la fille d'Hélène.

PYRRHUS.

Et le puis-je, Madame? Ah! que vous me gênez[1]!
Comment lui rendre un cœur que vous me retenez?
Je sais que de mes vœux on lui promit l'empire[2] ;
Je sais que pour régner elle vint dans l'Épire :
Le sort vous y voulut l'une et l'autre amener,
Vous, pour porter des fers, elle pour en donner.
Cependant ai-je pris quelque soin de lui plaire?
Et ne dirait-on pas, en voyant au contraire
Vos charmes tout-puissants, et les siens dédaignés,
Qu'elle est ici captive, et que vous y régnez?
Ah! qu'un seul des soupirs que mon cœur vous envoie,
S'il s'échappait vers elle, y porterait de joie!

ANDROMAQUE.

Et pourquoi vos soupirs seraient-ils repoussés?
Aurait-elle oublié vos services passés?
Troie, Hector, contre vous révoltent-ils son âme?

---

1. Ce mot a beaucoup perdu de sa force. Étymologiquement la *gêne* est la torture.

2. Vers obscur et contourné. On lui promit qu'elle régnerait sur mes vœux, c.-à-d. sur mon cœur.

Aux cendres d'un époux doit-elle enfin sa flamme ?
Et quel époux encore ! Ah ! souvenir cruel !
Sa mort seule a rendu votre père immortel ;
Il doit au sang d'Hector tout l'éclat de ses armes,
Et vous n'êtes tous deux connus que par mes larmes.

PYRRHUS.

Hé bien, Madame, hé bien, il faut vous obéir :
Il faut vous oublier, ou plutôt vous haïr.
Oui, mes vœux ont trop loin poussé leur violence,
Pour ne plus s'arrêter que dans l'indifférence[1] :
Songez-y bien ; il faut désormais que mon cœur,
S'il n'aime avec transport, haïsse avec fureur.
Je n'épargnerai rien dans ma juste colère :
Le fils me répondra des mépris de la mère ;
La Grèce le demande ; et je ne prétends pas
Mettre toujours ma gloire à sauver des ingrats.

ANDROMAQUE.

Hélas ! il mourra donc ! il n'a pour sa défense
Que les pleurs de sa mère, et que son innocence.
Et peut-être après tout, en l'état où je suis,
Sa mort avancera la fin de mes ennuis[2] :
Je prolongeais pour lui ma vie et ma misère ;
Mais enfin sur ses pas j'irai revoir son père.
Ainsi, tous trois, Seigneur, par vos soins réunis,
Nous vous...

PYRRHUS.

Allez, Madame, allez voir votre fils.
Peut-être, en le voyant, votre amour plus timide
Ne prendra pas toujours sa colère pour guide.
Pour savoir nos destins j'irai vous retrouver.
Madame, en l'embrassant, songez à le sauver.

ACTE II

SCÈNE PREMIÈRE

HERMIONE, CLÉONE.

HERMIONE.

Je fais ce que tu veux. Je consens qu'il me voie ;
Je lui veux bien encore accorder cette joie.

---

1. *Plus* signifie ici *désormais;* pour ne s'arrêter désormais que dans l'indifférence, pour s'en tenir à l'indifférence

2. Voy. note 1, page 45.

Pylade va bientôt conduire ici ses pas:
Mais, si je m'en croyais, je ne le verrais pas.

CLÉONE.

Et qu'est-ce que sa vue a pour vous de funeste?
Madame, n'est-ce pas toujours le même Oreste
Dont vous avez cent fois souhaité le retour,
Et dont vous regrettiez la constance et l'amour?

HERMIONE.

C'est cet amour payé de trop d'ingratitude
Qui me rend en ces lieux sa présence si rude.
Quelle honte pour moi, quel triomphe pour lui,
De voir mon infortune égaler son ennui !
Est-ce là, dira-t-il, cette fière Hermione?
Elle me dédaignait, un autre l'abandonne.
L'ingrate, qui mettait son cœur à si haut prix,
Apprend donc, à son tour, à souffrir des mépris !
Ah! dieux!

CLÉONE.

Ah ! dissipez ces indignes alarmes :
Il a trop bien senti le pouvoir de vos charmes.
Vous croyez qu'un amant vienne vous insulter [1] ?
Il vous rapporte un cœur qu'il n'a pu vous ôter.
Mais vous ne dites point ce que vous mande un père?

HERMIONE.

Dans ses retardements si Pyrrhus persévère,
A la mort du Troyen s'il ne veut consentir,
Mon père avec les Grecs m'ordonne de partir.

CLÉONE.

Hé bien, Madame, hé bien ! écoutez donc Oreste.
Pyrrhus a commencé; faites au moins le reste.
Pour bien faire il faudrait que vous le prévinssiez :
Ne m'avez-vous pas dit que vous le haïssiez ?

HERMIONE.

Si je le hais, Cléone ! Il y va de ma gloire [2],

---

[1]. La grammaire actuelle veut qu'on dise, affirmativement : Vous croyez qu'un amant vient; et interrogativement : Croyez-vous qu'un amant vienne? Au XVII° siècle on trouve souvent le subjonctif, même dans la première construction, pour mieux marquer combien la supposition est douteuse. Nous-mêmes disons : Vous pouvez croire qu'un amant vienne.

[2]. Dans la langue de la tragédie le mot de *gloire* dans la bouche d'une femme désigne sa réputation; Sévère et Pauline dans *Polyeucte* parlent des maux que leur amour déçu a causés. Sévère s'écrie :

Après tant de bontés dont il perd la mémoire.
Lui qui me fut si cher, et qui m'a pu trahir!
Ah! je l'ai trop aimé, pour ne le point haïr.
CLÉONE.
Fuyez-le donc, Madame; et puisqu'on vous adore...
HERMIONE.
Ah! laisse à ma fureur le temps de croître encore;
Contre mon ennemi laisse moi m'assurer [1] :
Cléone, avec horreur je m'en veux séparer.
Il n'y travaillera que trop bien, l'infidèle!
CLÉONE.
Quoi! vous en attendez quelque injure nouvelle?
Aimer une captive, et l'aimer à vos yeux,
Tout cela n'a donc pu vous le rendre odieux?
Après ce qu'il a fait, que saurait-il donc faire?
Il vous aurait déplu, s'il pouvait vous déplaire.
HERMIONE.
Pourquoi veux-tu, cruelle, irriter mes ennuis [2]?
Je crains de me connaître en l'état où je suis.
De tout ce que tu vois tâche de ne rien croire;
Crois que je n'aime plus, vante-moi ma victoire :
Crois que dans son dépit mon cœur est endurci;
Hélas! et, s'il se peut, fais-le-moi croire aussi!
Tu veux que je le fuie? Hé bien! rien ne m'arrête.
Allons. N'envions plus son indigne conquête;
Que sur lui sa captive étende son pouvoir.
Fuyons... Mais si l'ingrat rentrait dans son devoir!
Si la foi dans son cœur retrouvait quelque place!
S'il venait à mes pieds me demander sa grâce!
Si sous mes lois, Amour, tu pouvais l'engager!
S'il voulait!... Mais l'ingrat ne veut que m'outrager.
Demeurons toutefois pour troubler leur fortune,
Prenons quelque plaisir à leur être importune;
Ou, le forçant de rompre un nœud si solennel,
Aux yeux de tous les Grecs rendons-le criminel.
J'ai déjà sur le fils attiré leur colère :
Je veux qu'on vienne encor lui demander la mère.
Rendons-lui les tourments qu'elle me fait souffrir;
Qu'elle le perde, ou bien qu'il la fasse périr.

Je veux mourir des miens, aimez-en la mémoire;
Pauline répond :
Je veux guérir des miens, ils souilleraient ma gloire.

1. M'assurer, c.-à-d. m'affermir dans ces sentiments de haine.
2. Voyez page 45, note 1.

CLÉONE.

Vous pensez que des yeux toujours ouverts aux larmes
Se plaisent à troubler le pouvoir de vos charmes,
Et qu'un cœur accablé de tant de déplaisirs
De son persécuteur ait brigué les soupirs [1] ?
Voyez si sa douleur en paraît soulagée.
Pourquoi donc les chagrins où son âme est plongée?
Contre un amant qui plaît pourquoi tant de fierté ?

HERMIONE.

Hélas ! pour mon malheur, je l'ai trop écouté.
Je n'ai point du silence affecté le mystère :
Je croyais sans péril pouvoir être sincère;
Et, sans armer mes yeux d'un moment de rigueur,
Je n'ai pour lui parler consulté que mon cœur.
Et qui ne se serait comme moi déclarée
Sur la foi d'une amour si saintement jurée [2] ?
Me voyait-il de l'œil qu'il me voit aujourd'hui ?
Tu t'en souviens encor, tout conspirait pour lui :
Ma famille vengée, et les Grecs dans la joie,
Nos vaisseaux tout chargés des dépouilles de Troie,
Les exploits de son père effacés par les siens,
Ses feux que je croyais plus ardents que les miens,
Mon cœur, toi-même enfin de sa gloire éblouie;
Avant qu'il me trahît, vous m'avez tous trahie [3].
Mais c'en est trop, Cléone ; et, quel que soit Pyrrhus,
Hermione est sensible, Oreste a des vertus :
Il sait aimer du moins, et même sans qu'on l'aime;
Et peut-être il saura se faire aimer lui-même.
Allons. Qu'il vienne enfin.

CLÉONE.

Madame, le voici.

HERMIONE.

Ah ! je ne croyais pas qu'il fût si près d'ici.

---

1. *Ait brigué.* Sur cet emploi du subjonctif, voy. page 56, note 1.
2. *Amour,* substantif féminin au moyen âge, tendit à devenir masculin, selon l'étymologie, au XVIe siècle ; au XVIIe, il flotte entre les deux genres. Vaugelas dans ses *Remarques* (1647) admet l'un et l'autre, et préfère le féminin. Ménage dans ses *Observations* (1672) préfère le masculin, qui l'a emporté définitivement pour le singulier à partir de la fin du XVIIe siècle ; mais *amour* est resté féminin au pluriel.
3. *Trahie,* c.-à-d. trompée en m'excitant à aimer Pyrrhus qui devait me mépriser.

SCÈNE II
HERMIONE, ORESTE, CLÉONE.

HERMIONE.

Le croirai-je, Seigneur, qu'un reste de tendresse
Vous fasse ici chercher une triste princesse?
Ou ne dois-je imputer qu'à votre seul devoir
L'heureux empressement qui vous porte à me voir?

ORESTE.

Tel est de mon amour l'aveuglement funeste.
Vous le savez, Madame; et le destin d'Oreste
Est de venir sans cesse adorer vos attraits,
Et de jurer toujours qu'il n'y viendra jamais.
Je sais que vos regards vont rouvrir mes blessures,
Que tous mes pas vers vous sont autant de parjures :
Je le sais, j'en rougis. Mais j'atteste les Dieux,
Témoins de la fureur de mes derniers adieux,
Que j'ai couru partout où ma perte certaine
Dégageait mes serments et finissait ma peine.
J'ai mendié la mort chez les peuples cruels
Qui n'apaisaient leurs Dieux que du sang des mortels :
Ils m'ont fermé leur temple; et ces peuples barbares
De mon sang prodigué sont devenus avares.
Enfin je viens à vous et je me vois réduit
A chercher dans vos yeux une mort qui me fuit.
Mon désespoir n'attend que leur indifférence :
Ils n'ont qu'à m'interdire un reste d'espérance;
Ils n'ont, pour avancer cette mort où je cours,
Qu'à me dire une fois ce qu'ils m'ont dit toujours.
Voilà, depuis un an, le seul soin qui m'anime.
Madame, c'est à vous de prendre une victime
Que les Scythes auraient dérobée à vos coups,
Si j'en avais trouvé d'aussi cruels que vous.

HERMIONE.

Quittez, Seigneur, quittez ce funeste langage :
A des soins plus pressants la Grèce vous engage.
Que parlez-vous du Scythe et de mes cruautés?

---

1. Une tempête avait jeté Oreste chez les Scythes, qui sacrifiaient les naufragés à leur déesse Diane. Mais il s'était enfui, enlevant la prêtresse (Iphigénie, sa sœur); il n'avait pas *mendié la mort*. Cet événement est le sujet de l'*Iphigénie en Tauride*, tragédie d'Euripide.

Songez à tous ces rois que vous représentez.
Faut-il que d'un transport leur vengeance dépende?
Est-ce le sang d'Oreste enfin qu'on vous demande?
Dégagez-vous des soins dont vous êtes chargé.
ORESTE.
Les refus de Pyrrhus m'ont assez dégagé,
Madame : il me renvoie; et quelque autre puissance
Lui fait du fils d'Hector embrasser la défense.
HERMIONE.
L'infidèle!
ORESTE.
Ainsi donc, tout prêt à le quitter,
Sur mon propre destin je viens vous consulter.
Déjà même je crois entendre la réponse
Qu'en secret contre moi votre haine prononce.
HERMIONE.
Hé quoi! toujours injuste en vos tristes discours,
De mon inimitié vous plaindrez-vous toujours?
Quelle est cette rigueur tant de fois alléguée?
J'ai passé dans l'Épire, où j'étais reléguée :
Mon père l'ordonnait. Mais qui sait si depuis
Je n'ai point en secret partagé vos ennuis?
Pensez-vous avoir seul éprouvé des alarmes,
Que l'Épire jamais n'ait vu couler mes larmes?
Enfin, qui vous a dit que, malgré mon devoir,
Je n'ai pas quelquefois souhaité de vous voir?
ORESTE.
Souhaité de me voir! Ah! divine princesse...
Mais, de grâce, est-ce à moi que ce discours s'adresse?
Ouvrez vos yeux : songez qu'Oreste est devant vous,
Oreste, si longtemps l'objet de leur courroux.
HERMIONE.
Oui, c'est vous dont l'amour, naissant avec leurs charmes,
Leur apprit le premier le pouvoir de leurs armes;
Vous, que mille vertus me forçaient d'estimer;
Vous que j'ai plaint, enfin que je voudrais aimer.
ORESTE.
Je vous entends. Tel est mon partage funeste:
Le cœur est pour Pyrrhus, et les vœux pour Oreste.
HERMIONE.
Ah! ne souhaitez pas le destin de Pyrrhus :
Je vous haïrais trop.

ORESTE.

Vous m'en aimeriez plus.
Ah! que vous me verriez d'un regard bien contraire!
Vous me voulez aimer, et je ne puis vous plaire;
Et, l'amour seul alors se faisant obéir,
Vous m'aimeriez, Madame, en me voulant haïr.
O Dieux! tant de respects, une amitié si tendre...
Que de raisons pour moi, si vous pouviez m'entendre!
Vous seule pour Pyrrhus disputez aujourd'hui,
Peut-être malgré vous, sans doute malgré lui.
Car enfin il vous hait; son âme ailleurs éprise
N'a plus...

HERMIONE.

Qui vous l'a dit, Seigneur, qu'il me méprise?
Ses regards, ses discours vous l'ont-ils donc appris?
Jugez-vous que ma vue inspire des mépris;
Qu'elle allume en un cœur des feux si peu durables?
Peut-être d'autres yeux me sont plus favorables.

ORESTE.

Poursuivez : il est beau de m'insulter ainsi.
Cruelle, c'est donc moi qui vous méprise ici?
Vos yeux n'ont pas assez éprouvé ma constance?
Je suis donc un témoin de leur peu de puissance?
Je les ai méprisés? Ah! qu'ils voudraient bien voir
Mon rival comme moi mépriser leur pouvoir!

HERMIONE.

Que m'importe, Seigneur, sa haine ou sa tendresse?
Allez contre un rebelle armer toute la Grèce;
Rapportez-lui le prix de sa rébellion;
Qu'on fasse de l'Épire un second ilion.
Allez. Après cela direz-vous que je l'aime?

ORESTE.

Madame, faites plus, et venez-y vous-même.
Voulez-vous demeurer pour otage en ces lieux?
Venez dans tous les cœurs faire parler vos yeux.
Faisons de notre haine une commune attaque.

HERMIONE.

Mais, Seigneur, cependant s'il épouse Andromaque?

ORESTE.

Hé, Madame!

HERMIONE.

Songez quelle honte pour nous,

4

Si d'une Phrygienne il devenait l'époux !
ORESTE.
Et vous le haïssez? Avouez-le, Madame,
L'amour n'est pas un feu qu'on renferme en une âme :
Tout nous trahit, la voix, le silence, les yeux ;
Et les feux mal couverts n'en éclatent que mieux.
HERMIONE.
Seigneur, je le vois bien, votre âme prévenue
Répand sur mes discours le venin qui la tue,
Toujours dans mes raisons cherche quelque détour,
Et croit qu'en moi la haine est un effort d'amour.
Il faut donc m'expliquer : vous agirez ensuite.
Vous savez qu'en ces lieux mon devoir m'a conduite :
Mon devoir m'y retient; et je n'en puis partir [1]
Que mon père ou Pyrrhus ne m'en fasse sortir.
De la part de mon père allez lui faire entendre
Que l'ennemi des Grecs ne peut être son gendre :
Du Troyen ou de moi faites-le décider ;
Qu'il songe qui des deux il veut rendre ou garder ;
Enfin qu'il me renvoie, ou bien qu'il vous le livre.
Adieu. S'il y consent, je suis prête à vous suivre.

SCÈNE III

ORESTE, seul.

Oui, oui, vous me suivrez, n'en doutez nullement ;
Je vous réponds déjà de son consentement.
Je ne crains pas enfin que Pyrrhus la retienne :
Il n'a devant les yeux que sa chère Troyenne ;
Tout autre objet le blesse ; et peut-être aujourd'hui
Il n'attend qu'un prétexte à[2] l'éloigner de lui.
Nous n'avons qu'à parler : c'en est fait. Quelle joie
D'enlever à l'Épire une si belle proie !
Sauve tout ce qui reste et de Troie et d'Hector ;
Garde son fils, sa veuve, et mille autres encor,
Épire : c'est assez qu'Hermione rendue
Perde à jamais tes bords et ton prince de vue.
Mais un heureux destin le conduit en ces lieux.

---

1. Y se rapporte à l'Épire, désignée au vers 25, page 61.
2. La préposition *à* au XVIIe siècle, s'emploie dans beaucoup de tournures où l'on préfère aujourd'hui d'autres prépositions. Ici elle équivaut à *pour*.

Parlons. A tant d'attraits, Amour, fermé ses yeux[1]!

SCÈNE IV
PYRRHUS, ORESTE, PHŒNIX.

PYRRHUS.

Je vous cherchais, Seigneur. Un peu de violence
M'a fait de vos raisons combattre la puissance,
Je l'avoue; et depuis que je vous ai quitté,
J'en ai senti la force et connu l'équité.
J'ai songé comme vous, qu'à la Grèce, à mon père,
A moi-même, en un mot, je devenais contraire;
Que je relevais Troie, et rendais imparfait
Tout ce qu'a fait Achille, et tout ce que j'ai fait.
Je ne condamne plus un courroux légitime;
Et l'on vous va, Seigneur, livrer votre victime.

ORESTE.

Seigneur, par ce conseil prudent et rigoureux,
C'est acheter la paix du sang d'un malheureux.

PYRRHUS.

Oui : mais je veux, Seigneur, l'assurer davantage :
D'une éternelle paix Hermione est le gage;
Je l'épouse. Il semblait qu'un spectacle si doux
N'attendît en ces lieux qu'un témoin tel que vous :
Vous y représentez tous les Grecs et son père,
Puisqu'en vous Ménélas voit revivre son frère.
Voyez-la donc. Allez. Dites-lui que demain
J'attends, avec la paix, son cœur de votre main.

ORESTE.

Ah! Dieux!

SCÈNE V
PYRRHUS, PHŒNIX.

PYRRHUS.

Hé bien, Phœnix, l'amour est-il le maître?
Tes yeux refusent-ils encor de me connaître?

PHŒNIX.

Ah! je vous reconnais, et ce juste courroux,
Ainsi qu'à tous les Grecs, Seigneur, vous rend à vous.
Ce n'est plus le jouet d'une flamme servile :

---

[1]. Déjà l'Amour est invoqué au vers 26, page 57. Racine sera plus tard beaucoup moins prodigue de ces apostrophes un peu fades.

C'est Pyrrhus, c'est le fils et le rival d'Achille,
Que la gloire à la fin ramène sous ses lois,
Qui triomphe de Troie une seconde fois.

PYRRHUS.

Dis plutôt qu'aujourd'hui commence ma victoire ;
D'aujourd'hui seulement je jouis de ma gloire ;
Et mon cœur, aussi fier que tu l'as vu soumis,
Croit avoir en l'amour vaincu mille ennemis.
Considère, Phœnix, les troubles que j'évite ;
Quelle foule de maux l'amour traîne à sa suite ;
Que d'amis, de devoirs, j'allais sacrifier ;
Quels périls... Un regard m'eût tout fait oublier.
Tous les Grecs conjurés fondaient sur un rebelle.
Je trouvais du plaisir à me perdre pour elle.

PHŒNIX.

Oui, je bénis, Seigneur, l'heureuse cruauté
Qui vous rend...

PYRRHUS.

Tu l'as vu comme elle m'a traité.
Je pensais, en voyant sa tendresse alarmée,
Que son fils me la dût renvoyer désarmée.
J'allais voir le succès de ses embrassements :
Je n'ai trouvé que pleurs mêlés d'emportements.
Sa misère l'aigrit ; et, toujours plus farouche [1],
Cent fois le nom d'Hector est sorti de sa bouche.
Vainement à son fils j'assurais mon secours :
« C'est Hector, disait-elle en l'embrassant toujours ;
« Voilà ses yeux, sa bouche, et déjà son audace ;
« C'est lui-même, c'est toi, cher époux que j'embrasse [2]. »
Et quelle est sa pensée ? Attend-elle en ce jour
Que je lui laisse un fils pour nourrir son amour [3] ?

PHŒNIX.

Sans doute. C'est le prix que vous gardait l'ingrate.
Mais laissez-la, Seigneur.

---

1. Farouche se rapporte à Andromaque, et non au sujet de la phrase. La grammaire actuelle interdit cette tournure libre et hardie, mais claire et poétique : elle se rencontre très fréquemment en vers et même en prose au xviie siècle.

2. Traduction du vers 490 du livre III de l'*Énéide*. Andromaque en voyant Ascagne, fils d'Énée, se rappelle Astyanax et dit :

Sic oculos, sic ille manus, sic ora ferebat.

Racine emprunte aux *Troyennes* de Sénèque l'idée d'admirer dans Astyanax la ressemblance du fils d'Hector.

3. Son amour conjugal, sa fidélité à Hector.

PYRRHUS.
Je vois ce qui la flatte :
Sa beauté la rassure ; et, malgré mon courroux,
L'orgueilleuse m'attend encore à ses genoux.
Je la verrais aux miens, Phœnix, d'un œil tranquille.
Elle est veuve d'Hector, et je suis fils d'Achille :
Trop de haine sépare Andromaque et Pyrrhus.
PHŒNIX.
Commencez donc, Seigneur, à ne m'en parler plus.
Allez voir Hermione ; et, content de lui plaire,
Oubliez à ses pieds jusqu'à votre colère.
Vous-même à cet hymen venez la disposer.
Est-ce sur un rival qu'il s'en faut reposer [1] ?
Il ne l'aime que trop.
PYRRHUS.
Crois-tu, si je l'épouse,
Qu'Andromaque en son cœur n'en sera pas jalouse ?
PHŒNIX.
Quoi ! toujours Andromaque occupe votre esprit !
Que vous importe, ô Dieux ! sa joie ou son dépit ?
Quel charme [2], malgré vous, vers elle vous attire ?
PYRRHUS.
Non, je n'ai pas bien dit tout ce qu'il lui faut dire :
Ma colère à ses yeux n'a paru qu'à demi ;
Elle ignore à quel point je suis son ennemi.
Retournons-y : je veux la braver à sa vue,
Et donner à ma haine une libre étendue.
Viens voir tous ses attraits, Phœnix, humiliés.
Allons.
PHŒNIX.
Allez, Seigneur, vous jeter à ses pieds.
Allez, en lui jurant que votre âme l'adore,
A de nouveaux mépris l'encourager encore.
PYRRHUS.
Je le vois bien, tu crois que, prêt à l'excuser,
Mon cœur court après elle, et cherche à s'apaiser.

---

1. Sentiment juste et fin, mais dont l'expression a paru plus convenable à la haute comédie qu'à la tragédie, au jugement de critiques délicats trop prévenus en faveur d'une noblesse soutenue dans le style tragique. Boileau en jugeait ainsi, et il avait remarqué, (selon Brossette, son commentateur) que les spectateurs ne manquaient pas de sourire en cet endroit. Mais est-il si fâcheux que les spectateurs sourient une fois en écoutant une tragédie ? Un peu de souplesse et de variété ne messied dans aucun genre.

2. Charme, enchantement. Voy. ci-dessus page 44, note 2.

4.

PHŒNIX.
Vous aimez : c'est assez.
PYRRHUS.
Moi, l'aimer? une ingrate
Qui me hait d'autant plus que mon amour la flatte !
Sans parents, sans amis, sans espoir que sur moi ;
Je puis perdre son fils, peut-être je le doi [1] ;
Étrangère... que dis-je? esclave dans l'Épire,
Je lui donne son fils, mon âme, mon empire ;
Et je ne puis gagner dans son perfide cœur
D'autre rang que celui de son persécuteur?
Non, non, je l'ai juré, ma vengeance est certaine ;
Il faut bien une fois justifier sa haine.
J'abandonne son fils. Que de pleurs vont couler !
De quel nom sa douleur me va-t-elle appeler !
Quel spectacle pour elle aujourd'hui se dispose !
Elle en mourra, Phœnix ; et j'en serai la cause.
C'est lui mettre moi-même un poignard dans le sein.

PHŒNIX.
Et pourquoi donc en faire éclater le dessein?
Que ne consultiez-vous tantôt votre faiblesse?

PYRRHUS.
Je t'entends. Mais excuse un reste de tendresse.
Crains-tu pour ma colère un si faible combat?
D'un amour qui s'éteint c'est le dernier éclat.
Allons. A tes conseils, Phœnix, je m'abandonne.
Faut-il livrer son fils? faut-il voir Hermione?

PHŒNIX.
Oui, voyez-la, Seigneur ; et par des vœux soumis
Protestez-lui...

PYRRHUS.
Faisons tout ce que j'ai promis.

---

1. Dans l'ancien français, selon l'étymologie, la 1ʳᵉ personne de l'indicatif présent s'écrivait toujours sans s final : *je doi, je voi, je reçoi.* Lorsque, par analogie, l's de la 2ᵉ personne s'ajouta à la première, les poètes conservèrent le droit d'écrire pour la rime sans s final certains verbes tels que *je croi, je doi, je voi*, etc. Dans le corps des vers, Racine écrit encore ainsi le plus souvent.

ACTE III

SCÈNE PREMIÈRE

ORESTE, PYLADE.

PYLADE.

Modérez donc, Seigneur, cette fureur extrême.
Je ne vous connais plus ; vous n'êtes plus vous-même.
Souffrez...

ORESTE.

Non, tes conseils ne sont plus de saison,
Pylade ; je suis las d'écouter la raison.
C'est traîner trop longtemps ma vie et mon supplice :
Il faut que je l'enlève, ou bien que je périsse.
Le dessein en est pris ; je le veux achever.
Oui, je le veux.

PYLADE.

Hé bien, il la faut enlever :
J'y consens. Mais songez cependant où vous êtes.
Que croira-t-on de vous, à voir ce que vous faites ?
Dissimulez : calmez ce transport inquiet ;
Commandez à vos yeux de garder le secret.
Ces gardes, cette cour, l'air qui vous environne,
Tout dépend de Pyrrhus, et surtout Hermione.
A ses regards surtout cachez votre courroux.
O Dieux ! en cet état pourquoi la cherchiez-vous ?

ORESTE.

Que sais-je ? De moi-même étais-je alors le maître ?
La fureur m'emportait, et je venais peut-être
Menacer à la fois l'ingrate et son amant.

PYLADE.

Et quel était le fruit de cet emportement ?

ORESTE.

Et quelle âme, dis-moi, ne serait éperdue
Du coup dont ma raison vient d'être confondue ?
Il épouse, dit-il, Hermione demain ;
Il veut, pour m'honorer, la tenir de ma main.
Ah ! plutôt cette main dans le sang du barbare...

PYLADE.

Vous l'accusez, Seigneur, de ce destin[1] bizarre :
Cependant, tourmenté de ses propres desseins,
Il est peut-être à plaindre autant que je vous plains.

ORESTE.

Non, non ; je le connais, mon désespoir le flatte ;
Sans moi, sans mon amour il dédaignait l'ingrate ;
Ses charmes jusque-là n'avaient pu le toucher :
Le cruel ne la prend que pour me l'arracher.
Ah Dieux ! c'en était fait : Hermione gagnée
Pour jamais de sa vue allait être éloignée.
Son cœur, entre l'amour et le dépit confus[2],
Pour se donner à moi n'attendait qu'un refus :
Ses yeux s'ouvraient, Pylade ; elle écoutait Oreste,
Lui parlait, le plaignait. Un mot eût fait le reste.

PYLADE.

Vous le croyez ?

ORESTE.

Hé quoi ! ce courroux enflammé
Contre un ingrat...

PYLADE.

Jamais il ne fut plus aimé.
Pensez-vous, quand Pyrrhus vous l'aurait accordée,
Qu'un prétexte tout prêt ne l'eût pas retardée ?
M'en croirez-vous ? Lassé de ses trompeurs attraits,
Au lieu de l'enlever, fuyez-la pour jamais.
Quoi ! votre amour se veut charger d'une furie
Qui vous détestera, qui, toute votre vie,
Regrettant un hymen tout prêt à s'achever[3],
Voudra...

ORESTE.

C'est pour cela que je veux l'enlever.
Tout lui rirait, Pylade ; et moi, pour mon partage,

---

1. *Destin* a quelquefois le sens de *chose résolue*, conforme à l'étymologie. Ainsi Auguste dit à Cinna :
Et malgré la fureur de ton lâche destin
Je te le donne, encor, comme à mon assassin.
Dans *Cinna* et dans *Andromaque* des éditions modernes ont substitué souvent *dessein* à *destin*.

2. Embarrassé. Confus qui vient d'un participe latin (*confusus*) a gardé longtemps la trace de son origine et s'est employé comme participe. Ainsi dans Amyot (*Vie de Numa*). « Les estrangers.., incorporez et confuz avec les naturels Romains. »

3. Le XVIIe siècle a toujours confondu les deux locutions *prêt à* et *près de* quoique fort différentes par l'étymologie (*præstus, pressus*), et le plus souvent par le sens, car un homme peut être *près de* mourir, sans être nullement *prêt à* mourir ; et réciproquement, il peut être *prêt à* mourir, et très éloigné de sa fin.

Je n'emporterais donc qu'une inutile rage?
J'irais loin d'elle encor tâcher de l'oublier ?
Non, non, à mes tourments je veux l'associer.
C'est trop gémir tout seul. Je suis las qu'on me plaigne :
Je prétends qu'à mon tour l'inhumaine me craigne,
Et que ses yeux cruels, à pleurer condamnés,
Me rendent tous les noms que je leur ai donnés.

PYLADE.

Voilà donc le succès qu'aura votre ambassade!
Oreste ravisseur!

ORESTE.

Et qu'importe, Pylade?
Quand nos États vengés jouiront de mes soins,
L'ingrate de mes pleurs jouira-t-elle moins?
Et que me servira que la Grèce m'admire,
Tandis que je serai la fable de l'Épire ?
Que veux-tu? Mais, s'il faut ne te rien déguiser,
Mon innocence enfin commence à me peser.
Je ne sais de tout temps quelle injuste puissance
Laisse le crime en paix, et poursuit l'innocence.
De quelque part sur moi que je tourne les yeux,
Je ne vois que malheurs qui condamnent les Dieux.
Méritons leur courroux, justifions leur haine,
Et que le fruit du crime en précède la peine.
Mais toi, par quelle erreur veux-tu toujours sur toi
Détourner un courroux qui ne cherche que moi?
Assez et trop longtemps mon amitié t'accable :
Évite un malheureux, abandonne un coupable.
Cher Pylade, crois-moi, ta pitié te séduit.
Laisse-moi des périls dont j'attends tout le fruit.
Porte aux Grecs cet enfant que Pyrrhus m'abandonne.
Va-t'en.

PYLADE.

Allons, Seigneur, enlevons Hermione.
Au travers des périls un grand cœur se fait jour.
Que ne peut l'amitié conduite par l'amour?
Allons de tous vos Grecs encourager le zèle.
Nos vaisseaux sont tout prêts, et le vent nous appelle.
Je sais de ce palais tous les détours obscurs :
Vous voyez que la mer en vient battre les murs;
Et cette nuit, sans peine, une secrète voie
Jusqu'en votre vaisseau conduira votre proie.

ORESTE.
J'abuse, cher ami, de ton trop d'amitié.
Mais pardonne à des maux dont toi seul as pitié ;
Excuse un malheureux qui perd tout ce qu'il aime,
Que tout le monde hait, et qui se hait lui-même.
Que ne puis-je à mon tour, dans un sort plus heureux...

PYLADE.
Dissimulez, Seigneur; c'est tout ce que je veux.
Gardez qu'avant le coup votre dessein n'éclate :
Oubliez jusque-là qu'Hermione est ingrate,
Oubliez votre amour. Elle vient, je la voi[1].

ORESTE.
Va-t'en. Réponds-moi d'elle, et je réponds de moi.

SCÈNE II
HERMIONE, ORESTE, CLÉONE.

ORESTE.
Hé bien ! mes soins vous ont rendu votre conquête :
J'ai vu Pyrrhus, Madame, et votre hymen s'apprête.

HERMIONE.
On le dit; et de plus on vient de m'assurer
Que vous ne me cherchiez que pour m'y préparer.

ORESTE.
Et votre âme à ses vœux ne sera pas rebelle ?

HERMIONE.
Qui l'eût cru que Pyrrhus ne fût pas infidèle ?
Que sa flamme attendrait si tard pour éclater ?
Qu'il reviendrait à moi quand je l'allais quitter ?
Je veux croire avec vous qu'il redoute la Grèce ;
Qu'il suit son intérêt plutôt que sa tendresse ;
Que mes yeux sur votre âme étaient plus absolus.

ORESTE.
Non, Madame ; il vous aime, et je n'en doute plus.
Vos yeux ne font-ils pas tout ce qu'ils veulent faire ?
Et vous ne vouliez pas, sans doute, lui déplaire.

HERMIONE.
Mais que puis-je, Seigneur ? On a promis ma foi.
Lui ravirai-je un bien qu'il ne tient pas de moi ?
L'amour ne règle pas le sort d'une princesse :

---

[1]. Voy. page 66, note 1.

La gloire d'obéir est tout ce qu'on nous laisse.
Cependant je partais; et vous avez pu voir
Combien je relâchais¹ pour vous de mon devoir.
ORESTE.
Ah! que vous saviez bien, cruelle... Mais, Madame,
Chacun peut à son choix disposer de son âme.
La vôtre était à vous. J'espérais; mais enfin
Vous l'avez pu donner sans me faire un larcin.
Je vous accuse aussi bien moins que la fortune.
Et pourquoi vous lasser d'une plainte importune?
Tel est votre devoir; je l'avoue; et le mien
Est de vous épargner un si triste entretien.

SCÈNE III
HERMIONE, CLÉONE.

HERMIONE.
Attendais-tu, Cléone, un courroux si modeste² ?
CLÉONE.
La douleur qui se tait n'en est que plus funeste.
Je le plains d'autant plus qu'auteur de son ennui ³,
Le coup qui l'a perdu n'est parti que de lui.
Comptez depuis quel temps votre hymen se prépare :
Il a parlé, Madame; et Pyrrhus se déclare.
HERMIONE.
Tu crois que Pyrrhus craint? Et que craint-il encor ?
Des peuples qui, dix ans, ont fui devant Hector;
Qui cent fois, effrayés de l'absence d'Achille,
Dans leurs vaisseaux brûlants ont cherché leur asile;
Et qu'on verrait encor, sans l'appui de son fils,
Redemander Hélène aux Troyens impunis ?
Non, Cléone, il n'est point ennemi de lui-même :
Il veut tout ce qu'il fait; et s'il m'épouse, il m'aime.
Mais qu'Oreste, à son gré, m'impute ses douleurs;
N'avons-nous d'entretien que celui de ses pleurs?
Pyrrhus revient à nous. Hé bien! chère Cléone,
Conçois-tu les transports de l'heureuse Hermione ?
Sais-tu quel est Pyrrhus? T'es-tu fait raconter

---

1. *Relâcher*, absolument, c.-à-d. rabattre quelque chose de sa sévérité première. Bossuet dit ainsi : « Des gens... capables de relâcher pour la paix »... c.-à-d. capables de faire beaucoup de concessions pour avoir la paix.
2. Modéré.
3. *Auteur de son ennui*, se rapporte à Oreste, non à *le coup*, sujet de la phrase. (Voyez page 64, note 1).

Le nombre des exploits... Mais qui les peut compter ?
Intrépide, et partout suivi de la victoire,
Charmant, fidèle enfin, rien ne manque à sa gloire.
Songe...

CLÉONE.

Dissimulez : votre rivale en pleurs
Vient à vos pieds, sans doute, apporter ses douleurs.

HERMIONE.

Dieux ! ne puis-je à ma joie abandonner mon âme !
Sortons. Que lui dirais-je ?

SCÈNE IV.

ANDROMAQUE, HERMIONE, CLÉONE, CÉPHISE.

ANDROMAQUE.

Où fuyez-vous, Madame ?
N'est-ce point à vos yeux un spectacle assez doux
Que la veuve d'Hector pleurante à vos genoux [1] ?
Je ne viens point ici, par de jalouses larmes,
Vous envier un cœur qui se rend à vos charmes.
Par une main cruelle, hélas ! j'ai vu percer
Le seul où mes regards prétendaient s'adresser.
Ma flamme par Hector fut jadis allumée ;
Avec lui dans la tombe elle s'est enfermée [2].
Mais il me reste un fils. Vous saurez quelque jour,
Madame, pour un fils jusqu'où va notre amour :
Mais vous ne saurez pas, du moins je le souhaite,
En quel trouble mortel son intérêt nous jette,
Lorsque de tant de biens qui pouvaient nous flatter,
C'est le seul qui nous reste, et qu'on veut nous l'ôter.
Hélas ! lorsque, lassés de dix ans de misère,
Les Troyens en courroux menaçaient votre mère,
J'ai su de mon Hector lui procurer l'appui.
Vous pouvez sur Pyrrhus ce que j'ai pu sur lui.
Que craint-on d'un enfant qui survit à sa perte ?
Laissez-moi le cacher en quelque île déserte.

---

1. Pleurant est adjectif aussi bien que participe. Madame de Sévigné dit : « Une vivacité morte, une gaieté pleurante » (21 oct. 1676). Voy. ci-après acte IV, scène v, vers 55.

2. Didon dans Virgile (*Énéide*, liv. IV, vers 29), dit en parlant de Sichée, son premier mari :
Ille meos, primus qui me sibi junxit, amores
Abstulit ; ille habeat secum servetque sepulcro.

Sur les soins de sa mère on peut s'en assurer [1] ;
Et mon fils avec moi n'apprendra qu'à pleurer.
HERMIONE.
Je conçois vos douleurs : mais un devoir austère,
Quand mon père a parlé, m'ordonne de me taire.
C'est lui qui, de Pyrrhus, fait agir le courroux.
S'il faut fléchir Pyrrhus, qui le peut mieux que vous ?
Vos yeux assez longtemps ont régné sur son âme.
Faites-le prononcer : j'y souscrirai, Madame.

SCÈNE V.

ANDROMAQUE, CÉPHISE.

ANDROMAQUE.
Quel mépris la cruelle attache à ses refus !
CÉPHISE.
Je croirais ses conseils, et je verrais Pyrrhus.
Un regard confondrait Hermione et la Grèce...
Mais lui-même il vous cherche.

SCÈNE VI.

PYRRHUS, ANDROMAQUE, PHŒNIX, CÉPHISE.

PYRRHUS, à Phœnix.
               Où donc est la princesse ?
Ne m'avais-tu pas dit qu'elle était en ces lieux ?
PHŒNIX.
Je le croyais.
ANDROMAQUE, à Céphise.
      Tu vois le pouvoir de mes yeux [2].
PYRRHUS.
Que dit-elle, Phœnix ?
ANDROMAQUE.
         Hélas ! tout m'abandonne !
PHŒNIX.
Allons, Seigneur, marchons sur les pas d'Hermione.
CÉPHISE.
Qu'attendez-vous ? Rompez ce silence obstiné.

---

1. S'assurer de lui, n'avoir rien à en craindre ; en se fiant aux soins de sa mère.
2. Ce vers, que quelques commentateurs ont blâmé à tort, n'est qu'une triste allusion au vers 11 de cette même page, une réponse plaintive et découragée d'Andromaque à Céphise.

ANDROMAQUE.
Il a promis mon fils.

CÉPHISE.
Il ne l'a pas donné.

ANDROMAQUE.
Non, non, j'ai beau pleurer, sa mort est résolue.

PYRRHUS.
Daigne-t-elle sur nous tourner au moins la vue ?
Quel orgueil !

ANDROMAQUE.
Je ne fais que l'irriter encor.
Sortons.

PYRRHUS.
Allons aux Grecs livrer le fils d'Hector.

ANDROMAQUE.
Ah, Seigneur ! arrêtez ! que prétendez-vous faire ?
Si vous livrez le fils, livrez-leur donc la mère !
Vos serments m'ont tantôt juré tant d'amitié :
Dieux ! ne pourrai-je au moins toucher votre pitié ?
Sans espoir de pardon m'avez-vous condamnée ?

PYRRHUS.
Phœnix vous le dira, ma parole est donnée.

ANDROMAQUE.
Vous qui braviez pour moi tant de périls divers !

PYRRHUS.
J'étais aveugle alors ; mes yeux se sont ouverts.
Sa grâce à vos désirs pouvait être accordée ;
Mais vous ne l'avez pas seulement demandée.
C'en est fait.

ANDROMAQUE.
Ah, Seigneur ! vous entendiez assez
Des soupirs qui craignaient de se voir repoussés.
Pardonnez à l'éclat d'une illustre fortune
Ce reste de fierté qui craint d'être importune.
Vous ne l'ignorez pas : Andromaque, sans vous,
N'aurait jamais d'un maître embrassé les genoux.

PYRRHUS.
Non, vous me haïssez ; et dans le fond de l'âme
Vous craignez de devoir quelque chose à ma flamme.
Ce fils même, ce fils, l'objet de tant de soins,
Si je l'avais sauvé, vous l'en aimeriez moins.
La haine, le mépris, contre moi tout s'assemble ;

ANDROMAQUE.

Vous me haïssez plus que tous les Grecs ensemble.
Jouissez à loisir d'un si noble courroux.
Allons, Phœnix.

ANDROMAQUE.
Allons rejoindre mon époux.

CÉPHISE.
Madame...

ANDROMAQUE, à Céphise.
Et que veux-tu que je lui dise encore ?
Auteur de tous mes maux, crois-tu qu'il les ignore ?
(A Pyrrhus.)
Seigneur, voyez l'état où vous me réduisez :
J'ai vu mon père mort et nos murs embrasés ;
J'ai vu trancher les jours de ma famille entière,
Et mon époux sanglant traîné sur la poussière,
Son fils seul avec moi, réservé pour les fers.
Mais que ne peut un fils ! je respire, je sers.
J'ai fait plus : je me suis quelquefois consolée
Qu'ici plutôt qu'ailleurs le sort m'eût exilée ;
Qu'heureux dans son malheur, le fils de tant de rois,
Puisqu'il devait servir, fût tombé sous vos lois :
J'ai cru que sa prison deviendrait son asile.
Jadis Priam soumis fut respecté d'Achille :
J'attendais de son fils encor plus de bonté.
Pardonne, cher Hector, à ma crédulité :
Je n'ai pu soupçonner ton ennemi d'un crime ;
Malgré lui-même enfin je l'ai cru magnanime.
Ah ! s'il l'était assez pour nous laisser du moins
Au tombeau qu'à ta cendre ont élevé mes soins [1] ;
Et que, finissant là sa haine et nos misères,
Il ne séparât point des dépouilles si chères !

PYRRHUS.
Va m'attendre, Phœnix.

---

1. Nous laisser au tombeau... C'est ce tombeau vide qu'Andromaque avait élevé en Épire à son époux mort. Cf Virgile, *Énéide*, III, 301 :
Solemnes tum forte dapes et tristia dona,

*Ante urbem in luco, falsi Simoentis ad undam,
Libabat cineri Andromache, Manesque vocabat
Hectoreum ad tumulum, viridi quem cespite inanem
Et geminas, causam lacrimis, sacraverat aras.*

SCÈNE VII

PYRRHUS, ANDROMAQUE, CÉPHISE.

PYRRHUS.

Madame, demeurez.
On peut vous rendre encor ce fils que vous pleurez.
Oui, je sens à regret qu'en excitant vos larmes
Je ne fais contre moi, que vous donner des armes.
Je croyais apporter plus de haine en ces lieux.
Mais, Madame, du moins tournez vers moi les yeux;
Voyez si mes regards sont d'un juge sévère,
S'ils sont d'un ennemi qui cherche à vous déplaire.
Pourquoi me forcez-vous vous-même à vous trahir?
Au nom de votre fils, cessons de nous haïr.
A le sauver enfin c'est moi qui vous convie.
Faut-il que mes soupirs vous demandent sa vie?
Faut-il qu'en sa faveur j'embrasse vos genoux?
Pour la dernière fois, sauvez-le, sauvez-vous.
Je sais de quels serments je romps pour vous les chaînes;
Combien je vais sur moi faire éclater de haines.
Je renvoie Hermione, et je mets sur son front,
Au lieu de ma couronne, un éternel affront.
Je vous conduis au temple où son hymen s'apprête;
Je vous ceins du bandeau préparé pour sa tête.
Mais ce n'est plus, Madame, une offre à dédaigner :
Je vous le dis : il faut ou périr, ou régner.
Mon cœur, désespéré d'un an d'ingratitude,
Ne peut plus de son sort souffrir l'incertitude.
C'est craindre, menacer et gémir trop longtemps.
Je meurs si je vous perds; mais je meurs si j'attends.
Songez-y : je vous laisse, et je viendrai vous prendre
Pour vous mener au temple, où ce fils doit m'attendre ;
Et là, vous me verrez, soumis ou furieux,
Vous couronner, Madame, ou le perdre à vos yeux[1].

---

1. Cette antithèse et cette situation sont dans le *Pertharite* de Corneille.
C'est à vous d'y penser : tout le choix qu'on vous donne
C'est d'accepter pour lui la mort ou la couronne
Son sort est en vos mains : aimer ou dédaigner;
Le va faire périr ou le faire régner.

SCÈNE VIII
ANDROMAQUE, CÉPHISE.

CÉPHISE.
Je vous l'avais prédit, qu'en dépit de la Grèce,
De votre sort encor vous seriez la maîtresse.
ANDROMAQUE.
Hélas! de quel effet tes discours sont suivis!
Il ne me restait plus qu'à condamner mon fils.
CÉPHISE.
Madame, à votre époux c'est être assez fidèle :
Trop de vertu pourrait vous rendre criminelle.
Lui-même il porterait votre âme à la douceur.
ANDROMAQUE.
Quoi! je lui donnerais Pyrrhus pour successeur?
CÉPHISE.
Ainsi le veut son fils, que les Grecs vous ravissent.
Pensez-vous qu'après tout ses mânes en rougissent?
Qu'il méprisât[1], Madame, un roi victorieux
Qui vous fait remonter au rang de vos aïeux,
Qui foule aux pieds pour vous vos vainqueurs en colère,
Qui ne se souvient plus qu'Achille était son père,
Qui dément ses exploits et les rend superflus?
ANDROMAQUE.
Dois-je les oublier, s'il ne s'en souvient plus?
Dois-je oublier Hector privé de funérailles,
Et traîné sans honneur autour de nos murailles?
Dois-je oublier son père à mes pieds renversé,
Ensanglantant l'autel qu'il tenait embrassé!
Songe, songe, Céphise, à cette nuit cruelle
Qui fut pour tout un peuple une nuit éternelle;
Figure-toi Pyrrhus, les yeux étincelants,
Entrant à la lueur de nos palais brûlants,
Sur tous mes frères morts[2] se faisant un passage,
Et, de sang tout couvert, échauffant le carnage;
Songe aux cris des vainqueurs, songe aux cris des mourants,

---

1. C.-à-dire *qu'il mépriserait.* Sur cet emploi de l'imparfait du subjonctif au sens du conditionnel, voy. ci-dessus page 52 note 1.
2. Ce sont ses beaux-frères, les frères d'Hector, qu'Andromaque nomme ici ses frères. Ses véritables frères avaient péri avec leurs parents sous les coups d'Achille, au pillage de Thèbes en Cilicie (*Iliade*, IV, v. 410).

Dans la flamme étouffés, sous le fer expirants ;
Peins-toi dans ces horreurs Andromaque éperdue :
Voilà comme Pyrrhus vint s'offrir à ma vue.
Voilà par quels exploits il sut se couronner ;
Enfin voilà l'époux que tu me veux donner.
Non, je ne serai point complice de ses crimes ;
Qu'il nous prenne, s'il veut, pour dernières victimes.
Tous mes ressentiments lui seraient asservis[1].

CÉPHISE.

Hé bien ! allons donc voir expirer votre fils ;
On n'attend plus que vous. Vous frémissez, Madame !

ANDROMAQUE.

Ah ! de quel souvenir viens-tu frapper mon âme !
Quoi ! Céphise, j'irai voir expirer encor
Ce fils, ma seule joie, et l'image d'Hector !
Ce fils, que de sa flamme il me laissa pour gage !
Hélas ! je m'en souviens : le jour que son courage
Lui fit chercher Achille, ou plutôt le trépas,
Il demanda son fils, et le prit dans ses bras :
« Chère épouse, dit-il en essuyant mes larmes,
« J'ignore quel succès le sort garde à mes armes ;
« Je te laisse mon fils pour gage de ma foi :
« S'il me perd, je prétends qu'il me retrouve en toi.
« Si d'un heureux hymen la mémoire t'est chère,
« Montre au fils à quel point tu chérissais le père[2]. »
Et je puis voir répandre un sang si précieux ?
Et je laisse avec lui périr tous ses aïeux ?
Roi barbare, faut-il que mon crime l'entraîne[3] ?
Si je te hais, est-il coupable de ma haine ?
T'a-t-il de tous les siens reproché le trépas ?
S'est-il plaint à tes yeux des maux qu'il ne sent pas.
Mais cependant, mon fils, tu meurs si je n'arrête
Le fer que le cruel tient levé sur ta tête.
Je l'en puis détourner, et je t'y vais offrir !...
Non, tu ne mourras point : je ne le puis souffrir.
Allons trouver Pyrrhus. Mais non, chère Céphise,
Va le trouver pour moi.

---

1. Tous mes ressentiments lui seraient asservis, sacrifiés, si je l'épousais ; je perdrais le droit de l'abhorrer. Ce vers un peu obscur, devrait logiquement précéder les deux vers précédents. Mais dans l'égarement du désespoir, il est naturel qu'Andromaque montre un peu d'incohérence.

2. Homère a raconté (*Iliade*, VI), mais d'une façon assez différente, les derniers adieux d'Hector et d'Andromaque.

3. Entraîne et perde mon fils.

CÉPHISE.
Que faut-il que je dise?
ANDROMAQUE.
Dis-lui que de mon fils l'amour est assez fort...
Crois-tu que dans son cœur il ait juré sa mort?
L'amour peut-il si loin pousser sa barbarie?
CÉPHISE.
Madame, il va bientôt revenir en furie.
ANDROMAQUE.
Hé bien! va l'assurer...
CÉPHISE.
De quoi? de votre foi?
ANDROMAQUE.
Hélas! pour la promettre est-elle encore à moi?
O cendres d'un époux! ô Troyens! ô mon père!
O mon fils, que tes jours coûtent cher à ta mère!
Allons.
CÉPHISE.
Où donc, Madame, et que résolvez-vous?
ANDROMAQUE.
Allons sur son tombeau consulter mon époux.

ACTE IV

SCÈNE PREMIÈRE

ANDROMAQUE, CÉPHISE.

CÉPHISE.
Ah! je n'en doute point : c'est votre époux, Madame,
C'est Hector qui produit ce miracle en votre âme.
Il veut que Troie encor se puisse relever
Avec cet heureux fils qu'il vous fait conserver.
Pyrrhus vous l'a promis. Vous venez de l'entendre,
Madame : il n'attendait qu'un mot pour vous le rendre.
Croyez-en ses transports : père, sceptre, alliés,
Content de votre cœur, il met tout à vos pieds.
Sur lui, sur tout son peuple il vous rend souveraine.
Est-ce là ce vainqueur digne de tant de haine?
Déjà contre les Grecs plein d'un noble courroux,
Le soin de votre fils le touche autant que vous :

Il prévient leur fureur ; il lui laisse sa garde.
Pour ne pas l'exposer, lui-même il se hasarde.
Mais tout s'apprête au temple ; et vous avez promis.
ANDROMAQUE.
Oui, je m'y trouverai. Mais allons voir mon fils.
CÉPHISE.
Madame, qui vous presse ? Il suffit que sa vue
Désormais à vos yeux ne soit plus défendue.
Vous lui pourrez bientôt prodiguer vos bontés,
Et vos embrassements ne seront plus comptés.
Quel plaisir d'élever un enfant qu'on voit croître[1]
Non plus comme un esclave élevé pour son maître,
Mais pour voir avec lui renaître tant de rois !
ANDROMAQUE.
Céphise, allons le voir pour la dernière fois.
CÉPHISE.
Que dites-vous ! O Dieux !
ANDROMAQUE.
O ma chère Céphise,
Ce n'est point avec toi que mon cœur se déguise.
Ta foi dans mon malheur s'est montrée à mes yeux ;
Mais j'ai cru qu'à mon tour tu me connaissais mieux.
Quoi donc ! as-tu pensé qu'Andromaque infidèle
Pût trahir un époux qui croit revivre en elle ;
Et que, de tant de morts réveillant la douleur,
Le soin de mon repos me fît troubler le leur ?
Est-ce là cette ardeur tant promise à sa cendre ?
Mais son fils périssait, il l'a fallu défendre.
Pyrrhus en m'épousant s'en déclare l'appui ;
Il suffit : je veux bien m'en reposer sur lui.
Je sais quel est Pyrrhus : violent, mais sincère,
Céphise, il fera plus qu'il n'a promis de faire.
Sur le courroux des Grecs je m'en repose encor ;
Leur haine va donner un père au fils d'Hector.
Je vais donc, puisqu'il faut que je me sacrifie,
Assurer à Pyrrhus le reste de ma vie ;
Je vais, en recevant sa foi sur les autels,

---

1. Aujourd'hui ce vers ne rime plus avec le suivant. Mais les éditions publiées du vivant de Racine portent toutes *craistre*; telle était la prononciation la plus usitée. On prononçait aussi *crouêtre;* de toute façon le mot rimait bien avec *maître* au temps de Racine. La prononciation *crouatre*, d'abord très vulgaire, n'a prévalu qu'à la fin du xviiie siècle.

L'engager à mon fils par des nœuds immortels.
Mais aussitôt ma main, à moi seule funeste,
D'une infidèle vie abrégera le reste ;
Et, sauvant ma vertu, rendra ce que je doi [1]
A Pyrrhus, à mon fils, à mon époux, à moi.
Voilà de mon amour l'innocent stratagème ;
Voilà ce qu'un époux m'a commandé lui-même.
J'irai seule rejoindre Hector et mes aïeux.
Céphise, c'est à toi de me fermer les yeux.

CÉPHISE.

Ah ! ne prétendez pas que je puisse survivre...

ANDROMAQUE.

Non, non, je te défends, Céphise, de me suivre.
Je confie à tes soins mon unique trésor :
Si tu vivais pour moi, vis pour le fils d'Hector.
De l'espoir des Troyens seule dépositaire,
Songe à combien de rois tu deviens nécessaire.
Veille auprès de Pyrrhus ; fais-lui garder sa foi :
S'il le faut, je consens qu'on lui parle de moi.
Fais-lui valoir l'hymen où je me suis rangée :
Dis-lui qu'avant ma mort je lui fus engagée ;
Que ses ressentiments doivent être effacés ;
Qu'en lui laissant mon fils, c'est l'estimer assez.
Fais connaître à mon fils les héros de sa race ;
Autant que tu pourras, conduis-le sur leur trace.
Dis-lui par quels exploits leurs noms ont éclaté,
Plutôt ce qu'ils ont fait que ce qu'ils ont été ;
Parle-lui tous les jours des vertus de son père ;
Et quelquefois aussi parle-lui de sa mère.
Mais qu'il ne songe plus, Céphise, à nous venger :
Nous lui laissons un maître, il le doit ménager.
Qu'il ait de ses aïeux un souvenir modeste :
Il est du sang d'Hector, mais il en est le reste ;
Et pour ce reste enfin j'ai moi-même, en un jour,
Sacrifié mon sang, ma haine et mon amour.

CÉPHISE.

Hélas !

ANDROMAQUE.

Ne me suis point, si ton cœur en alarmes
Prévoit qu'il ne pourra commander à tes larmes.

---

1. Sur cette orthographe, voyez ci-dessus page 66, note 1.

On vient. Cache tes pleurs, Céphise; et souviens-toi
Que le sort d'Andromaque est commis [1] à ta foi.
C'est Hermione. Allons, fuyons sa violence.

SCÈNE II
HERMIONE, CLÉONE [2].

CLÉONE.

Non, je ne puis assez admirer ce silence.
Vous vous taisez, Madame; et ce cruel mépris
N'a pas du moindre trouble agité vos esprits!
Vous soutenez en paix une si rude attaque,
Vous qu'on voyait frémir au seul nom d'Andromaque!
Vous qui sans désespoir ne pouviez endurer
Que Pyrrhus d'un regard la voulût honorer!
Il l'épouse; il lui donne, avec son diadème,
La foi que vous venez de recevoir vous-même,
Et votre bouche encor, muette à tant d'ennui [3],
N'a pas daigné s'ouvrir pour se plaindre de lui!
Ah! que je crains, Madame, un calme si funeste!
Et qu'il vaudrait bien mieux...

HERMIONE.

Fais-tu venir Oreste?

CLÉONE.

Il vient, Madame, il vient; et vous pouvez juger
Que bientôt à vos pieds il allait se ranger.
Prêt à servir toujours sans espoir de salaire,
Vos yeux ne sont que trop assurés de lui plaire.
Mais il entre.

SCÈNE III
ORESTE.

Ah! Madame, est-il vrai qu'une fois
Oreste, en vous cherchant, obéisse à vos lois?

---

1. Latinisme : confié.
Reprenez le pouvoir que vous m'avez *commis*
(*Cinna*, v. 1123).
2. Rarement, dans Racine, la scène reste, comme ici, vide, tous les personnages qui l'occupaient cédant la place à d'autres. La règle de lier les scènes dans tout le cours d'un acte n'est devenue absolue qu'après Corneille, qui la connaissait déjà, mais ne l'observait pas toujours.
3. Tour hardi et neuf, mais ne dit-on pas : sourd à tant de prières, aveugle à tant d'attraits? Plus loin Racine dira : muet à mes soupirs. Sur le sens du mot *ennui*, voy. page 45, note 1.

Ne m'a-t-on point flatté d'une fausse espérance?
Avez-vous en effet souhaité ma présence?
Croirai-je que vos yeux, à la fin désarmés,
Veulent...

HERMIONE.

Je veux savoir, Seigneur, si vous m'aimez.

ORESTE.

Si je vous aime! ô Dieux! mes serments, mes parjures,
Ma fuite, mon retour, mes respects, mes injures,
Mon désespoir, mes yeux de pleurs toujours noyés,
Quels témoins croirez-vous, si vous ne les croyez?

HERMIONE.

Vengez-moi, je crois tout.

ORESTE.

Hé bien! allons, Madame :
Mettons encore un coup toute la Grèce en flamme;
Prenons, en signalant mon bras et votre nom,
Vous, la place d'Hélène, et moi, d'Agamemnon;
De Troie en ce pays réveillons les misères;
Et qu'on parle de nous ainsi que de nos pères.
Partons, je suis tout prêt.

HERMIONE.

Non, Seigneur, demeurons :
Je ne veux pas si loin porter de tels affronts.
Quoi! de mes ennemis couronnant l'insolence,
J'irais attendre ailleurs une lente vengeance?
Et je m'en remettrais au destin des combats,
Qui peut-être à la fin ne me vengerait pas?
Je veux qu'à mon départ toute l'Epire pleure;
Mais si vous me vengez, vengez-moi dans une heure.
Tous vos retardements sont pour moi des refus.
Courez au temple. Il faut immoler...

ORESTE.

Qui?

HERMIONE.

Pyrrhus.

ORESTE.

Pyrrhus, Madame!

HERMIONE.

Hé quoi! votre haine chancelle?
Ah! courez et craignez que je ne vous rappelle.
N'alléguez point des droits que je veux oublier;

ANDROMAQUE.

Et ce n'est pas à vous à le justifier [1].

ORESTE.

Moi, je l'excuserais ! Ah ! vos bontés, Madame,
Ont gravé trop avant ses crimes dans mon âme.
Vengeons-nous, j'y consens, mais par d'autres chemins ;
Soyons ses ennemis, et non ses assassins ;
Faisons de sa ruine une juste conquête.
Quoi ! pour réponse aux Grecs porterai-je sa tête ?
Et n'ai-je pris sur moi le soin de tout l'État,
Que pour m'en acquitter par un assassinat ?
Souffrez, au nom des Dieux ! que la Grèce s'explique [2],
Et qu'il meure chargé de la haine publique.
Souvenez-vous qu'il règne, et qu'un front couronné...

HERMIONE.

Ne vous suffit-il pas que je l'ai condamné [3] ?
Ne vous suffit-il pas que ma gloire offensée
Demande une victime à moi seule adressée ;
Qu'Hermione est le prix d'un tyran opprimé [4] ;
Que je le hais ; enfin, Seigneur, que je l'aimai ?
Je ne m'en cache point : l'ingrat m'avait su plaire,
Soit qu'ainsi l'ordonnât mon amour ou mon père,
N'importe ; mais enfin réglez-vous là-dessus.
Malgré mes vœux, Seigneur, honteusement déçus,
Malgré la juste horreur que son crime me donne,
Tant qu'il vivra, craignez que je ne lui pardonne.
Doutez jusqu'à sa mort d'un courroux incertain ;
S'il ne meurt aujourd'hui, je puis l'aimer demain.

ORESTE.

Hé bien ! il faut le perdre, et prévenir sa grâce ;
Il faut... Mais cependant que faut-il que je fasse ?
Comment puis-je sitôt servir votre courroux ?
Quel chemin jusqu'à lui peut conduire mes coups ?
A peine suis-je encore arrivé dans l'Épire,

---

1. C'est à vous à faire, c'est à vous de faire ; ces deux tournures sont équivalentes, et c'est à tort que certains grammairiens ont voulu établir entre elles une distinction de sens et d'emploi.

2. Dise hautement ses griefs contre Pyrrhus.

3. La grammaire moderne voudrait ici *que je l'aie condamné* à cause de la tournure interrogative. Mais Hermione ; affirme qu'elle a condamné Pyrrhus voilà pourquoi la syntaxe du xviie siècle, moins grammaticale et plus logique que la nôtre, préfère ici l'indicatif, mode de l'affirmation.

4. Latinisme ; *opprimer* a ici le sens d'accabler, *écraser*, *détruire*.
La tournure aussi est latine ; le prix d'un tyran opprimé, c.-à-d. le prix de l'*oppression*, de l'écrasement d'un tyran. Cf. ci-dessous le vers 4, page 85.

Vous voulez par mes mains renverser un empire;
Vous voulez qu'un roi meure et pour son châtiment
Vous ne donnez qu'un jour, qu'une heure, qu'un moment.
Aux yeux de tout son peuple il faut que je l'opprime.
Laissez-moi vers l'autel conduire ma victime,
Je ne m'en défends plus; et je ne veux qu'aller
Reconnaître la place où je dois l'immoler.
Cette nuit je vous sers, cette nuit je l'attaque.

HERMIONE.

Mais cependant, ce jour, il épouse Andromaque;
Dans le temple déjà le trône est élevé,
Ma honte est confirmée, et son crime achevé.
Enfin qu'attendez-vous? Il vous offre sa tête :
Sans gardes, sans défense, il marche à cette fête;
Autour du fils d'Hector il les fait tous ranger;
Il s'abandonne au bras qui me voudra venger.
Voulez-vous, malgré lui, prendre soin de sa vie?
Armez, avec vos Grecs, tous ceux qui m'ont suivie;
Soulevez vos amis; tous les miens sont à vous.
Il me trahit, vous trompe, et nous méprise tous.
Mais quoi! déjà leur haine est égale à la mienne;
Elle épargne à regret l'époux d'une Troyenne.
Parlez; mon ennemi ne vous peut échapper;
Ou plutôt il ne faut que les laisser frapper.
Conduisez ou suivez une fureur si belle;
Revenez tout couvert du sang de l'infidèle;
Allez : en cet état soyez sûr de mon cœur.

ORESTE.

Mais, Madame, songez...

HERMIONE.

Ah! c'en est trop, Seigneur.
Tant de raisonnements offensent ma colère.
J'ai voulu vous donner les moyens de me plaire,
Rendre Oreste content ; mais enfin je vois bien
Qu'il veut toujours se plaindre, et ne mériter rien.
Partez; allez ailleurs vanter votre constance,
Et me laissez ici le soin de ma vengeance.
De mes lâches bontés mon courage est confus;
Et c'est trop en un jour essuyer de refus.
Je m'en vais seule au temple où leur hymen s'apprête,
Où vous n'osez aller mériter ma conquête :
Là, de mon ennemi je saurai m'approcher;

Je percerai le cœur que je n'ai pu toucher ;
Et mes sanglantes mains sur moi-même tournées,
Aussitôt, malgré lui, joindront nos destinées ;
Et tout ingrat qu'il est, il me sera plus doux
De mourir avec lui, que de vivre avec vous.

ORESTE.

Non, je vous priverai de ce plaisir funeste,
Madame, il ne mourra que de la main d'Oreste.
Vos ennemis par moi vont vous être immolés,
Et vous reconnaîtrez mes soins, si vous voulez.

HERMIONE.

Allez. De votre sort laissez-moi la conduite,
Et que tous vos vaisseaux soient prêts pour notre fuite [1].

SCÈNE IV

HERMIONE, CLÉONE.

CLÉONE.

Vous vous perdez, Madame ; et vous devez songer...

HERMIONE.

Que je me perde ou non, je songe à me venger.
Je ne sais même encor, quoi qu'il m'ait pu promettre,
Sur d'autres que sur moi si je dois m'en remettre :
Pyrrhus n'est pas coupable à ses yeux comme aux miens ;
Et je tiendrais mes coups bien plus sûrs que les siens.
Quel plaisir de venger moi-même mon injure,
De retirer mon bras teint du sang du parjure,
Et, pour rendre sa peine et mes plaisirs plus grands,
De cacher ma rivale à ses regards mourants !
Ah ! si du moins Oreste, en punissant son crime,
Lui laissait le regret de mourir ma victime !
Va le trouver : dis-lui qu'il apprenne à l'ingrat
Qu'on l'immole à ma haine, et non pas à l'État.
Chère Cléone, cours. Ma vengeance est perdue,
S'il ignore en mourant que c'est moi qui le tue [2].

---

1. Comparez plusieurs vers de *Cinna*:
Puisque ta lâcheté n'ose me mériter.
(dit Émilie à Cinna en le menaçant
d'aller elle-même immoler Auguste).
Viens me voir dans son sang et dans le mien baignée
Plus loin :
Mais ma main aussitôt contre mon sein tournée, etc.
   La situation est très analogue et
l'imitation sensible dans le mouvement général du couplet, sinon dans les mots.

2. Ici, comme ci-dessus, Hermione
imite Emilie.
Sa perte que je veux, me deviendrait amère
Si quelqu'un l'immolait à d'autres qu'à mon père,
Et tu verrais mes pleurs couler pour son trépas
Qui, le faisant périr, ne me vengerait pas.
(*Cinna*, v. 101.)
   Du Ryer dans son *Thémistocle* imprimé en 1648 avait dit :

CLÉONE.

Je vous obéirai. Mais qu'est-ce que je voi¹?
O Dieux ! qui l'aurait cru, Madame ? c'est le roi !

HERMIONE.

Ah! cours après Oreste; et dis-lui, ma Cléone,
Qu'il n'entreprenne rien sans revoir Hermione.

SCÈNE V

PYRRHUS, HERMIONE, PHŒNIX.

Vous ne m'attendiez pas, Madame; et je vois bien
Que mon abord ici trouble votre entretien.
Je ne viens point, armé d'un indigne artifice,
D'un voile d'équité couvrir mon injustice :
Il suffit que mon cœur me condamne tout bas;
Et je soutiendrais mal ce que je ne crois pas.
J'épouse une Troyenne. Oui, Madame, et j'avoue
Que je vous ai promis la foi que je lui voue.
Un autre vous dirait que dans les champs troyens,
Nos deux pères, sans nous, formèrent ces liens;
Et que, sans consulter ni mon choix ni le vôtre²,
Nous fûmes, sans amour, engagés l'un à l'autre.
Mais c'est assez pour moi que je me sois soumis.
Par mes ambassadeurs mon cœur vous fut promis;
Loin de les révoquer, je voulus y souscrire³ :
Je vous vis avec eux arriver en Épire ;
Et, quoique d'un autre œil l'éclat victorieux
Eût déjà prévenu le pouvoir de vos yeux,
Je ne m'arrêtai point à cette ardeur nouvelle ;
Je voulus m'obstiner à vous être fidèle;
Je vous reçus en reine; et jusques à ce jour
J'ai cru que mes serments me tiendraient lieu d'amour.
Mais cet amour l'emporte; et par un coup funeste,
Andromaque m'arrache un cœur qu'elle déteste.

Il fallait que sa mort fût un coup de ma haine
Que ma main achevât, qu'il mourût à ma vue,
Et qu'il sût en mourant que c'est moi qui le tue.

Ce dernier vers est imité de fort près dans le vers d'*Andromaque*.

1. Voy. page 66 note 1.
2. *Nous* est le sujet de la phrase ; et *consulter* n'a point de sujet exprimé. Sans que l'on consultât nous fûmes, etc.

Cette tournure elliptique, aujourd'hui condamnée, est très fréquente au XVIIe siècle; et tous les écrivains l'admettaient pourvu que l'idée fût claire.

3. Loin de les *révoquer*, c.-à-d. de les *désavouer*, je voulus *y souscrire*, consentir à ce qu'ils avaient promis; *y* se rapporte à l'idée générale plutôt qu'à un mot en particulier.

L'un par l'autre entraînés, nous courons à l'autel
Nous jurer, malgré nous, un amour immortel.
Après cela, Madame, éclatez contre un traître,
Qui l'est avec douleur, et qui pourtant veut l'être.
Pour moi, loin de contraindre un si juste courroux,
Il me soulagera peut-être autant que vous.
Donnez-moi tous les noms destinés aux parjures :
Je crains votre silence, et non pas vos injures ;
Et mon cœur, soulevant mille secrets témoins,
M'en dira d'autant plus que vous m'en direz moins.

HERMIONE.

Seigneur, dans cet aveu dépouillé d'artifice,
J'aime à voir que du moins vous vous rendiez justice ;
Et que, voulant bien rompre un nœud si solennel,
Vous vous abandonniez au crime en criminel.
Est-il juste, après tout, qu'un conquérant s'abaisse
Sous la servile loi de garder sa promesse ?
Non, non, la perfidie a de quoi vous tenter ;
Et vous ne me cherchez que pour vous en vanter.
Quoi ! sans que ni serment ni devoir vous retienne,
Rechercher une Grecque, amant d'une Troyenne[1] ?
Me quitter, me reprendre, et retourner encor
De la fille d'Hélène à la veuve d'Hector ?
Couronner tour à tour l'esclave et la princesse ;
Immoler Troie aux Grecs, au fils d'Hector la Grèce ?
Tout cela part d'un cœur toujours maître de soi,
D'un héros qui n'est point esclave de sa foi.
Pour plaire à votre épouse, il vous faudrait peut-être
Prodiguer les doux noms de parjure et de traître.
Vous veniez de mon front observer la pâleur,
Pour aller dans ses bras rire de ma douleur.
Pleurante[2] après son char vous voulez qu'on me voie.
Mais, Seigneur, en un jour ce serait trop de joie ;
Et sans chercher ailleurs des titres empruntés,
Ne vous suffit-il pas de ceux que vous portez ?
Du vieux père d'Hector la valeur abattue
Aux pieds de sa famille expirante à sa vue,
Tandis que dans son sein votre bras enfoncé
Cherche un reste de sang que l'âge avait glacé ;

---

1. Étant déjà l'amant d'une Troyenne.
2. Voy. page 72, note 1.

Dans des ruisseaux de sang Troie ardente plongée;
De votre propre main Polyxène égorgée¹,
Aux yeux de tous les Grecs indignés contre vous :
Que peut-on refuser à ces généreux coups?

PYRRHUS.

Madame, je sais trop à quels excès de rage
La vengeance d'Hélène emporta mon courage;
Je puis me plaindre à vous du sang que j'ai versé² :
Mais enfin je consens d'oublier le passé.
Je rends grâces au ciel que votre indifférence
De mes heureux soupirs m'apprenne l'innocence.
Mon cœur, je le vois bien, trop prompt à se gêner³,
Devait mieux vous connaître et mieux s'examiner.
Mes remords vous faisaient une injure mortelle :
Il faut se croire aimé pour se croire infidèle.
Vous ne prétendiez point m'arrêter dans vos fers :
J'ai craint de vous trahir, peut-être je vous sers.
Nos cœurs n'étaient point faits dépendants⁴ l'un de l'autre :
Je suivais mon devoir, et vous cédiez au vôtre.
Rien ne vous engageait à m'aimer en effet.

HERMIONE.

Je ne t'ai point aimé, cruel! qu'ai-je donc fait?
J'ai dédaigné pour toi les vœux de tous nos princes;
Je t'ai cherché moi-même au fond de tes provinces;
J'y suis encor, malgré tes infidélités,
Et malgré tous mes Grecs, honteux de mes bontés.
Je leur ai commandé de cacher mon injure.
J'attendais en secret le retour d'un parjure;
J'ai cru que tôt ou tard, à ton devoir rendu,
Tu me rapporterais un cœur qui m'était dû.
Je t'aimais inconstant; qu'aurais-je fait fidèle⁵?
Et même en ce moment où ta bouche cruelle
Vient si tranquillement m'annoncer le trépas,
Ingrat, je doute encor si je ne t'aime pas.
Mais, Seigneur, s'il le faut, si le ciel en colère

---

1. Fille de Priam, égorgée par Pyrrhus sur le tombeau d'Achille.
2. Puisqu'il le versa pour venger Hélène, mère d'Hermione.
3. Voyez page 54, note 1.
4. Dépendant est adjectif aussi bien que participe. Racine dit dans *Phèdre*

Cette âme si superbe est enfin *dépendante*.

5. Ellipse célèbre par sa brièveté hardie mais claire. Qu'aurais-je fait c.à.d. comment t'aurais-je aimé si tu avait été fidèle, puisque je t'aime quoique tu sois inconstant.

Réserve à d'autres yeux la gloire de vous plaire,
Achevez votre hymen, j'y consens. Mais, du moins,
Ne forcez pas mes yeux d'en être les témoins.
Pour la dernière fois je vous parle peut-être ;
Différez-le d'un jour ; demain vous serez maître.
Vous ne répondez point ? Perfide, je le voi[1],
Tu comptes les moments que tu perds avec moi !
Ton cœur, impatient de revoir ta Troyenne,
Ne souffre qu'à regret qu'un autre[2] t'entretienne :
Tu lui parles du cœur, tu la cherches des yeux.
Je ne te retiens plus, sauve-toi de ces lieux :
Va lui jurer la foi que tu m'avais jurée ;
Va profaner des Dieux la majesté sacrée.
Ces Dieux, ces justes Dieux n'auront pas oublié
Que les mêmes serments avec moi t'ont lié.
Porte aux pieds des autels ce cœur qui m'abandonne ;
Va, cours. Mais crains encor d'y trouver Hermione.

SCÈNE VI

PYRRHUS, PHŒNIX.

PHŒNIX.

Seigneur, vous entendez. Gardez de négliger
Une amante en fureur qui cherche à se venger.
Elle n'est en ces lieux que trop bien appuyée ;
La querelle[3] des Grecs à la sienne est liée ;
Oreste l'aime encore ; et peut-être à ce prix...

PYRRHUS.

Andromaque m'attend. Phœnix, garde son fils[4].

ACTE V

SCÈNE PREMIÈRE

HERMIONE.

Où suis-je ? Qu'ai-je fait ? Que dois-je faire encore ?
Quel transport me saisit ? Quel chagrin me dévore ?

---

1. Voy. page 66 note 1.
2. *Une* autre dans la plupart des éditions publiées après la mort de Racine ; mais *un autre* dans toutes celles qui ont paru de son vivant.
3. *Querelle* ici signifie la cause, le parti, les griefs. Racine dans *Athalie*, emploiera le même mot dans le même sens en parlant de Dieu même. Voilà donc quels vengeurs s'arment pour ta querelle :
[Des prêtres, des enfants, ô sagesse éternelle !
4. Ni Pyrrhus ni Andromaque ne reparaîtront dans l'acte V, tout entier

Errante et sans dessein, je cours dans ce palais.
Ah! ne puis-je savoir si j'aime ou si je hais?
Le cruel! de quel œil il m'a congédiée!
Sans pitié, sans douleur, au moins étudiée!
L'ai-je vu se troubler et me plaindre un moment?
En ai-je pu tirer un seul gémissement?
Muet à mes soupirs, tranquille à mes alarmes,
Semblait-il seulement qu'il eût part à mes larmes?
Et je le plains encore! Et, pour comble d'ennui,
Mon cœur, mon lâche cœur s'intéresse pour lui!
Je tremble au seul penser du coup qui le menace!
Et, prête à me venger, je lui fais déjà grâce!
Non, ne révoquons point l'arrêt de mon courroux:
Qu'il périsse! Aussi bien il ne vit plus pour nous.
Le perfide triomphe, et se rit de ma rage:
Il pense voir en pleurs dissiper cet orage [1];
Il croit que, toujours faible, et d'un cœur incertain,
Je parerai d'un bras les coups de l'autre main.
Il juge encor de moi par mes bontés passées.
Mais plutôt le perfide a bien d'autres pensées.
Triomphant dans le temple, il ne s'informe pas
Si l'on souhaite ailleurs sa vie ou son trépas.
Il me laisse, l'ingrat! cet embarras funeste.
Non, non, encore un coup, laissons agir Oreste.
Qu'il meure, puisqu'enfin il a dû le prévoir,
Et puisqu'il m'a forcée enfin à le vouloir.
A le vouloir? Hé quoi! c'est donc moi qui l'ordonne?
Sa mort sera l'effet de l'amour d'Hermione?
Ce prince, dont mon cœur se faisait autrefois
Avec tant de plaisir redire les exploits;
A qui même en secret je m'étais destinée
Avant qu'on eût conclu ce fatal hyménée;
Je n'ai donc traversé tant de mers, tant d'États,
Que pour venir si loin préparer son trépas,
L'assassiner, le perdre? Ah! devant qu'il expire [2]...

---

rempli des fureurs d'Oreste et d'Hermione.

1. Après les verbes *voir, laisser, faire*, etc., l'on retranche souvent le pronom réfléchi au xviie siècle, et on ramène la conjugaison pronominale à la forme active.

2. Cette locution, synonyme de *avant que*, a vieilli; on la trouve encore dans Voltaire: Devant que je meure (*Tancrède*). Elle est fréquente au xviie siècle en prose et en vers.

SCÈNE II

HERMIONE, CLÉONE.

HERMIONE.
Ah! qu'ai-je fait, Cléone? et que viens-tu me dire?
Que fait Pyrrhus?
CLÉONE.
Il est au comble de ses vœux,
Le plus fier des mortels, et le plus amoureux.
Je l'ai vu vers le temple, où son hymen s'apprête,
Mener en conquérant sa nouvelle conquête;
Et, d'un œil où brillaient sa joie et son espoir,
S'enivrer en marchant du plaisir de la voir.
Andromaque, au travers de mille cris de joie,
Porte jusqu'aux autels le souvenir de Troie:
Incapable toujours d'aimer et de haïr,
Sans joie et sans murmure elle semble obéir.
HERMIONE.
Et l'ingrat? jusqu'au bout il a poussé l'outrage!
Mais as-tu bien, Cléone, observé son visage?
Goûte-t-il des plaisirs tranquilles et parfaits?
N'a-t-il point détourné ses yeux vers le palais?
Dis-moi, ne t'es-tu point présentée à sa vue?
L'ingrat a-t-il rougi lorsqu'il t'a reconnue?
Son trouble avouait-il son infidélité?
A-t-il jusqu'à la fin soutenu sa fierté?
CLÉONE.
Madame, il ne voit rien. Son salut et sa gloire
Semblent être avec vous sortis de sa mémoire.
Sans songer qui le suit, ennemis ou sujets,
Il poursuit seulement ses amoureux projets.
Autour du fils d'Hector il a rangé sa garde,
Et croit que c'est lui seul que le péril regarde.
Phœnix même en répond, qui l'a conduit exprès
Dans un fort éloigné du temple et du palais.
Voilà, dans ses transports, le seul soin qui lui reste.
HERMIONE.
Le perfide! il mourra. Mais que t'a dit Oreste?
CLÉONE.
Oreste avec ses Grecs dans le temple est entré.

HERMIONE.
Hé bien ! à me venger n'est-il pas préparé ?
CLÉONE.
Je ne sais.
HERMIONE.
    Tu ne sais ! Quoi donc ! Oreste encore,
Oreste me trahit ?
CLÉONE.
        Oreste vous adore ;
Mais de mille remords son esprit combattu
Croit tantôt son amour et tantôt sa vertu.
Il respecte en Pyrrhus l'honneur du diadème ;
Il respecte en Pyrrhus Achille, et Pyrrhus même ;
Il craint la Grèce, il craint l'univers en courroux ;
Mais il se craint, dit-il, soi-même [1] plus que tous.
Il voudrait en vainqueur vous apporter sa tête :
Le seul nom d'assassin l'épouvante et l'arrête.
Enfin il est entré, sans savoir dans son cœur
S'il en devait sortir coupable ou spectateur.
HERMIONE.
Non, non, il les verra triompher sans obstacle ;
Il se gardera bien de troubler ce spectacle.
Je sais de quels remords son courage [2] est atteint ;
Le lâche craint la mort, et c'est tout ce qu'il craint.
Quoi ! sans qu'elle employât une seule prière,
Ma mère en sa faveur arma la Grèce entière ;
Ses yeux pour leur querelle, en dix ans de combats,
Virent périr vingt rois qu'ils ne connaissaient pas :
Et moi, je ne prétends [3] que la mort d'un parjure,
Et je charge un amant du soin de mon injure :
Il peut me conquérir à ce prix sans danger ;
Je me livre moi-même, et ne puis me venger !
Allons, c'est à moi seule à me rendre justice.

---

1. Aujourd'hui l'on emploie *soi* quand le sujet est pris dans un sens indéterminé (*on vit pour soi*) et *lui* dans les autres cas (*il vit pour lui*). Mais la syntaxe du XVIIe siècle, plus logique, employait toujours *soi* quand le complément se rapportait au sujet de la phrase. Félix aujourd'hui ne pourrait dire ce vers, si précis et si énergique, qu'il dit en parlant de Polyeucte :

Qu'il fasse autant pour soi comme je fais pour lui
(*Polyeucte*, v, 912.)

2. *Courage* au XVIIe siècle est souvent synonyme de *cœur*, dont il est dérivé. Toutefois les deux mots s'opposent aussi parfois l'un à l'autre, comme dans *le Cid*, au vers 120, où l'Infante dit :
Si mon courage est haut, mon cœur est embrasé.

3. *Prétendre* aujourd'hui neutre dans ce sens (aspirer à) est presque toujours actif au XVIIe siècle.

ue de cris de douleur le temple retentisse.
e leur hymen fatal troublons l'événement;
 qu'ils ne soient unis, s'il se peut, qu'un moment.
 ne choisirai point dans ce désordre extrême :
ut me sera Pyrrhus, fût-ce Oreste lui-même.
 mourrai; mais au moins ma mort me vengera :
 ne mourrai pas seule, et quelqu'un me suivra.

SCÈNE III

ORESTE, HERMIONE, CLÉONE.

ORESTE.

adame, c'en est fait, et vous êtes servie[1] :
rrhus rend à l'autel son infidèle vie.

HERMIONE.

 est mort!

ORESTE.

Il expire; et nos Grecs irrités
nt lavé dans son sang ses infidélités.
 vous l'avais promis; et, quoique mon courage
 fit de ce complot une funeste image,
ai couru vers le temple, où nos Grecs dispersés
 sont jusqu'à l'autel dans la foule glissés.
rrhus m'a reconnu. Mais sans changer de face,
 semblait que ma vue excitât son audace;
ue tous les Grecs, bravés en leur ambassadeur,
ussent de son hymen relever la splendeur.
nfin, avec transport prenant son diadème,
ur le front d'Andromaque il l'a posé lui-même :
Je vous donne, a-t-il dit, ma couronne et ma foi;
Andromaque, régnez sur l'Épire et sur moi.
Je voue à votre fils une amitié de père;
J'en atteste les Dieux, je le jure à sa mère :
Pour tous mes ennemis je déclare les siens,
Et je le reconnais pour le roi des Troyens. »
 ces mots, qui du peuple attiraient le suffrage,
os Grecs n'ont répondu que par un cri de rage;
'infidèle s'est vu partout envelopper,

---

1. Dans l'édition originale d'*Androma-e*, Oreste paraissait ici ramenant An-omaque captive, et celle-ci repro-ait à Hermione de la rendre infidèle à Hector en la forçant de pleurer Pyrrhus, victime d'un si lâche attentat Cette scène, pénible et froide, a disparu à partir de 1676.

Et je n'ai pu trouver de place pour frapper.
Chacun se disputait la gloire de l'abattre.
Je l'ai vu dans leurs mains quelque temps se débattre,
Tout sanglant à leurs coups vouloir se dérober;
Mais enfin à l'autel il est allé tomber.
Du peuple épouvanté j'ai traversé la presse
Pour venir de ces lieux enlever ma princesse,
Et regagner le port, où bientôt nos amis
Viendront couverts du sang que je vous ai promis.

HERMIONE.

Qu'ont-ils fait?

ORESTE.

Pardonnez à leur impatience :
Ils ont, je le vois bien, trahi votre vengeance;
Vous vouliez que ma main portât les premiers coups;
Qu'il sentît en mourant qu'il expirait pour vous.
Mais c'est moi dont l'ardeur leur a servi d'exemple :
Je les ai pour vous seule entraînés dans le temple,
Madame; et vous pouvez justement vous flatter
D'une mort que leurs bras n'ont fait qu'exécuter.
Vous seule avez poussé les coups...

HERMIONE.

Tais-toi, perfide,
Et n'impute qu'à toi ton lâche parricide.
Va faire chez tes Grecs admirer ta fureur,
Va : je la désavoue, et tu me fais horreur.
Barbare, qu'as-tu fait? avec quelle furie
As-tu tranché le cours d'une si belle vie?
Avez-vous pu, cruels, l'immoler aujourd'hui,
Sans que tout votre sang se soulevât pour lui?
Mais parle; de son sort qui t'a rendu l'arbitre?
Pourquoi l'assassiner? Qu'a-t-il fait? A quel titre?
Qui te l'a dit?

ORESTE.

O Dieux! quoi! ne m'avez-vous pas
Vous-même, ici, tantôt, ordonné son trépas [1]?

---

1. « On dit que Le Kain, quand il récitait ces vers, appuyait sur chaque mot, comme pour rappeler à Hermione toutes les circonstances de l'ordre qu'il avait reçu d'elle. Ce serait bien vis-à-vis d'un juge; mais quand il s'agit de la femme qu'on aime, le désespoir de la trouver injuste et cruelle est l'unique sentiment qui remplisse l'âme. C'est ainsi que Talma conçoit la situation; un cri s'échappe du cœur d'Oreste; il dit les premiers mots avec force, et ceux qui suivent avec un abattement toujours croissant : ses bras tombent

HERMIONE.

Ah! fallait-il en croire une amante insensée?
Ne devais-tu pas lire au fond de ma pensée?
Et ne voyais-tu pas, dans mes emportements,
Que mon cœur démentait ma bouche à tous moments?
Quand je l'aurais voulu, fallait-il y souscrire?
N'as-tu pas dû cent fois te le faire redire?
Toi-même avant le coup me venir consulter?
Y revenir encore, ou plutôt m'éviter?
Que ne me laissais-tu le soin de ma vengeance?
Qui t'amène en des lieux où l'on fuit ta présence?
Voilà de ton amour le détestable fruit :
Tu m'apportais, cruel, le malheur qui te suit.
C'est toi dont l'ambassade, à tous les deux fatale,
L'a fait pour son malheur pencher vers ma rivale.
Nous le verrions encor nous partager ses soins :
Il m'aimerait peut-être; il le feindrait du moins.
Adieu. Tu peux partir. Je demeure en Épire.
Je renonce à la Grèce, à Sparte, à son empire,
A toute ma famille; et c'est assez pour moi,
Traître, qu'elle ait produit un monstre comme toi.

SCÈNE IV

ORESTE.

Que vois-je? est-ce Hermione? Et que viens-je d'entendre?
Pour qui coule le sang que je viens de répandre?
Je suis, si je l'en crois, un traître, un assassin.
Est-ce Pyrrhus qui meurt? et suis-je Oreste enfin?
Quoi! j'étouffe en mon cœur la raison qui m'éclaire;
J'assassine à regret un roi que je révère [1];
Je viole en un jour les droits des souverains,
Ceux des ambassadeurs, et tous ceux des humains,
Ceux même des autels où ma fureur l'assiège;

---

son visage devient en un instant plus pâle que la mort, et l'émotion des spectateurs s'augmente à mesure qu'il semble perdre la force de s'exprimer » (Madame de Staël, De l'Allemagne, 2e partie, ch. XXVII).

1. « La manière dont Talma récite le monologue suivant est sublime. L'espèce d'innocence qui rentre dans l'âme d'Oreste pour la déchirer lorsqu'il dit ce vers :

J'assassine à regret un roi que je révère,

inspire une pitié que le génie même de Racine n'a pu prévoir tout entière » (Madame de Staël, De l'Allemagne). L'admiration pour Talma va un peu loin ici. Ce n'est pas Talma qui a fait la pièce, après tout, c'est Racine.

Je deviens parricide[1], assassin, sacrilège ;
Pour qui ? Pour une ingrate, à qui je le promets,
Qui même, s'il ne meurt, ne me verra jamais,
Dont j'épouse la rage. Et quand je l'ai servie,
Elle me redemande et son sang et sa vie !
Elle l'aime ! et je suis un monstre furieux !
Je la vois pour jamais s'éloigner de mes yeux !
Et l'ingrate, en fuyant, me laisse pour salaire
Tous les noms odieux que j'ai pris pour lui plaire !

SCÈNE V

ORESTE, PYLADE, Soldats d'Oreste.

PYLADE.

Il faut partir, Seigneur. Sortons de ce palais,
Ou bien résolvons-nous de n'en sortir jamais.
Nos Grecs pour un moment en défendent la porte.
Tout le peuple assemblé nous poursuit à main forte.
Aux ordres d'Andromaque ici tout est soumis ;
Ils la traitent en reine, et nous comme ennemis.
Andromaque elle-même, à Pyrrhus si rebelle,
Lui rend tous les devoirs d'une veuve fidèle,
Commande qu'on le venge, et peut-être sur nous
Veut venger Troie encore et son premier époux[2].
Allons. N'attendons pas que l'on nous environne :
Nos Grecs nous rejoindront ; et tandis qu'Hermione
Tient encore le peuple autour d'elle arrêté ;
Voilà votre chemin, sortons en sûreté.

ORESTE.

Non, non, c'est Hermione, amis, que je veux suivre.
A son dernier arrêt je ne puis plus survivre ;
Partez : j'ai fait le crime, et je vais l'expier.

PYLADE.

Hermione, Seigneur ? Il la faut oublier.
Quoi ! toujours l'instrument et l'objet de sa rage,
Cherchez-vous chez les morts quelque nouvel outrage ?
Et parce qu'elle meurt, faut-il que vous mouriez ?

---

1. Parricide, au XVIIᵉ siècle (surtout en style poétique ou oratoire), se disait non seulement du meurtre d'un père, mais de tout crime énorme, comme l'assassinat d'un roi.

2. Variante... (Éditions de 1668 à 1687),
..... Et peut-être qu'encor
Elle poursuit sur nous la vengeance d'Hector.

ORESTE.

Elle meurt! Dieux! qu'entends-je?

PYLADE.

Hé quoi! vous l'ignoriez?
En rentrant dans ces lieux, nous l'avons rencontrée
Qui courait vers le temple, inquiète, égarée.
Elle a trouvé Pyrrhus porté sur des soldats
Que son sang excitait à venger son trépas.
Sans doute à cet objet sa rage s'est émue.
Mais du haut de la porte enfin nous l'avons vue,
Un poignard à la main, sur Pyrrhus se courber,
Lever les yeux au ciel, se frapper, et tomber.

ORESTE.

Grâce aux Dieux! Mon malheur passe mon espérance.
Oui, je te loue, ô Ciel, de ta persévérance.
Appliqué sans relâche au soin de me punir,
Au comble des douleurs tu m'as fait parvenir
Ta haine a pris plaisir à former ma misère;
J'étais né pour servir d'exemple à ta colère,
Pour être du malheur un modèle accompli.
Hé bien! je meurs content, et mon sort est rempli[1].
Où sont ces deux amants? Pour couronner ma joie,
Dans leur sang, dans le mien, il faut que je me noie;
L'un et l'autre en mourant je les veux regarder.
Réunissons trois cœurs qui n'ont pu s'accorder.
Mais quelle épaisse nuit tout à coup m'environne?
De quel côté sortir? D'où vient que je frissonne?
Quelle horreur me saisit? Grâce au Ciel, j'entrevoi[2].
Dieux! quels ruisseaux de sang coulent autour de moi!

PYLADE.

Ah, Seigneur!

ORESTE.

Quoi? Pyrrhus, je te rencontre encore!
Trouverai-je partout un rival que j'abhorre?
Percé de tant de coups, comment t'es-tu sauvé?
Tiens, tiens, voilà le coup que je t'ai réservé.

---

1. Dans l'*Oreste* d'Euripide, le héros est en proie aux mêmes fureurs, et une hallucination pareille lui fait voir aussi les Furies attachées à ses pas (vers 255-276).

Racine a imité quelques vers que Boileau devait traduire ainsi plus tard (en les trouvant dans le *Traité du sublime* de Longin).

Mère cruelle! arrête, éloigne de mes yeux
Ces filles de l'enfer, ces spectres odieux!
Ils viennent! je les vois; mon supplice s'apprête.
Quels horribles serpents leur sifflent sur la tête!

2. Voy. page 66, note 1.

Mais que vois-je? A mes yeux Hermione l'embrasse!
Elle vient l'arracher au coup qui le menace!
Dieux! quels affreux regards elle jette sur moi!
Quels démons, quels serpents traîne-t-elle après soi¹!
Hé bien! filles d'enfer, vos mains sont-elles prêtes?
Pour qui sont ces serpents qui sifflent sur vos têtes?
A qui destinez-vous l'appareil qui vous suit?
Venez-vous m'enlever dans l'éternelle nuit?
Venez, à vos fureurs Oreste s'abandonne.
Mais non, retirez-vous, laissez faire Hermione :
L'ingrate mieux que vous saura me déchirer;
Et je lui porte enfin mon cœur à dévorer.

PYLADE.

Il perd le sentiment. Amis, le temps nous presse;
Ménageons les moments que ce transport nous laisse.
Sauvons-le. Nos efforts deviendraient impuissants,
S'il reprenait ici sa rage avec ses sens.

---

1. Voy. page 93 note 1.

Euripide, dans la tragédie d'*Oreste* avait déjà mis en scène les fureurs du fils d'Agamemnon. Eschyle les avait peintes à la fin des *Choéphores*. Racine n'est pas resté au-dessous de ces grands modèles, dans cette scène pathétique où d'illustres acteurs ont trouvé des triomphes encore inoubliés. Madame de Staël rappelle ainsi ceux que Talma y a remportés : « Les grands acteurs se sont presque tous essayés dans les fureurs d'Oreste : mais c'est là surtout que la noblesse des gestes et des traits ajoute singulièrement à l'effet du désespoir. La puissance de la douleur est d'autant plus terrible qu'elle se montre, à travers le calme même et la dignité d'une belle nature » (*De l'Allemagne* 2ᵉ partie).

LES PLAIDEURS

COMÉDIE (1668)

NOTICE SUR *LES PLAIDEURS*

Cette vive et joyeuse satire des ridicules du Palais avait d'abord été destinée au Théâtre Italien, où sans doute, elle se fût présentée sous la forme d'une simple bouffonnerie, mêlée de prose, et comme un canevas spirituel et plaisant, proposé aux acteurs, plutôt que comme une pièce achevée. Le départ du célèbre comédien italien, Scaramouche[1], décida Racine à parfaire sa pièce, et à la porter à l'Hôtel de Bourgogne, où elle fut représentée au mois de novembre 1668[2].

On sait l'échec complet des premières représentations; le public s'obstinait à rester froid. Mais *les Plaideurs* furent joués à Versailles le mois suivant[3]; et le roi daigna beaucoup rire. Aussitôt les courtisans de rire à leur tour; après la cour, la ville suivit, et depuis l'on n'a jamais cessé de trouver que *les Plaideurs* sont une comédie, sinon très profonde, au moins très divertissante[4].

Racine, dans sa préface, attribue l'insuccès premier à de singuliers scrupules. On avait craint d'avoir l'air de rire pour trop peu de chose. Mais bien d'autres farces encore moins profondes que *les Plaideurs*, faisaient rire alors franchement. N'est-il pas plus probable que les contemporains

---

1. Tiberio Fiorelli, ou Fiurilli, dit *Scaramouche*, célèbre acteur de la comédie italienne. Primitivement ce personnage était celui d'un *capitan* vantard, fanfaron et lâche. Il tomba peu à peu au rang de valet fripon et gourmand, mais agile, comme nos modernes *clowns*. Scaramouche était tout de noir vêtu. Molière commence ainsi *le Sicilien* : *Il fait noir comme dans un four, le ciel s'est habillé ce soir en Scaramouche.*
2. Ou peut-être un peu plus tôt. La date n'est pas certaine.
3. D'autres témoignages disent Saint-Germain ; mais dans la préface Racine dit Versailles.
4. Valincour raconte qu'après la représentation donnée devant le roi « les comédiens partis de Saint-Germain dans trois carrosses à onze heures du soir allèrent porter cette bonne nouvelle à Racine... (et) réveillèrent tout le voisinage. On se mit aux fenêtres ;... les bourgeois se persuadèrent qu'on venait enlever Racine pour avoir mal parlé des juges. »

obéirent plutôt dans cette occasion, à ce préjugé très répandu qui nous défend d'attendre rien de bon d'un auteur hors du genre où il a brillé. Racine, après *Andromaque*, se risquant dans la comédie, parut trop outrecuidant.

Au reste ses contemporains dans leur admiration pour la tragédie, devenue en France après Corneille l'objet d'un culte national, mettaient la comédie à un bien moindre rang que celui où nous la plaçons aujourd'hui. Racine lui-même eut le tort dans la préface des *Plaideurs* de céder à ce préjugé; il s'efforça de rabaisser l'honneur du genre comique. « Que si le but de ma comédie était de faire rire, jamais comédie n'a mieux attrapé son but. Ce n'est pas que j'attende un grand honneur d'avoir assez longtemps réjoui le monde. Mais je me sais quelque gré de l'avoir fait sans qu'il m'en ait coûté une seule de ces sales équivoques et de ces malhonnêtes plaisanteries qui coûtent maintenant si peu à la plupart de nos écrivains et qui font retomber le théâtre dans la turpitude d'où quelques auteurs plus modestes l'avaient tiré. » Ce trait doublement amer semble bien dirigé contre Molière, seul auteur comique en vue à cette époque[1]; on sait qu'il s'était brouillé avec Racine après *Alexandre;* la froideur persistait entre eux, à ce point que la même année (1668) Racine assistant à la représentation de *l'Avare*, affectait de ne pas rire; et reprochait même à Boileau d'avoir ri. Mais Boileau lui répondait : « Vous avez trop bon goût pour n'avoir pas ri aussi, au moins en dedans. »

Ces attaques d'un auteur de tragédies contre le genre de la comédie peuvent ne pas sembler de fort bon goût. Mais sur ce point Molière avait pris l'offensive, en faisant trop bon marché de la tragédie dans *la Critique de l'École des femmes*[2]. « Car enfin, je trouve qu'il est bien plus aisé de se guinder sur de grands sentiments, de braver en vers la fortune, accuser les destins et dire des injures aux dieux, que d'entrer comme il le faut dans le ridicule des hommes et de rendre agréablement sur le théâtre les défauts de tout le monde. » En cela Molière s'abuse : ni l'un ni l'autre n'est aisé;

---

1. Contre qui serait-il dirigé? De 1665 à 1668, Molière avait fait jouer huit pièces (*Don Juan, l'Amour médecin, le Misanthrope, le Médecin malgré lui, le Sicilien, Amphitryon, Georges Dandin, l'Avare*). Ces auteurs *plus modestes* pouvent être Quinault et Thomas Corneille qui avaient précédé Molière à la scène. Molière, après son séjour de dix années en province, n'est rentré à Paris qu'en 1658

2. Jouée en 1663.

quoi qu'il dise, on ne peint pas plus facilement les *héros* que les *hommes*. Mais son excuse est dans la mauvaise humeur légitime que lui inspiraient les préventions de son temps contre la comédie. Quand on se piquait de bel esprit, on devait sans hésiter mettre au-dessus de tout la tragédie. Quelques-uns se faisaient un grief contre Molière du rire même qu'il excitait. Un pamphlet de l'époque accuse sérieusement le poète comique de faire du tort à la tragédie :

> Aux farces pour jamais le théâtre est réduit...
> Ces chefs-d'œuvres de l'art, ces grandes tragédies,
> Par ce bouffon célèbre en vont être bannies.

Racine a raconté dans la préface des *Plaideurs*, l'histoire de sa comédie et attesté lui-même la collaboration de « quelques-uns de ses amis » qui voulant voir sur le théâtre un échantillon d'Aristophane... moitié en l'encourageant, moitié en mettant eux-mêmes la main à l'œuvre, lui firent commencer une pièce qui ne tarda guère à être achevée ».

Brossette a nommé ces amis qui *mirent la main* aux *Plaideurs*. C'étaient Boileau, La Fontaine, Furetière, Chapelle, et la pièce fut ébauchée fort joyeusement dans les réunions du *cabaret* du Mouton-Blanc. Toutefois l'unité de plan est trop sensible dans *les Plaideurs* pourqu'on accuse Racine d'avoir emprunté plus que des traits plaisants, mais isolés, à cette joyeuse compagnie. Tous ils avaient été plus ou moins mêlés à la chicane et ils ne l'aimaient pas ; leur bon goût leur faisait sentir vivement les ridicules des avocats du temps, ceux des juges et des plaideurs. Les allusions personnelles abondent dans *les Plaideurs* : c'est encore là le côté le plus aristophanesque de la pièce [1].

Car, bien que Racine ait soin de rappeler dans sa préface qu'il doit plus d'une scène des *Plaideurs* aux *Guêpes* d'Aristophane, il y a un monde entre Aristophane et les *Plaideurs* ; et peut-être Racine lui-même ne vit-il pas exactement toutes les différences qui séparent les deux comédies [2]. Il croyait qu'une pièce tirée d'Aristophane devait être naturellement portée aux bouffons italiens. Mais la comédie d'Aristophane

---

[1]. La scène entre la comtesse et Chicanneau s'était passée chez Boileau le greffier (frère du poète). Quelques traits comiques des *Plaideurs* se retrouvent dans le *Roman bourgeois* de Furetière, et dans ses deux satires : *le Déjeûner d'un procureur ; le Jeu de boules des procureurs*.

[2]. Il n'y a réellement de commun aux deux pièces que le procès du chien.

tout énorme qu'y soit souvent la caricature, n'en est pas moins une œuvre admirable de style, pleine d'exquise poésie, et dont la portée politique et sociale était fort étendue et très audacieuse ; au lieu que la comédie italienne, toute vulgaire, bourgeoise, improvisée, était franchement dénuée, sinon d'esprit, au moins de style et de poésie, et plaisait surtout par le jeu des acteurs, leurs pantomimes, leur verve endiablée.

Louis Racine et l'abbé d'Olivet prétendent qu'un ressentiment particulier de l'auteur contre la chicane, lui inspira *les Plaideurs*. Lui-même dans sa préface parle vaguement d'un procès qu'il a eu « que ni mes juges ni moi n'avons jamais bien entendu ». Ces mots disent éloquemment que le procès fut perdu par lui. S'agissait-il de ce prieuré d'Épinay que le privilège d'*Andromaque* attribue à Racine, mais qu'on lui disputa bientôt en justice et qu'il ne conserva pas longtemps, on le sait ? Quoi qu'il en soit, il semble qu'une animosité assez vive et assez sérieuse contre le Palais, perce au travers des grosses plaisanteries de la pièce et des réticences de la préface où Racine s'exprime ainsi, à mots couverts : « Je trouve qu'Aristophane a eu raison de pousser les choses au delà du vraisemblable. Les juges de l'Aréopage n'auraient peut-être pas trouvé bon qu'il eût marqué au naturel leur avidité de gagner, les bons tours de leurs secrétaires et les forfanteries de leurs avocats. Il était à propos d'outrer un peu les personnages pour les empêcher de se reconnaître. Le public ne laissait pas de discerner le vrai au travers du ridicule. » Tout cela n'est-il pas clair ? et ne voit-on pas que Racine vise ici les juges de Paris en feignant de parler des juges athéniens ?

LES PLAIDEURS

PERSONNAGES

DANDIN[1], juge.
LÉANDRE, fils de Dandin.
CHICANNEAU[2], bourgeois.
ISABELLE, fille de Chicanneau.
LA COMTESSE.
PETIT-JEAN, portier.
L'INTIMÉ[3], secrétaire.
LE SOUFFLEUR.

La scène est dans une ville de Basse-Normandie.

ACTE PREMIER

SCÈNE PREMIÈRE

PETIT-JEAN, traînant un gros sac de procès.

Ma foi ! sur l'avenir bien fou qui se fira :
Tel qui rit vendredi, dimanche pleurera.
Un juge, l'an passé, me prit à son service :
Il m'avait fait venir d'Amiens pour être suisse[4].
Tous ces Normands voulaient se divertir de nous :
On apprend à hurler, dit l'autre[5], avec les loups.
Tout Picard que j'étais, j'étais un bon apôtre[6],
Et je faisais claquer mon fouet tout comme un autre.
Tous les plus gros monsieurs me parlaient chapeau bas :
« Monsieur de Petit-Jean, » ah ! gros comme le bras !
Mais sans argent l'honneur n'est qu'une maladie.
Ma foi ! j'étais un franc portier de comédie[7] :
On avait beau heurter et m'ôter son chapeau,
On n'entrait point chez nous sans graisser le marteau.

---

1. Nom tiré de Rabelais (*Pantagruel, Tiers livre*, ch. 41). Le nom reparaît dans la fable de La Fontaine : *L'Huître et les Plaideurs*.
2. Les *Chicanoux*, dans Rabelais (*Tiers livre*, ch. 12), sont huissiers, non plaideurs.
3. Dans une cause, plaidée en appel, le défendeur s'appelle *l'intimé*, l'appelant étant demandeur.
4. Beaucoup d'anciens soldats des régiments suisses du roi restaient en France après leur temps de service et devenaient concierges de châteaux ou d'hôtels. Il devint élégant d'appeler *Suisse* son portier, fût-il Picard.
5. Manière populaire de désigner un auteur dont on ne sait pas le nom.
6. Un bon apôtre est un homme plus malicieux qu'il n'a l'air de l'être ; faire claquer son fouet, c'est faire l'insolent.
7. Le portier de la comédie chargé d'en garder l'entrée avait sans doute reçu la défense de rien accepter de personne et il recevait de tout le monde. Longtemps aussi le portier perçut le prix des places à la porte. Il est fait allusion à cet usage à la fin de l'*Illusion comique* de Corneille.

Point d'argent, point de Suisse [1]; et ma porte était close.
Il est vrai qu'à Monsieur j'en rendais quelque chose :
Nous comptions quelquefois. On me donnait le soin
De fournir la maison de chandelle et de foin;
Mais je n'y perdais rien. Enfin, vaille que vaille,
J'aurais sur le marché [2] fort bien fourni la paille.
C'est dommage : il avait le cœur trop au métier;
Tous les jours le premier aux plaids, et le dernier;
Et bien souvent tout seul; si l'on l'eût voulu croire,
Il y serait couché [3] sans manger et sans boire.
Je lui disais parfois : « Monsieur Perrin Dandin,
Tout franc, vous vous levez tous les jours trop matin :
Qui veut voyager loin ménage sa monture;
Buvez, mangez, dormez, et faisons feu qui dure. »
Il n'en a tenu compte. Il a si bien veillé
Et si bien fait, qu'on dit que son timbre est brouillé [4].
Il nous veut tous juger les uns après les autres.
Il marmotte toujours certaines patenôtres [5]
Où je ne comprends rien. Il veut, bon gré, mal gré,
Ne se coucher qu'en robe et qu'en bonnet carré.
Il fit couper la tête à son coq, de colère [6],
Pour l'avoir éveillé plus tard qu'à l'ordinaire;
Il disait qu'un plaideur dont l'affaire allait mal
Avait graissé la patte à ce pauvre animal.
Depuis ce bel arrêt, le pauvre homme a beau faire,
Son fils ne souffre plus qu'on lui parle d'affaire.
Il nous le fait garder jour et nuit, et de près :
Autrement, serviteur [7], et mon homme est aux plaids.
Pour s'échapper de nous, Dieu sait s'il est allègre !

---

1. Expression proverbiale; les Suisses mercenaires qui servaient dans plusieurs armées européennes se retiraient s'ils n'étaient point payés.

2. Par-dessus le marché; la paille, outre la chandelle et le foin.

3. « Il y serait couché » n'est pas synonyme de « il y aurait couché ». On conjuguait le verbe au XVIIᵉ siècle comme aujourd'hui. Ou il y a une faute d'impression (c'est l'opinion de Louis Racine) et il faut lire *il s'y serait couché*. Ou Petit-Jean veut dire : « Il y serait encore; il y vivrait, couché sans manger, etc. » Toutes les éditions publiées du vivant de Racine portent bien : Il y serait.

4. *Timbre*; sens primitif, *tambour*, du latin *tympanum*; sens dérivé, *cloche*, désigne métaphoriquement la *tête* à cause de sa rondeur qui la fait ressembler à une cloche. On dit plutôt dans ce sens : son timbre est *fêlé*. Mais *brouillé* s'explique aussi fort bien.

5. Patenôtres (de *Pater noster*); prières; par extension formules toutes faites.

6. Ce trait est pris des *Guêpes* d'Aristophane.

7. On prenait congé des gens en disant : « Je suis votre serviteur. » Plus brièvement : « serviteur ». De là cette ellipse a pris le sens qu'elle a ici : autrement (il nous dit) serviteur, et détale.

Pour moi, je ne dors plus : aussi je deviens maigre,
C'est pitié. Je m'étends, et ne fais que bâiller.
Mais, veille qui voudra, voici mon oreiller.
Ma foi ! pour cette nuit il faut que je m'en donne.
Pour dormir dans la rue on n'offense personne.
Dormons.

SCÈNE II
L'INTIMÉ, PETIT-JEAN.

L'INTIMÉ.

Ay! Petit-Jean ! Petit-Jean !

PETIT-JEAN.

L'Intimé !

Il a déjà bien peur de me voir enrhumé.

L'INTIMÉ.

Que diable ! si matin que fais-tu dans la rue ?

PETIT-JEAN.

Est-ce qu'il faut toujours faire le pied de grue [1],
Garder toujours un homme, et l'entendre crier ?
Quelle gueule ! Pour moi, je crois qu'il est sorcier.

L'INTIMÉ.

Bon !

PETIT-JEAN.

Je lui disais donc, en me grattant la tête,
Que je voulais dormir. « Présente ta requête [2]
« Comme tu veux dormir, » m'a-t-il dit gravement.
Je dors en te contant la chose seulement.
Bonsoir.

L'INTIMÉ.

Comment, bonsoir ? Que le diable m'emporte
Si... Mais j'entends du bruit au-dessus de la porte.

SCÈNE III
DANDIN, L'INTIMÉ, PETIT-JEAN.

DANDIN, à la fenêtre.

Petit-Jean ! l'Intimé !

---

1. Lorsque les grues en voyage s'abattent quelque part pour se reposer, l'une d'elles (dit-on) fait sentinelle, dressée sur une seule jambe, l'autre jambe repliée sous le ventre.

2. Selon Louis Racine, un président du temps avait la manie de répondre aux plus simples demandes qu'on lui faisait dans sa famille en disant : « Présentez votre requête. »

LES PLAIDEURS. 107

L'INTIMÉ, à Petit-Jean.
Paix.

DANDIN.
Je suis seul ici.
Voilà mes guichetiers en défaut, Dieu merci.
Si je leur donne temps, ils pourront comparaître
Çà, pour nous élargir, sautons par la fenêtre.
Hors de cour[1].

L'INTIMÉ.
Comme il saute !

PETIT-JEAN.
Ho ! Monsieur, je vous tien[2].

DANDIN.
Au voleur ! au voleur !

PETIT-JEAN.
Ho ! nous vous tenons bien.

L'INTIMÉ.
Vous avez beau crier.

DANDIN.
Main-forte ! l'on me tue !

SCÈNE IV
LÉANDRE, DANDIN, L'INTIMÉ, PETIT-JEAN.

LÉANDRE.
Vite un flambeau[3] ! j'entends mon père dans la rue.
Mon père, si matin, qui vous fait déloger ?
Où courez-vous la nuit ?

DANDIN.
Je veux aller juger.

LÉANDRE.
Et qui juger ? Tout dort.

PETIT-JEAN.
Ma foi ! je ne dors guères.

LÉANDRE.
Que de sacs[4] ! il en a jusques aux jarretières.

---

1. *Comparaître, élargir, hors de cour*, termes de Palais, que Dandin affectionne.
2. *Je tien*. Sur cette orthographe, voy. ci-dessus, page 66, note 1.
3. Ce sont les sacs où juges, avocats, plaideurs enfermaient les pièces du procès. Les *dossiers* ont remplacé les sacs.
4. Rabelais dit plaisamment (*Tiers livre*, ch. 42). « La vraye étymologie de procès est en ce qu'il doibt avoir en ses *prochatz* (poursuites) *prou sacs* (beaucoup de sacs). »

DANDIN.
Je ne veux de trois mois rentrer dans la maison.
De sacs et de procès j'ai fait provision.

LÉANDRE.
Et qui vous nourrira?

DANDIN.
Le buvetier, je pense.

LÉANDRE.
Mais où dormirez-vous, mon père?

DANDIN.
A l'audience [1].

LÉANDRE.
Non, mon père, il vaut mieux que vous ne sortiez pas.
Dormez chez vous; chez vous faites tous vos repas.
Souffrez que la raison enfin vous persuade;
Et pour votre santé...

DANDIN.
Je veux être malade.

LÉANDRE.
Vous ne l'êtes que trop. Donnez-vous du repos;
Vous n'avez tantôt plus que la peau sur les os.

DANDIN.
Du repos? Ah! sur toi tu veux régler ton père?
Crois-tu qu'un juge n'ait qu'à faire bonne chère,
Qu'à battre le pavé comme un tas de galants,
Courir le bal la nuit, et le jour les brelans [2]?
L'argent ne nous vient pas si vite que l'on pense.
Chacun de tes rubans me coûte une sentence.
Ma robe vous fait honte. Un fils de juge! Ah! fi!
Tu fais le gentilhomme : hé! Dandin, mon ami,
Regarde dans ma chambre et dans ma garde-robe
Les portraits des Dandins : tous ont porté la robe [3];
Et c'est le bon parti. Compare, prix pour prix,
Les étrennes d'un juge à celles d'un marquis;
Attends que nous soyons à la fin de décembre.
Qu'est-ce qu'un gentilhomme? Un pilier d'antichambre.
Combien en as-tu vu, je dis des plus huppés,
A souffler dans leurs doigts dans ma cour occupés,
Le manteau sur le nez, ou la main dans la poche;

---

1. Comme il arrivait parfois aux juges.
2. Maison de jeu.
3. Le mot rime avec son composé; facilité que Malherbe avait proscrite avec raison. La versification des *Plaideurs* est plus libre que celle des tragédies.

Enfin, pour se chauffer, venir tourner ma broche !
Voilà comme on les traite. Hé ! mon pauvre garçon [1],
De ta défunte mère est-ce là la leçon ?
La pauvre Babonnette ! Hélas ! lorsque j'y pense,
Elle ne manquait pas une seule audience.
Jamais, au grand jamais, elle ne me quitta,
Et Dieu sait bien souvent ce qu'elle en rapporta :
Elle eût du buvetier emporté les serviettes,
Plutôt que de rentrer au logis les mains nettes [2].
Et voilà comme on fait les bonnes maisons. Va,
Tu ne seras qu'un sot.

LÉANDRE.

Vous vous morfondez là,
Mon père. Petit-Jean, remenez votre maître,
Couchez-le dans son lit ; fermez porte, fenêtre ;
Qu'on barricade tout, afin qu'il ait plus chaud.

PETIT-JEAN.

Faites donc mettre au moins des garde-fous là-haut.

DANDIN.

Quoi ! l'on me mènera coucher sans autre forme ?
Obtenez un arrêt comme il faut que je dorme.

LÉANDRE.

Hé ! par provision [1], mon père, couchez-vous.

DANDIN.

J'irai ; mais je m'en vais vous faire enrager tous :
Je ne dormirai point.

LÉANDRE.

Hé bien, à la bonne heure !
Qu'on ne le quitte pas. Toi, l'Intimé, demeure.

SCÈNE V

LÉANDRE, L'INTIMÉ.

LÉANDRE.

Je veux t'entretenir un moment sans témoin.

L'INTIMÉ.

Quoi ! vous faut-il garder ?

---

1. Selon Brossette allusion à Mme Tardieu (femme du lieutenant-criminel de Paris) laquelle n'entrait jamais dans une maison qu'elle n'escroquât quelque chose. On l'accusait ainsi d'avoir pris quelques serviettes chez le buvetier du Palais. Boileau, dans la satire X, a tracé un célèbre portrait de l'immonde avarice des deux époux.

2. Provisoirement ; sans préjuger le fond de la question.

LÉANDRE.

J'en aurais bon besoin.
J'ai ma folie, hélas ! aussi bien que mon père.

L'INTIMÉ.

Ho ! vous voulez juger ?

LÉANDRE.

Laissons-là le mystère.
Tu connais ce logis,

L'INTIMÉ.

Je vous entends enfin :
Diantre ! l'amour vous tient au cœur de bon matin.
Vous me voulez parler sans doute d'Isabelle.
Je vous l'ai dit cent fois, elle est sage, elle est belle ;
Mais vous devez songer que monsieur Chicanneau
De son bien en procès consume le plus beau.
Qui ne plaide-t-il point [1] ? Je crois qu'à l'audience
Il fera, s'il ne meurt, venir toute la France.
Tout auprès de son juge il s'est venu loger ;
L'un veut plaider toujours, l'autre toujours juger ;
Et c'est un grand hasard s'il conclut votre affaire
Sans plaider le curé, le gendre et le notaire.

LÉANDRE.

Je le sais comme toi. Mais, malgré tout cela,
Je meurs pour Isabelle.

L'INTIMÉ.

Hé bien ! épousez-la.
Vous n'avez qu'à parler, c'est une affaire prête.

LÉANDRE.

Hé ! cela ne va pas si vite que ta tête.
Son père est un sauvage à qui je ferais peur.
A moins que d'être huissier, sergent ou procureur,
On ne voit point sa fille ; et la pauvre Isabelle,
Invisible et dolente, est en prison chez elle.
Elle voit dissiper sa jeunesse en regrets [2],
Mon amour en fumée, et son bien en procès.
Il la ruinera si l'on le laisse faire.
Ne connaîtrais-tu point quelque honnête faussaire
Qui servît ses amis, en le payant, s'entend [3].

---

1. Cet emploi de *plaider*, rare aujourd'hui, était très usité au XVIIe siècle. Voir six vers plus bas : plaider le curé, le gendre, le notaire. On dit aujourd'hui *plaider contre*, etc.

2. Voir *Andromaque*, page 91, note 1, une observation sur la même tournure.

3. Voir *Britannicus*, acte IV, scène II, la note sur le dernier vers de la page 200.

Quelque **sergent** zélé?

L'INTIMÉ.

Bon! l'on en trouve tant!

LÉANDRE.

Mais encore?

L'INTIMÉ.

Ah! Monsieur! si feu mon pauvre père
Était encor vivant, c'était bien votre affaire.
Il gagnait en un jour plus qu'un autre en six mois :
Ses rides sur son front gravaient tous ses exploits [1].
Il vous eût arrêté le carrosse d'un prince;
Il vous l'eût pris lui-même; et, si dans la province
Il se donnait en tout vingt coups de nerf de bœuf,
Mon père, pour sa part, en emboursait dix-neuf.
Mais de quoi s'agit-il? Suis-je pas fils de maitre [2]?
Je vous servirai.

LÉANDRE.

Toi?

L'INTIMÉ.

Mieux qu'un sergent peut-être.

LÉANDRE.

Tu porterais au père un faux exploit?

L'INTIMÉ.

Hon! hon!

LÉANDRE.

Tu rendrais à la fille un billet?

L'INTIMÉ.

Pourquoi non?

Je suis des deux métiers.

LÉANDRE.

Viens, je l'entends qui crie.
Allons à ce dessein rêver ailleurs.

---

1. Parodie d'un vers du *Cid*.

Ses rides sur son front ont gravé ses exploits,
(Acte Ier, Scène Ire)

Corneille supporta mal cette irrévérence. « Quoi! disait-il, ne tient-il qu'à un jeune homme de venir tourner en ridicule les plus beaux vers des gens? »

Le double sens d'*exploit* s'explique par la signification d'acte formel, éclatant, commun à l'un et à l'autre; soit qu'il s'agisse d'un haut fait, soit qu'il s'agisse d'un acte d'huissier notifiant une citation ou un arrêt.

2. Fils d'un homme habile et passé maître dans son métier. La suppression de la négation devant *pas* est devenue tout à fait familière. On la trouve partout au XVIIe siècle même dans les tragédies et les oraisons funèbres.

SCÈNE VI

CHICANNEAU, PETIT-JEAN.

CHICANNEAU, allant et revenant.

         La Brie [1],
Qu'on garde la maison, je reviendrai bientôt.
Qu'on ne laisse monter aucune âme là-haut.
Fais porter cette lettre à la poste du Maine [2].
Prends-moi dans mon clapier [3] trois lapins de garenne,
Et chez mon procureur porte-les ce matin.
Si son clerc vient céans [4], fais-lui goûter mon vin.
Ah! donne-lui ce sac qui pend à ma fenêtre.
Est-ce tout? Il viendra me demander peut-être
Un grand homme sec, là, qui me sert de témoin,
Et qui jure pour moi lorsque j'en ai besoin :
Qu'il m'attende. Je crains que mon juge ne sorte :
Quatre heures vont sonner. Mais frappons à sa porte.

PETIT-JEAN, entr'ouvrant la porte.

Qui va là?

CHICANNEAU.

  Peut-on voir Monsieur?

PETIT-JEAN, refermant la porte.

        Non.

CHICANNEAU.

         Pourrait-on
Dire un mot à Monsieur son secrétaire?

PETIT-JEAN.

        Non.

CHICANNEAU.

Et Monsieur son portier?

PETIT-JEAN.

  C'est moi-même.

CHICANNEAU.

        De grâce,
Buvez à ma santé, Monsieur.

---

1. On désignait souvent les valets par le nom de leur province originaire : les noms de *La Brie* et *Champagne* sont les plus fréquents.

2. Voy. acte III, scène III, le vers où il est dit que les faux témoins viennent du Mans par douzaines.

3. Le mot *clapier* a trois significations, il désigne : 1° les trous à lapins, 2° le réduit où on élève les lapins; 3° enfin les lapins eux-mêmes. Chicanneau prend le mot dans le second sens.

4. Ici dans la maison, ici dedans (Étymologie : *ecce intus*). Il s'opposait céans, là-dedans.

PETIT-JEAN.

Grand bien vous fasse[1]
Mais revenez demain.

CHICANNEAU.

Hé! rendez donc l'argent.
Le monde est devenu, sans mentir, bien méchant.
J'ai vu que les procès ne donnaient point de peine[2] :
Six écus en gagnaient une demi-douzaine.
Mais aujourd'hui, je crois que tout mon bien entier
Ne me suffirait pas pour gagner un portier.
Mais j'aperçois venir Madame la comtesse
De Pimbesche[3]. Elle vient pour affaire qui presse.

SCÈNE VII

LA COMTESSE, CHICANNEAU.

Madame, on n'entre plus.

LA COMTESSE.

Hé bien, l'ai-je pas dit?
Sans mentir, mes valets me font perdre l'esprit.
Pour les faire lever[4] c'est en vain que je gronde :
Il faut que tous les jours j'éveille tout mon monde.

CHICANNEAU.

Il faut absolument qu'il se fasse celer.

LA COMTESSE.

Pour moi, depuis deux jours, je ne lui puis parler.

CHICANNEAU.

Ma partie[5] est puissante, et j'ai lieu de tout craindre.

LA COMTESSE.

Après ce qu'on m'a fait, il ne faut plus se plaindre.

CHICANNEAU.

Si pourtant j'ai bon droit[6].

LA COMTESSE.

Ah! Monsieur, quel arrêt !

---

1. Ce disant, Petit-Jean empoche l'argent et referme la porte.
2. J'ai vu le temps où, etc.
3. Ce nom, plus ancien que Racine, désignait déjà d'ordinaire une femme hautaine et impertinente; telle n'est pas ici la comtesse. L'étymologie est inconnue.
4. Les mêmes mots sont neuf vers plus haut. Est-ce par intention ou par négligence ?

5. *Ma partie*, quand c'est un plaideur qui parle, désigne son adversaire; quand c'est un avocat, son client.
6. *Si pourtant* signifie *et toutefois*; *si* est adverbe ici, et non conjonction, et vient du latin *sic*, non de *si*. Mme Jourdain dit populairement dans le *Bourgeois gentilhomme* : « J'ai la tête plus grosse que le poing, et *si pourtant* elle n'est pas enflée. »

CHICANNEAU.
Je m'en rapporte à vous. Écoutez, s'il vous plaît.
LA COMTESSE.
Il faut que vous sachiez, Monsieur, la perfidie.
CHICANNEAU.
Ce n'est rien dans le fond.
LA COMTESSE.
Monsieur, que je vous die[1],...
CHICANNEAU.
Voici le fait. Depuis quinze ou vingt ans en çà[2]
Au travers d'un mien pré certain ânon passa,
S'y vautra, non sans faire un notable dommage,
Dont je formai ma plainte au juge du village.
Je fais saisir l'ânon. Un expert est nommé;
A deux bottes de foin le dégât estimé.
Enfin au bout d'un an, sentence par laquelle,
Nous sommes renvoyés hors de cour[3]. J'en appelle.
Pendant qu'à l'audience on poursuit un arrêt,
Remarquez bien ceci, Madame, s'il vous plaît,
Notre ami Drolichon[4] qui n'est pas une bête,
Obtient pour quelque argent un arrêt sur requête,
Et je gagne ma cause. A cela que fait-on?
Mon chicaneur s'oppose à l'exécution.
Autre incident : tandis qu'au procès on travaille,
Ma partie[5] en mon pré laisse aller sa volaille.
Ordonné qu'il sera fait rapport à la cour
Du foin que peut manger une poule en un jour :
Le tout joint au procès. Enfin, et toute chose
Demeurant en état, on appointe[6] la cause

---

1. Forme archaïque du subjonctif présent de *dire*, très usitée encore au XVIIe siècle; Molière l'emploie, sans y entendre raillerie, dans le fameux *quoi qu'on die* des *Femmes savantes*.
2. En arrière, avant l'heure actuelle, locution surannée comme beaucoup de celles que Chicanneau emploie.
3. La cour refuse de juger, renvoie les parties dos à dos.
4. Quelque procureur.
5. Celui contre qui je plaide. Chimène dit à Rodrigue, dans le *Cid;*
Va, je suis ta partie, et non pas ton bourreau.
6. L'*appointement* est l'ordre enjoint aux parties de déposer toutes les pièces du procès. Le *dit* est la plainte du demandeur. Le *contredit* riposte au dit et le réfute. Le *compulsoire* est une sommation à un officier public de déposer les pièces qu'il possède. Le *transport* substitue un cessionnaire au premier ayant-droit. L'*interlocutoire* ordonne un supplément d'enquête. Les *lettres royaux* émanant du souverain enjoignent à ses juges de faire justice. Les adjectifs qui n'avaient en latin qu'une même forme pour les deux genres avaient donné naissance à des adjectifs français qui n'avaient également qu'une même forme pour le masculin et le féminin, dans l'ancienne langue, dont cette expression est un débris; *regalis* (royal), *grandis* (grand), *fortis* (fort), etc. *S'inscrire en faux*, c'est déclarer la plainte injuste et mal fondée.

Le cinquième ou sixième avril cinquante-six.
J'écris sur nouveaux frais. Je produis, je fournis
De dits, de contredits, enquêtes, compulsoires,
Rapports d'experts, transports, trois interlocutoires,
Griefs et faits nouveaux, baux et procès-verbaux.
J'obtiens lettres royaux, et je m'inscris en faux.
Quatorze appointements, trente exploits, six instances,
Six-vingts [1] productions, vingt arrêts de défenses,
Arrêt enfin. Je perds ma cause avec dépens,
Estimés environ cinq à six mille francs.
Est-ce là faire droit? Est-ce là comme on juge?
Après quinze ou vingt ans ! Il me reste un refuge :
La requête civile est ouverte pour moi,
Je ne suis pas rendu. Mais vous, comme je voi [2],
Vous plaidez.

LA COMTESSE.

Plût à Dieu !

CHICANNEAU.

J'y brûlerai mes livres !

LA COMTESSE.

Je...

CHICANNEAU.

Deux bottes de foin cinq à six mille livres !

LA COMTESSE.

Monsieur, tous mes procès allaient être finis ;
Il ne m'en restait plus que quatre ou cinq petits :
L'un contre mon mari, l'autre contre mon père,
Et contre mes enfants. Ah ! Monsieur ! la misère !
Je ne sais quel biais ils ont imaginé,
Ni tout ce qu'ils ont fait ; mais on leur a donné
Un arrêt par lequel, moi vêtue et nourrie,
On me défend, Monsieur, de plaider de ma vie [3].

CHICANNEAU.

De plaider ?

LA COMTESSE.

De plaider.

---

1. Six-vingts (cent vingt, comparez *quatre-vingts*) productions sont autant d'inventaires de pièces. L'*arrêt de défense* empêche l'exécution d'une contrainte. La *requête civile* est à l'effet d'obtenir annulation de l'arrêt, et rétablissement des parties en même état que devant.

2. Voy. *Andromaque*, page 66, note 1.

3. Brossette prétend que le Parlement de Paris, fatigué des procès renaissants de la comtesse de Crissé (qui est l'original de la comtesse des *Plaideurs*), lui avait fait défense de plus entamer de nouveaux procès sans l'approbation de deux avocats désignés.

CHICANNEAU.
Certes, le trait est noir.
J'en suis surpris.
LA COMTESSE.
Monsieur, j'en suis au désespoir.
CHICANNEAU.
Comment ! lier les mains aux gens de votre sorte !
Mais cette pension, Madame, est-elle forte ?
LA COMTESSE.
Je n'en vivrais, Monsieur, que trop honnêtement.
Mais vivre sans plaider, est-ce contentement ?
CHICANNEAU.
Des chicaneurs viendront nous manger jusqu'à l'âme,
Et nous ne dirons mot ! Mais, s'il vous plaît, Madame,
Depuis quand plaidez-vous ?
LA COMTESSE.
Il ne m'en souvient pas.
Depuis trente ans au plus.
CHICANNEAU.
Ce n'est pas trop.
LA COMTESSE.
Hélas !
CHICANNEAU.
Et quel âge avez-vous ? Vous avez bon visage.
LA COMTESSE.
Hé ! quelque soixante ans.
CHICANNEAU.
Comment ! c'est le bel âge
Pour plaider.
LA COMTESSE.
Laissez faire, ils ne sont pas au bout.
J'y vendrai ma chemise ; et je veux rien ou tout.
CHICANNEAU.
Madame, écoutez-moi. Voici ce qu'il faut faire.
LA COMTESSE.
Oui, Monsieur, je vous crois comme mon propre père.
CHICANNEAU.
J'irais trouver mon juge.
LA COMTESSE.
Oh ! oui, Monsieur, j'irai.
CHICANNEAU.
Me jeter à ses pieds.

LES PLAIDEURS.

LA COMTESSE.
Oui, je m'y jetterai
Je l'ai bien résolu.

CHICANNEAU.
Mais daignez donc m'entendre.

LA COMTESSE.
Oui, vous prenez la chose ainsi qu'il la faut prendre.

CHICANNEAU.
Avez-vous dit, Madame?

LA COMTESSE.
Oui.

CHICANNEAU.
J'irais sans façon
Trouver mon juge.

LA COMTESSE.
Hélas ! que ce Monsieur est bon !

CHICANNEAU.
Si vous parlez toujours, il faut que je me taise.

LA COMTESSE.
Ah ! que vous m'obligez ! Je ne me sens pas d'aise.

CHICANNEAU.
J'irais trouver mon juge, et lui dirais...

LA COMTESSE.
Oui.

CHICANNEAU.
Voi[1] !
Et lui dirais : Monsieur...

LA COMTESSE.
Oui, Monsieur.

CHICANNEAU.
Liez-moi.

LA COMTESSE.
Monsieur, je ne veux point être liée.

CHICANNEAU.
A l'autre !

LA COMTESSE.
Je ne la serai point[2].

---

1. Ancienne interjection usitée au xvi° siècle, surannée au xvii°, et qui marquait l'impatience.
2. Le pronom se rapporte ici à un mot employé d'une façon indéterminée (*liée*). Dans ce cas nous le laissons invariable ; au xvii° siècle on l'accordait, comme si le mot eût été employé comme déterminé. Ainsi nous disons : Êtes-vous la reine ? Je la suis. Êtes-vous reine ? Je le suis. Dans les deux cas le xvii° siècle employait *la*.

7.

CHICANNEAU.
Quelle humeur est la vôtre !
LA COMTESSE.
Non.
CHICANNEAU.
Vous ne savez pas, Madame, où je viendrai.
LA COMTESSE.
Je plaiderai, Monsieur, ou bien je ne pourrai.
CHICANNEAU.
Mais...
LA COMTESSE.
Mais je ne veux point, Monsieur, que l'on me lie.
CHICANNEAU.
Enfin, quand une femme en tête a sa folie...
LA COMTESSE.
Fou vous-même.
CHICANNEAU.
Madame !
LA COMTESSE.
Et pourquoi me lier ?
CHICANNEAU.
Madame...
LA COMTESSE.
Voyez-vous ! il se rend familier.
CHICANNEAU.
Mais, Madame..
LA COMTESSE.
Un crasseux, qui n'a que sa chicane,
Veut donner des avis !
CHICANNEAU.
Madame !
LA COMTESSE.
Avec son âne !
CHICANNEAU.
Vous me poussez.
LA COMTESSE.
Bonhomme, allez garder vos foins.
CHICANNEAU.
Vous m'excédez.
LA COMTESSE.
Le sot !
CHICANNEAU.
Que n'ai-je des témoins ?

SCÈNE VIII
PETIT-JEAN, LA COMTESSE, CHICANNEAU.

PETIT-JEAN.
Voyez le beau sabbat qu'ils font à notre porte.
Messieurs, allez plus loin tempêter de la sorte.
CHICANNEAU.
Monsieur, soyez témoin...
LA COMTESSE.
Que Monsieur est un sot.
CHICANNEAU.
Monsieur, vous l'entendez, retenez bien ce mot.
PETIT-JEAN.
Ah! vous ne deviez pas lâcher cette parole.
LA COMTESSE.
Vraiment, c'est bien à lui de me traiter de folle.
PETIT-JEAN.
Folle! Vous avez tort. Pourquoi l'injurier?
CHICANNEAU.
On la conseille.
PETIT-JEAN.
Oh!
LA COMTESSE.
Oui, de me faire lier.
PETIT-JEAN.
Oh! Monsieur!
CHICANNEAU.
Jusqu'au bout que ne m'écoute-t-elle?
PETIT-JEAN.
Oh! Madame!
LA COMTESSE.
Qui? moi, souffrir qu'on me querelle.
CHICANNEAU.
Une crieuse!
PETIT-JEAN.
Hé! paix!
LA COMTESSE.
Un chicaneur!
PETIT-JEAN.
Holà!
CHICANNEAU.
Qui n'ose plus plaider.

LA COMTESSE.
Que t'importe cela?
Qu'est-ce qui t'en revient? faussaire abominable,
Brouillon, voleur!
CHICANNEAU.
Et bon, et bon, de par le diable!
Un sergent! un sergent!
LA COMTESSE.
Un huissier! un huissier!
PETIT-JEAN.
Ma foi, juge et plaideurs, il faudrait tout lier.

ACTE II

SCÈNE PREMIÈRE
LÉANDRE, L'INTIMÉ.

L'INTIMÉ.
Monsieur, encore un coup, je ne puis pas tout faire;
Puisque je fais l'huissier, faites le commissaire.
En robe sur mes pas il ne faut que venir;
Vous aurez tout moyen de vous entretenir[1].
Changez en cheveux noirs votre perruque blonde.
Ces plaideurs songent-ils que vous soyez au monde?
Hé! lorsqu'à votre père ils vont faire leur cour,
A peine seulement savez-vous s'il est jour.
Mais n'admirez-vous pas cette bonne comtesse
Qu'avec tant de bonheur la fortune m'adresse;
Qui, dès qu'elle me voit, donnant dans le panneau,
Me charge d'un exploit pour Monsieur Chicanneau,
Et le fait assigner pour certaine parole,
Disant qu'il la voudrait faire passer pour folle :
Je dis folle à lier, et pour d'autres excès
Et blasphèmes, toujours l'ornement des procès.
Mais vous ne dites rien de tout mon équipage?
Ai-je bien d'un sergent le port et le visage?
LÉANDRE.
Ah! fort bien.

1. Avec Isabelle.

LES PLAIDEURS.

L'INTIMÉ.
Je ne sais, mais je me sens enfin
L'âme et le dos six fois plus durs que ce matin.
Quoi qu'il en soit, voici l'exploit et votre lettre :
Isabelle l'aura, j'ose vous le promettre.
Mais, pour faire signer le contrat que voici,
Il faut que sur mes pas vous vous rendiez ici.
Vous feindrez d'informer sur toute cette affaire,
Et vous ferez l'amour en présence du père.

LÉANDRE.
Mais ne va pas donner l'exploit pour le billet.

L'INTIMÉ.
Le père aura l'exploit, la fille le poulet[1].
Rentrez[2].

SCÈNE II

ISABELLE, L'INTIMÉ.

ISABELLE.
Qui frappe?

L'INTIMÉ.
Ami. C'est la voix d'Isabelle.

ISABELLE.
Demandez-vous quelqu'un, Monsieur?

L'INTIMÉ.
Mademoiselle,
C'est un petit exploit que j'ose vous prier
De m'accorder l'honneur de vous signifier[3]

ISABELLE.
Monsieur, excusez-moi, je n'y puis rien comprendre.
Mon père va venir, qui pourra vous entendre.

L'INTIMÉ.
Il n'est donc pas ici, Mademoiselle?

ISABELLE.
Non.

L'INTIMÉ.
L'exploit, Mademoiselle, est mis sous votre nom.

---

1. On nommait ainsi les billets doux, parce que la mode était de les plier en faisant deux pointes qui ressemblaient aux ailes d'un poulet. Molière dit dans l'*École des maris* (Acte II, scène VI) : Une lettre en poulet cachetée.

2. L'Intimé va frapper à la porte de Chicanneau dont la maison fait face à celle de Dandin.

3. Au Palais, *signifier* c'est notifier par l'intermédiaire d'un officier ministériel.

ISABELLE.
Monsieur, vous me prenez pour une autre, sans doute :
Sans avoir de procès, je sais ce qu'il en coûte ;
Et, si l'on n'aimait pas à plaider plus que moi,
Vos pareils pourraient bien chercher un autre emploi.
Adieu.

L'INTIMÉ.
Mais, permettez...

ISABELLE.
Je ne veux rien permettre.

L'INTIMÉ.
Ce n'est pas un exploit.

ISABELLE.
Chanson !

L'INTIMÉ.
C'est une lettre.

ISABELLE.
Encor moins.

L'INTIMÉ.
Mais lisez.

ISABELLE.
Vous ne m'y tenez pas.

L'INTIMÉ.
C'est de Monsieur...

ISABELLE.
Adieu.

L'INTIMÉ.
Léandre.

ISABELLE.
Parlez bas.
C'est de Monsieur...?

L'INTIMÉ.
Que diable ! on a bien de la peine
A se faire écouter : je suis tout hors d'haleine.

ISABELLE.
Ah ! l'Intimé ! pardonne à mes sens étonnés ;
Donne.

L'INTIMÉ.
Vous me deviez fermer la porte au nez.

ISABELLE.
Et qui t'aurait connu déguisé de la sorte ?
Mais donne.

L'INTIMÉ.
Aux gens de bien ouvre-t-on votre porte?
ISABELLE.
Hé! donne donc.
L'INTIMÉ.
La peste...
ISABELLE.
Oh! ne donnez donc pas :
Avec votre billet retournez sur vos pas.
L'INTIMÉ.
Tenez. Une autre fois ne soyez pas si prompte.

SCÈNE III

CHICANNEAU, ISABELLE, L'INTIMÉ.

CHICANNEAU.
Oui, je suis donc un sot, un voleur, à son compte!
Un sergent s'est chargé de la remercier;
Et je lui vais servir un plat de mon métier.
Je serais bien fâché que ce fût à refaire,
Ni qu'elle m'envoyât assigner la première [1].
Mais un homme ici parle à ma fille? Comment!
Elle lit un billet! Ah! c'est de quelque amant.
Approchons.
ISABELLE.
Tout de bon, ton maître est-il sincère?
Le croirai-je?
L'INTIMÉ.
Il ne dort non plus que votre père.
(Apercevant Chicanneau.)
Il se tourmente; il vous... fera voir aujourd'hui
Que l'on ne gagne rien à plaider contre lui.
ISABELLE.
C'est mon père! Vraiment, vous leur pouvez apprendre
Que si l'on nous poursuit, nous saurons nous défendre.
Tenez, voilà le cas qu'on fait de votre exploit.
CHICANNEAU.
Comment! c'est un exploit que ma fille lisait [2]!
Ah! tu seras un jour l'honneur de ta famille :

---

1. Nous mettions *et*, et non pas *ni* devant cette phrase. La négation explétive est d'un emploi fréquent dans la syntaxe du XVIIe siècle.

2. On écrivait *lisoit*, et le mot rimait avec *exploit*; les deux mots se prononçaient au théâtre *explouait*, *lisouait*; mais la prononciation adoucie *lisait* tendait déjà à prévaloir dans l'usage courant.

Tu défendras ton bien. Viens, mon sang, viens, ma fille[1] :
Va, je t'achèterai le *Praticien françois*[2].
Mais, diantre ! il ne faut pas déchirer les exploits.

ISABELLE.

Au moins, dites-leur bien que je ne les crains guère;
Ils me feront plaisir : je les mets à pis faire.

CHICANNEAU.

Hé ! ne te fâche point.

ISABELLE.

Adieu, Monsieur.

SCÈNE IV

CHICANNEAU, L'INTIMÉ.

L'INTIMÉ.

Or çà,
Verbalisons[3].

CHICANNEAU.

Monsieur, de grâce, excusez-la :
Elle n'est pas instruite; et puis, si bon vous semble,
En voici les morceaux, que je vais mettre ensemble.

L'INTIMÉ.

Non.

CHICANNEAU.

Je le lirai bien.

L'INTIMÉ.

Je ne suis pas méchant :
J'en ai sur moi copie.

CHICANNEAU.

Ah ! le trait est touchant.
Mais je ne sais pourquoi, plus je vous envisage,
Et moins je me remets, Monsieur, votre visage.
Je connais force huissiers.

L'INTIMÉ.

Informez-vous de moi :
Je m'acquitte assez bien de mon petit emploi.

CHICANNEAU.

Soit. Pour qui venez-vous ?

---

1. Parodie d'un vers du *Cid* que dit Don Diègue à Rodrigue.

2. On prononçait *françoués* qui rimait avec *exploits* (prononcez *explouets*). Voy. p. 123, note 2. Le *Praticien français*, vrai manuel des plaideurs, fut nombre de fois refondu et réimprimé.

3. *Verbaliser*, c'est dresser un procès-verbal. On appelle ainsi (improprement) l'acte par lequel un officier de justice établit les circonstances d'un fait.

L'INTIMÉ.
                    Pour une brave dame,
Monsieur, qui vous honore, et de toute son âme
Voudrait que vous vinssiez à ma sommation
Lui faire un petit mot de réparation.
            CHICANNEAU.
De réparation? Je n'ai blessé personne.
            L'INTIMÉ.
Je le crois; vous avez, Monsieur, l'âme trop bonne.
            CHICANNEAU.
Que demandez-vous donc?
            L'INTIMÉ.
                    Elle voudrait, Monsieur,
Que devant des témoins vous lui fissiez l'honneur[1]
De l'avouer pour sage, et point extravagante.
            CHICANNEAU.
Parbleu! c'est ma comtesse.
            L'INTIMÉ.
                    Elle est votre servante.
            CHICANNEAU.
Je suis son serviteur.
            L'INTIMÉ.
                    Vous êtes obligeant,
Monsieur.
            CHICANNEAU.
        Oui, vous pouvez l'assurer qu'un sergent
Lui doit porter pour moi tout ce qu'elle demande.
Hé quoi donc? les battus, ma foi! paîront l'amende.
Voyons ce qu'elle chante. Hon... « Sixième janvier,
« Pour avoir faussement dit qu'il fallait lier,
« Étant à ce porté par esprit de chicane,
« Haute et puissante dame Yolande Cudasne,
« Comtesse de Pimbesche, Orbesche, *et cœtera;*
« Il soit dit que sur l'heure il se transportera
« Au logis de la dame: et là, d'une voix claire,
« Devant quatre témoins, assistés d'un notaire,
« (Zeste)[2] ledit Hiérôme avoûra hautement
« Qu'il la tient pour sensée et de bon jugement.

---

1. Nous ne prononçons pas l'*r* final de Monsieur. Au XVIIe siècle on ne prononçait pas davantage l'*r* final de *l'honneur.*

2. Interjection ironique et méprisante. Proprement *zeste* ou *zest* désigne la pellicule des oranges et des citrons.

« LE BON. » C'est donc le nom de votre seigneurie ?
L'INTIMÉ.
Pour vous servir. Il faut payer d'effronterie[1].
CHICANNEAU.
LE BON ! jamais exploit ne fut signé LE BON.
Monsieur Le Bon...
L'INTIMÉ.
Monsieur...
CHICANNEAU.
Vous êtes un fripon.
L'INTIMÉ.
Monsieur, pardonnez-moi, je suis fort honnête homme.
CHICANNEAU.
Mais fripon le plus franc qui soit de Caen à Rome.
L'INTIMÉ.
Monsieur, je ne suis pas pour vous désavouer.
Vous aurez la bonté de me le bien payer.
CHICANNEAU.
Moi, payer ? en soufflets.
L'INTIMÉ.
Vous êtes trop honnête
Vous me le paîrez bien.
CHICANNEAU.
Oh ! tu me romps la tête.
Tiens, voilà ton paîment.
L'INTIMÉ.
Un soufflet ! Écrivons.
« Lequel Hiérôme, après plusieurs rébellions,
« Aurait atteint, frappé, moi, sergent, à la joue,
« Et fait tomber d'un coup mon chapeau dans la boue[2]. »
CHICANNEAU.
Ajoute cela[3].
L'INTIMÉ.
Bon ! c'est de l'argent comptant[4];
J'en avais bien besoin. « Et, de ce non content,
« Aurait avec le pied réitéré. » Courage !
« Outre plus, le susdit serait venu, de rage,

---

1. L'Intimé dit ces derniers mots à part.
2. Dans les éditions de 1669 et 1676, on lit :
Et fait tomber du coup mon chapeau dans la boue.
3. Chicanneau donne un coup de pied à l'Intimé.

4. Cette plaisanterie est tirée de Rabelais où les *chicanoux* (huissiers) font métier de recevoir et même de solliciter des coups de bâton qu'ils se font ensuite chèrement payer.

« Pour lacérer ledit présent procès-verbal. »
Allons, mon cher Monsieur, cela ne va pas mal.
Ne vous relâchez point.

CHICANNEAU.
Coquin !

L'INTIMÉ.
Ne vous déplaise,
Quelques coups de bâton, et je suis à mon aise.

CHICANNEAU.
Oui dà : je verrai bien s'il est sergent.

L'INTIMÉ, en posture d'écrire.
Tôt donc,
Frappez. J'ai quatre enfants à nourrir.

CHICANNEAU.
Ah ! pardon !
Monsieur, pour un sergent je ne pouvais vous prendre ;
Mais le plus habile homme enfin peut se méprendre.
Je saurai réparer ce soupçon outrageant.
Oui, vous êtes sergent, Monsieur, et très sergent.
Touchez là. Vos pareils sont gens que je révère ;
Et j'ai toujours été nourri par feu mon père
Dans la crainte de Dieu, Monsieur, et des sergents.

L'INTIMÉ.
Non, à si bon marché l'on ne bat point les gens.

CHICANNEAU.
Monsieur, point de procès.

L'INTIMÉ.
Serviteur. Contumace [1],
Bâton levé, soufflet, coup de pied. Ah !

CHICANNEAU.
De grâce,
Rendez-les-moi plutôt.

L'INTIMÉ.
Suffit qu'ils soient reçus :
Je ne les voudrais pas donner pour mille écus.

---

1. C'est l'acte d'un accusé qui se soustrait à la justice en affaire criminelle. Le même mot désigne aussi l'accusé lui-même, en état de contumace.

SCÈNE V
LÉANDRE, CHICANNEAU, L'INTIMÉ.

L'INTIMÉ.

Voici fort à propos Monsieur le commissaire[1].
Monsieur, votre présence est ici nécessaire.
Tel que vous me voyez, Monsieur ici présent
M'a d'un fort grand soufflet fait un petit présent.

LÉANDRE.

A vous, Monsieur ?

L'INTIMÉ

A moi, parlant à ma personne,
Item, un coup de pied ; plus les noms qu'il me donne.

LÉANDRE.

Avez-vous des témoins ?

L'INTIMÉ.

Monsieur, tâtez plutôt :
Le soufflet sur ma joue est encore tout chaud.

LÉANDRE.

Pris en flagrant délit. Affaire criminelle.

CHICANNEAU.

Foin de moi[2] !

L'INTIMÉ.

Plus, sa fille, au moins soi-disant telle,
A mis un mien papier en morceaux, protestant
Qu'on lui ferait plaisir, et que d'un œil content
Elle nous défiait.

LÉANDRE.

Faites venir la fille.
L'esprit de contumace est dans cette famille.

CHICANNEAU.

Il faut absolument qu'on m'ait ensorcelé.
Si j'en connais pas un je veux être étranglé.

LÉANDRE.

Comment ? battre un huissier ! Mais voici la rebelle.

---

1. Léandre arrive sur la scène en robe de commissaire.
2. *Foin*, interjection familière exprimant la répulsion. Étymologie incertaine. On en rapproche le nom du putois *fouin* (féminin *fouine*), animal à l'odeur répugnante. Comparez aussi l'expression proverbiale latine et française : « Il a du foin dans la corne, » tirée de l'usage d'attacher une poignée de foin à la corne d'un taureau dangereux dont on doit se garer.

SCÈNE VI

ISABELLE, LÉANDRE, CHICANNEAU, L'INTIMÉ.

L'INTIMÉ, à Isabelle.

Vous le reconnaissez ?

LÉANDRE.

Hé bien, Mademoiselle,
C'est donc vous qui tantôt braviez notre officier,
Et qui si hautement osez nous défier ?
Votre nom ?

ISABELLE.

Isabelle.

LÉANDRE.

Écrivez. Et votre âge ?

ISABELLE.

Dix-huit ans.

CHICANNEAU.

Elle en a quelque peu davantage ;
Mais n'importe.

LÉANDRE.

Êtes-vous en pouvoir de mari ?

ISABELLE.

Non, Monsieur.

LÉANDRE.

Vous riez ? Écrivez qu'elle a ri.

CHICANNEAU.

Monsieur, ne parlons point de maris à des filles ·
Voyez-vous, ce sont là des secrets de familles.

LÉANDRE.

Mettez qu'il interrompt.

CHICANNEAU.

Hé ! je n'y pensais pas.
Prends bien garde, ma fille, à ce que tu diras.

LÉANDRE.

Là, ne vous troublez pas. Répondez à votre aise.
On ne veut pas rien[1] faire ici qui vous déplaise.
N'avez-vous pas reçu de l'huissier que voilà
Certain papier tantôt ?

---

1. Cette tournure est au fond très correcte ; car on dit bien : « On ne veut pas faire *chose* qui vous déplaise » et *rien* (latin *rem*) signifie justement *chose*. Toutefois la grammaire veut que *pas* mis devant *rien* soit explétif ; et Léandre commet ici la faute que Béliso reproche si durement à Martine dans les *Femmes savantes* :

De pas mis avec *rien* tu fais la récidive,
Et c'est, comme on t'a dit, trop d'une négative.

ISABELLE.
Oui, Monsieur.
CHICANNEAU.
Bon cela.
LÉANDRE.
Avez-vous déchiré ce papier sans le lire?
ISABELLE.
Monsieur, je l'ai lu.
CHICANNEAU.
Bon.
LÉANDRE.
Continuez d'écrire.
Et pourquoi l'avez-vous déchiré?
ISABELLE.
J'avais peur
Que mon père ne prît l'affaire trop à cœur,
Et qu'il ne s'échauffât le sang à sa lecture.
CHICANNEAU.
Et tu fuis les procès? C'est méchanceté pure.
LÉANDRE.
Vous ne l'avez donc pas déchiré par dépit,
Ou par mépris de ceux qui vous l'avaient écrit.
ISABELLE.
Monsieur, je n'ai pour eux ni mépris ni colère.
LÉANDRE.
Écrivez.
CHICANNEAU,
Je vous dis qu'elle tient de son père :
Elle répond fort bien.
LÉANDRE.
Vous montrez cependant
Pour tous les gens de robe un mépris évident.
ISABELLE.
Une robe toujours m'avait choqué la vue;
Mais cette aversion à présent diminue.
CHICANNEAU.
La pauvre enfant! Va, va, je te marîrai bien,
Dès que je le pourrai, s'il ne m'en coûte rien.
LÉANDRE.
A la justice donc vous voulez satisfaire?
ISABELLE.
Monsieur, je ferai tout pour ne vous pas déplaire.

L'INTIMÉ.

Monsieur, faites signer.

LÉANDRE.

Dans les occasions,
Soutiendrez-vous au moins vos dépositions?

ISABELLE.

Monsieur, assurez-vous qu'Isabelle est constante.

LÉANDRE.

Signez. Cela va bien; la justice est contente.
Ça, ne signez-vous pas, Monsieur?

CHICANNEAU.

Oui-dà, gaîment,
A tout ce qu'elle a dit je signe aveuglément.

LÉANDRE, à Isabelle.

Tout va bien. A mes vœux le succès est conforme :
Il signe un bon contrat écrit en bonne forme [1],
Et sera condamné tantôt sur son écrit.

CHICANNEAU.

Que lui dit-il? Il est charmé de son esprit.

LÉANDRE.

Adieu. Soyez toujours aussi sage que belle;
Tout ira bien. Huissier, remenez-la chez elle [2].
Et vous, Monsieur, marchez.

CHICANNEAU.

Où, Monsieur?

LÉANDRE.

Suivez-moi.

CHICANNEAU.

Où donc?

LÉANDRE.

Vous le saurez. Marchez, de par le Roi.

CHICANNEAU.

Comment?

SCÈNE VII

LÉANDRE, CHICANNEAU, PETIT-JEAN.

PETIT-JEAN.

Holà! quelqu'un n'a-t-il point vu mon maître?
Quel chemin a-t-il pris? la porte, où la fenêtre?

---

1. La rupture du contrat pouvait donner lieu à des dommages-intérêts que Chicanneau ne se souciera pas de payer.

2. Au XVIIe siècle on distingue plus exactement qu'aujourd'hui les formes *ramener*, *remener*, et *remmener*. La seconde n'est plus guère usitée.

LÉANDRE.

A l'autre!

PETIT-JEAN.

Je ne sais qu'est devenu son fils;
Et pour le père, il est où le diable l'a mis.
Il me redemandait sans cesse ses épices [1];
Et j'ai tout bonnement couru dans les offices
Chercher la boîte au poivre; et lui, pendant cela,
Est disparu.

SCÈNE VIII

DANDIN, LÉANDRE, CHICANNEAU,
L'INTIMÉ, PETIT-JEAN.

DANDIN [2].

Paix! paix! que l'on se taise là.

LÉANDRE.

Hé! grand Dieu!

PETIT-JEAN.

Le voilà, ma foi, dans les gouttières.

DANDIN.

Quelles gens êtes-vous? Quelles sont vos affaires?
Qui sont ces gens en robe? Êtes-vous avocats?
Ça, parlez.

PETIT-JEAN.

Vous verrez qu'il va juger les chats.

DANDIN.

Avez-vous eu le soin de voir mon secrétaire?
Allez lui demander si je sais votre affaire.

LÉANDRE.

Il faut bien que je l'aille arracher de ces lieux.
Sur votre prisonnier, huissier, ayez les yeux.

PETIT-JEAN.

Ho! ho! Monsieur!

LÉANDRE.

Tais-toi sur les yeux de ta tête,
Et suis-moi.

SCÈNE IX

LA COMTESSE, DANDIN, CHICANNEAU, L'INTIMÉ.

DANDIN.

Dépêchez, donnez votre requête.

---

1. A l'origine, menu présent que les plaideurs offraient à leurs juges; plus tard il se changea en une rétribution en espèces sonnantes.

2. Il reparaît à la lucarne d'un grenier.

CHICANNEAU.
Monsieur, sans votre aveu, l'on me fait prisonnier.
LA COMTESSE.
Hé, mon Dieu! j'aperçois Monsieur dans son grenier.
Que fait-il là?
L'INTIMÉ.
Madame, il y donne audience.
Le champ vous est ouvert.
CHICANNEAU.
On me fait violence,
Monsieur; on m'injurie; et je venais ici
Me plaindre à vous.
LA COMTESSE.
Monsieur, je viens me plaindre aussi.
CHICANNEAU ET LA COMTESSE.
Vous voyez devant vous mon adverse partie.
L'INTIMÉ.
Parbleu! je me veux mettre aussi de la partie [1].
CHICANNEAU, LA COMTESSE, L'INTIMÉ.
Monsieur, je viens ici pour un petit exploit.
CHICANNEAU.
Hé! Messieurs, tour à tour exposons notre droit.
LA COMTESSE.
Son droit? Tout ce qu'il dit sont autant d'impostures [2].
DANDIN.
Qu'est-ce qu'on vous a fait?
CHICANNEAU, LA COMTESSE, L'INTIMÉ.
On m'a dit des injures.
L'INTIMÉ, continuant.
Outre un soufflet, Monsieur, que j'ai reçu plus qu'eux.
CHICANNEAU.
Monsieur, je suis cousin de l'un de vos neveux.
LA COMTESSE.
Monsieur, père Cordon vous dira mon affaire.
L'INTIMÉ.
Monsieur, je suis bâtard de votre apothicaire.
DANDIN.
Vos qualités?

---

1. Rime négligée. Pour qu'un mot rime avec lui-même il faut, que la forme étant la même, l'étymologie et le sens soient absolument différents.

2. Cette tournure veut aujourd'hui le verbe au singulier : tout ce qu'il dit est, etc.

LA COMTESSE.
Je suis comtesse.
L'INTIMÉ.
Huissier.
CHICANNEAU.
Bourgeois.
Messieurs...
DANDIN.
Parlez toujours, je vous entends tous trois.
CHICANNEAU.
Monsieur...
L'INTIMÉ.
Bon ! le voilà qui fausse compagnie.
LA COMTESSE.
Hélas !
CHICANNEAU.
Hé quoi ! déjà l'audience est finie ?
Je n'ai pas eu le temps de lui dire deux mots.

SCÈNE X

LÉANDRE, sans robe, CHICANNEAU, LA COMTESSE, L'INTIMÉ.

LÉANDRE.
Messieurs, voulez-vous bien nous laisser en repos ?
CHICANNEAU.
Monsieur, peut-on entrer ?
LÉANDRE.
Non ! Monsieur, ou je meure !
CHICANNEAU.
Hé, pourquoi ? J'aurai fait en une petite heure,
En deux heures au plus.
LÉANDRE.
On n'entre point, Monsieur.
LA COMTESSE.
C'est bien fait de fermer la porte à ce crieur[1].
Mais moi...
LÉANDRE.
L'on n'entre point, Madame, je vous jure.
LA COMTESSE.
Ho ! Monsieur ! j'entrerai.

1. On prononçait *crieu;* voir ci-dessus, page 125, note 1.

LES PLAIDEURS.

LÉANDRE.
Peut-être.
LA COMTESSE.
J'en suis sûre.
LÉANDRE.
Par la fenêtre donc ?
LA COMTESSE.
Par la porte.
LÉANDRE.
Il faut voir.
CHICANNEAU.
Quand je devrais ici demeurer jusqu'au soir.

SCÈNE XI

LÉANDRE, CHICANNEAU, LA COMTESSE, L'INTIMÉ, PETIT-JEAN.

PETIT-JEAN, à Léandre.
On ne l'entendra pas, quelque chose qu'il fasse.
Parbleu ! je l'ai fourré dans notre salle basse,
Tout auprès de la cave.
LÉANDRE.
En un mot comme en cent,
On ne voit point mon père.
CHICANNEAU.
Hé bien donc ! Si pourtant [1],
Sur toute cette affaire il faut que je le voie...
(Dandin paraît par le soupirail.)
Mais que vois-je ? Ah ! c'est lui que le ciel nous renvoie !
LÉANDRE.
Quoi ? par le soupirail ?
PETIT-JEAN.
Il a le diable au corps.
CHICANNEAU.
Monsieur...
DANDIN.
L'impertinent ! Sans lui, j'étais dehors.
CHICANNEAU.
Monsieur...
DANDIN.
Retirez-vous, vous êtes une bête.

---

1. Toutefois, je le verrai, malgré tout. Voy. ci-dessus, page 113, note 6.

CHICANNEAU.
Monsieur, voulez-vous bien...
DANDIN.
Vous me rompez la tête.
CHICANNEAU.
Monsieur, j'ai commandé...
DANDIN.
Taisez-vous, vous dit-on.
CHICANNEAU.
Que l'on portât chez vous...
DANDIN.
Qu'on le mène en prison.
CHICANNEAU.
Certain quartaut de vin.
DANDIN.
Hé ! je n'en ai que faire.
CHICANNEAU.
C'est de très bon muscat.
DANDIN.
Redites votre affaire.
LÉANDRE, à l'Intimé.
Il faut les entourer ici de tous côtés.
LA COMTESSE.
Monsieur, il vous va dire autant de faussetés.
CHICANNEAU.
Monsieur, je vous dis vrai.
DANDIN.
Mon Dieu ! laissez-la dire.
LA COMTESSE.
Monsieur, écoutez-moi.
DANDIN.
Souffrez que je respire.
CHICANNEAU.
Monsieur...
DANDIN.
Vous m'étranglez.
LA COMTESSE.
Tournez les yeux vers moi.
DANDIN.
Elle m'étrangle... Ay ! ay !
CHICANNEAU.
Vous m'entraînez, ma foi !

Prenez garde, je tombe.

PETIT-JEAN.

Ils sont, sur ma parole,
L'un et l'autre encavés.

LÉANDRE.

Vite, que l'on y vole ;
Courez à leur secours. Mais au moins je prétends
Que Monsieur Chicanneau, puisqu'il est là-dedans,
N'en sorte d'aujourd'hui. L'Intimé, prends-y garde.

L'INTIMÉ.

Gardez le soupirail.

LÉANDRE.

Va vite ; je le garde.

SCÈNE XII
LA COMTESSE, LÉANDRE.

LA COMTESSE.

Misérable ! il s'en va lui prévenir l'esprit.
(Par le soupirail.)
Monsieur, ne croyez rien de tout ce qu'il vous dit ;
Il n'a point de témoins ; c'est un menteur.

LÉANDRE.

Madame,
Que leur contez-vous là ? Peut-être ils rendent l'âme.

LA COMTESSE.

Il lui fera, Monsieur, croire ce qu'il voudra.
Souffrez que j'entre.

LÉANDRE.

Oh ! non, personne n'entrera.

LA COMTESSE.

Je le vois bien, Monsieur, le vin muscat opère
Aussi bien sur le fils que sur l'esprit du père.
Patience ! je vais protester comme il faut
Contre Monsieur le juge et contre le quartaut.

LÉANDRE.

Allez donc, et cessez de nous rompre la tête.
Que de fous ! Je ne fus jamais à telle fête.

SCÈNE XIII
DANDIN, LÉANDRE, L'INTIMÉ.

L'INTIMÉ.

Monsieur, où courez-vous ? c'est vous mettre en danger,

8.

Et vous boitez tout bas [1].
DANDIN.
Je veux aller juger.
LÉANDRE.
Comment, mon père! Allons, permettez qu'on vous panse.
Vite, un chirurgien.
DANDIN.
Qu'il vienne à l'audience.
LÉANDRE.
Hé! mon père, arrêtez...
DANDIN.
Ho! je vois ce que c'est :
Tu prétends faire ici de moi ce qui te plaît :
Tu ne gardes pour moi respect ni complaisance :
Je ne puis prononcer une seule sentence.
Achève, prends ce sac, prends vite.
LÉANDRE.
Hé! doucement,
Mon père. Il faut trouver quelque accommodement.
Si pour vous, sans juger, la vie est un supplice,
Si vous êtes pressé de rendre la justice,
Il ne faut point sortir pour cela de chez vous ;
Exercez le talent, et jugez parmi nous.
DANDIN.
Ne raillons point ici de la magistrature :
Vois-tu? je ne veux point être un juge en peinture.
LÉANDRE.
Vous serez, au contraire, un juge sans appel,
Et juge du civil comme du criminel.
Vous pourrez tous les jours tenir deux audiences :
Tout vous sera chez vous matière de sentences.
Un valet manque-t-il de rendre un verre net,
Condamnez-le à l'amende [2]; ou, s'il le casse, au fouet.
DANDIN.
C'est quelque chose. Encor passe quand on raisonne.
Et mes vacations [3], qui les paîra? personne?

---

1. On boite *tout bas* quand la jambe infirme fléchit beaucoup.

2. *Le* s'élide devant à; aujourd'hui nous élidons moins facilement ces pronoms personnels attachés aux impératifs, et des vers tels que celui-ci, quoique très corrects, étonnent notre oreille.

3. Honoraires ou émoluments dus au juge.

LES PLAIDEURS.

LÉANDRE.
Leurs gages vous tiendront lieu de nantissement [1].
DANDIN.
Il parle, ce me semble, assez pertinemment.
LÉANDRE.
Contre un de vos voisins...

SCÈNE XIV
DANDIN, LÉANDRE, L'INTIMÉ, PETIT-JEAN.

PETIT-JEAN.
Arrête ! arrête ! attrape !
LÉANDRE.
Ah ! c'est mon prisonnier, sans doute, qui s'échappe.
L'INTIMÉ.
Non, non, ne craignez rien.
PETIT-JEAN.
Tout est perdu... Citron...
Votre chien... vient là-bas de manger un chapon.
Rien n'est sûr devant lui ; ce qu'il trouve, il l'emporte.
LÉANDRE.
Bon ! voilà pour mon père une cause. Main-forte !
Qu'on se mette après lui. Courez tous.
DANDIN.
Point de bruit.
Tout doux. Un amené [2] sans scandale suffit.
LÉANDRE.
Çà, mon père, il faut faire un exemple authentique :
Jugez sévèrement ce voleur domestique.
DANDIN.
Mais je veux faire au moins la chose avec éclat.
Il faut de part et d'autre avoir un avocat.
Nous n'en avons pas un.
LÉANDRE.
Hé bien ! il en faut faire.
Voilà votre portier et votre secrétaire ;
Vous en ferez, je crois, d'excellents avocats ;
Ils sont fort ignorants.

---

1. C'est l'objet confié par le débiteur au créancier, comme garantie de sa créance.

2. *Un amené* est un mandat d'amener ; sans scandale, c'est-à-dire sans bruit, sans éclat.

L'INTIMÉ.

Non pas, Monsieur, non pas.
J'endormirai Monsieur tout aussi bien qu'un autre.

PETIT-JEAN.

Pour moi, je ne sais rien ; n'attendez rien du nôtre[1].

LÉANDRE.

C'est ta première cause, et l'on te la fera.

PETIT-JEAN.

Mais je ne sais pas lire.

LÉANDRE.

Hé ! l'on te soufflera.

DANDIN.

Allons nous préparer. Çà, Messieurs, point d'intrigue !
Fermons l'œil aux présents, et l'oreille à la brigue.
Vous, maître Petit-Jean, serez le demandeur ;
Vous, maître l'Intimé, soyez le défendeur[2].

ACTE TROISIÈME

SCÈNE PREMIÈRE

CHICANNEAU, LÉANDRE, LE SOUFFLEUR.

CHICANNEAU.

Oui, Monsieur, c'est ainsi qu'ils ont conduit l'affaire ;
L'huissier m'est inconnu, comme le commissaire.
Je ne mens pas d'un mot.

LÉANDRE.

Oui, je crois tout cela ;
Mais, si vous m'en croyez, vous les laisserez là.
En vain vous prétendez les pousser l'un et l'autre ;
Vous troublerez bien moins leur repos que le vôtre.
Les trois quarts de vos biens sont déjà dépensés
A faire enfler des sacs l'un sur l'autre entassés ;
Et dans une poursuite à vous-même contraire[3]...

---

1. On dit encore de même : nous y mettons du nôtre, c'est-à-dire de ce qui est *à nous* (argent, temps, intelligence, etc.).
2. Le *demandeur* réclame quelque chose que le *défendeur* refuse. Ici le demandeur veut la tête de Citron, de qui le *défendeur* va plaider l'innocence.
3. L'édition originale renfermait vingt vers supprimés par Racine comme faisant longueur dans la pièce. Léandre y engageait Chicanneau à manger tranquillement ses revenus au lieu d'en engraisser les gens de justice.

CHICANNEAU.

Vraiment vous me donnez un conseil salutaire,
Et devant qu'il soit peu,[1] je veux en profiter;
Mais je vous prie au moins de bien solliciter.
Puisque Monsieur Dandin va donner audience,
Je vais faire venir ma fille en diligence.
On peut l'interroger, elle est de bonne foi;
Et même elle saura mieux répondre que moi.

LÉANDRE.

Allez et revenez : l'on vous fera justice.

LE SOUFFLEUR.

Quel homme !

SCÈNE II
LÉANDRE, LE SOUFFLEUR.

LÉANDRE.

Je me sers d'un étrange artifice;
Mais mon père est un homme à se désespérer,
Et d'une cause en l'air il le faut bien leurrer.
D'ailleurs, j'ai mon dessein, et je veux qu'il condamne
Ce fou qui réduit tout au pied de la chicane [2].
Mais voici tous nos gens qui marchent sur nos pas.

SCÈNE III
DANDIN, LÉANDRE, L'INTIMÉ, PETIT-JEAN, LE SOUFFLEUR.

DANDIN.

Çà, qu'êtes-vous ici ?

LÉANDRE.

Ce sont les avocats.

DANDIN, au souffleur.

Vous ?

LE SOUFFLEUR.

Je viens secourir leur mémoire troublée.

DANDIN.

Je vous entends. Et vous ?

LÉANDRE.

Moi? je suis l'assemblée.

---

1. Vaugelas, dans ses *Remarques* (1647), trouve encore *devant que* aussi bon que *avant que*, mais il constate qu'il vieillit.

2. A la mesure de la chicane.

DANDIN.

Commencez donc.

LE SOUFFLEUR.

Messieurs...

PETIT-JEAN.

Oh! prenez-le plus bas :
Si vous soufflez si haut, l'on ne m'entendra pas.
Messieurs...

DANDIN.

Couvrez-vous.

PETIT-JEAN.

Oh! Mes...

DANDIN.

Couvrez-vous, vous dis-je.

PETIT-JEAN.

Oh! Monsieur, je sais bien à quoi l'honneur m'oblige.

DANDIN.

Ne te couvre donc pas.

PETIT-JEAN, se couvrant.

Messieurs... Vous, doucement [1] :
Ce que je sais le mieux, c'est mon commencement.
Messieurs, quand je regarde avec exactitude
L'inconstance du monde et sa vicissitude ;
Lorsque je vois, parmi tant d'hommes différents,
Pas une étoile fixe, et tant d'astres errants ;
Quand je vois les Césars, quand je vois leur fortune ;
Quand je vois le soleil, et quand je vois la lune ;
         Babyloniens
Quand je vois les états des Babiboniens
     Persans   Macédoniens
Transférés des Serpents aux Nacédoniens ;
    Romains   despotique
Quand je vois les Lorrains, de l'état dépotique,
  démocratique
Passer au démocrite, et puis au monarchique [2] :
Quand je vois le Japon [3]...

L'INTIMÉ.

Quand aura-t-il tout vu ?

---

1. Il parle au souffleur.
2. Les notes insérées entre les lignes pour redresser les barbarismes de Petit-Jean sont ainsi disposées dans les éditions données du vivant de Racine.

3. L'exorde de Petit-Jean est la parodie de l'éloquence judiciaire du temps ; on a cité des plaidoyers qui ne sont guère moins diffus, et ne commencent pas moins loin de la cause.

PETIT-JEAN.
Oh ! pourquoi celui-là m'a-t-il interrompu ?
Je ne dirai plus rien.

DANDIN.
Avocat incommode,
Que ne lui laissez-vous finir sa période ?
Je suais sang et eau, pour voir si du Japon
Il viendrait à bon port au fait de son chapon ;
Et vous l'interrompez par un discours frivole.
Parlez donc, avocat.

PETIT-JEAN.
J'ai perdu la parole.

LÉANDRE.
Achève, Petit-Jean ; c'est fort bien débuté.
Mais que font là tes bras pendants à ton côté ?
Te voilà sur tes pieds droit comme une statue.
Dégourdis-toi. Courage ! allons, qu'on s'évertue.

PETIT-JEAN *remuant les bras.*
Quand... je vois... Quand... je vois...

LÉANDRE.
Dis donc ce que tu vois.

PETIT-JEAN.
Oh dame ! on ne court pas deux lièvres à la fois.

LE SOUFFLEUR.
On lit...

PETIT-JEAN.
On lit...

LE SOUFFLEUR.
Dans la...

PETIT-JEAN.
Dans la...

LE SOUFFLEUR.
Métamorphose...

PETIT-JEAN.
Comment ?

LE SOUFFLEUR.
Que la métem...

PETIT-JEAN.
Que la métem...

LE SOUFFLEUR.
psycose.

PETIT-JEAN.
Psycose.

LE SOUFFLEUR.
Hé ! le cheval !
PETIT-JEAN.
Et le cheval...
LE SOUFFLEUR.
Encor !
PETIT-JEAN.
Encor...
LE SOUFFLEUR.
Le chien !
PETIT-JEAN.
Le chien...
LE SOUFFLEUR.
Le butor !
PETIT-JEAN.
Le butor...
LE SOUFFLEUR.
Peste de l'avocat !
PETIT-JEAN.
Ah ! peste de toi-même !
Voyez cet autre avec sa face de carême !
Va-t'en au diable.
DANDIN.
Et vous, venez au fait. Un mot
Du fait.
PETIT-JEAN.
Hé ! faut-il tant tourner autour du pot ?
Ils me font dire aussi des mots longs d'une toise,
De grands mots qui tiendraient d'ici jusqu'à Pontoise.
Pour moi, je ne sais point tant faire de façon
Pour dire qu'un mâtin vient de prendre un chapon.
Tant y a[1] qu'il n'est rien que votre chien ne prenne ;
Qu'il a mangé là-bas un bon chapon du Maine ;
Que, la première fois que je l'y trouverai,
Son procès est tout fait, et je l'assommerai.
LÉANDRE.
Belle conclusion, et digne de l'exorde !
PETIT-JEAN.
On l'entend bien toujours. Qui voudra mordre y morde.

---

1. Ces mots forment un hiatus que Racine, scrupuleux observateur de la règle imposée par Malherbe, n'eût pas hasardé dans une tragédie. Mais nous avons déjà remarqué que sa versification dans les *Plaideurs* se permet quelques libertés.

DANDIN.

Appelez les témoins.

LÉANDRE.

C'est bien dit, s'il le peut :
Les témoins sont fort chers, et n'en a pas qui veut.

PETIT-JEAN.

Nous en avons pourtant, et qui sont sans reproche.

DANDIN.

Faites-les donc venir.

PETIT-JEAN.

Je les ai dans ma poche.
Tenez, voilà la tête et les pieds du chapon :
Voyez-les, et jugez.

L'INTIMÉ.

Je les récuse.

DANDIN.

Bon !
Pourquoi les récuser ?

L'INTIMÉ.

Monsieur, ils sont du Maine [1].

DANDIN.

Il est vrai que du Mans il en vient par douzaine.

L'INTIMÉ.

Messieurs...

DANDIN.

Serez-vous long, avocat ? dites-moi ?

L'INTIMÉ.

Je ne réponds de rien.

DANDIN.

Il est de bonne foi.

L'INTIMÉ, *d'un ton finissant en fausset.*

Messieurs, tout ce qui peut étonner un coupable,
Tout ce que les mortels ont de plus redoutable,
Semble s'être assemblé contre nous par hasard :
Je veux dire la brigue et l'éloquence. Car,
D'un côté, le crédit du défunt m'épouvante ;
Et, de l'autre côté, l'éloquence éclatante

---

1. Comme le chapon lui-même. Les Manceaux ne passaient pas pour avoir horreur du mensonge. On disait proverbialement : « Un Manceau vaut un Normand et demi. » Boileau réunit les deux provinces dans le même portrait satirique :

Soutenons bien nos droits. Sot est celui qui donne.
C'est ainsi devers Caen que tout Normand raisonne,
Ce sont là les leçons dont un père manceau
Instruit son fils novice au sortir du berceau.
(*Épître II*).

De maître Petit-Jean m'éblouit.

DANDIN.

Avocat.
De votre ton vous-même adoucissez l'éclat.

L'INTIMÉ, du beau ton.

Oui-da, j'en ai plusieurs... Mais, quelque défiance
Que nous doive donner la susdite éloquence
Et le susdit crédit, ce néanmoins, Messieurs,
L'ancre de vos bontés nous rassure d'ailleurs.
Devant le grand Dandin l'innocence est hardie ;
Oui, devant ce Caton de Basse-Normandie,
Ce soleil d'équité qui n'est jamais terni :
Victrix causa diis placuit, sed victa Catoni[1].

DANDIN.

Vraiment, il plaide bien.

L'INTIMÉ.

Sans craindre aucune chose,
Je prends donc la parole, et je viens à ma cause.
Aristote, *primo, peri Politicon*,
Dit fort bien...

DANDIN.

Avocat, il s'agit d'un chapon,
Et non point d'Aristote et de sa Politique.

L'INTIMÉ.

Oui, mais l'autorité du Péripatétique [2]
Prouverait que le bien et le mal...

DANDIN.

Je prétends
Qu'Aristote n'a point d'autorité céans [3].
Au fait.

L'INTIMÉ.

Pausanias, en ses Corinthiaques [4]...

DANDIN.

Au fait.

L'INTIMÉ.

Rebuffe [5]...

---

1. Le plus célèbre avocat du temps, Gaultier (dit *la gueule* pour la force de ses poumons) commençait ainsi son plaidoyer xive, et s'écriait aussi : *victrix causa*, etc., à la fin de son exorde.

2. Le Péripatétique est Aristote, fondateur de la secte des *Péripatéticiens* (ou promeneurs).

3. Voy. ci-dessus page 112, note 4.

4. L'un des livres de la *Description de la Grèce* de Pausanias, qui visita la Grèce au temps des Antonins.

5. Rebuffe ; deux jurisconsultes français ont porté ce nom, l'un mort en 1428, l'autre en 1557.

DANDIN.
Au fait, vous dis-je.
L'INTIMÉ.
Le grand Jacques[1]...
DANDIN.
Au fait, au fait, au fait.
L'INTIMÉ.
Armeno Pul[2], *in prompt*...
DANDIN.
Ho ! je te vais juger.
L'INTIMÉ.
Ho ! vous êtes si prompt !
(Vite)
Voici le fait. Un chien vient dans une cuisine ;
Il y trouve un chapon, lequel a bonne mine.
Or celui pour lequel je parle est affamé ;
Celui contre lequel je parle *autem* plumé ;
Et celui pour lequel je suis prend en cachette
Celui contre lequel je parle. L'on décrète ;
On le prend. Avocat pour et contre appelé ;
Jour pris. Je dois parler, je parle, j'ai parlé.
DANDIN.
Ta, ta, ta, ta. Voilà bien instruire une affaire !
Il dit fort posément ce dont on n'a que faire,
Et court le grand galop quand il est à son fait.
L'INTIMÉ.
Mais le premier, Monsieur, c'est le beau.
DANDIN.
C'est le laid.
A-t-on jamais plaidé d'une telle méthode ?
Mais qu'en dit l'assemblée ?
LÉANDRE.
Il est fort à la mode[3].
L'INTIMÉ, d'un ton véhément.
Qu'arrive-t-il, Messieurs ? On vient. Comment vient-on ?
On poursuit ma partie[4]. On force une maison.
Quelle maison ? maison de notre propre juge !

---

1. Le grand Jacques est Jacques Cujas, qui professa le droit à Toulouse (1520-1590).

2. Harmenopoulos, Byzantin du xiv⁰ siècle, auteur d'un *Manuel des lois* traduit sous le titre de *Promptuarium juris civilis*.

3. L'Intimé croit comme les mauvais rhéteurs qu'un exorde éloquent et habile peut faire passer un mauvais discours, Léandre convient que c'est la mode au Palais d'être emphatique au début, et trivial dans le cours du plaidoyer.

4. *Mon client*. Quand un plaideur parle, ce mot désigne son adversaire. Voy. p. 114, note 5.

On brise le cellier qui nous sert de refuge.
De vol, de brigandage on nous déclare auteurs.
On nous traîne, on nous livre à nos accusateurs.
A maître Petit-Jean, Messieurs. Je vous atteste:
Qui ne sait que la loi, *Si quis canis*, Digeste
De vi, paragrapho, Messieurs, *Caponibus*[1],
Est manifestement contraire à cet abus?
Et quand il serait vrai que Citron, ma partie,
Aurait mangé, Messieurs, le tout, ou bien partie
Dudit chapon: qu'on mette en compensation
Ce que nous avons fait avant cette action.
Quand ma partie a-t-elle été réprimandée?
Par qui votre maison a-t-elle été gardée?
Quand avons-nous manqué d'aboyer au larron?
Témoin trois procureurs[2] dont icelui Citron
A déchiré la robe. On en verra les pièces.
Pour nous justifier, voulez-vous d'autres pièces[3]?

PETIT-JEAN.

Maître Adam...

L'INTIMÉ.

Laissez-nous.

PETIT-JEAN.

L'Intimé.

L'INTIMÉ.

Laissez-nous.

PETIT-JEAN.

S'enroue.

L'INTIMÉ.

Hé laissez-nous. Euh! euh!

DANDIN.

Reposez-vous,
Et concluez.

L'INTIMÉ, d'un ton pesant.

Puis donc... qu'on nous... permet... de prendre...
Haleine, et que l'on nous... défend... de nous... étendre,
Je vais, sans rien omettre, et sans prévariquer[4],

---

1. *Si quelque chien... De la violence... Des chapons...* Devant des juges supposés ignorants, les avocats se permettaient quelquefois d'alléguer comme ici des lois imaginaires; un peu de latin barbare donnait couleur à la chose.

2. Le rapprochement de larron et de procureur est très plaisant; tous les mots portent dans cette comédie faite de verve et infiniment spirituelle.

3. Le mot rime avec lui-même dans deux acceptions, il est vrai, différentes. Racine dans les *Plaideurs* s'est permis quelques licences de versification qu'il n'eût jamais admises dans une tragédie.

4. Étymologiquement *prévariquer* (*prævaricari*) signifie s'écarter du droit chemin, d'où le sens figuré: manquer aux devoirs de sa charge.

Compendieusement [1] énoncer, expliquer,
Exposer, à vos yeux, l'idée universelle
De ma cause, et des faits renfermés en icelle [2].

DANDIN.

Il aurait plus tôt fait de dire tout vingt fois
Que de l'abréger une. Homme, ou qui que tu sois,
Diable, conclus; ou bien que le Ciel te confonde !

L'INTIMÉ.

Je finis.

DANDIN.

Ah !

L'INTIMÉ

Avant la naissance du monde...

DANDIN, bâillant.

Avocat, ah ! passons au déluge.

L'INTIMÉ.

Avant donc
La naissance du monde, et sa création,
Le monde, l'univers, tout, la nature entière
Était ensevelie au fond de la matière.
Les éléments, le feu, l'air, et la terre, et l'eau,
Enfoncés, entassés, ne faisaient qu'un monceau,
Une confusion, une masse sans forme,
Un désordre, un chaos, une cohue énorme :
UNUS ERAT TOTO NATURÆ VULTUS IN ORBE,
QUEM GRÆCI DIXERE CHAOS, RUDIS INDIGESTAQUE MOLES [3].

(Dandin endormi se laisse tomber.)

LÉANDRE.

Quelle chute ! mon père !

PETIT-JEAN.

Ay ! Monsieur ! Comme il dort !

LÉANDRE.

Mon père, éveillez-vous.

---

1. *Compendium* signifie *abrégé*; *compendieusement* signifie *brièvement*. Le sel de la plaisanterie est justement dans le contraste qui est entre l'énormité du mot et sa signification. Quelques-uns ont cru gratuitement que Racine ou l'Intimé se trompait sur le sens du mot. Le vers qui suit: *Que de l'abréger une* prouve le contraire. Mais ce joli vers est devenu l'origine d'une faute très répandue : beaucoup de gens emploient *compendieusement* dans le sens de *démesurément*.

2. Celle-ci. Ces formes archaïques n'ont pas tout à fait disparu de la langue du palais.

3. Voy. Ovide, au début des *Métamorphoses*, que tout ce passage imite ou parodie plaisamment. *Græci* n'est pas dans le texte, et fait ici le vers faux. « Pareil était dans tout l'univers l'aspect de la nature; masse informe et confuse que les Grecs ont nommée *chaos*. »

PETIT-JEAN.
Monsieur, êtes-vous mort ?
LÉANDRE.
Mon père !
DANDIN.
Hé bien? Hé bien? Quoi? Qu'est-ce? Ah! ah! quel homme!
Certes, je n'ai jamais dormi d'un si bon somme.
LÉANDRE.
Mon père, il faut juger.
DANDIN.
Aux galères.
LÉANDRE.
Un chien
Aux galères !
DANDIN.
Ma foi ! je n'y conçois plus rien.
De monde, de chaos, j'ai la tête troublée.
Hé ! concluez.
L'INTIMÉ, lui présentant de petits chiens[1].
Venez, famille désolée !
Venez, pauvres enfants qu'on veut rendre orphelins,
Venez faire parler vos esprits enfantins.
Oui, Messieurs, vous voyez ici notre misère :
Nous sommes orphelins ; rendez-nous notre père,
Notre père, par qui nous fûmes engendrés,
Notre père, qui nous...
DANDIN.
Tirez, tirez, tirez [2].
L'INTIMÉ.
Notre père, Messieurs...
DANDIN.
Tirez donc. Quels vacarmes !
Ils ont pissé partout.
L'INTIMÉ.
Monsieur, voyez nos larmes.
DANDIN.
Ouf. Je me sens déjà pris de compassion.
Ce que c'est qu'à propos toucher la passion !

---

1. Cette péroraison est imitée des *Guêpes* et de la tradition judiciaire qui veut que pour finir on fasse appel aux arguments pathétiques. Cicéron n'y manqua jamais.

2. *Tirer*, neutre, signifie *sortir*. Il est familier : on s'en servait pour chasser un chien. Toutefois Dorine à la fin de l'acte II de *Tartuffe* l'emploie en parlant à sa jeune maîtresse.

Tirez de cette part ; et vous, tirez de l'autre.

Je suis bien empêché[1]. La vérité me presse :
Le crime est avéré ; lui-même il le confesse.
Mais, s'il est condamné, l'embarras est égal.
Voilà bien des enfants réduits à l'hôpital.
Mais je suis occupé, je ne veux voir personne.

SCÈNE IV

DANDIN, LÉANDRE, CHICANNEAU, ISABELLE, L'INTIMÉ, PETIT-JEAN.

CHICANNEAU.

Monsieur...

DANDIN.

Oui, pour vous seuls[2] l'audience se donne.
Adieu. Mais, s'il vous plaît, quel est cet enfant-là ?

CHICANNEAU.

C'est ma fille, monsieur.

DANDIN.

Hé ! tôt, rappelez-la.

ISABELLE.

Vous êtes occupé.

DANDIN.

Moi ! Je n'ai point d'affaire.
Que ne me disiez-vous que vous étiez son père ?

CHICANNEAU.

Monsieur...

DANDIN.

Elle sait mieux votre affaire que vous.
Dites. Qu'elle est jolie et qu'elle a les yeux doux !
Ce n'est pas tout, ma fille, il faut de la sagesse.
Je suis tout réjoui de voir cette jeunesse.[3].
Savez-vous que j'étais un compère autrefois ?
On a parlé de nous.

ISABELLE.

Ah ! Monsieur, je vous crois.

DANDIN.

Dis-nous : à qui veux-tu faire perdre la cause ?

ISABELLE.

A personne.

---

1. Embarrassé. *Empêcher* vient du bas-latin *impactare*, formé sur *impactum* supin d'*impingo* (pousser contre).

2. Le vers paraît ironique et adressé à Chicanneau.

3. Dans les *Femmes savantes* (1672) Chrysale dit de même en voyant Clitandre et Henriette :

Cela regaillardit tout à fait mes vieux jours
Et je me ressouviens de mes jeunes amours.
(Acte III, sc. ix.)

DANDIN.
Pour toi je ferai toute chose.
Parle donc.
ISABELLE.
Je vous ai trop d'obligation.
DANDIN.
N'avez-vous jamais vu donner la question?
ISABELLE.
Non; et ne le verrai, que je crois, de ma vie.
DANDIN.
Venez, je vous en veux faire passer l'envie[1].
ISABELLE.
Hé! Monsieur! peut-on voir souffrir des malheureux?
DANDIN.
Bon! Cela fait toujours passer une heure ou deux.
CHICANNEAU.
Monsieur, je viens ici pour vous dire...
LÉANDRE.
Mon père,
Je vous vais en deux mots dire toute l'affaire.
C'est pour un mariage. Et vous saurez d'abord
Qu'il ne tient plus qu'à vous, et que tout est d'accord.
La fille le veut bien; son amant le respire;
Ce que la fille veut, le père le désire.
C'est à vous de juger.
DANDIN, se rasseyant.
Mariez au plus tôt :
Dès demain, si l'on veut; aujourd'hui, s'il le faut.
LÉANDRE.
Mademoiselle, allons, voilà votre beau-père;
Saluez-le.
CHICANNEAU
Comment?
DANDIN.
Quel est donc ce mystère?
LÉANDRE.
Ce que vous avez dit se fait de point en point.
DANDIN.
Puisque je l'ai jugé, je n'en reviendrai point.
CHICANNEAU.
Mais on ne donne pas une fille sans elle.

---

1. Dans le *Malade imaginaire* (1673), Thomas Diafoirus offre à Angélique d'assister à la dissection d'une femme.

LÉANDRE.
Sans doute, et j'en croirai la charmante Isabelle.
CHICANNEAU.
Es-tu muette? Allons, c'est à toi de parler.
Parle.
ISABELLE.
Je n'ose pas, mon père, en appeler.
CHICANNEAU.
Mais j'en appelle, moi.
LÉANDRE.
Voyez cette écriture.
Vous n'appellerez pas de votre signature?
CHICANNEAU.
Plaît-il?
DANDIN.
C'est un contrat en fort bonne façon.
CHICANNEAU.
Je vois qu'on m'a surpris; mais j'en aurai raison :
De plus de vingt procès ceci sera la source.
On a la fille; soit : on n'aura pas la bourse.
LÉANDRE.
Hé! Monsieur! qui vous dit qu'on vous demande rien?
Laissez-nous votre fille, et gardez votre bien.
CHICANNEAU.
Ah!
LÉANDRE.
Mon père, êtes-vous content de l'audience?
DANDIN.
Oui-da. Que les procès viennent en abondance,
Et je passe avec vous le reste de mes jours.
Mais que les avocats soient désormais plus courts.
Et notre criminel?
LÉANDRE.
Ne parlons que de joie :
Grâce! grâce! mon père.
DANDIN.
Hé bien, qu'on le renvoie.
C'est en votre faveur, ma bru, ce que j'en fais.
Allons nous délasser à voir d'autres procès[1].

---

[1]. Beaucoup de comédies finissent ainsi par un ou deux vers qui attestent que le personnage principal reste fidèle à son caractère et n'est point corrigé. (*L'Avare, le Misanthrope, les Femmes savantes* de Molière; *le Joueur, le Distrait* de Regnard; *l'Irrésolu* de Destouches, etc.)

BRITANNICUS

(1669)

NOTICE SUR *BRITANNICUS*

Par un bonheur unique, nous possédons un compte rendu de la première représentation de *Britannicus*, donnée à l'Hôtel de Bourgogne le 13 décembre 1669. Ce compte rendu qui paraît assez fidèle, quoique très malveillant, se trouve dans une petite nouvelle de Boursault[1] (*Artémise et Poliante*), publiée en 1670. Nous y apprenons que la représentation finit à sept heures du soir; qu'il n'y avait pas eu foule parce que beaucoup d'habitués du théâtre s'étaient rendus ce jour à la Grève pour y contempler une exécution à mort; mais Corneille avait préféré entendre *Britannicus;* il était « tout seul dans une loge ». Les ennemis de Racine, dispersés dans la salle, montrèrent quelque inquiétude pendant les deux premiers actes; se rassurèrent au troisième, et ils allaient perdre tout espoir après le quatrième, quand le dernier « qu'on estime le plus méchant de tous eut la bonté de leur rendre tout à fait la vie ». Pour son compte, Boursault pense avec les « connoisseux[2] » qu'il a entendus, que le style est « fort épuré ». Il est constant que dans le *Britannicus* il y a « d'aussi beaux vers que l'on en puisse faire » : et cela ne le surprend pas, « car il est impossible que M. Racine en fasse de méchants ». Mais Agrippine lui paraît « fière sans sujet; Burrhus, vertueux sans dessein; Britannicus, amoureux sans jugement; Narcisse, lâche sans prétexte; Junie, constante sans fermeté; et Néron, cruel sans malice ». Pour les acteurs il les déclare au-dessus de tout éloge. Floridor (*Néron*), Brécourt (*Britannicus*), Lafleur (*Burrhus*), Hauteroche

---

1. Edme Boursault (1638-1701), poète dramatique et romancier. Auteur du *Mercure galant*, d'*Esope à la ville* et d'*Esope à la cour*, etc. Ces pièces eurent un succès qui nous étonne aujourd'hui

2. On prononçait ainsi et quelquefois même on écrivait ainsi le mot *connaisseurs*.

(*Narcisse*), et mesdemoiselles des Œillets et d'Ennebaut (*Agrippine* et *Junie*) ont paru surpasser leur réputation. Toutefois le public est resté froid, trouvant la pièce froide elle-même.

Ainsi jugent parfois les contemporains ; car si l'appréciation de Boursault est fort injuste, l'impression qu'il ressent fut celle que ressentit le public : Racine en convient lui-même : « Le succès ne répondit pas d'abord à mes espérances. » Mais il ajoute qu'avec le temps les critiques se sont évanouies ; la pièce est demeurée. « C'est maintenant, écrit-il (en 1676), celle des miennes que la cour et le public revoient le plus volontiers, et si j'ai fait quelque chose de solide, et qui mérite quelque louange, la plupart des *connaisseurs* demeurent d'accord que c'est ce même *Britannicus*. »

Voltaire a retenu ce mot de Racine ; et il aimait à nommer *Britannicus* « la pièce des connaisseurs ». Les grandes scènes politiques dont elle est remplie lui semblaient d'une beauté achevée. Mais les contemporains furent longtemps sans en connaître le mérite : et dans ces admirables parties où Racine atteint Corneille sans l'imiter, ils affectèrent de le juger fort au-dessous. C'était un préjugé admis de tous, que Corneille ne pouvait être égalé dans ce genre ; on permettait à Racine d'exceller dans le pathétique ; après *Andromaque* pouvait-on lui refuser ce talent ? mais l'histoire, la politique, tout le domaine de la grande éloquence lui demeurait interdit.

Il fit *Britannicus* pour dissiper ces injustes préventions. Il emprunta sa pièce de Tacite ; comme un peu auparavant Corneille en avait tiré *Othon* (1664). Il voulut copier ces personnages d'après « le plus grand peintre de l'antiquité » et retracer un portrait vraiment historique de la cour d'Agrippine et de Néron. Il peignit celui-ci comme « un monstre naissant » qui a en lui déjà « les semences de tous les crimes », mais « qui n'ose encore se déclarer » ; qui hait et qui caresse ceux qui le tiennent encore sous le joug. La tragédie met en scène le premier crime, qui affranchira Néron, le meurtre de Britannicus. Elle ne développe pas moins le caractère d'Agrippine ; car la disgrâce de cette mère impérieuse est le sujet de la pièce autant que la mort du frère de Néron. Mais Racine atténue beaucoup les vices de la reine qui dans Tacite ne fait guère moins horreur que Néron lui-même. Il peint Britannicus, que l'histoire montre à peine, comme un jeune prince « qui avait beaucoup de cœur, beaucoup d'amour et beaucoup de franchise ». Tacite ne lui fournit que le nom de Junie, cette touchante fiancée de Britannicus, victime d'un cruel caprice de Néron. Racine met aux côtés du prince, par un contraste violent, Narcisse qui l'excite au crime, et Burrhus qui l'exhorte à la vertu; mais Burrhus, plus honnête qu'habile, s'égare dans les intrigues de cette cour corrompue; Narcisse[1] uniquement appliqué à sa fortune, sait gouverner le prince en flattant ses mauvais penchants.

En comparant avec attention le récit de Tacite avec la tragédie de Racine, on voit que celui-ci s'est fait quelque illusion sur la fidélité de la peinture qu'il a tracée. Quoiqu'il s'en soit défendu, Néron, dans sa pièce, est un peu trop galant, et parfois langoureux. Il est bien vrai qu'il y avait dans Néron un faiseur de petits vers et, si l'on veut, de madrigaux; un chanteur, un comédien, un artiste, ou, pour ne pas profaner ce mot, un baladin. Lui-même en mourant s'écriait : « Quel artiste le monde perd en moi ! » (*Qualis artifex pereo*). Toutefois Racine sort un peu de la mesure dans ces entretiens galants qu'il fait tenir à Néron, en face de Junie: lorsqu'il lui reproche

> Qu'elle ne daigne pas peut-être s'informer
> Si César est aimable ou bien s'il sait aimer.

Ou lorsqu'il lui fait un crime de cacher ses attraits à la cour :

> Ces trésors dont le ciel voulut vous embellir
> Les avez-vous reçus pour les ensevelir.

Est-ce ainsi que Néron aimait, et qu'il déclarait son amour? D'autre part, nous avons dit que Racine avait beaucoup modifié le caractère d'Agrippine en atténuant un peu ses vices les plus odieux; dans Tacite elle n'est pas seulement ambitieuse : il y a beaucoup de Messaline en elle. Chez Racine elle est constamment superbe et hautaine; chez Tacite elle l'est seulement dans le triomphe : elle cède et s'humilie dans la mauvaise fortune. Racine a-t-il voulu qu'on s'intéressât à elle

---

1. Cet affranchi de Claude paya ses crimes de sa vie, aux premiers jours du règne de Néron, qui le regretta. dit Tacite; car ses vices encore cachés s'accordaient fort avec ceux de Narcisse, avare et prodigue à la fois.

jusqu'à s'attendrir et la plaindre? En ce cas, il aurait échoué ; je ne crois pas qu'aucun spectateur de *Britannicus* ait grand'-pitié d'Agrippine. Mais rien ne dit que tel fut le dessein de Racine. Il a un peu adouci le personnage affreux de la mère de Néron ; mais c'est seulement par égard pour le spectateur français ; non pour nous la rendre sympathique ou aimable.

Racine avait plus probablement le désir de nous faire admirer Burrhus dont il loue l'intègre vertu dans sa préface. Y a-t-il bien réussi? J'en doute un peu, et il me paraît que cette épithète que le malicieux Boursault applique à Burrhus (*vertueux sans dessein*) n'est pas mal justifiée. Durant toute la pièce, il montre plus de bonnes intentions que d'habileté politique. Dès l'exposition il est clair que seule Agrippine peut encore contenir Néron, et sauver Britannicus. Et cependant Burrhus combat Agrippine et veut affranchir l'Empereur de l'autorité maternelle. Ce vertueux personnage est amené ainsi à justifier dès le premier acte l'enlèvement de Junie. Au troisième il se montre à nous fort embarrassé dans son rôle, et ne sachant plus quel parti tenir ; il mérite ainsi la méprise de Néron qui lui confie brutalement, au quatrième acte, son intention de tuer son frère. Alors Burrhus se relève à nos yeux par la généreuse audace avec laquelle il combat le crime, mais ensuite, il croit trop facilement au retour de Néron à la vertu et jusqu'à la fin il joue le personnage d'un honnête homme dupé qui n'a rien vu ni rien prévu.

L'édition originale de *Britannicus* parut au commencement de 1670[1]. Elle est précédée d'une préface[2], qui fut supprimée depuis, où Racine attaquait avec une extrême vivacité tous ceux qui avaient critiqué sa pièce ; et parmi eux Corneille qu'il ne nommait point, mais qu'il désigna trop clairement dans cette sortie passionnée : « Que faudrait-il faire pour contenter des juges si difficiles ? La chose serait aisée pour peu qu'on voulût trahir le bon sens. Il ne faudrait que s'écarter du naturel pour se jeter dans l'extraordinaire. Au lieu d'une action simple chargée de peu de matière, telle que doit être une action qui se passe en un seul jour, et qui s'avançant par degrés vers sa fin, n'est soutenue que par les intérêts, les sentiments et les passions des personnages (*remarquable définition de la tragédie telle que la conçoit Racine*),

---

1. Le privilège est du 7 janvier.
2. Et d'une *Dédicace* au duc de Chevreuse à qui Racine rappelle qu'il lui a dû l'honneur de lire *Britannicus* devant Colbert.

il faudrait remplir cette même action de quantité d'incidents qui ne se pourraient passer qu'en un mois, d'un grand nombre de jeux de théâtre, d'autant plus surprenants qu'ils seraient moins vraisemblables, d'une infinité de déclamations où l'on ferait dire aux acteurs tout le contraire de ce qu'ils devraient dire (*définition de la tragédie cornélienne, mais donnée par un rival aigri, et qui se croit lésé et méconnu*). Il faudrait par exemple représenter quelque héros ivre qui se voudrait faire haïr de sa maîtresse de gaieté de cœur [1], un Lacédémonien grand parleur [2], un conquérant qui ne débite que des maximes d'amour [3], une femme qui donnerait des leçons de fierté à des conquérants [4]. Voilà sans doute de quoi faire récrier tous ces messieurs. Mais que dirait cependant le petit nombre de gens sages auxquels je m'efforce de plaire? De quel front oserais-je me montrer pour ainsi dire aux yeux de ces grands hommes de l'antiquité que j'ai choisis pour modèles!... »

Plus loin, croyant entendre quelqu'un qui lui reproche l'insolence de ces allusions, Racine s'excuse en redoublant les coups. « Il n'y a rien de plus naturel que de se défendre quand on se croit injustement attaqué. Je vois que Térence même semble n'avoir fait des prologues que pour se justifier contre les critiques d'un vieux poète malintentionné (*malevoli veteris poetæ*) qui venait briguer des voix contre lui jusqu'aux heures où on représentait ses comédies. » Ce ton est inexcusable; il est vrai que Corneille combattait sourdement Racine; il est vrai qu'il était jaloux et inquiet des succès de son jeune rival; mais Corneille avait soixante-trois ans, et la décadence de son génie n'empêchait pas qu'il gardât l'honneur d'avoir ouvert la voie, et de servir encore de modèle à tout ce qui devait venir après lui. Racine avait trente ans, un nom déjà illustre et des succès obtenus, qui garantissaient les succès futurs. Tout lui souriait; tout déclinait autour de Corneille, qui se sentait survivre, sinon à son génie, au moins à son bonheur. Le public négligeait ses pièces, portait aux nues *Andromaque*. Dans ces conditions, Corneille aurait dû être sacré pour Racine. Celui-ci le sentit un peu plus tard. La préface agressive de 1670 ne reparut pas dans les éditions suivantes.

---

1. Allusion à l'*Attila* de Corneille, joué en 1667.
2. Allusion à l'*Agésilas* (1666).
3. César dans *Pompée* (1643).
4. Cornélie dans *Pompée*.

BRITANNICUS

PERSONNAGES

NÉRON, empereur, fils d'Agrippine.
BRITANNICUS, fils de l'empereur Claudius.
AGRIPPINE, veuve de Domitius Énobarbus, père de Néron, et en secondes noces veuve de l'empereur Claudius.
JUNIE, amante de Britannicus.
BURRHUS, gouverneur de Néron.
NARCISSE, gouverneur de Britannicus.
ALBINE, confidente d'Agrippine.
GARDES.

La scène est à Rome, dans une chambre du palais de Néron

ACTE PREMIER

SCÈNE PREMIÈRE
AGRIPPINE, ALBINE.

ALBINE.
Quoi ! tandis que Néron s'abandonne au sommeil,
Faut-il que vous veniez attendre son réveil ?
Qu'errant dans le palais, sans suite et sans escorte,
La mère de César veille seule à sa porte ?
Madame, retournez dans votre appartement.

AGRIPPINE.
Albine, il ne faut pas s'éloigner un moment.
Je veux l'attendre ici : les chagrins qu'il me cause
M'occuperont assez tout le temps qu'il repose.
Tout ce que j'ai prédit n'est que trop assuré :
Contre Britannicus Néron s'est déclaré.
L'impatient Néron cesse de se contraindre ;
Las de se faire aimer, il veut se faire craindre.
Britannicus le gêne, Albine ; et chaque jour
Je sens que je deviens importune à mon tour.

ALBINE.
Quoi ! vous à qui Néron doit le jour qu'il respire,
Qui l'avez appelé de si loin à l'empire ?
Vous qui, déshéritant le fils de Claudius,

Avez nommé César l'heureux Domitius [1] ?
Tout lui parle, Madame, en faveur d'Agrippine :
Il vous doit son amour.

AGRIPPINE.

Il me le doit, Albine :
Tout, s'il est généreux, lui prescrit cette loi ;
Mais tout, s'il est ingrat, lui parle contre moi.

ALBINE.

S'il est ingrat, Madame ! Ah ! toute sa conduite
Marque dans son devoir une âme trop instruite.
Depuis trois ans entiers, qu'a-t-il dit, qu'a-t-il fait
Qui ne promette à Rome un empereur parfait ?
Rome, depuis deux [2] ans, par ses soins gouvernée,
Au temps de ses consuls croit être retournée :
Il la gouverne en père. Enfin, Néron naissant
A toutes les vertus d'Auguste vieillissant.

AGRIPPINE.

Non, non, mon intérêt ne me rend point injuste :
Il commence, il est vrai, par où finit Auguste ;
Mais crains que, l'avenir détruisant le passé,
Il ne finisse ainsi qu'Auguste a commencé.
Il se déguise en vain : je lis sur son visage
Des fiers Domitius l'humeur triste et sauvage [3].
Il mêle avec l'orgueil qu'il a pris dans leur sang
La fierté des Nérons qu'il puisa dans mon flanc [4].
Toujours la tyrannie a d'heureuses prémices ;
De Rome, pour un temps, Caïus [5] fut les délices ;
Mais, sa feinte bonté se tournant en fureur,
Les délices de Rome en devinrent l'horreur.
Que m'importe, après tout, que Néron plus fidèle,
D'une longue vertu laisse un jour le modèle ?
Ai-je mis dans sa main le timon de l'État

---

1. Néron, appelé d'abord Domitius, était le fils d'Agrippine et de Domitius Enobarbus, son premier mari. Le fils de Claude et de Messaline est Britannicus.

2. Racine a substitué ici deux à trois dans l'édition de 1687 et dans celle de 1697 (que nous suivons). Il a laissé *trois* par mégarde au vers 25. En réalité Néron n'était empereur que depuis six mois lorsqu'il empoisonna Britannicus. Sa *vertu*, on le voit, lui pesa vite.

3. Suétone (*Vies des douze Césars*, *Néron*) énumère cinq Domitius, ascendants de Néron, tous plus méchants les uns que les autres : son père faisait galoper son cheval sur la voie Appienne pour goûter le plaisir d'écraser les enfants.

4. Les *Nérons* sont les ancêtres paternels d'Agrippine, depuis le vainqueur d'Asdrubal au Métaure, jusqu'à Germanicus.

5. Caïus Caligula, fils de Germanicus et frère d'Agrippine.

Pour le conduire au gré du peuple et du sénat?
Ah! que de la patrie il soit, s'il veut, le père;
Mais qu'il songe un peu plus qu'Agrippine est sa mère.
De quel nom cependant pouvons-nous appeler
L'attentat que le jour vient de nous révéler?
Il sait, car leur amour ne peut être ignorée,
Que de Britannicus Junie est adorée [1];
Et ce même Néron, que la vertu conduit,
Fait enlever Junie au milieu de la nuit!
Que veut-il? Est-ce haine, est-ce amour qui l'inspire?
Cherche-t-il seulement le plaisir de leur nuire?
Ou plutôt n'est-ce point que sa malignité
Punit sur eux l'appui que je leur ai prêté?

ALBINE.

Vous leur appui, Madame!

AGRIPPINE.

Arrête, chère Albine.
Je sais que j'ai moi seule avancé leur ruine;
Que du trône, où le sang l'a dû faire monter,
Britannicus par moi s'est vu précipiter.
Par moi seule éloigné de l'hymen d'Octavie,
Le frère de Junie abandonna la vie,
Silanus, sur qui Claude avait jeté les yeux,
Et qui comptait Auguste au rang de ses aïeux.
Néron jouit de tout; et moi, pour récompense,
Il faut qu'entre eux et lui je tienne la balance,
Afin que quelque jour par une même loi
Britannicus la tienne entre mon fils et moi.

ALBINE.

Quel dessein!

AGRIPPINE.

Je m'assure un port dans la tempête.
Néron m'échappera, si ce frein ne l'arrête.

ALBINE.

Mais prendre contre un fils tant de soins superflus?

AGRIPPINE.

Je le craindrais bientôt, s'il ne me craignait plus.

---

1. Lucius Silanus et Junia Calvina sa sœur, enfants d'Émilia Lepida, arrière-petite-fille d'Auguste: Racine a trouvé leurs noms dans les *Annales*; mais le caractère et le rôle qu'il prête à Junie n'ont rien de conforme à l'histoire. Pour Silanus, il est exact qu'il avait dû épouser Octavie, fille de Claude; Agrippine la lui enleva, pour la réserver à Néron; puis poussa Silanus au suicide par la terreur d'une accusation infamante (Tacite, *Annales*, XII, ch. 3, 4 et 8).

ALBINE.

Une injuste frayeur vous alarme peut-être.
Mais si Néron pour vous n'est plus ce qu'il doit être,
Du moins son changement ne vient pas jusqu'à nous ;
Et ce sont des secrets entre César et vous.
Quelques titres nouveaux que Rome lui défère,
Néron n'en reçoit point qu'il ne donne à sa mère.
Sa prodigue amitié ne se réserve rien.
Votre nom est dans Rome aussi saint que le sien ;
A peine parle-t-on de la triste Octavie.
Auguste votre aïeul honora moins Livie :
Néron devant sa mère a permis le premier
Qu'on portât les faisceaux couronnés de laurier.
Quels effets voulez-vous de sa reconnaissance ?

AGRIPPINE.

Un peu moins de respect, et plus de confiance.
Tous ces présents, Albine, irritent mon dépit :
Je vois mes honneurs croître, et tomber mon crédit.
Non, non, le temps n'est plus que Néron, jeune encore,
Me renvoyait les vœux d'une cour qui l'adore ;
Lorsqu'il se reposait sur moi de tout l'État [1] ;
Que mon ordre au palais assemblait le sénat ;
Et que, derrière un voile, invisible et présente,
J'étais de ce grand corps l'âme toute-puissante.
Des volontés de Rome alors mal assuré,
Néron de sa grandeur n'était point enivré.
Ce jour, ce triste jour, frappe encor ma mémoire,
Où Néron fut lui-même ébloui de sa gloire,
Quand les ambassadeurs de tant de rois divers
Vinrent le reconnaître au nom de l'univers.
Sur son trône avec lui j'allais prendre ma place :
J'ignore quel conseil prépara ma disgrâce ;
Quoi qu'il en soit, Néron, d'aussi loin qu'il me vit,
Laissa sur son visage éclater son dépit.
Mon cœur même en conçut un malheureux augure.

1. Comparez le récit de Tacite : « C'est dans le palais qu'on rassemblait le sénat, afin qu'Agrippine pût y assister dans une embrasure secrète, cachée derrière un rideau qui l'empêchait d'être vue, mais non d'entendre. Un jour que les ambassadeurs d'Arménie plaidaient devant Néron la cause de leur nation, elle se disposait à monter sur l'estrade impériale, pour y siéger à côté de son fils ; tout le monde restait immobile de stupeur. Sénèque avertit Néron d'aller au-devant de sa mère ; ainsi sous couleur de respect il prévint l'affront (*ita specie pietatis obviam itum dedecori*. Tacite, *Annales* VIII, 5).

L'ingrat, d'un faux respect colorant son injure,
Se leva par avance, et, courant m'embrasser,
Il m'écarta du trône où je m'allais placer.
Depuis ce coup fatal le pouvoir d'Agrippine
Vers sa chute, à grands pas, chaque jour s'achemine.
L'ombre seule m'en reste, et l'on n'implore plus
Que le nom de Sénèque et l'appui de Burrhus[2].

ALBINE.

Ah! si de ce soupçon votre âme est prévenue,
Pourquoi nourrissez-vous le venin qui vous tue?
Daignez avec César vous éclaircir du moins.

AGRIPPINE.

César ne me voit plus, Albine, sans témoins :
En public, à mon heure, on me donne audience.
Sa réponse est dictée, et même son silence.
Je vois deux surveillants, ses maîtres et les miens,
Présider l'un ou l'autre à tous nos entretiens.
Mais je le poursuivrai d'autant plus qu'il m'évite.
De son désordre[2], Albine, il faut que je profite.
J'entends du bruit; on ouvre. Allons subitement
Lui demander raison de cet enlèvement.
Surprenons, s'il se peut, les secrets de son âme.
Mais quoi! déjà Burrhus sort de chez lui!

SCÈNE II

AGRIPPINE, BURRHUS, ALBINE.

BURRHUS.

Madame,
Au nom de l'Empereur j'allais vous informer
D'un ordre qui d'abord a pu vous alarmer,
Mais qui n'est que l'effet d'une sage conduite[3]
Dont César a voulu que vous soyez[4] instruite.

AGRIPPINE.

Puisqu'il le veut, entrons; il m'en instruira mieux.

---

1. « Ces deux hommes, dit Tacite (livre XIII, ch. 2), qui gouvernaient la jeunesse de l'empereur avec une concorde qu'admet rarement le partage du pouvoir, jouissaient d'un crédit égal dû à des mérites différents. Burrhus savait la guerre et se recommandait par l'austérité de ses mœurs; Sénèque par ses talents de rhéteur et par l'agrément de sa vertu... Tous deux étaient occupés sans relâche à combattre l'altière Agrippine. »

2. Du désordre d'esprit où l'a jeté sans doute l'audace qu'il a eue de faire enlever Junie.

3. D'une politique prudente.

4. L'accord grammatical veut : que vous fussiez. L'accord logique, souvent préféré au xviie siècle, admet *que vous soyez* (désormais à l'avenir).

BURRHUS.
César pour quelque temps s'est soustrait à nos yeux.
Déjà par une porte au public moins connue
L'un et l'autre consul vous avaient prévenue,
Madame. Mais souffrez que je retourne exprès...
AGRIPPINE.
Non, je ne trouble point ses augustes secrets.
Cependant voulez-vous qu'avec moins de contrainte
L'un et l'autre une fois nous nous parlions sans feinte?
BURRHUS.
Burrhus pour le mensonge eut toujours trop d'horreur.
AGRIPPINE.
Prétendez-vous longtemps me cacher l'Empereur?
Ne le verrai-je plus qu'à titre d'importune?
Ai-je donc élevé si haut votre fortune
Pour mettre une barrière entre mon fils et moi?
Ne l'osez-vous laisser un moment sur sa foi [1]?
Entre Sénèque et vous disputez-vous la gloire
A qui m'effacera plus tôt de sa mémoire?
Vous l'ai-je confié pour en faire un ingrat?
Pour être, sous son nom, les maîtres de l'État?
Certes, plus je médite, et moins je me figure
Que vous m'osiez compter pour votre créature;
Vous, dont j'ai pu [2] laisser vieillir l'ambition
Dans les honneurs obscurs de quelque légion;
Et moi, qui sur le trône ai suivi mes ancêtres,
Moi, fille, femme, sœur, et mère de vos maîtres [3]!
Que prétendez-vous donc [4]? Pensez-vous que ma voix
Ait fait un empereur pour m'en imposer trois?
Néron n'est plus enfant : n'est-il pas temps qu'il règne?
Jusqu'à quand voulez-vous que l'Empereur vous craigne?
Ne saurait-il rien voir qu'il n'emprunte vos yeux?
Pour se conduire enfin n'a-t-il pas ses aïeux?
Qu'il choisisse, s'il veut, d'Auguste ou de Tibère;
Qu'il imite, s'il peut, Germanicus mon père.
Parmi tant de héros je n'ose me placer;

1. En vous fiant à lui; en vous reposant sur votre confiance en lui.
2. Nous dirions : j'aurais pu. C'est un latinisme; *j'ai pu*, c.-à-d. il y a eu un temps, où je pouvais (si je l'eusse voulu) laisser vieillir votre ambition, etc).
3. « Seul exemple jusqu'à ce jour d'une femme qui fût à la fois fille d'un César, sœur, épouse et mère de maîtres de l'empire » (Tacite, *Annales*, XII, 42). Fille de Germanicus, sœur de Caligula, femme de Claude, enfin mère de Néron.
4. A quoi prétendez-vous? *Prétendre* actif a souvent au XVIIe siècle le sens que *prétendre à* offre aujourd'hui.

Mais il est des vertus que je lui puis tracer :
Je puis l'instruire au moins combien sa confidence
Entre un sujet et lui doit laisser de distance.

BURRHUS.

Je ne m'étais chargé dans cette occasion
Que d'excuser César d'une seule action :
Mais puisque, sans vouloir que je le justifie,
Vous me rendez garant du reste de sa vie,
Je répondrai, Madame, avec la liberté
D'un soldat qui sait mal farder la vérité.
Vous m'avez de César confié la jeunesse ;
Je l'avoue, et je dois m'en souvenir sans cesse.
Mais vous avais-je fait serment de le trahir,
D'en faire un empereur qui ne sût qu'obéir ?
Non. Ce n'est plus à vous qu'il faut que j'en réponde :
Ce n'est plus votre fils, c'est le maître du monde.
J'en dois compte, Madame, à l'empire romain,
Qui croit voir son salut ou sa perte en ma main.
Ah ! si dans l'ignorance il le fallait instruire,
N'avait-on que Sénèque et moi pour le séduire ?
Pourquoi de sa conduite éloigner les flatteurs ?
Fallait-il dans l'exil chercher des corrupteurs ?
La cour de Claudius, en esclaves fertile,
Pour deux que l'on cherchait en eût présenté mille,
Qui tous auraient brigué l'honneur de l'avilir :
Dans une longue enfance ils l'auraient fait vieillir.
De quoi vous plaignez-vous, Madame ? On vous révère.
Ainsi que par César, on jure par sa mère.
L'Empereur, il est vrai, ne vient plus chaque jour
Mettre à vos pieds l'empire, et grossir votre cour.
Mais le doit-il, Madame ? et sa reconnaissance
Ne peut-elle éclater que dans sa dépendance ?
Toujours humble, toujours le timide Néron,
N'ose-t-il être Auguste et César que de nom ?
Vous le dirai-je enfin ? Rome le justifie.
Rome, à trois affranchis si longtemps asservie[1],
A peine respirant du joug qu'elle a porté,
Du règne de Néron compte sa liberté.
Que dis-je ? la vertu semble même renaître.
Tout l'empire n'est plus la dépouille d'un maître.

1. Trois affranchis de Claude, Pallas, Narcisse et Calliste (Voy. Tacite, *Annales*, livre XI, chapitre 29, et livre XII, chapitre 1.

Le peuple au champ de Mars nomme ses magistrats ;
César nomme les chefs sur la foi des soldats ;
Thraséas au sénat, Corbulon dans l'armée [1],
Sont encore innocents, malgré leur renommée ;
Les déserts, autrefois peuplés de sénateurs,
Ne sont plus habités que par leurs délateurs [2].
Qu'importe que César continue à nous croire,
Pourvu que nos conseils ne tendent qu'à sa gloire ;
Pourvu que dans le cours d'un règne florissant
Rome soit toujours libre, et César tout-puissant ?
Mais, Madame, Néron suffit pour se conduire.
J'obéis, sans prétendre à l'honneur de l'instruire.
Sur ses aïeux, sans doute, il n'a qu'à se régler ;
Pour bien faire, Néron n'a qu'à se ressembler.
Heureux si ses vertus l'une à l'autre enchaînées
Ramènent tous les ans ses premières années !

AGRIPPINE.

Ainsi, sur l'avenir n'osant vous assurer,
Vous croyez que, sans vous, Néron va s'égarer.
Mais vous, qui jusqu'ici content de votre ouvrage
Venez de ses vertus nous rendre témoignage,
Expliquez-nous pourquoi, devenu ravisseur,
Néron de Silanus fait enlever la sœur.
Ne tient-il qu'à marquer de cette ignominie
Le sang de mes aïeux qui brille dans Junie ?
De quoi l'accuse-t-il ? et par quel attentat
Devient-elle en un jour criminelle d'État ;
Elle qui, sans orgueil jusqu'alors élevée,
N'aurait point vu Néron, s'il ne l'eût enlevée,
Et qui même aurait mis au rang de ses bienfaits
L'heureuse liberté de ne le voir jamais ?

BURRHUS.

Je sais que d'aucun crime elle n'est soupçonnée ;
Mais jusqu'ici César ne l'a point condamnée,
Madame. Aucun objet ne blesse ici ses yeux ;
Elle est dans un palais tout plein de ses aïeux.
Vous savez que les droits qu'elle porte avec elle [3]

---

1. Thraséas, stoïcien, ne témoigna pas jusqu'à la fin, des vertus de Néron, qui le fit mourir en 66 après Jésus-Christ.

2. Cette antithèse est empruntée du *Panégyrique de Trajan* par Pline le Jeune (*insulas omnes quas modo senatorum, jam delatorum turba compleret.*)

3. Le droit strict d'hérédité n'existait pas dans l'empire romain ; l'empereur était électif ; néanmoins la naissance conférait un titre favorable, et ce titre

Peuvent de son époux faire un prince rebelle;
Que le sang de César ne se doit allier
Qu'à ceux à qui César le veut bien confier ;
Et vous-même avouerez qu'il ne serait pas juste
Qu'on disposât sans lui de la nièce d'Auguste [1].

AGRIPPINE.

Je vous entends : Néron m'apprend par votre voix
Qu'en vain Britannicus s'assure sur mon choix.
En vain, pour détourner ses yeux de sa misère,
J'ai flatté son amour d'un hymen qu'il espère :
A ma confusion, Néron veut faire voir
Qu'Agrippine promet par delà son pouvoir.
Rome de ma faveur est trop préoccupée :
Il veut par cet affront qu'elle soit détrompée,
Et que tout l'univers apprenne avec terreur
A ne confondre plus mon fils et l'Empereur.
Il le peut. Toutefois j'ose encore lui dire
Qu'il doit avant ce coup affermir son empire;
Et qu'en me réduisant à la nécessité
D'éprouver contre lui ma faible autorité,
Il expose la sienne; et que dans la balance
Mon nom peut-être aura plus de poids qu'il ne pense.

BURRHUS.

Quoi, Madame ! toujours soupçonner son respect !
Ne peut-il faire un pas qui ne vous soit suspect ?
L'Empereur vous croit-il du parti de Junie ?
Avec Britannicus vous croit-il réunie ?
Quoi ! de vos ennemis devenez-vous l'appui
Pour trouver un prétexte à vous plaindre de lui ?
Sur le moindre discours qu'on pourra vous redire,
Serez-vous toujours prête à partager l'empire [2]?
Vous craindrez-vous sans cesse, et vos embrassements
Ne se passeront-ils qu'en éclaircissements ?
Ah ! quittez d'un censeur la triste diligence;
D'une mère facile affectez l'indulgence;
Souffrez quelques froideurs sans les faire éclater;
Et n'avertissez point la cour de vous quitter.

---

coûta souvent la vie à ceux qu'il rendait suspects au prince régnant.

1. *Nièce* au sens latin (*nepos*) c.-à-d. petite-fille. Junia Calvina était petite-fille d'Auguste à la quatrième génération.

2. C'est-à-dire jeter la division dans l'empire.

AGRIPPINE.

Et qui s'honorerait de l'appui d'Agrippine,
Lorsque Néron lui-même annonce ma ruine?
Lorsque de sa présence il semble me bannir?
Quand Burrhus à sa porte ose me retenir?

BURRHUS.

Madame, je vois bien qu'il est temps de me taire,
Et que ma liberté commence à vous déplaire.
La douleur est injuste; et toutes les raisons
Qui ne la flattent point aigrissent ses soupçons.
Voici Britannicus. Je lui cède ma place.
Je vous laisse écouter et plaindre sa disgrâce,
Et peut-être, Madame, en accuser les soins
De ceux que l'Empereur a consultés le moins [1].

SCÈNE III

AGRIPPINE, BRITANNICUS, NARCISSE, ALBINE.

AGRIPPINE.

Ah! Prince! où courez-vous? Quelle ardeur inquiète
Parmi vos ennemis en aveugle vous jette?
Que venez-vous chercher?

BRITANNICUS.

Ce que je cherche? Ah dieux!
Tout ce que j'ai perdu, Madame, est en ces lieux.
De mille affreux soldats Junie environnée,
S'est vue en ce palais indignement traînée.
Hélas! de quelle horreur ses timides esprits
A ce nouveau spectacle auront été surpris!
Enfin on me l'enlève. Une loi trop sévère
Va séparer deux cœurs qu'assemblait leur misère.
Sans doute on ne veut pas que, mêlant nos douleurs,
Nous nous aidions l'un l'autre à porter nos malheurs.

AGRIPPINE.

Il suffit. Comme vous je ressens vos injures;
Mes plaintes ont déjà précédé vos murmures.
Mais je ne prétends pas qu'un impuissant courroux
Dégage ma parole et m'acquitte envers vous.
Je ne m'explique point. Si vous voulez m'entendre,

---

1. Certainement Burrhus est innocent de l'enlèvement de Junie, mais pourquoi prend-il à tâche de justifier Néron de cette action criminelle? Est-ce le jour de vanter *ses vertus l'une à l'autre enchaînées?*

Suivez-moi chez Pallas [1], où je vais vous attendre.

SCÈNE IV

BRITANNICUS, NARCISSE.

BRITANNICUS.

La croirai-je, Narcisse, et dois-je sur sa foi
La prendre pour arbitre entre son fils et moi?
Qu'en dis-tu? N'est-ce pas cette même Agrippine
Que mon père épousa jadis pour ma ruine,
Et qui, si je t'en crois, a de ses derniers jours,
Trop lents pour ses desseins, précipité le cours?

NARCISSE.

N'importe. Elle se sent comme vous outragée;
A vous donner Junie elle s'est engagée;
Unissez vos chagrins; liez vos intérêts.
Ce palais retentit en vain de vos regrets :
Tandis [2] qu'on vous verra d'une voix suppliante
Semer ici la plainte et non pas l'épouvante,
Que vos ressentiments se perdront en discours,
Il n'en faut point douter, vous vous plaindrez toujours.

BRITANNICUS.

Ah, Narcisse! tu sais si de la servitude
Je prétends faire encore une longue habitude [3];
Tu sais si pour jamais, de ma chute étonné,
Je renonce à l'empire où j'étais destiné.
Mais je suis seul encor : les amis de mon père
Sont autant d'inconnus que glace ma misère;
Et ma jeunesse même écarte loin de moi
Tous ceux qui dans le cœur me réservent leur foi.
Pour moi, depuis un an qu'un peu d'expérience
M'a donné de mon sort la triste connaissance [4],
Que vois-je autour de moi, que des amis vendus,
Qui sont de tous mes pas les témoins assidus,
Qui, choisis par Néron pour ce commerce infâme,

---

1. Affranchi de Claude, qui avait ménagé le mariage de son maître avec Agrippine, et l'adoption de Néron par Claude. Il resta fidèle à Agrippine, quand elle se brouilla avec Néron.
2. *Tandis que*, au sens où nous disons tant que, aussi longtemps que...
3. C.-à-d. me plier longtemps encore à la servitude.
4. Britannicus, si sagement méfiant, ne se repose que sur le seul Narcisse; mais pourquoi se fie-t-il à lui? Il est vrai que Claude l'a placé auprès de son fils; mais Britannicus, déshérité par Claude au profit de Néron, peut-il avoir un si grand respect des volontés paternelles?

Trafiquent avec lui des secrets de mon âme ?
Quoi qu'il en soit [1], Narcisse, on me vend tous les jours :
Il prévoit mes desseins, il entend mes discours;
Comme toi, dans mon cœur il sait ce qui se passe.
Que t'en semble, Narcisse ?
NARCISSE.
Ah ! quelle âme assez basse...
C'est à vous de choisir des confidents discrets,
Seigneur, et de ne pas prodiguer vos secrets.
BRITANNICUS.
Narcisse, tu dis vrai. Mais cette défiance
Est toujours d'un grand cœur la dernière science :
On le trompe longtemps. Mais enfin je te croi [2],
Ou plutôt je fais vœu de ne croire que toi.
Mon père, il m'en souvient, m'assura de ton zèle.
Seul de ses affranchis tu m'es toujours fidèle;
Tes yeux, sur ma conduite incessamment ouverts,
M'ont sauvé jusqu'ici de mille écueils couverts.
Va donc voir si le bruit de ce nouvel orage
Aura de nos amis excité le courage.
Examine leurs yeux, observe leurs discours;
Vois si j'en puis attendre un fidèle secours.
Surtout dans ce palais remarque avec adresse
Avec quel soin Néron fait garder la princesse.
Sache si du péril ses beaux yeux sont remis,
Et si son entretien m'est encore permis.
Cependant de Néron je vais trouver la mère
Chez Pallas, comme toi l'affranchi de mon père.
Je vais la voir, l'aigrir, la suivre, et, s'il se peut,
M'engager sous son nom plus loin qu'elle ne veut [3].

ACTE II
SCÈNE PREMIÈRE
NÉRON, BURRHUS, NARCISSE, Gardes.
NÉRON.
N'en doutez point, Burrhus : malgré ses injustices,

---

1. Cet hémistiche un peu prosaïque, et raillé par Boursault dans le compte rendu de la pièce, reparaîtra quatre fois dans *Britannicus* (Voy. p. 162, vers 31).
2. Sur cette orthographe, voy. ci-dessus, *Andromaque*, p. 66. note 1.

3. Britannicus n'est pas un politique aussi hardi que ces deux vers le feraient croire ; mais il vient d'être excité contre Néron par Narcisse qui cherche à le compromettre pour le perdre et acheter à ce prix la faveur du prince.

C'est ma mère, et je veux ignorer ses caprices.
Mais je ne prétends plus ignorer ni souffrir
Le ministre insolent qui les ose nourrir.
Pallas de ses conseils empoisonne ma mère;
Il séduit chaque jour Britannicus mon frère :
Ils l'écoutent tout seul ; et qui suivrait leurs pas
Les trouverait peut-être assemblés chez Pallas.
C'en est trop. De tous deux il faut que je l'écarte.
Pour la dernière fois, qu'il s'éloigne, qu'il parte;
Je le veux, je l'ordonne; et que la fin du jour
Ne le retrouve pas dans Rome ou dans ma cour.
Allez : cet ordre importe au salut de l'empire [1].
Vous, Narcisse, approchez.
(Aux gardes.)
Et vous, qu'on se retire.

SCÈNE II
NÉRON, NARCISSE.

NARCISSE.

Grâces aux Dieux, Seigneur, Junie entre vos mains
Vous assure aujourd'hui du reste des Romains.
Vos ennemis, déchus de leur vaine espérance,
Sont allés chez Pallas pleurer leur impuissance.
Mais que vois-je? Vous-même, inquiet, étonné,
Plus que Britannicus paraissez consterné.
Que présage à mes yeux cette tristesse obscure [2],
Et ces sombres regards errants à l'aventure?
Tout vous rit : la fortune obéit à vos vœux.

NÉRON.

Narcisse, c'en est fait, Néron est amoureux.

NARCISSE.

Vous?

NÉRON.

Depuis un moment ; mais pour toute ma vie.
J'aime, que dis-je aimer ? j'idolâtre Junie.

NARCISSE.

Vous l'aimez?

NÉRON.

Excité d'un désir curieux,
Cette nuit je l'ai vue arriver en ces lieux,

---

1. Sur le renvoi de Pallas, voy. Tacite (*Annales*, XIII, 14).

2. Cette tristesse qui obscurcit, assombrit le visage.

Triste, levant au ciel ses yeux mouillés de larmes,
Qui brillaient au travers des flambeaux et des armes;
Belle, sans ornements, dans le simple appareil
D'une beauté qu'on vient d'arracher au sommeil.
Que veux-tu? Je ne sais si cette négligence,
Les ombres, les flambeaux, les cris et le silence,
Et le farouche aspect de ses fiers ravisseurs,
Relevaient de ses yeux les timides douceurs :
Quoi qu'il en soit [1], ravi d'une si belle vue,
J'ai voulu lui parler, et ma voix s'est perdue :
Immobile, saisi d'un long étonnement,
Je l'ai laissé [2] passer dans son appartement.
J'ai passé dans le mien. C'est là que, solitaire,
De son image en vain j'ai voulu me distraire.
Trop présente à mes yeux, je croyais lui parler;
J'aimais jusqu'à ses pleurs, que je faisais couler [3].
Quelquefois, mais trop tard, je lui demandais grâce;
J'employais les soupirs, et même la menace.
Voilà comme, occupé [4] de mon nouvel amour,
Mes yeux sans se fermer ont attendu le jour.
Mais je m'en fais peut-être une trop belle image;
Elle m'est apparue avec trop d'avantage :
Narcisse, qu'en dis-tu?

NARCISSE.

Quoi, Seigneur! croira-t-on
Qu'elle ait pu si longtemps se cacher à Néron?

NÉRON.

Tu le sais bien, Narcisse; et, soit que sa colère
M'imputât le malheur qui lui ravit son frère;
Soit que son cœur, jaloux d'une austère fierté [5],
Enviât à nos yeux sa naissante beauté;
Fidèle à sa douleur, et dans l'ombre enfermée,
Elle se dérobait même à sa renommée.

---

1. Voy. p. 170, note 1.
2. La grammaire actuelle veut : je l'ai *laissée* passer. Mais l'usage au xvıı⁰ siècle (constaté par Vaugelas) laissait dans ce cas le participe invariable; et l'Académie n'a formulé la règle actuelle qu'en 1704.
3. Si quelques traits, dans les vers qui précèdent, ont paru marquer trop de réserve et de retenue pour convenir à Néron, ce vers du moins exprime admirablement cette cruauté raffinée qui trouve une volupté dans les pleurs qu'elle fait couler.
4. *Occupé* se rapporte à *moi*, non exprimé, mais contenu dans l'adjectif possessif *mes*.
5. C.-à-d. attaché passionnément à son austère fierté: c'est le sens étymologique du mot (*zelosus*).

Et c'est cette vertu, si nouvelle à la cour,
Dont la persévérance irrite mon amour.
Quoi, Narcisse! tandis qu'il n'est point de Romaine
Que mon amour n'honore et ne rende plus vaine,
Qui, dès qu'à ses regards elle ose se fier,
Sur le cœur de César ne les vienne essayer;
Seule, dans son palais, la modeste Junie
Regarde leurs honneurs comme une ignominie,
Fuit, et ne daigne pas peut-être s'informer
Si César est aimable, ou bien s'il sait aimer [1]!
Dis-moi, Britannicus l'aime-t-il?

NARCISSE.

Quoi! s'il l'aime,
Seigneur?

NÉRON.

Si jeune encor, se connaît-il lui-même?
D'un regard enchanteur connaît-il le poison?

NARCISSE.

Seigneur, l'amour toujours n'attend pas la raison.
N'en doutez point, il l'aime. Instruits par tant de charmes,
Ses yeux sont déjà faits à l'usage des larmes;
A ses moindres désirs il sait s'accommoder;
Et peut-être déjà sait-il persuader.

NÉRON.

Que dis-tu? Sur son cœur il aurait quelque empire?

NARCISSE.

Je ne sais; mais, Seigneur, ce que je puis vous dire,
Je l'ai vu quelquefois s'arracher de ces lieux,
Le cœur plein d'un courroux qu'il cachait à vos yeux.
D'une cour qui le fuit pleurant l'ingratitude,
Las de votre grandeur et de sa servitude [2],
Entre l'impatience et la crainte flottant :
Il allait voir Junie, et revenait content.

---

1. Voy. ci-dessus Notice sur *Britannicus* (p. 116). Il y a beaucoup d'affectation et même de *préciosité* dans tout ce couplet de Néron; mais ce langage convient en partie à l'empereur dont Tacite nous énumère ainsi les talents : « graveur, peintre, chanteur, conducteur de chars, au besoin poète »(*Annales*, XIII, 13).
Ce bel esprit devait parfois dire des madrigaux; mais ceux que Racine lui prête sont un peu trop dans le goût français du XVIIe siècle.

2. L'acharnement que Narcisse, dès le début, fait voir contre Britannicus, n'est pas assez expliqué. Quelle que soit l'infamie du personnage, il semble qu'il avait intérêt à ne pas se prêter aussi facilement à servir et même à devancer la haine de Néron. N'eût-il pas été plus habile en vendant plus cher ses services? Mais les traîtres de théâtre sont quelquefois gratuitement méchants.

10.

NÉRON.

D'autant plus malheureux qu'il aura su lui plaire,
Narcisse, il doit plutôt souhaiter sa colère ·
Néron impunément ne sera pas jaloux.

NARCISSE.

Vous? Et de quoi, Seigneur, vous inquiétez-vous?
Junie a pu le plaindre et partager ses peines ;
Elle n'a vu couler de larmes que les siennes.
Mais aujourd'hui, Seigneur, que ses yeux dessillés,
Regardant de plus près l'éclat dont vous brillez,
Verront autour de vous les rois sans diadème,
Inconnus dans la foule, et son amant lui-même,
Attachés sur vos yeux, s'honorer d'un regard
Que vous aurez sur eux fait tomber au hasard;
Quand elle vous verra[1], de ce degré de gloire,
Venir en soupirant avouer sa victoire ;
Maître, n'en doutez point, d'un cœur déjà charmé,
Commandez qu'on vous aime, et vous serez aimé.

NÉRON.

A combien de chagrins il faut que je m'apprête!
Que d'importunités!

NARCISSE.

Quoi donc! qui vous arrête,
Seigneur?

NÉRON.

Tout : Octavie, Agrippine, Burrhus,
Sénèque, Rome entière, et trois ans de vertus.
Non que pour Octavie[2] un reste de tendresse
M'attache à son hymen et plaigne sa jeunesse :
Mes yeux, depuis longtemps fatigués de ses soins,
Rarement de ses pleurs daignent être témoins ;
Trop heureux si bientôt la faveur d'un divorce
Me soulageait d'un joug qu'on m'imposa par force !
Le Ciel même en secret semble la condamner :
Ses vœux depuis quatre ans ont beau l'importuner,
Les Dieux ne montrent point que sa vertu les touche;

---

1. Le mot de *voir* et d'autres qui se rapportent à la même idée se trouvent trop répétés dans ces huit vers (*vu, yeux, regardant, verront, yeux, regard, verra*).

2. Il la haïssait. « Fut-ce fatalité, dit Tacite, ou un amour permis était-il sans charme pour lui? » Après l'avoir exilée deux fois, il la fit périr; elle n'avait pas vingt ans. Cette fille de l'infâme Messaline était d'une irréprochable vertu ; et son abominable époux avant de la tuer, voulut la déshonorer par d'horribles accusations.

D'aucun gage [1], Narcisse, ils n'honorent sa couche ;
L'empire vainement demande un héritier.

NARCISSE.

Que tardez-vous, Seigneur, à la répudier ?
L'empire, votre cœur, tout condamne Octavie.
Auguste, votre aïeul, soupirait pour Livie :
Par un double divorce ils s'unirent tous deux ;
Et vous devez l'empire à ce divorce heureux.
Tibère, que l'hymen plaça dans sa famille [2],
Osa bien à ses yeux répudier sa fille.
Vous seul, jusques ici, contraire à vos désirs,
N'osez par un divorce assurer vos plaisirs !

NÉRON.

Et ne connais-tu pas l'implacable Agrippine ?
Mon amour inquiet déjà se l'imagine
Qui m'amène Octavie, et d'un œil enflammé
Atteste les saints droits d'un nœud qu'elle a formé,
Et, portant à mon cœur des atteintes plus rudes,
Me fait un long récit de mes ingratitudes.
De quel front soutenir ce fâcheux entretien ?

NARCISSE.

N'êtes-vous pas, Seigneur, votre maître et le sien ?
Vous verrons-nous toujours trembler sous sa tutelle ?
Vivez, régnez pour vous : c'est trop régner pour elle [3].
Craignez-vous ? Mais, Seigneur, vous ne la craignez pas :
Vous venez de bannir le superbe Pallas,
Pallas dont vous savez qu'elle soutient l'audace.

NÉRON.

Éloigné de ses yeux, j'ordonne, je menace,
J'écoute vos conseils, j'ose les approuver,
Je m'excite contre elle, et tâche à la braver [4] :
Mais, je t'expose ici mon âme toute nue,
Sitôt que mon malheur me ramène à sa vue,
Soit que je n'ose encor démentir le pouvoir
De ces yeux où j'ai lu si longtemps mon devoir,

---

1. Latinisme. *Pignus* en latin signifie gage, et au figuré, enfant.

2. Auguste se sépara de Scribonia, et Livie, de Tibère Néron, dont elle avait deux fils (l'empereur Tibère et Drusus, celui-ci père de Germanicus, aïeul d'Agrippine, et bisaïeul de Néron).

3. Avec des intentions bien différentes, Narcisse parle ici le même langage que Burrhus (page 125) :

Toujours humble toujours le timide Néron
N'ose-t-il être Auguste et César que de nom ?

4. *Tâcher à*, *tâcher de*, se disaient également au XVIIe siècle ; il n'y a entré ces deux tournures aucune différence de sens.

Soit qu'à tant de bienfaits ma mémoire fidèle
Lui soumette en secret tout ce que je tiens d'elle ;
Mais enfin mes efforts ne me servent de rien :
Mon génie étonné tremble devant le sien [1].
Et c'est pour m'affranchir de cette dépendance
Que je la fuis partout, que même je l'offense,
Et que de temps en temps j'irrite ses ennuis,
Afin qu'elle m'évite autant que je la fuis.
Mais je t'arrête trop : retire-toi, Narcisse ;
Britannicus pourrait t'accuser d'artifice.

NARCISSE.

Non, non ; Britannicus s'abandonne à ma foi [2].
Par son ordre, Seigneur, il croit que je vous voi [3].
Que je m'informe ici de tout ce qui le touche,
Et veut de vos secrets être instruit par ma bouche.
Impatient surtout de revoir ses amours,
Il attend de mes soins ce fidèle secours.

NÉRON.

J'y consens ; porte-lui cette douce nouvelle :
Il la verra.

NARCISSE.

Seigneur, bannissez-le loin d'elle.

NÉRON.

J'ai mes raisons, Narcisse ; et tu peux concevoir
Que je lui vendrai cher le plaisir de la voir.
Cependant vante-lui ton heureux stratagème ;
Dis-lui qu'en sa faveur on me trompe moi-même,
Qu'il la voit sans mon ordre. On ouvre ; la voici.
Va retrouver ton maître, et l'amener ici.

SCÈNE III

NÉRON, JUNIE.

NÉRON.

Vous vous troublez, Madame, et changez de visage.

---

1. Ici *génie* offre un sens très antique ; c'est l'esprit, ou *démon*, qui présidait aux destinées de chaque homme. M. Mesnard (*Racine*, t. II, p. 278) rappelle que, dans Plutarque, un devin égyptien dit à Antoine : « Ton génie redoute celui de César ; hardi, quand il en est éloigné, il s'amoindrit en sa présence, et perd toute audace. »

2. C.-à-d. à la confiance qu'il a en moi. La Fontaine dit ainsi.

Le plus sage s'endort sur la foi des zéphirs.
(*Elégie aux nymphes de Vaux*).

3. Sur cette orthographe, voy. p. 66, note 1.

Lisez-vous dans mes yeux quelque triste présage?
JUNIE.
Seigneur, je ne vous puis déguiser mon erreur :
J'allais voir Octavie, et non pas l'Empereur.
NÉRON.
Je le sais bien, Madame, et n'ai pu sans envie
Apprendre vos bontés pour l'heureuse Octavie.
JUNIE.
Vous, Seigneur?
NÉRON.
Pensez-vous, Madame, qu'en ces lieux
Seule pour vous connaître Octavie ait des yeux?
JUNIE.
Et quel autre, Seigneur, voulez-vous que j'implore?
A qui demanderai-je un crime que j'ignore?
Vous qui le punissez, vous ne l'ignorez pas.
De grâce, apprenez-moi, Seigneur, mes attentats.
NÉRON.
Quoi, Madame! est-ce donc une légère offense
De m'avoir si longtemps caché votre présence?
Ces trésors dont le Ciel voulut vous embellir,
Les avez-vous reçus pour les ensevelir [1]?
L'heureux Britannicus verra-t-il sans alarmes
Croître, loin de nos yeux, son amour et vos charmes?
Pourquoi, de cette gloire exclu jusqu'à ce jour,
M'avez-vous, sans pitié, relégué dans ma cour [2]?
On dit plus ; vous souffrez, sans en être offensée,
Qu'il vous ose, Madame, expliquer sa pensée [3] :
Car je ne croirai point que, sans me consulter,
La sévère Junie ait voulu le flatter,
Ni qu'elle ait consenti d'aimer et d'être aimée,
Sans que j'en sois instruit que par la renommée.
JUNIE.
Je ne vous nierai point, Seigneur, que ses soupirs
M'ont daigné quelquefois expliquer ses désirs.
Il n'a point détourné ses regards d'une fille
Seul reste du débris d'une illustre famille.

---

1. Voy. ci-dessus, notice sur *Britannicus*, p. 156.
2. L'expression est infiniment délicate, elle est peut-être un peu trop spirituelle.
3. Plus loin *expliquer ses désirs ;* ces périphrases délicates, mais un peu froides, étaient d'un fréquent usage dans la phraséologie galante du xviie siècle.

Peut-être il se souvient qu'en un temps plus heureux
Son père me nomma pour l'objet de ses vœux [1].
Il m'aime ; il obéit à l'empereur son père,
Et j'ose dire encore, à vous, à votre mère.
Vos désirs sont toujours si conformes aux siens...

NÉRON.

Ma mère a ses desseins, Madame ; et j'ai les miens.
Ne parlons plus ici de Claude et d'Agrippine ;
Ce n'est point par leur choix que je me détermine.
C'est à moi seul, Madame, à répondre de vous ;
Et je veux de ma main vous choisir un époux.

JUNIE.

Ah, Seigneur ! songez-vous que toute autre alliance
Fera honte aux Césars, auteurs de ma naissance ?

NÉRON.

Non, Madame, l'époux dont je vous entretiens
Peut sans honte assembler vos aïeux et les siens ;
Vous pouvez, sans rougir, consentir à sa flamme.

JUNIE.

Et quel est donc, Seigneur, cet époux ?

NÉRON.

                              Moi, Madame.

JUNIE.

Vous !

NÉRON.

Je vous nommerais, Madame, un autre nom,
Si j'en savais quelque autre au-dessus de Néron.
Oui, pour vous faire un choix [2] où vous puissiez souscrire,
J'ai parcouru des yeux la cour, Rome, et l'empire.
Plus j'ai cherché, Madame, et plus je cherche encor
En quelles mains je dois confier ce trésor,
Plus je vois que César, digne seul de vous plaire,
En doit être lui seul l'heureux dépositaire,
Et ne peut dignement vous confier qu'aux mains
A qui Rome a commis l'empire des humains.
Vous-même, consultez vos premières années :
Claudius à son fils les avait destinées ;
Mais c'était en un temps où de l'empire entier

---

1. Les historiens ne parlent pas de ce projet de mariage entièrement inventé par Racine.

2. C.-à-d. pour faire pour vous.

Il croyait quelque jour le nommer l'héritier.
Les Dieux ont prononcé. Loin de leur contredire [1],
C'est à vous de passer du côté de l'empire.
En vain de ce présent ils m'auraient honoré,
Si votre cœur devait en être séparé ;
Si tant de soins ne sont adoucis par vos charmes ;
Si, tandis que je donne aux veilles, aux alarmes,
Des jours toujours à plaindre et toujours enviés,
Je ne vais quelquefois respirer à vos pieds.
Qu'Octavie à vos yeux ne fasse point d'ombrage :
Rome, aussi bien que moi, vous donne son suffrage,
Répudie Octavie, et me fait dénouer
Un hymen que le Ciel ne veut point avouer.
Songez-y donc, Madame, et pesez en vous-même
Ce choix digne des soins d'un prince qui vous aime,
Digne de vos beaux yeux trop longtemps captivés [2],
Digne de l'univers, à qui vous vous devez.

JUNIE.

Seigneur, avec raison je demeure étonnée.
Je me vois, dans le cours d'une même journée,
Comme une criminelle amenée en ces lieux ;
Et lorsqu'avec frayeur je parais à vos yeux,
Que sur mon innocence à peine je me fie,
Vous m'offrez tout d'un coup la place d'Octavie.
J'ose dire pourtant que je n'ai mérité
Ni cet excès d'honneur, ni cette indignité.
Et pouvez-vous, Seigneur, souhaiter qu'une fille
Qui vit presque en naissant éteindre sa famille [3],
Qui, dans l'obscurité nourrissant sa douleur,
S'est fait une vertu conforme à son malheur,
Passe subitement de cette nuit profonde
Dans un rang qui l'expose aux yeux de tout le monde,
Dont je n'ai pu de loin soutenir la clarté,
Et dont une autre enfin remplit la majesté ?

NÉRON.

Je vous ai déjà dit que je la répudie.
Ayez moins de frayeur, ou moins de modestie.
N'accusez point ici mon choix d'aveuglement ;

---

1. Le plus souvent ce verbe est neutre au xvii° siècle.
2. C.-à-d. tenus captifs dans la solitude.
3. Ces deux rimes, ces deux vers rappellent un peu trop les derniers vers de la page 177.

Je vous réponds de vous; consentez seulement.
Du sang dont vous sortez rappelez la mémoire ;
Et ne préférez point, à la solide gloire
Des honneurs dont César prétend vous revêtir,
La gloire d'un refus sujet au repentir.

JUNIE.

Le Ciel connaît, Seigneur, le fond de ma pensée.
Je ne me flatte point d'une gloire insensée :
Je sais de vos présents mesurer la grandeur;
Mais plus ce rang sur moi répandrait de splendeur,
Plus il me ferait honte, et mettrait en lumière
Le crime d'en avoir dépouillé l'héritière.

NÉRON.

C'est de ses intérêts prendre beaucoup de soin,
Madame; et l'amitié ne peut aller plus loin.
Mais ne nous flattons point, et laissons le mystère.
La sœur vous touche ici beaucoup moins que le frère;
Et pour Britannicus...

JUNIE.

Il a su me toucher,
Seigneur; et je n'ai point prétendu m'en cacher.
Cette sincérité sans doute est peu discrète ;
Mais toujours de mon cœur ma bouche est l'interprète.
Absente de la cour, je n'ai pas dû penser,
Seigneur, qu'en l'art de feindre il fallût m'exercer.
J'aime Britannicus. Je lui fus destinée
Quand l'empire devait suivre son hyménée :
Mais ces mêmes malheurs qui l'en ont écarté,
Ses honneurs abolis, son palais déserté,
La fuite d'une cour que sa chute a bannie,
Sont autant de liens qui retiennent Junie.
Tout ce que vous voyez conspire à vos désirs;
Vos jours toujours sereins coulent dans les plaisirs ;
L'empire en est pour vous l'inépuisable source ;
Ou, si quelque chagrin en interrompt la course [1],
Tout l'univers, soigneux de les entretenir,
S'empresse à l'effacer de votre souvenir.
Britannicus est seul. Quelque ennui qui le presse,

---

1. Dans ce sens nous disons seulement *cours;* mais *course* étymologiquement a exactement le même sens ; et La Fontaine, Boursault, J.-B. Rousseau, Delille ont dit la *course* des astres, la *course* des fleuves. Eustache Deschamps au XIV° siècle dit même : la *course* des monnaies.

BRITANNICUS.

Il ne voit dans son sort que moi qui s'intéresse [1]
Et n'a pour tous plaisirs, Seigneur, que quelques pleurs
Qui lui font quelquefois oublier ses malheurs.

NÉRON.

Et ce sont ces plaisirs et ces pleurs que j'envie,
Que tout autre que lui me paierait de sa vie.
Mais je garde à ce prince un traitement plus doux :
Madame, il va bientôt paraître devant vous.

JUNIE.

Ah, Seigneur! vos vertus m'ont toujours rassurée.

NÉRON.

Je pouvais de ces lieux lui défendre l'entrée ;
Mais, Madame, je veux prévenir le danger
Où son ressentiment le pourrait engager.
Je ne veux point le perdre. Il vaut mieux que lui-même
Entende son arrêt de la bouche qu'il aime.
Si ses jours vous sont chers, éloignez-le de vous,
Sans qu'il ait aucun lieu de me croire jaloux.
De son bannissement prenez sur vous l'offense ;
Et, soit par vos discours, soit par votre silence,
Du moins par vos froideurs, faites-lui concevoir
Qu'il doit porter ailleurs ses vœux et son espoir.

JUNIE.

Moi! que je lui prononce un arrêt si sévère !
Ma bouche mille fois lui jura le contraire.
Quand même jusque-là je pourrais me trahir,
Mes yeux lui défendront, Seigneur, de m'obéir.

NÉRON.

Caché près de ces lieux, je vous verrai, Madame [2].
Renfermez votre amour dans le fond de votre âme.
Vous n'aurez point pour moi de langages secrets ;

1. La grammaire actuelle exige que le pronom personnel complément, dans une phrase ainsi construite, soit à la même personne que le sujet : *que moi qui m'intéresse*. On s'est souvent moqué de ces vers fameux d'un opéra de Sedaine (*Richard Cœur de Lion*, 1784).
   O Richard, ô mon roi
   L'univers t'abandonne,
   Et sur la terre il n'est que moi
   Qui s'intéresse à ta personne.
Ce solécisme, si c'en est un, est imité de Racine.
2. Cette fantaisie cruelle convient bien au caractère historique du personnage, et à celui que Racine lui a prêté. Plusieurs critiques (dont Voltaire) ont dit que Racine en faisant assister Néron caché à l'entrevue des deux amants, avait employé un jeu de scène plus propre à la comédie qu'à la tragédie. Mais il n'y a pas de ressorts au théâtre qui soient absolument propres à la tragédie ou à la comédie ; les mêmes inventions, les mêmes situations peuvent être comiques ou tragiques selon l'impression qu'elles produisent. Il n'y a rien de comique ici, puisque Néron fait trembler Junie et les spectateurs.

J'entendrai des regards que vous croirez muets;
Et sa perte sera l'infaillible salaire
D'un geste ou d'un soupir échappé pour lui plaire.

JUNIE.

Hélas! si j'ose encor former quelques souhaits,
Seigneur, permettez-moi de ne le voir jamais.

SCÈNE IV
NÉRON, JUNIE, NARCISSE.

NARCISSE.

Britannicus, Seigneur, demande la princesse;
Il approche.

NÉRON.

Qu'il vienne.

JUNIE.

Ah, Seigneur!

NÉRON.

Je vous laisse.
Sa fortune dépend de vous plus que de moi;
Madame, en le voyant, songez que je vous voi[1].

SCÈNE V
JUNIE, NARCISSE.

JUNIE.

Ah! cher Narcisse, cours au-devant de ton maître;
Dis-lui... Je suis perdue! et je le vois paraître[2].

SCÈNE VI
BRITANNICUS, JUNIE, NARCISSE.

BRITANNICUS.

Madame, quel bonheur me rapproche de vous?
Quoi! je puis donc jouir d'un entretien si doux?
Mais parmi ce plaisir[3] quel chagrin me dévore?
Hélas! puis-je espérer de vous revoir encore?

---

1. Voy. ci-dessus page 66, note 1.

2. Si Junie peut avertir Narcisse, ne pouvait-elle aussi bien avertir Britannicus d'un mot, d'un geste ou d'un regard? On peut répondre qu'elle est terrifiée par Néron, *invisible et présent*.

3. C'est à tort que quelques puristes ne veulent employer *parmi* que devant un pluriel ou un nom collectif. Ce mot vient de *per medium* (au milieu de) et s'emploie bien partout où le permet ce sens étymologique.

Faut-il que je dérobe, avec mille détours,
Un bonheur que vos yeux m'accordaient tous les jours?
Quelle nuit! quel réveil! Vos pleurs, votre présence
N'ont point de ces cruels désarmé l'insolence?
Que faisait votre amant? Quel démon envieux
M'a refusé l'honneur de mourir à vos yeux?
Hélas! dans la frayeur dont vous étiez atteinte,
M'avez-vous en secret adressé quelque plainte?
Ma princesse, avez-vous daigné me souhaiter?
Songiez-vous aux douleurs que vous m'alliez coûter?
Vous ne me dites rien! Quel accueil! Quelle glace!
Est-ce ainsi que vos yeux consolent ma disgrâce?
Parlez; nous sommes seuls. Notre ennemi, trompé,
Tandis que je vous parle, est ailleurs occupé.
Ménageons les moments de cette heureuse absence.

JUNIE.

Vous êtes en des lieux tout pleins de sa puissance.
Ces murs mêmes, Seigneur, peuvent avoir des yeux;
Et jamais l'Empereur n'est absent de ces lieux.

BRITANNICUS.

Et depuis quand, Madame, êtes-vous si craintive?
Quoi! déjà votre amour souffre qu'on le captive?
Qu'est devenu ce cœur qui me jurait toujours
De faire à Néron même envier nos amours?
Mais bannissez, Madame, une inutile crainte:
La foi dans tous les cœurs n'est pas encore éteinte;
Chacun semble des yeux approuver mon courroux;
La mère de Néron se déclare pour nous.
Rome, de sa conduite elle-même offensée...

JUNIE.

Ah! Seigneur, vous parlez contre votre pensée.
Vous-même, vous m'avez avoué mille fois
Que Rome le louait d'une commune voix;
Toujours à sa vertu vous rendiez quelque hommage[1].
Sans doute la douleur vous dicte ce langage.

BRITANNICUS.

Ce discours me surprend, il le faut avouer:

---

1. Junie est peu habile dans tout cet entretien; ici sa ruse est un peu lourde; espère-t-elle persuader à Néron que Britannicus le chérit? Mais Racine n'a pas voulu présenter ces deux amants comme deux esprits politiques; ce sont deux âmes très jeunes, très naïves très éprises, fort ignorantes du monde et des hommes; prêtes à se perdre elles-mêmes par leur propre imprudence.

Je ne vous cherchais pas pour l'entendre louer.
Quoi ! pour vous confier la douleur qui m'accable,
A peine je dérobe un moment favorable,
Et ce moment si cher, Madame, est consumé
A louer l'ennemi dont je suis opprimé !
Qui vous rend à vous-même, en un jour, si contraire?
Quoi ! même vos regards ont appris à se taire ?
Que vois-je ? Vous craignez de rencontrer mes yeux !
Néron vous plairait-il ? Vous serais-je odieux?
Ah ! si je le croyais !... au nom des Dieux, Madame,
Éclaircissez le trouble où vous jetez mon âme.
Parlez. Ne suis-je plus dans votre souvenir?

JUNIE.

Retirez-vous, Seigneur; l'Empereur va venir.

BRITANNICUS.

Après ce coup, Narcisse, à qui dois-je m'attendre[1] ?

SCÈNE VII

NÉRON, JUNIE, NARCISSE.

NÉRON.

Madame...

JUNIE.

Non, Seigneur, je ne puis rien entendre.
Vous êtes obéi. Laissez couler du moins
Des larmes dont ses yeux ne seront pas témoins.

SCÈNE VIII

NÉRON, NARCISSE.

NÉRON.

Hé bien ! de leur amour tu vois la violence,
Narcisse; elle a paru jusque dans son silence.
Elle aime mon rival, je ne puis l'ignorer ;
Mais je mettrai ma joie à le désespérer.
Je me fais de sa peine une image charmante,
Et je l'ai vu douter du cœur de son amante.
Je la suis. Mon rival t'attend, pour éclater.

---

1. *S'attendre à quelqu'un* signifie compter sur quelqu'un. La Fontaine dit dans ce sens :

T'attendre aux yeux d'autrui quand tu dors, c'est [erreur.

et ailleurs :

Ne t'attends qu'à toi seul, c'est un commun pro- [verbe.

Quelques éditions portent : *à quoi dois-je m'attendre*, qui offre un sens bien différent.

Par de nouveaux soupçons, va, cours le tourmenter;
Et, tandis qu'à mes yeux on le pleure, on l'adore,
Fais-lui payer bien cher un bonheur qu'il ignore.
NARCISSE, seul.
La fortune t'appelle une seconde fois,
Narcisse ; voudrais-tu résister à sa voix ?
Suivons jusques au bout ses ordres favorables,
Et, pour nous rendre heureux, perdons les misérables [1].

ACTE III

SCÈNE PREMIÈRE

NÉRON, BURRHUS.

BURRHUS.
Pallas obéira, Seigneur.
NÉRON.
Et de quel œil
Ma mère a-t-elle vu confondre son orgueil ?
BURRHUS.
Ne doutez point, Seigneur, que ce coup ne la frappe,
Qu'en reproches bientôt sa douleur ne s'échappe.
Ses transports dès longtemps commencent d'éclater :
A d'inutiles cris puissent-ils s'arrêter !
NÉRON.
Quoi ! de quelque dessein la croyez-vous capable ?
BURRHUS.
Agrippine, Seigneur, est toujours redoutable.
Rome et tous vos soldats révèrent ses aïeux ;
Germanicus son père est présent à leurs yeux.
Elle sait son pouvoir ; vous savez son courage ;

---

1. Dans notre théâtre classique, les traîtres étalent leur noirceur avec une emphase complaisante, qui n'est guère dans la vérité. Les méchants font le mal moins bruyamment. Racine imite ici Corneille, qui fait dire au traître Photin :

Et pour leur obéir (aux Dieux) perdez le malheureux.
(*Pompée*, vers 84.)

2. Racine avait écrit une scène entre Burrhus et Narcisse, qui ouvrait l'acte III ; Boileau la lui fit supprimer, jugeant inutile à l'action et pénible aux spectateurs l'entrevue de deux hommes qui n'ont vraiment rien à se dire. Louis Racine nous a conservé cette scène, qui est bien écrite, mais paraît vide et froide.

Et ce qui me la fait redouter davantage [1],
C'est que vous appuyez vous-même son courroux,
Et que vous lui donnez des armes contre vous.

NÉRON.

Moi, Burrhus ?

BURRHUS.

Cet amour, Seigneur, qui vous possède...

NÉRON.

Je vous entends, Burrhus. Le mal est sans remède :
Mon cœur s'en est plus dit que vous ne m'en direz;
Il faut que j'aime enfin.

BURRHUS.

Vous vous le figurez,
Seigneur; et, satisfait de quelque résistance,
Vous redoutez un mal faible dans sa naissance.
Mais si dans son devoir votre cœur affermi
Voulait ne point s'entendre avec son ennemi;
Si de vos premiers ans vous consultiez la gloire;
Si vous daigniez, Seigneur, rappeler la mémoire
Des vertus d'Octavie, indignes de ce prix [2],
Et de son chaste amour vainqueur de vos mépris;
Surtout si, de Junie évitant la présence,
Vous condamniez vos yeux à quelques jours d'absence;
Croyez-moi, quelque amour qui semble vous charmer,
On n'aime point, Seigneur, si l'on ne veut aimer [3].

NÉRON.

Je vous croirai, Burrhus, lorsque dans les alarmes
Il faudra soutenir la gloire de nos armes,
Ou lorsque, plus tranquille, assis dans le sénat,
Il faudra décider du destin de l'État :
Je m'en reposerai sur votre expérience.
Mais, croyez-moi, l'amour est une autre science,
Burrhus; et je ferais quelque difficulté
D'abaisser jusque-là votre sévérité.
Adieu. Je souffre trop, éloigné de Junie.

---

1. Burrhus continue d'exciter Néron contre sa mère, comme si dès ce moment Néron n'était pas bien plus redoutable qu'Agrippine. Il faut accorder quelque chose aux illusions qu'un gouverneur se fait souvent sur son élève; néanmoins l'aveuglement de Burrhus est grand, et Boursault n'avait pas tort de le trouver « vertueux sans dessein ».

2. C.-à-d. dignes d'un autre prix, d'une autre récompense.

3. Burrhus parle en gouverneur, mais son élève est émancipé; il lui répond en le raillant. Dans l'*Octavie* de Sénèque, ou attribuée à Sénèque, c'est Sénèque lui-même qui fait à Néron les mêmes représentations, aussi sages qu'inutiles.

SCÈNE II
BURRHUS.

Enfin, Burrhus, Néron découvre son génie [1] :
Cette férocité que tu croyais fléchir
De tes faibles liens est prête à s'affranchir.
En quels excès peut-être elle va se répandre !
O Dieux ! en ce malheur quel conseil dois-je prendre ?
Sénèque, dont les soins me devraient soulager,
Occupé loin de Rome, ignore ce danger [2].
Mais quoi ! si, d'Agrippine excitant la tendresse,
Je pouvais... La voici : mon bonheur me l'adresse.

SCÈNE III
AGRIPPINE, BURRHUS, ALBINE.

AGRIPPINE.
Hé bien ! je me trompais, Burrhus, dans mes soupçons ?
Et vous vous signalez par d'illustres leçons !
On exile Pallas, dont le crime peut-être
Est d'avoir à l'empire élevé votre maître.
Vous le savez trop bien ; jamais, sans ses avis,
Claude, qu'il gouvernait, n'eût adopté mon fils.
Que dis-je ? à son épouse on donne une rivale ;
On affranchit Néron de la foi conjugale.
Digne emploi d'un ministre ennemi des flatteurs,
Choisi pour mettre un frein à ses jeunes ardeurs,
De les flatter lui-même, et nourrir dans son âme
Le mépris de sa mère et l'oubli de sa femme !

BURRHUS.
Madame, jusqu'ici c'est trop tôt m'accuser.
L'Empereur n'a rien fait qu'on ne puisse excuser [3].
N'imputez qu'à Pallas un exil nécessaire :
Son orgueil dès longtemps exigeait ce salaire ;
Et l'Empereur ne fait qu'accomplir à regret
Ce que toute la cour demandait en secret.

---

1. Enfin Burrhus voit clair. Pourquoi donc essaiera-t-il tout à l'heure encore de justifier Néron ? C'est bien le Burrhus de Tacite, *Mœrens ac laudans* (*Annales*, XIV, 15) affligé toujours, mais disant oui à tout. Historiquement le caractère est très vrai, mais nous ne trouvons pas là ce type de pure vertu que la tradition veut y voir.

2. Ces deux vers se trouvaient déjà dans la scène que Boileau fit supprimer à Racine. Voy. ci-dessus page 185, note 2.

3. Voir la note 1 ci-dessus

Le reste est un malheur qui n'est point sans ressource :
Des larmes d'Octavie on peut tarir la source.
Mais calmez vos transports; par un chemin plus doux
Vous lui pourrez plutôt ramener son époux :
Les menaces, les cris, le rendront plus farouche.

AGRIPPINE.

Ah! l'on s'efforce en vain de me fermer la bouche.
Je vois que mon silence irrite [1] vos dédains;
Et c'est trop respecter l'ouvrage de mes mains.
Pallas n'emporte pas tout l'appui d'Agrippine;
Le Ciel m'en laisse assez pour venger ma ruine [2].
Le fils de Claudius commence à ressentir [3]
Des crimes dont je n'ai que le seul repentir.
J'irai, n'en doutez point, le montrer à l'armée,
Plaindre aux yeux des soldats son enfance opprimée,
Leur faire, à mon exemple, expier leur erreur.
On verra d'un côté le fils d'un empereur
Redemandant la foi jurée à sa famille,
Et de Germanicus on entendra la fille;
De l'autre, l'on verra le fils d'Énobarbus,
Appuyé de Sénèque et du tribun Burrhus,
Qui, tous deux de l'exil rappelés par moi-même
Partagent à mes yeux l'autorité suprême.
De nos crimes communs je veux qu'on soit instruit :
On saura les chemins par où je l'ai conduit.
Pour rendre sa puissance et la vôtre odieuses,
J'avouerai les rumeurs les plus injurieuses;
Je confesserai tout, exils, assassinats,
Poison même...

BURRHUS.

Madame, ils ne vous croiront pas :
Ils sauront récuser l'injuste stratagème
D'un témoin irrité qui s'accuse lui-même.
Pour moi, qui le premier secondai vos desseins,

---

1. *Excite* (latinisme).
2. Imitation très voisine d'un long passage du livre XIII des *Annales* de Tacite, ch 14 (*Præceps post hæc Agrippina ruere...*) « Avec Britannicus elle irait dans les camps; on entendrait d'un côté la fille de Germanicus, de l'autre le vieux Burrhus et le proscrit Sénèque, un manchot et un rhéteur, réclamant l'empire du monde, etc. » On voit que Racine a fort ennobli l'accent de cette diatribe enragée.

3. *Ressentir des crimes*, c.-à-d. en éprouver du ressentiment. (*Ressentir* est actif, et *des crimes*, complément direct.) Comparez ce vers de la *Thébaïde* :

Plus l'offenseur m'est cher, plus je ressens l'injure.
(Vers 268.)

Qui fis même jurer l'armée entre ses mains,
Je ne me repens point de ce zèle sincère.
Madame, c'est un fils qui succède à son père.
En adoptant Néron, Claudius, par son choix,
De son fils et du vôtre a confondu les droits.
Rome l'a pu choisir. Ainsi, sans être injuste,
Elle choisit Tibère adopté par Auguste;
Et le jeune Agrippa, de son sang descendu,
Se vit exclu du rang vainement prétendu[1].
Sur tant de fondements sa puissance établie
Par vous-même aujourd'hui ne peut être affaiblie;
Et, s'il m'écoute encor, Madame, sa bonté
Vous en fera bientôt perdre la volonté.
J'ai commencé, je vais poursuivre mon ouvrage.

SCÈNE IV

AGRIPPINE, ALBINE.

ALBINE.
Dans quel emportement la douleur vous engage,
Madame ! L'Empereur puisse-t-il l'ignorer !

AGRIPPINE.
Ah ! lui-même à mes yeux puisse-t-il se montrer !

ALBINE.
Madame, au nom des Dieux, cachez votre colère.
Quoi ! pour les intérêts de la sœur ou du frère,
Faut-il sacrifier le repos de vos jours ?
Contraindrez-vous César jusque dans ses amours ?

AGRIPPINE.
Quoi ! tu ne vois donc pas jusqu'où l'on me ravale,
Albine ? C'est à moi qu'on donne une rivale.
Bientôt, si je ne romps ce funeste lien,
Ma place est occupée, et je ne suis plus rien.
Jusqu'ici d'un vain titre Octavie honorée,
Inutile à la cour, en était ignorée :
Les grâces, les honneurs par moi seule versés,
M'attiraient des mortels les vœux intéressés.
Une autre de César a surpris la tendresse;
Elle aura le pouvoir d'épouse et de maîtresse;

---

[1]. L'allusion n'est pas heureuse, car Tibère fit mourir Agrippa Posthume, fils de Julie fille d'Auguste, comme Néron fera mourir Britannicus. Mais le vertueux Burrhus ne dit guère que des maladresses. Voy. page 187, note 1. — *Prétendu* c.-à-d. mis en avant comme un droit.

Le fruit de tant de soins, la pompe des Césars,
Tout deviendra le prix d'un seul de ses regards.
Que dis-je? l'on m'évite, et, déjà délaissée...
Ah! je ne puis, Albine, en souffrir la pensée.
Quand je devrais du Ciel hâter l'arrêt fatal [1],
Néron, l'ingrat Néron... Mais voici son rival.

SCÈNE V
BRITANNICUS, AGRIPPINE, NARCISSE, ALBINE.

BRITANNICUS.

Nos ennemis communs ne sont pas invincibles,
Madame; nos malheurs trouvent des cœurs sensibles:
Vos amis et les miens, jusqu'alors si secrets,
Tandis que nous perdions le temps en vains regrets,
Animés du courroux qu'allume l'injustice,
Viennent de confier leur douleur à Narcisse.
Néron n'est pas encor tranquille possesseur
De l'ingrate qu'il aime au mépris de ma sœur.
Si vous êtes toujours sensible à son injure,
On peut dans son devoir ramener le parjure.
La moitié du sénat s'intéresse pour nous:
Sylla, Pison, Plautus [2]...

AGRIPPINE.

Prince, que dites-vous?
Sylla, Pison, Plautus! les chefs de la noblesse!

BRITANNICUS.

Madame, je vois bien que ce discours vous blesse,
Et que votre courroux, tremblant, irrésolu,
Craint déjà d'obtenir tout ce qu'il a voulu.
Non, vous avez trop bien établi [3] ma disgrâce;
D'aucun ami pour moi ne redoutez l'audace:
Il ne m'en reste plus; et vos soins trop prudents
Les ont tous écartés ou séduits dès longtemps.

AGRIPPINE.

Seigneur, à vos soupçons donnez moins de créance;
Notre salut dépend de notre intelligence.

---

1. Longtemps avant sa mort, Agrippine avait, selon Tacite « prévu son sort, et l'avait bravé. Consultant des Chaldéens sur Néron, ils lui dirent qu'il régnerait, et tuerait sa mère: Qu'il la tue, dit-elle, pourvu qu'il règne. » (*Annales*, XIV, 9.)

2. Ces noms ne sont pas choisis au hasard. Pison fut plus tard le chef d'une conspiration contre Néron. Il fut découvert et se tua. Sylla et Plautus, accusés de prétendre à l'empire, furent tués par ordre de Néron.

3. Affermi, assuré (*stabilire*).

J'ai promis, il suffit. Malgré vos ennemis,
Je ne révoque rien de ce que j'ai promis.
Le coupable Néron fuit en vain ma colère :
Tôt ou tard il faudra qu'il entende sa mère.
J'essaierai tour à tour la force et la douceur ;
Ou moi-même, avec moi conduisant votre sœur,
J'irai semer partout ma crainte et ses alarmes,
Et ranger tous les cœurs du parti de ses larmes.
Adieu. J'assiégerai Néron de toutes parts.
Vous, si vous m'en croyez, évitez ses regards.

SCÈNE VI

BRITANNICUS, NARCISSE.

BRITANNICUS.

Ne m'as-tu point flatté d'une fausse espérance ?
Puis-je sur ton récit fonder quelque assurance,
Narcisse ?

NARCISSE.

Oui. Mais, Seigneur, ce n'est pas en ces lieux
Qu'il faut développer ce mystère à vos yeux.
Sortons. Qu'attendez-vous ?

BRITANNICUS.

Ce que j'attends, Narcisse ?
Hélas !

NARCISSE.

Expliquez-vous.

BRITANNICUS.

Si par ton artifice
Je pouvais revoir...

NARCISSE.

Qui ?

BRITANNICUS.

J'en rougis. Mais enfin
D'un cœur moins agité j'attendrais mon destin.

NARCISSE.

Après tous mes discours vous la croyez fidèle ?

BRITANNICUS.

Non, je la crois, Narcisse, ingrate, criminelle,
Digne de mon courroux ; mais je sens, malgré moi,
Que je ne le crois pas autant que je le doi[1].

---

1. Voy. page 66, note 1.

Dans ses égarements mon cœur opiniâtre
Lui prête des raisons, l'excuse, l'idolâtre.
Je voudrais vaincre enfin mon incrédulité;
Je la voudrais haïr avec tranquillité.
Et qui croira qu'un cœur si grand en apparence,
D'une infidèle cour ennemi dès l'enfance,
Renonce à tant de gloire, et dès le premier jour
Trame une perfidie inouïe à la cour?

NARCISSE.

Et qui sait si l'ingrate, en sa longue retraite,
N'a point de l'Empereur médité la défaite?
Trop sûre que ses yeux ne pouvaient se cacher,
Peut-être elle fuyait pour se faire chercher,
Pour exciter Néron par la gloire pénible
De vaincre une fierté jusqu'alors invincible [1].

BRITANNICUS.

Je ne la puis donc voir?

NARCISSE.

Seigneur, en ce moment
Elle reçoit les vœux de son nouvel amant.

BRITANNICUS.

Hé bien! Narcisse, allons. Mais que vois-je? C'est elle.

NARCISSE.

Ah! Dieux! A l'Empereur portons cette nouvelle.

SCÈNE VII

BRITANNICUS, JUNIE.

JUNIE.

Retirez-vous, Seigneur, et fuyez un courroux
Que ma persévérance allume contre vous.
Néron est irrité. Je me suis échappée,
Tandis qu'à l'arrêter sa mère est occupée.
Adieu; réservez-vous, sans blesser mon amour,
Au plaisir de me voir justifier un jour.
Votre image sans cesse est présente à mon âme;
Rien ne l'en peut bannir.

---

1. La conduite de Narcisse est abominable; mais ne semble pas très bien suivie. Durant toute la pièce, il cherche à perdre Britannicus; pourquoi veut-il ici le séparer de Junie, et lui faire croire qu'elle est infidèle? Car, s'il renonçait à Junie, Britannicus serait sauvé peut-être. Il est vrai que Narcisse exécute ici l'ordre cruel reçu de Néron Voy. page 185, vers 3.

BRITANNICUS.
Je vous entends, Madame;
Vous voulez que ma fuite assure vos désirs,
Que je laisse un champ libre à vos nouveaux soupirs.
Sans doute, en me voyant, une pudeur secrète
Ne vous laisse goûter qu'une joie inquiète.
Hé bien ! il faut partir.
JUNIE.
Seigneur, sans m'imputer..,
BRITANNICUS.
Ah! vous deviez du moins plus longtemps disputer [1].
Je ne murmure point qu'une amitié commune [2]
Se range du parti que flatte la fortune;
Que l'éclat d'un empire ait pu vous éblouir;
Qu'aux dépens de ma sœur vous en vouliez jouir.
Mais que, de ces grandeurs comme une autre occupée,
Vous m'en ayez paru si longtemps détrompée;
Non, je l'avoue encor, mon cœur désespéré
Contre ce seul malheur n'était point préparé.
J'ai vu sur ma ruine élever l'injustice [3];
De mes persécuteurs j'ai vu le Ciel complice :
Tant d'horreurs n'avaient point épuisé son courroux,
Madame : il me restait d'être oublié de vous.
JUNIE.
Dans un temps plus heureux, ma juste impatience
Vous ferait repentir de votre défiance ;
Mais Néron vous menace : en ce pressant danger,
Seigneur, j'ai d'autres soins que de vous affliger.
Allez, rassurez-vous, et cessez de vous plaindre :
Néron nous écoutait, et m'ordonnait de feindre.
BRITANNICUS.
Quoi! le cruel...
JUNIE.
Témoin de tout notre entretien,
D'un visage sévère examinait le mien,
Prêt à faire sur vous éclater la vengeance
D'un geste confident de notre intelligence.

1. Disputer la victoire à Néron.
2. Une amitié vulgaire.
3. Ce vers peut s'interpréter de deux façons: j'ai vu qu'on élevait l'injustice; ou plutôt j'ai vu s'élever l'injustice. Au XVII° siècle en poésie, et même en prose, on retranche souvent le pronom personnel dans les verbes pronominaux précédés des verbes *voir*, *laisser*, *faire*, etc. Molière dit ainsi :
« Pour moi, je suis d'avis que vous les laissiez battre », c.-à-d. se battre. Voy. page 91, note 1.

BRITANNICUS.

Néron nous écoutait, Madame! Mais, hélas!
Vos yeux auraient pu feindre et ne m'abuser pas :
Ils pouvaient me nommer l'auteur de cet outrage.
L'amour est-il muet, ou n'a-t-il qu'un langage?
De quel trouble un regard pouvait me préserver [1]!
Il fallait...

JUNIE.

Il fallait me taire et vous sauver.
Combien de fois, hélas! puisqu'il faut vous le dire,
Mon cœur de son désordre allait-il vous instruire!
De combien de soupirs interrompant le cours,
Ai-je évité vos yeux que je cherchais toujours!
Quel tourment de se taire en voyant ce qu'on aime,
De l'entendre gémir, de l'affliger soi-même,
Lorsque par un regard on peut le consoler!
Mais quels pleurs ce regard aurait-il fait couler!
Ah! dans ce souvenir, inquiète, troublée,
Je ne me sentais pas assez dissimulée :
De mon front effrayé je craignais la pâleur;
Je trouvais mes regards trop pleins de ma douleur.
Sans cesse il me semblait que Néron en colère
Me venait reprocher trop de soin de vous plaire;
Je craignais mon amour vainement renfermé;
Enfin, j'aurais voulu n'avoir jamais aimé.
Hélas! pour son bonheur, Seigneur, et pour le nôtre,
Il n'est que trop instruit de mon cœur et du vôtre [2]!
Allez, encore un coup, cachez-vous à ses yeux :
Mon cœur plus à loisir vous éclaircira mieux.
De mille autres secrets j'aurais compte à vous rendre.

BRITANNICUS.

Ah! n'en voilà que trop [3] : c'est trop me faire entendre,
Madame, mon bonheur, mon crime, vos bontés.
Et savez-vous pour moi tout ce que vous quittez?
Quand pourrai-je à vos pieds expier ce reproche?

JUNIE.

Que faites-vous? Hélas! votre rival s'approche.

---

1. Junie ne répond que faiblement à ce reproche : mais son trouble et son effroi excusent peut-être le peu d'adresse qu'elle a montré dans sa première entrevue avec Britannicus.

2. Instruit de mon cœur, n'est peut-être pas une expression irréprochable; mais mon cœur signifie ici les sentiments qui sont dans mon cœur.

3. Il est difficile d'analyser ce gallicisme; ne... que signifie *seulement*; en voilà seulement trop, déjà trop. *En* ne se rapporte à aucun mot particulier, mais à toutes les explications de Junie.

SCÈNE VIII
NÉRON, BRITANNICUS, JUNIE.

NÉRON.

Prince, continuez des transports si charmants.
Je conçois vos bontés par ses remercîments,
Madame ; à vos genoux je viens de le surprendre.
Mais il aurait aussi quelque grâce à me rendre :
Ce lieu le favorise, et je vous y retiens
Pour lui faciliter de si doux entretiens.

BRITANNICUS.

Je puis mettre à ses pieds ma douleur ou ma joie
Partout où sa bonté consent que je la voie ;
Et l'aspect de ces lieux où vous la retenez
N'a rien dont mes regards doivent être étonnés.

NÉRON.

Et que vous montrent-ils qui ne vous avertisse
Qu'il faut qu'on me respecte et que l'on m'obéisse?

BRITANNICUS.

Ils ne nous ont pas vu l'un et l'autre élever,
Moi pour vous obéir, et vous pour me braver ;
Et ne s'attendaient pas, lorsqu'ils nous virent naître,
Qu'un jour Domitius me dût parler en maître [1].

NÉRON.

Ainsi par le destin nos vœux sont traversés :
J'obéissais alors, et vous obéissez.
Si vous n'avez appris à vous laisser conduire,
Vous êtes jeune encore, et l'on peut vous instruire.

BRITANNICUS.

Et qui m'en instruira ?

NÉRON.

Tout l'empire à la fois,
Rome.

BRITANNICUS.

Rome met-elle au nombre de vos droits
Tout ce qu'a de cruel l'injustice et la force,
Les emprisonnements, le rapt et le divorce ?

---

1. Tacite (*Annales*, livre XII, ch. 41) dit que Néron ayant rencontré Britannicus et l'ayant salué par son nom, Britannicus répondit en le saluant du nom de Domitius : ce fut le commencement de leur inimitié.

NÉRON.
Rome ne porte point ses regards curieux
Jusque dans des secrets que je cache à ses yeux.
Imitez son respect.

BRITANNICUS.
On sait ce qu'elle en pense.

NÉRON.
Elle se tait du moins : imitez son silence.

BRITANNICUS.
Ainsi Néron commence à ne se plus forcer [1]

NÉRON.
Néron de vos discours commence à se lasser.

BRITANNICUS.
Chacun devait bénir le bonheur de son règne.

NÉRON.
Heureux ou malheureux, il suffit qu'on me craigne.

BRITANNICUS.
Je connais mal Junie, ou de tels sentiments
Ne mériteront pas ses applaudissements.

NÉRON.
Du moins, si je ne sais le secret de lui plaire,
Je sais l'art de punir un rival téméraire.

BRITANNICUS.
Pour moi, quelque péril qui me puisse accabler,
Sa seule inimitié peut me faire trembler.

NÉRON.
Souhaitez-la ; c'est tout ce que je vous puis dire.

BRITANNICUS.
Le bonheur de lui plaire est le seul où j'aspire.

NÉRON.
Elle vous l'a promis, vous lui plairez toujours.

BRITANNICUS.
Je ne sais pas du moins épier ses discours.
Je la laisse expliquer [2] sur tout ce qui me touche,
Et ne me cache point pour lui fermer la bouche.

NÉRON.
Je vous entends. Hé bien, gardes !

JUNIE.
Que faites-vous !

---

1. A ne se plus contraindre. | 2. S'expliquer. Voy. page 193, note 3.

C'est votre frère. Hélas! c'est un amant jaloux!
Seigneur, mille malheurs persécutent sa vie.
Ah! son bonheur peut-il exciter votre envie?
Souffrez que, de vos cœurs rapprochant les liens,
Je me cache à vos yeux, et me dérobe aux siens.
Ma fuite arrêtera vos discordes fatales :
Seigneur, j'irai remplir le nombre des vestales [1].
Ne lui disputez plus mes vœux infortunés.
Souffrez que les Dieux seuls en soient importunés.

NÉRON.

L'entreprise, Madame, est étrange et soudaine.
Dans son appartement, gardes, qu'on la remène [2]!
Gardez Britannicus dans celui de sa sœur.

BRITANNICUS.

C'est ainsi que Néron sait disputer un cœur.

JUNIE.

Prince, sans l'irriter, cédons à cet orage.

NÉRON.

Gardes, obéissez sans tarder davantage.

SCÈNE IX

NÉRON, BURRHUS.

BURRHUS.

Que vois-je? ô Ciel!

NÉRON, sans voir Burrhus.

Ainsi leurs feux sont redoublés.
Je reconnais la main qui les a rassemblés.
Agrippine ne s'est présentée à ma vue,
Ne s'est dans ses discours si longtemps étendue,
Que pour faire jouer ce ressort odieux.
Qu'on sache si ma mère est encore en ces lieux.
Burrhus, dans ce palais je veux qu'on la retienne,
Et qu'au lieu de sa garde on lui donne la mienne.

BURRHUS.

Quoi, Seigneur? sans l'ouïr? une mère!

---

1. Une fille ne se faisait pas vestale à Rome par chagrin d'amour. Racine s'est trop souvenu ici des mœurs de son temps, et de Mlle de La Fayette ou de Mlle du Vigean fuyant, aux Carmélites, l'amour de Louis XIII ou du duc d'Enghien. Il n'a pu songer (comme on l'a dit souvent) à Mlle de La Vallière qui n'était pas encore entrée au couvent à l'époque où fut représenté *Britannicus*.

2. Racine distingue *ramener* (Voy. page 166, vers 16) c'est-à-dire *amener de nouveau*, et *remener* (mener de nouveau) celui-ci à peu près synonyme de *remmener* emmener de nouveau).

NÉRON.

Arrêtez !
J'ignore quel projet, Burrhus, vous méditez [1] :
Mais, depuis quelques jours, tout ce que je désire
Trouve en vous un censeur prêt à me contredire.
Répondez-m'en, vous dis-je, ou sur votre refus,
D'autres me répondront et d'elle et de Burrhus.

ACTE IV

SCÈNE PREMIÈRE

AGRIPPINE, BURRHUS

BURRHUS.
Oui, Madame, à loisir vous pourrez vous défendre
César lui-même ici consent de vous entendre.
Si son ordre au palais vous a fait retenir,
C'est peut-être à dessein de vous entretenir [2].
Quoi qu'il en soit [3], si j'ose expliquer ma pensée,
Ne vous souvenez plus qu'il vous ait offensée ;
Préparez-vous plutôt à lui tendre les bras ;
Defendez-vous, Madame, et ne l'accusez pas.
Vous voyez, c'est lui seul que la cour envisage [4].
Quoiqu'il soit votre fils, et même votre ouvrage,
Il est votre empereur. Vous êtes, comme nous,
Sujette à ce pouvoir qu'il a reçu de vous.
Selon qu'il vous menace ou bien qu'il vous caresse,
La cour autour de vous ou s'écarte ou s'empresse.
C'est son appui qu'on cherche en cherchant votre appui.
Mais voici l'Empereur.

AGRIPPINE.
Qu'on me laisse avec lui.

---

1. Burrhus n'en médite aucun ; honnête homme égaré dans cette cour malhonnête, il est suspect à tous sans faire obstacle à personne.
2. Enfin Néron a jeté le masque ; et s'est montré tel qu'il est « un monstre naissant ». Quel intérêt peut avoir Burrhus à l'excuser encore.
3. Voy. ci-dessus, page 170, note 1.
4. La cour n'a les yeux que sur lui.

SCÈNE II
NÉRON, AGRIPPINE.

AGRIPPINE, s'asseyant[1].

Approchez-vous, Néron, et prenez votre place.
On veut sur vos soupçons que je vous satisfasse.
J'ignore de quel crime on a pu me noircir :
De tous ceux que j'ai faits je vais vous éclaircir.
Vous régnez : vous savez combien votre naissance
Entre l'empire et vous avait mis de distance.
Les droits de mes aïeux, que Rome a consacrés,
Etaient même, sans moi, d'inutiles degrés.
Quand de Britannicus la mère condamnée
Laissa de Claudius disputer l'hyménée,
Parmi tant de beautés qui briguèrent son choix,
Qui de ses affranchis mendièrent les voix,
Je souhaitai son lit, dans la seule pensée
De vous laisser au trône où je serais placée.
Je fléchis mon orgueil ; j'allai prier Pallas.
Son maître, chaque jour caressé dans mes bras,
Prit insensiblement dans les yeux de sa nièce
L'amour où je voulais amener sa tendresse.
Mais ce lien du sang qui nous joignait tous deux
Écartait Claudius d'un lit incestueux :
Il n'osait épouser la fille de son frère.
Le sénat fut séduit : une loi moins sévère
Mit Claude dans mon lit et Rome à mes genoux.
C'était beaucoup pour moi ; ce n'était rien pour vous.
Je vous fis sur mes pas entrer dans sa famille ;
Je vous nommai son gendre, et vous donnai sa fille.
Silanus, qui l'aimait, s'en vit abandonné,
Et marqua de son sang ce jour infortuné.
Ce n'était rien encore. Eussiez-vous pu prétendre

1. Tout ce long discours d'Agrippine est nourri d'imitations nombreuses de Tacite. Voy. *Annales* (livre XII, ch. 2 à 9; 26, 41, 43, 58, 66 à 69 ; au livre XIII, ch. 21, Tacite dit : « Elle demande un entretien à son fils ; elle n'y défend pas son innocence, comme si elle l'eût crue mise en doute ; elle n'y parle pas de ses services ; elle aurait eu l'air de les reprocher ; mais elle demande vengeance contre ses délateurs ; et des récompenses pour ses amis. » Dans *Rodogune* de Corneille, Cléopâtre tient à ses fils Seleucus et Antiochus un long discours où elle étale ses bienfaits. La situation est analogue, et même Cléopâtre a contribué au meurtre de son époux Nicanor, comme Agrippine à l'empoisonnement de Claude. Mais dans l'exécution, Racine paraît ne rien devoir à Corneille et tout l'honneur d'avoir écrit cette admirable scène est à lui.

Qu'un jour Claude à son fils dût préférer son gendre?
De ce même Pallas j'implorai le secours :
Claude vous adopta, vaincu par ses discours;
Vous appela Néron, et du pouvoir suprême
Voulut, avant le temps, vous faire part lui-même.
C'est alors que chacun, rappelant le passé,
Découvrit mon dessein, déjà trop avancé;
Que de Britannicus la disgrâce future
Des amis de son père excita le murmure.
Mes promesses aux uns éblouirent les yeux;
L'exil me délivra des plus séditieux;
Claude même, lassé de ma plainte éternelle,
Éloigna de son fils tous ceux de qui le zèle,
Engagé dès longtemps à suivre son destin,
Pouvait du trône encor lui rouvrir le chemin.
Je fis plus : je choisis moi-même dans ma suite
Ceux à qui je voulais qu'on livrât sa conduite.
J'eus soin de vous nommer, par un contraire choix,
Des gouverneurs que Rome honorait de sa voix.
Je fus sourde à la brigue, et crus la renommée;
J'appelai de l'exil, je tirai de l'armée,
Et ce même Sénèque, et ce même Burrhus,
Qui depuis... Rome alors estimait leurs vertus.
De Claude en même temps épuisant les richesses,
Ma main, sous votre nom, répandait ses largesses.
Les spectacles, les dons, invincibles appas,
Vous attiraient les cœurs du peuple et des soldats,
Qui d'ailleurs, réveillant leur tendresse première,
Favorisaient en vous Germanicus mon père.
Cependant Claudius penchait vers son déclin.
Ses yeux, longtemps fermés, s'ouvrirent à la fin :
Il connut son erreur. Occupé de sa crainte,
Il laissa pour son fils échapper quelque plainte,
Et voulut, mais trop tard, assembler ses amis :
Ses gardes, son palais, son lit m'étaient soumis.
Je lui laissai sans fruit consumer sa tendresse;
De ses derniers soupirs je me rendis maîtresse.
Mes soins, en apparence épargnant ses douleurs,
De son fils, en mourant[1], lui cachèrent les pleurs.

---

1. La grammaire moderne proscrit ce tour si vif et si clair *en mourant* ne se rapporte pas au sujet de la phrase, mais à Claude.

Il mourut. Mille bruits en courent à ma honte.
J'arrêtai de sa mort la nouvelle trop prompte ;
Et, tandis que Burrhus allait secrètement
De l'armée en vos mains exiger le serment,
Que vous marchiez au camp, conduit sous mes auspices,
Dans Rome les autels fumaient de sacrifices :
Par mes ordres trompeurs tout le peuple excité
Du prince déjà mort demandait la santé.
Enfin des légions l'entière obéissance,
Ayant de votre empire affermi la puissance,
On vit Claude ; et le peuple, étonné de son sort,
Apprit en même temps votre règne et sa mort.
C'est le sincère aveu que je voulais vous faire :
Voilà tous mes forfaits. En voici le salaire.
Du fruit de tant de soins à peine jouissant
En avez-vous six mois paru reconnaissant,
Que, lassé d'un respect qui vous gênait peut-être,
Vous avez affecté de ne me plus connaître.
J'ai vu Burrhus, Sénèque, aigrissant vos soupçons,
De l'infidélité vous tracer des leçons,
Ravis d'être vaincus dans leur propre science.
J'ai vu favoriser de votre confiance
Othon[1], Sénécion, jeunes voluptueux,
Et de tous vos plaisirs flatteurs respectueux ;
Et lorsque, vos mépris excitant mes murmures,
Je vous ai demandé raison de tant d'injures
(Seul recours d'un ingrat qui se voit confondu)
Par de nouveaux affronts vous m'avez répondu.
Aujourd'hui je promets Junie à votre frère ;
Ils se flattent tous deux du choix de votre mère :
Que faites-vous ? Junie, enlevée à la cour,
Devient en une nuit l'objet de votre amour,
Je vois de votre cœur Octavie effacée,
Prête à sortir du lit où je l'avais placée ;
Je vois Pallas banni, votre frère arrêté ;
Vous attentez enfin jusqu'à ma liberté :
Burrhus ose sur moi porter ses mains hardies.
Et lorsque, convaincu de tant de perfidies,
Vous deviez ne me voir que pour les expier,
C'est vous qui m'ordonnez de me justifier.

1. Othon devint empereur après Galba, qui renversa Néron.

NÉRON

Je me souviens toujours que je vous dois l'empire;
Et, sans vous fatiguer du soin de le redire,
Votre bonté, Madame, avec tranquillité
Pouvait se reposer sur ma fidélité.
Aussi bien ces soupçons, ces plaintes assidues
Ont fait croire à tous ceux qui les ont entendues
Que jadis (j'ose ici vous le dire entre nous)
Vous n'aviez, sous mon nom, travaillé que pour vous.
« Tant d'honneurs, disaient-ils, et tant de déférences,
« Sont-ce de ses bienfaits de faibles récompenses?
« Quel crime a donc commis ce fils tant condamné?
« Est-ce pour obéir qu'elle l'a couronné?
« N'est-il de son pouvoir que le dépositaire? »
Non que, si jusque-là j'avais pu vous complaire,
Je n'eusse pris plaisir, Madame, à vous céder
Ce pouvoir que vos cris semblaient redemander.
Mais Rome veut un maître, et non une maîtresse.
Vous entendiez les bruits qu'excitait ma faiblesse :
Le sénat chaque jour et le peuple, irrités
De s'ouïr par ma voix dicter vos volontés,
Publiaient qu'en mourant Claude avec sa puissance
M'avait encor laissé sa simple obéissance.
Vous avez vu cent fois nos soldats en courroux
Porter en murmurant leurs aigles devant vous,
Honteux de rabaisser par cet indigne usage
Les héros dont encore elles portent l'image.
Toute autre se serait rendue à leurs discours;
Mais, si vous ne régnez, vous vous plaignez toujours [1].
Avec Britannicus contre moi réunie,
Vous le fortifiez du parti de Junie [2];
Et la main de Pallas trame tous ces complots;
Et lorsque, malgré moi, j'assure mon repos,
On vous voit de colère et de haine animée :
Vous voulez présenter mon rival à l'armée;
Déjà jusques au camp le bruit en a couru.

AGRIPPINE.

Moi! le faire empereur! Ingrat! L'avez-vous cru?

---

1. Tibère, selon Tacite (*Annales*, livre IV, ch. 52,), dit à la première Agrippine, femme de Germanicus et mère de celle-ci : « On ne vous fait pas tort parce que vous ne régnez pas. »

2. Ces deux vers rappellent les vers 24 et 25 de la page 167 que dit Burrhus à Agrippine.

Quel serait mon dessein? qu'aurais-je pu prétendre?
Quels honneurs dans sa cour, quel rang pourrais-je attendre[1]?
Ah! si sous votre empire on ne m'épargne pas,
Si mes accusateurs observent tous mes pas,
Si de leur empereur ils poursuivent la mère,
Que ferais-je au milieu d'une cour étrangère?
Ils me reprocheraient, non des cris impuissants,
Des desseins étouffés aussitôt que naissants,
Mais des crimes pour vous commis à votre vue,
Et dont je ne serais que trop tôt convaincue.
Vous ne me trompez point, je vois tous vos détours;
Vous êtes un ingrat, vous le fûtes toujours;
Dès vos plus jeunes ans mes soins et mes tendresses
N'ont arraché de vous que de feintes caresses.
Rien ne vous a pu vaincre; et votre dureté
Aurait dû dans son cours arrêter ma bonté.
Que je suis malheureuse! Et par quelle infortune
Faut-il que tous mes soins me rendent importune[2]!
Je n'ai qu'un fils : ô Ciel, qui m'entends aujourd'hui,
T'ai-je fait quelques vœux qui ne fussent pour lui?
Remords, crainte, périls, rien ne m'a retenue.
J'ai vaincu ses mépris; j'ai détourné ma vue
Des malheurs qui dès lors me furent annoncés[3];
J'ai fait ce que j'ai pu : vous régnez, c'est assez.
Avec ma liberté, que vous m'avez ravie,
Si vous le souhaitez, prenez encor ma vie,
Pourvu que par ma mort tout le peuple irrité
Ne vous ravisse pas ce qui m'a tant coûté.

NÉRON.

Hé bien donc! prononcez. Que voulez-vous qu'on fasse?

AGRIPPINE.

De mes accusateurs qu'on punisse l'audace;
Que de Britannicus on calme le courroux;
Que Junie à son choix puisse prendre un époux;
Qu'ils soient libres tous deux; et que Pallas demeure;
Que vous me permettiez de vous voir à toute heure;

---

1. Ce mouvement est imité de Tacite, « *Vivere ego, Britannico potiente rerum, poteram...?* » etc. (*Annales* livre XIII, ch. 2).

2. Cet attendrissement d'Agrippine est-il feint, est-il sincère? Chez l'Agrippine de Tacite, il serait purement joué. Mais Racine a beaucoup relevé le caractère d'Agrippine, et lui laissant toute son ambition, il lui prête une certaine sincérité dans l'amour maternel.

3. Voy. ci-dessus page 190, note 1, la prédiction faite à Agrippine.

Que ce même Burrhus, qui nous vient écouter,
A votre porte enfin n'ose plus m'arrêter.
NÉRON.
Oui, Madame, je veux que ma reconnaissance
Désormais dans les cœurs grave votre puissance;
Et je bénis déjà cette heureuse froideur
Qui de notre amitié va rallumer l'ardeur.
Quoi que Pallas ait fait, il suffit, je l'oublie;
Avec Britannicus je me réconcilie;
Et quant à cet amour qui nous a séparés,
Je vous fais notre arbitre, et vous nous jugerez[1].
Allez donc, et portez cette joie à mon frère.
Gardes, qu'on obéisse aux ordres de ma mère.

SCÈNE III
NÉRON, BURRHUS.
BURRHUS.
Que cette paix, Seigneur, et ces embrassements
Vont offrir à mes yeux des spectacles charmants!
Vous savez si jamais ma voix lui fut contraire,
Si de son amitié j'ai voulu vous distraire,
Et si j'ai mérité cet injuste courroux.
NÉRON.
Je ne vous flatte point, je me plaignais de vous,
Burrhus; je vous ai crus tous deux d'intelligence;
Mais son inimitié vous rend ma confiance.
Elle se hâte trop, Burrhus, de triompher:
J'embrasse mon rival, mais c'est pour l'étouffer[2].
BURRHUS.
Quoi, Seigneur!
NÉRON.
    C'en est trop; il faut que sa ruine
Me délivre à jamais des fureurs d'Agrippine.
Tant qu'il respirera, je ne vis qu'à demi.
Elle m'a fatigué de ce nom ennemi;

---

1. Pourquoi Néron, mis en train de mentir, refuse-t-il quelque chose à sa mère? Sans doute pour la mieux tromper.

2. D'où vient cette confiance subite en Burrhus? Comment Néron ose-t-il s'ouvrir à lui d'un pareil dessein? C'est que sa haine contre Agrippine, et contre Britannicus, protégé d'Agrippine, lui fait oublier toute prudence. Puisque sa mère abhorre Burrhus, celui-ci peut bien servir de complice dans le projet qu'il forme contre elle. Néron est furieux, et la fureur ne raisonne guère.

Et je ne prétends pas que sa coupable audace
Une seconde fois lui promette ma place.

BURRHUS.

Elle va donc bientôt pleurer Britannicus?

NÉRON.

Avant la fin du jour je ne le craindrai plus.

BURRHUS.

Et qui de ce dessein vous inspire l'envie ?

NÉRON.

Ma gloire, mon amour, ma sûreté, ma vie.

BURRHUS.

Non, quoi que vous disiez, cet horrible dessein
Ne fut jamais, Seigneur, conçu dans votre sein.

NÉRON.

Burrhus !

BURRHUS.

De votre bouche, ô Ciel ! puis-je l'apprendre ?
Vous-même sans frémir avez-vous pu l'entendre ?
Songez-vous dans quel sang vous allez vous baigner ?
Néron dans tous les cœurs est-il las de régner ?
Que dira-t-on de vous ? Quelle est votre pensée ?

NÉRON.

Quoi ! toujours enchaîné de ma gloire passée,
J'aurai devant les yeux je ne sais quel amour
Que le hasard nous donne et nous ôte en un jour ?
Soumis à tous leurs vœux, à mes désirs contraire,
Suis-je leur empereur seulement pour leur plaire ?

BURRHUS.

Et ne suffit-il pas, Seigneur, à vos souhaits
Que le bonheur public soit un de vos bienfaits ?
C'est à vous de choisir, vous êtes encor maître[1].
Vertueux jusqu'ici, vous pouvez toujours l'être :
Le chemin est tracé, rien ne vous retient plus;
Vous n'avez qu'à marcher de vertus en vertus.

---

1. Une grande partie de ce beau discours est imité du traité de Sénèque *De Clementia*. Le célèbre trait *Je voudrais ne pas savoir écrire*, est raconté par Sénèque, et se trouve aussi dans la *Vie de Néron* par Suétone. Il y a aussi dans le couplet de Burrhus un souvenir général des beaux vers qu'Auguste dit dans le fameux monologue (*Cinna*, acte IV, sc. III).

Mais quoi ? toujours du sang et toujours des supplices.
Ma cruauté se lasse et ne peut s'arrêter :
Je veux me faire craindre et ne fais qu'irriter.
Rome a pour ma ruine une hydre trop fertile.
Une tête coupée en fait renaître mille,
Et le sang répandu de mille conjurés
Rend mes jours plus maudits et non plus assurés.
. . . Tout ce que Rome a d'illustre jeunesse
Pour te faire périr tour à tour s'intéresse.

Mais si de vos flatteurs vous suivez la maxime,
Il vous faudra, Seigneur, courir de crime en crime,
Soutenir vos rigueurs par d'autres cruautés,
Et laver dans le sang vos bras ensanglantés.
Britannicus mourant excitera le zèle
De ses amis, tout prêts à prendre sa querelle.
Ces vengeurs trouveront de nouveaux défenseurs,
Qui, même après leur mort, auront des successeurs :
Vous allumez un feu qui ne pourra s'éteindre.
Craint de tout l'univers, il vous faudra tout craindre,
Toujours punir, toujours trembler dans vos projets,
Et pour vos ennemis compter tous vos sujets.
Ah! de vos premiers ans l'heureuse expérience
Vous fait-elle, Seigneur, haïr votre innocence?
Songez-vous au bonheur qui les a signalés?
Dans quel repos, ô Ciel! les avez-vous coulés!
Quel plaisir de penser et de dire en vous-même :
« Partout, en ce moment, on me bénit, on m'aime;
« On ne voit point le peuple à mon nom s'alarmer;
« Le Ciel dans tous leurs pleurs ne m'entend point nommer;
« Leur sombre inimitié ne fuit point mon visage;
« Je vois voler partout les cœurs à mon passage! »
Tels étaient vos plaisirs. Quel changement, ô Dieux!
Le sang le plus abject vous était précieux.
Un jour, il m'en souvient, le sénat équitable
Vous pressait de souscrire à la mort d'un coupable;
Vous résistiez, Seigneur, à leur sévérité ;
Votre cœur s'accusait de trop de cruauté;
Et, plaignant les malheurs attachés à l'empire,
« Je voudrais, disiez-vous, ne savoir pas écrire. »
Non, ou vous me croirez, ou bien de ce malheur
Ma mort m'épargnera la vue et la douleur.
On ne me verra point survivre à votre gloire.
Si vous allez commettre une action si noire,
(Il se jette à genoux).
Me voilà prêt, Seigneur; avant que de partir,
Faites percer ce cœur qui n'y peut consentir,
Appelez les cruels qui vous l'ont inspirée ;
Qu'ils viennent essayer leur main mal assurée[1].

---

1. Dans cette admirable scène, Burrhus se relève, et presque se transforme à nos yeux. Il est fâcheux que le reste de la pièce nous le montre

Mais je vois que mes pleurs touchent mon empereur ;
Je vois que sa vertu frémit de leur fureur.
Ne perdez point de temps, nommez-moi les perfides
Qui vous osent donner ces conseils parricides [1].
Appelez votre frère, oubliez dans ses bras...

NÉRON.

Ah ! que demandez-vous ?

BURRHUS.

Non, il ne vous hait pas,
Seigneur ; on le trahit : je sais son innocence ;
Je vous réponds pour lui de son obéissance.
J'y cours. Je vais presser un entretien si doux.

NÉRON.

Dans mon appartement qu'il m'attende avec vous.

SCÈNE IV

NÉRON, NARCISSE.

NARCISSE.

Seigneur, j'ai tout prévu pour une mort si juste [2] ;
Le poison est tout prêt. La fameuse Locuste [3]
A redoublé pour moi ses soins officieux :
Elle a fait expirer un esclave à mes yeux [4] ;
Et le fer est moins prompt, pour trancher une vie,
Que le nouveau poison que sa main me confie.

NÉRON.

Narcisse, c'est assez : je reconnais ce soin,
Et ne souhaite pas que vous alliez plus loin.

NARCISSE.

Quoi ! pour Britannicus votre haine affaiblie
Me défend...

NÉRON.

Oui, Narcisse ; on nous réconcilie.

---

aussi hésitant, aussi indécis dans sa conduite qu'il est ici, ferme, héroïque, et courageux.

1. Par extension *parricide* s'est dit de tout crime énorme qui viole les lois de la nature.

2. Ces vers font un effet d'autant plus terrible que le spectateur ignore l'ordre donné par Néron (entre l'acte III et l'acte IV).

3. Cette illustre empoisonneuse est nommée par Tacite et par Suétone ; le premier la met au nombre des *instruments d'État* (*instrumenta regni*).

4. D'après Suétone, l'essai du poison fut d'abord fait sur un bouc, puis sur un pourceau. Racine qui, ailleurs adoucit beaucoup les mœurs romaines, les a un peu noircies en cette occasion.

NARCISSE.

Je me garderai bien de vous en détourner,
Seigneur. Mais il s'est vu tantôt emprisonner :
Cette offense en son cœur sera longtemps nouvelle.
Il n'est point de secrets que le temps ne révèle :
Il saura que ma main lui devait présenter
Un poison que votre ordre[1] avait fait apprêter.
Les Dieux de ce dessein puissent-ils le distraire[2] !
Mais peut-être il fera ce que vous n'osez faire.

NÉRON.

On répond de son cœur ; et je vaincrai le mien.

NARCISSE.

Et l'hymen de Junie en est-il le lien ?
Seigneur, lui faites-vous encor ce sacrifice ?

NÉRON.

C'est prendre trop de soin. Quoi qu'il en soit[3], Narcisse,
Je ne le compte plus parmi mes ennemis.

NARCISSE.

Agrippine, Seigneur, se l'était bien promis :
Elle a repris sur vous son souverain empire.

NÉRON.

Quoi donc ? Qu'a-t-elle dit ? Et que voulez-vous dire[4] ?

NARCISSE.

Elle s'en est vantée assez publiquement.

NÉRON.

De quoi ?

NARCISSE.

Qu'elle n'avait qu'à vous voir un moment;
Qu'à tout ce grand éclat, à ce courroux funeste,
On verrait succéder un silence modeste ;
Que vous-même à la paix souscririez le premier,
Heureux que sa bonté daignât tout oublier.

NÉRON.

Mais, Narcisse, dis-moi, que veux-tu que je fasse[5] ?

---

1. *Ma* main, *votre* ordre sont opposés à dessein.
2. Latinisme (*distrahere*) détourner.
3. Voy. ci-dessus page 172, note 1, et page 198, note 3.
4. Le ton change. Néron. impassible ou feignant de l'être jusque-là, éclate. Narcisse inutilement l'a inquiété dans sa sûreté, et tourmenté dans sa jalousie. Mais il le blesse dans sa vanité; cette fois le coup porte.
5. Le tutoiement familier recommence ; Néron est retombé aux mains de son mauvais génie, Narcisse. Les anciens tutoyaient toujours : ainsi ce passage du *vous* au *tu* est un pur anachronisme. Toutefois peut-on interdire au poète qui écrit en français l'usage

Je n'ai que trop de pente à punir son audace ;
Et, si je m'en croyais, ce triomphe indiscret
Serait bientôt suivi d'un éternel regret.
Mais de tout l'univers quel sera le langage ?
Sur les pas des tyrans veux-tu que je m'engage,
Et que Rome, effaçant tant de titres d'honneur,
Me laisse pour tous noms celui d'empoisonneur ?
Ils mettront ma vengeance au rang des parricides !

NARCISSE.

Et prenez-vous, Seigneur, leurs caprices pour guides ?
Avez-vous prétendu qu'ils se tairaient toujours ?
Est-ce à vous de prêter l'oreille à leurs discours ?
De vos propres désirs perdrez-vous la mémoire ?
Et serez-vous le seul que vous n'oserez croire ?
Mais, Seigneur, les Romains ne vous sont pas connus ;
Non, non ; dans leurs discours ils sont plus retenus.
Tant de précaution affaiblit votre règne :
Ils croiront, en effet, mériter qu'on les craigne.
Au joug, depuis longtemps, ils se sont façonnés ;
Ils adorent la main qui les tient enchaînés.
Vous les verrez toujours ardents à vous complaire :
Leur prompte servitude a fatigué Tibère [2].
Moi-même revêtu d'un pouvoir emprunté
Que je reçus de Claude avec la liberté,
J'ai cent fois, dans le cours de ma gloire passée,
Tenté leur patience, et ne l'ai point lassée.
D'un empoisonnement vous craignez la noirceur ?
Faites périr le frère, abandonnez la sœur :
Rome, sur ses autels prodiguant les victimes,
Fussent-ils innocents, leur trouvera des crimes ;
Vous verrez mettre au rang des jours infortunés
Ceux où jadis la sœur et le frère sont nés.

NÉRON.

Narcisse, encore un coup, je ne puis l'entreprendre.
J'ai promis à Burrhus, il a fallu me rendre.
Je ne veux point encore, en lui manquant de foi,
Donner à sa vertu des armes contre moi.
J'oppose à ses raisons un courage inutile ;
Je ne l'écoute point avec un cœur tranquille.

---

de toutes les ressources que la langue peut lui offrir ?

1. Voy. ci-dessus page 207, note 1.

2. « O peuple né pour la servitude », s'écriait-il avec dégoût (Tacite, *Annales*, III, 65).

210 BRITANNICUS.

NARCISSE.

Burrhus ne pense pas, Seigneur, tout ce qu'il dit :
Son adroite vertu ménage son crédit;
Ou plutôt ils n'ont tous qu'une même pensée;
Ils verraient par ce coup leur puissance abaissée;
Vous seriez libre alors, Seigneur; et, devant vous,
Ces maîtres orgueilleux fléchiraient comme nous.
Quoi donc! ignorez-vous tout ce qu'ils osent dire?
Néron, s'ils en sont crus, n'est point né pour l'empire;
Il ne dit, il ne fait que ce qu'on lui prescrit :
Burrhus conduit son cœur, Sénèque son esprit.
Pour toute ambition, pour vertu singulière,
Il excelle à conduire un char dans la carrière;
A disputer des prix indignes de ses mains;
A se donner lui-même en spectacle aux Romains;
A venir prodiguer sa voix sur un théâtre,
A réciter des chants qu'il veut qu'on idolâtre;
Tandis que des soldats, de moments en moments,
Vont arracher pour lui les applaudissements[1]. »
Ah! ne voulez-vous pas les forcer à se taire?

NÉRON.

Viens, Narcisse. Allons voir ce que nous devons faire[2].

ACTE V

SCÈNE PREMIÈRE

BRITANNICUS, JUNIE.

BRITANNICUS.

Oui, Madame, Néron (qui l'aurait pu penser)[3]?
Dans son appartement m'attend pour m'embrasser.

---

1. Boileau dans une lettre de septembre 1707 (à Monchesnay) écrit : « Un grand prince ayant vu jouer *Britannicus* de M. Racine, où la fureur de Néron à monter sur le théâtre, est si bien attaquée, il ne dansa plus à aucun ballet, non pas même au temps du carnaval. » On a contesté l'authenticité du fait. Une lettre de Robinet du 9 mars 1669, atteste que le roi avait déjà cessé de danser en public. D'autre part l'édition originale des *Amants magnifiques* de Molière, donnée en 1670, attribue encore un personnage au roi dans le *ballet* de cette pièce. Mais on sait qu'il ne remplit pas ce rôle, à lui destiné.

2. Le spectateur peut déjà prévoir que Britannicus périra. Toutefois son sort est encore en suspens, assez du moins pour laisser au Ve acte un intérêt très vif.

3. En effet, qui l'aurait pu penser? et Britannicus devrait être un peu plus défiant. Mais il est très jeune et encore à cet âge où l'on croit aisément ce qu'on désire.

Il a fait de sa cour inviter la jeunesse ;
Il veut que d'un festin la pompe et l'allégresse
Confirment à leurs yeux la foi de nos serments,
Et réchauffent l'ardeur de nos embrassements.
Il éteint cet amour, source de tant de haine ;
Il vous fait de mon sort arbitre souveraine.
Pour moi, quoique banni du rang de mes aïeux,
Quoique de leur dépouille il se pare à mes yeux,
Depuis qu'à mon amour cessant d'être contraire
Il semble me céder la gloire de vous plaire,
Mon cœur, je l'avouerai, lui pardonne en secret,
Et lui laisse le reste avec moins de regret.
Quoi ! je ne serai plus séparé de vos charmes !
Quoi ! même en ce moment je puis voir sans alarmes
Ces yeux que n'ont émus ni soupirs ni terreur[1],
Qui m'ont sacrifié l'empire et l'Empereur !
Ah, Madame !... Mais quoi ! quelle nouvelle crainte
Tient parmi mes transports votre joie en contrainte ?
D'où vient qu'en m'écoutant, vos yeux, vos tristes yeux,
Avec de longs regards se tournent vers les cieux ?
Qu'est-ce que vous craignez ?

JUNIE.

Je l'ignore moi-même ;
Mais je crains.

BRITANNICUS.

Vous m'aimez ?

JUNIE.

Hélas ! si je vous aime !

BRITANNICUS.

Néron ne trouble plus notre félicité.

JUNIE.

Mais me répondez-vous de sa sincérité ?

BRITANNICUS.

Quoi ! vous le soupçonnez d'une haine couverte ?

JUNIE.

Néron m'aimait tantôt, il jurait votre perte ;
Il me fuit, il vous cherche : un si grand changement
Peut-il être, Seigneur, l'ouvrage d'un moment ?

BRITANNICUS.

Cet ouvrage, Madame, est un coup d'Agrippine :

---

1. Ni les tendresses de Néron, ni ses menaces.

Elle a cru que ma perte entraînait sa ruine.
Grâce aux préventions de son esprit jaloux,
Nos plus grands ennemis ont combattu pour nous.
Je m'en fie aux transports qu'elle m'a fait paraître,
Je m'en fie à Burrhus : j'en crois même son maître;
Je crois qu'à mon exemple, impuissant à trahir,
Il hait à cœur ouvert, ou cesse de haïr

JUNIE.

Seigneur, ne jugez pas de son cœur par le vôtre ;
Sur des pas différents vous marchez l'un et l'autre.
Je ne connais Néron et la cour que d'un jour ;
Mais, si j'ose le dire, hélas ! dans cette cour
Combien tout ce qu'on dit est loin de ce qu'on pense !
Que la bouche et le cœur sont peu d'intelligence [1] !
Avec combien de joie on y trahit sa foi !
Quel séjour étranger et pour vous et pour moi !

BRITANNICUS.

Mais que son amitié soit véritable ou feinte,
Si vous craignez Néron, lui-même est-il sans crainte ?
Non, non, il n'ira point, par un lâche attentat,
Soulever contre lui le peuple et le sénat.
Que dis-je ? il reconnaît sa dernière injustice ;
Ses remords ont paru, même aux yeux de Narcisse
Ah ! s'il vous avait dit, ma princesse, à quel point...

JUNIE.

Mais Narcisse, Seigneur, ne vous trahit-il point ?

BRITANNICUS.

Et pourquoi voulez-vous que mon cœur s'en défie ?

JUNIE.

Et que sais-je ? Il y va, Seigneur, de votre vie.
Tout m'est suspect : je crains que tout ne soit séduit;
Je crains Néron ; je crains le malheur qui me suit.
D'un noir pressentiment malgré moi prévenue,
Je vous laisse à regret éloigner de ma vue [3].

---

1. Peu d'intelligence ensemble, c.-à-d. s'entendant mal ensemble. Dans *Nicomède* de Corneille, ce prince dit :

Qu'il n'a que la vertu de son intelligence.

c.-à-d. qui s'entende avec lui, qui soit de son parti.

2. Racine a retranché huit vers où Britannicus faisait l'éloge de Narcisse ; cet éloge dans cette bouche, était pénible à entendre; et montrait Britannicus trop crédule. Car enfin, dès qu'il est réconcilié avec Junie, ne devrait-il pas se défier de Narcisse qui a voulu lui persuader que Junie était infidèle ?

3. C.-à-d. *vous éloigner*. Sur ce tour, qui supprime le pronom réfléchi, voy. ci-dessus page 91, note 1 et page 193, note 3.

Hélas ! si cette paix dont vous vous repaissez
Couvrait contre vos jours quelques pièges dressés ;
Si Néron, irrité de notre intelligence [1],
Avait choisi la nuit pour cacher sa vengeance !
S'il préparait ses coups, tandis que je vous vois !
Et si je vous parlais pour la dernière fois !
Ah ! Prince !

BRITANNICUS.

Vous pleurez ! Ah ! ma chère princesse !
Et pour moi jusque-là votre cœur s'intéresse !
Quoi ! Madame ; en un jour où, plein de sa grandeur,
Néron croit éblouir vos yeux de sa splendeur,
Dans des lieux où chacun me fuit et le révère,
Aux pompes de sa cour préférer ma misère !
Quoi ! dans ce même jour et dans ces mêmes lieux
Refuser un empire, et pleurer à mes yeux !
Mais, Madame, arrêtez ces précieuses larmes ;
Mon retour va bientôt dissiper vos alarmes.
Je me rendrais suspect par un plus long séjour [2] :
Adieu. Je vais, le cœur tout plein de mon amour,
Au milieu des transports d'une aveugle jeunesse,
Ne voir, n'entretenir que ma belle princesse.
Adieu.

JUNIE.

Prince...

BRITANNICUS.

On m'attend, Madame, il faut partir.

JUNIE.

Mais du moins attendez qu'on vous vienne avertir.

SCÈNE II

AGRIPPINE, BRITANNICUS, JUNIE.

AGRIPPINE.

Prince, que tardez-vous ? Partez en diligence.
Néron impatient se plaint de votre absence.
La joie et le plaisir de tous les conviés
Attend, pour éclater, que vous vous embrassiez.
Ne faites point languir une si juste envie ;

---

1. Voy. page 212, note 1. | 2. Rotard.

Allez. Et nous, Madame, allons chez Octavie[1].

BRITANNICUS.

Allez, belle Junie, et, d'un esprit content,
Hâtez-vous d'embrasser ma sœur qui vous attend.
Dès que je le pourrai, je reviens sur vos traces,
Madame; et de vos soins j'irai vous rendre grâces.

SCÈNE III

AGRIPPINE, JUNIE.

AGRIPPINE.

Madame, ou je me trompe, ou durant vos adieux
Quelques pleurs répandus ont obscurci vos yeux.
Puis-je savoir quel trouble a formé ce nuage?
Doutez-vous d'une paix dont je fais mon ouvrage?

JUNIE.

Après tous les ennuis que ce jour m'a coûtés,
Ai-je pu rassurer mes esprits agités?
Hélas! à peine encor je conçois ce miracle.
Quand même à vos bontés je craindrais quelque obstacle,
Le changement, Madame, est commun à la cour;
Et toujours quelque crainte accompagne l'amour.

AGRIPPINE.

Il suffit, j'ai parlé, tout a changé de face:
Mes soins à vos soupçons ne laissent point de place.
Je réponds d'une paix jurée entre mes mains:
Néron m'en a donné des gages trop certains.
Ah! si vous aviez vu par combien de caresses[2]
Il m'a renouvelé la foi de ses promesses!
Par quels embrassements il vient de m'arrêter!
Ses bras, dans nos adieux, ne pouvaient me quitter;
Sa facile bonté, sur son front répandue,
Jusqu'aux moindres secrets est d'abord descendue.
Il s'épanchait en fils, qui vient en liberté
Dans le sein de sa mère oublier sa fierté.

---

1. Dans l'histoire Agrippine et Octavie assistent au festin où Britannicus est empoisonné. Mais Racine ayant mis cette scène en récit, au lieu de la mettre en spectacle, il fallait que quelqu'un pût occuper le théâtre pendant l'accomplissement du crime et en écouter ensuite le récit.
2. Cette hypocrisie de Néron est attestée par Tacite (*Annales*, livre XIV. chap. 4) *Nam pluribus sermonibus, modo familiaritate juvenili Nero, et rursus adductus quasi seria consociaret*, etc. La scène eut lieu à Baïes avant le meurtre d'Agrippine. Dans l'histoire, Agrippine qui n'aime point son fils, est beaucoup moins aveuglée par ses caresses hypocrites.

Mais bientôt, reprenant un visage sévère,
Tel que d'un empereur qui consulte sa mère,
Sa confidence auguste a mis entre mes mains
Des secrets d'où dépend le destin des humains.
Non, il le faut ici confesser à sa gloire,
Son cœur n'enferme point une malice noire;
Et nos seuls ennemis, altérant sa bonté,
Abusaient contre nous de sa facilité.
Mais enfin, à son tour, leur puissance décline;
Rome encore une fois va connaître Agrippine;
Déjà de ma faveur on adore le bruit.
Cependant en ces lieux n'attendons pas la nuit.
Passons chez Octavie, et donnons-lui le reste
D'un jour autant heureux que je l'ai cru funeste.
Mais qu'est-ce que j'entends? quel tumulte confus!
Que peut-on faire?

JUNIE.
O Ciel, sauvez Britannicus!

SCÈNE IV

AGRIPPINE, JUNIE, BURRHUS.

AGRIPPINE.
Burrhus, où courez-vous? Arrêtez. Que veut dire...

BURRHUS.
Madame, c'en est fait, Britannicus expire.

JUNIE.
Ah, mon prince!

AGRIPPINE.
Il expire?

BURRHUS.
Ou plutôt il est mort,
Madame.

JUNIE.
Pardonnez, Madame, à ce transport.
Je vais le secourir, si je puis, ou le suivre.

SCÈNE V

AGRIPPINE, BURRHUS.

AGRIPPINE.
Quel attentat, Burrhus!

BURRHUS.
Je n'y pourrai survivre,
Madame; il faut quitter la cour et l'Empereur.
AGRIPPINE.
Quoi ! du sang de son frère il n'a point eu d'horreur !
BURRHUS.
Ce dessein s'est conduit avec plus de mystère[1].
A peine l'Empereur a vu venir son frère,
Il se lève, il l'embrasse, on se tait ; et soudain
César prend le premier une coupe à la main :
« Pour achever ce jour sous de meilleurs auspices,
Ma main de cette coupe épanche les prémices,
Dit-il : Dieux, que j'appelle à cette effusion,
Venez favoriser notre réunion. »
Par les mêmes serments Britannicus se lie ;
La coupe dans ses mains par Narcisse est remplie ;
Mais ses lèvres à peine en ont touché les bords,
Le fer ne produit point de si puissants efforts,
Madame ; la lumière à ses yeux est ravie ;
Il tombe sur son lit sans chaleur et sans vie.
Jugez combien ce coup frappe tous les esprits :
La moitié s'épouvante, et sort avec des cris ;
Mais ceux qui de la cour ont un plus long usage
Sur les yeux de César composent leur visage.
Cependant sur son lit il demeure penché ;
D'aucun étonnement il ne paraît touché :
« Ce mal dont vous craignez, dit-il, la violence,

---

[1]. Voici le récit de Tacite (livre XIII, chap. 16), « C'était l'usage que les fils des princes mangeassent assis avec les autres nobles de leur âge, en présence de leurs parents, à une table séparée, plus sobrement servie. Britannicus était à cette table ; un esclave de confiance goûtait ses mets et sa boisson ; on ne voulut ni manquer à cette coutume, ni trahir le crime par une double mort. On présenta à Britannicus, une boisson inoffensive et très chaude que l'esclave avait goûtée ; le prince la refuse et dit qu'elle est trop chaude ; on y mêle de l'eau froide où on avait versé le poison ; l'effet en fut si prompt que tout le corps fut envahi à la fois. Britannicus perdit en même temps la parole et la vie. Les plus voisins se précipitent en désordre ; quelques imprudents s'enfuient ; mais les plus avisés restent à leur place, les yeux fixés sur Néron. Lui, couché sur son lit, affecte de ne rien savoir, dit que c'est une attaque d'épilepsie, mal auquel Britannicus est sujet depuis l'enfance ; que la vie et le sentiment vont lui revenir tout à l'heure. Pour Agrippine, l'effroi, la consternation de son âme, mal dissimulée malgré ses efforts, laisse voir qu'elle avait ignoré tout, aussi bien qu'Octavie, sœur de Britannicus ; elle perdait sa dernière ressource, et voyait Néron s'essayer au parricide. Octavie elle-même, dans sa première jeunesse, avait appris déjà à dissimuler sa douleur, sa tendresse, toutes ses affections. Après un moment de silence, le festin reprit sa gaieté. »

A souvent sans péril attaqué son enfance. »
Narcisse veut en vain affecter quelque ennui,
Et sa perfide joie éclate malgré lui.
Pour moi, dût l'Empereur punir ma hardiesse,
D'une odieuse cour j'ai traversé la presse;
Et j'allais, accablé de cet assassinat,
Pleurer Britannicus, César, et tout l'État[1].

AGRIPPINE.

Le voici. Vous verrez si c'est moi qui l'inspire.

SCÈNE VI

AGRIPPINE, NÉRON, BURRHUS, NARCISSE[2].

NÉRON, voyant Agrippine.

Dieux !

AGRIPPINE.

Arrêtez, Néron; j'ai deux mots à vous dire.
Britannicus est mort : je reconnais les coups,
Je connais l'assassin.

NÉRON.

Et qui, Madame ?

AGRIPPINE.

Vous.

NÉRON.

Moi ? voilà les soupçons dont vous êtes capable.
Il n'est point de malheur dont je ne sois coupable;
Et si l'on veut, Madame, écouter vos discours,
Ma main de Claude même aura tranché les jours.
Son fils vous était cher, sa mort peut vous confondre;
Mais des coups du destin je ne puis pas répondre.

AGRIPPINE.

Non, non : Britannicus est mort empoisonné;
Narcisse a fait le coup, vous l'avez ordonné.

---

1. Quel admirable dénouement c'eût été, au cinquième acte de cette pièce, que d'étaler en spectacle le festin où périt Britannicus, et de montrer ces courtisans qui, *sur les yeux de César composent leur visage*. Mais aussi de quelle admirable narration Racine nous eût privés s'il avait mis en spectacle ce qu'il a préféré mettre en récit. Ainsi le procès reste pendant entre le drame et la tragédie.

2. Dans l'édition originale, Junie rentrait en scène ici avec Néron qui la consolait; elle disait qu'elle se rendait chez Octavie; et Néron se préparait à l'y suivre quand Agrippine l'arrêtait en lui disant :

Arrêtez, Néron ; j'ai deux mots à vous dire.

Ce retour de Junie, cette galanterie de Néron après le meurtre commis, déplurent aux spectateurs. Racine défendit la scène dans sa première préface; et puis, à la réflexion, se décida à la supprimer.

NÉRON.

Madame ! Mais qui peut vous tenir ce langage?

NARCISSE.

Hé ! Seigneur, ce soupçon vous fait-il tant d'outrage ?
Britannicus, Madame, eut des desseins secrets
Qui vous auraient coûté de plus justes regrets.
Il aspirait plus loin qu'à l'hymen de Junie ;
De vos propres bontés il vous aurait punie.
Il vous trompait vous-même ; et son cœur offensé
Prétendait tôt ou tard rappeler le passé.
Soit donc que malgré vous le sort vous ait servie ;
Soit qu'instruit des complots qui menaçaient sa vie,
Sur ma fidélité César s'en soit remis [1],
Laissez les pleurs, Madame, à vos seuls ennemis.
Qu'ils mettent ce malheur au rang des plus sinistres,
Mais vous...

AGRIPPINE.

Poursuis, Néron ; avec de tels ministres,
Par des faits glorieux tu te vas signaler.
Poursuis. Tu n'as pas fait ce pas pour reculer.
Ta main a commencé par le sang de ton frère ;
Je prévois que tes coups viendront jusqu'à ta mère [2].
Dans le fond de ton cœur je sais que tu me hais ;
Tu voudras t'affranchir du joug de mes bienfaits.
Mais je veux que ma mort te soit même inutile.
Ne crois pas qu'en mourant je te laisse tranquille.
Rome, ce ciel, ce jour que tu reçus de moi,
Partout, à tout moment, m'offriront devant toi [3].
Tes remords te suivront comme autant de furies ;
Tu croiras les calmer par d'autres barbaries ;
Ta fureur, s'irritant soi-même dans son cours,
D'un sang toujours nouveau marquera tous tes jours.
Mais j'espère qu'enfin le Ciel, las de tes crimes,
Ajoutera ta perte à tant d'autres victimes ;
Qu'après t'être couvert de leur sang et du mien,

---

1. Cette hardiesse de Narcisse, qui avoue le crime, et même s'en vante, étonne d'abord, de la part de cet affranchi, lâche et menteur. En y réfléchissant, on voit que cette franchise tardive est un trait de vérité profonde. Narcisse sait bien qu'il pourra être sacrifié par Néron comme un instrument inutile, s'il ne prend soin de compromettre avec lui l'Empereur.

2. Dans Tacite, Agrippine en voyant tomber Britannicus comprit que Néron « s'essayait au parricide » (*Annales* XIII, 16).

3. Racine s'est souvenu ici des imprécations que Didon, près de mourir, lance contre Énée dans l'*Énéide* (livre IV, v ; 385).

Tu te verras forcé de répandre le tien ;
Et ton nom paraîtra, dans la race future,
Aux plus cruels tyrans une cruelle injure[1].
Voilà ce que mon cœur se présage de toi.
Adieu : tu peux sortir.

NÉRON.
Narcisse, suivez-moi.

SCÈNE VII
AGRIPPINE, BURRHUS.

AGRIPPINE.
Ah, Ciel ! de mes soupçons quelle était l'injustice !
Je condamnais Burrhus pour écouter Narcisse !
Burrhus, avez-vous vu quels regards furieux
Néron en me quittant m'a laissés pour adieux ?
C'en est fait, le cruel n'a plus rien qui l'arrête ;
Le coup qu'on m'a prédit va tomber sur ma tête[2].
Il vous accablera vous-même à votre tour.

BURRHUS.
Ah, Madame ! pour moi, j'ai vécu trop d'un jour.
Plût au Ciel que sa main, heureusement cruelle,
Eût fait sur moi l'essai de sa fureur nouvelle !
Qu'il ne m'eût pas donné, par ce triste attentat,
Un gage trop certain des malheurs de l'État !
Son crime seul n'est pas ce qui me désespère ;
Sa jalousie a pu l'armer contre son frère ;
Mais, s'il vous faut, Madame, expliquer ma douleur,
Néron l'a vu mourir sans changer de couleur.
Ses yeux indifférents ont déjà la constance
D'un tyran dans le crime endurci dès l'enfance.
Qu'il achève, Madame, et qu'il fasse périr
Un ministre importun qui ne le peut souffrir[3].
Hélas ! loin de vouloir éviter sa colère,
La plus soudaine mort me sera la plus chère[4].

---

1. Ces belles imprécations ne sont pas une déclamation vaine et inutile ; elles sont le châtiment de Néron, le seul que l'histoire permette de lui infliger après ce premier crime, que tant d'autres suivirent. Ce châtiment suffirait peut-être : c'est une invention inutile et romanesque d'y joindre la fuite de Junie et son entrée « au cloître ».

2. Voy. ci-dessus page 190, note 1.

3. A quoi se rapporte le ? A Néron, et le sens est : qui ne peut supporter Néron devenu tyran. Ce n'est pas Néron que Burrhus ne peut souffrir, mais c'est la tyrannie nouvelle de Néron. Comparez ci-dessus le vers 36, de la page 206.

4. Tacite n'ose affirmer que Burrhus mourut empoisonné par Néron (Annales XIV, 2). Les symptômes désignés sont ceux d'un abcès dans la gorge.

SCÈNE VIII

AGRIPPINE, BURRHUS, ALBINE [1].

ALBINE.
Ah, Madame ! ah, Seigneur ! courez vers l'Empereur ;
Venez sauver César de sa propre fureur ;
Il se voit pour jamais séparé de Junie.

AGRIPPINE.
Quoi ! Junie elle-même a terminé sa vie [2] ?

ALBINE.
Pour accabler César d'un éternel ennui,
Madame, sans mourir elle est morte pour lui.
Vous savez de ces lieux comme elle s'est ravie :
Elle a feint de passer chez la triste Octavie [3] ;
Mais bientôt elle a pris des chemins écartés,
Où mes yeux ont suivi ses pas précipités.
Des portes du palais elle sort éperdue.
D'abord elle a d'Auguste aperçu la statue ;
Et mouillant de ses pleurs le marbre de ses pieds [4],
Que de ses bras pressants elle tenait liés :
« Prince, par ces genoux, dit-elle, que j'embrasse,
Protège en ce moment le reste de ta race :
Rome, dans ton palais, vient de voir immoler
Le seul de tes neveux qui te pût ressembler.
On veut après sa mort que je lui sois parjure.
Mais, pour lui conserver une foi toujours pure,
Prince, je me dévoue à ces dieux immortels
Dont ta vertu t'a fait partager les autels [5]. »
Le peuple cependant, que ce spectacle étonne,
Vole de toutes parts, se presse, l'environne,

---

1. La scène précédente n'a que vingt-deux vers ; et pendant le temps qu'on met à les dire, Junie s'enfuit, le peuple se soulève, Narcisse est massacré. Mais il faut accorder quelque chose à la fiction théâtrale. Dans le théâtre grec les plus grands événements s'accomplissent souvent pendant la durée d'un chœur.

2. Racine n'a pas voulu que Junie, si douce, si vertueuse, et si jeune, finît sa vie et ses douleurs par le suicide. Les héroïnes qui se tuent chez Racine sont Hermione, Ériphile, ou Phèdre. Mais il aurait pu chercher un dénouement plus conforme aux mœurs romaines qu'il voulait peindre.

3. Racine a supprimé la scène où Junie reparaissait pour annoncer ce dessein : mais il a laissé subsister ces deux vers qui manquent de clarté. Voy. ci-dessus page 217, note 2.

4. *Ses pieds* sont ceux d'Auguste, *ses pleurs* et *ses bras* sont ceux de Junie ; la construction est embarrassée.

5. On entrait aux vestales avant l'âge de dix ans ; mais le plus grave anachronisme de ce dénouement n'est point là.

S'attendrit à ses pleurs ; et, plaignant son ennui [1],
D'une commune voix la prend sous son appui.
Ils la mènent au temple, où depuis tant d'années
Au culte des autels nos vierges destinées
Gardent fidèlement le dépôt précieux
Du feu toujours ardent qui brûle pour nos Dieux.
César les voit partir sans oser les distraire [2].
Narcisse, plus hardi, s'empresse pour lui plaire :
Il vole vers Junie, et, sans s'épouvanter,
D'une profane main commence à l'arrêter.
De mille coups mortels son audace est punie ;
Son infidèle sang rejaillit sur Junie.
César, de tant d'objets en même temps frappé,
Le laisse entre les mains qui l'ont enveloppé.
Il rentre. Chacun fuit son silence farouche :
Le seul nom de Junie échappe de sa bouche.
Il marche sans dessein : ses yeux mal assurés
N'osent lever au ciel leurs regards égarés :
Et l'on craint, si la nuit jointe à la solitude
Vient de son désespoir aigrir l'inquiétude,
Si vous l'abandonnez plus longtemps sans secours,
Que sa douleur bientôt n'attente sur ses jours.
Le temps presse : courez. Il ne faut qu'un caprice ;
Il se perdrait, Madame.

AGRIPPINE.
Il se ferait justice.
Mais, Burrhus, allons voir jusqu'où vont ses transports.
Voyons quel changement produiront ses remords ;
S'il voudra désormais suivre d'autres maximes.

BURRHUS.
Plût aux Dieux que ce fût le dernier de ses crimes !

---

1. Nous avons déjà dit que ce mot, qui s'est beaucoup affaibli depuis le xviie siècle, s'appliquait alors aux plus vives douleurs. Iphigénie parle des *ennuis* de sa mère Clytemnestre, qui va voir sacrifier sa fille. Voy. *Andromaque*, p. 55, v. 19.

2. Distraire (*distrahere*), détourner retenir. Voy. ci-dessus p. 208, v. 7.

BÉRÉNICE

(1670)

NOTICE SUR *BÉRÉNICE*

Tout le monde sait que Madame Henriette d'Angleterre, duchesse d'Orléans, ayant conçu le dessein de mettre aux prises Corneille et Racine dans une sorte de lutte poétique, avait proposé aux deux poètes le sujet de *Bérénice*. L'allusion qu'elle y aurait vue, dit-on, au goût, sagement réprimé, qu'elle-même avait ressenti pour le roi son beau-frère et que Louis XIV avait éprouvé pour elle, est toutefois fort douteuse. Aucun des contemporains n'en a parlé ; Voltaire le premier hasarda ce rapprochement.

L'histoire de Bérénice ne ressemble en rien à celle de Madame. Elle rappelle au contraire d'une façon frappante celle de Marie Mancini, nièce de Mazarin. Louis XIV l'avait aimée tendrement, il avait voulu l'épouser ; la raison d'État seule avait empêché ce mariage ; et la reine mère, le cardinal lui-même avaient éloigné de la cour l'amante désolée, qui, en partant, dit au roi ces mots fameux : « Vous êtes roi, je pars, et vous pleurez. » Cette aventure était si connue de tous que Bossuet, dans l'oraison funèbre de la reine Marie-Thérèse, n'a pas craint d'y faire, après vingt-trois ans, une allusion très explicite : « Cessez, princes et potentats, de troubler par vos prétentions le projet de ce mariage. Que l'amour qui semble aussi le vouloir troubler, cède lui-même. L'amour, peut bien remuer le cœur des héros du monde ; il peut bien y soulever des tempêtes et y exciter des mouvements qui fassent trembler les politiques, et qui donnent des espérances aux insensés ; mais il y a des âmes d'un ordre supérieur à ses lois, à qui il ne peut inspirer des sentiments indignes de leur rang. »

N'est-ce pas là toute l'histoire de Bérénice ? et n'est-il pas vraisemblable que le plaisir de rappeler à Louis XIV un épisode touchant de sa jeunesse suffit à motiver le choix de Madame ?

Les deux poètes travaillèrent à l'insu l'un de l'autre, et les deux tragédies furent achevées presque en même temps. Mais Madame, enlevée par une maladie foudroyante, le 30 juin 1670, ne vit pas jouer les deux *Bérénices*. La pièce de Racine fut représentée la première à l'Hôtel de Bourgogne, le 21 novembre. *Tite et Bérénice* de Corneille fut joué au Palais-Royal, par la troupe de Molière, le 28 du même mois.

Dans ce singulier concours, la victoire resta et devait rester à Racine; il avait pour lui tous les avantages : la jeunesse et la vivacité du talent; un art merveilleux de dissimuler le vide d'un tel sujet par l'agrément infini du style; une habileté particulière à nourrir et à réchauffer la pièce par des allusions discrètes mais piquantes, que le public du temps, et surtout celui de la cour, saisissaient promptement [1]. Il avait su s'assurer en outre le concours d'une troupe excellente pour faire valoir sa tragédie; la Champmeslé jouait Bérénice, et Floridor jouait Titus. Aussi sa victoire fut-elle complète. Rendons toutefois justice à Corneille : on a trop maltraité *Tite et Bérénice*; il y a de véritables beautés dans le troisième acte, et tout le rôle de Bérénice offre plus de grandeur dans Corneille que chez Racine. Le refus volontaire qu'elle oppose aux vœux de Titus forme un beau dénouement, écrit dans une langue très cornélienne.

La première édition de *Bérénice* fut *achevée d'imprimer* le 21 janvier 1671. A lire la préface un peu aigre dont Racine a fait précéder son œuvre, on croirait qu'elle avait échoué. Mais il est vrai que son succès n'avait pas désarmé ses adversaires. L'un d'eux [2] qualifie la pièce de « tissu galant de madrigaux et d'élégies... pour la commodité des dames, de la jeunesse de la cour et des faiseurs de recueils de pièces galantes ». Racine riposte dans sa préface avec sa vivacité habituelle; mais tous les arguments qu'il emploie pour défendre sa pièce ne sont pas également bons. Il croit à tort qu'un tel sujet eût convenu à Sophocle ou à Euripide; dans tout le théâtre des Grecs il n'est pas une seule tragédie dont l'intérêt dramatique ne soit beaucoup plus vif, et l'action plus nourrie. Pour faire pièce à Corneille et déprécier ses drames souvent compliqués, Racine se hasarde à dire « que toute l'invention consiste à faire quelque chose de rien »; définition très fausse

---

[1] Louis Racine atteste qu'on reconnut Louis XIV dans le portrait de Titus.

[2] L'abbé de Villars, dans la *Critique de Bérénice*.

qui ressemble trop à celle que le rhéteur Isocrate avait donnée de l'éloquence, en la faisant consister « à faire paraître grandes les choses petites ». Racine vante avec raison le mérite de la simplicité d'action; mais une action simple est autre chose qu'une action nulle; et Racine lui-même, dans tout le reste de son théâtre, quand il a choisi librement son sujet, n'a jamais choisi une matière aussi dépourvue d'intérêt et de mouvement. Est-ce à dire que *Bérénice* ennuie à la lecture ou à la représentation ? Racine peut-il ennuyer ? Le seul charme du style suffit à captiver le lecteur ou le spectateur; c'est assez pour qu'aucun homme de goût ne s'avise de mettre *Bérénice* au-dessous des autres chefs-d'œuvre de Racine. L'œuvre plaît; que veut-on de plus? Qu'on la goûte comme élégie dialoguée, si on la trouve peu tragique ; il n'importe, pourvu qu'on se laisse aller, sans vain scrupule, au plaisir de la goûter pleinement. Mais il demeure certain que Racine tout seul pouvait ne pas échouer en traitant un tel sujet, si peu fait pour le théâtre. Telle fut l'opinion de beaucoup de contemporains. Un pamphlet de l'époque intitulé *Tite et Titus ou Critique sur les Bérénices*, satire dialoguée des deux pièces rivales, mais plus favorable à Racine, se terminait par ce jugement d'Apollon, où l'auteur inconnu donne en assez mauvais style une conclusion raisonnable : « Les uns et les autres (Tite et Titus, les deux Bérénices) auraient bien mieux fait de se tenir au pays d'Histoire, dont ils sont originaires, que d'avoir voulu passer dans l'empire de Poésie à quoi ils n'étaient nullement propres, et où, pour dire la vérité, on les a amenés, à ce qu'il me semble, assez mal à propos. »

A la vérité Racine aurait pu répondre que la poésie n'avait guère emprunté que des noms à l'histoire pour écrire cette tragédie. Si elle avait suivi fidèlement les récits de Josèphe et de Suétone, elle aurait dû nous raconter que Bérénice, fille d'un roi de Judée, Hérode Agrippa Ier, était déjà veuve de deux maris et mariée à un troisième lorsqu'à l'âge de quarante ans elle suivit à Rome ce Titus dont les vertus semblent avoir été fort embellies par des historiens complaisants. Dix années plus tard, Titus succédait à Vespasien son père, et comme les Romains paraissaient craindre qu'il n'épousât l'étrangère et que la fille d'un roitelet juif devînt impératrice, il la renvoya, malgré lui, malgré elle, dit Suétone (*invitus invitam*). Elle avait près de cinquante ans. On voit que

Racine a eu beaucoup à faire pour poétiser, jusqu'à la rendre et chaste et délicieuse, une aventure assez vulgaire, et que l'antiquité n'avait jamais songé d'ailleurs à vanter ni à admirer.

BÉRÉNICE

EXTRAITS

Vespasien vient de mourir, Titus est empereur. Depuis cinq ans il aime Bérénice ; mais le Sénat repousse une reine étrangère, et Titus n'ose braver cette aversion des Romains. Il se décide à éloigner Bérénice ; il lui fait annoncer sa résolution par Antiochus, roi de Comagène, qui lui-même, en secret, depuis longtemps adore Bérénice. La reine indignée refuse de croire Antiochus : il faut que Titus lui-même déclare sa volonté ou plutôt celle de Rome. Alors Bérénice obéit ; majestueuse et tendre, aimante et résignée, elle dit un éternel adieu à Titus, qui l'aime et qui l'éloigne ; à Antiochus qui voudrait la suivre et qu'elle écarte, ne voulant plus rien aimer après Titus.

De ce fond touchant, mais vide, et surtout monotone, Racine a su tirer, non une tragédie bien pathétique, mais des pages exquises, et quelques-uns des vers les plus parfaits qu'il ait écrits. Nous citerons l'aveu d'Antiochus à Bérénice (dans le premier acte) où, prêt à fuir Rome, et croyant Bérénice à la veille d'être impératrice, il laisse échapper le secret de son amour désormais sans espoir (ACTE I, *scène* IV, vers 187-285).

Au moins souvenez-vous que je cède à vos lois,
Et que vous m'écoutez pour la dernière fois.
Si, dans ce haut degré de gloire et de puissance,
Il vous souvient des lieux où vous prîtes naissance,
Madame, il vous souvient que mon cœur en ces lieux
Reçut le premier trait qui partit de vos yeux :
J'aimai. J'obtins l'aveu d'Agrippa votre frère[1].
Il vous parla pour moi. Peut-être sans colère
Alliez-vous de mon cœur recevoir le tribut ;
Titus, pour mon malheur, vint, vous vit, et vous plut[2].

---

1. Bérénice était fille d'Hérode Agrippa 1er, roi de Judée, sœur d'Agrippa II, roi de Chalcis en Syrie.
2. Titus avait (dans l'histoire) douze ans de moins que Bérénice. Il acheva (8 septembre 70) le siège de Jérusalem commencé par Vespasien son père.

Il parut devant vous dans tout l'éclat d'un homme
Qui porte entre ses mains la vengeance de Rome.
La Judée en pâlit : le triste Antiochus
Se compta le premier au nombre des vaincus.
Bientôt, de mon malheur interprète sévère[1],
Votre bouche à la mienne ordonna de se taire.
Je disputai longtemps; je fis parler mes yeux;
Mes pleurs et mes soupirs vous suivaient en tous lieux.
Enfin votre rigueur emporta la balance;
Vous sûtes m'imposer l'exil ou le silence.
Il fallut le promettre, et même le jurer[2].
Mais, puisqu'en ce moment j'ose me déclarer,
Lorsque vous m'arrachiez cette injuste promesse,
Mon cœur faisait serment de vous aimer sans cesse.

BÉRÉNICE.

Ah! que me dites-vous?

ANTIOCHUS.

Je me suis tu cinq ans,
Madame, et vais encor me taire plus longtemps[3].
De mon heureux rival j'accompagnai les armes;
J'espérai de verser mon sang après mes larmes,
Ou qu'au moins, jusqu'à vous porté par mille exploits,
Mon nom pourrait parler, au défaut de ma voix.
Le Ciel sembla promettre une fin à ma peine :
Vous pleurâtes ma mort, hélas! trop peu certaine.
Inutiles périls! Quelle était mon erreur!
La valeur de Titus surpassait ma fureur.
Il faut qu'à sa vertu mon estime réponde :
Quoique attendu, Madame, à l'empire du monde,
Chéri de l'univers, enfin aimé de vous,
Il semblait à lui seul appeler tous les coups;
Tandis que, sans espoir, haï, lassé de vivre,
Son malheureux rival ne semblait que le suivre.
Je vois que votre cœur m'applaudit en secret;
Je vois que l'on m'écoute avec moins de regret;
Et que, trop attentive à ce récit funeste,
En faveur de Titus vous pardonnez le reste.

---

1. Tour un peu affecté : votre bouche exprimant mon malheur.
2. Le se rapporte à l'idée contenue au vers précédent : promettre ou jurer de rester muet ou proscrit.
3. C'est-à-dire me taire dans la mort; voyez la fin de la scène et les derniers vers que dit Antiochus.

Enfin, après un siège aussi cruel que lent,
Il dompta les mutins, reste pâle et sanglant
Des flammes, de la faim, des fureurs intestines,
Et laissa leurs remparts cachés sous leurs ruines.
Rome vous vit, Madame, arriver avec lui[1].
Dans l'Orient désert quel devint mon ennui[2] !
Je demeurai longtemps errant dans Césarée[3],
Lieux charmants, où mon cœur vous avait adorée.
Je vous redemandais à vos tristes États ;
Je cherchais, en pleurant, les traces de vos pas.
Mais enfin, succombant à ma mélancolie,
Mon désespoir tourna mes pas vers l'Italie :
Le sort m'y réservait le dernier de ses coups.
Titus en m'embrassant m'amena devant vous :
Un voile d'amitié vous trompa l'un et l'autre,
Et mon amour devint le confident du vôtre.
Mais toujours quelque espoir flattait mes déplaisirs :
Rome, Vespasien, traversaient vos soupirs.
Après tant de combats, Titus cédait peut-être.
Vespasien est mort, et Titus est le maître.
Que ne fuyais-je alors ? J'ai voulu quelques jours
De son nouvel empire examiner le cours[4].
Mon sort est accompli : votre gloire s'apprête.
Assez d'autres, sans moi, témoins de cette fête,
A vos heureux transports viendront joindre les leurs ;
Pour moi, qui ne pourrais y mêler que des pleurs,
D'un inutile amour trop constante victime,
Heureux dans mes malheurs d'en avoir pu sans crime
Conter toute l'histoire aux yeux qui les ont faits,
Je pars, plus amoureux que je ne fus jamais.

BÉRÉNICE.

Seigneur, je n'ai pas cru[5] que, dans une journée

---

1. Titus rentra vainqueur à Rome en 71, et fut associé par Vespasien au gouvernement de l'empire.

2. Où réside la beauté de cet admirable vers? Dans un seul mot qui rend tout un sentiment profond avec une harmonie rare, et une délicatesse infinie. L'Orient *désert* depuis qu'une femme n'y est plus, qui le peuplait seule aux yeux de celui qui l'aime.

3. Césarée de Palestine, au bord de la mer, entre Samarie et la Galilée, fut, sous les Romains, la capitale de la Palestine, et la résidence du procurateur.

4. C.-à-d. la tournure qu'allaient prendre les choses et l'usage que ferait Titus de son nouveau pouvoir.

5. Latinisme. Nous dirions : je n'aurais pas cru. Le passé défini, signifiant ici : « à aucun moment je n'ai cru », a la valeur d'un conditionnel. Comparez *Britannicus*, p. 164, note 2.

Qui doit avec César unir ma destinée,
Il fût quelque mortel qui pût impunément
Se venir à mes yeux déclarer mon amant.
Mais de mon amitié mon silence est un gage :
J'oublie en sa faveur un discours qui m'outrage.
Je n'en ai point troublé le cours injurieux ;
Je fais plus : à regret je reçois vos adieux.
Le Ciel sait qu'au milieu des honneurs qu'il m'envoie,
Je n'attendais que vous pour témoin de ma joie ;
Avec tout l'univers j'honorais vos vertus ;
Titus vous chérissait, vous admiriez Titus.
Cent fois je me suis fait une douceur extrême
D'entretenir Titus dans un autre lui-même[1].

ANTIOCHUS.

Et c'est ce que je fuis. J'évite, mais trop tard,
Ces cruels entretiens où je n'ai point de part[2].
Je fuis Titus ; je fuis ce nom qui m'inquiète,
Ce nom qu'à tous moments votre bouche répète.
Que vous dirai-je enfin ? Je fuis des yeux distraits,
Qui, me voyant toujours, ne me voyaient jamais.
Adieu. Je vais, le cœur trop plein de votre image,
Attendre, en vous aimant, la mort pour mon partage.
Surtout ne craignez point qu'une aveugle douleur
Remplisse l'univers du bruit de mon malheur.
Madame, le seul bruit d'une mort que j'implore
Vous fera souvenir que je vivais encore.
Adieu[3].

L'amour et la douleur d'Antiochus laissent Bérénice indifférente. Elle est tout entière à l'ivresse de la haute fortune où elle croit toucher. En vain sa confidente Phénice la veut effrayer des obstacles qui peuvent s'opposer à son bonheur (ACTE Ier, *scène* V, vers 292-326).

PHÉNICE.

Titus n'a point encore expliqué sa pensée.
Rome vous voit, Madame, avec des yeux jaloux ;
La rigueur de ses lois m'épouvante pour vous.
L'hymen chez les Romains n'admet qu'une Romaine :

---

1. En vous entretenant.
2. Où en m'entretenant, vous pensez à Titus.
3. Tout cet entretien, si difficile à conduire, est plein de délicatesse et de dignité. Ce qu'il y eut de plus noble et de plus poli dans la cour de Louis XIV semble y respirer.

Rome hait tous les rois; et Bérénice est reine.
BÉRÉNICE.
Le temps n'est plus, Phénice, où je pouvais trembler[1].
Titus m'aime; il peut tout; il n'a plus qu'à parler.
Il verra le sénat m'apporter ses hommages,
Et le peuple de fleurs couronner ses images.
De cette nuit, Phénice, as-tu vu la splendeur?
Tes yeux ne sont-ils pas tout pleins[2] de sa grandeur?
Ces flambeaux, ce bûcher, cette nuit enflammée[3],
Ces aigles, ces faisceaux, ce peuple, cette armée,
Cette foule de rois, ces consuls, ce sénat,
Qui tous de mon amant empruntaient leur éclat;
Cette pourpre, cet or, que rehaussait sa gloire,
Et ces lauriers encor témoins de sa victoire;
Tous ces yeux qu'on voyait venir de toutes parts
Confondre sur lui seul leurs avides regards;
Ce port majestueux, cette douce présence.
Ciel! avec quel respect et quelle complaisance
Tous les cœurs en secret l'assuraient de leur foi!
Parle : peut-on le voir sans penser, comme moi,
Qu'en quelque obscurité que le sort l'eût fait naître,
Le monde, en le voyant, eût reconnu son maître[4]?
Mais, Phénice, où m'emporte un souvenir charmant?
Cependant Rome entière, en ce même moment,
Fait des vœux pour Titus, et, par des sacrifices,
De son règne naissant célèbre les prémices.
Que tardons-nous? Allons pour son empire heureux
Au Ciel qui le protège offrir aussi nos vœux.
Aussitôt, sans l'attendre, et sans être attendue,
Je reviens le chercher, et dans cette entrevue

1. Tout ce beau couplet respire l'enivrement d'un jeune cœur (Bérénice est jeune dans la tragédie, sinon dans l'histoire), d'un cœur plein de confiance et d'amour et d'orgueil.

2. *Tous pleins* dans les éditions publiées du vivant de Racine, quoique *tout* ait ici l'emploi adverbial. Même aujourd'hui, dans cet emploi, il s'accorde devant les adjectifs féminins commençant par une consonne. Ces femmes sont *tout* émues, *toutes remplies* de frayeur.

3. Cette nuit éclatante était celle des funérailles de Vespasien, ce bûcher avait consumé son corps.

4. Tout le monde comprenait que ces beaux vers peignaient moins Titus que Louis XIV, au lendemain du traité d'Aix-la-Chapelle, à la veille de la guerre de Hollande. Corneille dans *Tite et Bérénice* n'avait pas ménagé non plus les allusions flatteuses : il faisait dire à Tite :

Mon nom par la victoire est si bien affermi
Qu'on me croit dans la paix un lion endormi;
Mon réveil incertain du monde fait l'étude;
Mon repos en tous lieux jette l'inquiétude;
Et tandis qu'en ma cour les aimables loisirs
Ménagent l'heureux choix des jeux et des plaisirs,
Pour envoyer l'effroi sous l'un et l'autre pôle
Je n'ai qu'à faire un pas et hausser la parole.

Dire tout ce qu'aux cœurs l'un de l'autre contents
Inspirent des transports retenus si longtemps.

L'art merveilleux de Racine éclate surtout dans le cinquième acte, qui est pour ainsi dire, à lui seul, toute la pièce et que le poète a eu l'art de suspendre et de retarder pendant douze cents vers. Enfin Titus a parlé ; l'amant est passionné, mais le monarque est inflexible. Bérénice dans son désespoir s'écrie qu'elle veut mourir ; puis, plus sage et plus digne, elle se résigne à obéir et à vivre, et s'éloigne en adressant à Titus des adieux touchants (ACTE V, *scène* VII, vers 1475-1506).

Mon cœur vous est connu, Seigneur, et je puis dire
Qu'on ne l'a jamais vu soupirer pour l'empire.
La grandeur des Romains, la pourpre des Césars
N'a point, vous le savez, attiré mes regards.
J'aimais, Seigneur, j'aimais ; je voulais être aimée.
Ce jour, je l'avouerai, je me suis alarmée ;
J'ai cru que votre amour allait finir son cours :
Je connais mon erreur, et vous m'aimez toujours.
Votre cœur s'est troublé, j'ai vu couler vos larmes.
Bérénice, Seigneur, ne vaut point tant d'alarmes,
Ni que par votre amour l'univers malheureux,
Dans le temps que Titus attire tous ses vœux,
Et que de vos vertus il goûte les prémices,
Se voie en un moment enlever ses délices[1].
Je crois, depuis cinq ans jusqu'à ce dernier jour,
Vous avoir assuré d'un véritable amour.
Ce n'est pas tout : je veux, en ce moment funeste,
Par un dernier effort couronner tout le reste :
Je vivrai, je suivrai vos ordres absolus.
Adieu, Seigneur. Régnez : je ne vous verrai plus
    (A Antiochus.)
Prince, après cet adieu, vous jugez bien vous-même
Que je ne consens pas de quitter ce que j'aime,
Pour aller loin de Rome écouter d'autres vœux.
Vivez, et faites-vous un effort généreux[2].
Sur Titus et sur moi réglez votre conduite :
Je l'aime, je le fuis ; Titus m'aime, il me quitte[3]:

---

1. Allusion au surnom de Titus : les délices du genre humain (Suétone). Mais il ne régna que vingt-huit mois (14 juin 79 au 13 septembre 81).

2. C.-à-d. faites sur vous-même un effort généreux. Corneille dit de même :
Quels efforts à moi-même il a fallu me faire !
    (*Polyeucte*, vers 1398.)

3. Corneille a traduit plus littérale-

BÉRÉNICE.

Portez loin de mes yeux vos soupirs et vos fers.
Adieu. Servons tous trois d'exemple à l'univers
De l'amour la plus tendre et la plus malheureuse[1]
Dont il puisse garder l'histoire douloureuse.
Tout est prêt. On m'attend. Ne suivez point mes pas.
  (A Titus.)
Pour la dernière fois, adieu, Seigneur.
                    ANTIOCHUS.
                              Hélas[2] !

---

ment le mot de Suétone : *invitus invitam*.
              TITE.
L'amour peut-il se faire une aussi dure loi ?
              BÉRÉNICE.
La raison me la fait, malgré vous, malgré moi.

1. Sur *amour* féminin, Voy. *Andromaque*, p. 58, note 2.

2. On s'est moqué souvent, et dès le temps où parut *Bérénice*, de cet *hélas*, qui, disait-on, termine si pauvrement une tragédie. En effet, un *hélas* terminerait mal *Britannicus* ou *Athalie;* mais cette interjection douloureuse et mélancolique est-elle si mal placée à la fin d'une élégie dialoguée ? et *Bérénice* est-elle autre chose qu'une élégie mise en drame ?

BAJAZET
(1672)

NOTICE SUR *BAJAZET*

« Quoique le sujet de cette tragédie ne soit encore dans aucune histoire imprimée, il est pourtant très véritable. » Ainsi commence, assez inexactement, la première préface de *Bajazet*. En 1656, Segrais[1] avait fait paraître un recueil de nouvelles intitulé : *les Divertissements de la Princesse Aurélie* (ce nom cachait celui de sa protectrice, Mademoiselle, fille de Gaston d'Orléans). L'une de ces nouvelles, intitulée *Floridon ou l'Amour imprudent*, est, à quelques différences près, l'histoire de Roxane, d'Atalide et de Bajazet. C'est là que Racine a dû puiser la première idée de sa tragédie. Il se peut d'ailleurs que M. de Césy, ambassadeur du roi de France à Constantinople à l'époque où périt Bajazet, ait raconté ce qu'il avait su de cette tragédie de sérail au chevalier de Nantouillet[2], fort lié avec Racine; et que le chevalier ait proposé au poète de tirer de cette aventure une pièce de théâtre. L'histoire de Bajazet n'en appartient pas moins au roman; on sait seulement que son frère Amurat le fit mettre à mort; mais tout le reste est fabuleux. Louis Racine a dit le dernier mot sur l'authenticité de cette sanglante aventure : « Dans *Bajazet*, tout est vraisemblable, quoique peut-être il n'y ait rien de vrai. »

Contre l'ordinaire, c'est la seconde préface de *Bajazet* (écrite en 1676) qui est agressive; la première avait précédé les attaques dont cette pièce fut l'objet après un succès

---

1. Poëte romancier, né et mort à Caen (1624-1701) fut pendant vingt ans secrétaire des commandements de Mademoiselle d'Orléans, et signa une partie des ouvrages de madame de La Fayette.
2. Philippe de Harlay, comte de Césy, ambassadeur du roi à Constantinople, de 1618 à 1631, y resta jusqu'en 1641. — François Du Prat de Nantouillet qui s'illustra au passage du Rhin l'année de *Bajazet* (1672), très lié avec Racine et Boileau, se compromit pour eux dans l'affaire des *sonnets*. (Voyez la *notice sur Phèdre* ci-dessous page 338.)

d'abord éclatant. Il est curieux de suivre ces fluctuations de l'opinion chez madame de Sévigné, partisan fidèle de Corneille et toujours disposée à marchander les éloges à Racine. *Bajazet* avait été joué le 5 janvier 1672[1]. Le 13, madame de Sévigné écrit à sa fille : « Racine a fait une pièce qui s'appelle *Bajazet* et qui lève la paille... M. de Tallard dit qu'elle est autant au-dessus des pièces de Corneille que celles de Corneille sont au-dessus de celles de Boyer; voilà ce qui s'appelle louer; il ne faut point tenir les vérités captives. Nous en jugerons par nos yeux et par nos oreilles.

» Du bruit de *Bajazet* mon âme importunée

fait que je veux aller à la comédie; enfin nous en jugerons. »

Le 15 janvier, elle écrit : « *Bajazet* est beau; j'y trouve quelque embarras sur la fin; mais il y a bien de la passion, et de la passion moins folle que celle de *Bérénice*. Je trouve pourtant, à mon petit sens, qu'elle ne surpasse pas *Andromaque*; et, pour les belles comédies de Corneille... croyez que jamais rien n'approchera, je ne dis pas surpassera, je dis que rien n'approchera des divins endroits de Corneille. » Le 9 mars elle envoie la pièce imprimée à sa fille : « Voilà *Bajazet* : si je pouvais vous envoyer la Champmeslé, vous trouveriez la pièce bonne, mais sans elle, elle perd la moitié de son prix. » Le 16 mars, les critiques s'accentuent ou plutôt s'aigrissent : « Le personnage de Bajazet est glacé; les mœurs des Turcs y sont mal observées; ils ne font point tant de façons pour se marier; le dénouement n'est point bien préparé; on n'entre point dans les raisons de cette grande tuerie. Il y a pourtant des choses agréables, mais rien de parfaitement beau, rien qui enlève, point de ces tirades de Corneille qui font frissonner. Ma fille, gardons-nous bien de lui comparer Racine; sentons-en toujours la différence; les pièces de ce dernier ont des endroits froids et faibles, et jamais il n'ira plus loin qu'*Andromaque*. *Bajazet* est au-dessous, au sentiment de bien des gens, et au mien, si j'ose me citer. »

Ainsi décroît sensiblement l'admiration du premier jour.

Que s'était-il donc passé ? C'est que Corneille avait sévèrement jugé la pièce de son rival. Il avait dit : « Il n'y a pas un seul personnage dans *Bajazet* qui ait les sentiments qu'il

---

1. Cette date n'est que probable; la pièce a pu être jouée au plus tôt le vendredi 1er, au plus tard le 5 janvier.

doit avoir et que l'on a à Constantinople : ils ont tous, sous un habit turc, le sentiment qu'on a au milieu de la France. » Corneille avait-il bien le droit de parler ainsi ? Oui ; et lui seul a ce droit, disaient ses admirateurs. Selon Segrais : « Il n'y a que dans Corneille que le Romain parle comme un Romain ; le Grec comme un Grec ; l'Indien comme un Indien, et l'Espagnol comme un Espagnol. »

Corneille n'avait jamais mis des Turcs sur la scène ; mais, s'il l'eût fait, pensait-il vraiment qu'il aurait su leur conserver les sentiments « que l'on a à Constantinople » ? Une telle entreprise est-elle possible ? et peut-on même souhaiter qu'on la tente ? Mais au XVIIe siècle, tout le monde se piquait de chercher la vérité historique au théâtre, et la faute de Racine était moins encore de l'altérer, que de croire qu'il la conservait. Nul poète, à l'entendre, ne fut jamais plus fidèle à la « couleur locale », comme on dit au XIXe siècle. « Je me suis attaché, dit-il, à bien exprimer dans ma tragédie ce que nous savons des mœurs et des maximes des Turcs[1]. » Racine heureusement se trompait. De véritables Turcs étalés sur la scène française n'eussent offert aucun intérêt ; plus la peinture eût été ressemblante, moins le tableau eût été compris. D'ailleurs, qui aurait pu juger de la ressemblance ? Qui pouvait, en 1672, à Versailles, connaître bien le fond d'une âme turque ? Qui le pourrait même aujourd'hui ? Qui pourrait savoir comment pense, aime et sent une sultane ? Un Français passe trente ans à Constantinople sans échanger une parole avec une femme du harem ? Qui nous dira si Roxane est vraie ou fausse, au point de vue ethnographique ? Elle a l'éternelle vérité humaine, celle qui est de tous les temps et de tous les pays. C'est assez pour que la pièce de Racine soit un chef-d'œuvre, malgré le préjugé défavorable qui semble régner contre *Bajazet*. Le caractère de Roxane suffit à racheter les faiblesses du rôle de Bajazet ; ce personnage indécis et flottant, qui n'ose ni dire vrai, ni mentir, ni avouer son amour, ni le vaincre, mérite en partie les critiques dont il fut l'objet ; mais Roxane est une des figures de femmes que Racine ait su retracer avec le plus d'énergie ; l'amour, l'amour furieux, l'amour qui se transforme en haine dès que la jalousie s'y mêle, est merveilleusement dépeint

---

1. Il cite ses autorités : *La nouvelle relation* est l'*Histoire de l'état présent de l'empire ottoman*, traduite de l'anglais, de Ricaut, par Briot (Paris, 1670).

dans Roxane; et Phèdre elle-même ne fera pas oublier cette première peinture de la passion effrénée.

Bajazet, représenté dans les premiers jours de 1672, fut *achevé d'imprimer* le 20 février. La première préface qui est en tête de l'édition originale n'a que quelques lignes. La seconde, plus développée, se trouve dans l'édition collective des *Œuvres* de Racine donnée en 1676. Le poète y expose une théorie remarquable qui était peut-être plus vraie dans son temps qu'elle ne l'est du nôtre; il se justifie d'avoir choisi un sujet aussi moderne en alléguant que, sur la scène tragique, la distance des lieux supplée à la distance des temps : « Je ne conseillerais pas à un auteur de prendre pour sujet d'une tragédie une action aussi moderne que celle-ci, si elle s'était passée dans le pays où il veut faire représenter sa tragédie; ni de mettre des héros sur le théâtre qui auraient été connus de la plupart des spectateurs. Les personnages tragiques doivent être regardés d'un autre œil que nous ne regardons d'ordinaire les personnages que nous avons vus de si près... (Mais) l'éloignement des pays répare en quelque sorte la trop grande proximité des temps. Car le peuple ne met guère de différence entre ce qui est, si j'ose ainsi parler, à mille ans de lui, et ce qui en est à mille lieues. C'est ce qui fait par exemple, que les personnages turcs, quelque modernes qu'ils soient, ont de la dignité sur notre théâtre. » Cette théorie était ingénieuse et vraie en 1672; elle tend à le devenir de moins en moins à mesure que les progrès de l'industrie nous font franchir plus aisément les distances. Constantinople aujourd'hui n'est plus qu'à quatre jours de Paris; et je doute si des Turcs modernes, avec leur redingote noire et leur fez, auraient aujourd'hui, sur le théâtre français, tout le prestige que Racine attribuait à leurs ancêtres en écrivant *Bajazet*.

BAJAZET

EXTRAITS

L'exposition de cette tragédie est célèbre; Voltaire en admirait l'artifice, conduit avec un ménagement dont Racine était seul capable (ACTE I, *scène* 1).

ACOMAT[1].

Viens, suis-moi. La sultane en ce lieu se doit rendre :
Je pourrai cependant te parler et t'entendre.

OSMIN.

Et depuis quand, Seigneur, entre-t-on dans ces lieux,
Dont l'accès était même interdit à nos yeux?
Jadis une mort prompte eût suivi cette audace.

ACOMAT.

Quand tu seras instruit de tout ce qui se passe,
Mon entrée en ces lieux ne te surprendra plus.
Mais laissons, cher Osmin, les discours superflus.
Que ton retour tardait à mon impatience !
Et que d'un œil content je te vois dans Byzance!
Instruis-moi des secrets que peut t'avoir appris
Un voyage si long, pour moi seul entrepris.
De ce qu'ont vu tes yeux parle en témoin sincère ;
Songe que du récit, Osmin, que tu vas faire
Dépendent les destins de l'empire ottoman.
Qu'as-tu vu dans l'armée? et que fait le sultan?

OSMIN.

Babylone, Seigneur, à son prince fidèle,
Voyait sans s'étonner notre armée autour d'elle ;
Les Persans rassemblés marchaient à son secours,
Et du camp d'Amurat[2] s'approchaient tous les jours.
Lui-même, fatigué d'un long siège inutile,
Semblait vouloir laisser Babylone tranquille ;
Et, sans renouveler ses assauts impuissants,
Résolu de combattre, attendait les Persans.
Mais, comme vous savez, malgré ma diligence,
Un long chemin sépare et le camp et Byzance ;
Mille obstacles divers m'ont même traversé,
Et je puis ignorer tout ce qui s'est passé.

ACOMAT.

Que faisaient cependant nos braves janissaires?
Rendent-ils au sultan des hommages sincères?
Dans le secret des cœurs, Osmin, n'as-tu rien lu?
Amurat jouit-il d'un pouvoir absolu?

---

1. La scène est à Constantinople, dans le sérail du Grand Seigneur. Acomat est grand vizir; Osmin est son confident. Racine donne au mot *sérail* qui proprement désigne le palais du sultan, le sens qui appartient réellement au mot *harem*, celui d'appartement des femmes. Cette confusion était fréquente au XVIIe siècle.
2. Amurat IV régna de 1623 à 1646. Il prit, non pas Babylone, ruinée depuis dix-huit siècles, mais Bagdad, qui s'élève à peu de distance des ruines de Babylone.

OSMIN.

Amurat est content, si nous le voulons croire,
Et semblait se promettre une heureuse victoire.
Mais en vain par ce calme il croit nous éblouir;
Il affecte un repos dont il ne peut jouir.
C'est en vain que, forçant ses soupçons ordinaires,
Il se rend accessible à tous les janissaires.
Il se souvient toujours que son inimitié
Voulut de ce grand corps retrancher la moitié,
Lorsque, pour affermir sa puissance nouvelle,
Il voulait, disait-il, sortir de leur tutelle.
Moi-même j'ai souvent entendu leurs discours;
Comme il les craint sans cesse, ils le craignent toujours;
Ses caresses n'ont point effacé cette injure.
Votre absence est pour eux un sujet de murmure :
Ils regrettent le temps, à leur grand cœur si doux,
Lorsque assurés de vaincre ils combattaient sous vous.

ACOMAT.

Quoi! tu crois, cher Osmin, que ma gloire passée
Flatte encor leur valeur, et vit dans leur pensée?
Crois-tu qu'ils me suivraient encore avec plaisir,
Et qu'ils reconnaîtraient la voix de leur vizir?

OSMIN.

Le succès du combat réglera leur conduite :
Il faut voir du sultan la victoire ou la fuite.
Quoiqu'à regret, Seigneur, ils marchent sous ses lois;
Ils ont à soutenir le bruit de leurs exploits :
Ils ne trahiront point l'honneur de tant d'années.
Mais enfin le succès dépend des destinées.
Si l'heureux Amurat, secondant leur grand cœur,
Aux champs de Babylone est déclaré vainqueur,
Vous les verrez soumis rapporter dans Byzance
L'exemple d'une aveugle et basse obéissance.
Mais si dans le combat le destin plus puissant
Marque de quelque affront son empire naissant,
S'il fuit, ne doutez point que, fiers de sa disgrâce[1],
A la haine bientôt ils ne joignent l'audace,
Et n'expliquent, Seigneur, la perte du combat
Comme un arrêt du Ciel qui réprouve Amurat.
Cependant, s'il en faut croire la renommée,

---

1. Enhardis par sa disgrâce. Fiers a ici le sens latin (*feri*); farouches.

Il a depuis trois mois fait partir de l'armée
Un esclave chargé de quelque ordre secret.
Tout le camp interdit tremblait pour Bajazet :
On craignait qu'Amurat, par un ordre sévère,
N'envoyât demander la tête de son frère.

ACOMAT.

Tel était son dessein. Cet esclave est venu :
Il a montré son ordre, et n'a rien obtenu.

OSMIN.

Quoi, Seigneur! le sultan reverra son visage,
Sans que de vos respects il lui porte ce gage?

ACOMAT.

Cet esclave n'est plus. Un ordre, cher Osmin,
L'a fait précipiter dans le fond de l'Euxin.

OSMIN.

Mais le sultan, surpris d'une trop longue absence,
En cherchera bientôt la cause et la vengeance [1].
Que lui répondrez-vous?

ACOMAT.

          Peut-être avant ce temps
Je saurai l'occuper de soins plus importants.
Je sais bien qu'Amurat a juré ma ruine;
Je sais à son retour l'accueil qu'il me destine.
Tu vois, pour m'arracher du cœur de ses soldats,
Qu'il va chercher sans moi les sièges, les combats;
Il commande l'armée; et moi, dans une ville,
Il me laisse exercer un pouvoir inutile.
Quel emploi, quel séjour, Osmin, pour un vizir !
Mais j'ai plus dignement employé ce loisir :
J'ai su lui préparer des craintes et des veilles;
Et le bruit en ira bientôt à ses oreilles.

OSMIN.

Quoi donc? qu'avez-vous fait ?

ACOMAT.

          J'espère qu'aujourd'hui
Bajazet se déclare, et Roxane avec lui.

OSMIN.

Quoi ! Roxane, Seigneur, qu'Amurat a choisie
Entre tant de beautés dont l'Europe et l'Asie

---

1. *Chercher* n'a pas le même sens devant les deux compléments. Voudra savoir la cause de cette absence, et voudra ensuite la venger, la punir.

Dépeuplent leurs Etats et remplissent sa cour ?
Car on dit qu'elle seule a fixé son amour;
Et même il a voulu que l'heureuse Roxane,
Avant qu'elle eût un fils, prît le nom de sultane.

ACOMAT.

Il a fait plus pour elle, Osmin : il a voulu
Qu'elle eût dans son absence un pouvoir absolu[1].
Tu sais de nos sultans les rigueurs ordinaires :
Le frère rarement laisse jouir ses frères
De l'honneur dangereux d'être sortis d'un sang
Qui les a de trop près approchés de son rang[2].
L'imbécile Ibrahim, sans craindre sa naissance,
Traîne, exempt de péril, une éternelle enfance :
Indigne également de vivre et de mourir,
On l'abandonne aux mains qui daignent le nourrir[3].
L'autre, trop redoutable, et trop digne d'envie,
Voit sans cesse Amurat armé contre sa vie.
Car enfin Bajazet dédaigna de tout temps
La molle oisiveté des enfants des sultans :
Il vint chercher la guerre au sortir de l'enfance,
Et même en fit sous moi la noble expérience.
Toi-même tu l'as vu courir dans les combats,
Emportant après lui tous les cœurs des soldats,
Et goûter, tout sanglant, le plaisir et la gloire
Que donne aux jeunes cœurs la première victoire.
Mais malgré ses soupçons, le cruel Amurat,
Avant qu'un fils naissant eût rassuré l'État,
N'osait sacrifier ce frère à sa vengeance,
Ni du sang ottoman proscrire l'espérance.
Ainsi donc pour un temps Amurat désarmé
Laissa dans le sérail Bajazet enfermé.
Il partit, et voulut que, fidèle à sa haine,
Et des jours de son frère arbitre souveraine,

---

1. Non sur l'empire, sans doute, ce qui serait bien peu dans les mœurs ottomanes; mais sur le sérail. Cependant, voy. le vers 8 de la page 246.
2. Ces détails sont conformes à l'histoire. Amurat laissa vivre Ibrahim son frère, qui passait pour stupide; il fit périr Bajazet, son autre frère, dont les talents l'inquiétaient. « L'imbécile Ibrahim » n'en succéda pas moins à son frère en 1640 et régna neuf ans. Son fils Mahomet IV régna ensuite de 1649 à 1687. Il était sultan régnant lorsqu'on joua *Bajazet*. Il n'est pas sûr qu'on laissât aujourd'hui représenter à Paris l'assassinat de l'oncle d'un souverain régnant.
3. Louis Racine (dans ses *Remarques sur Bajazet*) raconte que Boileau citait ces quatre vers sur Ibrahim pour montrer que Racine avait encore plus que lui-même le génie satirique.

Roxane, au moindre bruit, et sans autres raisons,
Le fit sacrifier à ses moindres soupçons.
Pour moi, demeuré seul, une juste colère
Tourna bientôt mes vœux du côté de son frère.
J'entretins la sultane, et, cachant mon dessein,
Lui montrai d'Amurat le retour incertain,
Les murmures du camp, la fortune des armes.
Je plaignis Bajazet; je lui vantai ses charmes,
Qui, par un soin jaloux dans l'ombre retenus,
Si voisins de ses yeux, leur étaient inconnus.
Que te dirai-je enfin? la sultane éperdue
N'eut plus d'autres désirs que celui de sa vue.

OSMIN.

Mais pouvaient-ils tromper tant de jaloux regards
Qui semblent mettre entre eux d'invincibles remparts?

ACOMAT.

Peut-être il te souvient qu'un récit peu fidèle
De la mort d'Amurat fit courir la nouvelle.
La sultane à ce bruit, feignant de s'effrayer,
Par des cris douloureux eut soin de l'appuyer.
Sur la foi de ses pleurs ses esclaves tremblèrent;
De l'heureux Bajazet les gardes se troublèrent[1];
Et, les dons achevant d'ébranler leur devoir,
Leurs captifs dans ce trouble osèrent s'entrevoir.
Roxane vit le prince; elle ne put lui taire
L'ordre dont elle seule était dépositaire.
Bajazet est aimable; il vit que son salut
Dépendait de lui plaire; et bientôt il lui plut[2].
Tout conspirait pour lui: ses soins, sa complaisance,
Ce secret découvert et cette intelligence[3];
Soupirs d'autant plus doux qu'il les fallait celer,
L'embarras irritant de ne s'oser parler,
Même témérité, périls, craintes communes,
Lièrent pour jamais leurs cœurs et leurs fortunes.
Ceux mêmes dont les yeux les devaient éclairer[4],
Sortis de leur devoir, n'osèrent y rentrer.

---

1. Amurat mort, Bajazet régnait: ceux qui lui eussent déplu risquaient d'encourir sa vengeance. Il est impossible d'établir avec plus de soin la vraisemblance de tant d'inventions romanesques.

2. Quelle que soit l'habileté de Racine, le rôle de Bajazet est insoutenable. On ne peut supporter un héros, qui, sans aimer, laisse croire qu'il aime pour sauver sa tête.

3. Ce secret de sa vie, suspendue au caprice de Roxane; et cette entente qui les réunit.

4. Surveiller, épier.

OSMIN.

Quoi! Roxane, d'abord leur découvrant son âme,
Osa-t-elle à leurs yeux faire éclater sa flamme?

ACOMAT.

Ils l'ignorent encore; et jusques à ce jour
Atalide a prêté son nom à cet amour.
Du père d'Amurat Atalide est la nièce [1];
Et même, avec ses fils partageant sa tendresse,
Elle a vu son enfance élevée avec eux.
Du prince, en apparence, elle reçoit les vœux;
Mais elle les reçoit pour les rendre à Roxane,
Et veut bien, sous son nom, qu'il aime la sultane.

Mais tout fin qu'il soit, le vizir est trompé par Bajazet et Atalide : ils s'aiment réellement, et Bajazet n'a feint de répondre à l'amour de Roxane que pour sauver ses jours et secouer le joug.

Pressée par le vizir, la sultane veut se déclarer contre Amurat, et mettre Bajazet sur le trône; elle veut l'épouser ce jour même; Bajazet se dérobe, allègue de vains prétextes. Ses hésitations, sa froideur éveillent un premier soupçon dans l'âme de Roxane. L'embarras d'Atalide achève de l'éclairer; sa jalousie éclate avec fureur (ACTE III, *scène* VII et VIII).

ROXANE.

De tout ce que je vois que faut-il que je pense?
Tous deux à me tromper sont-ils d'intelligence?
Pourquoi ce changement, ce discours, ce départ?
N'ai-je pas même entre eux surpris quelque regard?
Bajazet interdit! Atalide étonnée [2]!
O Ciel, à cet affront m'auriez-vous condamnée?
De mon aveugle amour seraient-ce là les fruits?
Tant de jours douloureux, tant d'inquiètes nuits,
Mes brigues, mes complots, ma trahison fatale,
N'aurais-je tout tenté que pour une rivale?
Mais peut-être qu'aussi, trop prompte à m'affliger,
J'observe de trop près un chagrin passager :
J'impute à son amour l'effet de son caprice.
N'eût-il pas jusqu'au bout conduit son artifice?
Prêt à voir le succès de son déguisement,

---

1. Ce père d'Amurat est Achmet Ier, qui régna de 1603 à 1617. Son fils aîné Osman II régna après lui, et avant Amurat. Atalide est un personnage imaginaire.

2. *Etonnée*. Ce mot a ici toute sa force étymologique : frappée de stupeur, comme par la foudre.

Quoi! ne pouvait-il pas feindre encore un moment[1]?
Non, non, rassurons-nous : trop d'amour m'intimide.
Et pourquoi dans son cœur redouter Atalide[2]?
Quel serait son dessein ? qu'a-t-elle fait pour lui ?
Qui de nous deux enfin le couronne aujourd'hui ?
Mais, hélas? de l'amour ignorons-nous l'empire?
Si par quelque autre charme Atalide l'attire,
Qu'importe qu'il nous doive et le sceptre et le jour?
Les bienfaits dans un cœur balancent-ils l'amour?
Et, sans chercher plus loin, quand l'ingrat me sut plaire,
Ai-je mieux reconnu les bontés de son frère?
Ah! si d'une autre chaîne il n'était point lié,
L'offre de mon hymen l'eût-il[3] tant effrayé?
N'eût-il pas sans regret secondé mon envie?
L'eût-il refusé même aux dépens de sa vie?
Que de justes raisons... Mais qui vient me parler?
Que veut-on?

SCÈNE VIII

ROXANE, ZATIME

ZATIME.

Pardonnez si j'ose vous troubler :
Mais, Madame, un esclave arrive de l'armée ;
Et, quoique sur la mer la porte fût fermée,
Les gardes, sans tarder, l'ont ouverte à genoux
Aux ordres du sultan qui s'adressent à vous.
Mais ce qui me surprend, c'est Orcan qu'il envoie.

ROXANE.

Orcan !

ZATIME.

Oui, de tous ceux que le sultan emploie,
Orcan, le plus fidèle à servir ses desseins,
Né sous le ciel brûlant des plus noirs Africains[4].
Madame, il vous demande avec impatience.

---

1. Roxane a raison; mais peut-être Racine eût-il mieux fait de n'énoncer pas lui-même cette objection très fondée contre toute l'action qu'il a inventée. Si Bajazet a feint jusque-là d'aimer Roxane, que ne feint-il jusqu'au bout? Dira-t-on qu'il hésite au moment de s'engager avec elle par un lien solennel? Madame de Sévigné répond : « Les Turcs ne font pas tant de façons pour se marier. » Ce scrupule tardif de Bajazet est peut-être le plus grave anachronisme de cette tragédie.

2. C'est-à-dire redouter qu'Atalide ne soit dans son cœur.

3. Le genre d'offre est resté longtemps indécis : au xviie siècle il est plus ordinairement féminin, mais on le trouve aussi masculin, comme ici.

4. En un seul vers, quelle admirable peinture !

Mais j'ai cru vous devoir avertir par avance ;
Et souhaitant surtout qu'il ne vous surprît pas,
Dans votre appartement j'ai retenu ses pas.
ROXANE.
Quel malheur imprévu vient encor me confondre ?
Quel peut être cet ordre ? et que puis-je répondre ?
Il n'en faut point douter, le sultan inquiet
Une seconde fois condamne Bajazet.
On ne peut sur ses jours sans moi rien entreprendre :
Tout m'obéit ici. Mais dois-je le défendre ?
Quel est mon empereur ? Bajazet ? Amurat ?
J'ai trahi l'un ; mais l'autre est peut-être un ingrat.
Le temps presse ; que faire en ce doute funeste ?
Allons : employons bien le moment qui nous reste.
Ils ont beau se cacher, l'amour le plus discret
Laisse par quelque marque échapper son secret.
Observons Bajazet ; étonnons Atalide [1] ;
Et couronnons l'amant, ou perdons le perfide.

Le noir messager d'Amurat apporte en effet l'ordre de mettre à mort Bajazet. Roxane montre cet ordre à l'imprudente Atalide, et feint d'abandonner Bajazet à son sort. Atalide, au désespoir, s'évanouit et se laisse dérober un billet qu'elle a reçu de Bajazet et qui trahit leur amour. Roxane met cette lettre fatale sous les yeux de Bajazet (ACTE V, *scène* IV).

ROXANE.
Je ne vous ferai point des reproches frivoles :
Les moments sont trop chers pour les perdre en paroles.
Mes soins vous sont connus. En un mot, vous vivez ;
Et je ne vous dirai que ce que vous savez.
Malgré tout mon amour, si je n'ai pu vous plaire,
Je n'en murmure point ; quoiqu'à ne vous rien taire,
Ce même amour peut-être, et ces mêmes bienfaits,
Auraient dû suppléer à mes faibles attraits [2].
Mais je m'étonne enfin que pour reconnaissance,
Pour prix de tant d'amour, de tant de confiance,
Vous ayez si longtemps, par des détours si bas,

---

1. Sur *étonner*, voy. p. 241 note 2.
2. Ici à la faiblesse de mes attraits. Dans Esther la reine dit :
De mes faibles attraits le roi parut frappé.

c'est-à-dire frappé non de la faiblesse de ces attraits, mais de ces attraits quoique faibles.

Feint un amour pour moi que vous ne sentiez pas¹.
BAJAZET.
Qui ? moi, Madame ?
ROXANE.
Oui, toi ². Voudrais-tu point encore
Me nier un mépris que tu crois que j'ignore ?
Ne prétendrais-tu point, par tes fausses couleurs ³,
Déguiser un amour qui te retient ailleurs ;
Et me jurer enfin, d'une bouche perfide,
Tout ce que tu ne sens que pour ton Atalide ?
BAJAZET.
Atalide, Madame ! O Ciel ! qui vous a dit...
ROXANE.
Tiens, perfide, regarde, et démens cet écrit.
BAJAZET.
Je ne vous dis plus rien : cette lettre sincère
D'un malheureux amour contient tout le mystère ;
Vous savez un secret que, tout prêt à s'ouvrir,
Mon cœur a mille fois voulu vous découvrir.
J'aime, je le confesse ; et devant que votre âme ⁴,
Prévenant mon espoir, m'eût déclaré sa flamme,
Déjà plein d'un amour, dès l'enfance formé,
A tout autre désir mon cœur était fermé.
Vous me vintes offrir et la vie et l'empire ;
Et même votre amour, si j'ose vous le dire,
Consultant vos bienfaits, les crut, et, sur leur foi ⁵,
De tous mes sentiments vous répondit pour moi.
Je connus votre erreur. Mais que pouvais-je faire ?
Je vis en même temps qu'elle vous était chère.
Combien le trône tente un cœur ambitieux !
Un si noble présent me fit ouvrir les yeux.
Je chéris, j'acceptai, sans tarder davantage,
L'heureuse occasion de sortir d'esclavage ;

---

1. Il n'y a rien à répondre ; et le spectateur, qui est de l'avis de Roxane, s'intéresse faiblement à Bajazet ; mais la pièce le captive ; sa curiosité est émue ; il pressent vaguement que Roxane est aussi menacée que Bajazet.

2. Qu'indique ce tutoiement ? Le mépris de Roxane ; et l'habile discours de Bajazet ne lavera pas cette tache.

3. Racine a employé plusieurs fois ce mot dans le sens de faux prétextes (voy. *Esther*, v. 493).
J'inventai des couleurs, j'armai la calomnie.

4. *Devant que* au sens *d'avant que* est fréquent au xvii⁰ siècle. La Fontaine dit :
Celle-ci (l'hirondelle) prévoyait jusqu'aux moindres
Et devant qu'ils fussent éclos   [orages
Les annonçait aux matelots.

5. Ne tenant compte que de vos bienfaits ; se fiant à eux,

D'autant plus qu'il fallait l'accepter ou périr[1] ;
D'autant plus que vous-même, ardente à me l'offrir,
Vous ne craigniez rien tant que d'être refusée ;
Que même mes refus vous auraient exposée ;
Qu'après avoir osé me voir et me parler,
Il était dangereux pour vous de reculer.
Cependant, je n'en veux pour témoin[2] que vos plaintes,
Ai-je pu vous tromper par des promesses feintes?
Songez combien de fois vous m'avez reproché
Un silence témoin de mon trouble caché.
Plus l'effet de vos soins et ma gloire étaient proches,
Plus mon cœur interdit se faisait de reproches.
Le Ciel, qui m'entendait, sait bien qu'en même temps
Je ne m'arrêtais pas à des vœux impuissants ;
Et si l'effet enfin, suivant mon espérance,
Eût ouvert un champ libre à ma reconnaissance,
J'aurais, par tant d'honneurs, par tant de dignités,
Contenté votre orgueil et payé vos bontés,
Que vous-même peut-être[3]...

ROXANE.
Et que pourrais-tu faire ?
Sans l'offre de ton cœur, par où peux-tu me plaire ?
Quels seraient de tes vœux les inutiles fruits ?
Ne te souvient-il plus de tout ce que je suis ?
Maîtresse du sérail, arbitre de ta vie,
Et même de l'État qu'Amurat me confie[4],
Sultane, et, ce qu'en vain j'ai cru trouver en toi,
Souveraine d'un cœur qui n'eût aimé que moi :
Dans ce comble de gloire où je suis arrivée,
A quel indigne honneur m'avais-tu réservée ?
Traînerais-je en ces lieux un sort infortuné,
Vil rebut d'un ingrat que j'aurais couronné,
De mon rang descendue, à mille autres égale,
Ou la première esclave enfin de ma rivale ?

---

1. La situation n'a pas changé. Aussi est-il probable que Bajazet ne se fût pas dénoncé sans la surprise du billet. Il est rare chez Racine que la situation sorte, comme ici, d'un événement fortuit, non du jeu des passions et des caractères.

2. *Témoin* est ici invariable comme dans la locution *prendre à témoin* ; il signifie *témoignage*, selon l'étymologie (*testimonium*). Comparez le vers 18 de la page 149. *Témoin trois procureurs*.

3. Tout cela est plus habile que persuasif ; aussi Roxane n'est-elle pas persuadée.

4. Voy. note 1, p. 239. Nous ne pensons pas que ce vers la contredise absolument. Roxane exagère peut-être ses avantages pour humilier d'autant plus Bajazet.

Laissons ces vains discours ; et, sans m'importuner,
Pour la dernière fois, veux-tu vivre et régner ?
J'ai l'ordre d'Amurat, et je puis t'y soustraire.
Mais tu n'as qu'un moment : parle.

BAJAZET.

Que faut-il faire[1] ?

ROXANE.

Ma rivale est ici : suis-moi sans différer ;
Dans les mains des muets viens la voir expirer ;
Et, libre d'un amour à ta gloire funeste,
Viens m'engager ta foi ; le temps fera le reste.
Ta grâce est à ce prix, si tu veux l'obtenir

BAJAZET.

Je ne l'accepterais que pour vous en punir ;
Que pour faire éclater aux yeux de tout l'empire
L'horreur et le mépris que cette offre m'inspire.
Mais à quelle fureur me laissant emporter
Contre ses tristes jours vais-je vous irriter !
De mes emportements elle n'est point complice,
Ni de mon amour même et de mon injustice[2] :
Loin de me retenir par des conseils jaloux,
Elle me conjurait de me donner à vous.
En un mot, séparez ses vertus de mon crime.
Poursuivez, s'il le faut, un courroux légitime ;
Aux ordres d'Amurat hâtez-vous d'obéir ;
Mais laissez-moi du moins mourir sans vous haïr[3].
Amurat avec moi ne l'a point condamnée :
Épargnez une vie assez infortunée.
Ajoutez cette grâce à tant d'autres bontés,
Madame ; et si jamais je vous fus cher...

ROXANE.

Sortez !

Ce simple mot « Sortez ! » est l'arrêt de mort de Bajazet. Car avant cette entrevue suprême, Roxane avait dit à Zatime :

Orcan et les muets attendent leur victime.

1. Sur quel ton prononcer ces mots ? La proposition qui va suivre est atroce, mais fût-elle plus clémente, à quelles concessions Bajazet peut-il se prêter désormais sans s'avilir ?

2. De mon injustice envers vous, dont j'ai mal reconnu les bienfaits.

3. Ce vers est très beau, il toucherait peut-être Roxane, si quelque chose pouvait fléchir ce cœur violent et jaloux.

Je suis pourtant toujours maîtresse de son sort :
Je puis le retenir. Mais s'il sort, il est mort.

Le dénouement de la tragédie est cette « grande tuerie » que madame de Sévigné goûtait peu. Tandis que Bajazet vend cher sa vie aux muets, le vizir pour le sauver envahit le sérail avec ses partisans. Roxane court au-devant des révoltés pour les confondre : elle est elle-même immolée par Orcan, qui a reçu d'Amurat jaloux l'ordre de tuer la sultane après Bajazet. Orcan lui-même aussitôt tombe sous les coups des amis d'Acomat. Mais que sert au vizir cette inutile victoire, puisque Bajazet n'est plus ? Acomat veut fuir loin de Byzance, entraînant Atalide; mais celle-ci, désespérée d'avoir causé par son imprudence la mort de son amant, se perce d'un poignard, et tombe expirante. Atalide seule meurt sur la scène; les autres morts, annoncées par des récits successifs, laissent les spectateurs assez froids, et terminent d'une façon embarrassée et violente une tragédie remplie de beautés. Le caractère du politique Acomat, si original et si vivant; les fureurs jalouses de Roxane compensent l'inévitable faiblesse du rôle de Bajazet. Aucun des personnages, il est vrai, n'attire la sympathie du spectateur; ils excitent du moins sa curiosité. On les plaint sans les estimer et sans les aimer; aussi Racine n'a-t-il pas craint de les sacrifier tous dans la catastrophe finale.

MITHRIDATE
(1673)

NOTICE SUR *MITHRIDATE*

Racine fut reçu à l'Académie française le jeudi 12 janvier 1673 ; son discours n'eut aucun succès, et, grâce à ses soins, n'a pas même été conservé. Mais *Mithridate* fut joué le lendemain vendredi 13, ce qui ne porta pas malheur à la pièce. Plus d'un auteur moderne n'oserait braver à ce point le préjugé. Le succès fut éclatant ; les ennemis de Racine durent se résigner à le constater. Visé, dans le *Mercure*, se borne à louer l'auteur ironiquement d'avoir fait un Mithridate édifiant, presque chrétien. Au dénouement « cette tragédie a plu ; elle est de bon exemple ; elle a touché les cœurs ». Faible critique ! Même les admirateurs de Corneille étaient déconcertés, et ne savaient que dire, où se prendre ; car *Mithridate* était une pièce toute cornélienne ; elle mêlait avec bonheur les grandes scènes politiques à l'expression de l'amour le plus tendre et le plus passionné. Madame de Coulanges écrit à madame de Sévigné (le 24 février 1673) : « *Mithridate* est une pièce charmante. On y pleure ; on y est dans une continuelle admiration. On la voit trente fois ; on la trouve plus belle la trentième que la première. »

La cour approuva le choix de la ville. *Mithridate* y fut représenté un grand nombre de fois, jusqu'à la fin du règne. Dangeau dit que c'est la tragédie qui plaisait le plus à Louis XIV. Mais il semble que la pièce au XVII° siècle plut surtout comme tragédie politique ; alors Mithridate en était vraiment le héros. Nous jugeons aujourd'hui un peu différemment : nous sommes charmés surtout de Monime ; et le côté romanesque de l'œuvre est celui qui nous paraît à présent le plus vrai. C'est le privilège des chefs-d'œuvre qu'ils plaisent dans tous les temps ; mais ils ne plaisent pas toujours de la même façon. Il est probable d'ailleurs que les contemporains de Racine ont compris et goûté sa pièce de la façon dont l'auteur voulait être goûté et compris. La préface de *Mithridate* accuse un grand souci de la vérité historique et politique ; Racine a soin de citer toutes ses autorités : Florus, Plutarque, Dion Cassius, Appien. Il ne nomme pas La Calprenède [1] auquel il a dû peut-être l'idée de traiter ce sujet : ce fécond romancier avait fait jouer en 1635 *la Mort de Mithridate*, tragédie plus fidèle à l'histoire que celle de Racine, mais faible d'ailleurs et d'où notre auteur n'a rien emprunté.

Racine, en écrivant *Mithridate*, a-t-il entièrement réussi à composer une œuvre dramatique irréprochable au point de vue de la fidélité historique ? Il s'en flattait ; mais une si parfaite exactitude n'est ni possible ni souhaitable. On peut distinguer trois façons d'entendre la fidélité historique dans une tragédie : la première consiste à ne pas altérer les faits. C'est peut-être celle dont le XVIIe siècle se piquait surtout ; mais quoi qu'en dise Racine, il a beaucoup modifié l'histoire de Mithridate. Il a inventé de toutes pièces le rôle de Xipharès ; ce prince n'est connu que par sa mort qui arriva longtemps avant celle de Mithridate. Son père le fit périr pour punir la trahison de sa mère, laquelle avait livré aux Romains une place forte confiée à sa garde.

Une autre fidélité consiste dans la peinture exacte des mœurs, et dans une conception des caractères qui soit conforme à l'histoire ; ce genre de vérité semble surtout propre à la tragédie, et y a peut-être plus d'importance que la scrupuleuse observation des faits. Sauf quelques réserves de détail, cette vérité des caractères ne manque pas dans l'œuvre de Racine. Mithridate, Monime, Pharnace ont pu vivre, et tels à peu près que le poète nous les dépeint. Tous les sentiments qu'il leur prête sont vraisemblables. Mais ont-ils pu les exprimer comme ils font dans Racine ?

Il y a un troisième genre de fidélité historique, qui consiste dans le style, et dans la forme ; et celui-là fait tout à fait défaut chez notre poète. Il est certain que Mithridate ne devait point parler comme il parle dans cette tragédie. Mais qui pourrait reprocher à Racine d'avoir, pour ainsi dire,

---

1. Romancier, auteur dramatique, mort en 1663. Ses romans *Cassandre*, *Cléopâtre*, *Faramond*, eurent un succès considérable.

transposé, à notre usage, la langue du roi de Pont? Est-ce qu'on ne sent pas très bien que si nous avions quelque écrit authentique de Mithridate, ce texte véridique, littéralement traduit, paraîtrait insupportable et ridicule au théâtre? tant la vérité locale absolue y est une vaine chimère!

Contentons-nous de la vérité relative que Racine nous a montrée. Quelle scène admirable que celle qui ouvre l'acte III, et où Mithridate expose à ses fils son grand projet d'invasion en Italie! Il n'y a presque rien de plus beau dans Corneille lui-même; et cet entretien est mieux lié à l'action que plusieurs des belles scènes politiques imaginées par Corneille d'une façon parfois un peu épisodique. Mais dans cette tragédie rien ne vaut le rôle de Monime. Entre les figures charmantes qui remplissent les tragédies de Racine en est-il une plus exquise? Monime est un type très pur de ces nobles filles de l'Asie grecque, nées dans le doux climat d'Éphèse, pour l'amour, la fidélité, le sacrifice, et toutes les chastes vertus qui se cachent dans la maison et presque au fond du cœur. Elle réunit harmonieusement tous les attraits et toutes les bienséances de son sexe; elle est tendre, elle est timide, et se fait pourtant fière et hardie pour défendre son honneur outragé. La soumission est le fond de son caractère : c'était dans l'antiquité la première vertu des femmes. Mais cette soumission relève noblement la tête, aussitôt que l'honneur est en jeu; et la pudeur indignée donne à cette enfant l'audace de défier Mithridate.

Monime est un type idéal de toutes les vertus féminines. Xipharès, si doux, si respectueux, si sage, nous charme moins : justement parce qu'il ressemble trop à Monime. On voudrait trouver chez lui des vertus plus mâles. Pharnace est plus vivant, plus animé que Xipharès; c'est une figure de *traître* conçue et peinte avec vigueur, et sans cette noirceur banale qui gâte souvent les traîtres au théâtre. Il n'est pas de ceux qui semblent méchants pour le plaisir d'être méchants. Il a son but, ses desseins arrêtés, ses passions à satisfaire, et ses ambitions à servir. Il n'étale pas inutilement sa méchanceté; il ne trahit Xipharès que parce qu'il s'en croit trahi.

Mithridate est vivant et vrai; ou du moins la figure que Racine a tracée ressemble bien au portrait que nous-mêmes, d'après l'histoire, nous nous faisons du roi de Pont. Cette image est-elle entièrement véridique? Qui pourrait le dire?

Qui oserait prétendre qu'il a pu, à travers vingt siècles, pénétrer au fond de cette âme barbare et raffinée, héroïque et tortueuse; et comprendre entièrement cette civilisation orientale, si étrangère à la nôtre, et d'ailleurs si mystérieuse et si mal connue? Nous ne voyons que des ombres dans cette histoire obscure et reculée. Mais à ces ombres confuses, Racine a prêté un corps ; et son Mithridate vit d'une vie au moins vraisemblable. Il a raison d'écrire dans sa préface qu'il n'a rien omis de ce qui pouvait « mettre en jour les mœurs et les sentiments de ce prince, sa haine violente contre les Romains, son grand courage, sa finesse, sa dissimulation, et enfin cette jalousie qui lui était si naturelle, et qui a tant de fois coûté la vie à ses maîtresses ».

Seule la fin de Mithridate est invraisemblable, et convient mal avec son caractère et le récit des historiens. Il s'éteint majestueusement sur la scène, en bénissant Xipharès et en mettant dans sa main la main de Monime. Racine n'a pas eu le courage de suivre ici le récit de Plutarque (dans la *Vie de Lucullus*) : Mithridate vaincu envoie à ses femmes et à ses sœurs l'ordre de mourir. Parmi les épouses du roi se trouvait Monime, de Milet. « Cette-cy estoit fort renommée entre les Grecs pour ce que, quelques sollicitations que lui sceust faire le roy en estant amoureux... jamais ne voulut entendre à toutes ses poursuites jusqu'à ce qu'il y eust accord de mariage passé entre eux, et qu'il luy eust envoyé le diadème ou bandeau royal, et appellée royne. La pauvre dame, depuis que ce roy l'eust espousée, avoit vescu en grande deplaisance, ne faisant continuellement autre chose que de plorer la malheureuse beauté de son corps laquelle au lieu d'un mary, luy avoit donné un maistre, et au lieu de compagnie conjugale, et que doit avoir une dame d'honneur, luy avoit baillé une garde et garnison d'hommes barbares, qui la tenoit comme prisonnière loin du doux pays de la Grèce... Et quand l'eunuque fut arrivé devant elle, et luy eust fait commandement, de par le roy, qu'elle eust à mourir, adonc elle s'arracha d'alentour de la teste son bandeau royal, et se le nouant autour du col, s'en pendit. Mais le bandeau ne fut pas assez fort, et se rompit incontinent. Et lors elle se prit à dire : « O maudit et fatal tissu, ne me « serviras-tu point au moins à ce triste service? » En disant ces paroles, elle le jeta contre terre, crachant dessus, et tendit la gorge à l'eunuque. »

Racine a eu pitié de Monime, comme si cette chaste figure, tracée par lui avec tant d'amour, l'avait charmé lui-même, il a voulu la sauver, et avec elle Xipharès qu'elle aime. La vraisemblance du dénouement y perd. Mais s'il eût moins chéri Monime eût-il su la peindre avec tant de grâce ?

MITHRIDATE

EXTRAITS

Mithridate, vaincu par Pompée, fuit en faisant courir le faux bruit de sa mort. Ses deux fils, Pharnace et Xipharès, trompés par cette nouvelle, accourent à Nymphée, ville du Bosphore Cimmérien, où se trouve renfermée Monime, princesse grecque fiancée à leur père. Tous deux en sont épris, tous deux prétendent succéder aux droits de Mithridate; mais Pharnace est haï, Xipharès est aimé; quoique Monime, fidèle à la foi jurée à Mithridate, n'ait pas encore osé avouer son amour. Elle va se découvrir, quand éclate la nouvelle du retour imprévu du roi. Mithridate s'étonne en trouvant ses deux fils à Nymphée; il feint d'accepter leurs excuses, mais déjà sa jalousie est en éveil. Partagé entre le ressentiment de sa défaite et son amour pour Monime, Mithridate brûle de se venger des Romains; mais avant de quitter Nymphée, il veut devenir l'époux de Monime. Il la presse d'y consentir (ACTE II, scène IV).

C'est vous en dire assez, si vous voulez m'entendre.
Vous devez à ce jour dès longtemps vous attendre;
Et vous portez, Madame, un gage de ma foi [1],
Qui vous dit tous les jours que vous êtes à moi.
Allons donc assurer cette foi mutuelle.
Ma gloire, loin d'ici, vous et moi nous appelle;
Et sans perdre un moment pour ce noble dessein,
Aujourd'hui votre époux, il faut partir demain [2].
                        MONIME.
Seigneur, vous pouvez tout : ceux par qui je respire
Vous ont cédé sur moi leur souverain empire ;
Et, quand vous userez de ce droit tout-puissant,

---

[1]. C'est le bandeau royal que Mithridate avait envoyé à Monime. Voy. ci-dessus page 251.

[2]. Racine abonde en ellipses de ce genre, rebelles à l'analyse, et parfaitement claires et expressives.

Je ne vous répondrai qu'en vous obéissant[1].
MITHRIDATE.
Ainsi, prête à subir un joug qui vous opprime,
Vous n'allez à l'autel que comme une victime;
Et moi, tyran d'un cœur qui se refuse au mien,
Même en vous possédant je ne vous devrai rien.
Ah, Madame ! est-ce là de quoi me satisfaire ?
Faut-il que désormais, renonçant à vous plaire,
Je ne prétende plus qu'à vous tyranniser ?
Mes malheurs, en un mot, me font-ils mépriser ?
Ah! pour tenter encor de nouvelles conquêtes,
Quand je ne verrais pas des routes toutes prêtes,
Quand le sort ennemi m'aurait jeté plus bas,
Vaincu, persécuté, sans secours, sans États,
Errant de mers en mers, et moins roi que pirate,
Conservant pour tous biens le nom de Mithridate,
Apprenez que, suivi d'un nom si glorieux,
Partout de l'univers j'attacherais les yeux;
Et qu'il n'est point de rois, s'ils sont dignes de l'être,
Qui, sur le trône assis, n'enviassent peut-être
Au-dessus de leur gloire un naufrage élevé,
Que Rome et quarante ans ont à peine achevé[2].
Vous-même, d'un autre œil me verriez-vous, Madame,
Si ces Grecs vos aïeux revivaient dans votre âme ?
Et puisqu'il faut enfin que je sois votre époux,
N'était-il pas plus noble et plus digne de vous,
De joindre à ce devoir votre propre suffrage,
D'opposer votre estime au destin qui m'outrage,
Et de me rassurer, en flattant ma douleur,
Contre la défiance attachée au malheur ?
Hé quoi! n'avez-vous rien, Madame, à me répondre ?
Tout mon empressement ne sert qu'à vous confondre.
Vous demeurez muette ; et, loin de me parler,
Je vois, malgré vos soins, vos pleurs prêts à couler.
MONIME.
Moi, Seigneur ? je n'ai point de larmes à répandre.
J'obéis : n'est-ce pas assez me faire entendre ?
Et ne suffit-il pas...

---

1. La femme antique n'est jamais libre; elle dépend d'un père jusqu'au jour où ce père la cède à un époux.
2. On citerait difficilement une période de douze vers aussi magnifiquement, aussi solidement et harmonieusement construite.

MITHRIDATE.
Non, ce n'est pas assez.
Je vous entends ici mieux que vous ne pensez.
Je vois qu'on m'a dit vrai : ma juste jalousie
Par vos propres discours est trop bien éclaircie.

Mais les soupçons de Mithridate ne tombent que sur Pharnace; il ignore encore que Xipharès aime la reine et surtout qu'il en est aimé. Bien plus, il appelle Xipharès, et c'est à lui qu'il confie Monime; il le laisse auprès de la reine pour combattre l'influence fatale de Pharnace. Dans cette délicate entrevue, Monime avoue à Xipharès que c'est lui seul qu'elle aime. Avec quelle exquise pudeur, avec quelle chaste retenue s'échappe l'aveu de cet amour! (ACTE II, scène VI.)

Ah ! par quel soin cruel le Ciel avait-il joint
Deux cœurs que l'un pour l'autre il ne destinait point !
Car, quel que soit vers vous ce penchant qui m'attire,
Je vous le dis, Seigneur, pour ne plus vous le dire,
Ma gloire[1] me rappelle, et m'entraîne à l'autel,
Où je vais vous jurer un silence éternel[2].
J'entends, vous gémissez; mais telle est ma misère,
Je ne suis point à vous[3], je suis à votre père.
Dans ce dessein vous-même il faut me soutenir,
Et de mon faible cœur m'aider à vous bannir.
J'attends du moins, j'attends de votre complaisance
Que désormais partout vous fuirez ma présence.
J'en viens de dire assez pour vous persuader
Que j'ai trop de raisons de vous le commander.
Mais après ce moment, si ce cœur magnanime
D'un véritable amour a brûlé pour Monime,
Je ne reconnais plus la foi de vos discours,
Qu'au soin que vous prendrez de m'éviter toujours.

XIPHARÈS.
Quelle marque, grands Dieux ! d'un amour déplorable[4] !
Combien, en un moment, heureux et misérable !

1. Le mot de *gloire*, dans la langue de la tragédie, signifie (dans la bouche d'une femme) la réputation attachée à sa vertu.
2. Elle n'y jurera pas d'aimer Mithridate, mais d'oublier Xipharès, et c'est encore à celui-ci qu'elle fera ce serment.
3. Louis Racine prétend que le vrai texte est : *Je ne suis point à moi*. Mais cette leçon ne figure dans aucune édition.
4. Comparer cette scène avec la célèbre entrevue de Pauline avec Sévère dans *Polyeucte*.

De quel comble de gloire et de félicités,
Dans quel abîme affreux vous me précipitez !
Quoi ! j'aurai pu toucher un cœur comme le vôtre ;
Vous aurez pu m'aimer ; et cependant un autre
Possédera ce cœur dont j'attirais les vœux !
Père injuste, cruel, mais d'ailleurs malheureux !...
Vous voulez que je fuie et que je vous évite ;
Et cependant le roi m'attache à votre suite.
Que dira-t-il [1] ?

MONIME.

    N'importe, il me faut obéir.
Inventez des raisons qui puissent l'éblouir.
D'un héros tel que vous c'est là l'effort suprême :
Cherchez, Prince, cherchez, pour vous trahir vous-même,
Tout ce que, pour jouir de leurs contentements,
L'amour fait inventer aux vulgaires amants.
Enfin, je me connais, il y va de ma vie :
De mes faibles efforts ma vertu se défie.
Je sais qu'en vous voyant un tendre souvenir
Peut m'arracher du cœur quelque indigne soupir [2] ;
Que je verrai mon âme, en secret déchirée,
Revoler vers le bien dont elle est séparée ;
Mais je sais bien aussi que, s'il dépend de vous
De me faire chérir un souvenir si doux,
Vous n'empêcherez pas que ma gloire offensée
N'en punisse aussitôt la coupable pensée ;
Que ma main dans mon cœur ne vous aille chercher
Pour y laver ma honte et vous en arracher.
Que dis-je ? en ce moment, le dernier qui nous reste,
Je me sens arrêter par un plaisir funeste :
Plus je vous parle, et plus, trop faible que je suis,
Je cherche à prolonger le péril que je fuis.
Il faut pourtant, il faut se faire violence ;
Et, sans perdre en adieux un reste de constance,
Je fuis. Souvenez-vous, Prince, de m'éviter ;
Et méritez les pleurs que vous m'allez coûter.

Le troisième acte interrompt ces tristes amours par un épisode

---

1. Tout ce couplet de Xipharès est faiblement écrit ; mais on s'en aperçoit à peine ; tout ce que dit Monime est si beau et si touchant.

2. Pauline dit dans *Polyeucte* :
Mon père, je suis femme et je sens ma faiblesse.
Je sens déjà mon cœur qui pour lui s'intéresse ;
Et poussera sans doute, en dépit de ma foi,
Quelque soupir indigne et de vous et de moi.

tout politique où Racine a voulu montrer qu'il savait au besoin retrouver le style de Corneille, et tracer une page d'histoire dont l'éclat et la fermeté ne le cèdent pas aux plus beaux vers de *Cinna* ou de *Pompée* (ACTE II, scène I).

MITHRIDATE.

Approchez, mes enfants. Enfin l'heure est venue
Qu'il faut que mon secret éclate à votre vue.
A mes nobles projets je vois tout conspirer :
Il ne me reste plus qu'à vous les déclarer.
Je fuis ; ainsi le veut la fortune ennemie[1].
Mais vous savez trop bien l'histoire de ma vie
Pour croire que longtemps, soigneux de me cacher,
J'attende en ces déserts qu'on me vienne chercher.
La guerre a ses faveurs, ainsi que ses disgrâces.
Déjà plus d'une fois, retournant sur mes traces,
Tandis que l'ennemi, par ma fuite trompé,
Tenait après son char un vain peuple occupé[2],
Et, gravant en airain ses frêles avantages,
De mes États conquis enchaînait les images,
Le Bosphore m'a vu, par de nouveaux apprêts,
Ramener la terreur du fond de ses marais,
Et, chassant les Romains de l'Asie étonnée,
Renverser en un jour l'ouvrage d'une année.
D'autres temps, d'autres soins. L'Orient accablé
Ne peut plus soutenir leur effort redoublé.
Il voit plus que jamais ses campagnes couvertes
De Romains que la guerre enrichit de nos pertes.
Des biens des nations ravisseurs altérés,
Le bruit de nos trésors les a tous attirés[3] ;
Ils y courent en foule ; et, jaloux l'un de l'autre,
Désertent leur pays pour inonder le nôtre.
Moi seul je leur résiste : ou lassés, ou soumis,
Ma funeste amitié pèse à tous mes amis ;

---

1. Mithridate, comme le grand Condé, ignore ces petits détours que la vanité dicte aux médiocres capitaines. « On lui a entendu dire : *Je fuyais*, avec la même grâce qu'il disait : *Nous les battîmes* » dit La Bruyère en peignant le portrait de Condé sous le nom d'Émile.
2. La populace amassée derrière le char des triomphateurs. Après la défaite de Tigrane, son gendre (vaincu par Lucullus, en 68 av. J.-C.) Mithridate avait brusquement repris l'avantage et reconquis le Pont.
3. Galgacus, dans Tacite, appelle les Romains : *raptores orbis... si locuples hostis est, avari ; si pauper, ambitiosi* (*Agricola*, XXX).

Chacun à ce fardeau veut dérober sa tête.
Le grand nom de Pompée assure sa conquête :
C'est l'effroi de l'Asie ; et, loin de l'y chercher [1],
C'est à Rome, mes fils, que je prétends marcher.
Ce dessein vous surprend ; et vous croyez peut-être
Que le seul désespoir aujourd'hui le fait naître.
J'excuse votre erreur ; et, pour être approuvés,
De semblables projets veulent être achevés.
Ne vous figurez point que de cette contrée
Par d'éternels remparts Rome soit séparée.
Je sais tous les chemins par où je dois passer ;
Et, si la mort bientôt ne me vient traverser,
Sans reculer plus loin l'effet de ma parole,
Je vous rends dans trois mois au pied du Capitole [2].
Doutez-vous que l'Euxin ne me porte en deux jours [3]
Aux lieux où le Danube y vient finir son cours ?
Que du Scythe avec moi l'alliance jurée
De l'Europe en ces lieux ne me livre l'entrée ?
Recueilli dans leurs ports, accru de leurs soldats,
Nous verrons notre camp grossir à chaque pas.
Daces, Pannoniens, la fière Germanie [4],
Tous n'attendent qu'un chef contre la tyrannie.
Vous avez vu l'Espagne, et surtout les Gaulois,
Contre ces mêmes murs qu'ils ont pris autrefois
Exciter ma vengeance, et, jusque dans la Grèce,
Par des ambassadeurs accuser ma paresse [5] :
Ils savent que, sur eux prêt à se déborder,
Ce torrent, s'il m'entraîne, ira tout inonder ;
Et vous les verrez tous, prévenant son ravage,
Guider dans l'Italie et suivre mon passage.
C'est là qu'en arrivant, plus qu'en tout le chemin,
Vous trouverez partout l'horreur du nom romain,
Et la triste Italie encor toute fumante

---

1. Mithridate n'est plus en Asie ; la scène est en Europe, dans la Chersonèse taurique (Crimée), sur le Bosphore Cimmérien.

2. On a beaucoup discuté la question de savoir si le projet de Mithridate était pratique et sensé. Il importe peu ici ; c'est assez que Racine ne l'ait pas inventé. Appien le raconte au long ; Florus, Plutarque et Dion Cassius en ont aussi fait mention.

3. La distance est de trois cents lieues ;

il faudrait bien huit jours avec le vent le plus favorable. Mais Mithridate veut se faire illusion et faire illusion à ses fils. Sa passion l'entraîne et lui cache les obstacles. Il y a du *Picrochole* et du *Pyrrhus* dans tous les conquérants.

4. La Dacie, la Pannonie s'appellent aujourd'hui la Roumanie, la Hongrie, l'Autriche.

5. Florus parle de l'ambassade espagnole, et Appien parle de celle des Gaulois.

Des feux qu'a rallumés sa liberté mourante.
Non, Princes, ce n'est point au bout de l'univers
Que Rome fait sentir tout le poids de ses fers;
Et, de près inspirant les haines les plus fortes,
Tes plus grands ennemis, Rome, sont à tes portes[1].
Ah! s'ils ont pu choisir pour leur libérateur
Spartacus, un esclave, un vil gladiateur[2];
S'ils suivent au combat des brigands qui les vengent;
De quelle noble ardeur pensez-vous qu'ils se rangent
Sous les drapeaux d'un roi longtemps victorieux,
Qui voit jusqu'à Cyrus remonter ses aïeux[3]?
Que dis-je? en quel état croyez-vous la surprendre?
Vide de légions qui la puissent défendre,
Tandis que tout s'occupe à me persécuter,
Leurs femmes, leurs enfants pourront-ils m'arrêter?
Marchons, et dans son sein rejetons cette guerre
Que sa fureur envoie aux deux bouts de la terre;
Attaquons dans leurs murs ces conquérants si fiers;
Qu'ils tremblent à leur tour pour leurs propres foyers[4].
Annibal l'a prédit, croyons-en ce grand homme :
Jamais on ne vaincra les Romains que dans Rome.
Noyons-la dans son sang justement répandu :
Brûlons ce Capitole où j'étais attendu[5] :
Détruisons ses honneurs, et faisons disparaître
La honte de cent rois, et la mienne peut-être[6];
Et, la flamme à la main, effaçons tous ces noms
Que Rome y consacrait à d'éternels affronts.
Voilà l'ambition dont mon âme est saisie.
Ne croyez point pourtant qu'éloigné de l'Asie
J'en laisse les Romains tranquilles possesseurs :
Je sais où je lui dois trouver des défenseurs.
Je veux que, d'ennemis partout enveloppée,
Rome rappelle en vain le secours de Pompée.
Le Parthe, des Romains comme moi la terreur,

---

1. L'horrible *guerre sociale* qui mit l'Italie en feu avait pris fin en 90 av. J.-C.
2. Spartacus ravagea toute l'Italie de 73 à 71 av. J.-C.
3. Cette descendance était bien douteuse, mais Mithridate s'en vantait, à ce que dit Appien.
4. C'est une de ces rimes qu'on appelait *normandes*; parce qu'en Normandie, *r* final était toujours muet; mais comme il sonnait, partout ailleurs, à la fin de *fiers*, et qu'il était partout muet à la fin de *foyers*, la rime est mauvaise.
5. Pour orner le triomphe de mon vainqueur.
6. Les noms des rois et des peuples vaincus étaient gravés au Capitole sur des tables d'airain (Voy. ci-dessus le treizième vers du discours de Mithridate.)

Consent de[1] succéder[2] à ma juste fureur ;
Près d'unir avec moi sa haine et sa famille,
Il me demande un fils pour époux à sa fille.
Cet honneur vous regarde, et j'ai fait choix de vous,
Pharnace : allez, soyez ce bienheureux époux[3].
Demain, sans différer, je prétends que l'aurore
Découvre mes vaisseaux déjà loin du Bosphore :
Vous, que rien n'y retient, partez dès ce moment ;
Et méritez mon choix par votre empressement.
Achevez cet hymen ; et, repassant l'Euphrate,
Faites voir à l'Asie un autre Mithridate.
Que nos tyrans communs en pâlissent d'effroi ;
Et que le bruit à Rome en vienne jusqu'à moi.

Mais Pharnace qu'enchaîne et son amour pour Monime, et son accord secret avec Rome, refuse d'obéir. Mithridate, emporté de fureur, fait arrêter son fils. Pharnace se venge en révélant au roi l'amour de Monime et de Xipharès. Mithridate voudrait douter encore ; mais torturé par la jalousie, il se décide, pour éclaircir ses soupçons, à recourir à la ruse. On a blâmé cette invention, qui ressemble fort, en effet, à celle dont Harpagon se sert, dans l'*Avare* de Molière, pour arracher à son fils le secret de son amour pour Mariane ; mais la tragédie peut bien user des mêmes ressorts que la comédie, pourvu que ce qui fait rire dans l'une fasse trembler dans l'autre. (ACTE III, *scène* v.)

MITHRIDATE.

Enfin j'ouvre les yeux, et je me fais justice :
C'est faire à vos beautés un triste sacrifice[4],
Que de vous présenter, Madame, avec ma foi,
Tout l'âge et le malheur que je traîne avec moi.
Jusqu'ici la fortune et la victoire mêmes
Cachaient mes cheveux blancs sous trente diadèmes.
Mais ce temps-là n'est plus. Je régnais ; et je fuis.

---

1. *Consentir de...* se dit aussi fréquemment que *consentir à* au XVIIᵉ siècle.

2. *Succéder à ma fureur*, c.-à-d. substituer sa fureur à la mienne. Mais *succéder* signifie aussi *favoriser* (Tout succède à mes vœux), et même, étymologiquement, il signifie *s'introduire* ; de sorte que le sens de ce vers n'est pas parfaitement net.

3. Ainsi Mithridate éloigne Pharnace, ou, s'il refuse, le contraint d'avouer son amour.

4. Le mot ne paraît pas très juste ; car dans la langue courante *sacrifice* n'est synonyme d'*offrande* qu'autant que l'*offrande* coûte quelque chose à celui qui la fait. Qu'est-ce que Mithridate sacrifie à Monime en l'épousant ? Mais Racine entend ici *sacrifice* au sens religieux d'hommage à une divinité. Ce terme d'adulation convient-il au fier Mithridate en face de Monime ? il se ressent un peu de la galanterie du XVIIᵉ siècle.

Mes ans se sont accrus ; mes honneurs sont détruits[1] ;
Et mon front, dépouillé d'un si noble avantage,
Du temps qui l'a flétri laisse voir tout l'outrage.
D'ailleurs mille desseins partagent mes esprits :
D'un camp prêt à partir vous entendez les cris ;
Sortant de mes vaisseaux, il faut que j'y remonte.
Quel temps pour un hymen qu'une fuite si prompte,
Madame ! Et de quel front[2] vous unir à mon sort,
Quand je ne cherche plus que la guerre et la mort?
Cessez pourtant, cessez de prétendre à Pharnace :
Quand je me fais justice, il faut qu'on se la fasse [3].
Je ne souffrirai point que ce fils odieux,
Que je viens pour jamais de bannir de mes yeux,
Possédant une amour[4] qui me fut déniée,
Vous fasse des Romains devenir l'alliée.
Mon trône vous est dû : loin de m'en repentir,
Je vous y place même avant que de partir,
Pourvu que vous vouliez qu'une main qui m'est chère,
Un fils, le digne objet de l'amour de son père,
Xipharès, en un mot, devenant votre époux,
Me venge de Pharnace, et m'acquitte envers vous.

MONIME.

Xipharès ! lui, Seigneur?

MITHRIDATE.

Oui, lui-même, Madame.
D'où peut naître à ce nom le trouble de votre âme ?
Contre un si juste choix qui peut vous révolter ?
Est-ce quelque mépris qu'on ne puisse dompter ?
Je le répète encor ; c'est un autre moi-même,
Un fils victorieux, qui me chérit, que j'aime,
L'ennemi des Romains, l'héritier et l'appui
D'un empire et d'un nom qui va[5] renaître en lui ;
Et, quoi que votre amour ait osé se promettre,
Ce n'est qu'entre ses mains que je puis vous remettre.

---

1. Boileau dit dans l'Épître X, écrite en 1695 :
Nos beaux jours sont finis, nos honneurs sont passés.

2. Légère négligence. *Front* est employé six vers plus haut, au sens propre.

3. La grammaire aujourd'hui ne veut pas qu'on fasse rapporter ainsi un pronom personnel à un substantif employé d'une façon indéterminée. Ce tour était fréquent au XVIIe siècle.

*Tu me quittes, ingrat ! et le fais avec joie.
Tu ne la caches pas ; tu veux que je la voie.*
(*Polyeucte*, vers 1247.)

4. Sur *amour* féminin, voy. *Andromaque*, page 58, note 2.

5. Rien n'empêchait Racine d'écrire *vont* renaître ; mais la syntaxe usitée au XVIIe siècle aime à laisser le verbe au singulier, quand il est précédé de plusieurs sujets au singulier.

MONIME.

Que dites-vous ? O ciel ! pourriez-vous approuver...
Pourquoi, Seigneur, pourquoi voulez-vous m'éprouver ?
Cessez de tourmenter une âme infortunée.
Je sais que c'est à vous que je fus destinée;
Je sais qu'en ce moment, pour ce nœud solennel,
La victime, Seigneur, nous attend à l'autel.
Venez.

MITHRIDATE.

Je le vois bien ; quelque effort que je fasse,
Madame, vous voulez vous garder à Pharnace.
Je reconnais toujours vos injustes mépris;
Ils ont même passé sur mon malheureux fils.

MONIME.

Je le méprise[1] !

MITHRIDATE.

Hé bien ! n'en parlons plus, Madame.
Continuez; brûlez d'une honteuse flamme.
Tandis qu'avec mon fils je vais, loin de vos yeux,
Chercher au bout du monde un trépas glorieux,
Vous cependant ici servez avec son frère,
Et vendez aux Romains le sang de votre père[2].
Venez : je ne saurais mieux punir vos dédains,
Qu'en vous mettant moi-même en ses serviles mains ;
Et, sans plus me charger du soin de votre gloire,
Je veux laisser de vous jusqu'à votre mémoire.
Allons, Madame, allons. Je m'en vias vous unir.

MONIME.

Plutôt de mille morts dussiez-vous me punir !

MITHRIDATE.

Vous résistez en vain, et j'entends votre fuite.

MONIME.

En quelle extrémité, Seigneur, suis-je réduite !
Mais enfin je vous crois, et je ne puis penser
Qu'à feindre si longtemps vous puissiez vous forcer.
Les Dieux me sont témoins qu'à vous plaire bornée,
Mon âme à tout son sort s'était abandonnée.

---

1. Monime dit ces mots avec douleur, et d'un ton qui leur donne un sens tout opposé à celui qu'ils semblent avoir. Mithridate feint de s'abuser sur leur véritable signification.

2. Philopémen, père de Monime, avait été tué par les Romains. Cette mort est rapportée au vers 265 de la tragédie. Ce personnage n'a que le nom de commun avec le célèbre stratège de la ligue achéenne, lequel était mort en 183 av. J.-C.

Mais si quelque faiblesse avait pu m'alarmer,
Si de tous ses efforts mon cœur a dû s'armer,
Ne croyez point, Seigneur, qu'auteur de mes alarmes,
Pharnace m'ait jamais coûté les moindres larmes.
Ce fils victorieux que vous favorisez,
Cette vivante image en qui vous vous plaisez,
Cet ennemi de Rome, et cet autre vous-même,
Enfin, ce Xipharès que vous voulez que j'aime...

MITHRIDATE.

Vous l'aimez?

MONIME.

Si le sort ne m'eût donnée à vous,
Mon bonheur dépendait de l'avoir pour époux.
Avant que votre amour m'eût envoyé ce gage[1],
Nous nous aimions... Seigneur, vous changez de visage[2].

MITHRIDATE.

Non, Madame. Il suffit. Je vais vous l'envoyer.
Allez. Le temps est cher, il le faut employer.
Je vois qu'à m'obéir vous êtes disposée :
Je suis content.

MONIME, en s'en allant.

O ciel! me serais-je abusée?

Mais Mithridate lui-même s'est abusé quand il a cru dompter par la terreur une âme aussi noble et pure que l'âme de Monime. Il offre en vain de tout pardonner pourvu qu'elle consente à l'épouser sur l'heure. Monime ne veut plus revenir sur l'aveu qu'on lui arracha; elle mourra plutôt que d'épouser Mithridate, après avoir avoué qu'elle aime Xipharès. (ACTE IV, scène IV.)

MITHRIDATE.

Allons, Madame, allons. Une raison secrète
Me fait quitter ces lieux et hâter ma retraite.
Tandis que mes soldats, prêts à suivre leur roi,
Rentrent dans mes vaisseaux pour partir avec moi,
Venez, et qu'à l'autel ma promesse accomplie
Par des nœuds éternels l'un à l'autre nous lie.

MONIME.

Nous, Seigneur?

---

1. Le bandeau royal. Voy. ci-dessus page 212.
2. Ce cri d'effroi veut dire : Vous me trompez! Brossette dans ses *Mémoires* sur Boileau dit que ce dernier, déjà vieux (il avait près de soixante-dix ans), disait admirablement ce passage, mais il répétait l'intonation que Racine avait dictée à la Champmeslé, chargée du rôle de Monime.

MITHRIDATE.
Quoi, Madame! osez-vous balancer?
MONIME.
Et ne m'avez-vous pas défendu d'y penser?
MITHRIDATE.
J'eus mes raisons alors : oublions-les, Madame.
Ne songez maintenant qu'à répondre à ma flamme.
Songez que votre cœur est un bien qui m'est dû.
MONIME.
Hé! pourquoi donc, Seigneur, me l'avez-vous rendu?
MITHRIDATE.
Quoi! pour un fils ingrat toujours préoccupée,
Vous croiriez...
MONIME.
Quoi, Seigneur! vous m'auriez donc trompée?
MITHRIDATE.
Perfide! il vous sied bien de tenir ce discours,
Vous qui, gardant au cœur d'infidèles amours,
Quand je vous élevais au comble de la gloire,
M'avez des trahisons préparé la plus noire!
Ne vous souvient-il plus, cœur ingrat et sans foi,
Plus que tous les Romains conjuré contre moi,
De quel rang glorieux j'ai bien voulu descendre
Pour vous porter au trône où vous n'osiez prétendre?
Ne me regardez point vaincu, persécuté :
Revoyez-moi vainqueur, et partout redouté.
Songez de quelle ardeur dans Éphèse adorée,
Aux filles de cent rois je vous ai préférée;
Et, négligeant pour vous tant d'heureux alliés,
Quelle foule d'États je mettais à vos pieds.
Ah! si d'un autre amour le penchant invincible
Dès lors à mes bontés vous rendait insensible,
Pourquoi chercher si loin un odieux époux?
Avant que de partir, pourquoi vous taisiez-vous?
Attendiez-vous, pour faire un aveu si funeste,
Que le sort ennemi m'eût ravi tout le reste,
Et que, de toutes parts me voyant accabler,
J'eusse en vous le seul bien qui me pût consoler [1]?
Cependant, quand je veux oublier cet outrage,
Et cacher à mon cœur cette funeste image,

---

1. Ce couplet de Mithridate est merveilleusement habile : il essaie de fléchir Monime par le seul argument qui puisse toucher une âme noble et tendre, par la pitié : quand tout l'abandonne, peut-elle aussi l'abandonner! Il

Vous osez à mes yeux rappeler le passé!
Vous m'accusez encor, quand je suis offensé!
Je vois que pour un traître un fol espoir vous flatte.
A quelle épreuve, ô ciel, réduis-tu Mithridate?
Par quel charme secret laissé-je retenir
Ce courroux si sévère et si prompt à punir?
Profitez du moment que mon amour vous donne :
Pour la dernière fois, venez, je vous l'ordonne.
N'attirez point sur vous des périls superflus,
Pour un fils insolent que vous ne verrez plus.
Sans vous parer pour lui d'une foi qui m'est due,
Perdez-en la mémoire aussi bien que la vue [1];
Et désormais, sensible à ma seule bonté,
Méritez le pardon qui vous est présenté.

MONIME.

Je n'ai point oublié quelle reconnaissance,
Seigneur, m'a dû ranger sous votre obéissance :
Quelque rang où jadis soient montés mes aïeux [2],
Leur gloire de si loin n'éblouit point mes yeux.
Je songe avec respect de combien je suis née
Au-dessous des grandeurs d'un si noble hyménée;
Et, malgré mon penchant et mes premiers desseins
Pour un fils, après vous le plus grand des humains,
Du jour que sur mon front on mit ce diadème,
Je renonçai, Seigneur, à ce prince, à moi-même.
Tous deux d'intelligence [3] à nous sacrifier,
Loin de moi, par mon ordre, il courait m'oublier.
Dans l'ombre du secret ce feu s'allait éteindre;
Et même de mon sort je ne pouvais me plaindre,
Puisqu'enfin, aux dépens de mes vœux les plus doux,
Je faisais le bonheur d'un héros tel que vous.
Vous seul, Seigneur, vous seul vous m'avez arrachée
A cette obéissance où j'étais attachée;
Et ce fatal amour dont j'avais triomphé,
Ce feu que dans l'oubli je croyais étouffé,
Dont la cause à jamais s'éloignait de ma vue,

---

eût touché Monime s'il ne s'était lui-même enlevé tout pouvoir sur son cœur par un odieux stratagème.

1. Expression inusitée, mais claire et correcte. Comme on jouit de la vue de quelqu'un, on peut la perdre.

2. Au vers 250 de la tragédie, Monime avait dit qu'elle descendait d'anciens rois grecs.

3. D'accord. Dans *Nicomède* de Corneille, Nicomède dit :

Qu'il n'a que la vertu de son intelligence,

c.-à-d. qui soit d'intelligence avec lui, qui combatte pour lui.

Vos détours l'ont surpris, et m'en ont convaincue.
Je vous l'ai confessé, je le dois soutenir :
En vain vous en pourriez perdre le souvenir ;
Et cet aveu honteux où vous m'avez forcée,
Demeurera toujours présent à ma pensée.
Toujours je vous croirais incertain de ma foi[1] ;
Et le tombeau, Seigneur, est moins triste pour moi
Que le lit d'un époux qui m'a fait cet outrage,
Qui s'est acquis sur moi ce cruel avantage,
Et qui, me préparant un éternel ennui[2],
M'a fait rougir d'un feu qui n'était pas pour lui.

MITHRIDATE.

C'est donc votre réponse ? et, sans plus me complaire,
Vous refusez l'honneur que je voulais vous faire ?
Pensez-y bien. J'attends pour me déterminer.

MONIME.

Non, Seigneur, vainement vous croyez m'étonner[3].
Je vous connais ; je sais tout ce que je m'apprête,
Et je vois quels malheurs j'assemble sur ma tête ;
Mais le dessein est pris ; rien ne peut m'ébranler.
Jugez-en, puisque ainsi je vous ose parler,
Et m'emporte au delà de cette modestie
Dont jusqu'à ce moment je n'étais point sortie.
Vous vous êtes servi de ma funeste main
Pour mettre à votre fils un poignard dans le sein :
De ses feux innocents j'ai trahi le mystère ;
Et, quand il n'en perdrait que l'amour de son père,
Il en mourra, Seigneur. Ma foi ni mon amour
Ne seront point le prix d'un si cruel détour.
Après cela, jugez. Perdez une rebelle ;
Armez-vous du pouvoir qu'on vous donna sur elle :
J'attendrai mon arrêt ; vous pouvez commander.
Tout ce qu'en vous quittant j'ose vous demander,
Croyez (à la vertu je dois cette justice)
Que je vous trahis seule, et n'ai point de complice ;
Et que d'un plein succès vos vœux seraient suivis,
Si j'en croyais, Seigneur, les vœux de votre fils[4].

1. Fidélité.
2. Sur ce mot qui s'est affaibli depuis le xvii⁰ siècle, voy. page 45, note 1.
3. Étonner aussi s'est affaibli ; car il gardait au xvii⁰ siècle beaucoup de sa valeur étymologique ; frapper de stupeur et comme par la foudre. Voy. ci-dessus page 241, note 2.
3. On ne trouvera dans aucun théâtre une plus admirable expression d'un plus noble cœur de femme, tant de pudeur, tant de fermeté, avec tant de douceur digne et fière. Voy. ci-dessus *Notice sur Mithridate*, page 251.

Mithridate reste seul, en proie au désespoir, à la jalousie, au remords. Il veut immoler Monime, et Xipharès, et Pharnace; il rougit de son amour; il veut l'arracher de son cœur, pour ne plus songer qu'aux Romains. A ce moment on lui vient apprendre que Pharnace a séduit ses gardes et rompu ses chaînes; qu'il soulève l'armée contre son père; qu'il va livrer la ville aux Romains dont le rivage est couvert.

Avant de marcher contre ce fils rebelle, Mithridate fait présenter à Monime une coupe empoisonnée. Elle la reçoit avec joie, croyant déjà Xipharès mort, et tremblant de tomber aux mains de l'odieux Pharnace. Elle va boire le poison, quand Mithridate lui envoie l'ordre de vivre; le roi reparaît lui-même porté sur les bras des soldats. Xipharès l'accompagne en pleurs, Xipharès dont le bras courageux vient de tailler en pièces les Romains; mais trop tard pour sauver son père qui s'est percé de sa propre main pour ne pas tomber vivant au pouvoir des ennemis. Mithridate mourant remercie ce glorieux fils, et lui cède la main de Monime. (ACTE V, *scène* V.)

MONIME.

Ah! que vois-je, Seigneur, et quel sort est le vôtre!
MITHRIDATE.
Cessez et retenez vos larmes l'un et l'autre;
(En montrant Xipharès.)
Mon sort de sa tendresse et de votre amitié
Veut d'autres sentiments que ceux de la pitié;
Et ma gloire, plutôt digne d'être admirée,
Ne doit point par des pleurs être déshonorée.
J'ai vengé l'univers autant que je l'ai pu :
La mort dans ce projet m'a seule interrompu.
Ennemi des Romains et de la tyrannie,
Je n'ai point de leur joug subi l'ignominie;
Et j'ose me flatter qu'entre les noms fameux
Qu'une pareille haine a signalés contre eux,
Nul ne leur a plus fait acheter la victoire,
Ni de jours malheureux plus rempli leur histoire.
Le Ciel n'a pas voulu qu'achevant mon dessein,
Rome en cendre me vît expirer dans son sein.
Mais au moins quelque joie en mourant me console :
J'expire environné d'ennemis que j'immole;
Dans leur sang odieux j'ai pu tremper mes mains;
Et mes derniers regards ont vu fuir les Romains.

IPHIGÉNIE

TRAGÉDIE (1674)

NOTICE SUR *IPHIGÉNIE*

Racine était sorti de Port-Royal à dix-neuf ans, sachant le grec (science rare en son siècle, et au nôtre). Il conserva toujours un goût très vif pour la poésie grecque, et lui demanda quelques-unes de ses meilleures inspirations. Il a tiré des sources grecques : *les Frères Ennemis, Alexandre, Andromaque, Mithridate, Iphigénie* et *Phèdre*. Quand il renonça au théâtre, il avait formé le dessein d'écrire une *Alceste*, une *Iphigénie en Tauride*, un *OEdipe*[1].

Iphigénie en Aulide est imitée d'Euripide, mais fort librement. Racine ne traduit pas son modèle, il le transpose en l'adaptant à nos mœurs ; il supprime beaucoup de détails familiers, qui plaisaient aux Grecs ; il adoucit la vivacité des discours et des passions ; il change entièrement le dénouement. Dans Euripide, un messager vient raconter à Clytemnestre qu'une biche a été substituée par miracle à Iphigénie, prête à recevoir le coup mortel. Racine a craint que cette merveille un peu fabuleuse ne fît sourire les spectateurs français ; mais ne voulant pas sacrifier Iphigénie, il a inventé le personnage d'Ériphile.

Au reste cette création romanesque s'imposait à Racine, s'il voulait dans *Iphigénie* rester fidèle à un procédé constant, qu'il a répété dans toutes ses tragédies, sans exception, et qui consiste à étendre et varier la peinture de l'amour en le présentant sous un double aspect, et dans trois personnages. Dans toutes les tragédies de Racine, on trouve un personnage qui en aime un autre, et n'en est pas aimé ; mais cet autre en aime un troisième, qui (le plus souvent) lui rend son amour. Ainsi dans la *Thébaïde*, Créon aime

---

1. *Mémoires* de Louis Racine. — Fénelon, *Lettre sur les occupations de l'Académie*.

Antigone ; Antigone aime Hémon. Dans *Alexandre*, Taxile aime Axiane ; Axiane aime Porus. Dans *Andromaque*, le double nœud est triplé ; mais personne ne répond à l'amour dont il est l'objet : Oreste aime Hermione ; Hermione aime Pyrrhus ; Pyrrhus aime Andromaque. Dans *Britannicus*, Néron aime Junie, et Junie aime Britannicus. Dans *Bérénice*, Antiochus aime Bérénice ; Bérénice aime Titus. Dans *Bajazet*, Roxane aime Bajazet ; Bajazet aime Atalide. Dans *Mithridate*, Mithridate aime Monime ; Monime aime Xipharès. Dans *Phèdre*, Phèdre aime Hippolyte ; Hippolyte aime Aricie. Comment Racine eût-il pu se soustraire dans cette seule tragédie d'*Iphigénie* à un procédé si régulier chez lui, qu'il semble avoir été comme une loi de sa conception dramatique. Voilà pourquoi il inventa Ériphile, afin qu'Ériphile aimât Achille, tandis qu'Achille aime Iphigénie. Cette invention romanesque lui a permis d'introduire dans sa pièce un élément nouveau, une passion qu'il excelle à peindre, la jalousie amoureuse. Toutefois, cette addition d'un personnage inconnu à la tradition n'est pas sans quelque inconvénient ; pour préparer son dénouement, Racine est obligé d'annoncer à plusieurs reprises et d'expliquer, non sans quelque embarras[1], ce rôle qui ne se rattache à l'action que par un lien un peu forcé. Un Grec eût certainement préféré l'ordonnance plus simple de la tragédie d'Euripide. Il existe d'ailleurs entre les deux pièces d'autres différences sensibles : Agamemnon dans Euripide n'est pas moins orgueilleux que chez Racine ; mais il parle avec moins de pompe, et ne soutient pas jusque dans l'extrême douleur cette dignité majestueuse qui fait penser à Louis XIV. Le rôle de Clytemnestre est touchant chez les deux poètes ; mais il est un peu refroidi, dans Euripide, par des raisonnements et des argumentations que Racine a bien fait d'écarter. Les deux Achille ne se ressemblent guère. L'Achille grec n'est pas du tout amoureux d'Iphigénie, qu'il n'a jamais vue ; il est seulement irrité de l'abus qu'on a fait de son nom ; mais, indifférent en somme au sort de la jeune fille, il finit par se soumettre à l'arrêt de Calchas. Racine a pensé que les modernes supporteraient difficilement un héros si raisonnable ; il a voulu qu'Achille aimât Iphigénie, et qu'il en fût aimé ; mais c'est fort injustement qu'on a présenté

---

1. Voy. p. 276, note 4 ; p. 279, note 2 ; p. 283, note f ; et p. 316, note 6.

quelquefois l'Achille français comme un personnage doucereux. Hormis deux ou trois vers qui se sentent un peu du goût fâcheux de l'époque pour les mièvreries galantes, Achille, dans Racine, est un rôle, sinon très purement grec, au moins très vigoureux, et fidèle à son nom. Mais c'est surtout Iphigénie que le poète français a profondément modifiée. Dans Euripide, elle veut vivre, parce que la vie lui est douce, et que la lumière est joyeuse ; mais peu à peu, elle se résigne à son sort ; son âme s'exalte à la pensée du service que sa mort peut rendre à sa patrie ; elle consent à mourir pour sauver la Grèce. L'amour ne tient aucune place dans ces divers mouvements de son cœur. Racine, au contraire, a fait Iphigénie amoureuse, de l'amour le plus chaste et le plus innocent, mais toutefois le plus exclusif ; sa passion pour Achille explique tout son rôle ; elle demande à vivre, tant qu'elle espère l'épouser ; mais quand la rupture éclate entre son père et son fiancé, quand Agamemnon lui défend de jamais plus penser à Achille, elle demande à mourir, puisqu'il faut renoncer à celui qu'elle aime ; elle aime mieux n'être plus, que de n'être pas à lui.

Dieux plus doux! Vous n'avez demandé que ma vie!

Mais quelque adoucissement que Racine apporte à la fable antique, le fond du sujet subsiste, et est ici affreusement barbare. Un père veut égorger sa fille pour que le vent tourne du bon côté ! Voilà le sujet d'*Iphigénie*. Comment Racine a-t-il osé l'offrir à des spectateurs que deux mille ans écoulés, une autre langue, une autre religion, des traditions nationales toutes différentes séparaient de cette antique barbarie ? Il lui sembla que l'habitude de la fable, et cette longue familiarité avec les traditions antiques, fruit de l'éducation que recevaient alors tous les esprits cultivés, pouvaient suffire à émousser l'étrangeté choquante de plusieurs des sujets tragiques, transmis aux modernes par les poètes anciens. Le prestige du temps et de la distance faisait le reste ; et ce qu'on n'eût pas supporté dans un sujet moderne paraissait acceptable ou même agréable, grâce à la perspective où se trouvaient rejetées les légendes héroïques. Ainsi, une tradition qui n'avait jamais été tout à fait oubliée rattachait le XVII° siècle à ces fables, trente fois séculaires, et en atténuait l'horreur. Si le moyen âge avait paru interrompre pendant mille ans cette tradition, et coupé ou plutôt caché le lien qui rattache la Renaissance à l'antiquité, du moins l'Ecriture sainte, dont il était nourri, avait à la même époque habitué les esprits chrétiens à des spectacles presque analogues. Le *Sacrifice d'Isaac* et celui de *la Fille de Jephté* avait été cent fois représentés sur le théâtre des *Mystères* ; plus tard ils firent l'objet d'innombrables tragédies sacrées. *Isaac*, la *Fille de Jephté* préparaient les spectateurs chrétiens et français à revoir Iphigénie sur la scène.

Avant Racine, Rotrou, en 1640, avait fait jouer une *Iphigénie*, d'où notre poète n'a rien tiré ; mais c'est quelque chose d'avoir été précédé dans la voie où l'on s'engage à son tour. La pièce de Rotrou n'est pas sans valeur ; elle renferme de belles pages, un peu gâtées par des anachronismes dont l'auteur n'avait pas conscience. Son Achille est tout à fait un cavalier du temps de Louis XIII ; il met l'épée à la main, il provoque en duel Agamemnon. Racine a bien plus de goût et d'habileté ; néanmoins il aurait pu faire à Rotrou l'honneur de le nommer dans sa préface.

Iphigénie, jouée à Versailles le 18 août 1674, pendant les fêtes qui signalèrent le retour du roi, après la conquête de la Franche-Comté, ne fut représentée à Paris que quelques mois plus tard à l'Hôtel de Bourgogne, vers la fin de 1674 ou au commencement de 1675. Elle obtint un grand succès d'admiration et surtout de larmes. On connaît les vers de Boileau :

> Que tu sais bien, Racine, à l'aide d'un acteur
> Émouvoir, étonner, ravir un spectateur !
> Jamais Iphigénie en Aulide immolée
> N'a coûté tant de pleurs à la Grèce assemblée,
> Que, dans l'heureux spectacle à nos yeux étalé,
> En a fait sous son nom verser la Champmeslé[1] ?

Les ennemis de Racine osèrent cependant susciter une concurrence à sa pièce. Un obscur avocat, nommé Leclerc[2], fit représenter (le 24 mai 1875) une *Iphigénie* sur le théâtre de la rue Guénégaud où jouait l'ancienne troupe de Molière. Il n'y a rien à louer dans cette pièce que la simplicité du plan ;

---

1. Épître VII à *Racine*. Cette illustre tragédienne, née en 1644, mourut en 1698.
2. Michel Leclerc, d'Albi (1622-1691), a donné en outre une *Virginie* et un *Oreste*. Il fut reçu à l'Académie française en 1662.

mais le style est d'ailleurs ridicule et plat. Un poète obscur, Coras [1], avait fourni une centaine de vers à Leclerc. Quand l'*Iphigénie* de la rue Guénégaud tomba, après la cinquième représentation, Racine, toujours mordant, fit courir l'épigramme suivante :

> Entre Leclerc et son ami Coras,
> Tous deux auteurs rimants de compagnie,
> N'a pas longtemps, sourdirent grands débats
> Sur le propos de son *Iphigénie*.
> Coras lui dit : « La pièce est de mon cru. »
> Leclerc répond : « Elle est mienne et non vôtre. »
> Mais aussitôt que l'ouvrage a paru,
> Plus n'ont voulu l'avoir fait l'un ni l'autre.

Le trait est joli ; mais Leclerc avait moins de goût que l'épigramme ne lui en accorde ; loin de désavouer son *Iphigénie*, il s'efforça dans la préface de la pièce d'en réclamer tout l'honneur pour lui seul et de diminuer la part de son collaborateur.

IPHIGÉNIE

PERSONNAGES

AGAMEMNON.
ACHILLE.
ULYSSE.
CLYTEMNESTRE, femme d'Agamemnon.
IPHIGÉNIE, fille d'Agamemnon.
ÉRIPHILE, fille d'Hélène et de Thésée.
ARCAS, } domestiques d'Agamemnon.
EURYBATE, }
ÆGINE, femme de la suite de Clytemnestre.
DORIS, confidente d'Ériphile.
GARDES.

La scène est en Aulide, dans la tente d'Agamemnon.

ACTE PREMIER

SCÈNE PREMIÈRE

AGAMEMNON, ARCAS.

AGAMEMNON.
Oui, c'est Agamemnon, c'est ton roi qui t'éveille.

---

[1] Né à Toulouse en 1630, mort en 1677 ; auteur de *Josué, Samson, David, Jonas*, poèmes sacrés, raillés par Boileau.

Viens, reconnais la voix qui frappe ton oreille[1].

ARCAS.

C'est vous-même, Seigneur! Quel important besoin
Vous a fait devancer l'aurore de si loin?
A peine un faible jour vous éclaire et me guide.
Vos yeux seuls et les miens sont ouverts dans l'Aulide[2].
Avez-vous dans les airs entendu quelque bruit?
Les vents nous auraient-ils exaucés cette nuit?
Mais tout dort, et l'armée, et les vents, et Neptune.

AGAMEMNON.

Heureux qui, satisfait de son humble fortune,
Libre du joug superbe où je suis attaché,
Vit dans l'état obscur où les dieux l'ont caché[3]?

ARCAS.

Et depuis quand, Seigneur, tenez-vous ce langage?
Comblé de tant d'honneurs, par quel secret outrage
Les Dieux, à vos désirs toujours si complaisants,
Vous font-ils méconnaître et haïr leurs présents[4]?
Roi, père, époux heureux, fils du puissant Atrée,
Vous possédez des Grecs la plus riche contrée.
Du sang de Jupiter issu de tous côtés,
L'hymen vous lie encore aux Dieux dont vous sortez;
Le jeune Achille enfin, vanté par tant d'oracles,
Achille, à qui le Ciel promet tant de miracles,
Recherche votre fille, et d'un hymen si beau
Veut dans Troie embrasée allumer le flambeau[5].
Quelle gloire, Seigneur, quels triomphes égalent
Le spectacle pompeux que ces bords vous étalent,
Tous ces mille vaisseaux qui, chargés de vingt rois,
N'attendent que les vents pour partir sous vos lois?
Ce long calme, il est vrai, retarde vos conquêtes;

---

1. Ce début est un peu solennel; il nous transporte loin de la simplicité grecque. On prétend que le célèbre acteur Baron disait ce premier vers à voix basse. Mais plus on parle bas, moins les grands mots sont naturels. Baron, né en 1653, fut l'élève de Molière. Il mourut en 1729.

2. Il n'y eut jamais de province d'Aulide, mais une ville d'Aulis, petit port, en Béotie, en face de l'Eubée. Racine paraît avoir été trompé par le titre de la tragédie d'Euripide : Ἐν Αὐλίδι, qui signifie *à Aulis*, non pas *en Aulide*.

Heureuse la fortune, heureuse la vieillesse
Qu'aucun danger ne suit et qu'aucun soin ne presse!
Heureuse la bassesse où l'homme vit content,
Et malheureux l'honneur qui le travaille tant.
(Rotrou, *Iphigénie*.)

3. Les deux poètes imitent Euripide. Voy. ci-dessous note 3, p. 273.

4. Ces reproches respectueux d'Arcas vont servir à exposer l'action d'une façon très naturelle et fort habile.

5. Supposez que *Troie* fût masculin et s'écrivît *Troi*. *Troi embrasé* ferait un double hiatus, et un vers doublement faux. Cependant la consonance resterait tout à fait la même. Il y a beaucoup de convention dans cette règle qui proscrit absolument l'hiatus dans la versification française.

Ces vents, depuis trois mois enchaînés sur nos têtes,
D'Ilion trop longtemps vous ferment le chemin :
Mais, parmi tant d'honneurs, vous êtes homme enfin ;
Tandis que vous vivrez [1], le sort, qui toujours change,
Ne vous a point promis un bonheur sans mélange.
Bientôt... Mais quels malheurs dans ce billet tracés
Vous arrachent, Seigneur, les pleurs que vous versez [2] ?
Votre Oreste au berceau va-t-il finir sa vie?
Pleurez-vous Clytemnestre, ou bien Iphigénie?
Qu'est-ce qu'on vous écrit? Daignez m'en avertir.
AGAMEMNON.
Non, tu ne mourras point, je n'y puis consentir.
ARCAS.
Seigneur...
AGAMEMNON.
Tu vois mon trouble; apprends ce qui le cause,
Et juge s'il est temps, ami, que je repose [3].
Tu te souviens du jour qu'en Aulide assemblés
Nos vaisseaux par les vents semblaient être appelés.
Nous partions ; et déjà par mille cris de joie,
Nous menacions de loin les rivages de Troie.
Un prodige étonnant fit faire ce transport :
Le vent qui nous flattait nous laissa dans le port.
Il fallut s'arrêter ; et la rame inutile
Fatigua vainement une mer immobile [4].
Ce miracle inouï me fit tourner les yeux
Vers la divinité qu'on adore en ces lieux :
Suivi de Ménélas, de Nestor et d'Ulysse,
J'offris sur ses autels un secret sacrifice.
Quelle fut sa réponse! et quel [5] devins-je, Arcas,
Quand j'entendis ces mots prononcés par Calchas :
« Vous armez contre Troie une puissance vaine.

---

1. Latinisme : aussi longtemps que. *Tam diu quam...*

2. C'est Agamemnon qui a écrit ce billet. Mais Arcas croit qu'il l'a reçu.

3. Tout ce début est imité d'Euripide, mais il a dans le poète grec un caractère plus simple et plus familier. Le *vieillard* qui y tient le rôle d'Arcas n'est qu'un serviteur à qui Agamemnon parle ainsi : « Je t'envie, ô vieillard; j'envie tout homme, qui, loin des dangers, mène une vie obscure et sans gloire; d'autres sont dans les honneurs, et, ceux-là, je les envie moins. »

4. On a blâmé ces vers à tort. *Flattait* signifie *trompait*. La rame, a-t-on dit, n'est utile que quand la mer est immobile. Mais la rame est inutile pour aller d'Aulis à Troie; on dut y renoncer en voyant qu'on n'avançait guère. L'expression est aussi juste qu'élégante.

5. Aujourd'hui on dirait *que*. Racine dit toujours *quel*, en ce cas. C'est un latinisme (*qualis*).
Quel devins-je au récit du crime de ma mère!
(*Mithridate*, vers 55.)

Si, dans un sacrifice auguste et solennel,
    Une fille du sang d'Hélène
De Diane en ces lieux n'ensanglante l'autel.
Pour obtenir les vents que le Ciel vous dénie,
    Sacrifiez Iphigénie. »

ARCAS.

Votre fille !

AGAMEMNON.

    Surpris, comme tu peux penser,
Je sentis dans mon corps tout mon sang se glacer.
Je demeurai sans voix, et n'en repris l'usage [1]
Que par mille sanglots qui se firent passage.
Je condamnai les Dieux, et, sans plus rien ouïr,
Fis vœu, sur leurs autels, de leur désobéir.
Que n'en croyais-je alors ma tendresse alarmée !
Je voulais sur-le-champ congédier l'armée.
Ulysse, en apparence approuvant mes discours,
De ce premier torrent laissa passer le cours ;
Mais bientôt, rappelant sa cruelle industrie [2],
Il me représenta l'honneur et la patrie,
Tout ce peuple, ces rois, à mes ordres soumis,
Et l'empire d'Asie à la Grèce promis ;
De quel front, immolant tout l'État à ma fille,
Roi sans gloire, j'irais vieillir dans ma famille !
Moi-même, je l'avoue avec quelque pudeur [3],
Charmé de mon pouvoir, et plein de ma grandeur,
Ces noms de roi des rois et de chef de la Grèce
Chatouillaient [4] de mon cœur l'orgueilleuse faiblesse.
Pour comble de malheurs, les Dieux, toutes les nuits
Dès qu'un léger sommeil suspendait mes ennuis,
Vengeant de leurs autels le sanglant privilège,
Me venaient reprocher ma pitié sacrilège,
Et, présentant la foudre à mon esprit confus,
Le bras déjà levé, menaçaient mes refus [5].
Je me rendis, Arcas ; et, vaincu par Ulysse,
De ma fille, en pleurant, j'ordonnai le supplice.
Mais des bras d'une mère il fallait l'arracher.

---

1. Sur cette tournure qui fait rapporter un pronom personnel (*en*) à un substantif (*voix*) employé d'une manière indéfinie, voy. ci-dessus p. 260, note 3.

2. *Industrie*, sens latin; adresse.

3. *Pudeur*, sens latin; honte.

4. Corneille emploie déjà ce mot de cette façon relevée :

L'aise de voir la terre à son pouvoir soumise
Chatouillait malgré lui son âme avec surprise.

(*Pompée*, vers 778.)

5. C.-à-d. m'en menaçaient si je leur refusais leur victime. Ce tour elliptique et abstrait est familier à Racine.

Quel funeste artifice il me fallut chercher !
D'Achille, qui l'aimait, j'empruntai le langage :
J'écrivis en Argos [1], pour hâter ce voyage,
Que ce guerrier, pressé de partir avec nous,
Voulait revoir ma fille, et partir son époux.

ARCAS.

Et ne craignez-vous point l'impatient Achille ?
Avez-vous prétendu que, muet et tranquille,
Ce héros, qu'armera l'amour et la raison [2],
Vous laisse pour ce meurtre abuser de son nom ?
Verra-t-il à ses yeux son amante immolée ?

AGAMEMNON.

Achille était absent, et son père Pélée,
D'un voisin ennemi redoutant les efforts,
L'avait, tu t'en souviens, rappelé de ces bords;
Et cette guerre, Arcas, selon toute apparence,
Aurait dû plus longtemps prolonger son absence.
Mais qui peut dans sa course arrêter ce torrent ?
Achille va combattre, et triomphe en courant ;
Et ce vainqueur, suivant de près sa renommée,
Hier avec la nuit arriva dans l'armée.
Mais des nœuds plus puissants me retiennent le bras :
Ma fille, qui s'approche, et court à son trépas;
Qui, loin de soupçonner un arrêt si sévère,
Peut-être s'applaudit des bontés de son père,
Ma fille... Ce nom seul, dont les droits sont si saints,
Sa jeunesse, mon sang, n'est pas ce que je plains :
Je plains mille vertus, une amour mutuelle [3],
Sa piété pour moi, ma tendresse pour elle,
Un respect qu'en son cœur rien ne peut balancer,
Et que j'avais promis de mieux récompenser.
Non, je ne croirai point, ô Ciel, que ta justice
Approuve la fureur de ce noir sacrifice ;
Tes oracles, sans doute, ont voulu m'éprouver;
Et tu me punirais si j'osais l'achever [4].

---

1. Argos, dans Homère, désigne tantôt la province d'Argos, tantôt la ville même. Au reste on employait quelquefois *en* dans l'ancienne langue devant les noms de villes. Ménage en fait la remarque dans ses *Observations* sur la langue française.

2. Voy. ci-dessus p. 260, note 5.

3. Sur *amour* féminin voy. *Andromaque*, p. 58, note 2.

4. Idée chrétienne ou juive plutôt qu'antique. Les anciens croyaient bien que des oracles avaient pu tromper des mortels; mais c'était pour les perdre, non pour les *éprouver*. Racine a pensé vaguement ici au sacrifice d'Isaac et à l'obéissance aveugle d'Abraham.

Arcas, je t'ai choisi pour cette confidence :
Il faut montrer ici ton zèle et ta prudence.
La Reine, qui dans Sparte avait connu ta foi,
T'a placé dans le rang que tu tiens près de moi.
Prends cette lettre, cours au-devant de la Reine,
Et suis sans t'arrêter le chemin de Mycène [1].
Dès que tu la verras, défends-lui d'avancer,
Et rends-lui [2] ce billet que je viens de tracer.
Mais ne t'écarte point ; prends un fidèle guide.
Si ma fille une fois met le pied dans l'Aulide,
Elle est morte. Calchas [3], qui l'attend en ces lieux,
Fera taire nos pleurs, fera parler les Dieux ;
Et la religion contre nous irritée,
Par les timides Grecs sera seule écoutée.
Ceux même dont ma gloire aigrit l'ambition
Réveilleront leur brigue et leur prétention ;
M'arracheront peut-être un pouvoir qui les blesse...
Va, dis-je, sauve-la de ma propre faiblesse.
Mais surtout ne va point, par un zèle indiscret,
Découvrir à ses yeux mon funeste secret.
Que, s'il se peut, ma fille à jamais abusée,
Ignore à quel péril je l'avais exposée :
D'une mère en fureur épargne-moi les cris ;
Et que ta voix s'accorde avec ce que j'écris.
Pour renvoyer la fille, et la mère offensée,
Je leur écris qu'Achille a changé de pensée ;
Et qu'il veut désormais jusques à son retour
Différer cet hymen que pressait son amour.
Ajoute, tu le peux, que des froideurs d'Achille
On accuse en secret cette jeune Ériphile
Que lui-même captive amena de Lesbos,
Et qu'auprès de ma fille on garde dans Argos [4].
C'est leur en dire assez : le reste, il le faut taire.
Déjà le jour plus grand nous frappe et nous éclaire.
Déjà même l'on entre, et j'entends quelque bruit.
C'est Achille. Va, pars. Dieux ! Ulysse le suit !

---

1. Racine a dédaigné de traduire ici de bien agréables vers d'Euripide :
« Ne va pas t'asseoir à l'ombre des bois, auprès des fontaines, ne te laisse pas gagner par le sommeil, etc. »
2. Remets-lui.
3. Cet art, dont on fait grand bruit aujourd'hui, de varier la coupe de l'alexandrin, n'est pas inconnu à Racine.
4. Quatre fois dans la tragédie Racine fera intervenir ainsi ce personnage épisodique d'Ériphile, ne croyant jamais l'avoir assez annoncé, et tâchant de le rattacher plus étroitement à l'action. Voy. p. 268, note 1.

SCÈNE II
AGAMEMNON, ACHILLE, ULYSSE.

AGAMEMNON.

Quoi? Seigneur, se peut-il que d'un cours si rapide
La victoire vous ait ramené dans l'Aulide?
D'un courage naissant sont-ce là les essais?
Quels triomphes suivront de si nobles succès!
La Thessalie entière, ou vaincue ou calmée,
Lesbos même conquise en attendant l'armée,
De toute autre valeur éternels monuments,
Ne sont d'Achille oisif que les amusements.

ACHILLE.

Seigneur, honorez moins une faible conquête;
Et que puisse bientôt le Ciel qui nous arrête
Ouvrir un champ plus noble à ce cœur excité
Par le prix glorieux dont vous l'avez flatté!
Mais cependant, Seigneur, que faut-il que je croie
D'un bruit qui me surprend et me comble de joie?
Daignez-vous avancer le succès de mes vœux?
Et bientôt des mortels suis-je le plus heureux?
On dit qu'Iphigénie, en ces lieux amenée,
Doit bientôt à son sort unir ma destinée.

AGAMEMNON.

Ma fille? Qui vous dit qu'on la doit amener [1]?

ACHILLE.

Seigneur, qu'a donc ce bruit qui vous doive étonner?

AGAMEMNON, à Ulysse.

Juste ciel! saurait-il mon funeste artifice?

ULYSSE.

Seigneur, Agamemnon s'étonne avec justice.
Songez-vous aux malheurs qui nous menacent tous?
O ciel! pour un hymen quel temps choisissez-vous?
Tandis qu'à nos vaisseaux la mer toujours fermée
Trouble toute la Grèce et consume l'armée;

---

1. La construction générale de la phrase est la même; et toutefois dans ce vers, le verbe de la proposition subordonnée est à l'indicatif présent; et dans le vers suivant, il est au subjonctif. Le sens est au premier vers: Qui vous dit *précisément*: on doit l'amener. Au vers suivant: Qu'a donc ce bruit qui doive ou qui puisse vous étonner? il y a une sorte d'affirmation dans le premier vers, et une simple hypothèse dans le second.

Tandis que, pour fléchir l'inclémence des Dieux [1],
Il faut du sang peut-être, et du plus précieux,
Achille seul, Achille à son amour s'applique !
Voudrait-il insulter à la crainte publique ;
Et que le chef des Grecs, irritant les destins,
Préparât d'un hymen la pompe et les festins ?
Ah ! Seigneur, est-ce ainsi que votre âme attendrie
Plaint le malheur des Grecs, et chérit la patrie ?

ACHILLE.

Dans les champs phrygiens les effets feront foi
Qui la chérit le plus ou d'Ulysse ou de moi.
Jusque-là je vous laisse étaler votre zèle :
Vous pouvez à loisir faire des vœux pour elle.
Remplissez les autels d'offrandes et de sang,
Des victimes vous-même interrogez le flanc ;
Du silence des vents demandez-leur la cause ;
Mais moi, qui de ce soin sur Calchas me repose,
Souffrez, Seigneur, souffrez que je coure hâter
Un hymen dont les Dieux ne sauraient s'irriter.
Transporté d'une ardeur qui ne peut être oisive,
Je rejoindrai bientôt les Grecs sur cette rive.
J'aurais trop de regret si quelque autre guerrier
Au rivage troyen descendait le premier.

AGAMEMNON.

O Ciel ! pourquoi faut-il que ta secrète envie
Ferme à de tels héros le chemin de l'Asie ?
N'aurai-je vu briller cette noble chaleur
Que pour m'en retourner avec plus de douleur ?

ULYSSE.

Dieux ! qu'est-ce que j'entends ?

ACHILLE.

Seigneur, qu'osez-vous dire ?

AGAMEMNON.

Qu'il faut, Princes, qu'il faut que chacun se retire ;
Que, d'un crédule espoir trop longtemps abusés,
Nous attendons les vents qui nous sont refusés.
Le Ciel protège Troie ; et par trop de présages
Son courroux nous défend d'en chercher les passages.

---

1. Le mot n'est pas employé pour la première fois ici dans le sens figuré ; comme le croyait le P. Bouhours (*Remarques sur la langue française*). Inclémence est dans la *Satire Ménippée* (1594) : « C'est inclémence, voire cruauté, de pardonner à ceux qui méritent mourir. »

ACHILLE.
Quels présages affreux nous marquent son courroux?
AGAMEMNON.
Vous-même consultez ce qu'il prédit de vous.
Que sert de se flatter? On sait qu'à votre tête [1]
Les Dieux ont d'Ilion attaché la conquête;
Mais on sait que pour prix d'un triomphe si beau,
Ils ont aux champs troyens marqué votre tombeau;
Que votre vie, ailleurs et longue et fortunée,
Devant Troie en sa fleur doit être moissonnée.
ACHILLE.
Ainsi pour vous venger tant de rois assemblés
D'un opprobre éternel retourneront comblés!
Et Paris, couronnant son insolente flamme,
Retiendra sans péril la sœur de votre femme?
AGAMEMNON.
Hé quoi! votre valeur qui nous a devancés
N'a-t-elle pas pris soin de nous venger assez?
Les malheurs de Lesbos par vos mains ravagée
Épouvantent encor toute la mer Égée.
Troie en a vu la flamme; et jusque dans ses ports
Les flots en ont poussé les débris et les morts.
Que dis-je? les Troyens pleurent une autre Hélène
Que vous avez captive envoyée à Mycène :
Car, je n'en doute point, cette jeune beauté
Garde en vain un secret que trahit sa fierté;
Et son silence même, accusant sa noblesse,
Nous dit qu'elle nous cache une illustre princesse [2].
ACHILLE.
Non, non, tous ces détours sont trop ingénieux :
Vous lisez de trop loin dans les secrets des Dieux.
Moi, je m'arrêterais à de vaines menaces?
Et je fuirais l'honneur qui m'attend sur vos traces?
Les Parques à ma mère, il est vrai, l'ont prédit [3],
Lorsqu'un époux mortel fut reçu dans son lit :
Je puis choisir, dit-on, ou beaucoup d'ans sans gloire,
Ou peu de jours suivis d'une longue mémoire.

1. A votre personne.
2. Pour la seconde fois Racine nous prépare à voir Ériphile s'introduire dans la pièce et y jouer un rôle important. Mais ces annonces répétées du personnage d'Ériphile ressemblent toujours à des digressions.
3. Sur cette prédiction voy. l'*Iliade*, chant IX, vers 410. Pélée fut l'époux de Thétis et le père d'Achille.

Mais puisqu'il faut enfin que j'arrive au tombeau,
Voudrais-je, de la terre inutile fardeau,
Trop avare d'un sang reçu d'une déesse,
Attendre chez mon père une obscure vieillesse;
Et, toujours de la gloire évitant le sentier,
Ne laisser aucun nom, et mourir tout entier [1] ?
Ah! ne nous formons point ces indignes obstacles;
L'honneur parle; il suffit; ce sont là nos oracles [2].
Les Dieux sont de nos jours les maîtres souverains;
Mais, Seigneur, notre gloire est dans nos propres mains.
Pourquoi nous tourmenter de leurs ordres suprêmes?
Ne songeons qu'à nous rendre immortels comme eux-mêmes;
Et, laissant faire au sort, courons où la valeur
Nous promet un destin aussi grand que le leur.
C'est à Troie, et j'y cours; et, quoi qu'on me prédise,
Je ne demande aux Dieux qu'un vent qui m'y conduise;
Et quand moi seul enfin il faudrait l'assiéger,
Patrocle et moi, Seigneur, nous irons vous venger [3].
Mais non, c'est en vos mains que le destin la livre;
Je n'aspire en effet qu'à l'honneur de vous suivre.
Je ne vous presse plus d'approuver les transports
D'un amour qui m'allait éloigner de ces bords;
Ce même amour, soigneux de votre renommée,
Veut qu'ici mon exemple encourage l'armée,
Et me défend surtout de vous abandonner
Aux timides conseils qu'on ose vous donner.

SCÈNE III

AGAMEMNON, ULYSSE.

ULYSSE.

Seigneur, vous entendez: quelque prix qu'il en coûte,
Il veut voler à Troie et poursuivre sa route.
Nous craignions son amour; et lui-même, aujourd'hui,
Par une heureuse erreur nous arme contre lui.

---

1. Corneille avait dit (de Brutus et Cassius) dans *Cinna*, vers 267 :
Sont-ils morts tout entiers avec leurs grands desseins?
Racine a pu se souvenir aussi d'Horace : *Non omnis moriar* (*Odes*, livre III, ode XXX, vers 6).
2. On a trouvé ce vers trop moderne de sentiment et de forme; il traduit presque un vers d'Homère (*Iliade*, XII, 243) : « Le seul bon présage est de combattre pour la patrie. »
3. Tout ce couplet respire une admirable audace, une valeur généreuse. Horace n'a pas de plus beaux vers dans la tragédie de Corneille.

AGAMEMNON.

Hélas!

ULYSSE.

De ce soupir que faut-il que j'augure [1]?
Du sang qui se révolte est-ce quelque murmure?
Croirai-je qu'une nuit a pu vous ébranler?
Est-ce donc votre cœur qui vient de nous parler?
Songez-y; vous devez votre fille à la Grèce :
Vous nous l'avez promise; et, sur cette promesse,
Calchas, par tous les Grecs consulté chaque jour,
Leur a prédit des vents l'infaillible retour.
A ses prédictions si l'effet est contraire,
Pensez-vous que Calchas continue à se taire;
Que ses plaintes, qu'en vain vous voudrez apaiser,
Laissent mentir les Dieux sans vous en accuser?
Et qui sait ce qu'aux Grecs, frustrés de leur victime,
Peut permettre un courroux qu'ils croiront légitime?
Gardez-vous de réduire un peuple furieux,
Seigneur, à prononcer entre vous et les Dieux.
N'est-ce pas vous enfin de qui la voix pressante
Nous a tous appelés aux campagnes du Xanthe [2],
Et qui de ville en ville attestiez les serments
Que d'Hélène autrefois firent tous les amants,
Quand presque tous les Grecs, rivaux de votre frère,
La demandaient en foule à Tyndare son père?
De quelque heureux époux que l'on dût faire choix,
Nous jurâmes dès lors de défendre ses droits;
Et, si quelque insolent lui volait sa conquête,
Nos mains du ravisseur lui promirent la tête.
Mais sans vous, ce serment que l'amour a dicté,
Libres de cet amour, l'aurions-nous respecté?
Vous seul, nous arrachant à de nouvelles flammes,
Nous avez fait laisser nos enfants et nos femmes.
Et quand, de toutes parts assemblés [3] en ces lieux,
L'honneur de vous venger brille seul à nos yeux;
Quand la Grèce, déjà vous donnant son suffrage,

---

1. Tout ce discours d'Ulysse est un chef-d'œuvre d'artificieuse habileté: on y sent un peu l'art; mais Ulysse est un rhéteur. Dans Euripide, c'est le vieillard qui rappelle à Agamemnon le serment prêté à Tyndare; ce récit, qui fait longueur dans le poète grec, transporté ici par Racine, y prend la valeur d'un argument et donne une grande force au discours.

2. Le Xantho ou Scamandre coulait devant Pergame, citadelle de Troie.

3. *Assemblés* ne se rapporte grammaticalement à aucun mot exprimé, mais à *nous-mêmes* sous-entendu : la tournure est hardiment elliptique, mais fort claire.

16.

Vous reconnaît l'auteur de ce fameux ouvrage ;
Que ses rois, qui pouvaient vous disputer ce rang,
Sont prêts pour vous servir de verser tout leur sang[1] :
Le seul Agamemnon, refusant la victoire,
N'ose d'un peu de sang[2] acheter tant de gloire ;
Et, dès le premier pas se laissant effrayer,
Ne commande les Grecs que pour les renvoyer !

AGAMEMNON.

Ah, Seigneur ! qu'éloigné du malheur qui m'opprime,
Votre cœur aisément se montre magnanime !
Mais que, si vous voyiez ceint du bandeau mortel
Votre fils Télémaque approcher de l'autel,
Nous vous verrions, troublé de cette affreuse image,
Changer bientôt en pleurs ce superbe langage,
Éprouver la douleur que j'éprouve aujourd'hui,
Et courir vous jeter entre Calchas et lui !
Seigneur, vous le savez, j'ai donné ma parole ;
Et si ma fille vient, je consens qu'on l'immole.
Mais, malgré tous mes soins, si son heureux destin
La retient dans Argos, ou l'arrête en chemin,
Souffrez que, sans presser ce barbare spectacle,
En faveur de mon sang j'explique cet obstacle,
Que j'ose pour ma fille accepter le secours
De quelque dieu plus doux qui veille sur ses jours.
Vos conseils sur mon cœur n'ont eu que trop d'empire ;
Et je rougis...

SCÈNE IV

AGAMEMNON, ULYSSE, EURYBATE.

EURYBATE.

Seigneur...

AGAMEMNON.

Ah ! que vient-on me dire ?

EURYBATE.

La Reine, dont la course a devancé mes pas,
Va remettre bientôt sa fille entre vos bras[3] ;

---

1. Sur *près de* et *prêts à* ou *de* confondus au XVIIe siècle, voy. *Andromaque*, page 68, note 3.

2. Dans tout ce discours merveilleusement habile, on ne voudrait changer que ces mots : *un peu de sang*. On voudrait une autre périphrase ; celle-ci est brutale et maladroite.

3. Le coup de théâtre est admirablement amené. Agamemnon, qui se croit sûr qu'Iphigénie ne viendra pas, promet de la sacrifier si elle vient ; là-dessus elle arrive. Dans Euripide on voit Ménélas arracher la lettre au vieillard ; on sait dès lors qu'Iphigénie va paraître. Racine est bien plus habile.

Elle approche. Elle s'est quelque temps égarée
Dans ces bois qui du camp semblent cacher l'entrée ;
A peine nous avons, dans leur obscurité,
Retrouvé le chemin que nous avions quitté.

AGAMEMNON.

Ciel !

EURYBATE.

Elle amène aussi cette jeune Ériphile[1]
Que Lesbos a livrée entre les mains d'Achille,
Et qui de son destin, qu'elle ne connaît pas,
Vient, dit-elle, en Aulide interroger Calchas.
Déjà de leur abord la nouvelle est semée ;
Et déjà de soldats une foule charmée,
Surtout d'Iphigénie admirant la beauté,
Pousse au ciel mille vœux pour sa félicité.
Les uns avec respect environnaient la Reine ;
D'autres me demandaient le sujet qui l'amène :
Mais tous ils confessaient que si jamais les Dieux
Ne mirent sur le trône un roi plus glorieux,
Également comblé de leurs faveurs secrètes,
Jamais père ne fut plus heureux que vous l'êtes.

AGAMEMNON.

Eurybate, il suffit. Vous pouvez nous laisser :
Le reste me regarde, et je vais y penser.

SCÈNE V

AGAMEMNON, ULYSSE.

AGAMEMNON.

Juste ciel, c'est ainsi qu'assurant ta vengeance
Tu romps tous les ressorts de ma vaine prudence !
Encor si je pouvais, libre dans mon malheur,
Par des larmes au moins soulager ma douleur !
Triste destin des rois ! Esclaves que nous sommes
Et des rigueurs du sort et des discours des hommes,
Nous nous voyons sans cesse assiégés de témoins ;
Et les plus malheureux osent pleurer le moins[2].

---

1. Ériphile est annoncée pour la troisième fois.
2. Ces vers sont imités d'Euripide, vers 432-443 ; mais Racine n'a pas traduit cette antithèse un peu affectée que commet l'Agamemnon d'Euripide : « J'ai honte de verser des pleurs, et j'ai honte aussi de ne pas pleurer. »

ULYSSE.

Je suis père, Seigneur ; et, faible comme un autre,
Mon cœur se met sans peine en la place du vôtre ;
Et, frémissant du coup qui vous fait soupirer,
Loin de blâmer vos pleurs, je suis prêt de pleurer[1].
Mais votre amour n'a plus d'excuse légitime ;
Les Dieux ont à Calchas amené leur victime ;
Il le sait, il l'attend ; et, s'il la voit tarder,
Lui-même à haute voix viendra la demander.
Nous sommes seuls encor : hâtez-vous de répandre
Des pleurs que vous arrache un intérêt si tendre ;
Pleurez ce sang, pleurez ; ou plutôt, sans pâlir,
Considérez l'honneur qui doit en rejaillir.
Voyez tout l'Hellespont blanchissant sous nos rames
Et la perfide Troie abandonnée aux flammes,
Ses peuples dans vos fers, Priam à vos genoux,
Hélène par vos mains rendue à son époux.
Voyez de vos vaisseaux les poupes couronnées
Dans cette même Aulide avec vous retournées ;
Et ce triomphe heureux, qui s'en va devenir
L'éternel entretien des siècles à venir.

AGAMEMNON.

Seigneur, de mes efforts je connais l'impuissance :
Je cède, et laisse aux Dieux opprimer l'innocence.
La victime bientôt marchera sur vos pas.
Allez. Mais cependant faites taire Calchas ;
Et m'aidant à cacher ce funeste mystère,
Laissez-moi de l'autel écarter une mère.

ACTE II

SCÈNE PREMIÈRE
ÉRIPHILE, DORIS.

ÉRIPHILE.

Ne les contraignons point, Doris, retirons-nous ;
Laissons-les dans les bras d'un père et d'un époux ;
Et, tandis qu'à l'envi leur amour se déploie,

---

1 Le vieil Horace dit dans Corneille :
Loin de blâmer les pleurs que je vous vois répandre
Je crois faire beaucoup de m'en pouvoir défendre
(vers 950.)
Sur *prêt de*. Voy. page 68, note 3.

Mettons en liberté ma tristesse et leur joie.
DORIS.
Quoi, Madame ! toujours irritant vos douleurs,
Croyez-vous ne plus voir que des sujets de pleurs?
Je sais que tout déplaît aux yeux d'une captive ;
Qu'il n'est point dans les fers de plaisirs qui la suive.
Mais dans le temps fatal que, repassant les flots,
Nous suivions malgré nous le vainqueur de Lesbos ;
Lorsque dans son vaisseau, prisonnière timide,
Vous voyiez devant vous ce vainqueur homicide,
Le dirai-je ? vos yeux, de larmes moins trempés,
A pleurer vos malheurs étaient moins occupés.
Maintenant tout vous rit : l'aimable Iphigénie
D'une amitié sincère avec vous est unie ;
Elle vous plaint, vous voit avec des yeux de sœur,
Et vous seriez dans Troie avec moins de douceur ;
Vous vouliez voir l'Aulide où son père l'appelle ;
Et l'Aulide vous voit arriver avec elle.
Cependant, par un sort que je ne conçois pas,
Votre douleur redouble et croît à chaque pas.
ÉRIPHILE.
Hé quoi ! te semble-t-il que la triste Ériphile
Doive être de leur joie un témoin si tranquille?
Crois-tu que mes chagrins doivent s'évanouir
A l'aspect d'un bonheur dont je ne puis jouir [1] ?
Je vois Iphigénie entre les bras d'un père ;
Elle fait tout l'orgueil d'une superbe mère ;
Et moi, toujours en butte à de nouveaux dangers,
Remise dès l'enfance en des bras étrangers,
Je reçus et je vois le jour que je respire,
Sans que père ni mère ait daigné me sourire.
J'ignore qui je suis, et pour comble d'horreur
Un oracle effrayant m'attache à mon erreur ;
Et, quand je veux chercher le sang qui m'a fait naître,
Me dit que sans périr je ne me puis connaître.
DORIS.
Non, non ; jusques au bout vous devez le chercher.
Un oracle toujours se plaît à se cacher ;

---

1. L'aigreur, la jalousie qui sont le fond du caractère d'Eriphile, éclatent dès les premiers mots qu'elle prononce. Racine n'a rien négligé pour la bien faire connaître : il la fait paraître en scène avant Iphigénie. Malgré tout, ce rôle reste épisodique et comme *plaqué*. C'est une invention romanesque.

Toujours avec un sens il en présente un autre [1] :
En perdant un faux nom vous reprendrez le vôtre.
C'est là tout le danger que vous pouvez courir ;
Et c'est peut-être ainsi que vous devez périr.
Songez que votre nom fut changé dès l'enfance.

ÉRIPHILE.

Je n'ai de tout mon sort que cette connaissance ;
Et ton père, du reste infortuné témoin,
Ne me permit jamais de pénétrer plus loin.
Hélas ! dans cette Troie où j'étais attendue,
Ma gloire, disait-il, m'allait être rendue :
J'allais, en reprenant et mon nom et mon rang,
Des plus grands rois en moi reconnaître le sang.
Déjà je découvrais cette fameuse ville.
Le ciel mène à Lesbos l'impitoyable Achille :
Tout cède, tout ressent ses funestes efforts ;
Ton père, enseveli dans la foule des morts,
Me laisse dans les fers à moi-même inconnue ;
Et, de tant de grandeurs dont j'étais prévenue [2],
Vile esclave des Grecs, je n'ai pu conserver
Que la fierté d'un sang que je ne puis prouver.

DORIS.

Ah ! que perdant, Madame, un témoin si fidèle,
La main qui vous l'ôta vous doit sembler cruelle !
Mais Calchas est ici, Calchas si renommé,
Qui des secrets des Dieux fut toujours informé.
Le Ciel souvent lui parle : instruit par un tel maître,
Il sait tout ce qui fut et tout ce qui doit être [3].
Pourrait-il de vos jours ignorer les auteurs ?
Ce camp même est pour vous tout plein de protecteurs :
Bientôt Iphigénie, en épousant Achille,
Vous va sous son appui présenter un asile.
Elle vous l'a promis et juré devant moi ;
Ce gage est le premier qu'elle attend de sa foi.

ÉRIPHILE.

Que dirais-tu, Doris, si, passant tout le reste,

---

1. Comparez ces vers d'*Horace* :

Un oracle jamais ne se laisse comprendre.
On l'entend d'autant moins que plus on croit l'en-
 [tendre,
Et loin de s'assurer sur un pareil arrêt,
Qui n'y voit rien d'obscur doit croire que tout l'est.

(*Horace*, vers 841-844.)

2. Dont j'étais entourée d'avance (en imagination). Bossuet dit de même : « prévenue de tant de grâces », c.-à-d. les ayant reçues d'avance. Il ne faudrait pas comprendre : dont j'étais avertie.

3. Vers traduit de l'*Iliade* (I, 70) où Homère dit du même devin : « Qu'il sait ce qui est, ce qui sera, et ce qui fut. »

Cet hymen de mes maux était le plus funeste ?
DORIS.
Quoi, Madame !
ÉRIPHILE.
Tu vois avec étonnement
Que ma douleur ne souffre aucun soulagement.
Écoute, et tu te vas étonner que je vive.
C'est peu d'être étrangère, inconnue et captive ;
Ce destructeur fatal des tristes Lesbiens,
Cet Achille, l'auteur de tes maux et des miens,
Dont la sanglante main m'enleva prisonnière,
Qui m'arracha d'un coup ma naissance et ton père,
De qui, jusques au nom, tout doit m'être odieux,
Est de tous les mortels le plus cher à mes yeux.
DORIS.
Ah ! que me dites-vous ?
ÉRIPHILE.
Je me flattais sans cesse
Qu'un silence éternel cacherait ma faiblesse.
Mais mon cœur trop pressé m'arrache ce discours,
Et te parle une fois, pour se taire toujours.
Ne me demande point sur quel espoir fondée
De ce fatal amour je me vis possédée.
Je n'en accuse point quelques feintes douleurs
Dont je crus voir Achille honorer mes malheurs.
Le Ciel s'est fait, sans doute, une joie inhumaine
A rassembler sur moi tous les traits de sa haine.
Rappellerai-je encor le souvenir affreux
Du jour qui dans les fers nous jeta toutes deux ?
Dans les cruelles mains par qui je fus ravie
Je demeurai longtemps sans lumière et sans vie.
Enfin, mes tristes yeux cherchèrent la clarté ;
Et, me voyant presser d'un bras ensanglanté,
Je frémissais, Doris, et d'un vainqueur sauvage
Craignais de rencontrer l'effroyable visage.
J'entrai dans son vaisseau, détestant sa fureur,
Et toujours détournant ma vue avec horreur.
Je le vis : son aspect n'avait rien de farouche[1] ;

---

1. Voltaire dit à propos de ce vers : « Avant Racine... personne ne connaissait cet heureux mélange de syllabes longues et brèves et de consonnes suivies de voyelles qui font couler un vers avec tant de mollesse et qui le font entrer dans une oreille sensible et juste avec tant de plaisirs » (*Dictionnaire phi-*

Je sentis le reproche expirer dans ma bouche ;
Je sentis contre moi mon cœur se déclarer ;
J'oubliai ma colère, et ne sus que pleurer :
Je me laissai conduire à cet aimable guide [1].
Je l'aimais à Lesbos, et je l'aime en Aulide.
Iphigénie en vain s'offre à me protéger,
Et me tend une main prompte à me soulager :
Triste effet des fureurs dont je suis tourmentée !
Je n'accepte la main qu'elle m'a présentée,
Que pour m'armer contre elle, et, sans me découvrir,
Traverser son bonheur, que je ne puis souffrir.

DORIS.

Et que pourrait contre elle une impuissante haine ?
Ne valait-il pas mieux, renfermée à Mycène,
Éviter les tourments que vous venez chercher,
Et combattre des feux contraints de se cacher ?

ÉRIPHILE.

Je le voulais, Doris. Mais, quelque triste image
Que sa gloire à mes yeux montrât sur ce rivage,
Au sort qui me traînait il fallut consentir :
Une secrète voix m'ordonna de partir,
Me dit qu'offrant ici ma présence importune,
Peut-être j'y pourrais [2] porter mon infortune ;
Que peut-être approchant ces amants trop heureux,
Quelqu'un de mes malheurs se répandrait sur eux.
Voilà ce qui m'amène, et non l'impatience
D'apprendre à qui je dois une triste naissance.
Ou plutôt leur hymen me servira de loi :
S'il s'achève, il suffit ; tout est fini pour moi :
Je périrai, Doris ; et, par une mort prompte,
Dans la nuit du tombeau j'enfermerai ma honte,

---

losophique, ART DRAMATIQUE). On ne sait guère ce que Voltaire a voulu dire par là ; peut-être désigne-t-il par ce *mélange de syllabes brèves et longues* le mélange des *syllabes accentuées et atones*, confondant ainsi la *quantité* (si peu sensible en français) avec l'accent tonique. Ici le vers doit son harmonie frappante, mais un peu monotone, au retour régulier d'une tonique après deux atones.

Je le sais son aspect n'avait rien de farouche.

Cette coupe n'est point rare, on la retrouve quatre fois dans les dix vers qui suivent.

1. Nous avons dit qu'au XVIIe siècle et surtout en vers, la préposition *à* est d'un emploi très souple et très étendu. On la substitue au besoin à presque toutes les autres prépositions, mais surtout à : *dans, de, en, envers, par, pour, selon, sous, sur.* Ici *à* offre le sens de *par*.

2. Des puristes ont prétendu à tort que *pouvoir peut-être* est un pléonasme. Puisqu'on peut dire : *pouvoir certainement*, il faut bien qu'on puisse dire : *pouvoir peut-être*.

Sans chercher des parents si longtemps ignorés,
Et que ma folle amour a trop déshonorés[1].
DORIS.
Que je vous plains, Madame! et que la tyrannie[2]...
ÉRIPHILE.
Tu vois Agamemnon avec Iphigénie.

SCÈNE II

AGAMEMNON, IPHIGÉNIE, ÉRIPHILE, DORIS.

IPHIGÉNIE.
Seigneur, où courez-vous? et quels empressements[3]
Vous dérobent sitôt à nos embrassements?
A qui dois-je imputer cette fuite soudaine?
Mon respect a fait place aux transports de la Reine.
Un moment à mon tour ne vous puis-je arrêter?
Et ma joie à vos yeux n'ose-t-elle éclater?
Ne puis-je...
AGAMEMNON.
Hé bien! ma fille, embrassez votre père;
Il vous aime toujours.
IPHIGÉNIE.
Que cette amour m'est chère[4]!
Quel plaisir de vous voir et de vous contempler
Dans ce nouvel éclat dont je vous vois briller!
Quels honneurs! quel pouvoir! Déjà la renommée
Par d'étonnants récits m'en avait informée;
Mais que, voyant de près ce spectacle charmant,
Je sens croître ma joie et mon étonnement!
Dieux! avec quel amour la Grèce vous révère!
Quel bonheur de me voir la fille d'un tel père!
AGAMEMNON.
Vous méritiez, ma fille, un père plus heureux.

---

1. Sur amour féminin, voy. ci-dessus, page 58, note 2.

2. Les premières éditions portaient (1675-1687) *et que pour votre vie...* On ne devinait pas très bien comment Doris eût continué la phrase interrompue. On ne devine pas beaucoup mieux d'après la variante que Racine a substituée.

3. Cette scène dans Euripide offre un caractère de tendresse plus familière et plus simple. Mais qui oserait reprocher à Racine d'avoir prêté trop de majesté royale à Agamemnon, quand on lit dans l'*Entretien sur les tragédies de ce temps* (1675) par l'abbé de Villiers : que bien des gens n'approuvaient pas (dans la tragédie de Racine) qu'une fille de l'âge d'Iphigénie courût après les caresses de son père.

4. Sur *amour* féminin voy. *Andromaque*, page 58, note 2.

IPHIGÉNIE.

Quelle félicité peut manquer à vos vœux ?
A de plus grands honneurs un roi peut-il prétendre ?
J'ai cru n'avoir au Ciel que des grâces à rendre.

AGAMEMNON.

Grands Dieux ! à son malheur dois-je la préparer ?

IPHIGÉNIE.

Vous vous cachez, Seigneur, et semblez soupirer ;
Tous vos regards sur moi ne tombent qu'avec peine.
Avons-nous sans votre ordre abandonné Mycène ?

AGAMEMNON.

Ma fille, je vous vois toujours des mêmes yeux ;
Mais les temps sont changés, aussi bien que les lieux :
D'un soin cruel ma joie est ici combattue.

IPHIGÉNIE.

Hé ! mon père, oubliez votre rang à ma vue.
Je prévois la rigueur d'un long éloignement.
N'osez-vous, sans rougir, être père un moment ?
Vous n'avez devant vous qu'une jeune princesse
A qui j'avais pour moi vanté votre tendresse.
Cent fois, lui promettant mes soins, votre bonté,
J'ai fait gloire à ses yeux de ma félicité.
Que va-t-elle penser de votre indifférence ?
Ai-je flatté ses vœux d'une fausse espérance ?
N'éclaircirez-vous point ce front chargé d'ennuis ?

AGAMEMNON.

Ah, ma fille !

IPHIGÉNIE.

Seigneur, poursuivez.

AGAMEMNON.

Je ne puis.

IPHIGÉNIE.

Périsse le Troyen auteur de nos alarmes !

AGAMEMNON.

Sa perte à ses vainqueurs coûtera bien des larmes.

IPHIGÉNIE.

Les Dieux daignent surtout prendre soin de vos jours !

AGAMEMNON.

Les Dieux depuis un temps me sont cruels et sourds.

IPHIGÉNIE.

Calchas, dit-on, prépare un pompeux sacrifice.

AGAMEMNON.
Puissé-je auparavant fléchir leur injustice !
IPHIGÉNIE.
L'offrira-t-on bientôt ?

AGAMEMNON.
Plus tôt que je ne veux.
IPHIGÉNIE.
Me sera-t-il permis de me joindre à vos vœux ?
Verra-t-on à l'autel votre heureuse famille ?
AGAMEMNON.
Hélas !
IPHIGÉNIE.
Vous vous taisez ?
AGAMEMNON.
Vous y serez, ma fille [1].
Adieu.

SCÈNE III

IPHIGÉNIE, ÉRIPHILE, DORIS.

IPHIGÉNIE.
De cet accueil que dois-je soupçonner ?
D'une secrète horreur je me sens frissonner.
Je crains, malgré moi-même, un malheur que j'ignore,
Justes Dieux, vous savez pour qui je vous implore !
ÉRIPHILE.
Quoi ! parmi tous les soins qui doivent l'accabler,
Quelque froideur suffit pour vous faire trembler ?
Hélas ! à quels soupirs suis-je donc condamnée,
Moi qui, de mes parents toujours abandonnée,
Étrangère partout, n'ai pas, même en naissant,

---

1. Ce « mot déchirant » (Voltaire) est-il ou non dans Euripide ? Les uns disent oui, les autres disent non. Pour Euripide, voici ce qu'il dit : « *Iphigénie.* — Hâte-toi, mon père, de revenir vainqueur de la Phrygie. *Agamemnon.* — Il me faut d'abord accomplir ici un sacrifice. *Iphigénie.* — N'est-ce pas avec les prêtres qu'il convient de régler cette cérémonie sacrée ? *Agamemnon.* — Tu le sauras ; car tu te tiendras auprès des vases d'eau lustrale. » On a proposé de lire ξυνούσας au lieu de ξυν ἱεροῖς. (Nous auprès de toi, au lieu de *avec les prêtres*.) Ce qui suit est plus touchant, et Racine n'a pas osé le traduire : « *Iphigénie.* — Formerons-nous des chœurs de danse autour de l'autel ? *Agamemnon.* — Heureuse ignorance, que je te porte envie ! Rentre dans la maison, ma fille... Donne-moi un triste baiser, donne-moi ta main, tu vas être longtemps séparée de ton père. Ô sein, ô joues, ô blonds cheveux ! Quels maux nous cause Hélène et la ville phrygienne ! »

Peut-être reçu d'eux un regard caressant[1] !
Du moins, si vos respects sont rejetés d'un père,
Vous en pouvez gémir dans le sein d'une mère ;
Et, de quelque disgrâce enfin que vous pleuriez,
Quels pleurs par un amant ne sont point essuyés !

IPHIGÉNIE.

Je ne m'en défends point : mes pleurs, belle Ériphile,
Ne tiendraient pas longtemps contre les soins d'Achille ;
Sa gloire, son amour, mon père, mon devoir,
Lui donnent sur mon âme un trop juste pouvoir.
Mais de lui-même ici que faut-il que je pense ?
Cet amant, pour me voir brûlant d'impatience,
Que les Grecs de ces bords ne pouvaient arracher,
Qu'un père de si loin m'ordonne de chercher,
S'empresse-t-il assez pour jouir d'une vue
Qu'avec tant de transports je croyais attendue ?
Pour moi, depuis deux jours qu'approchant de ces lieux
Leur aspect souhaité se découvre à nos yeux,
Je l'attendais partout ; et, d'un regard timide,
Sans cesse parcourant les chemins de l'Aulide,
Mon cœur pour le chercher volait loin devant moi ;
Et je demande Achille à tout ce que je voi[2].
Je viens, j'arrive enfin sans qu'il m'ait prévenue.
Je n'ai percé qu'à peine une foule inconnue ;
Lui seul ne paraît point : le triste Agamemnon
Semble craindre à mes yeux de prononcer son nom.
Que fait-il ? qui pourra m'expliquer ce mystère ?
Trouverai-je l'amant glacé comme le père ?
Et les soins de la guerre auraient-ils en un jour
Éteint dans tous les cœurs la tendresse et l'amour ?
Mais non, c'est l'offenser par d'injustes alarmes.
C'est à moi que l'on doit le secours de ses armes.
Il n'était point à Sparte entre tous ces amants
Dont le père d'Hélène a reçu les serments :
Lui seul de tous les Grecs, maître de sa parole,
S'il part contre Ilion, c'est pour moi qu'il y vole ;
Et, satisfait d'un prix qui lui semble si doux,
Il veut même y porter le nom de mon époux.

---

1. Ici et dans le vers 29 de la page 287, Racine s'est souvenu probablement des derniers vers de l'Églogue IV de Virgile :

Incipe, parve puer, risu cognoscere matrem.
... cui non risere parentes, etc.

2. *Je voi.* Voy. ci-dessus *Andromaque*, page 96, note 1.

SCÈNE IV

CLYTEMNESTRE, IPHIGÉNIE, ÉRIPHILE, DORIS.

CLYTEMNESTRE.

Ma fille, il faut partir sans que rien nous retienne [1],
Et sauver en fuyant votre gloire [2] et la mienne.
Je ne m'étonne plus qu'interdit et distrait,
Votre père ait paru nous revoir à regret :
Aux affronts d'un refus craignant de vous commettre [3],
Il m'avait par Arcas envoyé cette lettre.
Arcas s'est vu tromper par notre égarement [4],
Et vient de me la rendre en ce même moment.
Sauvons, encore un coup, notre gloire offensée :
Pour votre hymen Achille a changé de pensée;
Et, refusant l'honneur qu'on lui veut accorder,
Jusques à son retour il veut le retarder.

ÉRIPHILE.

Qu'entends-je?

CLYTEMNESTRE.

Je vous vois rougir de cet outrage.
Il faut d'un noble orgueil armer votre courage.
Moi-même, de l'ingrat approuvant le dessein,
Je vous l'ai dans Argos présenté de ma main;
Et mon choix, que flattait le bruit de sa noblesse,
Vous donnait avec joie au fils d'une déesse.
Mais, puisque désormais son lâche repentir
Dément le sang des Dieux dont on le fait sortir,
Ma fille, c'est à nous de montrer qui nous sommes,
Et de ne voir en lui que le dernier des hommes.
Lui ferons-nous penser, par un plus long séjour,
Que vos vœux de son cœur attendent le retour?
Rompons avec plaisir un hymen qu'il diffère.
J'ai fait de mon dessein avertir votre père;

---

1. Clytemnestre, qu'on n'a pas vue encore, n'entre en scène que pour laisser éclater son dépit. Euripide l'avait montrée arrivant sur le théâtre, dans son char de voyage, avec sa fille, son fils enfant (Oreste), ses suivantes.
D'ailleurs Racine excelle à lier les scènes de façon à intéresser vivement le spectateur. Au moment où Agamemnon se croit sûr qu'Iphigénie ne viendra pas, on annonce qu'elle arrive. Au moment où Iphigénie s'étonne de ne pas voir Achille, elle apprend qu'il l'abandonne.

2. Sur *gloire*, voy. p. 254, note 1.

3. De vous exposer. Bossuet dit : La reine ose encore se *commettre* à la furie de l'Océan (*Oraison funèbre de la reine d'Angleterre*).

4. Ce mot s'emploie au sens figuré beaucoup plus souvent qu'au sens propre.

Je ne l'attends ici que pour m'en séparer[1] ;
Et pour ce prompt départ je vais tout préparer.
    (A Ériphile.)
Je ne vous presse point, Madame, de nous suivre :
En de plus chères mains ma retraite vous livre.
De vos desseins secrets on est trop éclairci[2] ;
Et ce n'est pas Calchas que vous cherchez ici.

SCÈNE V
IPHIGÉNIE, ÉRIPHILE, DORIS.

IPHIGÉNIE.
En quel funeste état ces mots m'ont-ils laissée !
Pour mon hymen Achille a changé de pensée !
Il me faut sans honneur retourner sur mes pas !
Et vous cherchez ici quelque autre que Calchas[3] !

ÉRIPHILE.
Madame, à ce discours je ne puis rien comprendre.

IPHIGÉNIE.
Vous m'entendez assez, si vous voulez m'entendre.
Le sort injurieux me ravit un époux ;
Madame, à mon malheur m'abandonnerez-vous ?
Vous ne pouviez sans moi demeurer à Mycène ;
Me verra-t-on sans vous partir avec la Reine ?

ÉRIPHILE.
Je voulais voir Calchas avant que de partir.

IPHIGÉNIE.
Que tardez-vous, Madame, à le faire avertir ?

ÉRIPHILE.
D'Argos, dans un moment, vous reprenez la route.

IPHIGÉNIE.
Un moment quelquefois éclaircit plus d'un doute.
Mais, Madame, je vois que c'est trop vous presser ;

---

1. *En* au XVIIe siècle se rapporte aux personnes aussi bien qu'aux choses.
2. Il y a encore plus de dépit que de douleur dans le langage de Clytemnestre ; et, comme on l'a dit, le personnage qu'elle fait ici, ne serait pas déplacé dans une comédie. Mais qui en ferait reproche à Racine ? La tragédie française n'est que trop constamment noble et tendue.
3. La douce Iphigénie va se montrer assez dure dans cette scène de jalousie. Mais elle se croit trahie ; et rien ne surprend et n'indigne davantage les âmes vertueuses. Les vers 10, 12 (p. 294) et 7, 29 (p. 295) accusent presque de la violence. Au vers 11 (p. 296) elle menace Ériphile de la puissance d'Agamemnon ; ce qui serait d'un fâcheux effet en toute autre circonstance. Mais le spectateur qui sait qu'Agamemnon va immoler sa fille, ressent une pitié profonde en voyant cette foi filiale et cette ignorance du péril.

Je vois ce que jamais je n'ai voulu penser :
Achille... Vous brûlez que je ne sois partie [1].

ÉRIPHILE.

Moi ! vous me soupçonnez de cette perfidie !
Moi ! j'aimerais, Madame, un vainqueur furieux,
Qui toujours tout sanglant se présente à mes yeux ;
Qui, la flamme à la main et de meurtres avide,
Mit en cendres Lesbos...

IPHIGÉNIE.

Oui, vous l'aimez, perfide !
Et ces mêmes fureurs que vous me dépeignez,
Ces bras que dans le sang vous avez vus baignés,
Ces morts, cette Lesbos, ces cendres, cette flamme,
Sont les traits dont l'amour l'a gravé dans votre âme ;
Et, loin d'en détester le cruel souvenir,
Vous vous plaisez encore à m'en entretenir.
Déjà plus d'une fois dans vos plaintes forcées
J'ai dû voir et j'ai vu le fond de vos pensées ;
Mais toujours sur mes yeux ma facile bonté
A remis le bandeau que j'avais écarté.
Vous l'aimez. Que faisais-je ? et quelle erreur fatale
M'a fait entre mes bras recevoir ma rivale ?
Crédule, je l'aimais ; mon cœur même aujourd'hui
De son parjure amant [2] lui promettait l'appui.
Voilà donc le triomphe où j'étais amenée !
Moi-même à votre char je me suis enchaînée.
Je vous pardonne, hélas ! des vœux intéressés,
Et la perte d'un cœur que vous me ravissez.
Mais que, sans m'avertir du piège qu'on me dresse,
Vous me laissiez chercher jusqu'au fond de la Grèce
L'ingrat qui ne m'attend que pour m'abandonner,
Perfide, cet affront se peut-il pardonner ?

ÉRIPHILE.

Vous me donnez des noms qui doivent me surprendre,
Madame : on ne m'a pas instruite à les entendre ;
Et les Dieux, contre moi dès longtemps indignés,
A mon oreille encor les avaient épargnés.

---

1. *Ne* est explétif. On trouve le même emploi de *brûler* non suivi de la négation, dans *le Misanthrope*.
Et je brûle qu'un nœud d'amitié nous unisse.
Mais ici *brûler* veut dire : désirer ardemment. Racine a pu lui donner le sens de : *sécher d'impatience* qui justifierait mieux la négation.

2. De son parjure amant ; c.-à-d. de son amant parjure (envers moi).

Mais il faut des amants excuser l'injustice.
Et de quoi vouliez-vous que je vous avertisse ?
Avez-vous pu penser qu'au sang d'Agamemnon
Achille préférât une fille sans nom,
Qui de tout son destin [1] ce qu'elle a pu comprendre
C'est qu'elle sort d'un sang qu'il brûle de répandre?

IPHIGÉNIE.

Vous triomphez, cruelle, et bravez ma douleur;
Je n'avais pas encor senti tout mon malheur :
Et vous ne comparez votre exil et ma gloire,
Que pour mieux relever votre injuste victoire.
Toutefois vos transports sont trop précipités :
Ce même Agamemnon à qui vous insultez,
Il commande à la Grèce, il est mon père, il m'aime,
Il ressent mes douleurs beaucoup plus que moi-même.
Mes larmes par avance avaient su le toucher;
J'ai surpris ses soupirs, qu'il me voulait cacher.
Hélas! de son accueil condamnant la tristesse,
J'osais me plaindre à lui de son peu de tendresse!

SCÈNE VI

ACHILLE, IPHIGÉNIE, ÉRIPHILE, DORIS.

ACHILLE.

Il est donc vrai, Madame, que c'est vous que je vois !
Je soupçonnais d'erreur tout le camp à la fois.
Vous en Aulide! vous! Hé! qu'y venez-vous faire?
D'où vient qu'Agamemnon m'assurait le contraire [2].

IPHIGÉNIE.

Seigneur, rassurez-vous : vos vœux seront contents.
Iphigénie encor n'y sera pas longtemps.

---

1. *Qui* reste en l'air, et n'est le sujet d'aucun verbe; la phrase est incorrecte, mais Racine a l'art d'envelopper ces hardiesses dans la trame aisée de son style limpide et clair.

2. On ne peut s'empêcher de trouver l'entrée d'Achille un peu ridicule, et cette question incivile : *Qu'y venez-vous faire* ne semble avoir pour objet que de blesser Iphigénie et de la confirmer dans son erreur. Toute cette fin de l'acte II penche vers la comédie; tous les personnages y sont trompés et enchevêtrés dans un *imbroglio* où la perfide Ériphile est prise elle-même. Il est certes permis à la tragédie d'employer les ressorts comiques; mais n'est-ce pas à condition qu'ils fassent trembler? Osera-t-on dire qu'ils font ici plutôt un peu sourire.

SCÈNE VII
ACHILLE, ÉRIPHILE, DORIS.

ACHILLE.

Elle me fuit ! Veillé-je ou n'est-ce point un songe ?
Dans quel trouble nouveau cette fuite me plonge !
Madame, je ne sais si sans vous irriter
Achille devant vous pourra se présenter ;
Mais, si d'un ennemi vous souffrez la prière,
Si lui-même souvent a plaint sa prisonnière,
Vous savez quel sujet conduit ici leurs pas ;
Vous savez...

ÉRIPHILE.

Quoi ? Seigneur, ne le savez-vous pas,
Vous qui depuis un mois, brûlant sur ce rivage [1],
Avez conclu vous-même et hâté leur voyage ?

ACHILLE.

De ce même rivage absent depuis un mois,
Je le revis hier pour la première fois.

ÉRIPHILE.

Quoi ! lorsqu'Agamemnon écrivait à Mycène,
Votre amour, votre main n'a pas conduit la sienne ?
Quoi ! vous qui de sa fille adoriez les attraits...

ACHILLE.

Vous m'en voyez encore épris plus que jamais,
Madame ; et, si l'effet eût suivi ma pensée,
Moi-même dans Argos je l'aurais devancée.
Cependant on me fuit. Quel crime ai-je commis ?
Mais je ne vois partout que des yeux ennemis.
Que dis-je ? en ce moment, Calchas, Nestor, Ulysse,
De leur vaine éloquence employant l'artifice,
Combattaient mon amour, et semblaient m'annoncer
Que, si j'en crois ma gloire, il y faut renoncer.
Quelle entreprise ici pourrait être formée ?
Suis-je, sans le savoir, la fable de l'armée ?
Entrons : c'est un secret qu'il leur faut arracher.

---

1. Débris de ce langage romanesque trop cher au xviie siècle et dont Racine lui-même en dépit de son bon goût et de l'amitié de Boileau n'a pas su se dégager toujours.

SCÈNE VIII
ÉRIPHILE, DORIS.

ÉRIPHILE.

Dieux, qui voyez ma honte, où me dois-je cacher?
Orgueilleuse rivale, on t'aime; et tu murmures!
Souffrirai-je à la fois ta gloire et tes injures?
Ah! plutôt... Mais, Doris, ou j'aime à me flatter,
Ou sur eux quelque orage est tout prêt d'éclater [1].
J'ai des yeux [2]. Leur bonheur n'est pas encor tranquille:
On trompe Iphigénie; on se cache d'Achille;
Agamemnon gémit. Ne désespérons point,
Et, si le sort contre elle à ma haine se joint;
Je saurai profiter de cette intelligence [3]
Pour ne pas pleurer seule et mourir sans vengeance.

ACTE III

SCÈNE PREMIÈRE
AGAMEMNON, CLYTEMNESTRE.

CLYTEMNESTRE.

Oui, Seigneur, nous partions; et mon juste courroux
Laissait bientôt Achille et le camp loin de nous:
Ma fille dans Argos courait pleurer sa honte.
Mais lui-même, étonné d'une fuite si prompte,
Par combien de serments, dont je n'ai pu douter,
Vient-il de me convaincre et de nous arrêter!
Il presse cet hymen qu'on prétend qu'il diffère,
Et vous cherche, brûlant d'amour et de colère:
Prêt d'imposer silence à ce bruit imposteur,
Achille en veut connaître et confondre l'auteur.
Bannissez ces soupçons qui troublaient notre joie.

AGAMEMNON.

Madame, c'est assez: je consens qu'on le croie.

---

1. Sur *prêt de*, voy. p. 68, note 3.
2. Racine excelle à employer des expressions, comme celle-ci, presque triviales à force d'être répandues; et à les relever par l'à-propos avec lequel il les emploie, et la valeur pathétique qu'il sait leur donner. Qui ne sent ce qu'une actrice habile peut faire entrer de haine et de jalousie, d'aigreur et de perfide espoir dans ces mots: *J'ai des yeux*.
3. De cette intelligence, c.-a-d. de cette entente du sort avec ma haine.

Je reconnais l'erreur qui nous avait séduits[1],
Et ressens votre joie autant que je le puis.
Vous voulez que Calchas l'unisse à ma famille.
Vous pouvez à l'autel envoyer votre fille ;
Je l'attends. Mais, avant que de passer plus loin,
J'ai voulu vous parler un moment sans témoin.
Vous voyez en quels lieux vous l'avez amenée :
Tout y ressent la guerre, et non point l'hyménée.
Le tumulte d'un camp, soldats et matelots,
Un autel hérissé de dards, de javelots,
Tout ce spectacle enfin, pompe digne d'Achille,
Pour attirer vos yeux n'est point assez tranquille ;
Et les Grecs y verraient l'épouse de leur roi
Dans un état indigne et de vous et de moi.
M'en croirez-vous ? Laissez, de vos femmes suivie,
A cet hymen, sans vous, marcher Iphigénie [2].

CLYTEMNESTRE.

Qui ? moi ! que, remettant ma fille en d'autres bras,
Ce que j'ai commencé je ne l'achève pas !
Qu'après l'avoir d'Argos amenée en Aulide,
Je refuse à l'autel de lui servir de guide !
Dois-je donc de Calchas être moins près que vous ?
Et qui présentera ma fille à son époux ?
Quelle autre ordonnera cette pompe sacrée ?

AGAMEMNON.

Vous n'êtes point ici dans le palais d'Atrée ;
Vous êtes dans un camp...

CLYTEMNESTRE.

                Où tout vous est soumis ;
Où le sort de l'Asie en vos mains est remis ;
Où je vois sous vos lois marcher la Grèce entière ;
Où le fils de Thétis va m'appeler sa mère.
Dans quel palais superbe et plein de ma grandeur
Puis-je jamais paraître avec plus de splendeur ?

AGAMEMNON.

Madame, au nom des dieux auteurs de notre race,
Daignez à mon amour accorder cette grâce.
J'ai mes raisons.

---

1. *Égarés.* C'est le sens étymologique et latin de *seducere.*
2. Cette scène est imitée d'Euripide, chez qui Agamemnon comme ici, cher- che sans succès à écarter Clytemnestre (vers 735 et suivants). Dans Euripide elle refuse avec hauteur, et Agamemnon n'ose commander absolument

CLYTEMNESTRE.

Seigneur, au nom des mêmes dieux,
D'un spectacle si doux ne privez point mes yeux.
Daignez ne point ici rougir de ma présence.

AGAMEMNON.

J'avais plus espéré de votre complaisance.
Mais, puisque la raison ne vous peut émouvoir,
Puisque enfin ma prière a si peu du pouvoir,
Vous avez entendu ce que je vous demande,
Madame ; je le veux, et je vous le commande.
Obéissez.

SCÈNE II

CLYTEMNESTRE, seule.

D'où vient que d'un soin si cruel
L'injuste Agamemnon m'écarte de l'autel ?
Fier de son nouveau rang, m'ose-t-il méconnaître ?
Me croit-il à sa suite indigne de paraître ?
Ou, de l'empire encor timide possesseur,
N'oserait-il d'Hélène ici montrer la sœur [1] ?
Et pourquoi me cacher ? et par quelle injustice
Faut-il que sur mon front sa honte rejaillisse ?
Mais n'importe ; il le veut, et mon cœur s'y résout.
Ma fille, ton bonheur me console de tout.
Le Ciel te donne Achille ; et ma joie est extrême
De t'entendre nommer... Mais le voici lui-même.

SCÈNE III

ACHILLE, CLYTEMNESTRE.

ACHILLE.

Tout succède [2], Madame, à mon empressement ;
Le roi n'a point voulu d'autre éclaircissement :
Il en croit mes transports ; et, sans presque m'entendre,
Il vient en m'embrassant, de m'accepter pour gendre.
Il ne m'a dit qu'un mot. Mais vous a-t-il conté
Quel bonheur dans le camp vous avez apporté ?
Les Dieux vont s'apaiser ; du moins Calchas publie

---

1. Supposition singulière. Les Grecs savaient bien qu'ils faisaient la guerre pour venger le rapt d'Hélène ; mais ils n'avaient contre elle ni haine ni colère.

2. *Succéder* a ici le sens de *réussir favorablement*; comme dans La Bruyère.
Tout leur rit, tout leur succède.
Comparez la note 2 de la page 259.

Qu'avec eux, dans une heure, il nous réconcilie ;
Que Neptune et les vents, prêts à nous exaucer,
N'attendent que le sang que sa main va verser.
Déjà dans les vaisseaux la voile se déploie ;
Déjà sur sa parole ils se tournent vers Troie.
Pour moi, quoique le ciel, au gré de mon amour,
Dût encore des vents retarder le retour,
Que je quitte à regret la rive fortunée
Où je vais allumer les flambeaux d'hyménée ;
Puis-je ne point chérir l'heureuse occasion
D'aller du sang troyen sceller notre union,
Et de laisser bientôt, sous Troie ensevelie,
Le déshonneur d'un nom à qui le mien s'allie [1] ?

SCÈNE IV

ACHILLE, CLYTEMNESTRE, IPHIGÉNIE, ÉRIPHILE, DORIS, ÆGINE.

ACHILLE.

Princesse, mon bonheur ne dépend que de vous ;
Votre père à l'autel vous destine un époux ;
Venez y recevoir un cœur qui vous adore [2].

IPHIGÉNIE.

Seigneur, il n'est pas temps que nous partions encore.
La reine permettra que j'ose demander
Un gage à votre amour, qu'il me doit accorder.
Je viens vous présenter une jeune princesse :
Le Ciel a sur son front imprimé sa noblesse.
De larmes tous les jours ses yeux sont arrosés ;
Vous savez ses malheurs, vous les avez causés.
Moi-même (où m'emportait une aveugle colère !)
J'ai tantôt, sans respect, affligé sa misère.
Que ne puis-je aussi bien, par d'utiles secours,
Réparer promptement mes injustes discours ?
Je lui prête ma voix, je ne puis davantage.
Vous seul pouvez, Seigneur, détruire votre ouvrage :
Elle est votre captive ; et ses fers que je plains,

---

1. « Laisser le déshonneur sous Troie ensevelie » n'est pas une tournure claire et précise. Racine laisse échapper rarement ces faiblesses d'expression. L'idée de rappeler le souvenir d'Hélène au moment d'épouser Iphigénie, sa nièce, n'est pas non plus fort heureuse.

2. Achille, dans *Iphigénie* comme guerrier, parle un mâle langage et

Quand vous l'ordonnerez, tomberont de ses mains.
Commencez donc par là cette heureuse journée.
Qu'elle puisse à nous voir n'être plus condamnée.
Montrez que je vais suivre au pied de nos autels
Un roi qui, non content d'effrayer les mortels,
A des embrasements ne borne point sa gloire,
Laisse aux pleurs d'une épouse attendrir sa victoire,
Et, par les malheureux quelquefois désarmé,
Sait imiter en tout les dieux qui l'ont formé [1].

ÉRIPHILE.

Oui, Seigneur, des douleurs soulagez la plus vive.
La guerre dans Lesbos me fit votre captive :
Mais c'est pousser trop loin ses droits injurieux,
Qu'y joindre le tourment que je souffre en ces lieux,

ACHILLE.

Vous, Madame?

ÉRIPHILE.

Oui, Seigneur; et, sans compter le reste,
Pouvez-vous m'imposer une loi plus funeste
Que de rendre mes yeux les tristes spectateurs
De la félicité de mes persécuteurs?
J'entends de toutes parts menacer ma patrie;
Je vois marcher contre elle une armée en furie;
Je vois déjà l'hymen, pour mieux me déchirer,
Mettre en vos mains le feu qui la doit dévorer [2].
Souffrez que, loin du camp et loin de votre vue,
Toujours infortunée et toujours inconnue,
J'aille cacher un sort si digne de pitié,
Et dont mes pleurs encor vous taisent la moitié.

ACHILLE.

C'est trop, belle princesse : il ne faut que nous suivre.
Venez; qu'aux yeux des Grecs Achille vous délivre;
Et que le doux moment de ma félicité
Soit le moment heureux de votre liberté.

---

exprime de beaux sentiments; comme amant, il est un peu fade et banal : ainsi dans ces vers.

1. Cette demande qu'Iphigénie adresse à Achille en faveur d'Eriphile est destinée à nous rendre la fille d'Agamemnon plus aimable et plus chère; et Eriphile plus odieuse. Racine a tout fait pour qu'on ne pût la plaindre au dénouement.

2. Tournure un peu alambiquée. Eriphile veut dire que l'alliance d'Achille avec la famille d'Hélène excitera davantage son animosité contre Troie. Iphigénie disait au vers 33, p. 292.

S'il part contre Ilion c'est pour moi qu'il y vole.

Achille exprime une idée analogue au vers 13, p. 301.

SCÈNE V

ACHILLE, CLYTEMNESTRE, IPHIGÉNIE, ÉRIPHILE, ARCAS, ÆGINE, DORIS.

ARCAS.
Madame, tout est prêt pour la cérémonie.
Le roi près de l'autel attend Iphigénie ;
Je viens la demander : ou plutôt contre lui,
Seigneur, je viens pour elle implorer votre appui [1].

ACHILLE.
Arcas, que dites-vous ?

CLYTEMNESTRE.
Dieux ! que vient-il m'apprendre ?

ARCAS, à Achille.
Je ne vois plus que vous qui la puisse défendre [2].

ACHILLE.
Contre qui ?

ARCAS.
Je le nomme et l'accuse à regret ;
Autant que je l'ai pu j'ai gardé son secret :
Mais le fer, le bandeau, la flamme est toute prête.
Dût tout cet appareil retomber sur ma tête,
Il faut parler.

CLYTEMNESTRE.
Je tremble. Expliquez-vous, Arcas.

ACHILLE.
Qui que ce soit, parlez ; et ne le craignez pas.

ARCAS.
Vous êtes son amant [3] ; et vous êtes sa mère :
Gardez-vous d'envoyer la princesse à son père.

---

1. Si Arcas n'eût parlé, qu'allait-il arriver ? Rarement, Racine a subordonné le dénouement à une circonstance fortuite. Presque toujours il le tire du jeu des passions et des caractères. Mais dans *Iphigénie* l'insignifiant Arcas tient deux fois la pièce entière entre ses mains. S'il ne se fût pas égaré, en allant à la rencontre de Clytemnestre, Iphigénie ne fût pas venue au camp ; s'il n'eût pas parlé ici, Iphigénie allait être immolée par surprise.

2. La grammaire actuelle veut : qui la puissiez. Sur cette tournure, voy. note 1, p. 181 et comparez ce vers de Corneille dans *Nicomède* :

Et je ne vois que vous qui le puisse arrêter.

3. Amant désigne seulement au XVIIe siècle celui qui aime et désire être aimé. Il n'a pas la signification défavorable qui dans la plupart des cas s'attache aujourd'hui à ce mot. Dans la *Place Royale* de Corneille, une jeune fille très honnête s'exprime ainsi : Un de mes *amants* vient (vers 142).

CLYTEMNESTRE.
Pourquoi le craindrons-nous?
ACHILLE.
Pourquoi m'en défier?
ARCAS.
Il l'attend à l'autel pour la sacrifier.
ACHILLE.
Lui!
CLYTEMNESTRE.
Sa fille!
IPHIGÉNIE.
Mon père!
ÉRIPHILE.
O ciel! quelle nouvelle[1]!
ACHILLE.
Quelle aveugle fureur pourrait l'armer contre elle?
Ce discours, sans horreur, se peut-il écouter?
ARCAS.
Ah, Seigneur! plût au Ciel que je pusse en douter!
Par la voix de Calchas l'oracle la demande;
De toute autre victime il refuse l'offrande;
Et les Dieux, jusque-là protecteurs de Paris,
Ne nous promettent Troie et les vents qu'à ce prix.
CLYTEMNESTRE.
Les Dieux ordonneraient un meurtre abominable!
IPHIGÉNIE.
Ciel! pour tant de rigueur, de quoi suis-je coupable?
CLYTEMNESTRE.
Je ne m'étonne plus de cet ordre cruel
Qui m'avait interdit l'approche de l'autel.
IPHIGÉNIE, à Achille.
Et voilà donc l'hymen où j'étais destinée!
ARCAS.
Le roi pour vous tromper, feignait cet hyménée:
Tout le camp même encore est trompé comme vous.
CLYTEMNESTRE.
Seigneur, c'est donc à moi d'embrasser vos genoux[2].

---

1. Le cri de surprise que laisse échapper chaque personnage est bien tel qu'on devait l'attendre de son caractère et de ses sentiments.

2. Dans Euripide, Clytemnestre supplie Achille qui n'aime pas Iphigénie, qui ne la connaît point et ne s'intéresse pas à elle. Dans Racine, Achille aime Iphigénie sa fiancée; il faut bien qu'il la défende. On s'étonne donc un peu que Clytemnestre tombe à ses pieds pour l'en supplier. Racine (ce qui est bien rare chez lui) imite ici mal à propos son modèle. Au reste le discours de Clytemnestre est fort touchant et très pathétique.

ACHILLE, la relevant.

Ah, Madame!

CLYTEMNESTRE.

Oubliez une gloire importune ;
Ce triste abaissement convient à ma fortune.
Heureuse si mes pleurs vous peuvent attendrir !
Une mère à vos pieds peut tomber sans rougir.
C'est votre épouse, hélas ! qui vous est enlevée ;
Dans cet heureux espoir je l'avais élevée.
C'est vous que nous cherchions sur ce funeste bord ;
Et votre nom, Seigneur, la conduit à la mort.
Ira-t-elle, des dieux implorant la justice,
Embrasser leurs autels parés pour son supplice?
Elle n'a que vous seul : vous êtes en ces lieux
Son père, son époux, son asile, ses dieux.
Je lis dans vos regards la douleur qui vous presse.
Auprès de votre époux, ma fille, je vous laisse.
Seigneur, daignez m'attendre, et ne la point quitter.
A mon perfide époux je cours me présenter ;
Il ne soutiendra point la fureur qui m'anime.
Il faudra que Calchas cherche une autre victime.
Ou si je ne vous puis dérober à leurs coups,
Ma fille, ils pourront bien m'immoler avant vous.

SCÈNE VI

ACHILLE, IPHIGÉNIE.

ACHILLE.

Madame, je me tais, et demeure immobile [1].
Est-ce à moi que l'on parle ? Et connaît-on Achille ?
Une mère pour vous croit devoir me prier !
Une reine à mes pieds se vient humilier !
Et, me déshonorant par d'injustes alarmes,
Pour attendrir mon cœur on a recours aux larmes !
Qui doit prendre à vos jours plus d'intérêt que moi ?
Ah ! sans doute, on s'en peut reposer sur ma foi.
L'outrage me regarde ; et, quoi qu'on entreprenne,

---

[1]. Tout ce couplet d'Achille est froid et guindé. Rapprochez les vers 4 et 5, p. 304. L'Achille *amoureux* de Racine rappelle parfois l'Achille *indifférent* d'Euripide. Un homme qui apprend tout à coup qu'on va égorger la fiancée qu'il adore, devrait éclater plus violemment. Il y a plus de vanité blessée que d'amour dans les deux premiers couplets de la scène VI. Dans cet extrême péril d'Iphigénie, Achille est trop occupé de lui-même.

Je réponds d'une vie où j'attache la mienne.
Mais ma juste douleur va plus loin m'engager :
C'est peu de vous défendre, et je cours vous venger,
Et punir à la fois le cruel stratagème
Qui s'ose de mon nom armer contre vous-même.

IPHIGÉNIE.

Ah! demeurez, Seigneur, et daignez m'écouter.

ACHILLE.

Quoi! Madame, un barbare osera m'insulter!
Il voit que de sa sœur je cours venger l'outrage ;
Il sait que, le premier lui donnant mon suffrage,
Je le fis nommer chef de vingt rois ses rivaux ;
Et, pour fruit de mes soins, pour fruit de mes travaux,
Pour tout le prix enfin d'une illustre victoire,
Qui le doit enrichir, venger, combler de gloire,
Content et glorieux du nom de votre époux,
Je ne lui demandais que l'honneur d'être à vous.
Cependant aujourd'hui, sanguinaire, parjure,
C'est peu de violer l'amitié, la nature,
C'est peu que de vouloir, sous un couteau mortel,
Me montrer votre cœur fumant sur un autel [1] ;
D'un appareil d'hymen couvrant ce sacrifice,
Il veut que ce soit moi qui vous mène au supplice!
Que ma crédule main conduise le couteau!
Qu'au lieu de votre époux je sois votre bourreau !
Et quel était pour vous ce sanglant hyménée,
Si je fusse arrivé plus tard d'une journée?
Quoi donc! à leur fureur livrée en ce moment,
Vous iriez à l'autel me chercher vainement ;
Et d'un fer imprévu vous tomberiez frappée,
En accusant mon nom qui vous aurait trompée !
Il faut de ce péril, de cette trahison,
Aux yeux de tous les Grecs lui demander raison.
A l'honneur d'un époux vous-même intéressée,
Madame, vous devez approuver ma pensée.
Il faut que le cruel qui m'a pu mépriser
Apprenne de quel nom il osait abuser [2].

---

1. L'image est horrible : il semble qu'Achille devrait l'épargner à Iphigénie.

2. Dans Euripide, Achille blessé dans son orgueil étale avec plus de franchise encore son animosité contre Agamemnon ; et laisse voir que le sort d'Iphigénie n'est pas ce qui le touche le plus. Mais dans Euripide, Achille n'est pas épris d'Iphigénie.

IPHIGÉNIE.
Hélas! si vous m'aimez; si, pour grâce dernière,
Vous daignez d'une amante écouter la prière;
C'est maintenant, Seigneur, qu'il faut me le prouver.
Car enfin ce cruel que vous allez braver,
Cet ennemi barbare, injuste, sanguinaire,
Songez, quoi qu'il ait fait, songez qu'il est mon père[1].

ACHILLE.
Lui, votre père! Après son horrible dessein,
Je ne le connais plus que pour votre assassin.

IPHIGÉNIE.
C'est mon père, Seigneur, je vous le dis encore,
Mais un père que j'aime, un père que j'adore,
Qui me chérit lui-même, et dont, jusqu'à ce jour,
Je n'ai jamais reçu que des marques d'amour.
Mon cœur, dans ce respect élevé dès l'enfance,
Ne peut que s'affliger de tout ce qui l'offense;
Et loin d'oser ici, par un prompt changement,
Approuver la fureur de votre emportement,
Loin que par mes discours je l'attise moi-même,
Croyez qu'il faut aimer autant que je vous aime,
Pour avoir pu souffrir tous les noms odieux
Dont votre amour le vient d'outrager à mes yeux.
Et pourquoi voulez-vous qu'inhumain et barbare,
Il ne gémisse pas du coup qu'on me prépare?
Quel père de son sang se plaît à se priver?
Pourquoi me perdrait-il, s'il pouvait me sauver?
J'ai vu, n'en doutez point, ses larmes se répandre.
Faut-il le condamner avant que de l'entendre?
Hélas! de tant d'horreurs son cœur déjà troublé
Doit-il de votre haine être encore accablé?

ACHILLE.
Quoi, Madame! parmi tant de sujets de crainte,
Ce sont là les frayeurs dont vous êtes atteinte!
Un cruel (comment puis-je autrement l'appeler?)
Par la main de Calchas s'en va vous immoler;
Et lorsqu'à sa fureur j'oppose ma tendresse,
Le soin de son repos est le seul qui vous presse!

---

1. Iphigénie ne songe qu'à défendre son père; elle est plus touchante que vraie. C'est moins une fille de l'antiquité qu'une jeune martyre chrétienne, déjà transfigurée par l'approche du sacrifice.

On me ferme la bouche ; on l'excuse! on le plaint [1] !
C'est pour lui que l'on tremble ; et c'est moi que l'on craint!
Triste effet de mes soins! est-ce donc là, Madame,
Tout le progrès qu'Achille avait fait dans votre âme.

IPHIGÉNIE.

Ah, cruel ! cet amour, dont vous voulez douter,
Ai-je attendu si tard pour le faire éclater ?
Vous voyez de quel œil, et comme indifférente
J'ai reçu de ma mort la nouvelle sanglante ?
Je n'en ai point pâli. Que n'avez-vous pu voir
A quel excès tantôt allait mon désespoir,
Quand presque en arrivant, un récit peu fidèle
M'a de votre inconstance annoncé la nouvelle !
Quel trouble ! quel torrent de mots injurieux
Accusait à la fois les hommes et les Dieux !
Ah, que vous auriez vu, sans que je vous le die [2],
De combien votre amour m'est plus cher que ma vie [3] !
Qui sait même, qui sait si le Ciel irrité
A pu souffrir l'excès de ma félicité ?
Hélas ! il me semblait qu'une flamme si belle
M'élevait au-dessus du sort d'une mortelle !

ACHILLE.

Ah! si je vous suis cher, ma princesse, vivez.

SCÈNE VII

CLYTEMNESTRE, IPHIGÉNIE, ACHILLE, ÆGINE.

CLYTEMNESTRE.

Tout est perdu, Seigneur, si vous ne nous sauvez.
Agamemnon m'évite, et craignant mon visage,
Il me fait de l'autel refuser le passage.
Des gardes, que lui-même a pris soin de placer,
Nous ont de toutes parts défendu de passer.
Il me fuit. Ma douleur étonne son audace.

ACHILLE.

Hé bien! c'est donc à moi de prendre votre place.

---

1. Cette objection d'Achille est assez juste. Mais dans toute cette scène, le personnage d'Iphigénie à force d'être noble, s'éloigne du naturel et de la vérité. Achille aussi nous choque un peu en paraissant ne plaindre que lui-même.

2. *Die*, forme archaïque du subjonctif de *dire* encore employée fréquemment au XVIIe siècle.

3. Cevers explique tout le rôle d'Iphigénie (dans Racine). Les quatre vers 13 à 16 (p. 308) manquent dans l'édition de 1697; soit par quelque erreur typographique, soit que Racine les eût retranchés, jugeant que cette déclaration si franche ne convenait pas à la chaste modestie de son héroïne; mais ils ne sont pas inutiles à l'intelligence du rôle.

Il me verra, Madame ; et je vais lui parler.
IPHIGÉNIE.
Ah, Madame !... Ah, Seigneur ! où voulez-vous aller?
ACHILLE.
Et que prétend de moi votre injuste prière ?
Vous faudra-t-il toujours combattre la première[1] ?
CLYTEMNESTRE.
Quel est votre dessein, ma fille ?
IPHIGÉNIE.
Au nom des Dieux.
Madame, retenez un amant furieux :
De ce triste entretien détournons les approches.
Seigneur, trop d'amertume aigrirait vos reproches.
Je sais jusqu'où s'emporte un amant irrité ;
Et mon père est jaloux de son autorité.
On ne connaît que trop la fierté des Atrides.
Laissez parler, Seigneur, des bouches plus timides.
Surpris, n'en doutez point, de mon retardement[2],
Lui-même il me viendra chercher dans un moment :
Il entendra gémir une mère oppressée[3] :
Et que ne pourra point m'inspirer la pensée
De prévenir les pleurs que vous verseriez tous,
D'arrêter vos transports, et de vivre pour vous !
ACHILLE.
Enfin, vous le voulez : il faut donc vous complaire.
Donnez-lui l'une et l'autre un conseil salutaire :
Rappelez sa raison ; persuadez-le bien,
Pour vous, pour mon repos, et surtout pour le sien.
Je perds trop de moments en des discours frivoles ;
Il faut des actions, et non pas des paroles.
(A Clytemnestre.)
Madame, à vous servir je vais tout disposer :
Dans votre appartement allez vous reposer.
Votre fille vivra, je puis vous le prédire.
Croyez du moins, croyez que, tant que je respire,
Les Dieux auront en vain ordonné son trépas :
Cet oracle est plus sûr que celui de Calchas[4].

---

1. Le sujet de *combattre* est sous-entendu. Faudra-t-il que toujours ce soit vous que je doive combattre la première ?

2. Synonyme de *retard* très usité au XVIIe siècle. Madame de Sévigné dit, « les retardements de la poste. »

3. Oppressé ne se dit plus guère qu'au sens propre (gêné par une oppression physique).

4. Le dernier vers est très beau et relève heureusement cette fin d'acte un

ACTE IV

SCÈNE PREMIÈRE.

ÉRIPHILE, DORIS.

DORIS.
Ah! que me dites-vous? Quelle étrange manie [1]
Vous peut faire envier le sort d'Iphigénie?
Dans une heure elle expire. Et jamais, dites-vous,
Vos yeux de son bonheur ne furent plus jaloux.
Qui le croira, Madame? Et quel cœur si farouche...
ÉRIPHILE.
Jamais rien de plus vrai n'est sorti de ma bouche;
Jamais de tant de soins mon esprit agité
Ne porta plus d'envie à sa félicité.
Favorables périls! espérance inutile ?
N'as-tu pas vu sa gloire et le trouble d'Achille?
J'en ai vu, j'en ai fui les signes trop certains.
Ce héros, si terrible au reste des humains,
Qui ne connaît de pleurs que ceux qu'il fait répandre,
Qui s'endurcit contre eux dès l'âge le plus tendre,
Et qui, si l'on nous fait un fidèle discours,
Suça même le sang des lions et des ours,
Pour elle de la crainte a fait l'apprentissage :
Elle l'a vu pleurer et changer de visage;
Et tu la plains, Doris! Par combien de malheurs
Ne lui voudrais-je point disputer de tels pleurs!
Quand je devrais comme elle expirer dans une heure...
Mais que dis-je, expirer! Ne crois pas qu'elle meure.
Dans un lâche sommeil crois-tu qu'enseveli
Achille aura pour elle impunément pâli?
Achille à son malheur saura bien mettre obstacle.
Tu verras que les Dieux n'ont dicté cet oracle

---

peu embarrassée. Achille parle beaucoup d'agir et n'agit pas, on le retient trop aisément; ses menaces à l'endroit d'Agamemnon y perdent un peu de leur force. Il y a quelque affectation dans le vers où il invite Clytemnestre à s'aller tranquillement reposer.

1. Au sens grec étymologique : folie.

2. Périls d'Iphigénie, qui tourneront à son bonheur, et que d'avance la jalouse Eriphile appelle *favorables*. Espérances d'Eriphile, trompées par l'intervention d'Achille, et désormais inutiles. Le vers trop elliptique est certainement un peu obscur.

Que pour croître [1] à la fois sa gloire et mon tourment,
Et la rendre plus belle aux yeux de son amant.
Hé quoi? ne vois-tu pas tout ce qu'on fait pour elle?
On supprime des Dieux la sentence mortelle ;
Et, quoique le bûcher soit déjà préparé,
Le nom de la victime est encor ignoré :
Tout le camp n'en sait rien. Doris, à ce silence,
Ne reconnais-tu pas un père qui balance ?
Et que fera-t-il donc ? Quel courage endurci
Soutiendrait les assauts qu'on lui prépare ici :
Une mère en fureur, les larmes d'une fille,
Les cris, le désespoir de toute une famille,
Le sang à ces objets [2] facile à s'ébranler,
Achille menaçant, tout prêt à l'accabler ?
Non, te dis-je, les Dieux l'ont en vain condamnée :
Je suis et je serai la seule infortunée [3].
Ah ! si je m'en croyais..,

DORIS.
Quoi ? que méditez-vous ?

ÉRIPHILE.
Je ne sais qui m'arrête et retient mon courroux,
Que, par un prompt avis de tout ce qui se passe,
Je ne coure des Dieux divulguer la menace,
Et publier partout les complots criminels
Qu'on fait ici contre eux et contre leurs autels [4].

DORIS.
Ah ! quel dessein, Madame !

ÉRIPHILE.
Ah, Doris ! quelle joie !
Que d'encens brûlerait dans les temples de Troie,
Si, troublant tous les Grecs et vengeant ma prison,
Je pouvais contre Achille armer Agamemnon ;
Si leur haine, de Troie oubliant la querelle,
Tournait contre eux le fer qu'ils aiguisent contre elle,
Et si de tout le camp mes avis dangereux
Faisaient à ma patrie un sacrifice heureux !

---

1. *Croître* au XVIIe siècle est employé fréquemment comme verbe actif. Vaugelas affirma qu'il est toujours neutre, et finit par avoir raison.

2. A ce spectacle ; l'*objet* est proprement ce qui est *mis sous les yeux*.

3. Tout le couplet est fort beau, et surtout cette explosion de la fin est admirable.

4. Ainsi l'hypocrisie va se mettre au service de la haine jalouse : ce caractère est profondément dramatique.

DORIS.

J'entends du bruit. On vient : Clytemnestre s'avance.
Remettez-vous, Madame, ou fuyez sa présence.

ÉRIPHILE.

Rentrons. Et, pour troubler un hymen odieux,
Consultons des fureurs qu'autorisent les Dieux [1].

SCÈNE II

CLYTEMNESTRE, ÆGINE.

CLYTEMNESTRE.

Ægine, tu le vois, il faut que je la fuie [2].
Loin que ma fille pleure, et tremble pour sa vie,
Elle excuse son père, et veut que ma douleur
Respecte encor la main qui lui perce le cœur.
O constance ! ô respect ! Pour prix de sa tendresse
Le barbare à l'autel se plaint de sa paresse.
Je l'attends. Il viendra m'en demander raison [3],
Et croit pouvoir encor cacher sa trahison.
Il vient. Sans éclater contre son injustice,
Voyons s'il soutiendra son indigne artifice.

SCÈNE III

AGAMEMNON, CLYTEMNESTRE, ÆGINE.

AGAMEMNON.

Que faites-vous, Madame ? et d'où vient que ces lieux
N'offrent point avec vous votre fille à mes yeux ?
Mes ordres par Arcas vous l'avaient demandée.
Qu'attend-elle ? Est-ce vous qui l'avez retardée ?
A mes justes désirs ne vous rendez-vous pas ?
Ne peut-elle à l'autel marcher que sur vos pas ?
Parlez.

CLYTEMNESTRE.

S'il faut partir, ma fille est toute prête.
Mais vous, n'avez-vous rien, Seigneur, qui vous arrête ?

---

1. La scène reste vide entre la sortie d'Ériphile, que suit Doris, et l'entrée de Clytemnestre, que suit Ægine. Cette disposition, très fréquente encore dans les premières pièces de Corneille, est très rare chez Racine. On en a vu un exemple entre la Ire et la IIe scène de l'acte IV d'*Andromaque*.

2. *La* se rapporte à Iphigénie. L'édition de 1697 porte *le* qui est sans doute une faute, car le sens ne permet guère de le rapporter à Agamemnon.

3. Raison de cette paresse qui retient Iphigénie.

AGAMEMNON.

Moi, Madame?

CLYTEMNESTRE.

Vos soins ont-ils tout préparé?

AGAMEMNON.

Calchas est prêt, Madame, et l'autel est paré.
J'ai fait ce que m'ordonne un devoir légitime.

CLYTEMNESTRE.

Vous ne me parlez point, Seigneur, de la victime.

AGAMEMNON.

Que me voulez-vous dire? et de quel soin jaloux...

SCÈNE IV

AGAMEMNON, CLYTEMNESTRE, IPHIGÉNIE, ÆGINE

CLYTEMNESTRE.

Venez, venez, ma fille, on n'attend plus que vous;
Venez remercier un père qui vous aime,
Et qui veut à l'autel vous conduire lui-même.

AGAMEMNON.

Que vois-je? quel discours! Ma fille, vous pleurez[1],
Et baissez devant moi vos yeux mal assurés :
Quel trouble... Mais tout pleure, et ma fille, et la mère.
Ah! malheureux Arcas, tu m'as trahi!

IPHIGÉNIE.

Mon père,
Cessez de vous troubler, vous n'êtes point trahi :
Quand vous commanderez, vous serez obéi.
Ma vie est votre bien; vous voulez le reprendre :
Vos ordres sans détour pouvaient se faire entendre.
D'un œil aussi content, d'un cœur aussi soumis
Que j'acceptais l'époux que vous m'aviez promis,
Je saurai, s'il le faut, victime obéissante,
Tendre au fer de Calchas une tête innocente,
Et, respectant le coup par vous-même ordonné,
Vous rendre tout le sang que vous m'avez donné.
Si pourtant ce respect, si cette obéissance

1.. Voy Euripide, v. 1110 et suivants : « Enfant, pourquoi pleures-tu. Tu ne me regardes plus avec joie. Tu baisses les yeux à terre; tu te caches derrière tes voiles. Qu'y a-t-il? pourquoi tous semblez-vous également consternés? pourquoi ce trouble dans vos regards?... Je suis perdu. Mon secret est trahi. »

Paraît digne à vos yeux d'une autre récompense,
Si d'une mère en pleurs vous plaignez les ennuis [1],
J'ose vous dire ici qu'en l'état où je suis
Peut-être assez d'honneurs environnaient ma vie
Pour ne pas souhaiter qu'elle me fût ravie,
Ni qu'en me l'arrachant un sévère destin
Si près de ma naissance en eût marqué la fin [2].
Fille d'Agamemnon, c'est moi qui la première,
Seigneur, vous appelai de ce doux nom de père ;
C'est moi qui, si longtemps le plaisir de vos yeux,
Vous ai fait de ce nom remercier les Dieux,
Et pour qui, tant de fois prodiguant vos caresses,
Vous n'avez point du sang dédaigné les faiblesses.
Hélas ! avec plaisir je me faisais conter
Tous les noms des pays que vous allez dompter ;
Et déjà, d'Ilion présageant la conquête,
D'un triomphe si beau je préparais la fête.
Je ne m'attendais pas que, pour le commencer,
Mon sang fût le premier que vous dussiez verser.
Non que la peur du coup dont je suis menacée
Me fasse rappeler votre bonté passée ;
Ne craignez rien ; mon cœur, de votre honneur jaloux,
Ne fera point rougir un père tel que vous ;
Et, si je n'avais eu que ma vie à défendre,
J'aurais su renfermer un souvenir si tendre.
Mais à mon triste sort, vous le savez, Seigneur,
Une mère, un amant, attachaient leur bonheur.
Un roi digne de vous a cru voir la journée
Qui devait éclairer notre illustre hyménée ;
Déjà, sûr de mon cœur à sa flamme promis,
Il s'estimait heureux : vous me l'aviez permis.
Il sait votre dessein : jugez de ses alarmes.
Ma mère est devant vous ; et vous voyez ses larmes.
Pardonnez aux efforts que je viens de tenter
Pour prévenir les pleurs que je leur vais coûter.

AGAMEMNON.

Ma fille, il est trop vrai. J'ignore pour quel crime
La colère des Dieux demande une victime ;

---

1. Le mot s'est beaucoup affaibli depuis le XVIIe siècle. Voy. *Andromaque* page 45, note 1.

2. Jamais la délicatesse exquise du langage et des sentiments n'a été poussée plus loin.

Mais ils vous ont nommée ; un oracle cruel
Veut qu'ici votre sang coule sur un autel.
Pour défendre vos jours de leurs lois meurtrières,
Mon amour n'avait pas attendu vos prières.
Je ne vous dirai point combien j'ai résisté :
Croyez-en cet amour par vous-même attesté.
Cette nuit même encore, on a pu vous le dire,
J'avais révoqué l'ordre où [1] l'on me fit souscrire :
Sur l'intérêt des Grecs vous l'aviez emporté ;
Je vous sacrifiais mon rang, ma sûreté.
Arcas allait du camp vous défendre l'entrée :
Les Dieux n'ont pas voulu qu'il vous ait rencontrée ;
Ils ont trompé les soins d'un père infortuné
Qui protégeait en vain ce qu'ils ont condamné.
Ne vous assurez point sur ma faible puissance [2] :
Quel frein pourrait d'un peuple arrêter la licence,
Quand les Dieux, nous livrant à son zèle indiscret,
L'affranchissent d'un joug qu'il portait à regret ?
Ma fille, il faut céder : votre heure est arrivée.
Songez bien dans quel rang vous êtes élevée.
Je vous donne un conseil qu'à peine je reçoi [3] ;
Du coup qui vous attend vous mourrez moins que moi.
Montrez, en expirant, de qui vous êtes née :
Faites rougir ces dieux qui vous ont condamnée.
Allez ; et que les Grecs, qui vont vous immoler,
Reconnaissent mon sang en le voyant couler [4].

CLYTEMNESTRE.

Vous ne démentez point une race funeste [5] ;
Oui, vous êtes le sang d'Atrée et de Thyeste [6].
Bourreau de votre fille, il ne vous reste enfin
Que d'en faire à sa mère un horrible festin.

---

1. Auquel. *Où*, au XVIIe siècle, équivaut souvent à la préposition suivie d'un pronom relatif.

2. Ne faites pas reposer votre sûreté sur...

3. Sur cette orthographe, voy. *Andromaque*, p. 66, note 1.

4. Le mouvement de ces vers rappelle ceux que Venceslas dans la tragédie de Rotrou intitulée de ce nom, dit à son fils Ladislas qu'il vient de condamner à mort :

Adieu ; sur l'échafaud portez le cœur d'un prince,
Et faites-y douter à toute la province
Si, né pour commander et destiné si haut,
Vous mourez sur un trône, ou sur un échafaud.

5. On s'est demandé s'il est naturel que trois personnages aussi violemment émus prononcent de suite trois longs discours de 46, de 28 et de 68 vers, sans s'interrompre les uns les autres. Non, sans doute ; mais faut-il enjoindre à la poésie de calquer la réalité jusque dans son désordre et son incohérence ?

6. Atrée était le père d'Agamemnon. Il tua les deux fils de Thyeste, son frère, et les servit à manger à leur père. Égisthe, fils de Thyeste, tua plus tard son oncle Atrée.

Barbare ! c'est donc là cet heureux sacrifice
Que vos soins préparaient avec tant d'artifice !
Quoi ! l'horreur de souscrire à cet ordre inhumain
N'a pas, en le traçant [1], arrêté votre main !
Pourquoi feindre à nos yeux une fausse tristesse ?
Pensez-vous par des pleurs prouver votre tendresse ?
Où sont-ils, ces combats que vous avez rendus [2] ?
Quels flots de sang pour elle avez-vous répandus ?
Quel débris parle ici de votre résistance ?
Quel champ couvert de morts me condamne au silence ?
Voilà par quels témoins il fallait me prouver,
Cruel ! que votre amour a voulu la sauver.
Un oracle fatal ordonne qu'elle expire.
Un oracle dit-il tout ce qu'il semble dire [3] ?
Le ciel, le juste ciel, par le meurtre honoré,
Du sang de l'innocence est-il donc altéré?
Si du crime d'Hélène on punit sa famille,
Faites chercher à Sparte Hermione, sa fille :
Laissez à Ménélas [4] racheter d'un tel prix
Sa coupable moitié, dont il est trop épris.
Mais vous, quelles fureurs vous rendent sa victime ?
Pourquoi vous imposer la peine de son crime ?
Pourquoi moi-même enfin, me déchirant le flanc,
Payer sa folle amour [5] du plus pur de mon sang ?
Que dis-je ? Cet objet de tant de jalousie,
Cette Hélène, qui trouble et l'Europe et l'Asie,
Vous semble-t-elle un prix digne de vos exploits ?
Combien nos fronts pour elle ont-ils rougi de fois !
Avant qu'un nœud fatal l'unît à votre frère,
Thésée avait osé l'enlever à son père :
Vous savez, et Calchas mille fois vous l'a dit [6],
Qu'un hymen clandestin mit ce prince en son lit;
Et qu'il en eût pour gage une jeune princesse
Que sa mère a cachée au reste de la Grèce.

---

1. En le traçant, c'est-à-dire quand vous l'avez tracé. La syntaxe du xviie siècle admettait ces incidentes, qui ne se rapportent pas au sujet de la phrase principale.
2. Rendre des combats, c'est-à-dire non pas les livrer, mais répondre à l'attaque. Cette locution, inusitée aujourd'hui, se trouve encore dans Voltaire, dans J.-J. Rousseau.
3. Voy. ci-dessus, p. 296, note 1.
4. A s'explique par une ellipse : laissez à Ménélas (le soin de) racheter, etc.
5. Sa folle amour, voy. *Andromaque*, p. 58, note 2.
6. Cette digression refroidit le discours; mais c'est le malheur du rôle d'Ériphile qu'on ne peut parler d'elle dans la pièce sans faire une digression et il faut bien préparer le dénouement.

Mais non, l'amour d'un frère et son honneur blessé
Sont les moindres des soins dont vous êtes pressé :
Cette soif de régner que rien ne peut éteindre,
L'orgueil de voir vingt rois vous servir et vous craindre,
Tous les droits de l'empire en vos mains confiés,
Cruel ! c'est à ces dieux que vous sacrifiez;
Et, loin de repousser le coup qu'on vous prépare,
Vous voulez vous en faire un mérite barbare.
Trop jaloux d'un pouvoir qu'on peut vous envier,
De votre propre sang vous courez le payer,
Et voulez par ce prix épouvanter l'audace
De quiconque vous peut disputer votre place.
Est-ce donc être père? Ah ! toute ma raison
Cède à la cruauté de cette trahison.
Un prêtre environné d'une foule cruelle,
Portera sur ma fille une main criminelle,
Déchirera son sein, et, d'un œil curieux,
Dans son cœur palpitant consultera les Dieux !
Et moi, qui l'amenai triomphante, adorée,
Je m'en retournerai seule et désespérée !
Je verrai les chemins encor tout parfumés
Des fleurs dont sous ses pas on les avait semés !
Non, je ne l'aurai point amenée au supplice;
Ou vous ferez aux Grecs un double sacrifice.
Ni crainte ni respect ne m'en peut détacher :
De mes bras tout sanglants il faudra l'arracher.
Aussi barbare époux qu'impitoyable père,
Venez, si vous l'osez, la ravir à sa mère.
Et vous, rentrez, ma fille; et du moins à mes lois
Obéissez encor pour la dernière fois [1].

SCÈNE V

AGAMEMNON.

A de moindres fureurs je n'ai pas dû m'attendre.
Voilà, voilà les cris que je craignais d'entendre.
Heureux si, dans le trouble où flottent mes esprits,
Je n'avais toutefois à craindre que ses cris !

---

1. Dans Euripide, Clytemnestre implore Agamemnon la première avant Iphigénie. Racine a renversé cet ordre habilement; les timides prières d'Iphigénie, son respect, sa soumission, n'ont pu fléchir son père; les fureurs de Clytemnestre se trouvent ainsi expliquées et justifiées.

Hélas ! en m'imposant une loi si sévère,
Grands dieux, me deviez-vous laisser un cœur de père !

SCÈNE VI
AGAMEMNON, ACHILLE.

ACHILLE.

Un bruit assez étrange est venu jusqu'à moi [1].
Seigneur ; je l'ai jugé trop peu digne de foi.
On dit, et sans horreur je ne puis le redire,
Qu'aujourd'hui par votre ordre Iphigénie expire ;
Que vous-même, étouffant tout sentiment humain,
Vous l'allez à Calchas livrer de votre main :
On dit que sous mon nom à l'autel appelée
Je ne l'y conduisais que pour être immolée :
Et que, d'un faux hymen nous abusant tous deux,
Vous vouliez me charger d'un emploi si honteux.
Qu'en dites-vous, Seigneur ? Que faut-il que j'en pense ?
Ne ferez-vous pas taire un bruit qui vous offense ?

AGAMEMNON.

Seigneur, je ne rends point compte de mes desseins.
Ma fille ignore encor mes ordres souverains ;
Et, quand il sera temps qu'elle en soit informée,
Vous apprendrez son sort, j'en instruirai l'armée.

ACHILLE.

Ah ! je sais trop le sort que vous lui réservez.

AGAMEMNON.

Pourquoi le demander, puisque vous le savez ?

ACHILLE.

Pourquoi je le demande ? O ciel ! le puis-je croire
Qu'on ose des fureurs avouer la plus noire !
Vous pensez qu'approuvant vos desseins odieux
Je vous laisse immoler votre fille à mes yeux ?
Que ma foi, mon amour, mon honneur y consente [2] ?

AGAMEMNON.

Mais vous, qui me parlez d'une voix menaçante,
Oubliez-vous ici qui vous interrogez ?

ACHILLE.

Oubliez-vous qui j'aime, et qui vous outragez ?

---

1. La scène de querelle entre Achille et Agamemnon est très belle, et colorée d'un reflet homérique que tempère l'élégance et la politesse du XVIIe siècle.
2. Le verbe demeure au singulier, voy. ci-dessus p. 260, note 5.

AGAMEMNON.

Et qui vous a chargé du soin de ma famille[1]?
Ne pourrai-je, sans vous, disposer de ma fille?
Ne suis-je plus son père? Êtes-vous son époux?
Et ne peut-elle...

ACHILLE.

Non, elle n'est plus à vous.
On ne m'abuse point par des promesses vaines.
Tant qu'un reste de sang coulera dans mes veines,
Vous deviez à mon sort unir tous ses moments [2],
Je défendrai mes droits fondés sur vos serments.
Et n'est-ce pas pour moi que vous l'avez mandée?

AGAMEMNON.

Plaignez-vous donc aux Dieux qui me l'ont demandée:
Accusez et Calchas et le camp tout entier,
Ulysse, Ménélas, et vous tout le premier.

ACHILLE.

Moi!

AGAMEMNON.

Vous, qui de l'Asie embrassant la conquête,
Querellez tous les jours le ciel qui vous arrête;
Vous, qui, vous offensant de mes justes terreurs,
Avez dans tout le camp répandu vos fureurs.
Mon cœur pour la sauver vous ouvrait une voie;
Mais vous ne demandez, vous ne cherchez que Troie.
Je vous fermais le champ où vous voulez courir:
Vous le voulez; partez: sa mort va vous l'ouvrir.

ACHILLE.

Juste ciel! puis-je entendre et souffrir ce langage?
Est-ce ainsi qu'au parjure on ajoute l'outrage?
Moi, je voulais partir aux dépens de ses jours?
Et que m'a fait à moi cette Troie où je cours?
Au pied de ses remparts quel intérêt m'appelle?
Pour qui, sourd à la voix d'une mère immortelle,
Et d'un père éperdu négligeant les avis,
Vais-je y chercher la mort tant prédite à leur fils?

---

1. Vers imités d'*Horace* de Corneille, où le vieil Horace dit en parlant de Valère (v. 1667-1668);
Qui le fait se charger des soins de ma famille?
Qui le fait, malgré moi, vouloir venger ma fille?

2. Il y a quelque obscurité dans l'enchaînement de ces trois vers; mais *puisque* est sous-entendu devant *vous deviez*, et l'intonation de l'acteur peut l'indiquer facilement.

Jamais vaisseaux partis des rives du Scamandre [1]
Aux champs thessaliens osèrent-ils descendre ?
Et jamais dans Larisse [2] un lâche ravisseur
Me vint-il enlever ou ma femme ou ma sœur [3] ?
Qu'ai-je à me plaindre [4] ? où sont les pertes que j'ai faites ?
Je n'y vais que pour vous, barbare que vous êtes ;
Pour vous, à qui des Grecs moi seul je ne dois rien ;
Vous, que j'ai fait nommer et leur chef et le mien ;
Vous, que mon bras vengeait dans Lesbos enflammée,
Avant que vous eussiez assemblé votre armée.
Et quel fut le dessein qui nous assembla tous ?
Ne courons-nous pas rendre Hélène à son époux ?
Depuis quand pense-t-on qu'inutile à moi-même
Je me laisse ravir une épouse que j'aime ?
Seul d'un honteux affront votre frère blessé
A-t-il droit de venger son amour offensé ?
Votre fille me plut ; je prétendis lui plaire ;
Elle est de mes serments seule dépositaire.
Content de son hymen, vaisseaux, armes, soldats,
Ma foi lui promit tout, et rien à Ménélas.
Qu'il poursuive, s'il veut, son épouse enlevée ;
Qu'il cherche une victoire à mon sang réservée :
Je ne connais Priam, Hélène, ni Paris ;
Je voulais votre fille, et ne pars qu'à ce prix.

AGAMEMNON.

Fuyez donc. Retournez dans votre Thessalie.
Moi-même je vous rends le serment qui vous lie.
Assez d'autres viendront, à mes ordres soumis,
Se couvrir des lauriers qui vous furent promis ;
Et, par d'heureux exploits forçant la destinée,
Trouveront d'Ilion la fatale journée.
J'entrevois vos mépris, et juge, à vos discours,
Combien j'achèterais vos superbes secours.
De la Grèce déjà vous vous rendez l'arbitre :

---

1. Le même que le Xanthe, voy. ci-dessus, p. 281, note 2.

2. Ville de Thessalie, dans la Phthiotide, royaume d'Achille.

3. L'allusion est sanglante. Un Grec ne l'eût pas faite, voyant dans le rapt d'Hélène une douleur et une injure, plutôt qu'un déshonneur et un ridicule pour Ménélas et Agamemnon. Dans Homère, que Racine imite ici (*Iliade*, chant I), Achille dit à Agamemnon : « Les Troyens ne m'ont fait aucun mal ; jamais ils ne sont venus ravir mes bœufs ni mes chevaux. »

4. *A* équivaut à *pour*. Quel motif, quel grief ai-je pour me plaindre ? Le sens est : Pourquoi me plaindrais-je ? Aujourd'hui il serait plutôt : Pourquoi est-ce que je me plains ? Voyez la page 288, note 1.

Ses rois, à vous ouïr, m'ont paré d'un vain titre.
Fier de votre valeur, tout, si je vous en crois,
Doit marcher, doit fléchir, doit trembler sous vos lois.
Un bienfait reproché tient toujours lieu d'offense [1].
Je veux moins de valeur, et plus d'obéissance.
Fuyez. Je ne crains point votre impuissant courroux ;
Et je romps tous les nœuds qui m'attachent à vous.

ACHILLE.

Rendez grâce au seul nœud qui retient ma colère :
D'Iphigénie encor je respecte le père.
Peut-être sans ce nom, le chef de tant de rois
M'aurait osé braver pour la dernière fois.
Je ne dis plus qu'un mot ; c'est à vous de m'entendre :
J'ai votre fille ensemble et ma gloire à défendre ;
Pour aller jusqu'au cœur que vous voulez percer,
Voilà par quels chemins vos coups doivent passer.

SCÈNE VII

AGAMEMNON.

Et voilà ce qui rend sa perte inévitable [2].
Ma fille toute seule était plus redoutable.
Ton insolent amour, qui croit m'épouvanter,
Vient de hâter le coup que tu veux arrêter.
Ne délibérons plus. Bravons sa violence :
Ma gloire intéressée emporte la balance.
Achille menaçant détermine mon cœur :
Ma pitié semblerait un effet de ma peur.
Holà, gardes, à moi !

SCÈNE VIII

AGAMEMNON, EURYBATE, GARDES.

EURYBATE.
Seigneur.
AGAMEMNON.
Que vais-je faire ?

---

1. Comparez ces vers de Corneille dans *Cinna* (73 et 74).
Les bienfaits ne font pas toujours ce que tu penses:
D'une main odieuse ils tiennent lieu d'offenses.

2. Les vers suivants montreront quelque hésitation dans l'âme d'Agamemnon. Il dit d'abord qu'Iphigénie est perdue parce qu'Achille a osé le menacer (sentiment peu naturel et assez odieux). Puis il hésite ; enfin il se décide à la sauver ; mais en la refusant à Achille. Il semble que c'est à ce parti qu'il devait s'arrêter d'abord ; sans penser un moment à se venger d'Achille par le sang d'Iphigénie.

Puis-je leur prononcer cet ordre sanguinaire?
Cruel! à quel combat faut-il te préparer?
Quel est cet ennemi que tu leur vas livrer?
Une mère m'attend; une mère intrépide,
Qui défendra son sang contre un père homicide.
Je verrai mes soldats, moins barbares que moi,
Respecter dans ses bras la fille de leur roi.
Achille nous menace, Achille nous méprise;
Mais ma fille en est-elle à mes lois moins soumise?
Ma fille, de l'autel cherchant à s'échapper,
Gémit-elle du coup dont je la veux frapper?
Que dis-je? Que prétend mon sacrilège zèle?
Quels vœux, en l'immolant, formerai-je sur elle?
Quelques prix glorieux qui me soient proposés,
Quels lauriers me plairont de son sang arrosés?
Je veux fléchir des Dieux la puissance suprême?
Ah! quels dieux me seraient plus cruels que moi-même?
Non, je ne puis. Cédons au sang, à l'amitié,
Et ne rougissons plus d'une juste pitié.
Qu'elle vive... Mais quoi! peu jaloux de ma gloire,
Dois-je au superbe Achille accorder la victoire?
Son téméraire orgueil, que je vais redoubler,
Croira que je lui cède, et qu'il m'a fait trembler...
De quel frivole soin mon esprit s'embarrasse!
Ne puis-je pas d'Achille humilier l'audace?
Que ma fille à ses yeux soit un sujet d'ennui [1].
Il l'aime; elle vivra pour un autre que lui.
Eurybate, appelez la princesse, la Reine.
Qu'elles ne craignent point.

SCÈNE IX

AGAMEMNON, Gardes.

AGAMEMNON.

                Grands Dieux, si votre haine
Persévère à vouloir l'arracher de mes mains,
Que peuvent devant vous tous les faibles humains?
Loin de la secourir, mon amitié l'opprime;
Je le sais; mais, grands Dieux, une telle victime

---

1. Voy. page 45, note 1.

Vaut bien que, confirmant vos rigoureuses lois,
Vous me la demandiez une seconde fois.

SCÈNE X

AGAMEMNON, CLYTEMNESTRE, IPHIGÉNIE, ÉRIPHILE, EURYBATE, DORIS, Gardes.

AGAMEMNON.

Allez, Madame, allez ; prenez soin de sa vie.
Je vous rends votre fille, et je vous la confie.
Loin de ces lieux cruels précipitez ses pas ;
Mes gardes vous suivront, commandés par Arcas ;
Je veux bien excuser son heureuse imprudence.
Tout dépend du secret et de la diligence.
Ulysse ni Calchas n'ont point encor parlé ;
Gardez que ce départ ne leur soit révélé.
Cachez bien votre fille ; et que tout le camp croie
Que je la retiens seule, et que je vous renvoie.
Fuyez. Puissent les Dieux, de mes larmes contents,
A mes tristes regards ne l'offrir de longtemps !
Gardes, suivez la Reine.

CLYTEMNESTRE.
Ah, Seigneur !
IPHIGÉNIE.
Ah, mon père !
AGAMEMNON.
Prévenez de Calchas l'empressement sévère.
Fuyez, vous dis-je. Et moi, pour vous favoriser,
Par de feintes raisons je m'en vais l'abuser :
Je vais faire suspendre une pompe funeste,
Et de ce jour, au moins, lui demander le reste.

SCÈNE XI

ÉRIPHILE, DORIS.

ÉRIPHILE.
Suis-moi. Ce n'est pas là, Doris, notre chemin.
DORIS.
Vous ne les suivez pas ?
ÉRIPHILE.
Ah ! je succombe enfin.
Je reconnais l'effet des tendresses d'Achille.

Je n'emporterai point une rage inutile.
Plus de raisons. Il faut ou la perdre ou périr.
Viens, te dis-je. A Calchas je vais tout découvrir [1].

ACTE V

SCÈNE PREMIÈRE
IPHIGÉNIE, ÆGINE.

IPHIGÉNIE.

Cesse de m'arrêter. Va, retourne à ma mère,
Ægine : il faut des Dieux apaiser la colère.
Pour ce sang malheureux qu'on veut leur dérober,
Regarde quel orage est tout prêt à tomber ;
Considère l'état où la Reine est réduite ;
Vois comme tout le camp s'oppose à notre fuite,
Avec quelle insolence ils ont, de toutes parts,
Fait briller à nos yeux la pointe de leurs dards.
Nos gardes repoussés, la Reine évanouie...
Ah ! c'est trop l'exposer : souffre que je la fuie ;
Et, sans attendre ici ses secours impuissants,
Laisse-moi profiter du trouble de ses sens.
Mon père même, hélas ! puisqu'il faut te le dire,
Mon père, en me sauvant, ordonne que j'expire.

ÆGINE.
Lui, Madame ! Quoi donc ? qu'est-ce qui s'est passé ?

IPHIGÉNIE.
Achille, trop ardent, l'a peut-être offensé ;
Mais le Roi, qui le hait, veut que je le haïsse ;
Il ordonne à mon cœur cet affreux sacrifice :
Il m'a fait par Arcas expliquer ses souhaits [2] ;
Ægine, il me défend de lui parler jamais.

1. Si mademoiselle Clairon, l'illustre tragédienne du xviiie siècle supprimait cette dernière scène à la représentation, comme on le prétend, elle avait deux fois tort. Cette scène est nécessaire, pour montrer au spectateur que, le danger n'est pas écarté pour Iphigénie ; mais qu'il va renaître plus menaçant ; et pour justifier d'avance l'infortune sanglante d'Ériphile ; car c'est elle-même qui prépare ici le piège, où elle se prendra.

2. Un euphémisme analogue est dans *Britannicus*.
Il vous ose, madame, expliquer sa pensée
C'est-à-dire déclarer ce qu'il pense, avouer qu'il vous aime. Ici expliquer ses souhaits, c'est-à-dire expliquer ce qu'il désire, ou plutôt, ce qu'il commande.

ÆGINE.

Ah, Madame!

IPHIGÉNIE.

Ah, sentence ! ah, rigueur inouïe !
Dieux plus doux, vous n'avez demandé que ma vie [1] !
Mourons, obéissons. Mais qu'est-ce que je voi [2] ?
Dieux ! Achille ?

SCÈNE II
ACHILLE, IPHIGÉNIE.

ACHILLE.

Venez, Madame, suivez-moi ;
Ne craignez ni les cris, ni la foule impuissante
D'un peuple qui se presse autour de cette tente.
Paraissez ; et bientôt, sans attendre mes coups,
Ces flots tumultueux s'ouvriront devant vous.
Patrocle, et quelques chefs qui marchent à ma suite,
De mes Thessaliens vous amènent l'élite :
Tout le reste, assemblé près de mon étendard [3],
Vous offre de ses rangs l'invincible rempart.
A vos persécuteurs opposons cet asile :
Qu'ils viennent vous chercher sous les tentes d'Achille.
Quoi ! Madame, est-ce ainsi que vous me secondez ?
Ce n'est que par des pleurs que vous me répondez !
Vous fiez-vous encore à de si faibles armes ?
Hâtons-nous : votre père a déjà vu vos larmes.

IPHIGÉNIE.

Je le sais bien, Seigneur : aussi tout mon espoir
N'est plus qu'au coup mortel [4] que je vais recevoir.

ACHILLE.

Vous, mourir ? Ah ! cessez de tenir ce langage.
Songez-vous quel serment vous et moi nous engage ?
Songez-vous, pour trancher d'inutiles discours,
Que le bonheur d'Achille est fondé sur vos jours ?

IPHIGÉNIE.

Le Ciel n'a point aux jours de cette infortunée [5]
Attaché le bonheur de votre destinée.

---

1. Voy. ci-dessus Notice, p. 271.
2. Sur cette orthographe, voy. *Andromaque*, p. 66, note 1.
3. Homère ne parle pas *d'étendards* ; c'est un léger anachronisme.
4. *Au;* nous dirions *dans le.* Sur les emplois variés de *à*, voy. ci-dessus, page 290, note 1.
5. Ce couplet d'Iphigénie est profondément touchant et pathétique ; la lan-

Notre amour nous trompait ; et les arrêts du sort
Veulent que ce bonheur soit un fruit de ma mort.
Songez, Seigneur, songez à ces moissons de gloire
Qu'à vos vaillantes mains présente la victoire :
Ce champ si glorieux où vous aspirez tous [1],
Si mon sang ne l'arrose, est stérile pour vous.
Telle est la loi des Dieux à mon père dictée.
En vain, sourd à Calchas, il l'avait rejetée ;
Par la bouche des Grecs contre moi conjurés
Leurs ordres éternels se sont trop déclarés.
Partez ; à vos honneurs j'apporte trop d'obstacles :
Vous-même dégagez la foi de vos oracles [2] :
Signalez ce héros à la Grèce promis ;
Tournez votre douleur contre ses ennemis.
Déjà Priam pâlit ; déjà Troie, en alarmes,
Redoute mon bûcher et frémit de vos larmes.
Allez ; et, dans ses murs vides de citoyens,
Faites pleurer ma mort aux veuves des Troyens.
Je meurs dans cet espoir satisfaite et tranquille.
Si je n'ai pas vécu la compagne d'Achille,
J'espère que du moins un heureux avenir
A vos faits immortels joindra mon souvenir ;
Et qu'un jour mon trépas, source de votre gloire,
Ouvrira le récit d'une si belle histoire.
Adieu, prince ; vivez, digne race des Dieux.

ACHILLE.

Non, je ne reçois point vos funestes adieux.
En vain, par ce discours, votre cruelle adresse
Veut servir votre père et tromper ma tendresse.
En vain vous prétendez, obstinée à mourir,
Intéresser ma gloire à vous laisser périr :
Ces moissons de lauriers, ces honneurs, ces conquêtes,

---

gue y est savante et raffinée ; elle semble naturelle tant elle est aisée dans sa suprême élégance.

1. On ne saurait dire *aspirer à un champ*; mais on peut aspirer à un *champ glorieux*, c'est-à-dire *aspirer à la gloire* qu'on peut recueillir dans ce champ. Racine excelle à créer ainsi au moyen d'une épithète bien choisie, des tours inusités avant lui.

2. La foi (c'est-à-dire la véracité des oracles qui ont prédit votre gloire) est *engagée*, c'est-à-dire *mise en gage*, et comme en otage. Dégagez-la, en les accomplissant. Dans le même sens Émilie dit en parlant de Cinna qui lui a promis d'assassiner Auguste (v. 1078).

....Qu'il dégage sa foi.
Et qu'il choisisse après de la mort ou de moi.

On trouve la même expression dans une *Ode au Roy sur la paix*, datée de 1660, du poète Godeau, évêque de Vence.

Par les illustres actions
Dégage la foi des oracles.

Ma main, en vous servant, les trouve toutes prêtes.
Et qui de ma faveur se voudrait honorer,
Si mon hymen prochain ne peut vous assurer [1] ?
Ma gloire, mon amour, vous ordonnent de vivre.
Venez, Madame ; il faut les en croire, et me suivre.
IPHIGÉNIE.
Qui ? moi ? que, contre un père osant me révolter,
Je mérite la mort que j'irais éviter ?
Où serait le respect ? Et ce devoir suprême...
ACHILLE.
Vous suivrez un époux avoué par lui-même.
C'est un titre qu'en vain il prétend me voler.
Ne fait-il des serments que pour les violer ?
Vous-même, que retient un devoir si sévère,
Quand il vous donne à moi, n'est-il point votre père ?
Suivez-vous seulement ses ordres absolus
Quand il cesse de l'être et ne vous connaît plus ?
Enfin, c'est trop tarder, ma princesse ; et ma crainte...
IPHIGÉNIE.
Quoi, Seigneur ! vous iriez jusques à la contrainte ?
D'un coupable transport écoutant la chaleur,
Vous pourriez ajouter ce comble à mon malheur ?
Ma gloire [2] vous serait moins chère que ma vie ?
Ah, Seigneur ! épargnez la triste Iphigénie.
Asservie à des lois que j'ai dû respecter,
C'est déjà trop pour moi que de vous écouter.
Ne portez pas plus loin votre injuste victoire ;
Ou, par mes propres mains immolée à ma gloire,
Je saurai m'affranchir, dans ces extrémités,
Du secours dangereux que vous me présentez [3].
ACHILLE.
Hé bien ! n'en parlons plus. Obéissez, cruelle,
Et cherchez une mort qui vous semble si belle.
Portez à votre père un cœur où j'entrevoi [4]
Moins de respect pour lui que de haine pour moi.
Une juste fureur s'empare de mon âme.
Vous allez à l'autel ; et moi, j'y cours, Madame.

---

1. Mettre en sûreté.
2. Sur ce mot *gloire*, voy, page 86, note 2.
3. N'est-il pas un peu forcé qu'Iphigénie menace Achille de se tuer, s'il ne veut la laisser tuer ?
4. Sur cette orthographe, voy. p. 66, note 1.

Si de sang et de morts le Ciel est affamé,
Jamais de plus de sang ses autels n'ont fumé.
A mon aveugle amour tout sera légitime :
Le prêtre deviendra la première victime ;
Le bûcher, par mes mains détruit et renversé,
Dans le sang des bourreaux nagera dispersé ;
Et si, dans les horreurs de ce désordre extrême,
Votre père, frappé, tombe et périt lui-même,
Alors, de vos respects voyant les tristes fruits,
Reconnaissez les coups que vous aurez conduits.

IPHIGÉNIE.

Ah, Seigneur ! Ah, cruel !... Mais il fuit, il m'échappe.
O toi qui veux ma mort, me voilà seule, frappe ;
Termine, juste Ciel, ma vie et mon effroi,
Et lance ici des traits qui n'accablent que moi [1].

SCÈNE III
CLYTEMNESTRE, IPHIGÉNIE, EURYBATE, ÆGINE,
Gardes.

CLYTEMNESTRE.

Oui, je la défendrai contre toute l'armée [2].
Lâches, vous trahissez votre reine opprimée !

EURYBATE.

Non, Madame : il suffit que vous me commandiez ;
Vous nous verrez combattre et mourir à vos pieds.
Mais de nos faibles mains que pouvez-vous attendre ?
Contre tant d'ennemis qui vous pourra défendre ?
Ce n'est plus un vain peuple en désordre assemblé ;
C'est d'un zèle fatal tout le camp aveuglé.
Plus de pitié. Calchas seul règne, seul commande :
La piété sévère exige son offrande [3].
Le Roi de son pouvoir se voit déposséder,
Et lui-même au torrent nous contraint de céder.
Achille à qui tout cède, Achille à cet orage
Voudrait lui-même en vain opposer son courage.
Que fera-t-il, Madame ? et qui peut dissiper

---

1. Une partie de cette scène est imitée d'Euripide, mais, dans Euripide, Iphigénie se sacrifie plutôt par patriotisme que par obéissance ; et comme elle n'aime point Achille et n'en est pas aimée, le désespoir de perdre son alliance n'est pas, comme chez Racine, le principal motif de sa résignation.

2. Voy. p. 324 ; où Iphigénie dit :
Nos gardes repoussés, la reine évanouie.

3. L'offrande, la victime qui lui est due.

Tous les flots d'ennemis prêts à l'envelopper ?
CLYTEMNESTRE.
Qu'ils viennent donc sur moi prouver leur zèle impie,
Et m'arrachent ce peu qui me reste de vie !
La mort seule, la mort pourra rompre les nœuds
Dont mes bras nous vont joindre et lier toutes deux.
Mon corps sera plutôt séparé de mon âme,
Que je souffre jamais... Ah, ma fille !
IPHIGÉNIE.
Ah, Madame [1] !
Sous quel astre cruel avez-vous mis au jour
Le malheureux objet d'une si tendre amour [2] ?
Mais que pouvez-vous faire en l'état où nous sommes ?
Vous avez à combattre et les Dieux et les hommes.
Contre un peuple en fureur vous exposerez-vous ?
N'allez point, dans un camp rebelle à votre époux,
Seule à me retenir vainement obstinée,
Par des soldats peut-être indignement traînée,
Présenter, pour tout fruit d'un déplorable effort,
Un spectacle à mes yeux plus cruel que la mort.
Allez; laissez aux Grecs achever leur ouvrage,
Et quittez pour jamais un malheureux rivage ;
Du bûcher qui m'attend, trop voisin de ces lieux,
La flamme de trop près viendrait frapper vos yeux
Surtout, si vous m'aimez, par cet amour de mère,
Ne reprochez jamais mon trépas à mon père [3].
CLYTEMNESTRE.
Lui ! par qui votre cœur à Calchas présenté...
IPHIGÉNIE.
Pour me rendre à vos pleurs que n'a-t-il point tenté ?
CLYTEMNESTRE.
Par quelle trahison le cruel m'a déçue !
IPHIGÉNIE.
Il me cédait aux Dieux dont il m'avait reçue.
Ma mort n'emporte pas tout le fruit de vos feux :

---

1. Ce couplet rappelle la touchante prière que Polyxène (dans une situation presque semblable) adresse à sa mère ; voyez l'*Hecube* d'Euripide, v. 400.
2. Sur *amour* féminin, voy. *Andromaque*, p. 58, note 2.
3. Le spectateur qui sait que Clytemnestre tuera son époux, et qu'Oreste tuera Clytemnestre, sa mère, frémit en entendant ce vers (Voyez aussi vers 3 de la page 330). Racine aimait à prédire ainsi les événements funestes et à lier pour ainsi dire les tragédies entre elles par ces douloureuses prophéties. Ainsi dans *Athalie*, il annoncera trois fois la perversion de Joas et Zacharie, fils de Joad, immolé aux fureurs d'un roi corrompu.

De l'amour qui vous joint vous avez d'autres nœuds;
Vos yeux me reverront dans Oreste mon frère.
Puisse-t-il être, hélas! moins funeste à sa mère[1]!
D'un peuple impatient vous entendez la voix.
Daignez m'ouvrir vos bras pour la dernière fois,
Madame; et rappelant votre vertu sublime...
Eurybate, à l'autel conduisez la victime [2].

SCÈNE IV
CLYTEMNESTRE, ÆGINE, Gardes.

CLYTEMNESTRE.

Ah! vous n'irez pas seule, et je ne prétends pas...
Mais on se jette en foule au-devant de mes pas.
Perfides, contentez votre soif sanguinaire.

ÆGINE.

Où courez-vous, Madame? Et que voulez-vous faire?

CLYTEMNESTRE.

Hélas! je me consume en impuissants efforts,
Et rentre au trouble affreux dont à peine je sors.
Mourrai-je tant de fois sans sortir de la vie?

ÆGINE.

Ah! savez-vous le crime, et qui vous a trahie,
Madame? Savez-vous quel serpent inhumain
Iphigénie avait retiré dans son sein?
Ériphile, en ces lieux par vous-même conduite,
A seule à tous les Grecs révélé votre fuite.

CLYTEMNESTRE.

O monstre, que Mégère en ses flancs a porté!
Monstre, que dans nos bras les enfers ont jeté!
Quoi! tu ne mourras point! quoi! pour punir son crime...
Mais où va ma douleur chercher une victime?
Quoi! pour noyer les Grecs et leurs mille vaisseaux,
Mer, tu n'ouvriras pas des abîmes nouveaux?
Quoi! lorsque, les chassant du port qui les recèle,
L'Aulide aura vomi leur flotte criminelle,
Les vents, les mêmes vents si longtemps accusés,
Ne te couvriront pas de ses vaisseaux brisés!
Et toi, soleil, et toi, qui dans cette contrée

---

1. Voy. ci-dessus, p. 329, note 3.
2. L'accent est un peu solennel; mais Iphigénie n'est déjà plus une femme ordinaire; c'est l'image idéale et impassible de la résignation.

Reconnais l'héritier et le vrai fils d'Atrée,
Toi qui n'osas du père éclairer le festin,
Recule, ils t'ont appris ce funeste chemin !
Mais, cependant, ô Ciel ! ô mère infortunée [1] !
De festons [2] odieux ma fille couronnée
Tend la gorge aux couteaux par son père apprêtés.
Calchas va dans son sang... Barbares, arrêtez;
C'est le pur sang du Dieu qui lance le tonnerre [3]...
J'entends gronder la foudre et sens trembler la terre.
Un Dieu vengeur, un Dieu fait retentir ses coups [4].

SCÈNE V
CLYTEMNESTRE, ÆGINE, ARCAS, GARDES

ARCAS.

N'en doutez point, Madame, un Dieu combat pour vous.
Achille en ce moment exauce vos prières;
Il a brisé des Grecs les trop faibles barrières.
Achille est à l'autel. Calchas est éperdu :
Le fatal sacrifice est encor suspendu.
On se menace, on court, l'air gémit, le fer brille.
Achille fait ranger autour de votre fille
Tous ses amis, pour lui prêts à se dévouer.
Le triste Agamemnon, qui n'ose l'avouer [5],
Pour détourner ses yeux des meurtres qu'il présage,
Ou pour cacher ses pleurs, s'est voilé le visage [6].
Venez, puisqu'il se tait, venez par vos discours
De votre défenseur appuyer le secours.
Lui-même de sa main, de sang toute fumante,
Il veut entre vos bras remettre son amante;
Lui-même il m'a chargé de conduire vos pas.
Ne craignez rien [7].

---

1. Voy. ci-dessus, p. 315, note 5. On racontait que le soleil avait reculé d'horreur en contemplant le festin d'Atrée.
2. Guirlandes de fête.
3. Iphigénie est fille d'Agamemnon. Agamemnon, fils d'Atrée; Atrée, de Pélops; Pélops, de Tantale; Tantale, de Jupiter.
4. Ces malédictions si belles ne font pas un très grand effet, parce qu'Eriphile n'est pas là pour les subir; puis c'est une fâcheuse situation que celle d'un personnage inactif, impuissant, qui attend un dénouement pathétique, et, pour lui laisser le temps de se produire, occupe la scène par des paroles inutiles qui ne peuvent en rien contribuer à la catastrophe.
5. *Avouer* Achille, c.-à-d. l'approuver.
6. Le peintre Timanthe (400 av. J.-C.). avait ainsi représenté Agamemnon dans un tableau du sacrifice d'Iphigénie.
7. L'entrée d'Arcas est habilement ménagée; il prépare le dénouement en le retardant; il excite la curiosité du spectateur sans la satisfaire; il ajoute au mouvement et à l'intérêt de la péripétie.

CLYTEMNESTRE.

Moi, craindre! Ah! courons, cher Arcas!
Le plus affreux péril n'a rien dont je pâlisse.
J'irai partout... Mais, Dieux! ne vois-je pas Ulysse?
C'est lui. Ma fille est morte. Arcas, il n'est plus temps,

SCÈNE VI

ULYSSE, CLYTEMNESTRE, ARCAS, ÆGINE, Gardes.

ULYSSE.

Non, votre fille vit, et les dieux sont contents.
Rassurez-vous; le Ciel a voulu vous la rendre.

CLYTEMNESTRE.

Elle vit! et c'est vous qui venez me l'apprendre[1]!

ULYSSE.

Oui, c'est moi, qui longtemps contre elle et contre vous
Ai cru devoir, Madame, affermir votre époux;
Moi qui, jaloux tantôt de l'honneur de nos armes,
Par d'austères conseils ai fait couler vos larmes;
Et qui viens, puisque enfin le Ciel est apaisé,
Réparer tout l'ennui[2] que je vous ai causé.

CLYTEMNESTRE.

Ma fille! Ah, Prince! O ciel! je demeure éperdue.
Quel miracle, Seigneur, quel Dieu me l'a rendue?

ULYSSE.

Vous m'en voyez moi-même, en cet heureux moment,
Saisi d'horreur[3], de joie et de ravissement.
Jamais jour n'a paru si mortel à la Grèce.
Déjà de tout le camp la discorde maîtresse
Avait sur tous les yeux mis son bandeau fatal,
Et donné du combat le funeste signal.
De ce spectacle affreux votre fille alarmée
Voyait pour elle Achille, et contre elle l'armée;
Mais, quoique seul pour elle, Achille furieux
Epouvantait l'armée et partageait les Dieux[4].
Déjà de traits en l'air s'élevait un nuage;
Déjà coulait le sang, prémices du carnage.

---

1. Ulysse avait paru le plus déterminé à sacrifier Iphigénie. De là l'étonnement de Clytemnestre.

2. Voy. sur l'affaiblissement de ce mot depuis le XVIIe siècle, *Andromaque* page 45, note 1.

3. Effroi religieux. Voy. le vers 4 de la page 334, qui répète et explique l'expression.

4. L'expression est empruntée à Corneille (*Sertorius*, v. 424) :
Balance les destins et partage les dieux.

Entre les deux partis Calchas s'est avancé,
L'œil farouche, l'air sombre, et le poil[1] hérissé,
Terrible et plein du Dieu qui l'agitait sans doute[2] :
« Vous, Achille, a-t-il dit, et vous, Grecs, qu'on m'écoute.
Le dieu qui maintenant vous parle par ma voix
M'explique son oracle et m'instruit de son choix.
Un autre sang d'Hélène, une autre Iphigénie
Sur ce bord immolée y doit laisser sa vie.
Thésée avec Hélène uni secrètement
Fit succéder l'hymen à son enlèvement.
Une fille en sortit que sa mère a celée ;
Du nom d'Iphigénie elle fut appelée.
Je vis moi-même alors ce fruit de leurs amours ;
D'un sinistre avenir je menaçai ses jours.
Sous un nom emprunté sa noire destinée
Et ses propres fureurs ici l'ont amenée.
Elle me voit, m'entend, elle est devant vos yeux ;
Et c'est elle, en un mot, que demandent les Dieux. »
Ainsi parle Calchas. Tout le camp immobile
L'écoute avec frayeur, et regarde Ériphile.
Elle était à l'autel ; et peut-être en son cœur
Du fatal sacrifice accusait la lenteur.
Elle-même tantôt, d'une course subite,
Était venue aux Grecs annoncer votre fuite.
On admire[3] en secret sa naissance et son sort.
Mais, puisque Troie enfin est le prix de sa mort,
L'armée à haute voix se déclare contre elle,
Et prononce à Calchas sa sentence mortelle.
Déjà pour la saisir Calchas lève le bras :
« Arrête, a-t-elle dit, et ne m'approche pas.
Le sang de ces héros dont tu me fais descendre
Sans tes profanes mains saura bien se répandre. »
Furieuse, elle vole, et sur l'autel prochain,
Prend le sacré couteau, le plonge dans son sein.
A peine son sang coule et fait rougir la terre,
Les Dieux font sur l'autel entendre le tonnerre ;
Les vents agitent l'air d'heureux frémissements,
Et la mer leur répond par ses mugissements ;

---

1. La chevelure. Mathurin Régnier dit :
Comme notre poil blanchissent nos désirs.
2. Virgile peint ainsi la sibylle (*Énéide*, livre vi). L'expression *plein du Dieu* est empruntée aux poëtes latins.
3. C'est-à-dire : On apprend avec étonnement.

La rive au loin gémit, blanchissante d'écume ;
La flamme du bûcher d'elle même s'allume ;
Le ciel brille d'éclairs, s'entr'ouvre, et parmi nous
Jette une sainte horreur [1] qui nous rassure tous.
Le soldat étonné dit que dans une nue
Jusque sur le bûcher Diane est descendue [2],
Et croit que, s'élevant au travers de ses feux,
Elle portait au ciel notre encens et nos vœux.
Tout s'empresse, tout part. La seule Iphigénie
Dans ce commun bonheur pleure son ennemie.
Des mains d'Agamemnon venez la recevoir.
Venez. Achille et lui brûlants de vous revoir,
Madame, et désormais tous deux d'intelligence,
Sont prêts à confirmer leur auguste alliance [3].

CLYTEMNESTRE.

Par quel prix, quel encens, ô Ciel ! puis-je jamais
Récompenser Achille, et payer tes bienfaits?

---

1. Voir ci-dessus, p. 332, n. 3. Racine semble avoir affecté de rapprocher ces deux mots : une *horreur* qui *rassure* ; ne laissant à *horreur* que le sens d'émotion religieuse et non d'effroi.

2. Souvenir éloigné d'Euripide, chez qui Iphigénie est enlevée par Diane pour devenir sa prêtresse en Tauride.

3. Si prolongée qu'elle soit, cette narration de soixante-quatre vers intéresse et ce beau fragment d'épopée termine bien la tragédie. Ramener Iphigénie sauvée, heureuse, eût été un dénouement vulgaire. Il fallait donc, sans la faire reparaître, raconter en détail la péripétie qui l'a sauvée. La mort d'Ériphile est un stratagème dramatique un peu artificiel ; mais qu'il est habilement préparé ! On ne plaint pas cette infortunée qui s'est perdue elle-même par sa noire perfidie. Fidèle à son procédé constant, Racine a tiré la catastrophe, non d'un événement fortuit, mais du jeu des caractères. Ériphile périt victime de sa méchanceté ; elle se perd elle-même en voulant perdre sa rivale.

PHÈDRE

(1677)

NOTICE SUR *PHÈDRE*.

Phèdre fut jouée pour la première fois à l'Hôtel de Bourgogne le 1er janvier 1677. Le surlendemain, 3 janvier, Pradon[1] faisait représenter une autre *Phèdre*[2] à l'Hôtel Guénégaud. Les deux Phèdres se jouèrent concurremment tout le mois. Bientôt on s'aperçut que toutes les premières loges étaient remplies à l'Hôtel Guénégaud et restaient vides à l'Hôtel de Bourgogne. Cette manœuvre se renouvela six fois, et coûta quinze mille livres à la maison de Bouillon qui en fit les frais. C'était payer un peu cher le plaisir de faire croire à quelques badauds, pendant quinze jours, que Racine avait subi un échec et Pradon produit un chef-d'œuvre.

La maison de Bouillon était hostile à Racine par humeur frondeuse et par mauvais goût littéraire. La dame du lieu, bel esprit, mais orgueilleuse, et aimant la dispute, tenait pour les Boyer, les Segrais, les Benserade, contre les Boileau, les Racine. Elle protégeait La Fontaine parce qu'il était mal vu à la cour, où Racine était trop goûté. Madame Des Houlières, femme poète, habituée dans la maison, y présenta Pradon, qui offrit de jouer ce bon tour à Racine. On accepta. Pradon se mit à l'œuvre et tint sa pièce toute prête, pour qu'elle vît le jour, dès que celle de Racine aurait paru.

Celui-ci ne fut que trop sensible à cette agression. Madame Des Houlières avait laissé courir un sonnet fort malicieux contre la *Phèdre* de Racine. Le poète se méprit sur l'auteur; et, d'accord avec Boileau et quelques amis (le comte de Fiesque,

---

1. Pradon, poète tragique, né à Rouen (1632), mort à Paris (1698). *Régulus* (1688) est sa moins mauvaise pièce.
2. Chez Pradon, Phèdre n'est pas mariée à Thésée, mais il l'aime; et elle aime Hippolyte, qui aime Aricie; un fils, rival involontaire de son père, et préféré sans le vouloir, voilà toute la pièce. Voltaire a donc tort de dire que d'une *Phèdre* à l'autre, toute la différence est dans le style; elle est aussi dans la conception du sujet.

le chevalier de Nantouillet), il riposta, ou les laissa riposter par un sonnet injurieux contre le duc de Nevers, frère de la duchesse de Bouillon et de la duchesse de Mazarin. Le duc se vengea par un troisième sonnet, où il promettait des coups de bâton à Racine et à Boileau; et par un quatrième, où il prétendait que les deux poètes les avaient reçus, ce qui n'était point vrai. Le grand Condé prit Racine et Boileau sous sa protection, en leur faisant écrire par son fils : « Si vous êtes innocents (du sonnet contre le duc de Nevers), venez à l'hôtel de Condé; si vous êtes coupables, venez-y tout de même. »

Cette haute intervention calma l'orage; mais Racine demeura profondément aigri par les dégoûts qu'il venait d'essuyer. Pradon avait profité du bruit fait autour des deux *Phèdres*, sa misérable tragédie tint l'affiche jusqu'à la dix-neuvième représentation; elle disparut enfin, mais l'auteur put encore triompher dans la préface de l'édition qu'il donna bientôt; et où il osa rejeter l'insuccès final de sa pièce sur les manœuvres d'une cabale hostile. Au reste il dédiait sa pièce à la duchesse de Bouillon sans dire ce qu'elle avait payé pour la voir; et il avouait hautement qu'il avait écrit *Phèdre* en sachant bien que Racine achevait une tragédie sur le même sujet; mais quelles lois, dit-il, interdisaient à Pradon de le traiter à son tour?

On aimerait à laisser dans l'ombre et l'oubli ces rivalités misérables, ces mesquines jalousies. Malheureusement l'effet qu'elles produisirent fut durable et désastreux. Vainement Boileau s'efforça de relever le courage de son ami en lui adressant sa belle épitre *Sur l'utilité des ennemis* :

> Imite mon exemple, et lorsqu'une cabale
> Un flot de vains auteurs follement te ravale,
> Profite de leur haine et de leur mauvais sens :
> Ris du bruit passager de leurs cris impuissants.
> Que peut contre tes vers une ignorance vaine?
> Le Parnasse français, ennobli par ta veine,
> Contre tous ces complots saura te maintenir,
> Et soulever pour toi l'équitable avenir.
> Et qui voyant un jour la douleur vertueuse
> De Phèdre, malgré soi perfide, incestueuse,
> D'un si noble travail justement étonné,
> Ne bénira d'abord le siècle fortuné,
> Qui rendu plus fameux par tes illustres veilles
> Vit naître sous ta main ces pompeuses merveilles?

Ces beaux vers, ces nobles encouragements furent perdus.

Racine trop ombrageux, trop sensible, sortit de ce combat meurtri et dégoûté de la lutte ; en même temps des scrupules religieux, longtemps endormis, se réveillaient en lui. Moitié par dépit et lassitude, moitié par une dévotion sincère et rigide, il allait renoncer au théâtre après ce chef-d'œuvre [1].

Racine s'exprime ainsi au commencement de la Préface de *Phèdre* : « Voici encore une tragédie dont le sujet est pris d'Euripide [2]. Quoique j'aie suivi une route un peu différente de celle de cet auteur pour la conduite de l'action, je n'ai pas laissé d'enrichir ma pièce de tout ce qui m'a paru de plus éclatant dans la sienne. Quand je ne lui devrais que la seule idée du caractère de Phèdre, je pourrais dire que je lui dois ce que j'ai peut-être mis de plus raisonnable sur le théâtre. »

En réalité Racine a suivi une route *très* différente. Il a seul inventé le personnage d'Aricie, l'amour d'Hippolyte et la mort supposée de Thésée. Dans Euripide, c'est Œnone qui déclare à Hippolyte la passion de Phèdre ; et c'est Phèdre qui, en mourant, accuse Hippolyte. Dans Racine, Phèdre déclare elle-même son amour ; Œnone seule accuse Hippolyte. Ces changements dans les faits accusent d'autres changements non moins graves dans les caractères : celui de Phèdre est absolument modifié.

La Phèdre de Racine n'est plus celle d'Euripide ; elle est née d'une inspiration profondément chrétienne, et, particulièrement, *janséniste*. Elle a horreur de son péché ; mais son péché l'entraîne. Elle est cette âme malheureuse « à qui la grâce a manqué » ; cette âme abandonnée que la foi d'Arnauld aimait à mettre sous les yeux de tout chrétien comme un objet de salutaire épouvante.

La Phèdre d'Euripide, tout antique et toute réservée, est une victime pudique de Vénus ; c'est la nourrice qui la pervertit ; car livrée à elle seule, elle voulait mourir, elle allait mourir, avant d'avoir parlé. A la fin elle se tue pour tuer sa passion. Si du même coup, elle tue Hippolyte, c'est pour sauver sa réputation dans son suicide. C'est aussi par une

---

1. Voy. ci-dessus *notice sur Racine* page 10.
2. La tragédie d'Euripide est intitulée *Hippolyte*. Celui-ci en est le vrai héros. Phèdre ne reparaît plus après le vers 731 ; la tragédie en renferme 1466. Euripide avait d'abord écrit un autre *Hippolyte* que nous n'avons pas (*Hippolyte voilé*). Dans cette première rédaction, la reine, à ce qu'on croit, avouait elle-même son amour à Hippolyte ; elle revenait à la fin déclarer l'innocence du héros. Sénèque semble avoir connu ce texte et s'en être inspiré.

sorte de jalousie passionnée : « Je meurs par lui; qu'il meure avec moi. »

La Phèdre de Sénèque est une femme abandonnée au vice sans réserve et sans remords; c'est elle-même qui obtient de sa nourrice à force d'obsessions que celle-ci essaie de fléchir le cœur d'Hippolyte; elle fait tout pour satisfaire sa passion; elle échoue; elle meurt alors.

La Phèdre de Racine, moins retenue que la Phèdre grecque, moins dépravée que la Phèdre latine, agit à peu près dans la pièce comme l'héroïne de Sénèque[1]; mais cette pécheresse, privée de la grâce, a gardé la foi; elle tremble de remords et d'épouvante, et au delà du tombeau, redoute encore l'enfer[2]; au lieu que la Phèdre antique ignore le remords, et ne craint rien, après le trépas.

L'œuvre de Racine, tout à fait admirable, est très peu grecque en somme; mais elle est profondément humaine. Où fut jamais mieux affirmée, d'une façon plus dramatique, cette austère vérité, qui n'est pas seulement janséniste, mais chrétienne; qui n'est pas seulement chrétienne, mais d'expérience universelle : l'homme est si faible, que parfois il lui arrive de faire le mal en l'abhorrant? La raison proteste alors; mais la volonté cède; en vain la conscience crie : la passion l'emporte.

Mais cette leçon, quoique vraie, est-elle profitable à tous? N'est-elle pas propre à décourager quelques-uns? à rendre les faibles plus faibles encore? Racine, redevenu chrétien, même austère, déclare dans la préface de *Phèdre* que cette tragédie est la plus morale de son théâtre. « Je n'ose encore m'assurer, dit Racine en terminant sa préface, que cette pièce soit la meilleure de mes tragédies. Je laisse et aux lecteurs et au temps à décider de son véritable prix. Ce que je puis assurer c'est que je n'en ai point fait où la vertu soit plus mise en jour que dans celle-ci. Les moindres fautes y

---

1. Il n'est pas vrai toutefois, que Phèdre, dans Sénèque, soit, comme on l'a dit, privée de tout sens moral. Elle sait qu'elle fait le mal, mais elle n'a pas la force de lutter contre la tentation. Voy. vers 177 : « Tout ce que tu dis est vrai, nourrice; mais ma fureur m'entraîne au mal. Mon âme court au précipice, et le sait; je résisterais en vain et voudrais former de plus sages conseils. Ainsi quand un nocher lutte contre le courant avec une barque trop chargée, son travail est vain, et le navire emporté cède au courant plus fort. Ma raison réclame, la passion l'emporte; et le dieu vainqueur subjugue mon âme tout entière. »

2. Elle dit à son aïeul Minos, juge des enfers :

Je crois te voir cherchant un supplice nouveau
Toi-même de ton sang devenir le bourreau.

sont sévèrement punies. La seule pensée du crime y est regardée avec autant d'horreur que le crime même. Les faiblesses de l'amour y passent pour de vraies faiblesses : les passions n'y sont présentées aux yeux que pour montrer tout le désordre dont elles sont cause ; et le vice y est peint partout avec des couleurs qui en font connaître et haïr la difformité. »

Il est vrai que *Phèdre* est la seule tragédie, où le poète, en aucune façon, n'ait flatté la passion. Mais n'est-ce pas celle où il a le plus risqué de décourager la vertu ?

Le grand Arnauld pensait autrement, et c'est surtout en vue de lui plaire que Racine avait ainsi conçu son caractère principal. Il espérait par là « réconcilier la tragédie avec quantité de personnes célèbres par leur piété et par leur doctrine », qui l'avaient « condamnée dans ces derniers temps ». (*Préface*). En effet Arnauld reprocha seulement à Racine d'avoir fait Hippolyte amoureux, contre la tradition grecque; et c'était là sans doute une concession fâcheuse aux préjugés du temps qui n'admettaient pas qu'un héros ne fût pas « sensible ». L'Hippolyte grec, ennemi fougueux d'Aphrodite, et dévot au culte chaste de Diane, eût étonné en effet les spectateurs du XVIIe siècle. Mais Racine pouvait atténuer dans le personnage tout ce qui était peu accessible aux spectateurs modernes, sans faire de lui un soupirant. Quel amour ingénu peut ne point pâlir à côté des fureurs de Phèdre ?

Toutefois n'oublions pas que l'ennuyeuse Aricie nous vaut du moins ces admirables scènes où l'amour chez Phèdre se tourne en haine et en fureur.

Phèdre parut en 1677 (l'*achevé d'imprimer* est du 15 Mars 1677. La pièce s'appela d'abord *Phèdre et Hippolyte;* c'est seulement à partir de 1687 qu'elle fut intitulée simplement *Phèdre,* avec plus de raison; Phèdre en effet est le caractère principal, et presque unique ; et tous les autres ne servent qu'à faire ressortir celui-là. Euripide avait conçu tout autrement sa pièce; et y avait donné la première place à Hippolyte, en l'intitulant de ce nom.

PHÈDRE

EXTRAITS

Dans la pièce de Racine, tout est sacrifié au personnage principal, à Phèdre. L'exposition, où elle ne pouvait paraître (c'eût été trop vivement exciter tout d'abord l'émotion du spectateur) semble donc un peu froide, en l'absence de Phèdre.

Hippolyte, fils de Thésée, et d'Antiope, reine des Amazones, ignore le sort de son père. Il annonce à son gouverneur Théramène qu'il va se mettre à la recherche de Thésée ; il lui laisse en même temps deviner son amour pour Aricie « princesse du sang royal d'Athènes » ; et Théramène approuve cette flamme innocente avec un empressement que Voltaire a raillé, trouvant que cette facilité sied mal à un austère gouverneur. Mais tout cela importe peu : l'unique sujet de la pièce est l'amour de Phèdre, et Théramène, comme Hippolyte, ignore encore cet amour. Dès lors que peuvent-ils dire qui nous touche véritablement ?

Dans la pièce d'Euripide, après un de ces prologues si étrangers à notre goût moderne (Vénus y venait raconter d'avance toute la pièce), l'exposition s'ouvrait d'une façon majestueuse et brillante ; Hippolyte arrivait sur la scène, suivi d'un cortège de chasse ; il faisait son offrande à l'autel de Diane et dédaignait l'autel de Vénus[1]. L'entretien du prince avec Théramène paraît bien pâle dans Racine, lorsqu'on le compare avec cette éclatante ouverture du drame grec.

Hippolyte et Théramène s'éloignent. Phèdre paraît, soutenue par Œnone, sa confidente, sa nourrice, témoin désespéré de la douleur secrète qui dévore sa maîtresse. (ACTE I, *scène* III.)

PHÈDRE.

N'allons point plus avant. Demeurons, chère Œnone[2].

---

[1]. Chez Euripide un des compagnons d'Hippolyte lui reproche ce dédain dans une pensée toute religieuse, et témoigne de son respect pour Vénus. Dans Racine cet hommage se traduit par les vers de galanterie que débite Théramène.

[2]. Dans cette admirable scène, les imitations de détail sont nombreuses, et Racine doit beaucoup de vers à Euripide et à Sénèque, mais surtout à Euripide. Ainsi, les vers qui peignent l'entrée de Phèdre, lasse des ornements qui fatiguent sa tête, le tableau que fait la nourrice des dégoûts, des caprices, des inconstances de la reine ; l'ardeur qui l'emporte « vers les sources d'eau pure et les prairies ombreuses ; l'erreur d'Œnone qui croit réveiller sa haine en lui nommant Hippolyte, son ennemi, l'ennemi de ses fils ; les supplications par lesquelles Œnone s'efforce d'arracher le secret de la reine, et les vers où dans son égarement, Phèdre évoque le souvenir des victimes que Vénus a déjà faites dans sa race ; enfin l'aveu suprême, tout cela est plus ou moins directement imité d'Euripide.

Je ne me soutiens plus; ma force m'abandonne :
Mes yeux sont éblouis du jour que je revoi[1],
Et mes genoux tremblants se dérobent sous moi.
Hélas!
(Elle s'assied.)

ŒNONE.
Dieux tout-puissants, que nos pleurs vous apaisent!

PHÈDRE.
Que ces vains ornements, que ces voiles me pèsent!
Quelle importune main, en formant tous ces nœuds,
A pris soin sur mon front d'assembler mes cheveux?
Tout m'afflige et me nuit, et conspire à me nuire.

ŒNONE.
Comme on voit tous ses vœux l'un l'autre se détruire!
Vous-même, condamnant vos injustes desseins,
Tantôt à vous parer vous excitiez nos mains;
Vous-même, rappelant votre force première,
Vous vouliez vous montrer et revoir la lumière.
Vous la voyez, Madame; et, prête à vous cacher,
Vous haïssez le jour que vous veniez chercher?

PHÈDRE.
Noble et brillant auteur d'une triste famille,
Toi, dont ma mère osait se vanter d'être fille[2],
Qui peut-être rougis du trouble où tu me vois,
Soleil, je te viens voir pour la dernière fois!

ŒNONE.
Quoi! vous ne perdrez point cette cruelle envie?
Vous verrai-je toujours, renonçant à la vie,
Faire de votre mort les funestes apprêts?

PHÈDRE.
Dieux! que ne suis-je assise à l'ombre des forêts!
Quand pourrai-je, au travers d'une noble poussière,
Suivre de l'œil un char fuyant dans la carrière?

ŒNONE.
Quoi, Madame!

PHÈDRE.
Insensée, où suis-je? et qu'ai-je dit?
Où laissé-je égarer mes vœux et mon esprit?
Je l'ai perdu : les Dieux m'en ont ravi l'usage.
Œnone, la rougeur me couvre le visage :

---

1. Sur cette orthographe, voy. *Andromaque*, page 66, note 1.

2. Phèdre était fille de Pasiphaé qui était fille du Soleil.

Je te laisse trop voir mes honteuses douleurs ;
Et mes yeux, malgré moi, se remplissent de pleurs.

ŒNONE.

Ah! s'il vous faut rougir, rougissez d'un silence
Qui de vos maux encore aigrit la violence ;
Rebelle à tous nos soins, sourde à tous nos discours,
Voulez-vous sans pitié laisser finir vos jours ?
Quelle fureur les borne au milieu de leur course ?
Quel charme ou quel poison en a tari la source ?
Les ombres par trois fois ont obscurci les cieux
Depuis que le sommeil n'est entré dans vos yeux,
Et le jour a trois fois chassé la nuit obscure
Depuis que votre corps languit sans nourriture.
A quel affreux dessein vous laissez-vous tenter ?
De quel droit sur vous-même osez-vous attenter ?
Vous offensez les Dieux auteur de votre vie ;
Vous trahissez l'époux à qui la foi vous lie ;
Vous trahissez enfin vos enfants malheureux,
Que vous précipitez sous un joug rigoureux.
Songez qu'un même jour leur ravira leur mère,
Et rendra l'espérance au fils de l'étrangère,
A ce fier ennemi de vous, de votre sang,
Ce fils qu'une Amazone a porté dans son flanc,
Cet Hippolyte...

PHÈDRE.

Ah, Dieux !

ŒNONE.

Ce reproche vous touche ?

PHÈDRE.

Malheureuse ! quel nom est sorti de ta bouche !

ŒNONE.

Hé bien ! votre colère éclate avec raison :
J'aime à vous voir frémir à ce funeste nom.
Vivez donc : que l'amour, le devoir vous excite.
Vivez ; ne souffrez pas que le fils d'une Scythe,
Accablant vos enfants d'un empire odieux,
Commande au plus beau sang de la Grèce et des Dieux.
Mais ne différez point ; chaque moment vous tue.
Réparez promptement votre force abattue,
Tandisque de vos jours, prêts à se consumer[1]

---

1. Sur *prêt à, prêt de, près de*, voy. page 68, note 3.

Le flambeau dure encore, et peut se rallumer.
####### PHÈDRE.
J'en ai trop prolongé la coupable durée.
####### ŒNONE.
Quoi! de quelques remords êtes-vous déchirée?
Quel crime a pu produire un trouble si pressant?
Vos mains n'ont point trempé dans le sang innocent?
####### PHÈDRE.
Grâces au ciel, mes mains ne sont point criminelles.
Plût aux Dieux que mon cœur fût innocent comme elles!
####### ŒNONE.
Et quel affreux projet avez-vous enfanté
Dont votre cœur encor doive être épouvanté?
####### PHÈDRE.
Je t'en ai dit assez : épargne-moi le reste.
Je meurs, pour ne point faire un aveu si funeste.
####### ŒNONE.
Mourez donc, et gardez un silence inhumain;
Mais pour fermer vos yeux cherchez une autre main.
Quoiqu'il vous reste à peine une faible lumière,
Mon âme chez les morts descendra la première;
Mille chemins ouverts y conduisent toujours,
Et ma juste douleur choisira les plus courts.
Cruelle! quand ma foi vous a-t-elle déçue?
Songez-vous qu'en naissant mes bras vous ont reçue[1]?
Mon pays, mes enfants, pour vous j'ai tout quitté.
Réserviez-vous ce prix à ma fidélité?
####### PHÈDRE.
Quel fruit espères-tu de tant de violence?
Tu frémiras d'horreur si je romps le silence.
####### ŒNONE.
Et que me direz-vous qui ne cède, grands Dieux!
A l'horreur de vous voir expirer à mes yeux?
####### PHÈDRE.
Quand tu sauras mon crime, et le sort qui m'accable,
Je n'en mourrai pas moins; j'en mourrai plus coupable.
####### ŒNONE.
Madame, au nom des pleurs que pour vous j'ai versés,

---

1. Sur ces constructions fréquentes au XVIIe siècle, aujourd'hui condamnées par des grammairiens trop rigoureux. voy. ci-dessus page 200, note 1.

Par vos faibles genoux que je tiens embrassés,
Délivrez mon esprit de ce funeste doute.
####### PHÈDRE.
Tu le veux : lève toi.
####### ŒNONE.
Parlez, je vous écoute.
####### PHÈDRE.
Ciel ! que lui vais-je dire? et par où commencer?
####### ŒNONE.
Par de vaines frayeurs cessez de m'offenser.
####### PHÈDRE.
O haine de Vénus! ô fatale colère !
Dans quels égarements l'amour jeta ma mère[1]!
####### ŒNONE.
Oublions-les, Madame, et qu'à tout l'avenir
Un silence éternel cache ce souvenir.
####### PHÈDRE.
Ariane, ma sœur ! de quel amour blessée
Vous mourûtes aux bords où vous fûtes laissée[2]!
####### ŒNONE.
Que faites-vous, Madame ? et quel mortel ennui
Contre tout votre sang vous anime aujourd'hui ?
####### PHÈDRE.
Puisque Vénus le veut, de ce sang déplorable
Je péris la dernière et la plus misérable.
####### ŒNONE.
Aimez-vous?
####### PHÈDRE.
De l'amour j'ai toutes les fureurs.
####### ŒNONE.
Pour qui ?
####### PHÈDRE.
Tu vas ouïr le comble des horreurs.
J'aime... A ce nom fatal, je tremble, je frissonne.
J'aime...
####### ŒNONE.
Qui ?

---

1. Pasiphaé, fille du Soleil et femme de Minos.
2. Ariane, fille de Minos et sœur de Phèdre, enlevée par Thésée à qui elle avait donné le fil qui le guida dans le labyrinthe de Crète, fut ensuite abandonnée par lui dans l'île de Naxos.

PHÈDRE.
Tu connais ce fils de l'Amazone,
Ce prince si longtemps par moi-même opprimé...
ŒNONE.
Hippolyte? Grands Dieux !
PHÈDRE.
C'est toi qui l'as nommé[1] !
ŒNONE.
Juste ciel ! tout mon sang dans mes veines se glace
O désespoir ! ô crime ! ô déplorable race !
Voyage infortuné ! Rivage malheureux,
Fallait-il approcher de tes bords dangereux ?
PHÈDRE.
Mon mal vient de plus loin. A peine au fils d'Égée
Sous les lois de l'hymen je m'étais engagée,
Mon repos, mon bonheur semblait être affermi ;
Athènes me montra mon superbe ennemi.
Je le vis, je rougis, je pâlis à sa vue[2] ;
Un trouble s'éleva dans mon âme éperdue ;
Mes yeux ne voyaient plus, je ne pouvais parler ;
Je sentis tout mon corps et transir et brûler.
Je reconnus Vénus, et ses feux redoutables,
D'un sang qu'elle poursuit tourments inévitables.
Par des vœux assidus je crus les détourner ;
Je lui bâtis un temple et pris soin de l'orner ;
De victimes moi-même à toute heure entourée,
Je cherchais dans leurs flancs ma raison égarée :
D'un incurable amour remèdes impuissants !
En vain sur les autels ma main brûlait l'encens :
Quand ma bouche implorait le nom de la déesse,
J'adorais Hippolyte ; et, le voyant sans cesse,
Même au pied des autels que je faisais fumer,
J'offrais tout à ce dieu que je n'osais nommer.
Je l'évitais partout. O comble de misère !
Mes yeux le retrouvaient dans les traits de son père.
Contre moi-même enfin j'osai me révolter :
J'excitai mon courage à le persécuter.

---

1. Ce mouvement est imité d'Euripide.
— Que dis-tu ? Mon enfant, aimes-tu quelqu'un ?
— Tu connais ce fils de l'Amazone ?
— Hippolyte. — Tu l'as nommé, non moi. L'hémistiche fameux : *c'est toi qui l'as nommé*, est dans l'obscur *Hippolyte* de l'obscur Gilbert (joué en 1647). Mais Racine a pu le retrouver de lui-même en traduisant Euripide.

2. Ces vers et les trois suivants sont imités d'une ode de Sapho, que Boileau avait traduite.

Pour bannir l'ennemi dont j'étais idolâtre,
J'affectai les chagrins d'une injuste marâtre ;
Je pressai son exil ; et mes cris éternels [1]
L'arrachèrent du sein et des bras paternels.
Je respirais, Œnone ; et depuis son absence,
Mes jours moins agités coulaient dans l'innocence.
Soumise à mon époux, et cachant mes ennuis,
De son fatal hymen je cultivais les fruits.
Vaines précautions ! Cruelle destinée !
Par mon époux lui-même à Trézène amenée,
J'ai revu l'ennemi que j'avais éloigné.
Ma blessure trop vive aussitôt a saigné.
Ce n'est plus une ardeur dans mes veines cachée ;
C'est Vénus tout entière à sa proie attachée.
J'ai conçu pour mon crime une juste terreur ;
J'ai pris la vie en haine, et ma flamme en horreur.
Je voulais en mourant prendre soin de ma gloire,
Et dérober au jour une flamme si noire :
Je n'ai pu soutenir tes larmes, tes combats ;
Je t'ai tout avoué ; je ne m'en repens pas,
Pourvu que, de ma mort respectant les approches,
Tu ne m'affliges plus par d'injustes reproches,
Et que tes vains secours cessent de rappeler
Un reste de chaleur tout prêt à s'exhaler [2].

Un coup de théâtre se produit alors dont l'invention appartient à Racine. Une des femmes de Phèdre, entre en scène et annonce la mort de Thésée.

> ... La mort vous a ravi votre invincible époux.

Thésée n'est plus ! « Votre amour n'est plus criminel », dit à la reine la trop complaisante Œnone.

> Vivez, vous n'avez plus de reproche à vous faire.

Phèdre se laisse convaincre et le faux bruit de cette mort, comme dit Racine dans sa préface, « lui donne lieu de faire une déclaration d'amour qui devient une des principales causes de son

---

1. Agrippine dit dans *Britannicus* page 160.
« Claude même lassé de ma plainte éternelle... »

2. Sénèque s'était privé de cette admirable scène. Chez lui, Œnone entre en scène déjà instruite de la criminelle passion de sa maîtresse.

malheur et qu'elle n'aurait jamais osé faire tant qu'elle aurait cru que son mari était vivant ».

En effet, s'il est vrai que le personnage de Thésée a beaucoup moins de grandeur chez Racine que chez Euripide, toutefois, la pensée, le respect, la crainte de Thésée occupe Phèdre dans la pièce française beaucoup plus que dans le drame grec. On a dit : la Phèdre antique ne craint que son époux; la Phèdre moderne craint ses remords, et la punition des Dieux. Ce n'est pas tout à fait exact; la Phèdre moderne craint Thésée, non parce qu'elle redoute sa colère, mais parce qu'il personnifie à ses yeux son devoir et la foi jurée.

Le second acte s'ouvre par des scènes d'amour qui nous semblent bien froides après les vers brûlants de Phèdre. Aricie avoue son amour pour Hippolyte à sa confidente Ismène. Hippolyte avoue son amour à Aricie. Tout l'intérêt de cet acte est dans la scène où Phèdre, qui se croit veuve de Thésée, déclare sa passion au fils de son époux. Elle est imitée de Sénèque [1]; et l'on croit que Sénèque l'avait lui-même imitée d'un premier *Hippolyte* [2] où Euripide avait placé le même aveu dans la bouche de Phèdre. Cette scène déplut aux Athéniens; et dans le second *Hippolyte*, celui que nous possédons, la nourrice seule déclare à Hippolyte l'amour de sa maîtresse. Voici la scène de Racine (ACTE II, *scène* v) :

PHÈDRE.
On dit qu'un prompt départ vous éloigne de nous,
Seigneur. A vos douleurs je viens joindre mes larmes;
Je vous viens pour un fils expliquer mes alarmes.
Mon fils n'a plus de père; et le jour n'est pas loin
Qui de ma mort encor doit le rendre témoin.
Déjà mille ennemis attaquent son enfance,
Vous seul pouvez contre eux embrasser sa défense.
Mais un secret remords agite mes esprits :
Je crains d'avoir fermé votre oreille à ses cris ;
Je tremble que sur lui votre juste colère
Ne poursuive bientôt une odieuse mère.

HIPPOLYTE.
Madame, je n'ai point des sentiments si bas.

PHÈDRE.
Quand vous me haïriez, je ne m'en plaindrais pas,

---

1. Sénèque la gâte comme à plaisir en la faisant précéder d'un interminable entretien d'Hippolyte avec la nourrice qui lui vante les douceurs de l'amour. Néanmoins Racine doit beaucoup à Sénèque qu'il aurait dû nommer plus avantageusement dans sa préface. Comparer spécialement les vers de Sénèque 640 à 679 avec les vers de Racine ci-dessous, page 351. Racine est infiniment plus discret, plus mesuré, plus décent.

2. Intitulé *Hippolyte voilé*.

Seigneur; vous m'avez vue attachée à vous nuire :
Dans le fond de mon cœur vous ne pouviez pas lire.
A votre inimitié j'ai pris soin de m'offrir ;
Aux bords que j'habitais je n'ai pu vous souffrir ;
En public, en secret, contre vous déclarée,
J'ai voulu par des mers en être séparée ;
J'ai même défendu par une expresse loi
Qu'on osât prononcer votre nom devant moi :
Si pourtant à l'offense on mesure la peine,
Si la haine peut seule attirer votre haine,
Jamais femme ne fut plus digne de pitié,
Et moins digne, Seigneur, de votre inimitié.

HIPPOLYTE.

Des droits de ses enfants une mère jalouse
Pardonne rarement au fils d'une autre épouse ;
Madame, je le sais : les soupçons importuns
Sont d'un second hymen les fruits les plus communs.
Toute autre aurait pour moi pris les mêmes ombrages [1],
Et j'en aurais peut-être essuyé plus d'outrages.

PHÈDRE.

Ah, Seigneur ! que le Ciel, j'ose ici l'attester,
De cette loi commune a voulu m'excepter !
Qu'un soin bien différent me trouble et me dévore !

HIPPOLYTE.

Madame, il n'est pas temps de vous troubler encore.
Peut-être votre époux voit encore le jour ;
Le Ciel peut à nos pleurs accorder son retour.
Neptune le protège ; et ce dieu tutélaire
Ne sera pas en vain imploré par mon père [2].

PHÈDRE.

On ne voit point deux fois le rivage des morts,
Seigneur : puisque Thésée a vu les sombres bords,
En vain vous espérez qu'un dieu vous le renvoie ;
Et l'avare Achéron ne lâche point sa proie.
Que dis-je ? il n'est point mort, puisqu'il respire en vous.
Toujours devant mes yeux je crois voir mon époux :
Je le vois, je lui parle ; et mon cœur... Je m'égare,

---

1. On ne dit aujourd'hui que : *prendre ombrage de quelqu'un.* Ici *pour* signifie *à cause de moi.*

2. C'est ce *Dieu tutélaire* imploré par Thésée, qui perdra Hippolyte à la fin de la pièce. Racine aime à laisser prévoir ainsi l'avenir dans des vers où celui qui les dit prophétise sans le savoir. Voy. ci-dessus *Iphigénie*, page 320, note 3.

Seigneur ; ma folle ardeur malgré moi se déclare.
####### HIPPOLYTE.
Je vois de votre amour l'effet prodigieux :
Tout mort qu'il est, Thésée est présent à vos yeux ;
Toujours de son amour votre âme est embrasée.
####### PHÈDRE.
Oui, Prince, je languis, je brûle pour Thésée :
Je l'aime ; non point tel que l'ont vu les enfers,
Volage adorateur de mille objets divers,
Qui va du dieu des morts déshonorer la couche [1] ;
Mais fidèle, mais fier, et même un peu farouche,
Charmant, jeune, traînant tous les cœurs après soi,
Tel qu'on dépeint nos dieux, ou tel que je vous voi [2].
Il avait votre port, vos yeux, votre langage ;
Cette noble pudeur colorait son visage,
Lorsque de notre Crète il traversa les flots,
Digne sujet des vœux des filles de Minos.
Que faisiez-vous alors ? Pourquoi, sans Hippolyte,
Des héros de la Grèce assembla-t-il l'élite ?
Pourquoi, trop jeune encor, ne pûtes-vous alors
Entrer dans le vaisseau qui le mit sur nos bords ?
Par vous aurait péri le monstre de la Crète [3],
Malgré tous les détours de sa vaste retraite :
Pour en développer l'embarras incertain,
Ma sœur du fil fatal eût armé votre main.
Mais non : dans ce dessein je l'aurais devancée ;
L'amour m'en eût d'abord inspiré la pensée :
C'est moi, Prince, c'est moi dont l'utile secours
Vous eût du labyrinthe enseigné les détours.
Que de soins m'eût coûtés cette tête charmante !
Un fil n'eût point assez rassuré votre amante :
Compagne du péril qu'il vous fallait chercher,
Moi-même devant vous j'aurais voulu marcher ;
Et Phèdre, au labyrinthe avec vous descendue,
Se serait avec vous retrouvée ou perdue.

---

1. On racontait que Thésée, à la prière de son ami Pirithoüs, était descendu aux enfers pour enlever Proserpine ; mais dans cette expédition, Pirithoüs fut tué ; Thésée, retenu prisonnier, ne fut délivré que par Hercule.

2. Sur cette orthographe voy. *Andromaque*, p. 66, note 1.

3. Le Minotaure, monstre moitié homme et moitié taureau, à qui les Athéniens étaient forcés de payer tous les ans le tribut de quatorze victimes, sept jeunes gens et sept jeunes filles.

HIPPOLYTE.

Dieux! qu'est-ce que j'entends! Madame, oubliez-vous
Que Thésée est mon père, et qu'il est votre époux?

PHÈDRE.

Et sur quoi jugez-vous que j'en perds la mémoire,
Prince? Aurais-je perdu tout le soin de ma gloire?

HIPPOLYTE.

Madame, pardonnez : j'avoue, en rougissant,
Que j'accusais à tort un discours innocent.
Ma honte ne peut plus soutenir votre vue;
Et je vais...

PHÈDRE.

Ah, cruel! tu m'as trop entendue[1]!
Je t'en ai dit assez pour te tirer d'erreur.
Hé bien! connais donc Phèdre et toute sa fureur :
J'aime. Ne pense pas qu'au moment que je t'aime,
Innocente à mes yeux, je m'approuve moi-même;
Ni que du fol amour qui trouble ma raison
Ma lâche complaisance ait nourri le poison.
Objet infortuné des vengeances célestes,
Je m'abhorre encor plus que tu ne me détestes.
Les Dieux m'en sont témoins, ces Dieux qui dans mon flanc
Ont allumé le feu fatal à tout mon sang;
Ces Dieux qui se sont fait une gloire cruelle
De séduire le cœur d'une faible mortelle.
Toi-même en ton esprit rappelle le passé :
C'est peu de t'avoir fui, cruel, je t'ai chassé;
J'ai voulu te paraître odieuse, inhumaine;
Pour mieux te résister, j'ai recherché ta haine.
De quoi m'ont profité mes inutiles soins?
Tu me haïssais plus, je ne t'aimais pas moins;
Tes malheurs te prêtaient encor de nouveaux charmes.
J'ai langui, j'ai séché, dans les feux, dans les larmes.
Il suffit de tes yeux pour t'en persuader,
Si tes yeux un moment pouvaient me regarder.
Que dis-je? cet aveu que je te viens faire,
Cet aveu si honteux, le crois-tu volontaire?

---

1. C'est surtout dans ce couplet que s'explique le caractère de Phèdre, tel que Racine l'a conçu : de Phèdre entraînée au mal qu'elle déteste, comme la Médée d'Ovide.

*Video meliora, proboque;
Deteriora sequor.*
« Je vois le bien et le loue; et c'est le mal que je fais! »

Tremblante pour un fils que je n'osais trahir,
Je te venais prier de ne le point haïr.
Faibles projets d'un cœur trop plein de ce qu'il aime !
Hélas ! je ne t'ai pu parler que de toi-même !
Venge-toi, punis-moi d'un odieux amour :
Digne fils du héros qui t'a donné le jour,
Délivre l'univers d'un monstre qui t'irrite.
La veuve de Thésée ose aimer Hippolyte !
Crois-moi, ce monstre affreux ne doit point t'échapper :
Voilà mon cœur, c'est là que ta main doit frapper.
Impatient déjà d'expier son offense,
Au-devant de ton bras je le sens qui s'avance.
Frappe. Ou, si tu le crois indigne de tes coups,
Si ta haine m'envie un supplice si doux,
Ou si d'un sang trop vil ta main serait trempée,
Au défaut de ton bras prête-moi ton épée ;
Donne.

ŒNONE.

Que faites-vous, Madame ? Justes Dieux !
Mais on vient ; évitez des témoins odieux.
Venez, rentrez ; fuyez une honte certaine.

Phèdre rougit de l'aveu échappé ; mais toutefois Phèdre espère encore : l'insensible Hippolyte pourra s'adoucir peut-être et l'aimer. Mais tout à coup, ô nouvelle effroyable ! l'époux qu'elle a cru mort, Thésée vit ; Thésée va reparaître aux yeux de Phèdre coupable.

Mon époux est vivant ! Œnone, c'est assez.
J'ai fait l'indigne aveu d'un amour qui l'outrage.
Il vit : je ne veux pas en savoir davantage.

Elle veut mourir. Mais l'horrible Œnone insinue un autre dessein : « Vengez-vous de celui qui vous dédaigne et vous hait. Accusez Hippolyte. » Phèdre recule d'horreur :

Moi que j'ose opprimer et noircir l'innocence,

Mais déjà Thésée s'approche ; il arrive accompagné d'Hippolyte. Hippolyte va parler :

Dans ses yeux insolents je vois ma perte écrite.
Fais ce que tu voudras ; je m'abandonne à toi.

Ce qui est surtout propre à Racine dans cet acte, c'est la scène première où il laisse à Phèdre quelque espoir et quelque goût de la vie, après qu'elle a vu Hippolyte repousser avec horreur l'aveu qu'elle a osé lui faire. Dans Euripide, après qu'Hippolyte a chassé la nourrice qui lui a déclaré la passion de Phèdre, celle-ci se donne la mort ; on ne la revoit plus vivante sur la scène ; et ses tablettes seules accusent son beau-fils. Dans Sénèque elle survit à l'affront reçu, mais sans conserver l'espoir de gagner Hippolyte ; et résolue déjà à le perdre et à se venger. Mais n'oublions pas que la pièce française est la seule où Phèdre croie que Thésée n'est plus ; la seule, par conséquent, où le retour de son époux, en la rendant plus coupable à ses propres yeux, doive la jeter dans le désespoir et la décider à perdre Hippolyte et à mourir ensuite.

En un mot, dans Euripide, Phèdre meurt, cédant à la honte d'un inutile aveu ; dans Sénèque, à la rage d'un amour déçu ; dans Racine, à la confusion qu'elle ressent en face de son époux. C'est chez Racine (et nous l'avons observé déjà) que le caractère de l'épouse coupable est le plus nettement marqué dans le personnage de Phèdre.

Trompé par l'infâme Œnone, Thésée s'emporte, chasse de sa cour Hippolyte et appelle sur lui la punition de Neptune. Vainement le héros se défend avec respect, avec fermeté :

> Un seul jour ne fait pas d'un mortel vertueux,
> Un perfide assassin, un lâche incestueux...
> Le jour n'est pas plus pur que le fond de mon cœur.

Thésée refuse de l'entendre et le bannit en le maudissant. Thésée, dans Racine, est vraiment un peu trop crédule. Euripide avait su mieux conserver la dignité du caractère royal. Dans la pièce grecque, en rentrant au palais, Thésée n'y trouvait plus que le cadavre de Phèdre. Un époux épris de sa femme, et qui la retrouve morte, étranglée de ses propres mains, qui lit sur les tablettes, que tient encore cette main glacée, l'accusation formelle portée contre son fils, ne pouvait guère douter que cette accusation ne fût vraie. Quel argument que la mort ! Quelle preuve flagrante que le suicide ! Quel moyen restait à Hippolyte pour se justifier? « Phèdre n'est plus, dit le roi. Crois-tu que sa mort te dérobe au châtiment ? Mais, misérable ! cette mort même dépose contre toi ! Eh ! quels serments, quels discours pourraient démentir cet irrécusable témoin, et te justifier du crime dont il t'accuse ! » Et Hippolyte se sent si bien perdu par les apparences qu'il répond seulement : « Si je me défendais en présence de Phèdre vivante, les faits eux-mêmes te montreraient les coupables ! »

Mais dans Racine la situation est bien différente, et la crédulité de Thésée est bien moins justifiée [1]. Phèdre n'a encore proféré contre Hippolyte que des paroles ambiguës. Œnone accuse formellement le fils de Thésée; mais le Roi doit-il, sur la foi d'Œnone, lancer la malédiction infaillible, sans avoir revu Phèdre? sans entendre Hippolyte? sans interroger Aricie? Tout cela n'est guère acceptable. Encore Racine a-t-il supprimé avec raison la scène II de l'acte IV; c'était un long monologue où Thésée, selon l'expression assez juste d'un critique du temps (Subligny), s'amusait à faire des exclamations sur l'énormité du crime, « au lieu d'aller chercher... des preuves plus solides de cette affreuse accusation. » Le reproche était juste : puisque le poète ne veut pas que Thésée soit éclairci, ni même qu'il songe à s'éclaircir, il faut au moins dissimuler cette supposition peu plausible en ne laissant pas au roi le temps de réfléchir ni de respirer pour ainsi dire. Dans Sénèque, Thésée maudit Hippolyte et le dévoue à Neptune, sans même l'avoir revu; le poète a évité ainsi l'invraisemblance d'un entretien qui devait être un éclaircissement, si Thésée n'était pas aveugle. Dans Euripide, Hippolyte se défend devant son père en affirmant sa chaste vertu. Dans Racine, en déclarant son innocent amour pour Aricie. « L'artifice est grossier » dit Thésée; toutefois à peine a-t-il chassé son fils, qu'un premier doute pourrait inquiéter son esprit. Phèdre paraît à ses yeux, tremblante de remords et d'effroi; elle vient essayer de fléchir la fureur qu'elle-même a soulevée. Elle vient avouer tout peut-être : et sauver Hippolyte.

Mais non; il fallait prolonger une situation prête à se dénouer trop vite; il fallait réveiller les fureurs de la passion dans le cœur de Phèdre, en la présentant sous un nouvel aspect. Racine excelle à tirer ainsi d'un sujet tout ce qu'il peut donner de pathétique et d'attachant, sans inventions nouvelles, sans complications inutiles.

Au lieu d'écouter Phèdre, Thésée éclate contre Hippolyte :

> Tous ses crimes encor ne vous sont pas connus,
> Sa fureur contre vous se répand en injures;
> Votre bouche, dit-il, est pleine d'impostures;
> Il soutient qu'Aricie a son cœur, a sa foi,
> Qu'il l'aime...

Ce seul nom d'Aricie a réveillé un funeste amour, ou plutôt l'a changé en jalousie furieuse :

> Et je me chargerais du soin de le défendre !

---

[1]. La littérature du moyen âge a presque toujours peint les rois de cette façon : crédules, violents, précipités. L'imagination populaire ne se les figurait guère autrement que faibles aux mauvais conseils, terribles dans leurs colères. La Fontaine a recueilli cette façon naïve de concevoir la royauté. Le lion dans ses fables a tout à fait le caractère de Thésée.

dit Phèdre, et sa fatale confidente reçoit l'aveu du sentiment nouveau qui la torture. (ACTE IV, *scène* II.)

PHÈDRE.
Chère Œnone, sais-tu ce que je viens d'apprendre?
ŒNONE.
Non ; mais je viens tremblante, à ne vous point mentir :
J'ai pâli du dessein qui vous a fait sortir ;
J'ai craint une fureur à vous-même fatale.
PHÈDRE.
Œnone, qui l'eût cru ! j'avais une rivale !
ŒNONE.
Comment ?
PHÈDRE.
Hippolyte aime; et je n'en puis douter.
Ce farouche ennemi qu'on ne pouvait dompter,
Qu'offensait le respect, qu'importunait la plainte,
Ce tigre, que jamais je n'abordai sans crainte ;
Soumis, apprivoisé, reconnaît un vainqueur :
Aricie a trouvé le chemin de son cœur.
ŒNONE.
Aricie ?
PHÈDRE.
Ah! douleur non encore éprouvée !
A quel nouveau tourment je me suis réservée !
Tout ce que j'ai souffert, mes craintes, mes transports,
La fureur de mes feux, l'horreur de mes remords,
Et d'un cruel refus l'insupportable injure,
N'était qu'un faible essai des tourments que j'endure.
Ils s'aiment ! Par quel charme ont-ils trompé mes yeux ?
Comment se sont-ils vus ? depuis quand ? dans quels lieux ?
Tu le savais : pourquoi me laissais-tu séduire ?
De leur furtive ardeur ne pouvais-tu m'instruire ?
Les a-t-on vus souvent se parler, se chercher ?
Dans le fond des forêts allaient-ils se cacher ?
Hélas ! ils se voyaient avec pleine licence;
Le Ciel de leurs soupirs approuvait l'innocence;
Ils suivaient sans remords leur penchant amoureux;
Tous les jours se levaient clairs et sereins pour eux.
Et moi, triste rebut de la nature entière,
Je me cachais au jour, je fuyais la lumière ;
La mort est le seul dieu que j'osais implorer.
J'attendais le moment où j'allais expirer ;

Me nourrissant de fiel, de larmes abreuvée,
Encor, dans mon malheur de trop près observée,
Je n'osais dans mes pleurs me noyer à loisir,
Je goûtais en tremblant ce funeste plaisir;
Et, sous un front serein déguisant mes alarmes,
Il fallait bien souvent me priver de mes larmes.

ŒNONE.

Quel fruit recevront-ils de leurs vaines amours?
Ils ne se verront plus.

PHÈDRE.

Ils s'aimeront toujours.
Au moment que je parle, ah! mortelle pensée!
Ils bravent la fureur d'une amante insensée.
Malgré ce même exil qui va les écarter,
Ils font mille serments de ne se point quitter.
Non, je ne puis souffrir un bonheur qui m'outrage,
Œnone; prends pitié de ma jalouse rage.
Il faut perdre Aricie; il faut de mon époux
Contre un sang odieux réveiller le courroux.
Qu'il ne se borne pas à des peines légères;
Le crime de la sœur passe celui des frères [1].
Dans mes jaloux transports je le veux implorer.
Que fais-je? où ma raison se va-t-elle égarer?
Moi jalouse! et Thésée est celui que j'implore.
Mon époux est vivant, et moi je brûle encore!
Pour qui? quel est le cœur où prétendent mes vœux?
Chaque mot sur mon front fait dresser mes cheveux.
Mes crimes désormais ont comblé la mesure:
Je respire à la fois l'inceste et l'imposture [2];
Mes homicides mains, promptes à me venger,
Dans le sang innocent brûlent de se plonger.
Misérable! Et je vis! et je soutiens la vue
De ce sacré soleil dont je suis descendue!
J'ai pour aïeul le père et le maître des dieux;
Le ciel, tout l'univers est plein de mes aïeux.
Où me cacher? Fuyons dans la nuit infernale.

---

1. Les Pallantides, frères d'Aricie, avaient conspiré contre Thésée leur oncle qui les avait fait périr.

2. Le même verbe est employé de la même façon, mais pour peindre des sentiments tout opposés dans *Esther*. Au prologue (vers 70):
Tout respire ici Dieu, la paix, la vérité.
Et dans la tragédie (vers 672).
Tout respire en Esther l'innocence et la paix.

Mais que dis-je? mon père y tient l'urne fatale;
Le sort, dit-on, l'a mise en ses sévères mains :
Minos juge aux enfers tous les pâles humains.
Ah! combien frémira son ombre épouvantée
Lorsqu'il verra sa fille, à ses yeux présentée,
Contrainte d'avouer tant de forfaits divers,
Et des crimes peut-être inconnus aux enfers!
Que diras-tu, mon père, à ce spectacle horrible?
Je crois voir de ta main tomber l'urne terrible;
Je crois te voir, cherchant un supplice nouveau,
Toi-même de ton sang devenir le bourreau.
Pardonne. Un dieu cruel a perdu ta famille :
Reconnais sa vengeance aux fureurs de ta fille.
Hélas! du crime affreux dont la honte me suit
Jamais mon triste cœur n'a recueilli le fruit [1].
Jusqu'au dernier soupir de malheurs poursuivie,
Je rends dans les tourments une pénible vie.

ŒNONE.

Hé! repoussez, Madame, une injuste terreur,
Regardez d'un autre œil une excusable erreur.
Vous aimez. On ne peut vaincre sa destinée :
Par un charme fatal vous fûtes entraînée.
Est-ce donc un prodige inouï parmi nous?
L'amour n'a-t-il encor triomphé que de vous?
La faiblesse aux humains n'est que trop naturelle :
Mortelle, subissez le sort d'une mortelle.
Vous vous plaignez d'un joug imposé dès longtemps :
Les Dieux mêmes, les Dieux de l'Olympe habitants,
Qui d'un bruit si terrible épouvantent les crimes,
Ont brûlé quelquefois de feux illégitimes.

PHÈDRE.

Qu'entends-je? Quels conseils ose-t-on me donner?
Ainsi donc jusqu'au bout tu veux m'empoisonner,
Malheureuse! Voilà comme tu m'as perdue.
Au jour que je fuyais c'est toi qui m'as rendue;
Tes prières m'ont fait oublier mon devoir :
J'évitais Hippolyte, et tu me l'as fait voir.
De quoi te chargeais-tu? Pourquoi ta bouche impie
A-t-elle, en l'accusant, osé noircir sa vie?

---

1. M. Mesnard rapproche ces deux vers des vers 554 et 556 de *Clitandre*.

Il ne m'est pas permis de jouir de mon crime...
J'en mérite la peine et n'en ai pas le fruit.
(Corneille, *Clitandre*.)

Il en mourra peut-être, et d'un père insensé
Le sacrilège vœu peut-être est exaucé.
Je ne t'écoute plus. Va-t'en, monstre exécrable ;
Va, laisse-moi le soin de mon sort déplorable.
Puisse le juste ciel dignement te payer !
Et puisse ton supplice à jamais effrayer
Tous ceux qui, comme toi, par de lâches adresses
Des princes malheureux nourrissent les faiblesses,
Les poussent au penchant où leur cœur est enclin,
Et leur osent du crime aplanir le chemin !
Détestables flatteurs, présent le plus funeste
Que puisse faire aux rois la colère céleste !

ŒNONE, seule.

Ah Dieux ! pour la servir j'ai tout fait, tout quitté ;
Et j'en reçois ce prix ! Je l'ai bien mérité.

Si l'invention d'Aricie est fâcheuse en elle-même, nous lui devons du moins, ces beautés. Elle altère le caractère d'Hippolyte ; mais elle complète celui de Phèdre ; nous n'aurions pas vu tous les aspects de cet amour, si nous n'eussions vu l'*amour jaloux*.

Partout Racine a voulu que la jalousie se perdît, et pour ainsi dire se dévorât elle-même. Hermione, Roxane, Ériphile meurent victimes de leur jalousie.

Ici la jalousie aboutit au désespoir, le désespoir à la folie ; Œnone veut consoler, excuser. Œnone est maudite et chassée. elle disparaît pour aller mourir.

Ce rôle secondaire a dans Racine une vie, une vérité, un intérêt extraordinaire. Sans doute il est odieux, il doit l'être. Mais le désintéressement du personnage, son dévouement (poussé jusqu'au parjure) en diminue l'atrocité. Il est moins simple que le personnage de la nourrice dans Euripide ; celle-ci nous intéresse par le naturel de la peinture ; mais c'est un rôle tout populaire ; elle n'a ni les adresses ni les raffinements d'Œnone. Elle compromet sa maîtresse et la perd sottement par son indiscrétion brutale ; elle personnifie ces dévouements aveugles et maladroits des inférieurs pour un enfant gâté qu'ils ont élevé, nourri, et dont ils ont fait leur dieu.

Ce type était commun au XVIIe siècle (il est plus rare de nos jours) ; Racine aurait pu le conserver ; mais le souci de soutenir dans la tragédie cette noblesse qui tendait à devenir une loi du genre, comme les unités, ne le lui a pas permis. Œnone est montée en rang ; elle est devenue *confidente ;* dame suivante et presque dame d'honneur. Elle sait la cour ; elle en connaît les secrets, les passions et les ressorts. Elle reste dévouée à Phèdre et désintéressée dans son dévouement ; mais avec des artifices et des habiletés qui dépassent la portée d'esprit d'une servante ordinaire[1].

Au début du cinquième acte, Hippolyte est en scène; il annonce à Aricie son exil, et la conjure de le suivre d'abord au temple où elle deviendra sa femme à la face des dieux protecteurs de sa race. Cet enlèvement, cette union furtive dans un temple écarté, ce sont là plutôt les mœurs du XVIIe siècle que celles de la Grèce antique; mais qu'importe un simple épisode? l'intérêt du drame est ailleurs. Mais, peut-être Racine eût-il mieux fait de ne pas montrer Hippolyte après la malédiction paternelle. Thésée le voit, l'entrevoit du moins lorsqu'il vient interroger Aricie :

> Madame, que faisait Hippolyte en ce lieu?

Pouvait-il revoir son fils, sans que sa fureur hésitât? Dans Euripide un simple chant du chœur sépare la malédiction de Thésée du trépas d'Hippolyte; dans Racine il y a trois cent trente vers et un entr'acte entre les mêmes événements.

Aricie a défendu Hippolyte avec l'ardeur de son amour; Thésée se trouble; il veut interroger Œnone; on lui apprend qu'Œnone s'est noyée; que Phèdre égarée semble chercher la mort :

> O ciel! Œnone est morte, et Phèdre veut mourir!

Thésée s'effraie et veut rappeler Hippolyte :

> Qu'il vienne se défendre,
> Qu'il vienne me parler; je suis prêt de[2] l'entendre.

Théramène entre alors, apportant l'affreuse nouvelle :

> THÉRAMÈNE.
> O soins tardifs et superflus!
> Inutile tendresse! Hippolyte n'est plus.
> THÉSÉE.
> Dieux!
> THÉRAMÈNE.
> J'ai vu des mortels périr le plus aimable,
> Et j'ose dire encor, Seigneur, le moins coupable.
> THÉSÉE.
> Mon fils n'est plus! Hé quoi! quand je lui tends les bras

---

1. Habile à profiter des moindres inventions de ses prédécesseurs pourvu qu'elles soient heureuses, Racine emprunte à Gilbert l'idée du suicide d'Œnone. Œnone (dans Gilbert elle s'appelle Achrise) frappée comme de folie, va se précipiter dans la mer.

2. Sur *prêt de* voyez page 68, note 3.

Les Dieux impatients ont hâté son trépas !
Quel coup me l'a ravi ? quelle foudre soudaine ?
THÉRAMÈNE.
A peine nous sortions des portes de Trézène :
Il était sur son char ; ses gardes affligés
Imitaient son silence, autour de lui rangés ;
Il suivait tout pensif le chemin de Mycènes ;
Sa main sur ses chevaux laissait flotter les rênes.
Ses superbes coursiers, qu'on voyait autrefois
Pleins d'une ardeur si noble obéir à sa voix,
L'œil morne maintenant et la tête baissée,
Semblaient se conformer à sa triste pensée.
Un effroyable cri, sorti du fond des flots,
Des airs en ce moment a troublé le repos ;
Et du sein de la terre une voix formidable
Répond en gémissant à ce cri redoutable.
Jusqu'au fond de nos cœurs notre sang s'est glacé ;
Des coursiers attentifs le crin s'est hérissé.
Cependant, sur le dos de la plaine liquide,
S'élève à gros bouillons une montagne humide ;
L'onde approche, se brise, et vomit à nos yeux,
Parmi des flots d'écume, un monstre furieux.
Son front large est armé de cornes menaçantes ;
Tout son corps est couvert d'écailles jaunissantes ;
Indomptable taureau, dragon impétueux,
Sa croupe se recourbe en replis tortueux ;
Ses longs mugissements font trembler le rivage.
Le ciel avec horreur voit ce monstre sauvage ;
La terre s'en émeut, l'air en est infecté,
Le flot qui l'apporta recule épouvanté.
Tout fuit ; et, sans s'armer d'un courage inutile,
Dans le temple voisin chacun cherche un asile.
Hippolyte lui seul, digne fils d'un héros,
Arrête ses coursiers, saisit ses javelots,
Pousse au monstre [1], et d'un dard lancé d'une main sûre
Il lui fait dans le flanc une large blessure.
De rage et de douleur le monstre bondissant
Vient aux pieds des chevaux tomber en mugissant,
Se roule, et leur présente une gueule enflammée

---

1. L'emploi du verbe neutre était fréquent ; on disait de même *pousser aux ennemis*, c.-à-d. charger les ennemis.

Qui les couvre de feu, de sang et de fumée.
La frayeur les emporte ; et, sourds à cette fois,
Ils ne connaissent plus ni le frein ni la voix ;
En efforts impuissants leur maître se consume ;
Ils rougissent le mors d'une sanglante écume.
On dit qu'on a vu même, en ce désordre affreux,
Un dieu qui d'aiguillons pressait leur flanc poudreux.
A travers des rochers la peur les précipite ;
L'essieu crie et se rompt : l'intrépide Hippolyte
Voit voler en éclats tout son char fracassé ;
Dans les rênes lui-même il tombe embarrassé.
Excusez ma douleur : cette image cruelle
Sera pour moi de pleurs une source éternelle.
J'ai vu, Seigneur, j'ai vu votre malheureux fils
Traîné par les chevaux que sa main a nourris.
Il veut les rappeler, et sa voix les effraie ;
Ils courent : tout son corps n'est bientôt qu'une plaie.
De nos cris douloureux la plaine retentit.
Leur fougue impétueuse enfin se ralentit :
Ils s'arrêtent non loin de ces tombeaux antiques
Où des rois ses aïeux sont les froides reliques.
J'y cours en soupirant, et sa garde me suit ;
De son généreux sang la trace nous conduit ;
Les rochers en sont teints ; les ronces dégouttantes
Portent de ses cheveux les dépouilles sanglantes.
J'arrive, je l'appelle ; et, me tendant la main,
Il ouvre un œil mourant qu'il referme soudain.
« Le Ciel, dit-il, m'arrache une innocente vie.
« Prends soin après ma mort de la triste Aricie.
« Cher ami, si mon père un jour désabusé
« Plaint le malheur d'un fils faussement accusé,
« Pour apaiser mon sang et mon ombre plaintive,
« Dis-lui qu'avec douceur il traite sa captive ;
« Qu'il lui rende... » A ce mot, ce héros expiré
N'a laissé dans mes bras qu'un corps défiguré :
Triste objet où des dieux triomphe la colère,
Et que méconnaîtrait l'œil même de son père !

On a tout dit sur ce long récit, dont les beautés ne compensent pas entièrement le défaut fondamental ; il n'est guère à sa place. La même narration dans Euripide est faite par un esclave, avec un accent et dans un style tout familier. Ici c'est un morceau d'apparat très brillant ; trop brillant même.

Un critique assez misérable[1], qui se donna le ridicule de comparer Racine et Pradon en les mettant sur le même pied, eut cependant le mérite de remarquer le premier les défauts qu'on peut relever dans le trop beau récit de Théramène si on le juge au seul point de vue dramatique : « Il n'est pas vraisemblable qu'annonçant à un père la mort de son fils, on s'amuse à faire la description des beaux chevaux qui l'ont tué; qu'on frise jusqu'au moindre de leurs crins ; qu'on marque toutes leurs démarches ; qu'on leur fasse même de chagrin baisser la tête et les oreilles, etc. La nature même ne veut pas qu'un père, qui apprend la mort d'un fils si chéri et qu'il commence à croire innocent, écoute toutes ces descriptions inutiles avec tant de patience et de tranquillité. »

Quarante ans plus tard Fénelon reprenait pour son compte l'une et l'autre critique dans sa *Lettre sur les occupations de l'Académie*. « Rien n'est moins naturel que la narration de la mort d'Hippolyte à la fin de la tragédie de *Phèdre*, qui a d'ailleurs de grandes beautés. Théramène qui vient pour apprendre à Thésée la mort de son fils devrait ne dire que ces deux mots et manquer même de force pour les prononcer distinctement : « Hippolyte est mort. Un monstre envoyé du sein de la mer par la colère des Dieux l'a fait périr. Je l'ai vu. » Un tel homme saisi, éperdu, sans haleine, peut-il s'amuser à faire la description la plus pompeuse de la figure du dragon ? »

Racine avait exagéré dans un sens ; Fénelon exagère peut-être dans l'autre. Mais sur ce fameux récit, la discussion s'est prolongée jusqu'à nous. La vraie mesure serait peut-être entre une diffusion qui exclut le naturel, et une sécheresse qui exclut la poésie. Le récit paraîtrait moins long[2], si le personnage du gouverneur était moins majestueusement glacé. L'esclave palefrenier qui raconte la mort du héros dans Euripide y met plus de vie, de passion, de naturel et de sensibilité :

« Je ne suis qu'un esclave de ta maison, ô prince ; mais je ne pourrai jamais me persuader que ton fils fût criminel ; non, quand la race des femmes se pendrait tout entière, quand on couvrirait de lettres (pour l'accuser) tout le bois du mont Ida, je dirais encore : il était innocent ! »

Dans la tragédie grecque c'est Diane qui vient révéler au malheureux Thésée l'innocence d'Hippolyte, et l'on sait l'incomparable beauté de la scène qui suit, entre Diane consolatrice, Thésée désespéré, Hippolyte mourant, et pardonnant à son père.

---

1. Subligny, qui à l'apparition des deux *Phèdres*, publia une *Dissertation sur les tragédies de Phèdre et d'Hippolyte*.

2. Le récit, dans Euripide, a quatre-vingt-deux vers ; dans Sénèque cent treize ; dans Robert Garnier cent soixante-huit. Dans Racine il n'en a que quatre-vingt-seize. Mais dans Euripide, Thésée croit encore Hippolyte coupable ; et il écoute avec curiosité, presque avec joie, les détails de sa mort. Dans Racine il pressent déjà l'innocence de son fils et les mêmes détails lui doivent faire horreur.

Beauté d'ailleurs trop éloignée de nos sentiments pour qu'il fût possible à Racine de tenter d'introduire une scène, si étrange à nos yeux, dans sa tragédie.

De tels morceaux ne se laissent goûter qu'à ceux qui peuvent un peu les comprendre, et pour les comprendre il faut au moins posséder quelque notion des idées antiques et du sentiment religieux chez les Grecs. A des esprits modernes qui n'auraient pas reçu cette culture, le rôle de cette déesse qui n'a pu sauver Hippolyte, voué à la colère d'une déesse rivale, mais qui vient pleurer sur son corps mourant, et toutefois se retire, avant que la froide mort arrive et souille ses regards divins par un objet funèbre, ce rôle paraîtrait sans doute au moins incompréhensible, et peut-être absurde. Mais ici comme ailleurs, Racine ne nous laisse le moyen de rien regretter. Nous ne voyons pas chez lui Diane sur la scène, ni Hippolyte mourant; mais nous y voyons Phèdre elle-même.

L'idée de ramener Phèdre au dénouement de la pièce est singulièrement hardie. Sénèque l'a osé faire; malheureusement Phèdre, dans Sénèque, reparaît pour débiter une longue déclamation. Sénèque n'a que l'honneur de l'invention. Racine la lui emprunte, et il en use avec un art, une délicatesse, une sobriété de moyens et de mise en œuvre que le poète latin n'avait pas su trouver.

Ce n'est pas un poignard à la main que Phèdre reparaît chez lui, comme si elle voulait laisser à des serviteurs empressés, ou à un époux trop faible, le temps de le lui arracher; Phèdre n'est plus qu'un sujet d'horreur; pour que le spectateur la revoie sans la haïr, il faut qu'elle reparaisse mourante, et le poison déjà dans les veines.

Remarquons aussi l'espèce de tranquillité qui règne dans ces vingt-cinq vers qu'elle dit, avant de tomber, en proférant l'horrible aveu de son mensonge. C'est que la mort approche qui va tout couvrir, tout expier.

Le grand couplet sur les enfers aurait pu trouver place ici; un moins habile que Racine l'y eût assurément introduit, pour glacer d'effroi le spectateur. Mais non ! l'apaisement s'est fait par l'excès même de l'horreur; la mort approche, elle est attendue désormais sans terreur, comme sans joie. Phèdre s'éteint, désespérée, mais calme. Ceci est le triomphe d'un art exquis. (ACTE V, scène VII.)

PHÈDRE.

Les moments me sont chers ; écoutez-moi, Thésée.
C'est moi qui, sur ce fils chaste et respectueux,
Osai jeter un œil profane, incestueux.
Le Ciel mit dans mon sein une flamme funeste :
La détestable Œnone a conduit tout le reste.
Elle a craint qu'Hippolyte, instruit de ma fureur,

Ne découvrît un feu qui lui faisait horreur.
La perfide, abusant de ma faiblesse extrême,
S'est hâtée à vos yeux de l'accuser lui-même.
Elle s'en est punie, et, fuyant mon courroux,
A cherché dans les flots un supplice trop doux.
Le fer aurait déjà tranché ma destinée ;
Mais je laissais gémir la vertu soupçonnée :
J'ai voulu, devant vous exposant mes remords,
Par un chemin plus lent descendre chez les morts.
J'ai pris, j'ai fait couler dans mes brûlantes veines
Un poison que Médée apporta dans Athènes.
Déjà jusqu'à mon cœur le venin parvenu
Dans ce cœur expirant jette un froid inconnu ;
Déjà je ne vois plus qu'à travers un nuage
Et le ciel et l'époux que ma présence outrage ;
Et la mort, à mes yeux dérobant la clarté,
Rend au jour qu'ils souillaient, toute sa pureté.

PANOPE.

Elle expire, Seigneur !

THÉSÉE.

D'une action si noire
Que ne peut avec elle expirer la mémoire !

ESTHER

TRAGÉDIE

NOTICE SUR *ESTHER*

On ne saurait mieux raconter l'histoire de cette pièce qu'en citant les *Souvenirs* de madame de Caylus, nièce de madame de Maintenon, et l'une des actrices qui jouèrent dans les premières représentations d'*Esther*.

« Madame de Maintenon avait un goût et un talent particulier pour l'éducation de la jeunesse. L'élévation de ses sentiments et la pauvreté où elle s'était vue réduite lui inspiraient surtout une grande pitié pour la pauvre noblesse. » Ainsi naquit dans son esprit « la pensée de l'établissement de Saint-Cyr ; elle la communiqua au roi, et bien loin de trouver en lui de la contradiction, il s'y porta avec une ardeur digne de la grandeur de son âme. Cet édifice, superbe par l'étendue de ses bâtiments, fut élevé en moins d'une année[1], et en état de recevoir deux cent cinquante demoiselles, trente-six dames pour les gouverner, et tout ce qu'il faut pour servir une communauté aussi nombreuse ». Madame de Brinon, religieuse ursuline, qu'on avait d'abord mise à la tête de l'établissement, « aimait les vers et la comédie, et au défaut des pièces de Corneille et de Racine, qu'elle n'osait faire jouer, elle en composait de détestables, à la vérité ; mais c'est cependant à elle et à son goût pour le théâtre qu'on doit les deux belles pièces que Racine a faites pour Saint-Cyr... Madame de Maintenon voulut voir une des pièces de madame de Brinon : elle la trouva telle qu'elle était, c'est-à-dire si mauvaise qu'elle la pria de n'en plus faire jouer de semblables, et de prendre plutôt quelques belles pièces de Corneille ou de Racine, choisissant seulement celles où il y aurait le moins d'amour. Ces petites filles représentèrent *Cinna*, assez passablement pour des enfants qui n'avaient été for-

---

1. Les lettres patentes de fondation sont du 7 juin 1686.

mées au théâtre que par une vieille religieuse. Elles jouèrent ensuite *Andromaque ;* et soit que les actrices en fussent mieux choisies, ou qu'elles commençassent à prendre des airs de la cour dont elles ne laissaient pas de voir de temps en temps ce qu'il y avait de meilleur, cette pièce ne fut que trop bien représentée, au gré de madame de Maintenon ; et elle lui fit appréhender que cet amusement ne leur insinuât des sentiments opposés à ceux qu'elle voulait leur inspirer. Cependant comme elle était persuadée que ces sortes d'amusements sont bons à la jeunesse, qu'ils donnent de la grâce, apprennent à mieux prononcer et cultivent la mémoire... elle écrivit à M. Racine, après la représentation d'*Andromaque :* « Nos petites filles viennent de jouer *Andromaque*, et l'ont si bien jouée qu'elles ne la joueront plus, ni aucune de vos pièces. » Elle le pria dans cette même lettre de lui faire dans ses moments de loisir quelque espèce de poème moral ou historique, dont l'amour fût entièrement banni, et dans lequel il ne crût pas que sa réputation fût intéressée, puisqu'il demeurerait enseveli dans Saint-Cyr ; ajoutant qu'il ne lui importait pas que cet ouvrage fût contre les règles, pourvu qu'il contribuât aux vues qu'elle avait de divertir les demoiselles de Saint-Cyr en les instruisant[1]. Cette lettre jeta Racine dans une grande agitation. Il voulait plaire à madame de Maintenon ; le refus était impossible à un courtisan, et la commission délicate pour un homme qui, comme lui, avait une grande réputation à soutenir, et qui, s'il avait renoncé à travailler pour les comédiens, ne voulait pas du moins détruire l'opinion que ses ouvrages avaient donnée de lui. Despréaux, qu'il alla consulter, décida brusquement pour la négative : ce n'était pas le compte de Racine. Enfin, après un peu de réflexion, il trouva sur le sujet d'Esther tout ce qu'il fallait pour plaire à la cour. Despréaux lui-même en fut enchanté, et l'exhorta à travailler, avec autant de zèle qu'il en avait eu pour l'en détourner. Racine ne fut pas longtemps sans porter à madame de Maintenon non seulement le plan de sa pièce (car il avait accoutumé de les faire en prose, scène par scène, avant d'en faire les vers), mais même le pre-

---

1. Dans la préface d'*Esther*, Racine définit ainsi l'ouvrage que madame de Maintenon lui avait demandé : « Sur quelque sujet de piété ou de morale, faire une espèce de poème où le chant fût mêlé avec le récit, le tout lié par une action qui rendît la chose plus vive et moins capable d'ennuyer. »

mier acte tout fait [1]. Madame de Maintenon en fut charmée, et sa modestie ne put l'empêcher de trouver, dans le caractère d'Esther et dans quelques circonstances de ce sujet, des choses flatteuses pour elle. La Vasthi avait ses applications ; Aman avait de grands traits de ressemblance. Indépendamment de ces idées, l'histoire d'Esther convenait parfaitement à Saint-Cyr. Les chœurs que Racine, à l'imitation des Grecs, avait toujours eu en vue de remettre sur la scène, se trouvaient placés naturellement dans *Esther*, et il était ravi d'avoir cette occasion de les faire connaître et d'en donner le goût. Enfin je crois que si l'on fait attention au lieu, au temps et aux circonstances, on trouvera que Racine n'a pas moins marqué d'esprit dans cette occasion que dans d'autres ouvrages plus beaux en eux-mêmes... *Esther* eut un si grand succès que le souvenir n'en est pas encore effacé... et cette pièce qui devait être renfermée dans Saint-Cyr fut vue plusieurs fois du roi et de toute la cour, toujours avec le même applaudissement [2]. »

Il y a peu de chose à ajouter à cette agréable narration. Disons toutefois que l'esprit malicieux des contemporains imagina la plupart de ces allusions prétendues qui servirent la fortune d'*Esther*, mais auxquelles Racine probablement n'avait pas songé. S'il est certain qu'il a pensé à madame de Maintenon en écrivant plusieurs vers d'*Esther* [3], et aux jeunes filles de Saint-Cyr, en rassemblant autour de la reine ces groupes de jeunes Israélites, transplantées hors du sol natal, il est au moins douteux que l'altière Vasthi figure madame de Montespan, qui avait favorisé Racine, et contribué à lui faire obtenir la charge d'historiographe. Madame de Maintenon, mariée avec le roi depuis deux ans et demi, ne se regardait nullement comme ayant succédé à madame de Montespan. Il est certain qu'Aman, voué au gibet, ne figurait pas Louvois, encore tout-puissant à cette époque et toujours en place, s'il n'était plus en faveur ; il est certain que les Juifs, massacrés par Aman, ne figurent pas les protestants victimes de Louvois ; Racine, comme tous ses contemporains, avait approuvé la révocation de l'Édit de Nantes.

---

1. Le journal de Dangeau à la date du 18 août 1688 dit que « Racine par l'ordre de madame de Maintenon fait un *opéra* dont le sujet est *Esther et Assuérus*. Il sera chanté et récité par les petites filles de Saint-Cyr. Tout ne sera pas en musique. C'est un nommé Moreau qui fait les airs ».
2. La première représentation eut lieu le 26 janvier 1689.
3. Voy. ci-dessous, p. 340, le couplet d'Assuérus à Esther.

et, dans le prologue d'*Esther*, il blâme explicitement le pape (alors brouillé avec Louis XIV) de trop ménager les hérétiques. Innocent XI venait d'entrer dans la ligue protestante d'Augsbourg, nouée par Guillaume d'Orange contre la France. Tout au plus pourrait-on prétendre qu'il y avait au fond du cœur de Racine, dans ce tableau animé des malheurs et de l'innocence des Juifs, une allusion timide aux persécutions dirigées contre Port-Royal. Mais cette allusion dissimulée devait passer inaperçue; autrement Louis XIV s'en fût indigné, et madame de Maintenon, très hostile au jansénisme, ne l'eût pas soufferte.

Au contraire le roi ne cessa de témoigner sa prédilection pour cette pièce, où il eût trouvé moins de plaisir, s'il eût cru y voir une leçon à son adresse. Il assista, sans se lasser, à plusieurs répétitions et à toutes les représentations données à Saint-Cyr. Racine, dans la préface d'*Esther*, a fait mention, comme il était naturel, de cette faveur déclarée; il en a reporté l'honneur à l'agrément du jeu de ses petites actrices; le remerciement qu'il leur adresse est d'autant plus flatteur pour elles que, dans aucune de ses préfaces, il n'a jamais dit un mot d'éloge à propos des acteurs chargés de représenter ses pièces. Tel n'était point d'ailleurs l'usage du temps : « Ces jeunes demoiselles, dit Racine, ont déclamé et chanté cet ouvrage avec tant de grâce, tant de modestie et tant de piété, qu'il n'a pas été possible qu'il demeurât renfermé dans le secret de leur maison. De sorte qu'un divertissement d'enfants est devenu le sujet de l'empressement de toute la cour, le roi lui-même, qui en avait été touché, n'ayant pu refuser à tout ce qu'il y a de plus grands seigneurs de les y mener, et ayant eu la satisfaction de voir, par le plaisir qu'ils y ont pris, qu'on se peut aussi bien divertir aux choses de piété qu'à tous les spectacles profanes. »

Esther est exclusivement tirée des livres saints, dont l'un porte ce nom. Racine, sans entrer en aucune façon dans les discussions qui divisent les catholiques, les protestants et les juifs au sujet de la composition et de l'authenticité du livre d'Esther, a suivi simplement le texte de la Vulgate. Il se partage en seize chapitres dont le contenu peut se résumer ainsi : 1° Répudiation de Vasthi. — 2° Choix d'Esther; conspiration des deux domestiques royaux découverte par Mardochée. — 3° Élévation d'Aman, fierté de Mardochée. Massacre des Juifs projeté. — 4° Mardochée implore Esther. — 5° Entrevue d'Esther et d'Assuérus. — 6° Déception d'Aman; triomphe de Mardochée. — 7° Aveu d'Esther à Assuérus; Aman est pendu. — 8° Faveur de Mardochée. — 9° Les Juifs massacrent leurs ennemis qui sont au nombre de soixante-quinze mille, et instituent une fête commémorative. Les sept derniers chapitres sont des remaniements ou additions dont la plus importante est le cantique d'Esther (chapitre XIV) et la lettre d'Assuérus en faveur des Juifs (chapitre XVI). Racine prétend, dans sa préface, n'avoir altéré « aucune des circonstances tant soit peu considérables de l'Écriture sainte ». Toutefois il a beaucoup adouci l'âpreté des mœurs du peuple juif; il a borné la vengeance d'Esther et les représailles d'Israël au supplice d'Aman; le massacre qui suivit est omis; tout l'antique récit est atténué, *christianisé* par la plume suave du traducteur.

Si l'on veut bien restituer par l'imagination cette agréable pièce dans le milieu et dans le cadre où elle fut représentée d'abord et pour lequel *Esther* avait été composée, rien n'en surpasse le charme; on comprend l'enthousiasme de madame de Sévigné, attesté par une lettre fameuse : « Je ne puis vous dire, écrivait-elle à sa fille[1]. l'excès de l'agrément de cette pièce : c'est une chose qui n'est pas aisée à représenter et qui ne sera jamais imitée; c'est un rapport de la musique, des vers, des chants, des personnes, si parfait et si complet, qu'on n'y souhaite rien; les filles qui font des rois et des personnages sont faites exprès; on est attentif, et on n'a point d'autre peine que celle de voir finir une si aimable pièce; tout y est simple; tout y est innocent, tout y est sublime et touchant : cette fidélité de l'histoire sainte donne du respect; tous les chants convenables aux paroles, qui sont tirées des *Psaumes* ou de la *Sagesse*, et mis dans le sujet, sont d'une beauté qu'on ne soutient pas sans larmes; la mesure de l'approbation qu'on donne à cette pièce, c'est celle du goût et de l'attention. J'en fus charmée. »

A lire *Esther* aujourd'hui, et surtout à voir jouer la pièce, on ressent moins d'enthousiasme. Tout le monde goûte *Esther* infiniment; mais beaucoup croient cette tragédie un peu inférieure, au point de vue dramatique, aux autres tragédies de Racine; quelques-uns au contraire (ceux qui

---

[1]. Elle écrit le lundi 21 février 1689, après avoir assisté (le samedi 19) à la sixième représentation d*Esther*, à Saint-Cyr.

n'aiment pas beaucoup Racine, ou lui préfèrent franchement Corneille) affectent de mettre au premier rang cette pièce dans l'œuvre de son auteur. Le charme incomparable d'*Esther* est dans cette versification exquise dont Racine lui-même n'a surpassé nulle part ailleurs, ni peut-être atteint la perfection soutenue. Quant au fond de l'ouvrage, il est permis de hasarder des réserves. Quoiqu'on eût dix fois traité ce même sujet avant Racine, il n'est pas démontré pour nous qu'il soit véritablement dramatique. Ce n'est pas que les événements qui y sont retracés manquent de grandeur et même d'intérêt; mais les ressorts qui les conduisent sont trop peu vraisemblables, trop peu humains pour que la conduite entière de la pièce ne laisse pas en définitive une impression assez froide au spectateur. Les personnages ne sont véritablement là que des instruments tout passifs dans la main divine qui les conduit : ils n'ont point de caractère, ils n'en peuvent avoir. Ce n'est pas que nous acceptions les objections que Voltaire a plusieurs fois exprimées, dans une forme assez grossièrement ironique, contre le sujet d'*Esther*; il n'y voyait qu'une fable absurde, odieuse et mal inventée. Une connaissance plus approfondie de l'antique Orient, ou tout simplement un souvenir plus précis d'Hérodote et des choses qu'il raconte (sur la cour de Xerxès par exemple) auraient pu apprendre à Voltaire que ces revirements complets des hommes et des fortunes s'étaient vus fréquemment dans les monarchies asiatiques. Les destinées d'un homme et même d'un peuple y avaient été cent fois le jouet du pur caprice d'un roi. *Esther* peut donc parfaitement être vraie, mais elle reste invraisemblable à des spectateurs modernes et français : et ce défaut fondamental et inévitable lui ôte beaucoup d'intérêt au théâtre.

Esther fut publiée peu après les représentations de Saint-Cyr. Le *privilège* accordé au poète pour l'impression (daté du 3 février 1689) fait défense « à tous acteurs et autres montant sur les théâtres publics d'y représenter ni chanter ledit ouvrage ». *Esther* demeurait la propriété de la maison de Saint-Cyr. Le régent ne respecta pas ces termes du privilège; *Esther* parut sur le théâtre profane le 8 mai 1721, mais la pièce n'y obtint jamais le même succès qu'elle avait eu à Saint-Cyr.

La musique des chœurs d'Esther avait été composée par Jean-Baptiste Moreau, maître de musique de la chambre du roi. Racine, dans la préface de sa tragédie, a loué vivement l'œuvre de Moreau : « Depuis longtemps on n'a point entendu d'airs plus touchants ni plus convenables aux paroles. » Mais, en fait de musique, le goût public a beaucoup changé depuis le XVIIe siècle, et les *airs* de Moreau paraîtraient, sans doute, un peu fades à nos contemporains.

PROLOGUE [1]

DE LA TRAGÉDIE D'*ESTHER*.

LA PIÉTÉ.

Du séjour bienheureux de la Divinité
Je descends dans ce lieu [2] par la Grâce [3] habité :
L'Innocence s'y plaît, ma compagne éternelle,
Et n'a point sous les cieux d'asile plus fidèle.
Ici, loin du tumulte, aux devoirs les plus saints
Tout un peuple naissant est formé par mes mains :
Je nourris dans son cœur la semence féconde
Des vertus dont il doit sanctifier le monde.
Un roi qui me protège, un roi victorieux,
A commis à mes soins ce dépôt précieux.
C'est lui qui rassembla ces colombes timides,
Éparses en cent lieux, sans secours et sans guides :
Pour elles, à sa porte, élevant ce palais,
Il leur y fit trouver l'abondance et la paix.
 Grand Dieu, que cet ouvrage ait place en ta mémoire !
Que tous les soins qu'il prend pour soutenir ta gloire
Soient gravés de ta main au livre où sont écrits
Les noms prédestinés des rois que tu chéris !
Tu m'écoutes : ma voix ne t'est point étrangère ;
Je suis la Piété, cette fille si chère,
Qui t'offre de ce roi les plus tendres soupirs :
Du feu de ton amour j'allume ses désirs.
Du zèle qui pour toi l'enflamme et le dévore
La chaleur se répand du couchant à l'aurore :
Tu le vois tous les jours, devant toi prosterné,

---

1. Ce prologue fut composé pour madame de Caylus, nièce de madame de Maintenon. Racine, frappé de son talent d'actrice, voulait lui donner un rôle dans la pièce ; sur son refus, il écrivit ce *Prologue*, et le lui fit dire avant les représentations de 1689.
2. Saint-Cyr, près de Versailles.
3. La Grâce au sens religieux ; un lieu où Dieu se plaît à répandre le don de sa grâce.

Humilier ce front de splendeur couronné,
Et, confondant l'orgueil par d'augustes exemples,
Baiser avec respect le pavé de tes temples.
De ta gloire animé, lui seul de tant de rois
S'arme pour ta querelle, et combat pour tes droits.
Le perfide intérêt, l'aveugle jalousie
S'unissent contre toi pour l'affreuse hérésie [1] ;
La discorde en fureur frémit de toutes parts ;
Tout semble abandonner tes sacrés étendards ;
Et l'enfer, couvrant tout de ses vapeurs funèbres,
Sur les yeux les plus saints a jeté ses ténèbres [2] :
Lui seul invariable, et fondé sur la foi,
Ne cherche, ne regarde, et n'écoute que toi ;
Et, bravant du démon l'impuissant artifice,
De la religion soutient tout l'édifice.
Grand Dieu, juge ta cause, et déploie aujourd'hui
Ce bras, ce même bras qui combattait pour lui,
Lorsque des nations à sa perte animées
Le Rhin vit tant de fois disperser les armées.
Des mêmes ennemis je reconnais l'orgueil ;
Ils viennent se briser contre le même écueil.
Déjà, rompant partout leurs plus fermes barrières,
Du débris de leurs forts il couvre ses frontières.
Tu lui donnes un fils prompt à le seconder,
Qui sait combattre, plaire, obéir, commander;
Un fils qui, comme lui suivi de la victoire,
Semble à gagner son cœur borner toute sa gloire ;
Un fils à tous ses vœux avec amour soumis,
L'éternel désespoir de tous ses ennemis.
Pareil à ces esprits que ta justice envoie,
Quand son roi lui dit : « Pars, » il s'élance avec joie,
Du tonnerre vengeur s'en va tout embraser,
Et, tranquille, à ses pieds revient le déposer [3].

1. Guillaume d'Orange, qui avait noué contre Louis XIV la ligue d'Augsbourg, était protestant ; mais le roi d'Espagne et le pape étaient entrés dans la ligue, ce qui montre bien qu'au fond elle était politique plutôt que religieuse.

2. Allusion hardie mais indéniable (quoique Louis Racine l'ait niée) à la conduite du pape, alors brouillé avec Louis XIV à propos de la *régale*, et qui n'avait pas du tout approuvé les violences dont fut accompagnée la révocation de l'Édit de Nantes en 1685.

3. Le Dauphin avait investi Philipsbourg le 28 septembre 1688. La place capitula le 29 octobre. Six jours après, Guillaume d'Orange débarquait en Angleterre (5 novembre). Le 4 janvier Jacques II détrôné par son gendre, débarquait fugitif en France. Après Philipsbourg, Manheim fut pris le 12 novembre 1688.

Mais, tandis qu'un grand roi venge ainsi mes injures,
Vous qui goûtez ici des délices si pures,
S'il permet à son cœur un moment de repos,
A vos jeux innocents appelez ce héros.
Retracez-lui d'Esther l'histoire glorieuse
Et sur l'impiété la foi victorieuse.
Et vous qui vous plaisez aux folles passions
Qu'allument dans vos cœurs les vaines fictions,
Profanes amateurs de spectacles frivoles,
Dont l'oreille s'ennuie au son de mes paroles,
Fuyez de mes plaisirs la sainte austérité :
Tout respire ici Dieu, la paix, la vérité.

ESTHER

PERSONNAGES.

ASSUÉRUS, roi de Perse.
ESTHER, reine de Perse.
MARDOCHÉE, oncle d'Esther.
AMAN, favori d'Assuérus.
ZARÈS, femme d'Aman.
HYDASPE, officier du palais intérieur d'Assuérus.
ASAPH, autre officier d'Assuérus.
ÉLISE, confidente d'Esther.
THAMAR, Israélite de la suite d'Esther.
GARDES du roi Assuérus.
CHŒUR de jeunes filles israélites.

La scène est à Suse, dans le palais d'Assuérus 1.

ACTE PREMIER

Le théâtre représente la maison d'Esther.

SCÈNE PREMIÈRE

ESTHER, ÉLISE.

ESTHER.
Est-ce toi, chère Élise? O jour trois fois heureux !

---

1. La tragédie d'*Esther* n'a que trois actes, et la scène change d'un acte à l'autre. Elle est au premier acte dans l'appartement d'Esther; au second acte, elle est au palais d'Assuérus; au troisième acte, elle représente les jardins d'Esther, et un des côtés du salon où se fait le festin que la reine offre à Assuérus.

Les noms d'Assuérus, Esther, Mardochée, Aman et Zarès étaient fournis par le livre d'*Esther*. Les autres noms

Que béni soit le ciel qui te rend à mes vœux !
Toi qui, de Benjamin comme moi descendue,
Fus de mes premiers ans la compagne assidue,
Et qui, d'un même joug souffrant l'oppression,
M'aidais à soupirer les malheurs de Sion !
Combien ce temps encore est cher à ma mémoire !
Mais toi, de ton Esther ignorais-tu la gloire?
Depuis plus de six mois que je te fais chercher,
Quel climat, quel désert a donc pu te cacher?

ÉLISE.

Au bruit de votre mort justement éplorée,
Du reste des humains je vivais séparée,
Et de mes tristes jours n'attendais que la fin,
Quand tout à coup, Madame, un prophète divin :
« C'est pleurer trop longtemps une mort qui t'abuse,
« Lève-toi, m'a-t-il dit, prends ton chemin vers Suse :
« Là tu verras d'Esther la pompe et les honneurs,
« Et sur le trône assis le sujet de tes pleurs.
« Rassure, ajouta-t-il, tes tribus alarmées,
« Sion : le jour approche, où le Dieu des armées
« Va de son bras puissant faire éclater l'appui ;
« Et le cri de son peuple est monté jusqu'à lui. »
Il dit; et moi, de joie et d'horreur pénétrée[1],
Je cours. De ce palais j'ai su trouver l'entrée.
O spectacle ! ô triomphe admirable à mes yeux,
Digne en effet du bras qui sauva nos aïeux !
Le fier Assuérus couronne sa captive,
Et le Persan superbe est aux pieds d'une Juive !
Par quels secrets ressorts, par quel enchaînement
Le ciel a-t-il conduit ce grand événement?

ESTHER.

Peut-être on t'a conté la fameuse disgrâce
De l'altière Vasthi dont j'occupe la place[2],
Lorsque le Roi, contre elle enflammé de dépit,
La chassa de son trône ainsi que de son lit.
Mais il ne put sitôt en bannir la pensée :

---

sont tirés de la Bible, mais pris arbitrairement.

Sur Assuérus, voy. ci-dessous, page 337, note 3.

1. Remarquer la coupe de ce vers et celle des deux vers suivants. L'alexandrin de Racine est loin d'avoir cette monotonie qu'on lui reproche. — Horreur, c'est-à-dire : terreur religieuse.

2. Vasthi, selon le témoignage du livre d'*Esther*, fut disgraciée pour avoir refusé de venir, au milieu d'un festin, faire admirer sa beauté aux yeux d'Assuérus, de sa cour et de tout le peuple,

Vasthi régna longtemps sur son âme offensée.
Dans ses nombreux Etats il fallut donc chercher
Quelque nouvel objet qui l'en pût détacher.
De l'Inde à l'Hellespont ses esclaves coururent.
Les filles de l'Egypte à Suse comparurent :
Celles même du Parthe et du Scythe indompté
Y briguèrent le sceptre offert à la beauté.
On m'élevait alors, solitaire et cachée,
Sous les yeux vigilants du sage Mardochée :
Tu sais combien je dois à ses heureux secours.
La mort m'avait ravi les auteurs de mes jours :
Mais lui voyant en moi la fille de son frère,
Me tint lieu, chère Élise, et de père et de mère.
Du triste état des Juifs jour et nuit agité[1],
Il me tira du sein de mon obscurité ;
Et sur mes faibles mains fondant leur délivrance,
Il me fit d'un empire accepter l'espérance.
A ses desseins secrets, tremblante, j'obéis ;
Je vins ; mais je cachai ma race et mon pays.
Qui pourrait cependant t'exprimer les cabales
Que formait en ces lieux ce peuple de rivales,
Qui toutes, disputant un si grand intérêt,
Des yeux d'Assuérus attendaient leur arrêt ?
Chacune avait sa brigue et de puissants suffrages :
L'une d'un sang fameux vantait les avantages ;
L'autre, pour se parer de superbes atours,
Des plus adroites mains empruntait le secours ;
Et moi, pour toute brigue et pour tout artifice,
De mes larmes au ciel j'offrais le sacrifice.
Enfin on m'annonça l'ordre d'Assuérus.
Devant ce fier monarque, Elise, je parus.
Dieu tient le cœur des rois entre ses mains puissantes ;
Il fait que tout prospère aux âmes innocentes,
Tandis qu'en ses projets l'orgueilleux est trompé.
De mes faibles attraits le roi parut frappé :
Il m'observa longtemps dans un sombre silence ;
Et le ciel, qui pour moi fit pencher la balance,
Dans ce temps-là, sans doute, agissait sur mon cœur.

---

1. La captivité officielle des Juifs était terminée depuis Cyrus ; mais tous n'avaient pu rentrer en Judée ; ceux qui étaient restés en Perse y souffraient encore beaucoup de la domination des Perses.
Voir ci-dessous page 375, note 1.

Enfin, avec des yeux où régnait la douceur :
« Soyez reine », dit-il ; et dès ce moment même
De sa main sur mon front posa son diadème.
Pour mieux faire éclater sa joie et son amour,
Il combla de présents tous les grands de sa cour ;
Et même ses bienfaits, dans toutes ses provinces,
Invitèrent le peuple aux noces de leurs princes.
Hélas! durant ces jours de joie et de festins,
Quels étaient en secret ma honte et mes chagrins!
« Esther, disais-je, Esther, dans la pourpre est assise,
La moitié de la terre à son sceptre est soumise :
Et de Jérusalem l'herbe cache les murs[1] !
Sion, repaire affreux de reptiles impurs,
Voit de son temple saint les pierres dispersées !
Et du Dieu d'Israël les fêtes sont cessées[2] ! »

ÉLISE.

N'avez-vous point au Roi confié vos ennuis ?

ESTHER.

Le Roi, jusqu'à ce jour, ignore qui je suis[3].
Celui par qui le ciel règle ma destinée
Sur ce secret encor tient ma langue enchaînée.

ÉLISE.

Mardochée ? Hé ! peut-il approcher de ces lieux ?

ESTHER.

Son amitié pour moi le rend ingénieux.
Absent, je le consulte ; et ses réponses sages
Pour venir jusqu'à moi trouvent mille passages :
Un père a moins de soin du salut de son fils.
Déjà même, déjà par ses secrets avis,
J'ai découvert au Roi les sanglantes pratiques
Que formaient contre lui deux ingrats domestiques[4].
Cependant mon amour pour notre nation
A rempli ce palais de filles de Sion :

---

1. Racine exagère un peu le malheureux état de la Judée au commencement du règne de Darius, fils d'Hystaspe (identifié par lui avec Assuérus). Beaucoup de Juifs étaient rentrés dans leur pays ; Jérusalem se relevait de ses ruines ; le temple était rebâti, et le culte y fut rétabli dès la sixième année du règne de Darius (516 av. J.-C). Voir ci-dessous page 377, note 3.

2. Nous disons plutôt *ont cessé;* mais au XVIIe siècle ce verbe se trouve fréquemment employé avec l'auxiliaire *être*.

3. Selon nos mœurs modernes, cette discrétion semble peu vraisemblable ; mais Racine a suivi le témoignage de la Bible.

4. La Bible les nomme Bagathan et Tharès ; ils étaient portiers du palais et chargés d'en garder l'enceinte extérieure. *Domestique* désigne souvent au XVIIe siècle un officier de la maison d'un grand.

Jeunes et tendres fleurs, par le sort agitées,
Sous un ciel étranger comme moi transplantées.
Dans un lieu séparé de profanes témoins,
Je mets à les former mon étude et mes soins;
Et c'est là que, fuyant l'orgueil du diadème,
Lasse des vains honneurs, et me cherchant moi-même,
Aux pieds de l'Eternel je viens m'humilier,
Et goûter le plaisir de me faire oublier [1];
Mais à tous les Persans je cache leurs familles.
Il faut les appeler. Venez, venez mes filles,
Compagnes autrefois de ma captivité,
De l'antique Jacob jeune postérité [2].

SCÈNE II
ESTHER, ÉLISE, LE CHŒUR

UNE ISRAÉLITE, *chante derrière le théâtre.*
Ma sœur, quelle voix nous appelle?
UNE AUTRE.
J'en reconnais les agréables sons :
C'est la Reine.
TOUTES DEUX
Courons mes sœurs, obéissons.
La Reine nous appelle :
Allons, rangeons-nous auprès d'elle.
TOUT LE CHŒUR, *entrant sur la scène par plusieurs endroits différents.*
La Reine nous appelle :
Allons, rangeons-nous auprès d'elle.
ÉLISE
Ciel! quel nombreux essaim d'innocentes beautés
S'offre à mes yeux en foule, et sort de tous côtés!
Quelle aimable pudeur sur leur visage est peinte!
Prospérez, cher espoir d'une nation sainte.
Puissent jusques au ciel vos soupirs innocents
Monter comme l'odeur d'un agréable encens!
Que Dieu jette sur vous des regards pacifiques!
ESTHER
Mes filles, chantez nous quelqu'un de ces cantiques

---

1. Allusion transparente à la maison de Saint-Cyr et à madame de Maintenon.
2. Ce vers traduit exactement le premier vers de l'*Œdipe roi* de Sophocle · « Enfants du vieux Cadmus, jeune postérité ».

Où vos voix si souvent, se mêlant à mes pleurs,
De la triste Sion célèbrent les malheurs.
UNE ISRAÉLITE *seule chante*
Déplorable Sion[1], qu'as-tu fait de ta gloire ?
  Tout l'univers admirait ta splendeur ;
Tu n'es plus que poussière ; et de cette grandeur
Il ne nous reste plus que la triste mémoire.
Sion, jusques au ciel élevée autrefois,
  Jusqu'aux enfers maintenant abaissée,
    Puissé-je demeurer sans voix,
  Si dans mes chants ta douleur retracée
Jusqu'au dernier soupir n'occupe ma pensée[2] !
TOUT LE CHŒUR.
O rives du Jourdain ! ô champs aimés des cieux !
    Sacrés monts, fertiles vallées,
    Par cent miracles signalées !
    Du doux pays de nos aïeux
    Serons-nous toujours exilées ?
UNE ISRAÉLITE, seule.
Quand verrai-je, ô Sion ! relever tes remparts,
  Et de tes tours les magnifiques faîtes ?
  Quand verrai-je de toutes parts
Tes peuples en chantant accourir à tes fêtes[3] ?
TOUT LE CHŒUR.
O rives du Jourdain ! ô champs aimés des cieux !
    Sacrés monts, fertiles vallées
    Par cent miracles signalées !
    Du doux pays de nos aïeux
    Serons-nous toujours exilées ?

SCÈNE III

ESTHER, MARDOCHÉE, ÉLISE, LE CHŒUR.

ESTHER

Quel profane en ce lieu s'ose avancer vers nous ?

---

1. Digne d'être pleurée.
2. Imitation du psaume 136 : *Adhæreat lingua mea faucibus meis*, etc.
3. La *captivité de Babylone* était, à proprement parler, terminée depuis l'année 536 avant J.-C. ; Zorobabel avait ramené à Jérusalem 42 360 Hébreux ; mais la reconstitution du temple ne fut achevée que vingt ans plus tard, en 516. En 468, Esdras ramena en Judée une foule de Juifs qui jusque-là étaient restés en Assyrie et en Perse. Soit qu'on identifie Assuérus avec Darius fils d'Hystaspe, (comme fait Racine). roi de 523 à 485, ou avec Xerxès (roi de 485 à 472), ou avec Artaxerxès Longue-Main, fils de Xerxès, roi de 472 à 424, l'histoire d'Esther se place entre le retour de Zorobabel et celui d'Esdras, accompli soixante-huit ans plus tard.

Que vois-je? Mardochée? O mon père, est-ce vous?
Un ange du Seigneur, sous son aile sacrée,
A donc conduit vos pas et caché votre entrée?
Mais d'où vient cet air sombre, et ce cilice affreux?
Et cette cendre enfin qui couvre vos cheveux?
Que nous annoncez-vous?

MARDOCHÉE

O Reine infortunée!
O d'un peuple innocent barbare destinée!
Lisez, lisez l'arrêt détestable, cruel.
Nous sommes tous perdus, et c'est fait d'Israël.

ESTHER

Juste ciel! tout mon sang dans mes veines se glace[1].

MARDOCHÉE

On doit de tous les Juifs exterminuer la race.
Au sanguinaire Aman nous sommes tous livrés,
Les glaives, les couteaux sont déjà préparés.
Toute la nation à la fois est proscrite.
Aman, l'impie Aman, race d'Amalécite[2],
A pour ce coup funeste armé tout son crédit;
Et le roi trop crédule a signé cet édit[3].
Prévenu contre nous par cette bouche impure,
Il nous croit en horreur à toute la nature[4];
Ses ordres sont donnés; et dans tous ses États
Le jour fatal est pris pour tant d'assassinats.
Cieux, éclairerez-vous cet horrible carnage!
Le fer ne connaîtra ni le sexe ni l'âge:
Tout doit servir de proie aux tigres, aux vautours;
Et ce jour effroyable arrive dans dix jours.

ESTHER.

O Dieu, qui vois former des desseins si funestes,
As-tu donc de Jacob abandonné les restes?

UNE DES PLUS JEUNES ISRAÉLITES.

Ciel! qui nous défendra, si tu ne nous défends!

MARDOCHÉE.

Laissez les pleurs, Esther, à ces jeunes enfants.
En vous est tout l'espoir de vos malheureux frères;

---

1. OEnone dit le même vers dans *Phèdre*. Voy. ci-dessus page 345, vers 4.
2. Peuple détruit par Saül, qui était de la tribu de Benjamin, comme Esther et Mardochée. Voy. ci-dessous, page 111, note 2.
3. On a prétendu quelquefois que ce vers est une allusion à la révocation de l'édit de Nantes. Cette allusion est imaginaire. Voy. ci-dessus page 366.
4. La Bible dit que les lettres envoyées par Assuérus aux gouverneurs des provinces accusaient les Juifs d'être « en révolte contre tout le genre humain. »

Il faut les secourir. Mais les heures sont chères :
Le temps vole, et bientôt amènera le jour
Où le nom des Hébreux doit périr sans retour.
Toute pleine du feu de tant de saints prophètes,
Allez, osez au Roi déclarer qui vous êtes.

ESTHER.

Hélas! ignorez-vous quelles sévères lois
Aux timides mortels cachent ici les rois ?
Au fond de leur palais leur majesté terrible
Affecte à leurs sujets de se rendre invisible ;
Et la mort est le prix de tout audacieux
Qui sans être appelé se présente à leurs yeux,
Si le Roi dans l'instant, pour sauver le coupable,
Ne lui donne à baiser son sceptre redoutable.
Rien ne met à l'abri de cet ordre fatal,
Ni le rang, ni le sexe : et le crime est égal.
Moi-même, sur son trône, à ses côtés assise,
Je suis à cette loi, comme une autre, soumise :
Et sans le prévenir, il faut, pour lui parler
Qu'il me cherche, ou du moins qu'il me fasse appeler.

MARDOCHÉE.

Quoi! lorsque vous voyez périr votre patrie,
Pour quelque chose, Esther, vous comptez votre vie :
Dieu parle ; et d'un mortel vous craignez le courroux !
Que dis-je ? Votre vie, Esther, est-elle à vous [1] ?
N'est-elle pas au sang dont vous êtes issue ?
N'est-elle pas à Dieu dont [2] vous l'avez reçue ?
Et qui sait, lorsqu'au trône il conduisit vos pas,
Si pour sauver son peuple il ne vous gardait pas ?
Songez-y bien : ce Dieu ne vous a pas choisie
Pour être un vain spectacle aux peuples de l'Asie [3],
Ni pour charmer les yeux des profanes humains ;
Pour un plus noble usage il réserve ses saints.
S'immoler pour son nom et pour son héritage [4],

---

1. Comparez les vers que dit Pauline à Polyeucte :
Tout votre sang est peu pour un bonheur si doux !
Mais pour en disposer ce sang est-il à vous ?
Vous n'avez pas la vie ainsi qu'un héritage :
Le jour qui vous la donne en même temps l'engage,
Vous la devez au prince, au public, à l'État.
(*Polyeucte*, vers 1201 à 1205.)

2. *Dont* (qui vient du latin *de unde*, et signifie proprement *d'où*), s'est employé jusqu'au xviii° siècle dans tous les cas où nous mettons *d'où* aujourd'hui.

3. Nouvelle allusion à madame de Maintenon de qui les amis de la piété avaient attendu et espéré l'œuvre de la conversion du roi. Ce passage est d'ailleurs imité du livre d'*Esther*.

4. C.-à-d. pour le peuple qui est son héritier. Le livre d'*Esther* dit en parlant de Dieu : *Misertus est hereditatis suæ* (ch. x, v. 12).

D'un enfant d'Israël voilà le vrai partage :
Trop heureuse pour lui de hasarder vos jours !
Et quel besoin son bras a-t-il de nos secours ?
Que peuvent contre lui tous les rois de la terre?
En vain ils s'uniraient pour lui faire la guerre :
Pour dissiper leur ligue il n'a qu'à se montrer [1] ;
Il parle, et dans la poudre il les fait tous rentrer.
Au seul son de sa voix, la mer fuit, le ciel tremble ;
Il voit comme un néant tout l'univers ensemble ;
Et les faibles mortels, vains jouets du trépas,
Sont tous devant ses yeux comme s'ils n'étaient pas [2].
S'il a permis d'Aman l'audace criminelle,
Sans doute qu'il voulait éprouver votre zèle.
C'est lui qui, m'excitant à vous oser chercher,
Devant moi, chère Esther, a bien voulu marcher ;
Et s'il faut que sa voix frappe en vain vos oreilles,
Nous n'en verrons pas moins éclater ses merveilles.
Il peut confondre Aman, il peut briser nos fers
Par la plus faible main qui soit dans l'univers ;
Et vous, qui n'aurez point accepté cette grâce,
Vous périrez peut-être et toute votre race.

ESTHER.

Allez. Que tous les Juifs dans Suse répandus,
A prier avec vous jour et nuit assidus,
Me prêtent de leurs vœux le secours salutaire,
Et pendant ces trois jours gardent un jeûne austère.
Déjà la sombre nuit a commencé son tour ;
Demain quand le soleil rallumera le jour,
Contente de périr, s'il faut que je périsse,
J'irai pour mon pays m'offrir en sacrifice.
Qu'on s'éloigne un moment.

(Le chœur se retire vers le fond du théâtre.)

SCÈNE IV.
ESTHER, ÉLISE, LE CHŒUR

ESTHER.

                    O mon souverain Roi !
Me voici donc tremblante et seule devant toi ;
Mon père mille fois m'a dit dans mon enfance,

---

1. Allusion à la ligue d'Augsbourg et à la coalition de l'Europe contre Louis XIV.

2. Presque toutes les images dont ces beaux vers sont remplis sont tirées des *Psaumes* et des *Prophètes*.

Qu'avec nous tu juras une sainte alliance.
Quand, pour te faire un peuple agréable à tes yeux,
Il plut à ton amour de choisir nos aïeux.
Même tu leur promis de ta bouche sacrée
Une postérité d'éternelle durée.
Hélas ! ce peuple ingrat a méprisé ta loi.
La nation chérie a violé sa foi ;
Elle a répudié son époux et son père,
Pour rendre à d'autres dieux un honneur adultère.
Maintenant elle sert sous un maître étranger.
Mais c'est peu d'être esclave, on la veut égorger :
Nos superbes vainqueurs, insultant à nos larmes,
Imputent à leurs dieux le bonheur de leurs armes,
Et veulent aujourd'hui qu'un même coup mortel
Abolisse ton nom, ton peuple et ton autel.
Ainsi donc un perfide, après tant de miracles,
Pourrait anéantir la foi de tes oracles [1],
Ravirait aux mortels le plus cher de tes dons,
Le saint que tu promets, et que nous attendons ?
Non, non, ne souffre pas que ces peuples farouches,
Ivres de notre sang, ferment les seules bouches
Qui dans tout l'univers célèbrent tes bienfaits ;
Et confonds tous ces dieux qui ne furent jamais.
Pour moi, que tu retiens parmi ces infidèles,
Tu sais combien je hais leurs fêtes criminelles,
Et que je mets au rang des profanations
Leur table, leurs festins, et leurs libations ;
Que même cette pompe où [2] je suis condamnée,
Ce bandeau [3] dont il faut que je paraisse ornée
Dans ces jours solennels à l'orgueil dédiés,
Seule et dans le secret je le foule à mes pieds ;
Qu'à ces vains ornements je préfère la cendre,
Et n'ai de goût qu'aux pleurs que tu me vois répandre.
J'attendais le moment marqué dans ton arrêt,
Pour oser de ton peuple embrasser l'intérêt.
Ce moment est venu ; ma prompte obéissance
Va d'un roi redoutable affronter la présence.
C'est pour toi que je marche : accompagne mes pas
Devant ce fier lion qui ne te connaît pas ;

---

1. Comparez *Iphigénie*, p. 326, note 2.
2. *Où* équivaut souvent à une préposition suivie d'un relatif ; cette pompe *d laquelle.*
3. Le diadème. Comparez *Mithridate*, page 252, note 1.

Commande en me voyant que son courroux s'apaise,
Et prête à mes discours un charme qui lui plaise.
Les orages, les vents, les cieux te sont soumis :
Tourne enfin sa fureur contre nos ennemis [1].

SCÈNE V
(Toute cette scène est chantée.)
LE CHŒUR.
UNE ISRAÉLITE, seule.

Pleurons et gémissons, mes fidèles compagnes ;
A nos sanglots donnons un libre cours.
Levons les yeux vers les saintes montagnes
D'où l'innocence attend tout son secours.
O mortelles alarmes !
Tout Israël périt. Pleurez, mes tristes yeux :
Il ne fut jamais sous les cieux
Un si juste sujet de larmes.

TOUT LE CHŒUR.
O mortelles alarmes !

UNE AUTRE ISRAÉLITE.
N'était-ce pas assez qu'un vainqueur odieux
De l'auguste Sion eût détruit tous les charmes,
Et traîné ses enfants captifs en mille lieux ?

TOUT LE CHŒUR.
O mortelles alarmes !

1. Cette belle prière est imitée du livre d'*Esther* (ch. XIV, 3, 19) : « Seigneur, qui es notre seul Roi, aide-moi ; je suis seule, et n'ai de secours qu'en toi. Mon sort est entre tes mains. J'ai appris de mon père que tu avais retiré Israel de toutes les nations, et séparé nos pères de leurs ancêtres, pour l'établir parmi eux un héritage éternel ; et tu as fait comme tu as dit. Nous avons péché en ta présence, et c'est pourquoi tu nous as livrés aux mains de nos ennemis ; car nous avons adoré leurs dieux. Tu es juste, Seigneur. Et maintenant il ne leur suffit pas de nous opprimer par la plus dure servitude ; mais attribuant la force de leurs mains à la puissance de leurs idoles, ils veulent changer tes promesses et détruire ton héritage, et fermer les bouches de ceux qui te louent, et éteindre la gloire de ton temple et de ton autel, pour ouvrir les bouches des gentils, et louer la force des idoles, et célébrer le Roi de chair éternellement. Ne livre pas, Seigneur, ton sceptre à ceux qui ne sont pas ; de peur qu'ils ne rient de notre ruine ; mais tourne les desseins contre eux et perds celui qui a commencé à sévir sur nous. Souviens-toi, Seigneur ; et montre-toi à nous au temps de notre tribulation ; et donne-moi confiance, ô Seigneur, roi de tous les Dieux et de toute puissance ; mets dans ma bouche les paroles efficaces en présence du lion ; et change son cœur en haine contre notre ennemi, pour qu'il périsse, et tous ceux qui conspirent avec lui. Délivre-nous par ta main et aide-moi, car je n'ai d'autre appui que toi, Seigneur, qui, sachant tout, sais que je hais la gloire des injustes, et que j'abhorre le lit des incirconcis, et de tout étranger. Tu sais la nécessité où je suis ; et que je déteste le signe de ma grandeur et de ma gloire, posé sur ma tête aux jours de mon ostentation. »

LA MÊME ISRAÉLITE.
Faibles agneaux livrés à des loups furieux[1],
Nos soupirs sont nos seules armes.
TOUT LE CHŒUR.
O mortelles alarmes !
UNE DES ISRAÉLITES.
Arrachons, déchirons tous ces vains ornements
Qui parent notre tête.
UNE AUTRE.
Revêtons-nous d'habillements
Conformes à l'horrible fête
Que l'impie Aman nous apprête.
TOUT LE CHŒUR.
Arrachons, déchirons tous ces vains ornements
Qui parent notre tête.
UNE ISRAÉLITE, seule.
Quel carnage de toutes parts !
On égorge à la fois les enfants, les vieillards,
Et la sœur et le frère,
Et la fille et la mère,
Le fils dans les bras de son père !
Que de corps entassés, que de membres épars
Privés de sépulture !
Grand Dieu, tes saints sont la pâture
Des tigres et des léopards !
UNE DES PLUS JEUNES ISRAÉLITES.
Hélas ! si jeune encore,
Par quel crime ai-je pu mériter mon malheur ?
Ma vie à peine a commencé d'éclore[2] :
Je tomberai comme une fleur
Qui n'a vu qu'une aurore.
Hélas ! si jeune encore,
Par quel crime ai-je pu mériter mon malheur ?
UNE AUTRE.
Des offenses d'autrui malheureuses victimes,
Que nous servent, hélas ! ces regrets superflus !
Nos pères ont péché, nos pères ne sont plus,
Et nous portons la peine de leurs crimes.

---

1. *Faibles agneaux* se rapporte à *nous* qui est implicitement contenu dans l'adjectif possessif *nos* au vers suivant. Tournure élégante, rapide et claire que la grammaire des puristes proscrit à tort.

2. Contre l'avis de Vaugelas *commencer de* s'est constamment employé au XVIIᵉ siècle aussi bien que *commencer à*.

TOUT LE CHŒUR.

Le Dieu que nous servons est le Dieu des combats :
Non, non, il ne souffrira pas
Qu'on égorge ainsi l'innocence.

UNE ISRAÉLITE, seule.

Hé quoi! dirait l'impiété,
Où donc est-il ce Dieu si redouté
Dont Israël nous vantait la puissance?

UNE AUTRE.

Ce Dieu jaloux, ce Dieu victorieux,
Frémissez, peuples de la terre,
Ce Dieu jaloux, ce Dieu victorieux,
Est le seul qui commande aux cieux :
Ni les éclairs ni le tonnerre
N'obéissent point à vos dieux.

UNE AUTRE.

Il renverse l'audacieux.

UNE AUTRE.

Il prend l'humble sous sa défense.

TOUT LE CHŒUR.

Le Dieu que nous servons est le Dieu des combats :
Non, non, il ne souffrira pas
Qu'on égorge ainsi l'innocence.

DEUX ISRAÉLITES.

O Dieu, que la gloire couronne,
Dieu, que la lumière environne,
Qui voles sur l'aile des vents,
Et dont le trône est porté par les anges ;

DEUX AUTRES DES PLUS JEUNES.

Dieu, qui veux bien que de simples enfants
Avec eux chantent tes louanges;

TOUT LE CHŒUR.

Tu vois nos pressants dangers;
Donne à ton nom la victoire;
Ne souffre point que ta gloire
Passe à des dieux étrangers.

UNE ISRAÉLITE, seule.

Arme-toi, viens nous défendre;
Descends, tel qu'autrefois la mer te vit descendre;
Que les méchants apprennent aujourd'hui
A craindre ta colère.
Qu'ils soient comme la poudre et la paille légère

Que le vent chasse devant lui.
TOUT LE CHŒUR.
Tu vois nos pressants dangers ;
Donne à ton nom la victoire ;
Ne souffre point que ta gloire
Passe à des dieux étrangers [1].

ACTE II

(Le théâtre représente la chambre où est le trône d'Assuérus.)

SCÈNE PREMIÈRE
AMAN, HYDASPE.

AMAN.
Hé quoi ! lorsque le jour ne commence qu'à luire,
Dans ce lieu redoutable oses-tu m'introduire ?
HYDASPE.
Vous savez qu'on s'en peut reposer sur ma foi,
Que ces portes, Seigneur, n'obéissent qu'à moi.
Venez. Partout ailleurs on pourrait nous entendre.
AMAN.
Quel est donc le secret que tu me veux apprendre ?
HYDASPE.
Seigneur, de vos bienfaits mille fois honoré,
Je me souviens toujours que je vous ai juré
D'exposer à vos yeux, par des avis sincères,
Tout ce que ce palais renferme de mystères.
Le Roi d'un noir chagrin paraît enveloppé.
Quelque songe effrayant cette nuit l'a frappé.
Pendant que tout gardait un silence paisible,
Sa voix s'est fait entendre avec un cri terrible.
J'ai couru. Le désordre était dans ses discours.
Il s'est plaint d'un péril qui menaçait ses jours :
Il parlait d'ennemi, de ravisseur farouche ;
Même le nom d'Esther est sorti de sa bouche.

---

[1]. Cet admirable chœur est d'un bout à l'autre nourri de souvenirs et d'imitations bibliques, empruntées particulièrement aux *Psaumes* et aux *Prophètes*.

Il a dans ces horreurs passé toute la nuit[1].
Enfin, las d'appeler un sommeil qui le fuit,
Pour écarter de lui ces images funèbres,
Il s'est fait apporter ces annales célèbres
Où les faits de son règne, avec soin amassés,
Par de fidèles mains chaque jour sont tracés :
On y conserve écrits le service et l'offense ;
Monuments éternels d'amour et de vengeance.
Le Roi, que j'ai laissé plus calme dans son lit,
D'une oreille attentive écoute ce récit.

AMAN.

De quel temps de sa vie a-t-il choisi l'histoire ?

HYDASPE.

Il revoit tous ces temps si remplis de sa gloire,
Depuis le fameux jour qu'au trône de Cyrus[2]
Le choix du sort plaça l'heureux Assuérus[3].

AMAN.

Ce songe, Hydaspe, est donc sorti de son idée ?

HYDASPE.

Entre tous les devins fameux dans la Chaldée,
Il a fait assembler ceux qui savent le mieux
Lire en un songe obscur les volontés des cieux.
Mais quel trouble vous même aujourd'hui vous agite ?
Votre âme, en m'écoutant, paraît tout interdite[4] :
L'heureux Aman a-t-il quelques secrets ennuis ?

AMAN.

Peux-tu le demander dans la place où je suis ?
Haï, craint, envié, souvent plus misérable
Que tous les malheureux que mon pouvoir accable.

HYDASPE.

Hé ! qui jamais du ciel eut des regards plus doux ?
Vous voyez l'univers prosterné devant vous.

AMAN.

L'univers ! Tous les jours un homme... un vil esclave,

---

1. Dans ces *horreurs*, c.-à-d. dans ce trouble horrible, et dans ces angoisses. Le mot désigne le sentiment qu'éprouve Assuérus, non la chose qui le lui fait éprouver.

2. Nous avons déjà vu *que* pronom relatif employé par Racine comme nous employons soit *où*, soit une préposition suivie d'un relatif : *dans lequel*.

3. Darius, fils d'Hystaspe, que Racine identifie avec Assuérus avait été appelé au trône par le hennissement fortuit d'une cavale ; les concurrents ayant attaché l'élection à ce présage. (Voy. *Hérodote* ; liv. III, chap. LXXXV-LXXXVIII.)

4. Ce vers ne signifie pas « votre âme pendant qu'elle m'écoute » mais « pendant que vous m'écoutez. » Sur cette tournure que la grammaire condamne aujourd'hui, mais dont Racine a fait souvent usage avec bonheur, voyez ci-dessus page 200, note 1.

D'un front audacieux me dédaigne et me brave.
HYDASPE.
Quel est cet ennemi de l'État et du Roi?
AMAN.
Le nom de Mardochée est-il connu de toi?
HYDASPE.
Qui? ce chef d'une race abominable, impie!
AMAN.
Oui, lui-même.
HYDASPE.
Hé, Seigneur! d'une si belle vie
Un si faible ennemi peut-il troubler la paix?
AMAN.
L'insolent devant moi ne se courba jamais.
En vain de la faveur du plus grand des monarques
Tout révère à genoux les glorieuses marques;
Lorsque d'un saint respect tous les Persans touchés
N'osent lever leurs fronts à la terre attachés,
Lui, fièrement assis, et la tête immobile,
Traite tous ces honneurs d'impiété servile,
Présente à mes regards un front séditieux,
Et ne daignerait pas au moins baisser les yeux.
Du palais cependant il assiège la porte[1] :
A quelque heure que j'entre, Hydaspe, ou que je sorte,
Son visage odieux m'afflige et me poursuit;
Et mon esprit troublé le voit encor la nuit.
Ce matin, j'ai voulu devancer la lumière;
Je l'ai trouvé couvert d'une affreuse poussière,
Revêtu de lambeaux, tout pâle; mais son œil
Conservait sous la cendre encor le même orgueil.
D'où lui vient, cher ami, cette impudente audace?
Toi, qui dans ce palais vois tout ce qui se passe,
Crois-tu que quelque voix ose parler pour lui?
Sur quel roseau fragile a-t-il mis son appui?

---

1. Voy. livre d'*Esther* : « *Mardochœus manebat ad januam palatii.* » Ailleurs « *sedentem ante fores palatii.* » Racine a suivi exactement le texte de la *Vulgate*, et plus loin il représente Mardochée
Assis le plus souvent aux portes du palais.
C'est peut-être un contresens. De tout temps, dans les monarchies orientales, la *porte* a désigné le palais du souverain, et par extension sa cour et son gouvernement (*la Porte ottomane*). Il est possible que le texte biblique signifie que Mardochée avait un office au palais. Les témoignages du livre d'*Esther* sont difficilement conciliables entre eux sur ce point. Car au chapitre II, il semble que Mardochée est assis devant le palais comme un passant fatigué, confondu dans la foule, mais le chapitre III semble le mettre au rang des serviteurs du roi.

HYDASPE.

Seigneur, vous le savez, son avis salutaire
Découvrit de Tharès le complot sanguinaire.
Le Roi promit alors de le récompenser :
Le Roi, depuis ce temps, paraît n'y plus penser.

AMAN.

Non, il faut à tes yeux dépouiller l'artifice.
J'ai su de mon destin corriger l'injustice :
Dans les mains des Persans jeune enfant apporté,
Je gouverne l'empire où je fus acheté ;
Mes richesses des rois égalent l'opulence ;
Environné d'enfants, soutiens de ma puissance,
Il ne manque à mon front que le bandeau royal ;
Cependant (des mortels aveuglement fatal !)
De cet amas d'honneurs la douceur passagère
Fait sur mon cœur à peine une atteinte légère :
Mais Mardochée, assis aux portes du palais,
Dans ce cœur malheureux enfonce mille traits ;
Et toute ma grandeur me devient insipide
Tandis que le soleil éclaire ce perfide[1].

HYDASPE.

Vous serez de sa vue affranchi dans dix jours :
La nation entière est promise aux vautours.

AMAN.

Ah! que ce temps est long à mon impatience !
C'est lui, je te veux bien confier ma vengeance,
C'est lui qui, devant moi refusant de ployer,
Les a livrés au bras qui les va foudroyer.
C'était trop peu pour moi d'une telle victime ;
La vengeance trop faible attire un second crime.
Un homme tel qu'Aman, lorsqu'on l'ose irriter,
Dans sa juste fureur ne peut trop éclater.
Il faut des châtiments dont l'univers frémisse ;
Qu'on tremble en comparant l'offense et le supplice :
Que les peuples entiers dans le sang soient noyés.
Je veux qu'on dise un jour aux siècles effrayés :
« Il fut des Juifs ; il fut une insolente race ;
Répandus sur la terre, ils en couvraient la face ;
Un seul osa d'Aman attirer le courroux ;

---

1. Sens étymologique : aussi longtemps que (tamdiu).

Aussitôt de la terre ils disparurent tous. »
HYDASPE.
Ce n'est donc pas, Seigneur, le sang amalécite
Dont la voix à les perdre en secret vous excite?
AMAN.
Je sais que, descendu de ce sang malheureux,
Une éternelle haine a dû m'armer contre eux;
Qu'ils firent d'Amalec un indigne carnage;
Que, jusqu'aux vils troupeaux, tout éprouva leur rage;
Qu'un déplorable reste à peine fut sauvé [1];
Mais, crois-moi, dans le rang où je suis élevé,
Mon âme, à ma grandeur tout entière attachée,
Des intérêts du sang est faiblement touchée.
Mardochée est coupable, et que faut-il de plus?
Je prévins donc contre eux l'esprit d'Assuérus;
J'inventai des couleurs [2]; j'armai la calomnie;
J'intéressai sa gloire; il trembla pour sa vie :
Je les peignis puissants, riches, séditieux;
Leur dieu même ennemi de tous les autres dieux.
« Jusqu'à quand souffre-t-on que ce peuple respire,
Et d'un culte profane infecte votre empire?
Etrangers dans la Perse, à nos lois opposés,
Du reste des humains ils semblent divisés,
N'aspirent qu'à troubler le repos où nous sommes,
Et, détestés partout, détestent tous les hommes [3].
Prévenez, punissez leurs insolents efforts;
De leur dépouille enfin grossissez vos trésors. »
Je dis et l'on me crut. Le Roi, dès l'heure même,
Mit dans ma main le sceau de son pouvoir suprême [4] :
« Assure, me dit-il, le repos de ton roi;
Va, perds ces malheureux; leur dépouille est à toi. »
Toute la nation fut ainsi condamnée.

---

1. Voy. les *Rois*, livre I, chap. xv, vers. 7 à 9. « Et Saül tailla en pièces les Amalécites depuis Hévila jusqu'à Sur, qui est vis-à-vis de l'Égypte. Il prit vif Agag, roi des Amalécites, et fit passer tout le peuple au fil de l'épée. Mais Saül avec le peuple épargna Agag. Il réserva ce qu'il y avait de meilleur dans les troupeaux de brebis et de bœufs, dans les béliers, dans les meubles et les habits. »

2. *Couleur* au sens de *faux prétexte* est très usité au xviie siècle, surtout dans la locution *sous couleur de*; il est fréquent dans Corneille, Molière, Bossuet, Boileau, Racine, etc. Pourquoi ce mot ainsi autorisé est-il devenu, dans ce sens, populaire, même trivial?

3. Tacite a parlé ainsi des Juifs dans les *Histoires*, des chrétiens dans les *Annales* : « *Adversus omnes alios hostile odium.* » (*Histoires*, liv. V, chap. v.) « *Odio generis humani convicti sunt.* » (*Annales*, liv. XV, chap. xliv.)

4. Le livre d'*Esther* dit qu'Assuérus remit son anneau à Aman.

Du carnage avec lui je réglai la journée.
Mais de ce traître enfin le trépas différé
Fait trop souffrir mon cœur de son sang altéré.
Un je ne sais quel trouble empoisonne ma joie.
Pourquoi dix jours encor faut-il que je le voie ?

HYDASPE.

Et ne pouvez-vous pas d'un mot l'exterminer?
Dites au Roi, Seigneur, de vous l'abandonner.

AMAN.

Je viens, pour épier le moment favorable.
Tu connais comme moi ce prince inexorable;
Tu sais combien terrible en ses soudains transports,
De nos desseins souvent il rompt tous les ressorts.
Mais à me tourmenter ma crainte est trop subtile :
Mardochée à ses yeux est une âme trop vile.

HYDASPE.

Que tardez-vous? Allez, et faites promptement
Élever de sa mort le honteux instrument.

AMAN.

J'entends du bruit : je sors. Toi, si le Roi m'appelle...

HYDASPE.

Il suffit.

SCÈNE II

ASSUÉRUS, HYDASPE, ASAPH, SUITE D'ASSUÉRUS.

ASSUÉRUS.

Ainsi donc, sans cet avis fidèle,
Deux traîtres dans son lit assassinaient leur roi?
Qu'on me laisse; et qu'Asaph seul demeure avec moi.

SCÈNE III

ASSUÉRUS, ASAPH.

ASSUÉRUS, assis sur son trône.

Je veux bien l'avouer : de ce couple perfide
J'avais presque oublié l'attentat parricide[1];
Et j'ai pâli deux fois au terrible récit
Qui vient d'en retracer l'image à mon esprit.
Je vois de quel succès leur fureur fut suivie,

---

1. Non seulement le meurtre d'un père, mais tout crime énorme, comme le régicide, était appelé *parricide*, en latin comme au XVIIe siècle. Suétone appelle les Ides de Mars, où César fut tué : le jour du parricide.

Et que dans les tourments ils laissèrent la vie.
Mais ce sujet zélé qui, d'un œil si subtil,
Sut de leurs noirs complots développer le fil,
Qui me montra sur moi leur main déjà levée,
Enfin par qui la Perse avec moi fut sauvée,
Quel honneur pour sa foi[1], quel prix a-t-il reçu?
ASAPH.
On lui promit beaucoup : c'est tout ce que j'ai su.
ASSUÉRUS.
O d'un si grand service oubli trop condamnable!
Des embarras du trône effet inévitable!
De soins tumultueux un prince environné
Vers de nouveaux objets est sans cesse entraîné;
L'avenir l'inquiète et le présent le frappe;
Mais plus prompt que l'éclair, le passé nous échappe;
Et de tant de mortels, à toute heure empressés
A nous faire valoir leurs soins intéressés,
Il ne s'en trouve point qui, touchés d'un vrai zèle
Prennent à notre gloire un intérêt fidèle,
Du mérite oublié nous fassent souvenir,
Trop prompts à nous parler de ce qu'il faut punir!
Ah! que plutôt l'injure échappe à ma vengeance,
Qu'un si rare bienfait à ma reconnaissance :
Et qui voudrait jamais s'exposer pour son roi?
Ce mortel, qui montra tant de zèle pour moi,
Vit-il encore?
ASAPH.
Il voit l'astre qui vous éclaire.
ASSUÉRUS.
Et que n'a-t-il plus tôt demandé son salaire?
Quel pays reculé le cache à mes bienfaits?
ASAPH.
Assis le plus souvent aux portes du palais[2],
Sans se plaindre de vous ni de sa destinée,
Il y traîne, Seigneur, sa vie infortunée.
ASSUÉRUS.
Et je dois d'autant moins oublier la vertu,
Qu'elle-même s'oublie. Il se nomme, dis-tu?
ASAPH.
Mardochée est le nom que je viens de vous lire.

1. Fidélité.
2. Voy. ci-dessus, page 387, note 1.

ASSUÉRUS.

Et son pays?

ASAPH.

Seigneur, puisqu'il faut vous le dire,
C'est un de ces captifs à périr destinés,
Des rives du Jourdain sur l'Euphrate amenés.

ASSUÉRUS.

Il est donc Juif? O ciel! sur le point que la vie [1]
Par mes propres sujets m'allait être ravie,
Un Juif rend par ses soins leurs efforts impuissants!
Un Juif m'a préservé du glaive des Persans!
Mais puisqu'il m'a sauvé, quel qu'il soit, il n'importe.
Holà, quelqu'un.

SCÈNE IV
ASSUÉRUS, HYDASPE, ASAPH.

HYDASPE.

Seigneur?

ASSUÉRUS.

Regarde à cette porte;
Vois s'il s'offre à tes yeux quelque grand de ma cour.

HYDASPE.

Aman à votre porte a devancé le jour.

ASSUÉRUS.

Qu'il entre. Ses avis m'éclaireront peut-être.

SCÈNE V
ASSUÉRUS, AMAN, HYDASPE, ASAPH.

ASSUÉRUS.

Approche, heureux appui du trône de ton maître.
Ame de mes conseils, et qui seul tant de fois
Du sceptre dans ma main as soulagé le poids.
Un reproche secret embarrasse mon âme.
Je sais combien est pur le zèle qui t'enflamme;
Le mensonge jamais n'entra dans tes discours,
Et mon intérêt seul est le but où tu cours.
Dis-moi donc : que doit faire un prince magnanime
Qui veut combler d'honneurs un sujet qu'il estime?
Par quel gage éclatant, et digne d'un grand roi,
Puis-je récompenser le mérite et la foi [2]?

---

1. Voy. ci-dessus, page 386, note 2.
2. Fidèlité.

Ne donne point de borne à ma reconnaissance;
Mesure tes conseils sur ma vaste puissance.
AMAN, tout bas.
C'est pour toi-même, Aman, que tu vas prononcer;
Et quel autre que toi peut-on récompenser?
ASSUÉRUS.
Que penses-tu?
AMAN.
Seigneur, je cherche, j'envisage
Des monarques persans la conduite et l'usage :
Mais à mes yeux en vain je les rappelle tous;
Pour vous régler sur eux, que sont-ils près de vous?
Votre règne aux neveux[1] doit servir de modèle.
Vous voulez d'un sujet reconnaître le zèle :
L'honneur seul peut flatter un esprit généreux :
Je voudrais donc, Seigneur, que ce mortel heureux
De la pourpre aujourd'hui paré comme vous-même,
Et portant sur le front le sacré diadème,
Sur un de vos coursiers pompeusement orné,
Aux yeux de vos sujets dans Suse fût mené :
Que, pour comble de gloire et de magnificence,
Un seigneur éminent en richesse, en puissance,
Enfin de votre empire après vous le premier,
Par la bride guidât son superbe coursier;
Et lui-même, marchant en habits magnifiques,
Criât à haute voix dans les places publiques :
« Mortels, prosternez-vous : c'est ainsi que le Roi
« Honore le mérite, et couronne la foi. »
ASSUÉRUS.
Je vois que la sagesse elle-même t'inspire;
Avec mes volontés ton sentiment conspire.
Va, ne perds point de temps; ce que tu m'as dicté,
Je veux de point en point qu'il soit exécuté.
La vertu dans l'oubli ne sera plus cachée.
Aux portes du palais prends le Juif Mardochée :
C'est lui que je prétends honorer aujourd'hui.
Ordonne son triomphe et marche devant lui;
Que Suse par ta voix de son nom retentisse,
Et fais à son aspect que tout genou fléchisse.
Sortez tous.

---

1. Latinisme. *Nepotibus*, c.-à-d. à nos descendants.

AMAN.

Dieux !

SCÈNE VI

ASSUÉRUS seul.

Le prix est sans doute inouï;
Jamais d'un tel honneur un sujet n'a joui.
Mais plus la récompense est grande et glorieuse,
Plus même de ce Juif la race est odieuse,
Plus j'assure ma vie, et montre avec éclat
Combien Assuérus redoute d'être ingrat.
On verra l'innocent discerné du coupable.
Je n'en perdrai pas moins ce peuple abominable;
Leurs crimes...

SCÈNE VII

ASSUÉRUS, ESTHER, ÉLISE, THAMAR

UNE PARTIE DU CHŒUR.
(Esther entre, s'appuyant sur Élise : quatre Israélites soutiennent sa robe.)[1]

ASSUÉRUS.

Sans mon ordre, on porte ici ses pas?
Quel mortel insolent vient chercher le trépas?
Gardes... C'est vous, Esther? quoi! sans être attendue?

ESTHER.

Mes filles, soutenez votre reine éperdue.
Je me meurs. (Elle tombe évanouie.)

ASSUÉRUS.

Dieux puissants! quel étrange pâleur
De son teint tout à coup efface la couleur!
Esther, que craignez-vous? Suis-je pas votre frère[2]?
Est-ce pour vous qu'est fait un ordre si sévère?
Vivez : le sceptre d'or que vous tend cette main
Pour vous de ma clémence est un gage certain.

ESTHER.

Quelle voix salutaire ordonne que je vive,

---

1. Cette mise en scène traduit exactement la Bible, sauf pour le nombre des suivantes : « Elle prit deux servantes et s'appuya sur l'une d'elles comme ayant peine à se soutenir à cause de son extrême délicatesse, l'autre servante suivait sa maîtresse en relevant le bas de sa robe traînante. »

2. La suppression de la négation ne devant pas dans les phrases interrogatives, jugée familière aujourd'hui, est d'un usage fréquent au XVII° siècle, même dans le style soutenu des tragédies. Vaugelas la jugeait même élégante. Ce nom de frère qu'Assuérus donne ici à Esther est emprunté de la Bible : Ego sum frater tuus.

Et rappelle en mon sein mon âme fugitive?
ASSUÉRUS.
Ne connaissez-vous pas la voix de votre époux?
Encore un coup, vivez, et revenez à vous.
ESTHER.
Seigneur, je n'ai jamais contemplé qu'avec crainte
L'auguste majesté sur votre front empreinte :
Jugez combien ce front irrité contre moi
Dans mon âme troublée a dû jeter d'effroi !
Sur ce trône sacré qu'environne la foudre
J'ai cru vous voir tout prêt à me réduire en poudre.
Hélas! sans frissonner, quel cœur audacieux
Soutiendrait les éclairs qui partaient de vos yeux?
Ainsi du Dieu vivant la colère étincelle...
ASSUÉRUS.
O soleil! ô flambeaux de lumière immortelle!
Je me trouble moi-même; et sans frémissement
Je ne puis voir sa peine et son saisissement.
Calmez, Reine, calmez la frayeur qui vous presse.
Du cœur d'Assuérus souveraine maîtresse,
Éprouvez seulement son ardente amitié.
Faut-il de mes États vous donner la moitié[1]?
ESTHER.
Hé! se peut-il qu'un Roi craint de la terre entière,
Devant qui tout fléchit et baise la poussière,
Jette sur son esclave un regard si serein,
Et m'offre sur son cœur un pouvoir souverain?
ASSUÉRUS.
Croyez-moi, chère Esther, ce sceptre, cet empire,
Et ces profonds respects que la terreur inspire,
A leur pompeux éclat mêlent peu de douceur,
Et fatiguent souvent leur triste possesseur.
Je ne trouve qu'en vous je ne sais quelle grâce
Qui me charme toujours et jamais ne me lasse.
De l'aimable vertu doux et puissants attraits !
Tout respire en Esther l'innocence et la paix :
Du chagrin le plus noir elle écarte les ombres,
Et fait des jours sereins de mes jours les plus sombres.

---

1. Assuérus fait la même offre à Esther dans la Bible : « *Etiam si dimidiam partem regni petieris, dabitur tibi.* »
2. Dans ce couplet exquis les contemporains reconnurent une allusion délicate à la tendresse de Louis XIV pour madame de Maintenon.

Que dis-je? sur ce trône assis auprès de vous,
Des astres ennemis j'en crains moins[1] le courroux,
Et crois que votre front prête à mon diadème
Un éclat qui le rend respectable[2] aux Dieux même[3].
Osez donc me répondre, et ne me cachez pas
Quel sujet important conduit ici vos pas.
Quel intérêt, quels soins vous agitent, vous pressent?
Je vois qu'en m'écoutant vos yeux au Ciel s'adressent.
Parlez : de vos désirs le succès est certain,
Si ce succès dépend d'une mortelle main.

ESTHER.

O bonté qui m'assure[4] autant qu'elle m'honore.
Un intérêt pressant veut que je vous implore :
J'attends ou mon malheur ou ma félicité;
Et tout dépend, Seigneur, de votre volonté.
Un mot de votre bouche, en terminant mes peines,
Peut rendre Esther heureuse entre toutes les reines.

ASSUÉRUS.

Ah! que vous emflammez mon désir curieux!

ESTHER.

Seigneur, si j'ai trouvé grâce devant vos yeux,
Si jamais à mes vœux vous fûtes favorable,
Permettez, avant tout, qu'Esther puisse à sa table
Recevoir aujourd'hui son souverain Seigneur,
Et qu'Aman soit admis à cet excès d'honneur.
J'oserai devant lui rompre ce grand silence,
Et j'ai, pour m'expliquer, besoin de sa présence.

ASSUÉRUS.

Dans quelle inquiétude, Esther, vous me jetez!
Toutefois qu'il soit fait comme vous souhaitez.
(A ceux de sa suite.)
Vous, que l'on cherche Aman : et qu'on lui fasse entendre
Qu'invité chez la Reine, il ait soin de s'y rendre.

HYDASPE.

Les savants Chaldéens, par votre ordre appelés,

---

1. *En* se rapporte à *assis auprès de vous*, et signifie *à cause de cela*, je crains moins, etc.

2. Ce mot qui nous paraît si nécessaire était alors tout nouveau. L'année suivante Callières, dans ses *Mots à la mode* (1690), constate qu'il vient de naître; Bouhours dit la même chose en 1692 dans la *Suite des nouvelles remarques*. La Bruyère l'emploie dans la 5ᵉ édition des *Caractères* (1690), chapitre des *Jugements*.

3. Aujourd'hui l'on ferait accorder *même*; au XVIIᵉ siècle il pouvait demeurer, dans cet emploi, invariable et adverbial.

4. M'assure, c.-à-d. fait ma sécurité.

Dans cet appartement, Seigneur, sont assemblés.
ASSUÉRUS.
Princesse, un songe étrange occupe ma pensée :
Vous-même en leur réponse êtes intéressée.
Venez, derrière un voile écoutant leurs discours,
De vos propres clartés me prêter le secours.
Je crains pour vous, pour moi, quelque ennemi perfide.
ESTHER.
Suis-moi, Thamar. Et vous, troupe jeune et timide,
Sans craindre ici les yeux d'une profane cour,
A l'abri de ce trône attendez mon retour.

SCÈNE VIII.

(Cette scène est partie déclamée sans chant et partie chantée.)

ÉLISE, PARTIE DU CHŒUR

ÉLISE.
Que vous semble, mes sœurs, de l'état où nous sommes?
   D'Esther, d'Aman, qui le doit emporter
      Est-ce Dieu, sont-ce les hommes
      Dont les œuvres vont éclater?
   Vous avez vu quelle ardente colère
   Allumait de ce roi le visage sévère.
UNE ISRAÉLITE.
Des éclairs de ses yeux l'œil était ébloui.
UNE AUTRE.
Et sa voix m'a paru comme un tonnerre horrible.
ÉLISE.
   Comment ce courroux si terrible
   En un moment s'est-il évanoui?
UNE ISRAÉLITE chante.
Un moment a changé ce courage inflexible[1] :
Le lion rugissant est un agneau paisible.
Dieu, notre Dieu sans doute, a versé dans son cœur
      Cet esprit de douceur.
LE CHŒUR chante.
Dieu, notre Dieu sans doute, a versé dans son cœur
      Cet esprit de douceur.

---

1. *Courage* au sens de *cœur* est d'un emploi fréquent au XVIIᵉ siècle; toutefois ces deux mots ne sont pas toujours synonymes, comme on l'a prétendu; car l'Infante oppose l'un à l'autre dans le *Cid* :
Si mon courage est haut, mon cœur est embrasé.

LA MÊME ISRAÉLITE chante.

Tel qu'un ruisseau docile
Obéit à la main qui détourne son cours,
Et, laissant de ses eaux partager le secours,
Va rendre tout un champ fertile :
Dieu, de nos volontés arbitre souverain,
Le cœur des rois est ainsi dans ta main.

ÉLISE.

Ah! que je crains, mes sœurs, les funestes nuages
Qui de ce prince obscurcissent les yeux !
Comme il est aveuglé du culte de ses dieux !

UNE ISRAÉLITE.

Il n'atteste[1] jamais que leur noms odieux.

UNE AUTRE.

Aux feux inanimés dont se parent les cieux
Il rend de profanes hommages.

UNE AUTRE.

Tout son palais est plein de leurs images.

LE CHŒUR chante.

Malheureux, vous quittez le maître des humains
Pour adorer l'ouvrage de vos mains!

UNE ISRAÉLITE chante.

Dieu d'Israël, dissipe enfin cette ombre :
Des larmes de tes saints quand seras-tu touché?
Quand sera le voile arraché
Qui sur tout l'univers jette une nuit si sombre?
Dieu d'Israël, dissipe enfin cette ombre :
Jusqu'à quand seras-tu caché!

UNE DES PLUS JEUNES ISRAÉLITES.

Parlons plus bas, mes sœurs. Ciel ! si quelque infidèle,
Écoutant nos discours, nous allait déceler!

ÉLISE.

Quoi! fille d'Abraham, une crainte mortelle
Semble déjà vous faire chanceler!
Hé! si l'impie Aman, dans sa main homicide,
Faisant luire à vos yeux un glaive menaçant,
A blasphémer le nom du Tout-Puissant
Voulait forcer votre bouche timide !

UNE AUTRE ISRAÉLITE.

Peut-être Assuérus, frémissant de courroux,
Si nous ne courbons les genoux

---

1. Prend à témoin

Devant une muette idole,
Commandera qu'on nous immole.
Chère sœur, que choisirez-vous ?
LA JEUNE ISRAÉLITE.
Moi, je pourrais trahir le Dieu que j'aime !
J'adorerais un dieu sans force et sans vertu,
Reste d'un tronc par les vents abattu,
Qui ne peut se sauver lui-même !
LE CHŒUR chante.
Dieux impuissants, dieux sourds, tous ceux qui vous implorent
Ne seront jamais entendus.
Que les démons et ceux qui les adorent
Soient à jamais détruits et confondus !
UNE ISRAÉLITE chante.
Que ma bouche et mon cœur, et tout ce que je suis,
Rendent honneur au Dieu qui m'a donné la vie.
Dans les craintes, dans les ennuis,
En ses bontés mon âme se confie.
Veut-il par mon trépas que je le glorifie ?
Que ma bouche et mon cœur, et tout ce que je suis,
Rendent honneur au Dieu qui m'a donné la vie ?
ÉLISE.
Je n'admirai jamais la gloire de l'impie.
UNE AUTRE ISRAÉLITE.
Au bonheur du méchant qu'une autre porte envie.
ÉLISE.
Tous ses jours paraissent charmants ;
L'or éclate en ses vêtements ;
Son orgueil est sans borne ainsi que sa richesse ;
Jamais l'air n'est troublé de ses gémissements ;
Il s'endort, il s'éveille au son des instruments ;
Son cœur nage dans la mollesse.
UNE AUTRE ISRAÉLITE.
Pour comble de prospérité,
Il espère revivre en sa postérité ;
Et d'enfants à sa table une riante troupe
Semble boire avec lui la joie à pleine coupe.
(Tout ce reste est chanté.)
LE CHŒUR.
Heureux, dit-on, le peuple florissant
Sur qui ces biens coulent en abondance !
Plus heureux le peuple innocent

Qui dans le Dieu du ciel a mis sa confiance !
UNE ISRAÉLITE seule.

Pour contenter ses frivoles désirs
L'homme insensé vainement se consume :
    Il trouve l'amertume
    Au milieu des plaisirs.
UNE AUTRE, seule.

Le bonheur de l'impie est toujours agité :
Il erre à la merci de sa propre inconstance.
    Ne cherchons la félicité
    Que dans la paix de l'innocence.
LA MÊME, avec une autre.

    O douce paix !
    O lumière éternelle !
    Beauté toujours nouvelle !
Heureux le cœur épris de tes attraits !
    O douce paix !
    O lumière éternelle !
Heureux le cœur qui ne te perd jamais !
LE CHŒUR.

    O douce paix !
    O lumière éternelle !
    Beauté toujours nouvelle !
Heureux le cœur qui ne te perd jamais !
LA MÊME, seule.

Nulle paix pour l'impie. Il la cherche, elle fuit,
Et le calme en son cœur ne trouve point de place :
    Le glaive au dehors le poursuit ;
    Le remords au dedans le glace.
UNE AUTRE.

La gloire des méchants en un moment s'éteint :
    L'affreux tombeau pour jamais les dévore.
Il n'en est pas ainsi de celui qui te craint :
    Il renaîtra, mon Dieu, plus brillant que l'aurore.
LE CHŒUR.

    O douce paix !
Heureux le cœur qui ne te perd jamais !
ÉLISE sans chanter.

Mes sœurs, j'entends du bruit dans la chambre prochaine.
On nous appelle : allons rejoindre notre reine[1].

---

1. Ce chœur est emprunté en grande partie du livre d'*Esther*, des *Proverbes*, des *Prophètes*, des *Psaumes* et de la *Sagesse*.

ACTE III

(Le théâtre représente les jardins d'Esther et un des côtés du salon où se fait le festin.)

SCÈNE PREMIÈRE
AMAN, ZARÈS.

ZARÈS.

C'est donc ici d'Esther le superbe jardin ;
Et ce salon pompeux est le lieu du festin.
Mais tandis que la porte en est encor fermée,
Écoutez les conseils d'une épouse alarmée.
Au nom du sacré nœud qui me lie avec vous,
Dissimulez, Seigneur, cet aveugle courroux ;
Éclaircissez ce front où la tristesse est peinte ;
Les rois craignent surtout le reproche et la plainte.
Seul entre tous les grands par la Reine invité,
Ressentez donc aussi cette félicité.
Si le mal vous aigrit, que le bienfait vous touche.
Je l'ai cent fois appris de votre propre bouche :
Quiconque ne sait pas dévorer un affront,
Ni de fausses couleurs se déguiser le front,
Loin de l'aspect des rois qu'il s'écarte, qu'il fuie.
Il est des contretemps qu'il faut qu'un sage essuie :
Souvent avec prudence un outrage enduré
Aux honneurs les plus hauts a servi de degré.

AMAN.

O douleur ! ô supplice affreux à la pensée !
O honte, qui jamais ne peut être effacée !
Un exécrable Juif, l'opprobre des humains,
S'est donc vu de la pourpre habillé par mes mains !
C'est peu qu'il ait sur moi remporté la victoire !
Malheureux, j'ai servi de héraut à sa gloire !
Le traître ! Il insultait à ma confusion ;
Et tout le peuple même avec dérision,
Observant la rougeur qui couvrait mon visage,
De ma chute certaine en tirait le présage.

Roi cruel, ce sont là les jeux où tu te plais!
Tu ne m'as prodigué tes perfides bienfaits
Que pour me faire mieux sentir ta tyrannie,
Et m'accabler enfin de plus d'ignominie.

ZARÈS.

Pourquoi juger si mal de son intention ?
Il croit récompenser une bonne action.
Ne faut-il pas, Seigneur, s'étonner au contraire
Qu'il en ait si longtemps différé le salaire ?
Du reste, il n'a rien fait que par votre conseil ;
Vous-même avez dicté tout ce triste appareil.
Vous êtes après lui le premier de l'Empire.
Sait-il toute l'horreur que ce Juif vous inspire ?

AMAN.

Il sait qu'il me doit tout, et que, pour sa grandeur,
J'ai foulé sous les pieds remords, crainte, pudeur ;[1]
Qu'avec un cœur d'airain exerçant sa puissance,
J'ai fait taire les lois et gémir l'innocence ;
Que pour lui, des Persans bravant l'aversion,
J'ai chéri, j'ai cherché la malédiction :
Et, pour prix de ma vie à leur haine exposée,
Le barbare aujourd'hui m'expose à leur risée ;

ZARÈS.

Seigneur, nous sommes seuls. Que sert de se flatter ?
Ce zèle que pour lui vous fîtes éclater,
Ce soin d'immoler tout à son pouvoir suprême,
Entre nous, avaient-ils d'autre objet que vous-même ?
Et, sans chercher plus loin, tous ces Juifs désolés,
N'est-ce pas à vous seul que vous les immolez ?
Et ne craignez-vous point que quelque avis funeste...
Enfin la cour nous hait, le peuple nous déteste.
Ce Juif même, il le faut confesser malgré moi,
Ce Juif, comblé d'honneurs, me cause quelque effroi.
Les malheurs sont souvent enchaînés l'un à l'autre ;
Et sa race toujours fut fatale à la vôtre.
De ce léger affront songez à profiter.
Peut-être la fortune est prête à vous quitter[2] ;

---

1. Les contemporains crurent et Louis Racine semblait croire aussi que ces vers faisaient allusion au ministre Louvois « qui était encore en place, mais qui n'était plus en faveur » (Louis Racine, *Remarques sur Esther*), Louvois, disait-on, maltraité un jour par Louis XIV, avait laisser échapper les paroles de dépit qu'Aman prononce ici : « Il sait qu'il me doit tout ».

2. Sur *prêt à, près de*, Voy. ci-dessus, page 68, note 3.

Aux plus affreux excès son inconstance passe[1] :
Prévenez son caprice avant qu'elle se lasse[2].
Où tendez-vous plus haut[3] ? Je frémis quand je voi[4]
Les abîmes profonds qui s'offrent devant moi :
La chute désormais ne peut être qu'horrible.
Osez chercher ailleurs un destin plus paisible.
Regagnez l'Hellespont, et ces bords écartés
Où vos aïeux errants jadis furent jetés,
Lorsque des Juifs contre eux la vengeance allumée
Chassa tout Amalec de la triste Idumée[5].
Aux malices du sort enfin dérobez-vous.
Nos plus riches trésors marcheront devant nous ;
Vous pouvez du départ me laisser la conduite ;
Surtout de vos enfants j'assurerai la fuite.
N'ayez soin cependant que de dissimuler.
Contente, sur vos pas vous me verrez voler :
La mer la plus terrible et la plus orageuse
Est plus sûre pour nous que cette cour trompeuse.
Mais, à grands pas vers vous je vois quelqu'un marcher.
C'est Hydaspe.

SCÈNE II.
AMAN, ZARÈS, HYDASPE.

HYDASPE.

Seigneur, je courais vous chercher ;
Votre absence en ces lieux suspend toute la joie ;
Et pour vous y conduire Assuérus m'envoie.

AMAN.
Et Mardochée est-il aussi de ce festin ?

HYDASPE.
A la table d'Esther portez-vous ce chagrin ?
Quoi ? toujours de ce Juif l'image vous désole ?
Laissez-le s'applaudir d'un triomphe frivole.
Croit-il d'Assuérus éviter la rigueur ?
Ne possédez-vous pas son oreille et son cœur ?

---

1. *Passer* au XVIIe siècle signifie souvent *se porter à, aller jusqu'à...* comme dans ce vers de *Polyeucte*.

A quelque extrémité que votre crime passe...

2. *Avant qu'elle se lasse*, avant qu'elle *ne* se lasse. Les deux constructions se trouvent au XVIIe siècle ; la première plus fréquemment que la seconde, laquelle est plus employée aujourd'hui.

3. Tournure créée par Racine, et singulièrement vive et brève en même temps que claire.

4. Sur cette orthographe, voy. ci-dessus, page 66, note 1.

5. Le livre d'*Esther* dit qu'Aman était venu de Macédoine en Perse. Mais l'émigration des Amalécites aux bords de l'Hellespont est une supposition de Racine.

On a payé le zèle, on punira le crime ;
Et l'on vous a, Seigneur, orné votre victime.
Je me trompe, ou vos vœux, par Esther secondés,
Obtiendront plus encor que vous ne demandez.

AMAN.

Croirai-je le bonheur que ta bouche m'annonce?

HYDASPE.

J'ai des savants devins entendu la réponse ;
Ils disent que la main d'un perfide étranger
Dans le sang de la Reine est prête à se plonger[1].
Et le Roi, qui ne sait où trouver le coupable,
N'impute qu'aux seuls Juifs ce projet détestable.

AMAN.

Oui, ce sont, cher ami, des monstres furieux ;
Il faut craindre surtout leur chef audacieux.
La terre avec horreur dès longtemps les endure ;
Et l'on n'en peut trop tôt délivrer la nature.
Ah ! je respire enfin. Chère Zarès, adieu.

HYDASPE.

Les compagnes d'Esther s'avancent vers ce lieu ;
Sans doute leur concert va commencer la fête.
Entrez, et recevez l'honneur qu'on vous apprête,

SCÈNE III.

ÉLISE, LE CHŒUR

(Ceci se récite sans chant.)

UNE DES ISRAÉLITES.

C'est Aman.

UNE AUTRE.

C'est lui même ; et j'en frémis, ma sœur.

LA PREMIÈRE.

Mon cœur de crainte et d'horreur se resserre.

L'AUTRE.

C'est d'Israël le superbe oppresseur.

LA PREMIÈRE.

C'est celui qui trouble la terre.

ÉLISE.

Peut-on, en le voyant, ne le connaitre pas ;

---

1. La Bible ne parle pas de cette prédiction ; c'est Racine qui imagina de prêter cette divination aux « savants chaldéens ».

L'orgueil et le dédain sont peints sur son visage.
UNE ISRAÉLITE.
On lit dans ses regards sa fureur et sa rage.
UNE AUTRE.
Je croyais voir marcher la mort devant ses pas!
UNE DES PLUS JEUNES.
Je ne sais si ce tigre a reconnu sa proie ;
Mais, en nous regardant, mes sœurs, il m'a semblé
Qu'il avait dans les yeux une barbare joie,
Dont tout mon sang est encore troublé.
ÉLISE.
Que ce nouvel honneur va croître son audace[1] !
Je le vois, mes sœurs, je le voi[2] :
A la table d'Esther l'insolent près du Roi
A déjà pris sa place.
UNE DES ISRAÉLITES.
Ministres du festin, de grâce dites-nous,
Quels mets à ce cruel, quel vin préparez-vous ?
UNE AUTRE.
Le sang de l'orphelin,
UNE TROISIÈME.
Les pleurs des misérables,
LA SECONDE.
Sont ses mets les plus agréables.
LA TROISIÈME.
C'est son breuvage le plus doux.
ÉLISE.
Chères sœurs, suspendez la douleur qui vous presse.
Chantons, on nous l'ordonne ; et que puissent nos chants
Du cœur d'Assuérus adoucir la rudesse,
Comme autrefois David, par ses accords touchants,
Calmait d'un roi jaloux la sauvage tristesse !
(Tout le reste de cette scène est chanté.)
UNE ISRAÉLITE.
Que le peuple est heureux
Lorsqu'un roi généreux
Craint dans tout l'univers veut encore qu'on l'aime !
Heureux le peuple ! heureux le roi lui-même !
TOUT LE CHŒUR.
O repos ! ô tranquillité !

---

1. Sur *croître*, verbe actif, voy. ci-dessus, page 311, note 1.

2. Sur cette orthographe de *je vois*, voy. ci-dessus, page 66, note 1.

O d'un parfait bonheur assurance éternelle,
    Quand la suprême autorité
Dans ses conseils a toujours auprès d'elle
    La justice et la vérité !
(Ces quatre stances sont chantées alternativement par une voix seule et par tout le chœur.)

UNE ISRAÉLITE.

Rois, chassez la calomnie :
Ses criminels attentats
Des plus paisibles États
Troublent l'heureuse harmonie.

Sa fureur, de sang avide,
Poursuit partout l'innocent.
Rois, prenez soin de l'absent
Contre sa langue homicide.

De ce monstre si farouche
Craignez la feinte douceur :
La vengeance est dans son cœur,
Et la pitié dans sa bouche.

La fraude adroite et subtile
Sème de fleurs son chemin ;
Mais sur ses pas vient enfin
Le repentir inutile[1].

UNE ISRAÉLITE SEULE.

D'un souffle l'aquilon écarte les nuages,
  Et chasse au loin la foudre et les orages ;
Un roi sage, ennemi du langage menteur,
Écarte d'un regard le perfide imposteur.

UNE AUTRE.

J'admire un roi victorieux,
Que sa valeur conduit triomphant en tous lieux ;
Mais un roi sage et qui hait l'injustice,
  Qui sous la loi du riche impérieux
  Ne souffre point que le pauvre gémisse,
  Est le plus beau présent des cieux.

---

1. L'accompagnement musical étant le même pour chaque strophe, et la disposition des rimes masculines et féminines étant telle que 1 rime avec 4, et 2 avec 3, il en résulte que deux rimes féminines différentes se suivent dans ce morceau, à la fin de chaque strophe et au commencement de la suivante, ce qui est contraire aux règles ordinaires de la versification. Voy. ci-dessus, page 16, l'allusion touchante que fit Racine à ces stances dans sa lettre douloureuse à Mme de Maintenon.

UNE AUTRE.
La veuve en sa défense espère.
UNE AUTRE.
De l'orphelin il est le père :
TOUTES ENSEMBLE.
Et les larmes du juste implorant son appui
Sont précieuses devant lui.
UNE ISRAÉLITE SEULE.
Détourne, Roi puissant, détourne tes oreilles
De tout conseil barbare et mensonger.
Il est temps que tu t'éveilles :
Dans le sang innocent ta main va se plonger,
Pendant que tu sommeilles.
Détourne ô Roi puissant, détourne tes oreilles,
De tout conseil barbare et mensonger.
UNE AUTRE.
Ainsi puisse sous toi trembler la terre entière :
Ainsi puisse à jamais contre tes ennemis
Le bruit de ta valeur te servir de barrière !
S'ils t'attaquent, qu'ils soient en un moment soumis ;
Que de ton bras la force les renverse;
Que de ton nom la terreur les disperse;
Que tout leur camp nombreux soit devant tes soldats
Comme d'enfants une troupe inutile ;
Et si par un chemin il entre en tes Etats,
Qu'il en sorte par plus de mille.

SCÈNE IV
ASSUÉRUS, ESTHER, AMAN, ÉLISE
LE CHŒUR.

ASSUÉRUS, à Esther.
Oui, vos moindres discours ont des grâces secrètes :
Une noble pudeur à tout ce que vous faites
Donne un prix que n'ont point ni la pourpre ni l'or.
Quel climat renfermait un si rare trésor?
Dans quel sein vertueux avez-vous pris naissance?
Et quelle main si sage éleva votre enfance ?
Mais dites promptement ce que vous demandez :
Tous vos desirs, Esther, vous seront accordés;
Dussiez-vous, je l'ai dit, et veux bien le redire [1],

---

1. Cette promesse (déjà faite ci-dessus, voy. page 395, note 1) est également répétée deux fois dans le livre d'*Esther*.

Demander la moitié de ce puissant empire.
ESTHER.
Je ne m'égare point dans ces vastes desirs.
Mais puisqu'il faut enfin expliquer mes soupirs,
Puisque mon roi lui-même à parler me convie,
(Elle se jette aux pieds du Roi.)
J'ose vous implorer, et pour ma propre vie,
Et pour les tristes jours d'un peuple infortuné,
Qu'à périr avec moi vous avez condamné.
ASSUÉRUS, la relevant.
A périr ! vous ! Quel peuple ? Et quel est ce mystère ?
AMAN, tout bas.
Je tremble.
ESTHER.
Esther, Seigneur, eut un Juif pour son père.
De vos ordres sanglants vous savez la rigueur.
AMAN.
Ah ! dieux !
ASSUÉRUS.
Ah ! de quel coup me percez-vous le cœur?
Vous la fille d'un Juif ! Hé quoi ! tout ce que j'aime,
Cette Esther, l'innocence et la sagesse même,
Que je croyais du ciel les plus chères amours,
Dans cette source impure aurait puisé ses jours !
Malheureux !
ESTHER.
Vous pourrez rejeter ma prière;
Mais je demande au moins que, pour grâce dernière,
Jusqu'à la fin, Seigneur, vous m'entendiez parler,
Et que surtout Aman n'ose point me troubler.
ASSUÉRUS.
Parlez.
ESTHER.
O Dieu, confonds l'audace et l'imposture !
Ces Juifs, dont vous voulez délivrer la nature,
Que vous croyez, Seigneur, le rebut des humains,
D'une riche contrée autrefois souverains,
Pendant qu'ils n'adoraient que le Dieu de leurs pères,
Ont vu bénir le cours de leurs destins prospères.
Ce Dieu, maître absolu de la terre et des cieux[1],

---

1. Comparez ces vers de *Polyeucte* : Les chrétiens n'ont qu'un Dieu, maître absolu de
C'est le Dieu des chrétiens, c'est le mien, c'est le vôtre : [tout.
Et la terre et le ciel n'en connaissent point d'autre. (Vers 1429.)
(Vers 1219-1220.)

N'est point tel que l'erreur le figure à vos yeux.
L'Éternel est son nom; le monde est son ouvrage;
Il entend les soupirs de l'humble qu'on outrage,
Juge tous les mortels avec d'égales lois,
Et du haut de son trône interroge les rois.
Des plus fermes États la chute épouvantable,
Quand il veut, n'est qu'un jeu de sa main redoutable.
Les Juifs à d'autres dieux osèrent s'adresser :
Roi, peuples, en un jour tout se vit disperser;
Sous les Assyriens leur triste servitude
Devint le juste prix de leur ingratitude.
Mais, pour punir enfin nos maîtres à leur tour,
Dieu fit choix de Cyrus avant qu'il vît le jour [1],
L'appela par son nom, le promit à la terre,
Le fit naître, et soudain l'arma de son tonnerre,
Brisa les fiers remparts et les portes d'airain,
Mit des superbes rois la dépouille en sa main,
De son temple détruit vengea sur eux l'injure.
Babylone paya nos pleurs avec usure [2].
Cyrus, par lui vainqueur, publia ses bienfaits,
Regarda notre peuple avec des yeux de paix,
Nous rendit et nos lois et nos fêtes divines;
Et le temple déjà sortait de ses ruines.
Mais, de ce roi si sage héritier insensé,
Son fils interrompit l'ouvrage commencé [3],
Fut sourd à nos douleurs. Dieu rejeta sa race,
Le retrancha lui-même, et vous mit en sa place.
Que n'espérions-nous point d'un roi si généreux ?
« Dieu regarde en pitié son peuple malheureux,
Disions-nous ; un roi règne, ami de l'innocence. »
Partout du nouveau prince on vantait la clémence :
Les Juifs partout de joie en poussèrent des cris.

« 1. Quel autre a fait un Cyrus si ce n'est Dieu qui l'avait nommé deux cents ans avant sa naissance dans les oracles d'Isaïe : « Tu n'es pas encore, lui disait-il ; mais je te vois, et je t'ai nommé par ton nom ; tu t'appelleras Cyrus. Je marcherai devant toi dans les combats ; à ton approche je mettrai les rois en fuite et je briserai les portes d'airain et les verroux de fer » (Bossuet, *Oraison funèbre de Condé*).
Remarquez ce latinisme heureux, dont l'emploi est fréquent chez Racine, Dieu vengea l'injure de son temple détruit, pour dire : de la destruction de son temple. Le participe passé remplace le substantif abstrait.

2. Babylone prise par Cyrus et à demi détruite en 538 av. J.-C.

3. Cambyse, fils et successeur de Cyrus ; il révoqua les édits favorables aux Juifs et périt en 524 au retour d'une expédition malheureuse en Égypte. Après le règne éphémère d'un usurpateur (le faux Smerdis) Darius, fils d'Hystaspe, que Racine identifie avec l'Assuérus de la Bible, fut élu roi des Perses en 523 av. J.-C.

Ciel ! verra-t-on toujours par de cruels esprits
Des princes les plus doux l'oreille environnée,
Et du bonheur public la source empoisonnée !
Dans le fond de la Thrace un barbare enfanté
Est venu dans ces lieux souffler la cruauté :
Un ministre ennemi de votre propre gloire...

AMAN.

De votre gloire ! moi ! Ciel ! Le pourriez-vous croire ?
Moi, qui n'ai d'autre objet ni d'autre dieu...

ASSUÉRUS.

Tais-toi.
Oses-tu donc parler sans l'ordre de ton roi ?

ESTHER.

Notre ennemi cruel devant vous se déclare.
C'est lui ; c'est ce ministre infidèle et barbare
Qui, d'un zèle trompeur à vos yeux revêtu,
Contre notre innocence arma votre vertu.
Et quel autre, grand Dieu ! qu'un Scythe impitoyable
Aurait de tant d'horreurs dicté l'ordre effroyable !
Partout l'affreux signal en même temps donné
De meurtres remplira l'univers étonné[1] :
On verra, sous le nom du plus juste des princes,
Un perfide étranger désoler vos provinces ;
Et dans ce palais même, en proie à son courroux,
Le sang de vos sujets regorger jusqu'à vous.
Et que reproche aux Juifs sa haine envenimée ?
Quelle guerre intestine avons-nous allumée ?
Les a-t-on vus marcher parmi vos ennemis ?
Fut-il jamais au joug esclaves plus soumis[2] ?
Adorant dans leurs fers le Dieu qui les châtie,
Pendant que votre main sur eux appesantie
A leurs persécuteurs les livrait sans secours,
Ils conjuraient ce Dieu de veiller sur vos jours,
De rompre des méchants les trames criminelles,
De mettre votre trône à l'ombre de ses ailes[3].
N'en doutez point, Seigneur, il fut votre soutien :
Lui seul mit à vos pieds le Parthe et l'Indien,
Dissipa devant vous les innombrables Scythes,

---

1. Sur ce mot qui s'est affaibli, voy. ci-dessus, page 241, note 2.

2. Sévère dit en parlant des chrétiens :
Les a-t on vus mutins, les a-t-on vus rebelles.

Nos princes ont-ils ou des soldats plus fidèles?
(*Polyeucte*, vers 1439, 1440.

3. Beau vers imité du psaume XVI, *Sub ombra alarum tuarum protege me a facie impiorum qui me afflixerunt.*

Et renferma les mers dans vos vastes limites[1] ;
Lui seul aux yeux d'un Juif découvrit le dessein
De deux traîtres tout prêts à vous percer le sein.
Hélas! ce Juif jadis m'adopta pour sa fille.

ASSUÉRUS.

Mardochée?

ESTHER.

Il restait seul de notre famille.
Mon père était son frère. Il descend comme moi
Du sang infortuné de notre premier roi[2].
Plein d'une juste horreur pour un Amalécite[3],
Race que notre Dieu de sa bouche a maudite,
Il n'a, devant Aman, pu fléchir les genoux,
Ni lui rendre un honneur qu'il ne croit dû qu'à vous.
De là contre les Juifs et contre Mardochée
Cette haine, Seigneur, sous d'autres noms cachée.
En vain de vos bienfaits Mardochée est paré :
A la porte d'Aman est déjà préparé
D'un infâme trépas l'instrument exécrable ;
Dans une heure au plus tard ce vieillard vénérable,
Des portes du palais par son ordre arraché,
Couvert de votre pourpre, y doit être attaché.

ASSUÉRUS.

Quel jour mêlé d'horreur vient effrayer mon âme!
Tout mon sang de colère et de honte s'enflamme.
J'étais donc le jouet... Ciel, daigne m'éclairer !
Un moment sans témoins cherchons à respirer.
Appelez Mardochée ; il faut aussi l'entendre[4].

(Le roi s'éloigne.)

UNE ISRAÉLITE.

Vérité que j'implore, achève de descendre !

SCÈNE V
ESTHER, AMAN, ÉLISE, LE CHŒUR.

AMAN, à Esther.

D'un juste étonnement je demeure frappé.

---

1. Darius, fils d'Hystaspe, régnait sur la plus grande partie des rivages du Pont-Euxin.

2. Saül, qui était, comme Esther, de la tribu de Benjamin. Mais la Bible ne dit pas qu'Esther descendît de Saül.

3. Les Amalécites avaient été vaincus et détruits par Saül, qui, contre l'ordre de Samuel, épargna le roi Agag. Samuel blâma Saül et immola Agag.

4. Ce jeu de scène est faiblement amené ; mais Racine traduit assez exactement la Bible : « Le roi se leva irrité ; du lieu du festin passa dans le jardin planté d'arbres. Aman aussi se leva pour supplier Esther et demander la vie. »

Les ennemis des Juifs m'ont trahi, m'ont trompé :
J'en atteste du ciel la puissance suprême,
En les perdant, j'ai cru vous assurer vous-même [1].
Princesse, en leur faveur, employez mon crédit :
Le Roi, vous le voyez, flotte encore interdit.
Je sais par quels ressorts on le pousse, on l'arrête;
Et fais, comme il me plaît, le calme et la tempête.
Les intérêts des Juifs déjà me sont sacrés.
Parlez : vos ennemis aussitôt massacrés,
Victimes de la foi que ma bouche vous jure,
De ma fatale erreur répareront l'injure.
Quel sang demandez-vous?

ESTHER.

Va, traître, laisse-moi :
Les Juifs n'attendent rien d'un méchant tel que toi.
Misérable! le Dieu vengeur de l'innocence,
Tout prêt à te juger, tient déjà sa balance;
Bientôt son juste arrêt te sera prononcé.
Tremble. Son jour approche, et ton règne est passé.

AMAN.

Oui, ce Dieu, je l'avoue, est un Dieu redoutable.
Mais veut-il que l'on garde une haine implacable?
C'en est fait; mon orgueil est forcé de plier;
L'inexorable Aman est réduit à prier.

(Il se jette aux pieds d'Esther.)

Par le salut des Juifs, par ces pieds que j'embrasse,
Par ce sage vieillard, l'honneur de votre race,
Daignez d'un roi terrible apaiser le courroux.
Sauvez Aman, qui tremble à vos sacrés genoux.

SCÈNE VI

ASSUÉRUS, ESTHER, AMAN, ÉLISE, LE CHŒUR, GARDES.

ASSUÉRUS.

Quoi! le traître sur vous porte ses mains hardies!
Ah! dans ses yeux confus je lis ses perfidies;
Et son trouble, appuyant la foi de vos discours [2],
De tous ses attentats me rappelle le cours.
Qu'à ce monstre à l'instant l'âme soit arrachée;

---

1. *Assurer*, c.-à-d. établir votre sécurité. Voy. ci-dessus, page 396, note 4.

2. La véracité de vos discours; la confiance qu'on doit y avoir.

Et que devant sa porte, au lieu de Mardochée,
Apaisant par sa mort et la terre et les cieux,
De mes peuples vengés il repaisse les yeux.

(Aman est emmené par les gardes.)

SCÈNE VII
ASSUÉRUS, ESTHER, MARDOCHÉE, ÉLISE, LE CHŒUR.

ASSUÉRUS, à Mardochée.

Mortel chéri du ciel, mon salut et ma joie,
Aux conseils des méchants ton roi n'est plus en proie ;
Mes yeux sont dessillés, le crime est confondu.
Viens briller près de moi dans le rang qui t'est dû.
Je te donne d'Aman les biens et la puissance :
Possède justement son injuste opulence [1].
Je romps le joug funeste où les Juifs sont soumis [2] ;
Je leur livre le sang de tous leurs ennemis [3] :
A l'égal des Persans je veux qu'on les honore,
Et que tout tremble au nom du Dieu qu'Esther adore.
Rebâtissez son temple, et peuplez vos cités.
Que vos heureux enfants dans leurs solennités
Consacrent de ce jour le triomphe et la gloire [4],
Et qu'à jamais mon nom vive dans leur mémoire.

SCÈNE VIII
ASSUÉRUS, ESTHER, MARDOCHÉE, ASAPH, ÉLISE, LE CHŒUR.

ASSUÉRUS.

Que veut Asaph ?

ASAPH.

Seigneur, le traître est expiré,
Par le peuple en fureur à moitié déchiré.

---

1. Si les richesses d'Aman furent acquises par des moyens *injustes*, comment se pourra-t-il que Mardochée les possède *justement*. Racine a cédé ici au plaisir d'une antithèse brillante.

2. On a déjà vu plus haut *où* équivalent à une préposition suivie d'un pronom relatif : le joug *auquel, sous lequel*.

3. Discrète allusion à la vengeance que les Juifs tirèrent de leurs ennemis, qui furent par eux massacrés au nombre de soixante-quinze mille.

4. Racine termine ainsi la préface d'*Esther* : « On dit que les Juifs encore aujourd'hui célèbrent par de grandes actions de grâces le jour où leurs ancêtres furent délivrés par Esther de la cruauté d'Aman ». Racine était bien informé ; les Juifs célèbrent en effet cette fête le dernier jour du mois de février.

On traîne, on va donner en spectacle funeste
De son corps tout sanglant le misérable reste.
MARDOCHÉE.
Roi, qu'à jamais le ciel prenne soin de vos jours!
Le péril des Juifs presse, et veut un prompt secours.
ASSUÉRUS.
Oui, je t'entends. Allons, par des ordres contraires,
Révoquer d'un méchant les ordres sanguinaires.
ESTHER.
O Dieu! par quelle route inconnue aux mortels
Ta sagesse conduit ses desseins éternels!

SCÈNE IX
LE CHŒUR.

TOUT LE CHŒUR.

Dieu fait triompher l'innocence,
Chantons, célébrons sa puissance.
UNE ISRAÉLITE.
Il a vu contre nous les méchants s'assembler,
    Et notre sang prêt à couler;
Comme l'eau sur la terre ils allaient le répandre[1] :
  Du haut du ciel sa voix s'est fait entendre ;
    L'homme superbe est renversé,
    Ses propres flèches l'ont percé.
UNE AUTRE.
J'ai vu l'impie adoré sur la terre ;
  Pareil au cèdre, il cachait dans les cieux
    Son front audacieux ;
Il semblait à son gré gouverner le tonnerre,
  Foulait aux pieds ses ennemis vaincus :
Je n'ai fait que passer, il n'était déjà plus[2].
UNE AUTRE.
On peut des plus grands rois surprendre la justice :
    Incapables de tromper,
    Ils ont peine à s'échapper
    Des pièges de l'artifice.
Un cœur noble ne peut soupçonner en autrui

---

1. Imitation du psaume LXXVII. *Effuderunt sanguinem eorum sicut aquam in circuitu Jerusalem.*
2. Imitation du psaume XXXVI. *Vidi impium superexaltatum et elevatum sicut cedros Libani. Et transivi et non erat : et quæsivi eum ; et non est inventus locus ejus.*

La bassesse et la malice
Qu'il ne sent point en lui.
UNE AUTRE.
Comment s'est calmé l'orage?
UNE AUTRE.
Quelle main salutaire a chassé le nuage?
TOUT LE CHŒUR.
L'aimable Esther a fait ce grand ouvrage.
UNE ISRAÉLITE, seule.
De l'amour de son Dieu son cœur s'est embrasé;
Au péril d'une mort funeste
Son zèle ardent s'est exposé;
Elle a parlé : le Ciel a fait le reste.
DEUX ISRAÉLITES.
Esther a triomphé des filles des Persans :
La nature et le Ciel à l'envi l'ont ornée.
L'UNE DES DEUX.
Tout ressent de ses yeux les charmes innocents.
Jamais tant de beauté fut-elle couronnée?
L'AUTRE.
Les charmes de son cœur sont encor plus puissants.
Jamais tant de vertu fut-elle couronnée?
TOUTES DEUX, ensemble.
Esther a triomphé des filles des Persans :
La nature et le Ciel à l'envi l'ont ornée.
UNE ISRAÉLITE, seule.
Ton Dieu n'est plus irrité;
Réjouis-toi, Sion, et sors de la poussière;
Quitte les vêtements de ta captivité,
Et reprends ta splendeur première.
Les chemins de Sion à la fin sont ouverts :
Rompez vos fers,
Tribus captives,
Troupes fugitives,
Repassez les monts et les mers;
Rassemblez-vous des bouts de l'univers[1].
TOUT LE CHŒUR.
Rompez vos fers,

---

1. Voilà la véritable harmonie imitative; celle qui peint un sentiment dans un rythme. Il faut laisser aux versificateurs celle qui prétend figurer un bruit naturel par le choc des syllabes.

  Tribus captives,
  Troupes fugitives,
 Repassez les monts et les mers ;
Rassemblez-vous des bouts de l'univers.
UNE ISRAÉLITE, seule.

Je reverrai ces campagnes si chères.
UNE AUTRE.

J'irai pleurer au tombeau de mes pères.
TOUT LE CHŒUR.

 Repassez les monts et les mers ;
Rassemblez-vous des bouts de l'univers.
UNE ISRAÉLITE, seule.

Relevez, relevez les superbes portiques
Du temple où notre Dieu se plait[1] d'être adoré :
Que de l'or le plus pur son autel soit paré,
Et que du sein des monts le marbre soit tiré.
Liban, dépouille-toi de tes cèdres antiques ;
 Prêtres sacrés, préparez vos cantiques.
UNE AUTRE.

Dieu descend et revient habiter parmi nous :
 Terre, frémis d'allégresse et de crainte ;
  Et vous, sous sa majesté sainte,
   Cieux, abaissez-vous !
UNE AUTRE.

Que le Seigneur est bon ! que son joug est aimable !
Heureux qui dès l'enfance en connaît la douceur !
Jeune peuple, courez à ce maître adorable :
Les biens les plus charmants n'ont rien de comparable
Aux torrents de plaisirs qu'il répand dans un cœur.
Que le Seigneur est bon ! que son joug est aimable !
Heureux qui dès l'enfance en connaît la douceur ?
UNE AUTRE.

 Il s'apaise, il pardonne ;
 Du cœur ingrat qui l'abandonne
  Il attend le retour ;
 Il excuse notre faiblesse ;
 A nous chercher même il s'empresse ;
 Pour l'enfant qu'elle a mis au jour
 Une mère a moins de tendresse.

---

1. Se plaire *de* n'est pas moins fréquemment employé que se plaire *à*, même en prose, au XVIIe siècle.

Ah ! qui peut avec lui partager notre amour?
TROIS ISRAÉLITES.
Il nous fait remporter une illustre victoire.
L'UNE DES TROIS.
Il nous a révélé sa gloire.
TOUTES TROIS, ensemble.
Ah ! qui peut avec lui partager notre amour?
TOUT LE CHŒUR.
Que son nom soit béni; que son nom soit chanté!
    Que l'on célèbre ses ouvrages
    Au delà des temps et des âges,
    Au delà de l'éternité[1] !

---

1. Cette expression hardiment hyperbolique est imitée de la *Vulgate* : *Dominus regnabit in æternum et ultra* (*Exode*, XV, 18).

ATHALIE

TRAGÉDIE (1691).

NOTICE SUR *ATHALIE*

« Ce grand succès (d'*Esther*), dit madame de Caylus, dans ses intéressants *Souvenirs* déjà cités ci-dessus, mit Racine en goût; il voulut composer une autre pièce, et le sujet d'*Athalie*, c'est-à-dire la mort de cette reine et la reconnaissance de Joas, lui parut le plus beau de tous ceux qu'il pouvait tirer de l'Écriture sainte. Il y travailla sans perdre de temps; et l'hiver d'après[1], cette nouvelle pièce se trouva en état d'être représentée. Mais madame de Maintenon reçut de tous côtés tant d'avis et tant de représentations de dévots, qui agissaient en cela de bonne foi; et de la part des poètes jaloux de la gloire de Racine, qui, non contents de faire parler les gens de bien, écrivirent plusieurs lettres anonymes, qu'ils empêchèrent enfin *Athalie* d'être représentée sur le théâtre (de Saint-Cyr). On disait à madame de Maintenon qu'il était honteux à elle d'exposer sur le théâtre des demoiselles rassemblées de toutes les parties du royaume pour recevoir une éducation chrétienne, et que c'était mal répondre à l'idée que l'établissement de Saint-Cyr avait fait concevoir... Le lieu, le sujet des pièces et la manière dont les spectateurs s'étaient introduits dans Saint-Cyr devaient justifier madame de Maintenon; et elle aurait pu ne pas s'embarrasser de discours qui n'étaient fondés que sur l'envie et la malignité; mais elle pensa différemment, et arrêta ces spectacles dans le temps que tout était prêt pour jouer *Athalie*. Elle fit seulement venir à Versailles, une fois ou deux, les actrices pour jouer dans sa chambre devant le roi, avec leurs habits ordinaires. »

Racine, qui toute sa vie eut si bien l'esprit d'à-propos, s'était cette fois trompé d'heure. Il présentait *Athalie* à madame de

---

[1]. L'hiver de 1690-1691.

Maintenon au moment où Saint-Cyr allait entrer en pleine voie d'amendement et de réformation. Au mois de septembre 1691, madame de Maintenon écrivait à madame de Fontaines, dame de Saint-Louis : « La peine que j'ai sur les filles de Saint-Cyr ne se peut réparer que par le temps, et par un changement entier de l'éducation que nous leur avons donnée jusqu'à cette heure... J'ai voulu que les filles eussent de l'esprit, qu'on élevât leurs cœurs, qu'on formât leur raison. J'ai réussi à ce dessein : elles ont de l'esprit et s'en servent contre nous ; elles ont le cœur élevé et sont plus fières et plus hautaines qu'il ne conviendrait de l'être à de grandes princesses, à parler même selon le monde. Nous avons formé leur raison et fait des discoureuses, présomptueuses, curieuses, hardies, etc. ...Nos filles ont été trop considérées, trop caressées, trop ménagées ; il faut les oublier dans leurs classes, leur faire garder le règlement de la journée et leur peu parler d'autre chose... Il n'y a point de maison au monde qui ait plus besoin d'humilité extérieure et intérieure que la nôtre : sa situation si près de la cour, sa grandeur, sa richesse, sa noblesse, l'air de faveur qu'on y respire, les caresses d'un grand roi, les soins d'une personne en crédit, l'exemple de la vanité et de toutes les manières du monde qu'elle vous donne malgré elle par la force de l'habitude, tous ces pièges si dangereux nous doivent faire prendre des mesures toutes contraires à celles que nous avons prises. Bénissons Dieu de nous ouvrir les yeux. »

Cette réformation de Saint-Cyr n'était pas entreprise à l'époque où Racine présenta son *Athalie*; mais déjà de sages avis[1] avaient mis madame de Maintenon en garde. *Athalie*, commencée aussitôt après le succès brillant d'*Esther*, c'est-à-dire dans le courant de 1689, achevée avant la fin de 1690, et lue par fragments, dès le 15 novembre, chez le marquis de Chandenier[2], fut ensuite jouée à Saint-Cyr, au moins trois fois (le 5 janvier 1691, le 8 février, le 22 février) ; et à Versailles dans la chambre de madame de Maintenon. Le succès fut médiocre[3]. Les jeunes actrices de Saint-Cyr, si goûtées

---

1. Godot des Marais, évêque de Chartres, très écouté de madame de Maintenon, fut le plus déclaré parmi les adversaires du théâtre de Saint-Cyr.

2. Une lettre de Duguet qui y assistait, témoigne de son admiration.

3. Madame de Caylus dit à tort qu'il fut très grand. Les preuves du contraire abondent. La pièce parut belle, mais froide et ennuyeuse.

dans *Esther*, ne se trouvèrent pas de taille à faire valoir *Athalie*. La prévention était déclarée contre une tentative qui semblait ne pas devoir deux fois réussir. On marchanda d'autant plus l'éloge à *Athalie* qu'on l'avait prodigué à *Esther*. La pièce, imprimée dès le mois de mars 1691, ne fut pas lue et passa presque inaperçue. Racine lui-même crut s'être trompé ; il mourut dans cette illusion. Boileau tout seul, avec son goût infaillible, avait prédit que le public reviendrait sur un arrêt si injuste. L'avenir lui donna raison. Jusqu'au temps de la Régence on joua seulement *Athalie* à la cour, pour l'amusement de la duchesse de Bourgogne et des jeunes princes ; à Saint-Cyr pour exercer les élèves. La volonté de Louis XIV, conforme à celle de Racine, interdisait la représentation publique. Elle n'eut lieu que sous la Régence (pour la première fois le 3 mars 1716)[1]. Après quelque hésitation, le succès se déclara et s'affermit bientôt. *Athalie*, remise à son rang, n'en devait plus déchoir. Le XVIIIe siècle admira beaucoup cette pièce, malgré quelques objections nées des scrupules philosophiques de l'époque. Ainsi Voltaire, qui avait proclamé *Athalie* « le chef d'œuvre de l'esprit humain », gémit plus tard d'y voir « le triomphe du fanatisme ». « L'intolérance » de Joad, cette reine détrônée par un prêtre, cette victoire de l'autel sur le trône, le mettaient hors de lui-même. C'est juger *Athalie* par le plus petit côté que d'y voir ainsi une œuvre de parti. D'ailleurs on trouve tout ce qu'on veut trouver dans ces œuvres sereines, qui réellement planent au-dessus des divisions humaines, et des passions éphémères. Sous la Régence, pendant l'enfance de Louis XV, on accueillait avec transport, en les appliquant au jeune roi, les vers où Joad rappelle que Joas a seul échappé à la mort dans la ruine de sa famille :

> Du fidèle David c'est le précieux reste.

Sous la Révolution, les spectateurs applaudissaient à outrance dans la même pièce plus d'une tirade vigoureuse contre les rois et les cours. Sous le premier Empire, la censure expurgeait *Athalie* devenue dangereuse. Un peu plus tard,

---

1. Alors, et souvent depuis, *Athalie* fut jouée sans les chœurs. Il se peut qu'ils y soient moins nécessaires que dans *Esther*. Toutefois l'on aurait dû s'abstenir de cette mutilation impertinente. Il est vrai que les lois et monopoles en vigueur interdisaient le chant à la Comédie française.

le XIXe siècle se montra injurieux envers cette merveilleuse tragédie ; c'était durant la première fougue de l'essor romantique ; dans la campagne engagée contre Racine *Athalie* servit de cible.

On est bien revenu de ces enfantillages. On considère aujourd'hui *Athalie* comme la plus classique des œuvres de son auteur, au meilleur sens du mot ; celle où il a mis le moins de ses défauts, le plus de ses qualités. Ailleurs, il est peut-être plus pathétique ; mais les plus belles œuvres ne sont pas nécessairement les plus touchantes. *Athalie* est la perfection absolue, non seulement du style, comme *Esther*, mais de l'invention, de l'arrangement, des caractères, de la forme et du fond. Le génie a produit quelquefois des œuvres plus entraînantes ; jamais le talent le plus consommé n'en a produit de plus parfaites.

Le sujet d'*Athalie* étant assez compliqué, nous reproduisons ici plusieurs passages de la Préface de Racine utiles à l'intelligence de la pièce.

« Tout le monde sait que le royaume de Juda était composé des deux tribus de Juda et de Benjamin, et que les dix autres tribus qui se révoltèrent contre Roboam composaient le royaume d'Israël. Comme les rois de Juda étaient de la maison de David, et qu'ils avaient dans leur partage la ville et le temple de Jérusalem, tout ce qu'il y avait de prêtres et de lévites se retirèrent auprès d'eux, et leur demeurèrent toujours attachés... Ainsi le culte légitime ne subsistait que dans Juda. Les dix tribus, excepté un très petit nombre de personnes, étaient ou idolâtres ou schismatiques...

« Joram, roi de Juda, fils de Josaphat, et le septième roi de la race de David, épousa Athalie, fille d'Achab et de Jézabel, qui régnaient en Israël, fameux, l'un et l'autre, mais principalement Jézabel, par leurs sanglantes persécutions contre les prophètes. Athalie, non moins impie que sa mère, entraîna bientôt le roi son mari dans l'idolâtrie, et fit même construire dans Jérusalem un temple à Baal, qui était le Dieu du pays de Tyr et de Sidon, où Jézabel avait pris naissance. Joram, après avoir vu périr par les mains des Arabes et des Philistins tous les princes, ses enfants, à la réserve d'Okosias, mourut lui-même misérablement d'une longue maladie qui lui consuma les entrailles. Sa mort funeste n'empêcha pas Okosias d'imiter son impiété et celle d'Athalie sa mère. Mais ce prince, après avoir régné seulement un an, étant allé rendre visite au roi d'Israël, frère d'Athalie[1], fut enveloppé dans la ruine de la maison d'Achab et tué par l'ordre de Jéhu, que Dieu avait fait sacrer par ses prophètes pour régner sur Israël et pour être le ministre de ses vengeances. Jéhu extermina toute la postérité d'Achab, et fit jeter par les fenêtres Jézabel, qui, selon la prédiction d'Élie, fut mangée des chiens dans la vigne de ce même Naboth qu'elle avait fait mourir autrefois pour s'emparer de son héritage. Athalie ayant appris à Jérusalem tous ces massacres, entreprit de son côté d'éteindre entièrement la race royale de David, en faisant mourir tous les enfants d'Okosias, ses petits-fils. Mais heureusement Josabet, sœur d'Okosias, et fille de Joram, mais d'une autre mère qu'Athalie, étant arrivée lorsqu'on égorgeait les princes ses neveux, elle trouva moyen de dérober du milieu des morts le petit Joas encore à la mamelle, et le confia avec sa nourrice au grand prêtre son mari, qui les cacha tous deux dans le temple, où l'enfant fut élevé secrètement jusqu'au jour où il fut proclamé roi de Juda. L'*Histoire des rois* dit que ce fut la septième année d'après. Mais le texte grec des *Paralipomènes*, que Sévère Sulpice a suivi, dit que ce fut la huitième... J'ai suivi l'explication de plusieurs commentateurs fort habiles qui prouvent, par le texte même de l'Écriture, que tous ces soldats à qui Joiada ou Joad, comme il est appelé dans Josèphe, fit prendre les armes consacrées à Dieu par David, étaient autant de prêtres et de lévites, aussi bien que les cinq centeniers qui les commandaient... L'histoire ne spécifie point le jour où Joas fut proclamé. Quelques interprètes veulent que ce fut un jour de fête. J'ai choisi celle de la Pentecôte qui était l'une des trois grandes fêtes des Juifs. On y célébrait la mémoire de la publication de la loi sur le mont de Sinaï, et on y offrait aussi à Dieu les premiers pains de la nouvelle moisson, ce qui faisait qu'on la nommait encore la fête des prémices. J'ai songé que ces circonstances me fourniraient quelque variété pour les chants du chœur. Ce chœur est composé de jeunes filles de la tribu de Lévi, et je mets à leur tête une fille que je donne pour sœur à Zacharie (fils du grand prêtre). C'est elle qui introduit le chœur chez sa mère. Elle chante avec lui, porte la parole pour lui, et fait enfin les fonctions de ce personnage des

---

1. Nommé lui-même *Joram*. Racine ne le nomme pas de peur qu'on ne le confonde avec l'autre Joram, roi de Juda.

anciens chœurs qu'on appelait le coryphée. J'ai aussi essayé d'imiter des anciens cette continuité d'action qui fait que leur théâtre ne demeure jamais vide, les intervalles des actes n'étant marqués que par des hymnes et par des moralités du chœur, qui ont rapport à ce qui se passe. »

Ainsi cette tragédie a pour sujet « Joas reconnu et mis sur le trône », et, continue Racine, « j'aurais dû dans les règles l'intituler *Joas*[1]. Mais la plupart du monde n'en ayant entendu parler que sous le nom d'*Athalie*, je n'ai pas jugé à propos de la leur présenter sous un autre titre, puisque d'ailleurs Athalie y joue un personnage si considérable, et que c'est sa mort qui termine la pièce ». On remarquera que, dans cette longue préface, Racine s'abstient de faire aucune allusion au mauvais accueil fait à sa pièce ; lui, si délicat autrefois, si chatouilleux, disons même si vindicatif à l'endroit de sa gloire, était devenu (l'âge aidant et la dévotion) presque insensible à l'indifférence du public et à l'injustice des adversaires.

ATHALIE

PERSONNAGES.

JOAS, roi de Juda, fils d'Okosias.
ATHALIE, veuve de Joram, aïeule de Joas.
JOAD, autrement JOIADA, grand prêtre.
JOSABET, tante de Joas, femme du grand prêtre.
ZACHARIE, fils de Joad et de Josabet.
SALOMITH, sœur de Zacharie.
ABNER, l'un des principaux officiers des rois de Juda.

AZARIAS, ISMAEL, et les TROIS AUTRES CHEFS des prêtres et des lévites.
MATHAN, prêtre apostat, sacrificateur de Baal.
NABAL, confident de Mathan.
AGAR, femme de la suite d'Athalie.
TROUPE de prêtres et de lévites.
SUITE d'Athalie.
LA NOURRICE de Joas.
CHŒUR de jeunes filles de la tribu de Lévi[2].

La scène est dans le temple de Jérusalem, dans un vestibule de l'appartement du grand prêtre.

---

1. Il n'y avait pas sur ce point de règle absolue. Racine lui-même n'a pas toujours intitulé ses tragédies du nom du personnage principal.
2. On a vu à tort un anachronisme dans cette invention des chœurs de jeunes filles, mêlés aux cérémonies du temple. Il paraît en effet bien établi, par divers textes de la Bible, qu'il y avait des chanteuses et des musiciennes employées dans la liturgie des Hébreux.

ACTE PREMIER

SCÈNE PREMIÈRE
JOAD, ABNER.

ABNER.

Oui[1], je viens dans son temple adorer l'Éternel ;
Je viens, selon l'usage antique et solennel,
Célébrer avec vous la fameuse journée
Où sur le mont Sina[2] la loi nous fut donnée.
Que les temps sont changés ! Sitôt que de ce jour
La trompette sacrée annonçait le retour,
Du temple, orné partout de festons[3] magnifiques,
Le peuple saint en foule inondait les portiques ;
Et tous, devant l'autel avec ordre introduits,
De leurs champs dans leurs mains portant les nouveaux fruits,
Au Dieu de l'univers consacraient ces prémices[4].
Les prêtres ne pouvaient suffire aux sacrifices.
L'audace d'une femme, arrêtant ce concours,
En des jours ténébreux a changé ces beaux jours.
D'adorateurs zélés à peine un petit nombre
Ose des premiers temps nous retracer quelque ombre.
Le reste pour son Dieu montre un oubli fatal ;
Ou même, s'empressant aux autels de Baal,
Se fait initier à ses honteux mystères,
Et blasphème le nom qu'ont invoqué leurs[5] pères.
Je tremble qu'Athalie, à ne vous rien cacher,
Vous-même de l'autel vous faisant arracher,
N'achève enfin sur vous ses vengeances funestes,
Et d'un respect forcé ne dépouille les restes.

JOAD.

D'où vous vient aujourd'hui ce noir pressentiment ?

---

1. Le même mot ouvre les tragédies d'*Andromaque* et d'*Iphigénie*.
2. Le Sina ou le Sinaï occupe le sud de la péninsule montagneuse qui est au nord de l'Arabie, entre l'Égypte et la Palestine.
3. Guirlandes de fêtes.
4. Voy. ci-dessus notice p. 422.
5. *Leurs pères* se rapporte au *reste*, considéré comme nom collectif ; néanmoins le verbe est au singulier (*montre* et *se fait*). Il y a donc là *syllepse*, accord avec l'idée de pluralité, non avec le mot qui est singulier. Voy. la note 2, p. 475.

ABNER.

Pensez-vous être saint et juste impunément ?
Dès longtemps elle hait cette fermeté rare
Qui rehausse en Joad l'éclat de la tiare ;
Dès longtemps votre amour pour la religion
Est traité de révolte et de sédition.
Du mérite éclatant cette reine jalouse
Hait surtout Josabet, votre fidèle épouse [1].
Si du grand prêtre Aaron [2] Joad est successeur,
De notre dernier roi Josabet est la sœur.
Mathan d'ailleurs, Mathan, ce prêtre sacrilège [3],
Plus méchant qu'Athalie, à toute heure l'assiége ;
Mathan, de nos autels infâme déserteur,
Et de toute vertu zélé persécuteur.
C'est peu que, le front ceint d'une mitre étrangère [4],
Ce lévite à Baal prête son ministère ;
Ce temple l'importune, et son impiété
Voudrait anéantir le Dieu qu'il a quitté.
Pour vous perdre il n'est point de ressorts qu'il n'invente :
Quelquefois il vous plaint, souvent même il vous vante ;
Il affecte pour vous une fausse douceur ;
Et, par là, de son fiel colorant la noirceur,
Tantôt à cette reine il vous peint redoutable ;
Tantôt, voyant pour l'or sa soif insatiable,
Il lui feint qu'en un lieu que vous seul connaissez
Vous cachez des trésors par David amassés.
Enfin, depuis deux jours la superbe Athalie
Dans un sombre chagrin paraît ensevelie.
Je l'observais hier, et je voyais ses yeux
Lancer sur le lieu saint des regards furieux ;
Comme si, dans le fond de ce vaste édifice,
Dieu cachait un vengeur armé pour son supplice.
Croyez-moi, plus j'y pense, et moins je puis douter
Que sur vous son courroux ne soit prêt d'éclater [5],
Et que de Jézabel la fille sanguinaire
Ne vienne attaquer Dieu jusqu'en son sanctuaire.

---

1. Athalie est d'ailleurs la belle-mère de Josabet, fille de Joram et d'une autre épouse.
2. Prononcez Aaron en deux syllabes.
3. La Bible nomme Mathan, prêtre de Baal ; mais elle ne dit pas qu'il eût d'abord été lévite.
4. La *tiare*, mot grec, désigne primitivement une sorte de bonnet persan ; aujourd'hui bonnet papal, à trois couronnes, surmonté d'une croix.
5. Sur *prêt de*, voyez p. 68, note 3.

JOAD.

Celui qui met un frein à la fureur des flots
Sait aussi des méchants arrêter les complots.
Soumis avec respect à sa volonté sainte,
Je crains Dieu, cher Abner, et n'ai point d'autre crainte[1].
Cependant je rends grâce au zèle officieux
Qui sur tous mes périls vous fait ouvrir les yeux.
Je vois que l'injustice en secret vous irrite,
Que vous avez encor le cœur israélite.
Le ciel en soit béni ! Mais ce secret courroux,
Cette oisive vertu, vous en contentez-vous ?
La foi qui n'agit point, est-ce une foi sincère ?
Huit ans déjà passés, une impie étrangère[2]
Du sceptre de David usurpe tous les droits,
Se baigne impunément dans le sang de nos rois,
Des enfants de son fils détestable homicide,
Et même contre Dieu lève son bras perfide :
Et vous, l'un des soutiens de ce tremblant État,
Vous, nourri dans les camps du saint roi Josaphat,
Qui sous son fils Joram commandiez nos armées,
Qui rassurâtes seul nos villes alarmées,
Lorsque d'Okosias le trépas imprévu
Dispersa tout son camp à l'aspect de Jéhu[3] :
» Je crains Dieu, dites-vous, sa vérité me touche ! »
Voici comme ce Dieu vous répond par ma bouche :
« Du zèle de ma loi que sert de vous parer ?
Par de stériles vœux pensez-vous m'honorer ?
Quel fruit me revient-il de tous vos sacrifices ?
Ai-je besoin du sang des boucs et des génisses[4] ?
Le sang de vos rois crie, et n'est point écouté.
Rompez, rompez tout pacte avec l'impiété ;
Du milieu de mon peuple exterminez les crimes[5] :

---

1. « Tout ce qu'il peut y avoir de sublime paraît rassemblé dans ces quatre vers : la grandeur de la pensée, la magnificence des paroles et l'harmonie de l'expression, si heureusement terminée par ce dernier vers : Je crains Dieu, cher Abner et n'ai point d'autre [crainte.
Ainsi parle Boileau dans sa *Douzième réflexion critique* sur Longin, mais il continue assez singulièrement en opposant Racine à Corneille, pour donner l'avantage à son ami et se plaindre de *l'excessive réputation* de Corneille.

2. Ce tour, vif et poétique, est fort clair, quoique d'un emploi rare. *Depuis* est sous-entendu, ou plutôt le participe est construit comme une sorte d'ablatif absolu. Malherbe a dit :
Trois ans déjà passés, théâtre de la guerre...
 (*Prosopopée d'Ostende.*)

3. Voy. ci-dessus, p. 422, vers 1.

4. *Numquid manducabo carnes taurorum, aut sanguinem hircorum potabo?* (Psaume XLIX.)

5. Sens latin. Rejetez hors des frontières.

Et vous viendrez alors m'immoler vos victimes. »
ABNER.
Hé ! que puis-je au milieu de ce peuple abattu ?
Benjamin est sans force et Juda sans vertu :
Le jour qui de leurs rois vit éteindre la race
Éteignit tout le feu de leur antique audace.
« Dieu même, disent-ils, s'est retiré de nous :
De l'honneur des Hébreux autrefois si jaloux,
Il voit sans intérêt leur grandeur terrassée ;
Et sa miséricorde à la fin s'est lassée :
On ne voit plus pour nous ses redoutables mains
De merveilles sans nombre effrayer les humains :
L'arche sainte est muette, et ne rend plus d'oracles. »
JOAD.
Et quel temps fut jamais si fertile en miracles ?
Quand Dieu par plus d'effets montra-t-il son pouvoir ?
Auras-tu donc toujours des yeux pour ne point voir,
Peuple ingrat ? quoi ! toujours les plus grandes merveilles
Sans ébranler ton cœur frapperont tes oreilles ?
Faut-il, Abner, faut-il vous rappeler le cours
Des prodiges fameux accomplis en nos jours ?
Des tyrans d'Israël les célèbres disgrâces,
Et Dieu trouvé fidèle en toutes ses menaces ;
L'impie Achab détruit, et de son sang trempé
Le champ que par le meurtre il avait usurpé[1] ;
Près de ce champ fatal Jézabel immolée ;
Sous les pieds des chevaux cette reine foulée ;
Dans son sang inhumain les chiens désaltérés,
Et de son corps hideux les membres déchirés ;
Des prophètes menteurs la troupe confondue,
Et la flamme du ciel sur l'autel descendue[2] ;
Élie aux éléments parlant en souverain,
Les cieux par lui fermés et devenus d'airain,
Et la terre trois ans sans pluie et sans rosée ;
Les morts se ranimant à la voix d'Élisée :
Reconnaissez, Abner, à ces traits éclatants,

---

1. Achab et Jézabel firent mourir Naboth de Jezraël, pour s'emparer du champ qu'il n'avait pas voulu leur céder.
2. Les prophètes de Baal avaient été impuissants à obtenir un miracle de leur dieu ; Élie au contraire avait appelé la flamme du ciel à venir consumer la victime, qu'il offrait sur l'autel. Achab fit tuer tous les faux prophètes. Les miracles d'Élie et d'Élisée, son disciple, sont racontés au IIIe et au IVe livre des Rois.

Un Dieu tel aujourd'hui qu'il fut dans tous les temps :
Il sait, quand il lui plaît, faire éclater[1] sa gloire ;
Et son peuple est toujours présent à sa mémoire.

ABNER.

Mais où sont ces honneurs à David tant promis,
Et prédits même encore à Salomon son fils ?
Hélas ! nous espérions que de leur race heureuse
Devait sortir de rois une suite nombreuse ;
Que sur toute tribu, sur toute nation,
L'un d'eux établirait sa domination,
Ferait cesser partout la discorde et la guerre,
Et verrait à ses pieds tous les rois de la terre.

JOAD.

Aux promesses du Ciel pourquoi renoncez-vous ?

ABNER.

Ce roi, fils de David, où le chercherons-nous ?
Le ciel même peut-il réparer les ruines
De cet arbre séché jusque dans ses racines ?
Athalie étouffa l'enfant même au berceau.
Les morts, après huit ans, sortent-ils du tombeau ?
Ah ! si dans sa fureur elle s'était trompée ;
Si du sang de nos rois quelque goutte échappée...

JOAD.

Hé bien ! que feriez-vous ?

ABNER.

O jour heureux pour moi !
De quelle ardeur j'irais reconnaître mon roi !
Doutez-vous qu'à ses pieds nos tribus empressées...
Mais pourquoi me flatter de ces vaines pensées ?
Déplorable héritier de ces rois triomphants,
Okosias restait seul avec ses enfants :
Par les traits de Jéhu je vis percer le père ;
Vous avez vu les fils massacrés par la mère.

JOAD.

Je ne m'explique point ; mais quand l'astre du jour
Aura sur l'horizon fait le tiers de son tour,
Lorsque la troisième heure aux prières rappelle[2],

---

1. Éclatant est deux vers plus haut.
2. La troisième heure est neuf heures du matin, à compter depuis six heures qui est l'heure moyenne du lever du soleil. Mais le soleil se lève plus tôt à l'époque de la Pentecôte, et à neuf heures, il a fait environ le tiers de son tour.

Retrouvez-vous au temple avec ce même zèle.
Dieu pourra vous montrer par d'importants bienfaits
Que sa parole est stable et ne trompe jamais.
Allez : pour ce grand jour il faut que je m'apprête,
Et du temple déjà l'aube blanchit le faîte.

ABNER.

Quel sera ce bienfait que je ne comprends pas?
L'illustre Josabet porte vers vous ses pas[1] :
Je sors, et vais me joindre à la troupe fidèle
Qu'attire de ce jour la pompe solennelle.

SCÈNE II
JOAD, JOSABET.

JOAD.

Les temps sont accomplis, princesse[2] : il faut parler,
Et votre heureux larcin ne se peut plus celer.
Des ennemis de Dieu la coupable insolence,
Abusant contre lui de ce profond silence,
Accuse trop longtemps ses promesses d'erreur.
Que dis-je? le succès animant leur fureur,
Jusque sur notre autel votre injuste marâtre[3]
Veut offrir à Baal un encens idolâtre.
Montrons ce jeune roi que vos mains ont sauvé,
Sous l'aile du Seigneur dans le temple élevé.
De nos princes hébreux il aura le courage,
Et déjà son esprit a devancé son âge.
Avant que son destin s'explique par ma voix[4],
Je vais l'offrir au Dieu par qui règnent les rois.
Aussitôt assemblant nos lévites, nos prêtres,
Je leur déclarerai l'héritier de leurs maîtres[5].

JOSABET.

Sait-il déjà son nom et son noble destin?

JOAD.

Il ne répond encor qu'au nom d'Éliacin,
Et se croit quelque enfant rejeté par sa mère,

---

1. Il y a un peu d'emphase dans ce vers, défaut bien rare dans *Athalie*.
2. Josabet est fille du roi Joram.
3. On sait qu'Athalie est la dernière épouse de Joram ; par conséquent la belle-mère de Josabet née de Joram et d'une autre épouse.
4. Le verbe pronominal a ici le sens passif, comme quand on dit : ce livre *se lit* avec plaisir, c.-à-d. est lu.
5. Je le leur montrerai en déclarant sa naissance et ses droits.

A qui j'ai par pitié daigné servir de père.
                    JOSABET.
Hélas! de quel péril je l'avais su tirer !
Dans quel péril encore il est prêt de rentrer[1] !
                    JOAD.
Quoi ! déjà votre foi s'affaiblit et s'étonne ?
                    JOSABET.
A vos sages conseils, Seigneur, je m'abandonne.
Du jour que j'arrachai cet enfant à la mort,
Je remis en vos mains tout le soin de son sort;
Même, de mon amour craignant la violence,
Autant que je le puis j'évite sa présence,
De peur qu'en le voyant quelque trouble indiscret
Ne fasse avec mes pleurs échapper mon secret.
Surtout j'ai cru devoir aux larmes, aux prières,
Consacrer ces trois jours et ces trois nuits entières.
Cependant aujourd'hui puis-je vous demander
Quels amis vous avez prêts à vous seconder ?
Abner, le brave Abner viendra-t-il nous défendre ?
A-t-il près de son roi fait serment de se rendre?
                    JOAD.
Abner, quoiqu'on se pût assurer sur sa foi[2],
Ne sait pas même encor si nous avons un roi.
                    JOSABET.
Mais à qui de Joas confiez-vous la garde ?
Est-ce Obed, est-ce Amnon que cet honneur regarde ?
De mon père sur eux les bienfaits répandus...
                    JOAD.
A l'injuste Athalie ils se sont tous vendus.
                    JOSABET.
Qui donc opposez-vous contre ses satellites ?
                    JOAD.
Ne vous l'ai-je pas dit? nos prêtres, nos lévites.
                    JOSABET.
Je sais que, près de vous en secret assemblé,
Par vos soins prévoyants leur nombre est redoublé;
Que, pleins d'amour pour vous, d'horreur pour Athalie,

---

1. Sur *prêt de.*, voy. page 68, note 3.
2. Quoiqu'on puisse avoir confiance en sa fidélité. *On pût* a la valeur ici d'un conditionnel : *on pourrait.* Il marque mieux que le présent (*on puisse*) le léger doute qui subsiste dans l'esprit de Joad.

Un serment solennel par avance les lie
A ce fils de David qu'on leur doit révéler.
Mais, quelque noble ardeur dont ils puissent brûler[1],
Peuvent-ils de leur roi venger seuls la querelle?
Pour un si grand ouvrage est-ce assez de leur zèle?
Doutez-vous qu'Athalie, au premier bruit semé
Qu'un fils d'Okosias est ici renfermé,
De ses fiers étrangers assemblant les cohortes,
N'environne le temple et n'en brise les portes?
Suffira-t-il contre eux de vos ministres saints,
Qui, levant au Seigneur leurs innocentes mains,
Ne savent que gémir et prier pour nos crimes,
Et n'ont jamais versé que le sang des victimes?
Peut-être dans leurs bras Joas percé de coups...

JOAD.

Et comptez-vous pour rien Dieu qui combat pour nous?
Dieu, qui de l'orphelin protège l'innocence,
Et fait dans la faiblesse éclater sa puissance;
Dieu, qui hait les tyrans, et qui dans Jezraël[2]
Jura d'exterminer Achab et Jézabel;
Dieu, qui, frappant Joram, le mari de leur fille,
A jusque sur son fils poursuivi leur famille;
Dieu, dont le bras vengeur, pour un temps suspendu,
Sur cette race impie est toujours étendu?

JOSABET.

Et c'est sur tous ces rois[3] sa justice sévère
Que je crains pour le fils de mon malheureux frère.
Qui sait si cet enfant, par leur crime entraîné,
Avec eux en naissant ne fut pas condamné?
Si Dieu, le séparant d'une odieuse race,
En faveur de David voudra lui faire grâce?
Hélas! l'état horrible où le Ciel me l'offrit
Revient à tout moment effrayer mon esprit.
De princes égorgés la chambre était remplie;
Un poignard à la main, l'implacable Athalie
Au carnage animait ses barbares soldats,

---

1. On dirait plutôt aujourd'hui : de quelque noble ardeur qu'ils puissent brûler. Le tour employé par Racine est aussi clair, et n'est pas moins correct. Il était d'ailleurs autorisé par tous nos grands écrivains.

2. Ville du royaume d'Israël, voisine de Samarie. C'est là qu'était la vigne de Naboth convoitée par Jézabel.

3. *Sur* s'explique par une idée sous-entendue, sa justice qui s'est appesantie sur tous ces rois.

Et poursuivait le cours de ses assassinats.
Joas, laissé pour mort, frappa soudain ma vue :
Je me figure encor sa nourrice éperdue,
Qui devant les bourreaux s'était jetée en vain,
Et, faible, le tenait renversé sur son sein.
Je le pris tout sanglant. En baignant son visage,
Mes pleurs du sentiment lui rendirent l'usage ;
Et, soit frayeur encore, ou pour me caresser,
De ses bras innocents je me sentis presser.
Grand Dieu, que mon amour ne lui soit point funeste !
Du fidèle David c'est le précieux reste[1] :
Nourri dans ta maison, en l'amour de ta loi,
Il ne connaît encor d'autre père que toi.
Sur le point d'attaquer une reine homicide,
A l'aspect du péril si ma foi s'intimide,
Si la chair et le sang, se troublant aujourd'hui,
Ont trop de part aux pleurs que je répands pour lui,
Conserve l'héritier de tes saintes promesses,
Et ne punis que moi de toutes mes faiblesses[2] !

JOAD.

Vos larmes, Josabet, n'ont rien de criminel ;
Mais Dieu veut qu'on espère en son soin paternel.
Il ne recherche point, aveugle en sa colère,
Sur le fils qui le craint l'impiété du père.
Tout ce qui reste encor de fidèles Hébreux
Lui viendront aujourd'hui renouveler leurs vœux :
Autant que de David la race est respectée,
Autant de Jézabel la fille est détestée.
Joas les touchera par sa noble pudeur,
Où semble de son sang reluire la splendeur ;
Et Dieu, par sa voix même appuyant notre exemple,
De plus près à leur cœur parlera dans son temple.
Deux infidèles rois tour à tour l'ont bravé :
Il faut que sur le trône un roi soit élevé,
Qui se souvienne un jour qu'au rang de ses ancêtres[3]

---

1. Dans le *Discours sur l'Histoire universelle*, Bossuet appelle Joas « le précieux reste de la maison de David ». Racine cite ces mots dans sa *Préface*, et il en tire le vers qu'on lit ici.
2. Ce couplet est très pathétique et très touchant. Dans cette admirable pièce, il n'est pas un caractère qui n'ait sa physionomie distincte et tous nous intéressent, quoique de façon très différente.
3. L'esprit théocratique et purement sacerdotal de Joad se montre bien dans ces vers, mais cet esprit est dans son rôle, et dans son caractère ; et le grand prêtre des Juifs ne pouvait penser au-

Dieu l'a fait remonter par la main de ses prêtres,
L'a tiré par leurs mains de l'oubli du tombeau,
Et de David éteint rallumé le flambeau.
Grand Dieu, si tu prévois qu'indigne de sa race
Il doive de David abandonner la trace,
Qu'il soit comme le fruit en naissant arraché,
Ou qu'un souffle ennemi dans sa fleur a séché !
Mais si ce même enfant, à tes ordres docile,
Doit être à tes desseins un instrument utile,
Fais qu'au juste héritier le sceptre soit remis ;
Livre en mes faibles mains ses puissants ennemis ;
Confonds dans ses conseils une reine cruelle !
Daigne, daigne, mon Dieu, sur Mathan et sur elle
Répandre cet esprit d'imprudence et d'erreur,
De la chute des rois funeste avant-coureur[1] !
L'heure me presse : adieu. Des plus saintes familles
Votre fils et sa sœur vous amènent les filles.

SCÈNE III

JOSABET, ZACHARIE, SALOMITH, LE CHŒUR.

JOSABET.

Cher Zacharie, allez, ne vous arrêtez pas.
De votre auguste père accompagnez les pas.
O filles de Lévi, troupe jeune et fidèle,
Que déjà le Seigneur embrase de son zèle,
Qui venez si souvent partager mes soupirs,
Enfants, ma seule joie en mes longs déplaisirs,
Ces festons dans vos mains, et ces fleurs sur vos têtes
Autrefois convenaient à nos pompeuses fêtes :
Mais, hélas ! en ce temps d'opprobre et de douleurs,
Quelle offrande sied mieux que celle de nos pleurs !
J'entends déjà, j'entends la trompette sacrée,
Et du temple bientôt on permettra l'entrée.

---

trement sur ces rois faibles et voluptueux, cruels et ingrats, toujours prêts à glisser dans l'idolâtrie et dans la luxure. Il y a certainement chez Joad moins de tendresse pour Joas que de dévouement à la religion. La prière qui suit le dit assez (v. 283-286) : Le précieux Joas n'est lui-même qu'un instrument utile aux desseins de la Providence.

1. C'est la même pensée qu'on cite souvent sous cette forme latine : *Quos vult perdere Jupiter dementat prius* (De ceux qu'il veut perdre, Jupiter égare l'esprit) ; idée qui revient souvent dans les chœurs des tragiques grecs, mais la forme latine qu'on lui donne ordinairement est moderne. On l'attribue à Boissonade (1774-1857).

Tandis que je me vais préparer à marcher,
Chantez, louez le Dieu que vous venez chercher.

SCÈNE IV

LE CHŒUR.

TOUT LE CHŒUR chante.

Tout l'univers est plein de sa magnificence :
Qu'on l'adore ce Dieu, qu'on l'invoque à jamais,
Son empire a des temps précédé la naissance ;
    Chantons, publions ses bienfaits.

UNE VOIX, seule.

    En vain l'injuste violence
Au peuple qui le loue imposerait silence ;
    Son nom ne périra jamais.
Le jour annonce au jour sa gloire et sa puissance ;
Tout l'univers est plein de sa magnificence :
    Chantons, publions ses bienfaits.

TOUT LE CHŒUR répète.

Tout l'univers est plein de sa magnificence :
    Chantons, publions ses bienfaits.

UNE VOIX, seule.

Il donne aux fleurs leur aimable peinture [1] ;
    Il fait naître et mûrir les fruits ;
    Il leur dispense avec mesure
Et la chaleur des jours et la fraîcheur des nuits.
Le champ qui les reçut les rend avec usure [2].

UNE AUTRE.

Il commande au soleil d'animer la nature,
    Et la lumière est un don de ses mains ;
    Mais sa loi sainte, sa loi pure
Est le plus riche don qu'il ait fait aux humains.

UNE AUTRE.

O mont de Sinaï ! conserve la mémoire
De ce jour à jamais auguste et renommé,
    Quand [3], sur ton sommet enflammé,
Dans un nuage épais le Seigneur enfermé
Fit luire aux yeux mortels un rayon de sa gloire !

---

1. Ce vers est une réminiscence de Mathurin Régnier :
Sachez qui donne aux fleurs cette aimable peinture.
(Sat. IX, à Rapin, v. 154).

2. Rend plus qu'il n'a reçu. Racine avait dit au figuré dans *Esther*, (v. 1069) :
Babylone paya nos pleurs avec usure.

3. Nous disons *de ce jour où*...

Dis-nous pourquoi ces feux et ces éclairs,
Ces torrents de fumée, et ce bruit dans les airs,
Ces trompettes et ce tonnerre :
Venait-il renverser l'ordre des éléments ?
Sur ses antiques fondements
Venait-il ébranler la terre ?

UNE AUTRE.

Il venait révéler aux enfants des Hébreux
De ses préceptes saints la lumière immortelle ;
Il venait à ce peuple heureux
Ordonner de l'aimer d'une amour éternelle [1].

TOUT LE CHŒUR.

O divine, ô charmante loi !
O justice, ô bonté suprême !
Que de raisons, quelle douceur extrême
D'engager à ce Dieu son amour et sa foi !

UNE VOIX, seule.

D'un joug cruel il sauva nos aïeux [2],
Les nourrit au désert d'un pain délicieux [3] ;
Il nous donne ses lois, il se donne lui-même [4] :
Pour tant de biens, il commande qu'on l'aime.

LE CHŒUR.

O justice, ô bonté suprême !

LA MÊME VOIX

Des mers pour eux il entr'ouvrit les eaux [5],
D'un aride rocher fit sortir des ruisseaux [6] ;
Il nous donne ses lois, il se donne lui-même :
Pour tant de biens, il commande qu'on l'aime.

LE CHŒUR,

O divine, ô charmante loi !
Que de raisons, quelle douceur extrême
D'engager à ce Dieu son amour et sa foi !

UNE AUTRE VOIX, seule.

Vous qui ne connaissez qu'une crainte servile,
Ingrats, un Dieu si bon ne peut-il vous charmer ?

---

1. Sur *amour* féminin., voy. p. 58, note 2.
2. Du joug des Égyptiens.
3. La manne.
4. Cette expression ne semble avoir de sens qu'appliquée à l'Incarnation et à l'Eucharistie ; c'est donc un anachronisme ; mais qui le voudrait reprocher à Racine ? L'inspiration de cette tragédie biblique est au fond surtout chrétienne ; mais de là vient l'admirable sincérité de ces élans lyriques ; et cette sincérité du poète a fait la sublime beauté de l'œuvre.
5. Au passage de la mer Rouge.
6. A Réphidim, près du Sinaï, pendant le séjour des Hébreux dans le désert sous la conduite de Moïse.

Est-il donc à vos cœurs, est-il si difficile
Et si pénible de l'aimer ?
L'esclave craint le tyran qui l'outrage ;
Mais des enfants l'amour est le partage.
Vous voulez que ce Dieu vous comble de bienfaits,
Et ne l'aimer jamais [1] !

TOUT LE CHŒUR.

O divine, ô charmante loi !
O justice, ô bonté suprême
Que de raisons, quelle douceur extrême
D'engager à ce Dieu son amour et sa foi !

ACTE II

SCÈNE PREMIÈRE

JOSABET, SALOMITH, LE CHŒUR.

JOSABET.

Mes filles, c'est assez ; suspendez vos cantiques [2] :
Il est temps de nous joindre aux prières publiques.
Voici notre heure. Allons célébrer ce grand jour,
Et devant le Seigneur paraître à notre tour.

SCÈNE II

JOSABET, SALOMITH, ZACHARIE, LE CHŒUR.

JOSABET.

Mais que vois-je ! Mon fils, quel sujet vous ramène ?
Où courez-vous ainsi tout pâle et hors d'haleine ?

ZACHARIE.

O ma mère !

JOSABET.

Hé bien ! quoi ?

---

1. Ces huit vers furent ajoutés dans l'édition de 1697. Boileau venait de composer son Épitre XII sur *l'Amour de Dieu*, où il combattait vivement l'opinion de quelques docteurs qui avaient soutenu qu'on pouvait obtenir le pardon de ses péchés par un repentir uniquement fondé sur la crainte de l'enfer, sans aucun amour de Dieu. Racine composa ces vers pour montrer hautement qu'il adhérait à l'opinion de Boileau. Voy. dans les *Lettres* de celui-ci, celle du 16 octobre 1697 (date probable), où il entretient Racine de quelques difficultés que lui avait suscitées l'Épitre sur *l'Amour de Dieu*, et du succès qu'elle obtint.

2. Ainsi que l'explique Racine (voy. ci-dessus, p. 423) il n'y a aucun entr'acte.

ZACHARIE.
Le temple est profané...

JOSABET.
Comment?

ZACHARIE.
Et du Seigneur l'autel abandonné.

JOSABET.
Je tremble. Hâtez-vous d'éclaircir votre mère[1].

ZACHARIE.
Déjà, selon la loi, le grand prêtre, mon père,
Après avoir au Dieu qui nourrit les humains
De la moisson nouvelle offert les premiers pains[2],
Lui présentait encore entre ses mains sanglantes
Des victimes de paix les entrailles fumantes;
Debout à ses côtés, le jeune Éliacin
Comme moi le servait en long habit de lin;
Et cependant du sang de la chair immolée
Les prêtres arrosaient l'autel et l'assemblée[3] :
Un bruit confus s'élève, et du peuple surpris
Détourne tout à coup les yeux et les esprits.
Une femme... (peut-on la nommer sans blasphème!)
Une femme... C'était Athalie elle-même...

JOSABET.
Ciel!

ZACHARIE.
Dans un des parvis aux hommes réservé
Cette femme superbe entre, le front levé,
Et se préparait même à passer les limites
De l'enceinte sacrée ouverte aux seuls lévites.
Le peuple s'épouvante, et fuit de toutes parts.
Mon père... Ah! quel courroux animait ses regards!
Moïse à Pharaon parut moins formidable :
« Reine, sors, a-t-il dit, de ce lieu redoutable,
D'où te bannit ton sexe et ton impiété.
Viens-tu du Dieu vivant braver la majesté ? »

---

1. Nous disons plutôt *éclaircir* une difficulté, *éclairer* une personne. *Éclaircir* est employé de même au vers 1118 de *Britannicus* (p. 199 vers 4).

2. Qu'on appelait les pains de proposition, c.-à-d. d'offrande.

3. L'Académie qui fit en 1730 une critique (en général assez médiocre) d'*Athalie*, fait observer avec raison à propos de ce vers que Moïse arrosa une fois, du sang de la victime, le peuple assemblé; mais que ce rite ne fut jamais établi dans la liturgie régulière des Hébreux.

La reine alors sur lui jetant un œil farouche,
Pour blasphémer sans doute ouvrait déjà la bouche
J'ignore si de Dieu l'ange se dévoilant,
Est venu lui montrer un glaive étincelant;
Mais sa langue en sa bouche à l'instant s'est glacée,
Et toute son audace a paru terrassée;
Ses yeux, comme effrayés, n'osaient se détourner
Surtout Éliacin paraissait l'étonner.
            JOSABET.
Quoi donc ! Éliacin a paru devant elle ?
            ZACHARIE.
Nous regardions tous deux cette reine cruelle,
Et d'une égale horreur nos cœurs étaient frappés.
Mais les prêtres bientôt nous ont enveloppés :
On nous a fait sortir. J'ignore tout le reste,
Et venais vous conter ce désordre funeste.
            JOSABET.
Ah ! de nos bras sans doute elle vient l'arracher;
Et c'est lui qu'à l'autel sa fureur vient chercher.
Peut-être en ce moment l'objet de tant de larmes...
Souviens-toi de David, Dieu, qui vois mes alarmes !
            SALOMITH.
Quel est-il, cet objet des pleurs que vous versez ?
            ZACHARIE.
Les jours d'Éliacin seraient-ils menacés ?
            SALOMITH.
Aurait-il de la reine attiré la colère ?
            ZACHARIE.
Que craint-on d'un enfant sans support et sans père ?
            JOSABET.
Ah ! la voici. Sortons : il la faut éviter.

SCÈNE III

ATHALIE, ABNER, AGAR, Suite d'Athalie.

            AGAR.
Madame, dans ces lieux pourquoi vous arrêter ?
Ici tous les objets vous blessent, vous irritent.
Abandonnez ce temple aux prêtres qui l'habitent;
Fuyez tout ce tumulte, et dans votre palais
A vos sens agités venez rendre la paix.

ATHALIE.
Non, je ne puis : tu vois mon trouble et ma faiblesse.
Va, fais dire à Mathan qu'il vienne, qu'il se presse.
Heureuse si je puis trouver par son secours
Cette paix que je cherche, et qui me fuit toujours !
(Elle s'assied.)

SCÈNE IV
ATHALIE, ABNER, Suite d'Athalie.

ABNER.
Madame, pardonnez si j'ose le défendre :
Le zèle de Joad n'a point dû vous surprendre.
Du Dieu que nous servons tel est l'ordre éternel :
Lui-même il nous traça son temple et son autel,
Aux seuls enfants d'Aaron commit ses sacrifices,
Aux lévites marqua leur place et leurs offices,
Et surtout défendit à leur postérité
Avec tout autre dieu toute société.
Hé quoi ! vous de nos rois et la femme et la mère,
Êtes-vous à ce point parmi nous étrangère ?
Ignorez-vous nos lois ? et faut-il qu'aujourd'hui...
Voici votre Mathan[1]; je vous laisse avec lui.

ATHALIE.
Votre présence, Abner, est ici nécessaire.
Laissons là de Joad l'audace téméraire,
Et tout ce vain amas de superstitions
Qui ferme votre temple aux autres nations.
Un sujet plus pressant excite mes alarmes,
Je sais que, dès l'enfance élevé dans les armes,
Abner a le cœur noble, et qu'il rend à la fois
Ce qu'il doit à son Dieu, ce qu'il doit à ses rois[2].
Demeurez.

SCÈNE V
ATHALIE, ABNER, MATHAN, Suite d'Athalie.

MATHAN.
Grande reine, est-ce ici votre place ?

---

1. *Votre* n'est point gracieux ; mais Abner hait Mathan et ne s'en cache point : il ne le craint pas d'ailleurs, se sachant nécessaire à Athalie, car il lui répond de l'armée, tant que lui-même demeure fidèle à la reine.

2. La même antithèse est dans *Polyeucte*, où Sévère dit à Félix (vers 1804) :
Servez bien votre Dieu, servez notre monarque.

Quel trouble vous agite, et quel effroi vous glace?
Parmi vos ennemis que venez-vous chercher?
De ce temple profane osez-vous approcher?
Avez-vous dépouillé cette haine si vive...
ATHALIE.
Prêtez-moi l'un et l'autre une oreille attentive.
Je ne veux point ici rappeler le passé,
Ni vous rendre raison du sang que j'ai versé :
Ce que j'ai fait, Abner, j'ai cru le devoir faire.
Je ne prends point pour juge un peuple téméraire :
Quoi que son insolence ait osé publier,
Le Ciel même a pris soin de me justifier.
Sur d'éclatants succès ma puissance établie
A fait jusqu'aux deux mers[1] respecter Athalie;
Par moi Jérusalem goûte un calme profond;
Le Jourdain ne voit plus l'Arabe vagabond
Ni l'altier Philistin, par d'éternels ravages,
Comme au temps de vos rois, désoler ses rivages;
Le Syrien[2] me traite et de reine et de sœur;
Enfin de ma maison le perfide oppresseur,
Qui devait jusqu'à moi pousser sa barbarie,
Jéhu, le fier Jéhu, tremble dans Samarie;
De toutes parts, pressé par un puissant voisin,
Que j'ai su soulever contre cet assassin,
Il me laisse en ces lieux souveraine maîtresse.
Je jouissais en paix du fruit de ma sagesse :
Mais un trouble importun vient, depuis quelques jours,
De mes prospérités interrompre le cours.
Un songe (me devrais-je inquiéter d'un songe!)
Entretient dans mon cœur un chagrin qui le ronge :
Je l'évite partout, partout il me poursuit.
C'était pendant l'horreur d'une profonde nuit[3];
Ma mère Jézabel devant moi s'est montrée,
Comme au jour de sa mort, pompeusement parée.
Ses malheurs n'avaient point abattu sa fierté;
Même elle avait encor cet éclat emprunté

1. La mer Méditerranée, la mer Rouge.
2. Le roi de Syrie, dont Damas était la ville principale.
3. Voltaire (*Commentaire sur Polyeucte*) a fait observer avec raison que le songe d'Athalie n'est pas, comme celui de Pauline, un incident épisodique dans la pièce ; il en est un ressort très important ; il amène Athalie dans le temple, où elle voit Éliacin ; de là le nœud, le dénouement, la pièce tout entière.

ATHALIE.

Dont elle eut soin de peindre et d'orner son visage[1],
Pour réparer des ans l'irréparable outrage :
« Tremble, m'a-t-elle dit, fille digne de moi ;
Le cruel Dieu des Juifs l'emporte aussi sur toi.
Je te plains de tomber dans ses mains redoutables,
Ma fille. » En achevant ces mots épouvantables,
Son ombre vers mon lit a paru se baisser ;
Et moi, je lui tendais les mains pour l'embrasser ;
Mais je n'ai plus trouvé qu'un horrible mélange
D'os et de chair meurtris et traînés dans la fange,
Des lambeaux pleins de sang, et des membres affreux
Que des chiens dévorants se disputaient entre eux.

ABNER.

Grand Dieu !

ATHALIE.

Dans ce désordre à mes yeux se présente
Un jeune enfant couvert d'une robe éclatante,
Tel qu'on voit des Hébreux les prêtres revêtus.
Sa vue a ranimé mes esprits abattus ;
Mais lorsque, revenant de mon trouble funeste,
J'admirais sa douceur, son air noble et modeste,
J'ai senti tout à coup un homicide acier
Que le traître en mon sein a plongé tout entier.
De tant d'objets divers le bizarre assemblage
Peut-être du hasard vous paraît un ouvrage ;
Moi-même quelque temps, honteuse de ma peur,
Je l'ai pris pour l'effet d'une sombre vapeur[2].
Mais de ce souvenir mon âme possédée
A deux fois en dormant revu la même idée[3] ;
Deux fois mes tristes yeux se sont vu retracer
Ce même enfant toujours tout prêt à me percer.
Lasse enfin des horreurs dont j'étais poursuivie,
J'allais prier Baal de veiller sur ma vie,
Et chercher du repos au pied de ses autels :

---

1. Le livre IV des Rois rapporte que Jézabel, apprenant l'arrivée prochaine de Jéhu, se farda, orna son visage, et se mit à sa fenêtre, soit pour éblouir le vainqueur, soit plutôt pour le braver.

2. Mot vague, dont on abusait au XVIIe siècle pour désigner toute espèce d'affection nerveuse, et particulièrement l'hypocondrie. Madame de Sévigné écrit à sa fille : « Vous ne voulez donc pas qu'on dise *vapeurs* ; mais que ferons-nous si vous nous ôtez ce mot ? car on le met à tout : en attendant que vous autres cartésiens en ayez trouvé un autre, je vous demande permission de m'en servir. »

3. *Idée*, au sens grec étymologique, signifie *image*.

Que ne peut la frayeur sur l'esprit des mortels !
Dans le temple des Juifs un instinct m'a poussée,
Et d'apaiser leur Dieu j'ai conçu la pensée ;
J'ai cru que des présents calmeraient son courroux,
Que ce Dieu, quel qu'il soit, en deviendrait plus doux.
Pontife de Baal, excusez ma faiblesse.
J'entre. Le peuple fuit, le sacrifice cesse ;
Le grand prêtre vers moi s'élance avec fureur.
Pendant qu'il me parlait, ô surprise ! ô terreur !
J'ai vu ce même enfant dont je suis menacée,
Tel qu'un songe effrayant l'a peint à ma pensée.
Je l'ai vu ; son même air, son même habit de lin,
Sa démarche, ses yeux, et tous ses traits enfin :
C'est lui-même. Il marchait à côté du grand prêtre ;
Mais bientôt à ma vue on l'a fait disparaître.
Voilà quel trouble ici m'oblige à m'arrêter,
Et sur quoi j'ai voulu tous deux vous consulter.
Que présage, Mathan, ce prodige incroyable?

MATHAN.

Ce songe et ce rapport, tout me semble effroyable.

ATHALIE.

Mais cet enfant fatal, Abner, vous l'avez vu :
Quel est-il? de quel sang? et de quelle tribu?

ABNER.

Deux enfants à l'autel prêtaient leur ministère :
L'un est fils de Joad, Josabet est sa mère ;
L'autre m'est inconnu.

MATHAN.

Pourquoi délibérer?
De tous les deux, Madame, il se faut assurer[1].
Vous savez pour Joad mes égards, mes mesures[2] ;
Que je ne cherche point à venger mes injures ;
Que la seule équité règne en tous mes avis :
Mais lui-même, après tout, fût-ce son propre fils,
Voudrait-il un moment laisser vivre un coupable?

ABNER.

De quel crime un enfant peut-il être capable?

---

1. Mathan ne croit pas au danger, mais il veut flatter Athalie en feignant d'entrer dans ses craintes, et satisfaire sa haine en saisissant l'occasion qui s'offre à lui pour perdre Joad.

2. Ma modération. Dans ce sens, nous l'employons plutôt au singulier. On dit; user de mesure envers quelqu'un.

MATHAN.

Le Ciel nous le fait voir un poignard à la main.
Le Ciel est juste et sage, et ne fait rien en vain[1].
Que cherchez-vous de plus ?

ABNER.

Mais, sur la foi d'un songe
Dans le sang d'un enfant voulez-vous qu'on se plonge?
Vous ne savez encor de quel père il est né,
Quel il est.

MATHAN.

On le craint : tout est examiné.
A d'illustres parents s'il doit son origine,
La splendeur de son sort doit hâter sa ruine ;
Dans le vulgaire obscur si le sort[2] l'a placé,
Qu'importe qu'au hasard un sang vil soit versé[3]?
Est-ce aux rois à garder cette lente justice?
Leur sûreté souvent dépend d'un prompt supplice.
N'allons point les gêner d'un soin embarrassant :
Dès qu'on leur est suspect, on n'est plus innocent.

ABNER.

Hé quoi, Mathan! d'un prêtre est-ce là le langage?
Moi nourri dans la guerre, aux horreurs du carnage,
Des vengeances des rois ministre rigoureux,
C'est moi qui prête ici ma voix au malheureux!
Et vous, qui lui devez des entrailles de père,
Vous, ministre de paix dans les temps de colère,
Couvrant d'un zèle faux votre ressentiment[4],
Le sang à votre gré coule trop lentement!
Vous m'avez commandé de vous parler sans feinte,
Madame : quel est donc ce grand sujet de crainte?
Un songe, un faible enfant, que votre œil prévenu[5]
Peut-être sans raison croit avoir reconnu.

ATHALIE.

Je le veux croire, Abner; je puis m'être trompée :

---

1. Mathan n'en croit rien du tout; mais il est hypocrite, et Athalie a peur.
2. Sort est au vers précédent, et dans un sens un peu différent.
3. Dilemme atroce; mais les flatteurs des tyrans n'ont pas besoin d'affecter la douceur. Ils aiment mieux paraître aveuglément dévoués.
4. La phrase n'est pas strictement correcte; mais son irrégularité lui donne plus de mouvement, plus de vivacité, et rend mieux l'émotion d'Abner. Un moins habile écrivain en vers eût dit peut-être : Vous trouvez que le sang, etc., et, remettant sur ses pieds la période, il en eût détruit toute la beauté.
5. Préoccupé de l'idée qu'il reverrait cet enfant. (Voyez le premier vers de la page 444).

Peut-être un songe vain m'a trop préoccupée.
Hé bien ! il faut revoir cet enfant de plus près ;
Il en[1] faut à loisir examiner les traits.
Qu'on les fasse tous deux paraître en ma présence.

ABNER.

Je crains...

ATHALIE.

Manquerait-on pour moi de complaisance ?
De ce refus bizarre où seraient les raisons ?
Il pourrait me jeter en d'étranges soupçons.
Que Josabet, vous dis-je, ou Joad les amène.
Je puis, quand je voudrai, parler en souveraine.
Vos prêtres, je veux bien, Abner, vous l'avouer,
Des bontés d'Athalie ont lieu de se louer.
Je sais sur ma conduite et contre ma puissance
Jusqu'où de leurs discours ils portent la licence :
Ils vivent cependant, et leur temple est debout.
Mais je sens que bientôt ma douceur est à bout.
Que Joad mette un frein à son zèle sauvage,
Et ne m'irrite point par un second outrage.
Allez.

SCÈNE VI.

ATHALIE, MATHAN, SUITE D'ATHALIE.

MATHAN.

Enfin je puis parler en liberté ;
Je puis dans tout son jour mettre la vérité.
Quelque monstre naissant dans ce temple s'élève[2],
Reine : n'attendez pas que le nuage crève.
Abner chez le grand prêtre a devancé le jour :
Pour le sang de ses rois vous savez son amour.
Et qui sait si Joad ne veut point en leur place
Substituer l'enfant dont le Ciel vous menace,
Soit son fils, soit quelque autre[3] ?

ATHALIE.

Oui, vous m'ouvrez les yeux.
Je commence à voir clair dans cet avis des cieux.

---

1. Au XVIIe siècle *en* se rapportait aux personnes aussi bien qu'aux choses.

2. C.-à-d. est élevé, nourri, dans ce temple. La métaphore qui suit n'est pas, comme on a dit, incohérente ; mais il y a une ellipse : Un orage vous menace ; n'attendez pas, etc.

3. Mathan ne croit guère à ce qu'il avance ; mais l'occasion est belle pour perdre Joad, il la saisit.

Mais je veux de mon doute être débarrassée.
Un enfant est peu propre à trahir sa pensée [1];
Souvent d'un grand dessein un mot nous fait juger.
Laissez-moi, cher Mathan, le voir, l'interroger.
Vous cependant, allez ; et, sans jeter d'alarmes,
A tous mes Tyriens faites prendre les armes.

SCÈNE VII

JOAS, ATHALIE, JOSABET, ZACHARIE, SALOMITH, ABNER, Deux Lévites, Le Chœur, Suite d'Athalie [2].

JOSABET, aux deux lévites.

O vous, sur ces enfants si chers, si précieux,
Ministres du Seigneur, ayez toujours les yeux.

ABNER, à Josabet.

Princesse, assurez-vous [3], je les prends sous ma garde.

ATHALIE.

O ciel ! plus j'examine, et plus je le regarde,
C'est lui ! D'horreur encor tous mes sens sont saisis.
(Montrant Joas.)
Épouse de Joad, est-ce là votre fils ?

JOSABET.

Qui ? lui, Madame ?

ATHALIE.

Lui.

JOSABET.

Je ne suis point sa mère.
(Montrant Zacharie.)
Voilà mon fils.

ATHALIE, à Joas.

Et vous, quel est donc votre père ?
Jeune enfant, répondez.

---

1. Cette expression est très amphibologique en français ; quand le sujet exprime un être ou un acte dénué de volonté, elle signifie *déceler* :
   La rougeur de son front trahissait sa pensée.
   (Voltaire, *Semiramis*.)
Au contraire quand le sujet est un être capable de volonté, la même expression signifie, comme ici, *dissimuler*. Enfin, quand la qualité du sujet est indécise, le sens reste ambigu : *Ce mot funeste a trahi ma pensée* peut avoir l'un ou l'autre sens.

2. Cette scène offre une imitation sensible d'une scène de l'*Ion* d'Euripide. Ion est fils d'Apollon et de Créuse; mais il ignore sa naissance. Sa mère, à qui il a été enlevé en bas âge, le retrouve sans le connaître, dans le temple d'Apollon à Delphes, attaché au service du dieu. Xuthus mari de Créuse et roi d'Athènes, veut l'emmener dans son palais et lui transmettre son sceptre. Ion se défend de suivre Xuthus, en alléguant le paisible bonheur dont il jouit dans le temple en servant le dieu.

3. Assurez-vous, c.-à-d. soyez en sécurité. Rassurez-vous n'a pas tout à fait le même sens ; il suppose que celui à qui on parle a déjà peur, ce que n'indique pas *assurer*.

JOSABET.
Le Ciel jusqu'aujourd'hui...
ATHALIE, à Josabet.
Pourquoi vous pressez-vous de répondre pour lui?
C'est à lui de parler.
JOSABET.
Dans un âge si tendre
Quel éclaircissement en pouvez-vous attendre?
ATHALIE.
Cet âge est innocent : son ingénuité
N'altère point encor la simple vérité.
Laissez-le s'expliquer sur tout ce qui le touche.
JOSABET, à part.
Daigne mettre, grand Dieu, ta sagesse en sa bouche !
ATHALIE.
Comment vous nommez-vous?
JOAS.
J'ai nom Éliacin.
ATHALIE.
Votre père?
JOAS.
Je suis, dit-on, un orphelin
Entre les bras de Dieu jeté dès ma naissance,
Et qui de mes parents n'eus jamais connaissance.
ATHALIE.
Vous êtes sans parents?
JOAS.
Ils m'ont abandonné.
ATHALIE.
Comment? et depuis quand?
JOAS.
Depuis que je suis né.
ATHALIE.
Ne sait-on pas au moins quel pays est le vôtre?
JOAS.
Ce temple est mon pays : je n'en connais point d'autre.
ATHALIE.
Où dit-on que le sort vous a fait rencontrer?
JOAS.
Parmi des loups cruels, prêts à me dévorer.
ATHALIE.
Qui vous mit dans ce temple?

JOAS.
Une femme inconnue,
Qui ne dit point son nom, et qu'on n'a point revue.
ATHALIE.
Mais, de vos premiers ans, quelles mains ont pris soin?
JOAS.
Dieu laissa-t-il jamais ses enfants au besoin?
Aux petits des oiseaux il donne leur pâture [1],
Et sa bonté s'étend sur toute la nature.
Tous les jours je l'invoque; et d'un soin paternel
Il me nourrit des dons offerts sur son autel.
ATHALIE.
Quel prodige nouveau me trouble et m'embarrasse !
La douceur de sa voix, son enfance, sa grâce,
Font insensiblement à mon inimitié
Succéder... Je serais sensible à la pitié [2] !
ABNER.
Madame, voilà donc cet ennemi terrible.
De vos songes menteurs l'imposture est visible ;
A moins que la pitié, qui semble vous troubler,
Ne soit ce coup fatal qui vous faisait trembler [3].
ATHALIE, à Joas et à Josabet.
Vous sortez?
JOSABET.
Vous avez entendu sa fortune :
Sa présence à la fin pourrait être importune.
ATHALIE, (à Joas.)
Non : revenez. Quel est tous les jours votre emploi
JOAS.
J'adore le Seigneur; on m'explique sa loi ;
Dans son livre divin on m'apprend à la lire ;
Et déjà de ma main je commence à l'écrire.
ATHALIE.
Que vous dit cette loi?

---

1. Il est inutile de chercher dans des poètes obscurs (comme a fait Voltaire) des vers plus ou moins analogues à ces vers célèbres. Racine, ici (comme partout dans *Esther* et dans *Athalie*), a traduit l'Ecriture : *Dat escam pullis corvorum* (psaume CXLVI, verset 9).

2. Athalie dit ces mots à demi voix, et comme à part soi. Mais Abner qui l'observe a lu ses sentiments sur son visage.

3. Il y a là une ironie qui convient mal au caractère prudent et mesuré d'Abner; mais Athalie ne l'écoute ni ne l'entend, et peut-être Abner en profite-t-il pour parler à cœur ouvert.

JOAS.
> Que Dieu veut être aimé ;
Qu'il venge tôt ou tard son saint nom blasphémé ;
Qu'il est le défenseur de l'orphelin timide ;
Qu'il résiste au superbe et punit l'homicide.

ATHALIE.
J'entends [1]. Mais tout ce peuple enfermé dans ce lieu
A quoi s'occupe-t-il ?

JOAS.
> Il loue, il bénit Dieu.

ATHALIE.
Dieu veut-il qu'à toute heure on prie, on le contemple ?

JOAS.
Tout profane exercice est banni de son temple.

ATHALIE.
Quels sont donc vos plaisirs ?

JOAS.
> Quelquefois à l'autel
Je présente au grand prêtre ou l'encens ou le sel :
J'entends chanter de Dieu les grandeurs infinies ;
Je vois l'ordre pompeux de ses cérémonies.

ATHALIE.
Hé quoi ! vous n'avez point de passe-temps plus doux ?
Je plains le triste sort d'un enfant tel que vous.
Venez dans mon palais, vous y verrez ma gloire.

JOAS.
Moi ! des bienfaits de Dieu je perdrais la mémoire !

ATHALIE.
Non, je ne vous veux pas contraindre à l'oublier.

JOAS.
Vous ne le priez point.

ATHALIE.
> Vous pourrez le prier.

JOAS.
Je verrais cependant en invoquer un autre.

ATHALIE.
J'ai mon Dieu que je sers ; vous servirez le vôtre :
Ce sont deux puissants Dieux.

---

1. J'entends, c.-à-d. je sais que c'est moi qu'ils maudissent de ce nom, d'homicide, moi dont ils attendent la ruine.

JOAS.
Il faut craindre le mien :
Lui seul est Dieu, Madame; et le vôtre n'est rien.
ATHALIE.
Les plaisirs près de moi vous chercheront en foule.
JOAS.
Le bonheur des méchants comme un torrent s'écoule[1].
ATHALIE.
Ces méchants, qui sont-ils?
JOSABET.
Hé, Madame! excusez
Un enfant...
ATHALIE, à Josabet.
J'aime à voir comme vous l'instruisez.
Enfin, Éliacin, vous avez su me plaire ;
Vous n'êtes point sans doute un enfant ordinaire.
Vous voyez, je suis reine, et n'ai point d'héritier ;
Laissez-là cet habit, quittez ce vil métier :
Je veux vous faire part de toutes mes richesses.
Essayez dès ce jour l'effet de mes promesses :
A ma table, partout, à mes côtés assis,
Je prétends vous traiter comme mon propre fils[2].
JOAS.
Comme votre fils !
ATHALIE.
Oui... Vous vous taisez ?
JOAS.
Quel père
Je quitterais ! et pour...
ATHALIE.
Hé bien ?
JOAS.
Pour quelle mère !
ATHALIE, à Josabet.
Sa mémoire est fidèle : et, dans tout ce qu'il dit,

---

1. *Ad nihilum devenient tanquam aqua decurrens* (psaume LVII, verset 8).
2. Athalie est-elle sincère? peut-être. Voltaire la croit sincère; et il s'indigne que Josabet et Joad ne répondent pas à Athalie : « Cet enfant est votre petit-fils ; prenez-le, adoptez-le, et qu'il règne après vous. » Voltaire oublie que Joas, rendu à Athalie, serait élevé par elle dans le culte de Baal, et aurait Mathan pour gouverneur. Le culte du vrai Dieu périrait peut-être sous un roi, légitime, il est vrai, mais en même temps qu'idolâtre. Cela importe fort peu à Voltaire, mais cela importe beaucoup à Joad.

De vous et de Joad je reconnais l'esprit.
Voilà comme, infectant[1] cette simple jeunesse,
Vous employez tous deux le calme où je vous laisse.
Vous cultivez déjà leur haine et leur fureur :
Vous ne leur prononcez mon nom qu'avec horreur.

JOSABET.

Peut-on de nos malheurs leur dérober l'histoire ?
Tout l'univers les sait; vous-même en faites gloire.

ATHALIE.

Oui, ma juste fureur, et j'en fais vanité,
A vengé mes parents sur ma postérité.
J'aurais vu massacrer et mon père et mon frère,
Du haut de son palais précipiter ma mère,
Et dans un même jour égorger à la fois
(Quel spectacle d'horreur !) quatre-vingts fils de rois [2];
Et pourquoi ? pour venger je ne sais quels prophètes
Dont elle avait puni les fureurs indiscrètes :
Et moi, reine sans cœur, fille sans amitié,
Esclave d'une lâche et frivole pitié,
Je n'aurais pas du moins à cette aveugle rage
Rendu meurtre pour meurtre, outrage pour outrage,
Et de votre David traité tous les neveux
Comme on traitait d'Achab les restes malheureux !
Où serais-je aujourd'hui, si, domptant ma faiblesse,
Je n'eusse d'une mère étouffé la tendresse;
Si de mon propre sang ma main versant des flots
N'eût par ce coup hardi réprimé vos complots ?
Enfin de votre Dieu l'implacable vengeance
Entre nos deux maisons rompit toute alliance :
David m'est en horreur; et les fils de ce roi,
Quoique nés de mon sang, sont étrangers pour moi.

JOSABET.

Tout vous a réussi [3] ? Que Dieu voie, et nous juge.

---

1. Ce mot, qui tend à devenir trivial, est fréquent au XVIIe siècle dans Corneille, Pascal, Bossuet, Boileau, Racine, etc. Bossuet, dans ses *Maximes sur la comédie*, dit : « Un auteur (Molière) qui remplit tous les théâtres des équivoques les plus grossières dont on ait jamais infecté les oreilles. »

2. La Bible dit soixante-dix. Mais pourquoi Athalie a-t-elle tué ses propres petits-fils pour venger son père, ses frères, ses neveux ? Athalie appartient à un culte, à une race étrangère; elle hait dans ses propres fils la postérité de David; et enfin elle veut régner.

3. Il y a un point d'interrogation dans toutes les éditions publiées du vivant de Racine. Le sens est : Tout vous a réussi, n'est-ce pas ? Hé bien ! que Dieu voie et nous juge.

ATHALIE.
Ce Dieu, depuis longtemps votre unique refuge,
Que deviendra l'effet de ses prédictions?
Qu'il vous donne ce roi promis aux nations,
Cet enfant de David, votre espoir, votre attente...
Mais nous nous reverrons. Adieu. Je sors contente.
J'ai voulu voir; j'ai vu.

ABNER, à Josabet.
    Je vous l'avais promis;
Je vous rends le dépôt que vous m'avez commis[1].

SCÈNE VIII.

JOAS, JOSABET, ZACHARIE, SALOMITH, JOAD, ABNER, Lévites, Le Chœur.

JOSABETH, à Joad.
Avez-vous entendu cette superbe reine,
Seigneur?

JOAD.
   J'entendais tout, et plaignais votre peine.
Ces lévites et moi, prêts à vous secourir,
Nous étions avec vous résolus de périr.
(A Joas, en l'embrassant.)
Que Dieu veille sur vous, enfant dont le courage
Vient de rendre à son nom ce noble témoignage!
Je reconnais, Abner, ce service important :
Souvenez-vous de l'heure où Joad vous attend[2].
Et nous, dont cette femme impie et meurtrière
A souillé les regards et troublé la prière,
Rentrons; et qu'un sang pur, par mes mains épanché,
Lave jusques au marbre où ses pas ont touché.

SCÈNE IX

LE CHŒUR.

UNE DES FILLES DU CHŒUR.
Quel astre à nos yeux vient de luire?

---

1. Cependant qu'eût fait Abner si Athalie lui avait intimé l'ordre formel d'arrêter Joas? Il est bien heureux pour Abner que jusqu'à la fin de la tragédie tout le monde agisse autour de lui, sans le forcer de prendre parti.

2. La *troisième heure* en effet ne doit pas être passée, puisqu'il n'y a pas eu d'entr'acte entre l'acte Ier et l'acte II; et qu'il ne s'est écoulé depuis le rendez-vous donné à Abner que le temps de prononcer six cents vers.

Quel sera quelque jour cet enfant merveilleux?
　　Il brave le faste orgueilleux,
　　Et ne se laisse point séduire
　　A tous ses attraits périlleux.

　　　　　　UNE AUTRE.

Pendant que du dieu d'Athalie
Chacun court encenser l'autel,
Un enfant courageux publie
Que Dieu lui seul est éternel,
Et parle comme un autre Élie
Devant cette autre Jézabel.

　　　　　　UNE AUTRE.

Qui nous révélera ta naissance secrète,
Cher enfant? Es-tu fils de quelque saint prophète[1]?

　　　　　　UNE AUTRE.

　Ainsi l'on vit l'aimable Samuel
　　Croître à l'ombre du tabernacle :
Il devint des Hébreux l'espérance et l'oracle.
Puisses-tu, comme lui, consoler Israël !

　　　　　　UNE AUTRE chante.

　　O bienheureux mille fois
　　L'enfant que le Seigneur aime,
　Qui de bonne heure entend sa voix,
　Et que ce Dieu daigne instruire lui-même !
Loin du monde élevé, de tous les dons des cieux
　　Il est orné dès sa naissance;
　Et du méchant l'abord contagieux
　　N'altère point son innocence.

　　　　　　TOUT LE CHŒUR.

　Heureuse, heureuse l'enfance
Que le Seigneur instruit et prend sous sa défense !

　　　　　　LA MÊME VOIX, seule.

　　Tel en un secret[2] vallon,
　　Sur le bord d'une onde pure,
　Croît, à l'abri de l'aquilon,
　Un jeune lis, l'amour de la nature.
Loin du monde élevé, de tous les dons des cieux

---

1. Il y a un mouvement analogue dans un chœur d'*Œdipe roi*. Le roi recherche son origine; et le chœur chante : « O mon fils, quelle fille des immortels t'a donné le jour? Est-ce quelque nymphe aimée de Pan ou d'Apollon, etc. (vers 1098 et suivants).

2. Retiré, sens étymologique. Dans le *chant nuptial* de Catulle :

Ut flos in septis secretus nascitur hortis

Il est orné dès sa naissance;
Et du méchant l'abord contagieux
N'altère point son innocence.

TOUT LE CHŒUR.

Heureux, heureux mille fois
L'enfant que le Seigneur rend docile à ses lois!

UNE VOIX, seule.

Mon Dieu, qu'une vertu naissante
Parmi tant de périls marche à pas incertains!
Qu'une âme qui te cherche et veut être innocente
Trouve d'obstacle à ses desseins!
Que d'ennemis lui font la guerre!
Où se peuvent cacher tes saints?
Les pécheurs couvrent la terre.

UNE AUTRE.

O palais de David, et sa chère cité,
Mont fameux, que Dieu même a longtemps habité,
Comment as-tu du ciel attiré la colère?
Sion, chère Sion, que dis-tu quand tu vois
Une impie étrangère
Assise, hélas! au trône de tes rois?

TOUT LE CHŒUR.

Sion, chère Sion, que dis-tu quand tu vois
Une impie étrangère
Assise, hélas! au trône de tes rois?

LA MÊME VOIX continue.

Au lieu des cantiques charmants
Où David t'exprimait ses saints ravissements,
Et bénissait son Dieu, son Seigneur et son père;
Sion, chère Sion, que dis-tu quand tu vois
Louer le Dieu de l'impie étrangère,
Et blasphémer le nom qu'ont adoré tes rois[1]?

UNE VOIX, seule.

Combien de temps, Seigneur, combien de temps encore
Verrons-nous contre toi les méchants s'élever?
Jusques dans ton saint temple ils viennent te braver:
Ils traitent d'insensé le peuple qui t'adore.
Combien de temps, Seigneur, combien de temps encore
Verrons-nous contre toi les méchants s'élever[2]?

---

1. Strophe ajoutée en 1697.
2. Imitation du psaume XCIII: *Usque- quo, peccatores, Domine, usquequo peccatores gloriabuntur*, etc.

UNE AUTRE.

Que vous sert, disent-ils, cette vertu sauvage?
De tant de plaisirs si doux
Pourquoi fuyez-vous l'usage?
Votre Dieu ne fait rien pour vous.

UNE AUTRE.

Rions, chantons, dit cette troupe impie;
De fleurs en fleurs, de plaisirs en plaisirs,
Promenons nos désirs.
Sur l'avenir insensé qui se fie[1]!
De nos ans passagers le nombre est incertain :
Hâtons-nous aujourd'hui de jouir de la vie ;
Qui sait si nous serons demain[2]?

TOUT LE CHŒUR.

Qu'ils pleurent, ô mon Dieu, qu'ils frémissent de crainte
Ces malheureux, qui de ta cité sainte
Ne verront point l'éternelle splendeur.
C'est à nous de chanter, nous à qui tu révèles
Tes clartés immortelles ;
C'est à nous de chanter tes dons et ta grandeur.

UNE VOIX, seule.

De tous ces vains plaisirs où leur âme se plonge,
Que leur restera-t-il? Ce qui reste d'un songe
Dont on a reconnu l'erreur.
A leur réveil (ô réveil plein d'horreur!)
Pendant que le pauvre à ta table
Goûtera de ta paix la douceur ineffable,
Ils boiront dans la coupe affreuse, inépuisable,
Que tu présenteras, au jour de ta fureur[3],
A toute la race coupable.

TOUT LE CHŒUR.

O réveil plein d'horreur !
O songe peu durable !
O dangereuse erreur !

---

1. Ce vers rappelle le premier vers des *Plaideurs* :
... Sur l'avenir bien fou qui se fiera.

2. La sagesse épicurienne a répété cent et cent fois ces maximes ; nulle part avec plus de grâce que dans Ronsard.

Vivez, si m'en croyez ; n'attendez à demain.
Cueillez dès aujourd'hui les roses de la vie.
(*Sonnets pour Hélène*, liv. II, 42.)

Racine s'est souvenu plutôt de ce verset d'Isaïe (XXII, 13) : *Comedamus et bibamus ; cras enim moriemur.*

3. *Bibisti de manu Domini calicem iræ ejus* (Isaïe, LI, 17).

ACTE III

SCÈNE PREMIÈRE

MATHAN, NABAL, Le Chœur.

MATHAN.

Jeunes filles, allez. Qu'on dise à Josabet
Que Mathan veut ici lui parler en secret.

UNE DES FILLES DU CHŒUR.

Mathan ! O Dieu du ciel, puisses-tu le confondre !

NABAL.

Hé quoi ! tout se disperse, et fuit sans vous répondre.

MATHAN.

Approchons.

SCÈNE II

ZACHARIE, MATHAN, NABAL.

ZACHARIE.

Téméraire, où voulez-vous passer ?
Au delà de ce lieu gardez-vous d'avancer :
C'est des ministres saints la demeure sacrée;
Les lois à tout profane en défendent l'entrée.
Qui cherchez-vous ? Mon père, en ce jour solennel,
De l'idolâtre impur fuit l'aspect criminel ;
Et devant le Seigneur maintenant prosternée,
Ma mère en ce devoir craint d'être détournée.

MATHAN.

Mon fils, nous attendrons ; cessez de vous troubler.
C'est votre illustre mère à qui je veux parler[1] :
Je viens ici chargé d'un ordre de la reine.

SCÈNE III

MATHAN, NABAL.

NABAL.

Leurs enfants ont déjà leur audace hautaine.

---

1. Fidèle à son rôle, Mathan, avec la rage dans le cœur, affecte la bonhomie. Zacharie au contraire, avec la fougue de son âge, parle à Mathan sur un ton d'outrecuidante menace. Tous ces traits sont pleins de vérité.

Mais que veut Athalie en cette occasion?
D'où naît dans ses conseils cette confusion?
Par l'insolent Joad ce matin offensée,
Et d'un enfant fatal en songe menacée,
Elle allait immoler Joad à son courroux,
Et dans ce temple enfin placer Baal et vous.
Vous m'en aviez déjà confié votre joie;
Et j'espérais ma part d'une si riche proie.
Qui fait changer ainsi ses vœux irrésolus [1]?

MATHAN.

Ami, depuis deux jours je ne la connais plus.
Ce n'est plus cette reine éclairée, intrépide,
Élevée au-dessus de son sexe timide,
Qui d'abord accablait ses ennemis surpris,
Et d'un instant perdu connaissait tout le prix [2].
La peur d'un vain remords trouble cette grande âme :
Elle flotte, elle hésite; en un mot, elle est femme.
J'avais tantôt rempli d'amertume et de fiel
Son cœur déjà saisi des menaces du ciel;
Elle-même, à mes soins confiant sa vengeance,
M'avait dit d'assembler sa garde en diligence;
Mais, soit que cet enfant devant elle amené,
De ses parents, dit-on, rebut infortuné,
Eût d'un songe effrayant diminué l'alarme,
Soit qu'elle eût même en lui vu je ne sais quel charme,
J'ai trouvé son courroux chancelant, incertain,
Et déjà remettant sa vengeance à demain.
Tous ses projets semblaient l'un l'autre se détruire [3].
« Du sort de cet enfant je me suis fait instruire,
Ai-je dit; on commence à vanter ses aïeux :
Joad de temps en temps le montre aux factieux,
Le fait attendre aux Juifs comme un autre Moïse,
Et d'oracles menteurs s'appuie et s'autorise. »
Ces mots ont fait monter la rougeur sur son front.
Jamais mensonge heureux n'eut un effet si prompt.
« Est-ce à moi de languir dans cette incertitude?
Sortons, a-t-elle dit, sortons d'inquiétude.
Vous-même à Josabet prononcez cet arrêt :

---

1. Ce n'est pas un vulgaire confident que ce Nabal. Sans foi ni loi, n'adorant que l'or, suivant les bonnes proies, ce type avide et sordide est esquissé avec une remarquable vigueur.
2. C.-à-d. tout ce qu'il peut coûter.
3. Le même hémistiche est dans *Phèdre* (voy. ci-dessus. p. 343 vers 9).

Les feux vont s'allumer, et le fer est tout prêt;
Rien ne peut de leur temple empêcher le ravage,
Si je n'ai de leur foi [1] cet enfant pour otage. »

NABAL.

Hé bien? pour un enfant qu'ils ne connaissent pas,
Que le hasard peut-être a jeté dans leurs bras,
Voudront-ils que leur temple enseveli sous l'herbe [2]...

MATHAN.

Ah! de tous les mortels connais le plus superbe.
Plutôt que dans mes mains par Joad soit livré
Un enfant qu'à son Dieu Joad a consacré,
Tu lui verras subir la mort la plus terrible.
D'ailleurs pour cet enfant leur attache est visible [3].
Si j'ai bien de la reine entendu le récit,
Joad sur sa naissance en sait plus qu'il ne dit.
Quel qu'il soit, je prévois qu'il leur sera funeste :
Ils le refuseront. Je prends sur moi le reste;
Et j'espère qu'enfin de ce temple odieux
Et la flamme et le fer vont délivrer mes yeux.

NABAL.

Qui peut vous inspirer une haine si forte?
Est-ce que de Baal le zèle vous transporte [4]?
Pour moi, vous le savez, descendu d'Ismaël,
Je ne sers ni Baal ni le Dieu d'Israël.

MATHAN.

Ami, peux-tu penser que d'un zèle frivole [5]
Je me laisse aveugler pour une vaine idole,
Pour un fragile bois, que malgré mon secours
Les vers sur son autel consument tous les jours?
Né ministre du Dieu qu'en ce temple on adore,

---

1. De leur fidélité.

2. Nabal livrerait tous les enfants du monde pour sauver des biens plus solides.

3. Attachement. Le mot s'emploie encore en ce sens, mais avec une nuance défavorable.

4. Nabal n'en croit rien; mais il lui plaît de provoquer les confidences de Mathan, et il le met à son aise en lui rappelant d'abord que, pour lui, il ne croit à rien.

5. Voici ce fameux portrait de l'hypocrite ambitieux, peint et analysé par lui-même. On a dit : Un scélérat habile ne s'amuse pas à détailler ainsi son infamie et ses vices, même à un confident! A-t-il même un confident? Il est certain que dans tout notre théâtre classique les traîtres, les méchants étalent leur noirceur avec un peu trop de complaisance. Mais en écartant le plus possible l'*action*, l'*événement* d'une scène où il ne se passe presque rien, la tragédie classique s'était condamnée à faire une place exagérée peut-être à l'analyse des caractères. En tout cas ces quarante vers sont un portrait admirable et frappant de vie, de force et de vérité.

Peut-être que Mathan le servirait encore,
Si l'amour des grandeurs, la soif de commander,
Avec son joug étroit pouvaient s'accommoder.
Qu'est-il besoin, Nabal, qu'à tes yeux je rappelle
De Joad et de moi la fameuse querelle,
Quand j'osai contre lui disputer l'encensoir;
Mes brigues, mes combats, mes pleurs, mon désespoir?
Vaincu par lui, j'entrai dans une autre carrière,
Et mon âme à la cour s'attacha tout entière.
J'approchai par degrés de l'oreille des rois;
Et bientôt en oracle on érigea ma voix.
J'étudiai leur cœur, je flattai leurs caprices,
Je leur semai de fleurs le bord des précipices :
Près de leurs passions rien ne me fut sacré[1];
De mesure et de poids[2] je changeais à leur gré.
Autant que de Joad l'inflexible rudesse
De leur superbe oreille offensait la mollesse;
Autant je les charmais par ma dextérité,
Dérobant à leurs yeux la triste vérité,
Prêtant à leur fureur des couleurs favorables,
Et prodigue surtout du sang des misérables.
Enfin, au dieu nouveau qu'elle avait introduit,
Par les mains d'Athalie un temple fut construit.
Jérusalem pleura de se voir profanée;
Des enfants de Lévi la troupe consternée
En poussa vers le ciel des hurlements affreux[3].
Moi seul, donnant l'exemple aux timides Hébreux,
Déserteur de leur loi, j'approuvai l'entreprise,
Et par là de Baal méritai la prêtrise;
Par là je me rendis terrible à mon rival,
Je ceignis la tiare, et marchai son égal[4].
Toutefois, je l'avoue, en ce comble de gloire,
Du Dieu que j'ai quitté l'importune mémoire
Jette encore en mon âme un reste de terreur;
Et c'est ce qui redouble et nourrit ma fureur.

---

1. *Près de* comme *auprès de*, qui a le même sens que *au prix de*, c.-à-d. en comparaison, en balance avec...

2. On dit deux poids et deux mesures, locution familière et commune. Racine excelle à les rajeunir par un tour nouveau.

3. Le terme n'est pas ironique, même dans la bouche de Mathan. Il est employé fréquemment dans la Bible pour désigner des gémissements désespérés.

4. Admirable explosion d'orgueil satisfait.

Heureux si, sur son temple achevant ma vengeance,
Je puis convaincre enfin sa haine d'impuissance,
Et parmi le débris[1], le ravage et les morts,
A force d'attentats perdre tous mes remords[2] !
Mais voici Josabet.

SCÈNE IV
JOSABET, MATHAN, NABAL.

MATHAN.
　　　　　Envoyé par la reine
Pour rétablir le calme et dissiper la haine,
Princesse, en qui le Ciel mit un esprit si doux,
Ne vous étonnez pas si je m'adresse à vous.
Un bruit, que j'ai pourtant soupçonné de mensonge,
Appuyant les avis qu'elle a reçus en songe,
Sur Joad, accusé de dangereux complots,
Allait de sa colère attirer tous les flots.
Je ne veux point ici vous vanter mes services :
De Joad contre moi je sais les injustices ;
Mais il faut à l'offense opposer les bienfaits.
Enfin je viens chargé de paroles de paix.
Vivez, solennisez vos fêtes sans ombrage[3].
De votre obéissance elle ne veut qu'un gage :
C'est (pour l'en détourner j'ai fait ce que j'ai pu)
Cet enfant sans parents qu'elle dit qu'elle a vu.

JOSABET.
Éliacin !

MATHAN.
　　　J'en ai pour elle quelque honte :
D'un vain songe peut-être elle fait trop de compte.
Mais vous vous déclarez ses mortels ennemis,
Si cet enfant sur l'heure en mes mains n'est remis.
La reine impatiente attend votre réponse.

JOSABET.
Et voilà de sa part la paix qu'on nous annonce !

---

1. L'emploi de *débris* au singulier, assez rare aujourd'hui était très fréquent au xviie siècle.
2. Qu'on se rappelle les vers 41, 42 : Ce temple l'importune, etc. Joad a deviné Mathan aussi bien que Mathan connaît Joad. Mais si Mathan ne cache pas sa haine contre le Dieu des Juifs, peut-il avouer aussi bien la terreur que ce Dieu lui inspire encore ?
3. Sans prendre ombrage d'Athalie, et de nous, qui suivons un autre culte.

MATHAN.
Pourriez-vous un moment douter de l'accepter [1] ?
D'un peu de complaisance est-ce trop l'acheter ?
JOSABET.
J'admirais si Mathan [2], dépouillant l'artifice,
Avait pu de son cœur surmonter l'injustice,
Et si de tant de maux le funeste inventeur
De quelque ombre de bien pouvait être l'auteur.
MATHAN.
De quoi vous plaignez-vous ? Vient-on avec furie
Arracher de vos bras votre fils Zacharie ?
Quel est cet autre enfant si cher à votre amour ?
Ce grand attachement me surprend à mon tour.
Est-ce un trésor pour vous si précieux, si rare ?
Est-ce un libérateur que le Ciel vous prépare ?
Songez-y : vos refus pourraient me confirmer
Un bruit sourd que déjà l'on commence à semer.
JOSABET.
Quel bruit ?
MATHAN.
Que cet enfant vient d'illustre origine ;
Qu'à quelque grand projet votre époux le destine.
JOSABET.
Et Mathan, par ce bruit qui flatte sa fureur...
MATHAN.
Princesse, c'est à vous à me tirer d'erreur.
Je sais que, du mensonge implacable ennemie,
Josabet livrerait même sa propre vie,
S'il fallait que sa vie à sa sincérité
Coûtât le moindre mot contre la vérité.
Du sort de cet enfant [3] on n'a donc nulle trace ?
Une profonde nuit enveloppe sa race ?
Et vous-même ignorez de quels parents issu,
De quelles mains Joad en ses bras l'a reçu ?
Parlez ; je vous écoute, et suis prêt de vous croire [4].
Au Dieu que vous servez, Princesse, rendez gloire [5].
JOSABET.
Méchant, c'est bien à vous d'oser ainsi nommer

---

1. Hésiter à.
2. Latinisme : Je m'étonnais si...
3. De sa naissance, de son origine.
4. Sur *prêt de*, voy. p. 68, note 3.
5 En disant la vérité, comme sa loi vous y oblige.

Un Dieu que votre bouche enseigne à blasphémer !
Sa vérité par vous peut-elle être attestée,
Vous, malheureux, assis dans la chaire empestée [1]
Où le mensonge règne et répand son poison ;
Vous, nourri dans la fourbe [2] et dans la trahison ?

SCÈNE V

JOAD, JOSABET, MATHAN, NABAL.

JOAD.

Où suis-je ? de Baal ne vois-je pas le prêtre ?
Quoi ! fille de David, vous parlez à ce traître !
Vous souffrez qu'il vous parle ! et vous ne craignez pas
Que du fond de l'abîme entr'ouvert sous ses pas
Il ne sorte à l'instant des feux qui vous embrasent,
Ou qu'en tombant sur lui ces murs ne vous écrasent ?
Que veut-il ? De quel front cet ennemi de Dieu
Vient-il infecter l'air qu'on respire en ce lieu [3] ?

MATHAN.

On reconnaît Joad à cette violence.
Toutefois il devrait montrer plus de prudence,
Respecter une reine, et ne pas outrager
Celui que de son ordre elle a daigné charger.

JOAD.

Hé bien ! que nous fait-elle annoncer de sinistre ?
Quel sera l'ordre affreux qu'apporte un tel ministre ?

MATHAN.

J'ai fait à Josabet savoir sa volonté.

JOAD.

Sors donc de devant moi, monstre d'impiété.
De toutes tes horreurs, va, comble la mesure.
Dieu s'apprête à te joindre à la race parjure,
Abiron et Dathan, Doëg, Achitophel [4] :

---

1. Expression biblique *cathedra pestilentiæ* (psaume I, v. 1).
2. Fourbe au xviie siècle est à la fois substantif et adjectif.
   La fourbe n'est le jeu que des petites âmes.
   (Corneille, *Nicomède*, 125.)
3. Dans toute autre bouche ces vers sembleraient emphatiques ; mais ici c'est Joad qui parle, et rien n'égale l'horreur que le prêtre apostat cause au prêtre fidèle.
4. La terre engloutit les deux premiers qui avaient conspiré contre Moïse. Doëg égorgea les prêtres qui avaient donné asile à David poursuivi par Saül. Achitophel, après avoir excité la révolte d'Absalon contre son père David, s'étrangla de ses mains.

Les chiens[1] à qui son bras a livré Jézabel,
Attendant que sur toi sa fureur se déploie,
Déjà sont à ta porte, et demandent leur proie.

MATHAN. (Il se trouble.)

Avant la fin du jour... on verra qui de nous...
Doit... Mais sortons, Nabal.

NABAL.

Où vous égarez-vous ?
De vos sens étonnés quel désordre s'empare ?
Voilà votre chemin.

SCÈNE VI

JOAD, JOSABET.

JOSABET.

L'orage se déclare :
Athalie en fureur demande Éliacin.
Déjà de sa naissance et de votre dessein
On commence, Seigneur, à percer le mystère :
Peu s'en faut que Mathan ne m'ait nommé son père.

JOAD.

Au perfide Mathan qui l'aurait révélé ?
Votre trouble à Mathan n'a-t-il pas trop parlé ?

JOSABET.

J'ai fait ce que j'ai pu pour m'en rendre maîtresse.
Cependant croyez-moi, Seigneur, le péril presse.
Réservons cet enfant pour des temps plus heureux.
Tandis que les méchants délibèrent entre eux,
Avant qu'on l'environne, avant qu'on nous l'arrache,
Une seconde fois souffrez que je le cache ;
Les portes, les chemins lui sont encore ouverts.
Faut-il le transporter aux plus affreux déserts ?
Je suis prête ; je sais une secrète issue
Par où, sans qu'on le voie, et sans être aperçue,
De Cédron avec lui traversant le torrent[2],
J'irai dans le désert où jadis en pleurant,
Et cherchant comme nous son salut dans la fuite,
David d'un fils rebelle évita la poursuite.
Je craindrai moins pour lui les lions et les ours...

---

1. Quel rhéteur a dit le premier que Racine avait su, dans *Athalie*, faire passer le terme de *chiens* au moyen d'une épithète noble (voy. p. 441) ? Ici Racine ose nommer les chiens sans épithète et il a fait de même ailleurs (p. 427).

2. Torrent qui coule à l'est de Jérusalem et va se jeter dans la mer Morte.

Mais pourquoi de Jéhu refuser le secours ?
Je vous offre peut-être un avis salutaire.
Faisons de ce trésor Jéhu dépositaire :
On peut dans ses États le conduire aujourd'hui,
Et le chemin est court qui mène jusqu'à lui.
Jéhu n'a point un cœur farouche, inexorable ;
De David à ses yeux le nom est favorable [1].
Hélas ! est-il un roi si dur et si cruel,
A moins qu'il n'eût pour mère une autre Jézabel,
Qui d'un tel suppliant ne plaignît l'infortune ?
Sa cause à tous les rois n'est-elle pas commune [2] ?

JOAD.

Quels timides conseils m'osez-vous suggérer?
En l'appui de Jéhu pourriez-vous espérer?

JOSABET.

Dieu défend-il tout soin et toute prévoyance ?
Ne l'offense-t-on point par trop de confiance?
A ses desseins sacrés employant les humains,
N'a-t-il pas de Jéhu lui-même armé les mains?

JOAD.

Jéhu, qu'avait choisi sa sagesse profonde,
Jéhu, sur qui je vois que votre espoir se fonde,
D'un oubli trop ingrat a payé ses bienfaits :
Jéhu laisse d'Achab l'affreuse fille en paix,
Suit des rois d'Israël les profanes exemples,
Du vil dieu de l'Égypte [3] a conservé les temples ;
Jéhu, sur les hauts lieux [4] enfin osant offrir
Un téméraire encens que Dieu ne peut souffrir,
N'a pour servir sa cause et venger ses injures
Ni le cœur assez droit, ni les mains assez pures.
Non, non ; c'est à Dieu seul qu'il faut nous attacher.
Montrons Éliacin ; et, loin de le cacher,
Que du bandeau royal sa tête soit ornée.
Je veux même avancer l'heure déterminée,
Avant que de Mathan le complot soit formé.

1. Favorable signifie d'ordinaire *qui favorise* en parlant des personnes ou des choses. Ici Racine paraît lui donner le sens passif *qui mérite d'être favorisé*. On peut comprendre aussi : le nom de David lui semble un nom propice.

2. Sentiment plus moderne qu'antique et plus français que juif. N'est-ce pas une allusion discrète à Jacques II, récemment détrôné, et accueilli par Louis XIV qui s'efforçait de le rétablir.

3. Le veau d'or.

4. Un passage de la préface de Racine explique ce vers : « Depuis que le temple de Salomon fut bâti, il n'était plus permis de sacrifier ailleurs, et tous ces autres autels qu'on élevait à Dieu sur des montagnes, appelés par cette raison dans l'Écriture les hauts lieux, ne lui étaient point agréables. »

SCÈNE VII

JOAD, JOSABET, AZARIAS, SUIVI DU CHŒUR
ET DE PLUSIEURS LÉVITES.

JOAD.

Hé bien, Azarias, le temple est-il fermé ?

AZARIAS.

J'en ai fait devant moi fermer toutes les portes.

JOAD.

N'y reste-t-il que vous et vos saintes cohortes ?

AZARIAS.

De ses parvis sacrés j'ai deux fois fait le tour.
Tout a fui ; tous se sont séparés sans retour,
Misérable troupeau qu'a dispersé la crainte ;
Et Dieu n'est plus servi que dans la tribu sainte.
Depuis qu'à Pharaon ce peuple est échappé,
Une égale terreur ne l'avait point frappé.

JOAD.

Peuple lâche, en effet, et né pour l'esclavage [1],
Hardi contre Dieu seul [2] ! Poursuivons notre ouvrage.
Mais qui retient encor ces enfants parmi nous ?

UNE DES FILLES DU CHŒUR.

Hé ! pourrions-nous, Seigneur, nous séparer de vous ?
Dans le temple de Dieu sommes-nous étrangères ?
Vous avez près de vous nos pères et nos frères.

UNE AUTRE.

Hélas ! si, pour venger l'opprobre d'Israël,
Nos mains ne peuvent pas, comme autrefois Jahel [3],
Des ennemis de Dieu percer la tête impie,
Nous lui pouvons du moins immoler notre vie.
Quand vos bras combattront pour son temple attaqué,
Par nos larmes du moins il peut être invoqué.

JOAD.

Voilà donc quels vengeurs s'arment pour ta querelle [4],

---

1. Tacite dit que Tibère qualifiait ainsi les Romains : *O homines ad servitutem paratos !*
2. Montaigne a dit : « Que peut-on imaginer plus vilain que d'estre couard à l'endroit des hommes et brave à l'endroit de Dieu (II, ch. XLVII) ? »
3. Une femme nommée Jahel tua Sisara, général des Chananéens, en lui enfonçant pendant son sommeil, un long clou dans la tête à coups de marteau.
4. Pour ta cause. L'hémistiche est dans les *Provinciales* de Pascal : « D'autres mains *s'arment pour sa querelle.* (2e *Provinciale*).

Des prêtres, des enfants, ô Sagesse éternelle !
Mais, si tu les soutiens, qui peut les ébranler ?
Du tombeau, quand tu veux, tu sais nous rappeler :
Tu frappes et guéris ; tu perds et ressuscites [1].
Ils ne s'assurent point en leurs propres mérites,
Mais en ton nom sur eux invoqué tant de fois,
En tes serments jurés au plus saint de leurs rois [2] ;
En ce temple où tu fais ta demeure sacrée,
Et qui doit du soleil égaler la durée.
Mais d'où vient que mon cœur frémit d'un saint effroi
Est-ce l'esprit divin qui s'empare de moi ?
C'est lui-même : il m'échauffe ; il parle ; mes yeux s'ouvrent,
Et les siècles obscurs devant moi se découvrent.
Lévites, de vos sons prêtez-moi les accords,
Et de ses mouvements secondez les transports.

LE CHŒUR chante au son de toute la symphonie des instruments [3].

    Que du Seigneur la voix se fasse entendre,
    Et qu'à nos cœurs son oracle divin
      Soit ce qu'à l'herbe tendre
    Est, au printemps, la fraîcheur du matin.

JOAD.

Cieux, écoutez ma voix. Terre, prête l'oreille [4].
Ne dis plus, ô Jacob, que ton Seigneur sommeille.
Pécheurs, disparaissez ; le Seigneur se réveille.

(Ici recommence la symphonie, et Joad aussitôt reprend la parole.)

Comment en un plomb vil l'or pur [5] s'est-il changé ?
Quel est dans le lieu saint ce pontife [6] égorgé ?

---

1. Expressions toutes bibliques :
Percutiam et ego sanabo (Deutéronome, XXXI, 39).
Dominus mortificat et vivificat (Liv. Ier des Rois, II, 6).
2. David.
3. « Cette scène (dit Racine dans sa préface), qui est une espèce d'épisode, amène très naturellement la musique par la coutume qu'avaient plusieurs prophètes d'entrer dans leurs saints transports au son des instruments. »
4. Au sujet de cette magnifique scène de prophétie, Racine s'exprime ainsi dans la préface d'*Athalie* ; « On me trouvera peut-être un peu hardi d'avoir osé mettre sur la scène un prophète inspiré de Dieu et qui prédit l'avenir. Mais j'ai eu la précaution de ne mettre dans sa bouche que des expressions tirées des prophètes mêmes. Quoique l'Écriture ne dise pas en termes exprès que Joïada ait eu l'esprit de prophétie, comme elle le dit de son fils, elle le représente comme un homme tout plein de l'esprit de Dieu. Et d'ailleurs, ne paraît-il pas, par l'Évangile, qu'il a pu prophétiser en qualité de souverain pontife ? »
5. Joas qui finit par se pervertir.
6. Zacharie, ici fils de Joad, et dans la Bible son petit-fils. Ce n'est pas sans dessein que Racine a fait prédire par Joad la perversion future de Joas : « Je suppose qu'il voit en esprit le funeste changement de Joas qui, après trente années d'un règne fort pieux, s'abandonna aux mauvais conseils des flatteurs, et se souilla du meurtre de Zacharie, fils et successeur de ce grand prêtre. Ce meurtre, commis dans le temple, fut une des principales causes

Pleure, Jérusalem, pleure, cité perfide,
Des prophètes divins malheureuse homicide ;
De son amour pour toi ton Dieu s'est dépouillé ;
Ton encens à ses yeux est un encens souillé.
    Où menez-vous ces enfants et ces femmes [1] ?
Le Seigneur a détruit la reine des cités :
Ses prêtres sont captifs, ses rois sont rejetés.
Dieu ne veut plus qu'on vienne à ses solennités.
Temple, renverse-toi ; cèdres, jetez des flammes.
    Jérusalem, objet de ma douleur,
Quelle main en un jour t'a ravi tous tes charmes ?
Qui changera mes yeux en deux sources de larmes
        Pour pleurer ton malheur ?

AZARIAS.

O saint temple !

JOSABET.

    O David !

LE CHŒUR.

        Dieu de Sion, rappelle,
Rappelle en sa faveur tes antiques bontés !
(La symphonie recommence encore ; et Joad, un moment après, l'interrompt.)

JOAD.

    Quelle Jérusalem nouvelle [2]
Sort du fond du désert brillante de clartés,
Et porte sur le front une marque immortelle ?
    Peuples de la terre, chantez.
Jérusalem renaît plus charmante et plus belle.
    D'où lui viennent de tous côtés
Ces enfants [3] qu'en son sein elle n'a point portés ?
Lève, Jérusalem, lève ta tête altière ;
Regarde tous ces rois de ta gloire étonnés :
Les rois des nations, devant toi prosternés,
    De tes pieds baisent la poussière :
Les peuples à l'envi marchent à ta lumière.

de la colère de Dieu contre les Juifs et de tous les malheurs qui arrivèrent dans la suite. On prétend même que depuis ce jour-là les réponses de Dieu cessèrent entièrement dans le sanctuaire. C'est ce qui m'a donné lieu de faire prédire tout de suite à Joad et la destruction du temple et la ruine de Jérusalem. Mais comme les prophètes joignent d'ordinaire les consolations aux menaces et que d'ailleurs il s'agit de mettre sur le trône un des ancêtres du Messie, j'ai pris occasion de faire entrevoir la venue de ce consolateur, après lequel tous les anciens justes soupiraient. »

1. Captivité de Babylone.
2. L'Église.
3. Les Gentils.

Heureux qui pour Sion d'une sainte ferveur
    Sentira son âme embrasée !
      Cieux, répandez votre rosée,
  Et que la terre enfante son Sauveur [1] !

JOSABET.

Hélas ! d'où nous viendra cette insigne faveur,
Si les rois de qui doit descendre ce Sauveur...

JOAD.

Préparez, Josabet, le riche diadème
Que sur son front sacré David porta lui-même.
    (Aux lévites.)
Et vous, pour vous armer suivez-moi dans ces lieux
Où se garde caché, loin des profanes yeux,
Ce formidable amas de lances et d'épées
Qui du sang philistin jadis furent trempées,
Et que David vainqueur, d'ans et d'honneurs chargé,
Fit consacrer au Dieu qui l'avait protégé.
Peut-on les employer pour un plus noble usage ?
Venez, je veux moi-même en faire le partage.

SCÈNE VIII

SALOMITH, LE CHŒUR.

SALOMITH.

Que de craintes, mes sœurs, que de troubles mortels !
    Dieu tout-puissant, sont-ce là les prémices,
      Les parfums et les sacrifices
Qu'on devait en ce jour offrir sur tes autels ?

UNE FILLE DU CHŒUR.

    Quel spectacle à nos yeux timides !
      Qui l'eût cru, qu'on dût voir jamais
Les glaives meurtriers, les lances homicides
      Briller dans la maison de paix ?

UNE AUTRE.

D'où vient que, pour son Dieu pleine d'indifférence [2],

---

1. *Rorate, cœli, desuper; et nubes pluant Justum* (Isaïe, XLV, 8.) Les admirables vers qui précèdent sont également imités d'Isaïe (ch. XLV, XLIX et LX).
La prophétie est achevée. Elle a transporté d'enthousiasme et de foi ceux qui l'ont écoutée; ils sont prêts à donner leur vie pour Joad et pour Joas. Par là se justifie, au point de vue dramatique, cet épisode admirable au point de vue poétique. Il sert à expliquer l'audace extraordinaire des conjurés sacrés; et cette audace explique leur succès.

2. Les dix vers suivants ne sont pas dans l'édition originale (1691), mais dans la suivante (1692).

Jérusalem se tait en ce pressant danger :
D'où vient, mes sœurs, que, pour nous protéger,
Le brave Abner au moins ne rompt pas le silence?

SALOMITH.

Hélas! dans une cour où l'on n'a d'autres lois
 Que la force et la violence,
 Où les honneurs et les emplois
Sont le prix d'une aveugle et basse obéissance,
 Ma sœur, pour la triste innocence
 Qui voudrait élever sa voix?

UNE AUTRE.

Dans ce péril, dans ce désordre extrême,
Pour qui prépare-t-on le sacré diadème?

SALOMITH.

 Le Seigneur a daigné parler;
Mais ce qu'à son prophète il vient de révéler,
 Qui pourra nous le faire entendre?
 S'arme-t-il pour nous défendre?
 S'arme-t-il pour nous accabler?

TOUT LE CHŒUR chante.

O promesse! ô menace! ô ténébreux mystère!
Que de maux, que de biens sont prédits tour à tour!
 Comment peut-on avec tant de colère
 Accorder tant d'amour?

UNE VOIX, seule.

Sion ne sera plus; une flamme cruelle
 Détruira tous ses ornements.

UNE AUTRE VOIX.

Dieu protège Sion : elle a pour fondements
 Sa parole éternelle.

LA PREMIÈRE.

Je vois tout son éclat disparaître à mes yeux.

LA SECONDE.

Je vois de toutes parts sa clarté répandue.

LA PREMIÈRE.

Dans un gouffre profond Sion est descendue.

LA SECONDE.

 Sion a son front dans les cieux.

LA PREMIÈRE.

Quel triste abaissement!

LA SECONDE.

  Quelle immortelle gloire!

ATHALIE.

LA PREMIÈRE.
Que de cris de douleur !
LA SECONDE.
Que de chants de victoire !
UNE TROISIÈME.
Cessons de nous troubler ; notre Dieu, quelque jour,
Dévoilera ce grand mystère.
TOUTES TROIS.
Révérons sa colère ;
Espérons en son amour.
UNE AUTRE.
D'un cœur qui t'aime,
Mon Dieu, qui peut troubler la paix ?
Il cherche en tout ta volonté suprême,
Et ne se cherche jamais.
Sur la terre, dans le ciel même,
Est-il d'autre bonheur que la tranquille paix
D'un cœur qui t'aime [1] ?

ACTE IV

SCÈNE PREMIÈRE

JOAS, JOSABET, ZACHARIE, SALOMITH, Un Lévite, Le Chœur.

SALOMITH.
D'un pas majestueux, à côté de ma mère,
Le jeune Éliacin s'avance avec mon frère.
Dans ces voiles, mes sœurs, que portent-ils tous deux ?
Quel est ce glaive enfin qui marche devant eux ?
JOSABET, à Zacharie.
Mon fils, avec respect posez sur cette table
De notre sainte loi le livre redoutable.
Et vous aussi, posez, aimable Éliacin,
Cet auguste bandeau près du livre divin.
Lévite, il faut placer (Joad ainsi l'ordonne)
Le glaive de David auprès de sa couronne.

---

1. Cette strophe, singulièrement variée de rythme, renferme des vers de quatre, de sept, de huit, de dix et de douze syllabes.

JOAS.

Princesse, quel est donc ce spectacle nouveau?
Pourquoi ce livre saint, ce glaive, ce bandeau?
Depuis que le Seigneur m'a reçu dans son temple,
D'un semblable appareil je n'ai point vu d'exemple.

JOSABET.

Tous vos doutes, mon fils, bientôt s'éclairciront.

JOAS.

Vous voulez essayer ce bandeau sur mon front?
Ah! Princesse, gardez d'en profaner la gloire!
Du roi qui l'a porté respectez la mémoire.
Un malheureux enfant aux ours abandonné...

JOSABET, lui essayant le diadème.

Laissez, mon fils : je fais ce qui m'est ordonné.

JOAS.

Mais j'entends les sanglots sortir de votre bouche!
Princesse, vous pleurez! quelle pitié vous touche?
Est-ce qu'en holocauste aujourd'hui présenté,
Je dois, comme autrefois la fille de Jephté,
Du Seigneur par ma mort apaiser la colère?
Hélas! un fils n'a rien qui ne soit à son père.

JOSABET.

Voici qui vous dira les volontés des cieux.
Ne craignez rien Et nous, sortons tous de ces lieux.

SCÈNE II

JOAS, JOAD.

JOAS, courant dans les bras du grand prêtre.

Mon père?

JOAD.

Hé bien, mon fils?

JOAS.

Qu'est-ce donc qu'on prépare?

JOAD.

Il est juste mon fils, que je vous le déclare.
Il faut que vous soyez instruit, même avant tous,
Des grands desseins de Dieu sur son peuple et sur vous.
Armez-vous d'un courage et d'une foi nouvelle;
Il est temps de montrer cette ardeur et ce zèle
Qu'au fond de votre cœur mes soins ont cultivés,
Et de payer à Dieu ce que vous lui devez.

Sentez-vous cette noble et généreuse envie ?
JOAS.
Je me sens prêt, s'il veut, de lui donner ma vie [1].
JOAD.
On vous a lu souvent l'histoire de nos rois :
Vous souvient-il, mon fils, quelles étroites lois
Doit s'imposer un roi digne du diadème ?
JOAS.
Un roi sage (ainsi Dieu l'a prononcé lui-même) [2]
Sur la richesse et l'or ne met point son appui ;
Craint le Seigneur son Dieu ; sans cesse a devant lui
Ses préceptes, ses lois, ses jugements sévères,
Et d'injustes fardeaux n'accable point ses frères.
JOAD.
Mais sur l'un de ces rois s'il fallait vous régler,
A qui choisiriez-vous, mon fils, de ressembler ?
JOAS.
David, pour le Seigneur plein d'un amour fidèle,
Me paraît des grands rois le plus parfait modèle.
JOAD.
Ainsi dans leurs excès vous n'imiteriez pas
L'infidèle Joram, l'impie Okosias [3].
JOAS.
O mon père !
JOAD.
Achevez, dites : que vous en semble ?
JOAS.
Puisse périr comme eux quiconque leur ressemble !
(Joad se prosterne à ses pieds.)
Mon père, en quel état vous vois-je devant moi !
JOAD.
Je vous rends le respect que je dois à mon roi.
De votre aïeul David, Joas, rendez-vous digne.
JOAS.
Joas ! moi ?

---

1. Sur *prêt de*, voy. page 68, note 3.
2. Un critique s'est plaint que Joas répond comme s'il récitait un catéchisme appris par cœur. Mais en effet il récite ici la Bible :
Non habebit... argenti et auri immensa pondera... Discat timere dominum Deum suum et custodire verba et cærimonias ejus quæ in lege præcepta sunt. Nec elevetur cor ejus in superbiam super fratres suos.
(*Deutéronome*, ch. XVII.)
3. L'un grand-père, l'autre père de Joas.

JOAD.

Vous saurez par quelle grâce insigne,
D'une mère en fureur Dieu trompant le dessein,
Quand déjà son poignard était dans votre sein,
Vous choisit, vous sauva du milieu du carnage.
Vous n'êtes pas encore échappé de sa rage :
Avec la même ardeur qu'elle voulut jadis
Perdre en vous le dernier des enfants de son fils,
A vous faire périr sa cruauté s'attache,
Et vous poursuit encor sous le nom qui vous cache.
Mais sous vos étendards j'ai déjà su ranger
Un peuple obéissant et prompt à vous venger.
Entrez, généreux chefs des familles sacrées,
Du ministère saint tour à tour honorées.

SCÈNE III

JOAS, JOAD, AZARIAS, ISMAEL,
ET LES TROIS AUTRES CHEFS DES LÉVITES.

JOAD continue.

Roi, voilà vos vengeurs contre vos ennemis.
Prêtres, voilà le roi que je vous ai promis.

AZARIAS.

Quoi? C'est Éliacin?

ISMAËL.

Quoi? cet enfant aimable...

JOAD.

Est des rois de Juda l'héritier véritable,
Dernier né des enfants du triste Okosias,
Nourri, vous le savez, sous le nom de Joas.
De cette fleur si tendre et sitôt moissonnée,
Tout Juda, comme vous, plaignant la destinée,
Avec ses frères morts le crut enveloppé [1].
Du perfide couteau comme eux il fut frappé;
Mais Dieu du coup mortel sut détourner l'atteinte,
Conserva dans son cœur la chaleur presque éteinte,
Permit que, des bourreaux trompant l'œil vigilant,
Josabet dans son sein l'emportât tout sanglant,
Et, n'ayant de son vol que moi seul pour complice,

---

1. Enveloppé avec ses frères morts, c'est-à-dire enveloppé dans la mort, dans le massacre de ses frères.

Dans le temple cachât l'enfant et la nourrice.
            JOAS.
Hélas ! de tant d'amour et de tant de bienfaits,
Mon père, quel moyen de m'acquitter jamais ?
            JOAD.
Gardez pour d'autres temps cette reconnaissance.
Voilà donc votre roi, votre unique espérance.
J'ai pris soin jusqu'ici de vous le conserver ;
Ministres du Seigneur, c'est à vous d'achever.
Bientôt de Jézabel la fille meurtrière,
Instruite que Joas voit encor la lumière,
Dans l'horreur du tombeau viendra le replonger :
Déjà, sans le connaître, elle veut l'égorger.
Prêtres saints, c'est à vous de prévenir sa rage :
Il faut finir des Juifs le honteux esclavage,
Venger vos princes morts, relever votre loi,
Et faire aux deux tribus[1] reconnaître leur roi.
L'entreprise, sans doute, est grande et périlleuse ;
J'attaque sur son trône une reine orgueilleuse,
Qui voit sous ses drapeaux marcher un camp nombreux
De hardis étrangers, d'infidèles Hébreux :
Mais ma force est au Dieu[2] dont l'intérêt me guide.
Songez qu'en cet enfant tout Israël réside.
Déjà ce Dieu vengeur commence à la troubler ;
Déjà, trompant ses soins, j'ai su vous rassembler :
Elle nous croit ici sans armes, sans défense.
Couronnons, proclamons Joas en diligence :
De là, du nouveau prince intrépides soldats,
Marchons, en invoquant l'arbitre des combats ;
Et, réveillant la foi dans les cœurs endormie,
Jusque dans son palais cherchons notre ennemie[3].
Et quels cœurs si plongés dans un lâche sommeil,
Nous voyant avancer dans ce saint appareil,
Ne s'empresseront pas à suivre notre exemple ?
Un roi, que Dieu lui-même a nourri dans son temple ;
Le successeur d'Aaron, de ses prêtres suivi,
Conduisant au combat les enfants de Lévi ;

---

1. Juda et Benjamin.
2. Dans le Dieu (Voy. p. 62, note 1).
3. On n'a pas assez remarqué que l'intention première de Joad était d'aller attaquer Athalie dans son palais à force ouverte, à la face du Ciel ; non de la tuer dans le temple après l'y avoir attirée par surprise. Athalie, en se livrant elle-même, a changé les desseins du grand prêtre.

Et, dans ces mêmes mains des peuples révérées,
Les armes au Seigneur par David consacrées !
Dieu sur ses ennemis répandra sa terreur;
Dans l'infidèle sang baignez-vous sans horreur;
Frappez et Tyriens, et même Israélites.
Ne descendez-vous pas de ces fameux lévites
Qui, lorsqu'au Dieu du Nil le volage Israël
Rendit dans le désert un culte criminel,
De leurs plus chers parents saintement homicides,
Consacrèrent leurs mains dans le sang des perfides [1],
Et par ce noble exploit vous acquirent l'honneur
D'être seuls employés aux autels du Seigneur ?
Mais je vois que déjà vous brûlez de me suivre [2].
Jurez donc avant tout sur cet auguste livre,
A ce roi que le Ciel vous redonne aujourd'hui,
De vivre, de combattre, et de mourir pour lui.

AZARIAS.

Oui, nous jurons ici pour nous, pour tous nos frères,
De rétablir Joas au trône de ses pères,
De ne poser le fer entre nos mains remis,
Qu'après l'avoir vengé de tous ses ennemis.
Si quelque transgresseur enfreint cette promesse,
Qu'il éprouve, grand Dieu, ta fureur vengeresse :
Qu'avec lui ses enfants, de ton partage exclus [3],
Soient au rang de ces morts que tu ne connais plus [4] !

JOAD.

Et vous, à cette loi, votre règle éternelle,
Roi, ne jurez-vous pas d'être toujours fidèle ?

JOAS.

Pourrais-je à cette loi ne me pas conformer ?

JOAD.

O mon fils, de ce nom j'ose encore vous nommer,
Souffrez cette tendresse, et pardonnez aux larmes
Que m'arrachent pour vous de trop justes alarmes;
Loin du trône nourri, de ce fatal honneur
Hélas ! vous ignorez le charme empoisonneur;

---

1. Voy. *Exode* (XXXII, 26-29). Les enfants de Lévi firent périr vingt-trois mille Israélites idolâtres.
2. Comparez la péroraison du discours de Burrhus à Néron dans *Britannicus* (p. 207) :
Mais je vois que mes pleurs touchent mon empereur.
3. Déshérités des biens que tu répartis.
4. *Sicut vulnerati dormientes in sepulchris, quorum non es memor amplius* (ps. LXXXVII, 6).

De l'absolu pouvoir vous ignorez l'ivresse,
Et des lâches flatteurs la voix enchanteresse.
Bientôt ils vous diront que les plus saintes lois,
Maîtresses du vil peuple, obéissent aux rois;
Qu'un roi n'a d'autre frein que sa volonté même;
Qu'il doit immoler tout à sa grandeur suprême;
Qu'aux larmes, au travail, le peuple est condamné,
Et d'un sceptre de fer veut être gouverné;
Que, s'il n'est opprimé, tôt ou tard il opprime.
Ainsi de piège en piège, et d'abîme en abîme,
Corrompant de vos mœurs l'aimable pureté,
Ils vous feront enfin haïr la vérité,
Vous peindront la vertu sous une affreuse image.
Hélas! ils ont des rois égaré le plus sage [1].
Promettez sur ce livre, et devant ces témoins,
Que Dieu fera toujours le premier de vos soins;
Que, sévère aux méchants, et des bons le refuge,
Entre le pauvre et vous, vous prendrez Dieu pour juge;
Vous souvenant, mon fils, que caché sous ce lin,
Comme eux vous fûtes pauvre, et comme eux orphelin [2].

JOAS.

Je promets d'observer ce que la loi m'ordonne.
Mon Dieu, punissez-moi si je vous abandonne!

JOAD.

Venez; de l'huile sainte il faut vous consacrer.
Paraissez, Josabet; vous pouvez vous montrer.

SCÈNE IV

JOAS, JOAD, JOSABET, ZACHARIE, SALOMITH, AZARIAS, ISMAEL, LES TROIS AUTRES CHEFS DES LÉVITES, LE CHŒUR.

JOSABET, embrassant Joas.

O roi, fils de David!

JOAS.

O mon unique mère!
Venez, cher Zacharie, embrasser votre frère.

---

1. Salomon.
2. Célèbre exemple de la figure appelée *syllepse*, qui fait accorder un mot avec l'idée à laquelle il se rapporte, non avec le mot auquel grammaticalement il se rattache. Ici la grammaire voudrait *comme lui*, rapportant *lui* à *pauvre*. Mais comme cette expression abstraite, *pauvre*, désigne en réalité tous les pauvres, qu'il n'y en a pas qu'un seul, qu'il y en a des milliers, le poète écrit: comme *eux*.

JOSABET, à Zacharie.
Aux pieds de votre roi, prosternez-vous, mon fils.
JOAD, pendant qu'ils s'embrassent.
Enfants, ainsi toujours puissiez-vous être unis [1] !
JOSABET, à Joas.
Vous savez donc quel sang vous a donné la vie?
JOAS.
Et je sais quelle main sans vous me l'eût ravie.
JOSABET.
De votre nom, Joas, je puis donc vous nommer.
JOAS.
Joas ne cessera jamais de vous aimer.
LE CHŒUR.
Quoi ! c'est là...?
JOSABET.
C'est Joas.
JOAD.
Écoutons ce lévite.

SCÈNE V

JOAS, JOAD, JOSABET, ZACHARIE, SALOMITH, AZARIAS, ISMAEL, Les trois autres Chefs des Lévites, Un Lévite, Le Chœur.

UN LÉVITE.
J'ignore contre Dieu quel projet on médite ;
Mais l'airain [2] menaçant frémit de toutes parts ;
On voit luire des feux parmi des étendards ;
Et sans doute Athalie assemble son armée :
Déjà même au secours toute voie est fermée [3] ;
Déjà le sacré mont où le temple est bâti
D'insolents Tyriens est partout investi ;
L'un deux, en blasphémant, vient de nous faire entendre
Qu'Abner est dans les fers, et ne peut nous défendre.
JOSABET, à Joas.
Cher enfant, que le Ciel en vain m'avait rendu,
Hélas ! pour vous sauver, j'ai fait ce que j'ai pu :
Dieu ne se souvient plus de David votre père.

---

1. Plus tard Joas fit lapider Zacharie. Racine a multiplié les allusions à la future perversion de Joas. Certainement ce n'est pas oubli chez lui, mais dessein arrêté. (Voy. ci-dessus page 465, note 6, et ci-dessous page 489, note 4).
2. Les trompettes d'airain.
3. Toute voie par laquelle nous pourrions recevoir des secours.

JOAD, à Josabeth.

Quoi! vous ne craignez pas d'attirer sa colère
Sur vous et sur ce roi si cher à votre amour?
Et quand Dieu, de vos bras l'arrachant sans retour,
Voudrait que de David la maison fût éteinte,
N'êtes-vous pas ici sur la montagne sainte
Où le père des Juifs sur son fils innocent
Leva sans murmurer un bras obéissant,
Et mit sur un bûcher ce fruit de sa vieillesse,
Laissant à Dieu le soin d'accomplir sa promesse,
Et lui sacrifiant, avec ce fils aimé,
Tout l'espoir de sa race, en lui seul renfermé?
Amis, partageons-nous. Qu'Ismaël en sa garde
Prenne tout le côté que l'Orient regarde;
Vous, le côté de l'Ourse[1]; et vous, de l'Occident;
Vous, le Midi. Qu'aucun par un zèle imprudent,
Découvrant mes desseins, soit prêtre, soit lévite,
Ne sorte avant le temps et ne se précipite;
Et que chacun enfin, d'un même esprit poussé,
Garde en mourant le poste où je l'aurai placé.
L'ennemi nous regarde, en son aveugle rage,
Comme de vils troupeaux réservés au carnage,
Et croit ne rencontrer que désordre et qu'effroi.
Qu'Azarias partout accompagne le roi.

(A Joas.)

Venez, cher rejeton d'une vaillante race,
Remplir vos défenseurs d'une nouvelle audace;
Venez du diadème à leurs yeux vous couvrir;
Et périssez du moins en roi, s'il faut périr.

(A un lévite.)

Suivez-le, Josabet. Vous, donnez-moi ces armes.

(Au chœur.)

Enfants, offrez à Dieu vos innocentes larmes.

SCÈNE VI

SALOMITH, LE CHŒUR.

LE CHŒUR chante.

Partez, enfants d'Aaron, partez ;
Jamais plus illustre querelle

---

1. Du Nord, où brillent les deux constellations de l'Ourse. L'étoile polaire fait partie de la Petite Ourse. Sur le dessein de Joad, comparez la note 3, p. 473.

ATHALIE.

De vos aïeux n'arma le zèle.
Partez, enfants d'Aaron, partez :
C'est votre roi, c'est Dieu qu'ici vous combattez.

UNE VOIX seule.

Où sont les traits que tu lances,
Grand Dieu, dans ton juste courroux?
N'es-tu plus le Dieu jaloux?
N'es-tu plus le Dieu des vengeances?

UNE AUTRE.

Où sont, Dieu de Jacob, tes antiques bontés?
Dans l'horreur qui nous environne,
N'entends-tu que la voix de nos iniquités?
N'es-tu plus le Dieu qui pardonne?

TOUT LE CHŒUR.

Où sont, Dieu de Jacob, tes antiques bontés?

UNE VOIX seule.

C'est à toi que dans cette guerre
Les flèches des méchants prétendent s'adresser.
« Faisons, disent-ils, cesser
Les fêtes de Dieu sur la terre.
De son joug importun délivrons les mortels.
Massacrons tous ses saints; renversons ses autels,
Que de son nom, que de sa gloire
Il ne reste plus de mémoire;
Que ni lui ni son Christ [1] ne règnent plus sur nous. »

TOUT LE CHŒUR.

Où sont les traits que tu lances,
Grand Dieu, dans ton juste courroux?
N'es-tu plus le Dieu jaloux?
N'es-tu plus le Dieu des vengeances?

UNE VOIX seule.

Triste reste de nos rois,
Chère et dernière fleur d'une tige si belle,
Hélas! sous le couteau d'une mère cruelle
Te verrons-nous tomber une seconde fois?
Prince aimable, dis-nous si quelque ange, au berceau [2],

---

1. *Christ* signifie *oint* et ce mot désigne dans l'Ancien Testament ceux qui ont reçu l'onction sainte, rois ou prêtres. Racine l'applique ici directement à Joas, et indirectement au Messie.

2. Deux rimes masculines différentes se suivent ici, contre la règle qui veut l'alternance des rimes masculine et féminine (Voy. une irrégularité analogue ci-dessus, page 410 et page 411, note 1).

L'accompagnement musical exige quelquefois ces anomalies.

Contre tes assassins prit soin de te défendre ;
    Ou si dans la nuit du tombeau
La voix du Dieu vivant a ranimé ta cendre.
UNE AUTRE.
D'un père et d'un aïeul contre toi révoltés,
Grand Dieu, les attentats lui sont-ils imputés ?
Est-ce que sans retour ta pitié l'abandonne ?
LE CHŒUR.
Où sont, Dieu de Jacob, tes antiques bontés ?
    N'es-tu plus le Dieu qui pardonne ?
UNE DES FILLES DU CHŒUR sans chanter.
Chères sœurs, n'entendez-vous pas
Des cruels Tyriens la trompette qui sonne ?
SALOMITH.
J'entends même les cris des barbares soldats,
    Et d'horreur j'en frissonne.
    Courons, fuyons, retirons-nous
    A l'ombre salutaire
    Du redoutable sanctuaire.

ACTE V

SCÈNE PREMIÈRE

ZACHARIE, SALOMITH, LE CHŒUR.

SALOMITH.
Cher Zacharie, hé bien ? que nous apprenez-vous[1] ?
ZACHARIE.
Redoublez au Seigneur votre ardente prière :
Peut-être nous touchons à notre heure dernière.
Pour l'horrible combat, ma sœur, l'ordre est donné.
SALOMITH.
Que fait Joas ?
ZACHARIE.
    Joas vient d'être couronné :
Le grand prêtre a sur lui répandu l'huile sainte.
O Ciel ! dans tous les yeux quelle joie était peinte
A l'aspect de ce roi racheté du tombeau !

---

1. Ce vers rime avec la dernière finale masculine de l'acte précédent (nous). Rappelons qu'il n'y a pas d'entr'acte dans *Athalie*; les actes sont séparés par les chants du chœur, et aussitôt le chant terminé, l'acte suivant commence.

Ma sœur, on voit encor la marque du couteau;
On voit paraître aussi sa fidèle nourrice,
Qui, cachée en un coin de ce vaste édifice,
Gardait ce cher dépôt, et n'avait de ses soins
Que les yeux de ma mère et que Dieu pour témoins.
Nos lévites pleuraient de joie et de tendresse,
Et mêlaient leurs sanglots à leurs cris d'allégresse.
Lui, parmi ces transports, affable et sans orgueil,
A l'un tendait la main, flattait[1] l'autre de l'œil,
Jurait de se régler par leurs avis sincères,
Et les appelait tous ses pères ou ses frères.

SALOMITH.
Ce secret au dehors est-il aussi semé ?

ZACHARIE.
Ce secret dans le temple est encor renfermé.
Des enfants de Lévi la troupe partagée
Dans un profond silence aux portes s'est rangée.
Tous doivent à la fois précipiter leurs pas,
Et crier pour signal : Vive le roi Joas !
Mais mon père défend que le roi se hasarde,
Et veut qu'Azarias demeure pour sa garde.
Cependant Athalie, un poignard à la main[2],
Rit des faibles remparts de nos portes d'airain :
Pour les rompre, elle attend les fatales machines,
Et ne respire enfin que sang et que ruines.
Quelques prêtres, ma sœur, ont d'abord proposé
Qu'en un lieu souterrain, par nos pères creusé,
On renfermât du moins notre arche précieuse.
« O crainte, a dit mon père, indigne, injurieuse !
L'arche qui fit tomber tant de superbes tours[3],
Et força le Jourdain de rebrousser son cours[4],
Des dieux des nations tant de fois triomphante,
Fuirait donc à l'aspect d'une femme insolente ! »
Ma mère, auprès du roi, dans un trouble mortel,
L'œil tantôt sur ce prince et tantôt vers l'autel,
Muette, et succombant sous le poids des alarmes,
Aux yeux les plus cruels arracherait des larmes[5].

---

1. Le même mot revient plus loin dans le même sens : il signifie ici caressait, encourageait.
2. Le vers 33 de la page 431 présente déjà Athalie *un poignard à la main*.
3. Les tours de Jéricho.
4. A l'entrée des Juifs dans la Terre Promise.
5. Racine représente Josabet toujours tremblante, et prête à désespérer de

Le roi de temps en temps la presse entre ses bras,
La flatte... Chères sœurs, suivez toutes mes pas;
Et, s'il faut aujourd'hui que notre roi périsse,
Allons, qu'un même sort avec lui nous unisse.

SALOMITH.

Quelle insolente main frappe à coups redoublés?
Qui fait courir ainsi ces lévites troublés?
Quelle précaution leur fait cacher leurs armes?
Le temple est-il forcé?

ZACHARIE.

        Dissipez vos alarmes :
Dieu nous envoie Abner.

SCÈNE II

JOAD, JOSABET, ZACHARIE, SALOMITH, ABNER, ISMAËL,
Deux Lévites, Le Chœur.

JOAD.

        En croirai-je mes yeux,
Cher Abner? Quel chemin a pu jusqu'en ces lieux
Vous conduire au travers d'un camp qui nous assiège?
On disait que d'Achab la fille sacrilège
Avait, pour assurer ses projets inhumains,
Chargé d'indignes fers vos généreuses mains [1].

ABNER.

Oui, Seigneur, elle a craint mon zèle et mon courage;
Mais c'est le moindre prix que me gardait sa rage.
Dans l'horreur d'un cachot, par son ordre enfermé,
J'attendais que, le temple en cendre consumé,
De tant de flots de sang non encore assouvie [2],
Elle vînt m'affranchir d'une importune vie,
Et retrancher des jours qu'aurait dû mille fois
Terminer la douleur de survivre à mes rois.

JOAD.

Par quel miracle a-t-on obtenu votre grâce?

ABNER.

Dieu dans ce cœur cruel sait seul ce qui se passe.

---

tout. Il est singulier que la seule personne qui n'ait pas pleine confiance en Joad soit précisément sa femme.

1. Il y a ici quelque abus d'épithètes peu nécessaires; mais ce léger défaut est bien moins fréquent chez Racine qu'on ne l'a prétendu.

2. Cette expression un peu dure est déjà dans *Phèdre :* « O douleur non encore éprouvée » (page 354, vers 12).

Elle m'a fait venir; et d'un air égaré :
« Tu vois de mes soldats tout ce temple entouré,
Dit-elle; un feu vengeur va le réduire en cendre,
Et ton Dieu contre moi ne le saurait défendre.
Ses prêtres toutefois, mais il faut se hâter,
A deux conditions peuvent se racheter :
Qu'avec Éliacin on mette en ma puissance
Un trésor dont je sais qu'ils ont la connaissance,
Par votre roi David autrefois amassé,
Sous le sceau du secret au grand prêtre laissé.
Va, dis-leur qu'à ce prix je leur permets de vivre. »

JOAD.

Quel conseil, cher Abner, croyez-vous qu'on doit suivre[1]?

ABNER.

Et tout l'or de David, s'il est vrai qu'en effet
Vous gardiez de David quelque trésor secret;
Et tout ce que des mains de cette reine avare
Vous avez pu sauver et de riche et de rare,
Donnez-le. Voulez-vous que d'impurs assassins
Viennent briser l'autel, brûler les chérubins[2],
Et, portant sur notre arche une main téméraire
De votre propre sang souiller le sanctuaire?

JOAD.

Mais siérait-il, Abner, à des cœurs généreux
De livrer au supplice un enfant malheureux,
Un enfant que Dieu même à ma garde confie,
Et de nous racheter aux dépens de sa vie?

ABNER.

Hélas! Dieu voit mon cœur. Plût à ce Dieu puissant
Qu'Athalie oubliât un enfant innocent,
Et que du sang d'Abner sa cruauté contente
Crût calmer par ma mort le Ciel qui la tourmente!
Mais que peuvent pour lui nos inutiles soins?
Quand vous péririez tous, en périra-t-il moins?
Dieu vous ordonne-t-il de tenter l'impossible?
Pour obéir aux lois d'un tyran inflexible,
Moïse, par sa mère au Nil abandonné,
Se vit, presque en naissant, à périr condamné;

---

1. Nous dirions aujourd'hui *qu'on doive*. Racine emploie le présent qui écarte toute hypothèse : « Quel conseil doit-on suivre, à ce que vous croyez? »

2. L'Arche, contenant les tables de la loi et les livres de Moïse, reposait dans le *Saint des Saints*, gardée par les figures ailées des chérubins.

Mais Dieu, le conservant contre toute espérance,
Fit par le tyran même élever son enfance.
Qui sait ce qu'il réserve à votre Éliacin;
Et si, lui préparant un semblable destin,
Il n'a point de pitié déjà rendu capable
De nos malheureux rois l'homicide implacable?
Du moins, et Josabet comme moi l'a pu voir,
Tantôt à son aspect je l'ai vu s'émouvoir [1];
J'ai vu de son courroux tomber la violence.
Princesse, en ce péril vous gardez le silence?
Hé quoi! pour un enfant qui vous est étranger,
Souffrez-vous que sans fruit Joad laisse égorger
Vous, son fils, tout ce peuple, et que le feu dévore
Le seul lieu sur la terre où Dieu veut qu'on l'adore?
Que feriez-vous de plus, si des rois vos aïeux
Ce jeune enfant était un reste précieux?

JOSABET, tout bas à Joad.

Pour le sang de ses rois vous voyez sa tendresse :
Que ne lui parlez-vous?

JOAD.

　　　　　Il n'est pas temps, Princesse.

ABNER.

Le temps est cher, Seigneur, plus que vous ne pensez [2].
Tandis qu'à me répondre ici vous balancez,
Mathan, près d'Athalie, étincelant de rage,
Demande le signal, et presse le carnage.
Faut-il que je me mette à vos sacrés genoux?
Au nom du lieu si saint qui n'est ouvert qu'à vous [3],
Lieu terrible où de Dieu la majesté repose,
Quelque dure que soit la loi qu'on vous impose,
De ce coup imprévu songeons à nous parer.
Donnez-moi seulement le temps de respirer :
Demain, dès cette nuit, je prendrai des mesures
Pour assurer le temple et venger ses injures.
Mais je vois que mes pleurs [4] et que mes vains discours
Pour vous persuader sont un faible secours;

---

1. Aujourd'hui dans cette construction l'accord du participe passé doit se faire : je l'ai vue s'émouvoir.

2. Josabet a parlé bas; mais Joad a répondu tout haut; voilà pourquoi. Abner reprend : le temps est cher.

3. Le Saint des Saints où le grand prêtre pénétrait seul, une fois par an.

4. Le même hémistiche est dans *Britannicus*, page 207, vers 1. Comparez plus haut un mouvement analogue, page 474, vers 13.

Votre austère vertu n'en peut être frappée :
Hé bien! trouvez-moi donc quelque arme, quelque épée;
Et qu'aux portes du temple, où l'ennemi m'attend,
Abner puisse du moins mourir en combattant.

JOAD.

Je me rends. Vous m'ouvrez un avis que j'embrasse :
De tant de maux, Abner, détournons la menace.
Il est vrai, de David un trésor est resté.
La garde en fut commise à ma fidélité;
C'était des tristes Juifs l'espérance dernière,
Que mes soins vigilants cachaient à la lumière.
Mais puisqu'à votre reine il faut le découvrir,
Je vais la contenter; nos portes vont s'ouvrir.
De ses plus braves chefs qu'elle entre accompagnée;
Mais de nos saints autels qu'elle tienne éloignée
D'un ramas d'étrangers l'indiscrète fureur :
Du pillage du temple épargnez-moi l'horreur.
Des prêtres, des enfants lui feraient-ils quelque ombre [1] ?
De sa suite avec vous qu'elle règle le nombre.
Et quant à cet enfant si craint, si redouté,
De votre cœur, Abner, je connais l'équité;
Je vous veux devant elle expliquer sa naissance :
Vous verrez s'il le faut remettre en sa puissance,
Et je vous ferai juge entre Athalie et lui.

ABNER.

Ah! je le prends déjà, Seigneur, sous mon appui [2].
Ne craignez rien. Je cours vers celle qui m'envoie.

---

1. Ombrage. Lui peuvent-ils inspirer quelque inquiétude? Joad trompe Abner par ce subterfuge, et se sert de lui pour tromper et perdre Athalie. Cette ruse a éveillé les scrupules et parfois l'indignation de nombreux critiques. Il faut avouer qu'elle contredit un peu le caractère du grand prêtre. Celui qui jusque-là, dans sa foi confiante et sereine a dédaigné toutes les précautions humaines, tous les secours terrestres, ne devrait-il pas dédaigner l'artifice? Mais il fallait qu'Abner lui-même fût trompé pour ne pas jouer dans la pièce un rôle odieux qui rendrait à la fin Athalie intéressante. Racine a toutefois pressenti l'objection. Dans les *Remarques sur Athalie* qu'il a laissées manuscrites, on lit cette note : « *Solvite templum hoc..*, etc., pour justifier l'équivoque du grand prêtre *si on l'attaque.* » Il fait allusion aux paroles de J.-C. dans Saint-Jean (II,19) paroles que Notre Seigneur applique à sa propre personne et qui paraissent s'appliquer au temple. Mais cette équivoque n'est pas destinée à attirer ceux qui l'écoutent dans un piège où ils trouvent la mort.

2. *Appui* signifie proprement l'objet droit et élevé contre lequel on en dresse un autre (on *appuie* une échelle à un mur). Quoique *appui* ait souvent le sens de *protection* on ne peut prendre *sous* son *appui* comme on prend *sous* sa *protection* (qui signifie *couvert*). Toutefois Boileau a dit aussi dans l'*Art Poétique* :

Et *sous l'appui* des lois mit la faible innocence.

SCÈNE III

JOAD, JOSABET, ZACHARIE, SALOMITH, ISMAEL,
Deux Lévites, Le Chœur.

JOAD.

Grand Dieu, voici ton heure, on t'amène ta proie !
Ismaël, écoutez.   (Il lui parle à l'oreille.)

JOSABET.

Puissant maître des cieux,
Remets-lui le bandeau dont tu couvris ses yeux,
Lorsque, lui dérobant tout le fruit de son crime,
Tu cachas dans mon sein cette tendre victime !

JOAD.

Allez, sage Ismaël, ne perdez point de temps ;
Suivez de point en point ces ordres importants :
Surtout qu'à son entrée et que sur son passage
Tout d'un calme profond lui présente l'image.
Vous, enfants, préparez un trône pour Joas ;
Qu'il s'avance suivi de nos sacrés soldats.
Faites venir aussi sa fidèle nourrice,
Princesse, et de vos pleurs que la source tarisse.
(A un lévite.)
Vous, dès que cette reine, ivre d'un fol orgueil,
De la porte du temple aura passé le seuil ;
Qu'elle ne pourra plus retourner en arrière,
Prenez soin qu'à l'instant la trompette guerrière
Dans le camp ennemi jette un subit effroi.
Appelez tout le peuple au secours de son roi ;
Et faites retentir jusques à son oreille
De Joas conservé l'étonnante merveille.
Il vient.

SCÈNE IV

JOAD, JOSABETH, ZACHARIE, SALOMITH, JOAS,
AZARIAS, Troupe de Prêtres et de Lévites, Le Chœur.

JOAD, continue.

Lévites saints, prêtres de notre Dieu,
Partout, sans vous montrer, environnez ce lieu ;
Et, laissant à mes soins gouverner votre zèle[1],

---

1. Sur cette construction, où à prend le sens de par, voy. page 162, note 1.

Pour paraître attendez que ma voix vous appelle.
(Ils se cachent tous.)
Roi, je crois qu'à vos vœux cet espoir est permis :
Venez voir à vos pieds tomber vos ennemis.
Celle dont la fureur poursuivit votre enfance
Vers ces lieux à grands pas pour vous perdre s'avance.
Mais ne la craignez point; songez qu'autour de vous
L'ange exterminateur est debout avec nous.
Montez sur votre trône, et... Mais la porte s'ouvre :
Permettez un moment que ce voile vous couvre.
(Il tire un rideau.)
Vous changez de couleur, Princesse !
JOSABET.
Ah ! sans pâlir
Puis-je voir d'assassins le temple se remplir ?
Quoi ? ne voyez-vous pas quelle nombreuse escorte[1]...
JOAD.
Je vois que du saint temple on referme la porte.
Tout est en sûreté.

SCÈNE V

ATHALIE, JOAS, caché derrière le rideau, JOAD, JOSABET, ABNER, Suite d'Athalie.

ATHALIE, à Joad.
Te voilà, séducteur[2],
De ligues, de complots pernicieux auteur,
Qui dans le trouble seul as mis tes espérances,
Éternel ennemi des suprêmes puissances !
En l'appui de ton Dieu tu t'étais reposé ;
De ton espoir frivole es-tu désabusé ?
Il laisse en mon pouvoir et son temple et ta vie.
Je devrais, sur l'autel où ta main sacrifie,
Te... Mais du prix qu'on m'offre il faut me contenter.
Ce que tu m'as promis, songe à l'exécuter :
Cet enfant, ce trésor qu'il faut qu'on me remette,
Où sont-ils ?

---

1. Voy. ci-dessus, p. 481, note 1, sur ces continuelles terreurs de Josabet.

2. L'imprudence d'Athalie peut se nommer de la folie. Mais d'une part, huit ans de règne paisible ont enhardi son cœur; elle croit que son nom seul la protège assez. D'autre part, il faut se rappeler la prière de Joad au premier acte (p. 435) :

Daigne, daigne, mon Dieu, sur Mathan et sur elle
Répandre cet esprit d'imprudence et d'erreur,
De la chute des Rois funeste avant-coureur.

JOAD.

Sur-le-champ tu seras satisfaite;
Je te les vais montrer l'un et l'autre à la fois [1].
(Le rideau se tire.)
Paraissez, cher enfant, digne sang de nos rois.
Connais-tu l'héritier du plus saint des monarques,
Reine ? De ton poignard connais du moins ces marques.
Voilà ton roi, ton fils, le fils d'Okosias.
Peuples, et vous, Abner, reconnaissez Joas.

ABNER.

Ciel !

ATHALIE, à Joad.

Perfide !

JOAD.

Vois-tu cette Juive fidèle
Dont tu sais bien qu'alors il suçait la mamelle?
Il fut par Josabet à ta rage enlevé :
Ce temple le reçut, et Dieu l'a conservé.
Des trésors de David voilà ce qui me reste.

ATHALIE.

Ta fourbe [2] à cet enfant, traître, sera funeste.
D'un fantôme odieux, soldats, délivrez-moi !

JOAD.

Soldats du Dieu vivant, défendez votre roi !
(Ici la porte s'ouvre. On voit le dedans du temple, et les lévites armés sortent de tous côtés sur la scène.)

ATHALIE.

Où suis-je ? O trahison ! ô reine infortunée !
D'armes et d'ennemis je suis environnée !

JOAD.

Tes yeux cherchent en vain, tu ne peux échapper,
Et Dieu de toutes parts a su t'envelopper.
Ce Dieu que tu bravais en nos mains t'a livrée :
Rends-lui compte du sang dont tu t'es enivrée.

ATHALIE.

Quoi ! la peur a glacé mes indignes soldats !
Lâche Abner, dans quel piège as-tu conduit mes pas !

ABNER.

Reine, Dieu m'est témoin [3]...

---

1. Joas apparaît sur son trône, entouré de plusieurs lévites armés.
2. Voy. ci-dessus, page 484, note 1.
3. Que je ne savais rien. Et c'est la vérité ; mais Abner n'en joue pas moins un rôle difficile et ambigu.

ATHALIE.
Laisse là ton Dieu, traître,
Et venge-moi.
ABNER, se jetant aux pieds de Joas.
Sur qui? Sur Joas! sur mon maître!
ATHALIE.
Lui, Joas! lui, ton roi! Songez, méchants, songez
Que mes armes encor vous tiennent assiégés.
J'entends à haute voix tout mon camp qui m'appelle.
On vient à mon secours. Tremblez, troupe rebelle.

SCÈNE VI

JOAS, ATHALIE, JOAD, ISMAËL,
ET TOUS LES ACTEURS DE LA SCÈNE PRÉCÉDENTE.

ISMAËL, à Joad.
Seigneur, le temple est libre et n'a plus d'ennemis [1] :
L'étranger est en fuite, et le Juif est soumis.
Comme le vent dans l'air dissipe la fumée,
La voix du Tout-Puissant a chassé cette armée.
Nos lévites, du haut de nos sacrés parvis,
D'Okosias au peuple ont annoncé le fils,
Ont conté son enfance au glaive dérobée,
Et la fille d'Achab dans le piège tombée.
Partout en même temps la trompette a sonné;
Et ses sons et leurs cris dans son camp étonné
Ont répandu le trouble et la terreur subite
Dont Gédéon frappa le fier Madianite [2].
Les Tyriens, jetant armes et boucliers,
Ont, par divers chemins, disparu les premiers :
Quelques Juifs éperdus ont aussi pris la fuite;
Mais, de Dieu sur Joas admirant la conduite [3],
Le reste à haute voix s'est pour lui déclaré.
Enfin, d'un même esprit tout le peuple inspiré,
Femmes, vieillards, enfants, s'embrassant avec joie,

---

[1]. La reconnaissance de Joas à l'extérieur du temple s'est faite bien vite. Depuis l'entrée d'Athalie dans le temple, il s'est prononcé seulement quarante vers. Mais Corneille demandait avec raison qu'il fût permis au poète tragique de presser un peu les événements à l'acte V, et d'amener la catastrophe un peu plus tôt qu'elle ne pourrait se produire en effet dans la réalité.

[2]. Gédéon avait fait fuir l'armée des Madianites en l'effrayant par le bruit de ses trompettes et des vases de terre, qu'il fit briser tout à coup, et qui cachaient des torches.

[3]. C'est-à-dire la manière dont Dieu a conduit les événements en faveur de Joas.

Bénissent le Seigneur et celui qu'il envoie :
Tous chantent de David le fils ressuscité.
Baal est en horreur dans la sainte cité ;
De son temple profane on a brisé les portes ;
Mathan est égorgé [1].

ATHALIE.

Dieu des Juifs, tu l'emportes !
Oui, c'est Joas : je cherche en vain à me tromper :
Je reconnais l'endroit où je le fis frapper [2];
Je vois d'Okosias et le port et le geste ;
Tout me retrace enfin un sang que je déteste.
David, David triomphe ; Achab seul est détruit.
Impitoyable Dieu, toi seul as tout conduit !
C'est toi qui, me flattant d'une vengeance aisée,
M'as vingt fois en un jour à moi-même opposée :
Tantôt pour un enfant excitant mes remords,
Tantôt m'éblouissant de tes riches trésors,
Que j'ai craint de livrer aux flammes, au pillage.
Qu'il règne donc ce fils, ton soin [3] et ton ouvrage !
Et que, pour signaler son empire nouveau,
On lui fasse en mon sein enfoncer le couteau !
Voici ce qu'en mourant lui souhaite sa mère :
Que dis-je, souhaiter ? je me flatte, j'espère
Qu'indocile à ton joug, fatigué de ta loi,
Fidèle au sang d'Achab qu'il a reçu de moi,
Conforme à son aïeul, à son père semblable,
On verra de David l'héritier détestable
Abolir tes honneurs, profaner ton autel,
Et venger Athalie, Achab et Jézabel [4].

JOAD.

Qu'à l'instant hors du temple elle soit emmenée,
Et que la sainteté n'en soit point profanée.

---

1. Ce dernier trait est comme l'arrêt de mort d'Athalie, et Athalie le sent bien.
2. Il faut prendre ce vers au figuré. Ce n'est qu'une hyperbole que la fureur et l'effroi d'Athalie justifient.
3. Ton soin, c.-à-d. l'objet de tes soins.
4. Ainsi pour la quatrième fois Racine prédit nettement la perversion de Joas. Il est certain qu'il a voulu nous enseigner que Joas n'est pas son héros, mais un instrument utile aux desseins de Dieu et qui pourra être brisé à son tour et rejeté quand ces desseins seront remplis. Ainsi Dieu seul est vraiment le héros de la tragédie : comme il en est au fond l'unique acteur. Il n'importe pas que Joas soit un bon ou un mauvais roi, mais qu'il vive et qu'il règne, pour que la race de David soit restaurée et que le Messie en naisse.

Allez, sacrés vengeurs de vos princes meurtris [1],
De leur sang par sa mort faire cesser les cris [2].
Si quelque audacieux embrasse sa querelle,
Qu'à la fureur du glaive on le livre avec elle.

SCÈNE VII

JOAS, JOAD, JOSABET, ABNER,
Troupe de Prêtres et de Lévites.

JOAS.

Dieu, qui voyez mon trouble et mon affliction,
Détournez loin de moi sa malédiction,
Et ne souffrez jamais qu'elle soit accomplie :
Faites que Joas meure avant qu'il vous oublie.

JOAD, aux lévites.

Appelez tout le peuple, et montrons-lui son roi ;
Qu'il lui vienne en ses mains renouveler sa foi [3].
Roi, prêtres, peuple, allons, pleins de reconnaissance,
De Jacob avec Dieu confirmer l'alliance,
Et, saintement confus de nos égarements,
Nous rengager à lui par de nouveaux serments.
Abner, auprès du roi reprenez votre place [4].

SCÈNE VIII.

JOAS, JOAD, Un Lévite et tous les acteurs de la
scène précédente.

JOAD.

Hé bien ? de cette impie a-t-on puni l'audace [5] ?

LE LÉVITE.

Le fer a de sa vie expié les horreurs.
Jérusalem, longtemps en proie à ses fureurs,

---

1. Meurtris, c.-à-d. *tués par un meurtre;* c'est le sens primitif du mot.
2. Ainsi le vers 29 de la page 426 est rappelé au dénouement :
   Le sang de vos Rois crie et n'est point écouté.
3. Sa fidélité, ou la promesse de lui rester fidèle.
4. Abner ne répond rien, et que répondrait-il ? Il est entré dans le temple soldat d'Athalie; il en sort soldat de Joas. Quoiqu'il ait eu de bonnes raisons pour passer d'un camp dans l'autre, et quoique Racine ait eu soin d'expliquer sa défection par son emprisonnement, sa situation reste pénible et on comprend qu'il n'ajoute rien à l'hémistiche interrompu : « Réfle, Dieu m'est témoin... »
5. Dans toutes les anciennes éditions ce vers termine la scène précédente.

De son joug odieux à la fin soulagée,
Avec joie en son sang la regarde plongée.

JOAD.

Par cette fin terrible, et due à ses forfaits,
Apprenez, roi des Juifs, et n'oubliez jamais
Que les rois dans le Ciel[1] ont un juge sévère,
L'innocence un vengeur, et l'orphelin un père.

1. Et même parfois sur la terre; et Joad est ce justicier sévère! Mais fidèle à son personnage, et à sa foi profonde, le grand prêtre veut affirmer, en terminant la tragédie, que Dieu seul a tout conduit.

ŒUVRES DIVERSES DE RACINE

EXTRAITS

CANTIQUES SPIRITUELS

(1694)

CANTIQUE.

*Sur le bonheur des justes et sur le malheur
des réprouvés.*

Heureux qui de la sagesse
Attendant tout son secours,
N'a point mis en la richesse
L'espoir de ses derniers jours!
La mort n'a rien qui l'étonne;
Et, dès que son Dieu l'ordonne,
Son âme prenant l'essor,
S'élève d'un vol rapide
Vers la demeure où réside
Son véritable trésor.

De quelle douleur profonde
Seront un jour pénétrés
Ces insensés qui du monde,
Seigneur, vivent enivrés;
Quand par une fin soudaine
Détrompés d'une ombre vaine
Qui passe et ne revient plus,
Leur yeux du fond de l'abîme
Près de ton trône sublime
Verront briller tes élus.

« Infortunés que nous sommes
Où s'égaraient nos esprits?
Voilà, diront-ils, ces hommes,
Vils objets de nos mépris :

Leur sainte et pénible vie
Nous parut une folie ;
Mais aujourd'hui triomphants,
Le ciel chante leur louange,
Et Dieu lui-même les range
Au nombre de ses enfants [1].

Pour trouver un bien fragile
Qui nous vient d'être arraché,
Par quel chemin difficile,
Hélas ! nous avons marché !
Dans une route insensée
Notre âme en vain s'est lassée
Sans se reposer jamais,
Fermant l'œil à la lumière
Qui nous montrait la carrière
De la bienheureuse paix [2].

De nos attentats injustes
Quel fruit nous est-il resté ?
Où sont les titres augustes
Dont notre orgueil s'est flatté [3] ?
Sans amis et sans défense,
Au trône de la vengeance
Appelés en jugement,
Faibles et tristes victimes
Nous y venons, de nos crimes
Accompagnés seulement. »

Ainsi d'une voix plaintive
Exprimera ses remords
La pénitence tardive
Des inconsolables morts.
Ce qui faisait leurs délices
Seigneur, fera leurs supplices :
Et par une égale loi,
Tes saints trouveront des charmes
Dans le souvenir des larmes
Qu'ils versent ici pour toi.

1. *Sagesse*, V, 3-5.
2. Id., *ibid.*, 6-7.
3. Id., *ibid.*, 8.

CANTIQUE.

Plaintes d'un chrétien sur les contrariétés qu'il éprouve au dedans de lui-même.

Mon Dieu! quelle guerre cruelle!
Je trouve deux hommes en moi [1] :
L'un veut que, plein d'amour pour toi,
Mon cœur te soit toujours fidèle;
L'autre, à tes volontés rebelle,
Me révolte contre ta loi.

L'un, tout esprit et tout céleste,
Veut qu'au ciel sans cesse attaché,
Et des biens éternels touché,
Je compte pour rien tout le reste;
Et l'autre par son poids funeste
Me tient vers la terre penché [2].

Hélas! en guerre avec moi-même,
Où pourrai-je trouver la paix?
Je veux, et n'accomplis jamais :
Je veux, mais, ô misère extrême!
Je ne fais pas le bien que j'aime,
Et je fais le mal que je hais [3].

O grâce, ô rayon salutaire,
Viens me mettre avec moi d'accord;
Et domptant par un doux effort
Cet homme qui t'est si contraire,
Fais ton esclave volontaire
De cet esclave de la mort.

CANTIQUE.

Sur les vaines occupations des gens du siècle.

Quel charme vainqueur du monde
Vers Dieu m'élève aujourd'hui?
Malheureux l'homme qui fonde
Sur les hommes son appui!

---

1. Le roi, la première fois qu'il entendit chanter ces paroles, se tourna vers madame de Maintenon, en lui disant : « Madame, voilà deux hommes que je connais bien » (*Mémoires* de Louis Racine).

2. *Épître aux Romains*, VII, 22-23.

3. Ces vers sont exactement traduits de saint Paul (*Épître aux Romains*, VII, 19) : *Non enim quod volo bonum hoc facio; sed quod nolo malum, hoc ago.*

Leur gloire fuit et s'efface
En moins de temps que la trace
Du vaisseau qui fend les mers,
Ou de la flèche rapide
Qui loin de l'œil qui la guide
Cherche l'oiseau dans les airs.

De la Sagesse immortelle
La voix tonne et nous instruit :
« Enfants des hommes, dit-elle,
De vos soins quel est le fruit?
Par quelles erreurs, âmes vaines,
Du plus pur sang de vos veines
Achetez-vous si souvent,
Non un pain qui vous repaisse,
Mais une ombre qui vous laisse
Plus affamés que devant.

Le pain que je vous propose
Sert aux anges d'aliment;
Dieu lui-même le compose
De la fleur de son froment.
C'est ce pain si délectable
Que ne se sert point à sa table
Le monde que vous suivez.
Je l'offre à qui me veut suivre.
Approchez. Voulez-vous vivre?
Prenez, mangez et vivez. »

O Sagesse, ta parole
Fit éclore l'univers,
Posa sur un double pôle
La terre au milieu des mers.
Tu dis, et les cieux parurent,
Et tous les astres coururent
Dans leur ordre se placer.
Avant les siècles tu règnes;
Et qui suis-je, que tu daignes
Jusqu'à moi te rabaisser?

Le Verbe, image du Père,
Laissa son trône éternel,
Et d'une mortelle mère
Voulut naître homme et mortel;

Comme l'orgueil fut le crime
Dont il naissait la victime,
Il dépouilla sa splendeur,
Et vint pauvre et misérable,
Apprendre à l'homme coupable
Sa véritable grandeur.

L'âme heureusement captive
Sous ton joug trouve la paix,
Et s'abreuve d'une eau vive
Qui ne s'épuise jamais.
Chacun peut boire en cette onde :
Elle invite tout le monde;
Mais nous courons follement
Chercher des sources bourbeuses
Ou des citernes trompeuses
D'où l'eau fuit à tout moment [1].

ÉPIGRAMME

SUR L'*IPHIGÉNIE* DE LE CLERC [2]

(1674)

Entre Le Clerc et son ami Coras,
Tous deux auteurs rimants de compagnie,
N'a pas longtemps, sourdirent grands débats
Sur le propos de son *Iphigénie*.
Coras lui dit : « La pièce est de mon cru. »
Le Clerc répond : « Elle est mienne et non vôtre. »
Mais aussitôt que l'ouvrage a paru,
Plus n'ont voulu l'avoir fait l'un ni l'autre [3].

---

1. Voy. Jérémie, II, v. 13 : « Ils m'ont abandonné, moi qui suis la source d'eau vive ; et ils se sont creusé des citernes ; citernes fendues qui ne peuvent retenir l'eau. »

2. Voy. ci-dessus, page 271.

3. L'épigramme est fort jolie, mais inexacte. Dans la préface de son *Iphigénie*. Le Clerc réclame pour lui tout seul l'honneur principal d'un si bel ouvrage ; et se plaint fort qu'on ait exagéré la part de son collaborateur.

ÉPIGRAMME
SUR LA *JUDITH* DE BOYER[1]
(1695)

A sa *Judith*, Boyer, par aventure,
Était assis près d'un riche caissier :
Bien aise était ; car le bon financier
S'attendrissait et pleurait sans mesure.
« Bon gré vous sais, lui dit le vieux rimeur :
Le beau vous touche, et n'êtes pas d'humeur
A vous saisir pour une baliverne. »
Lors le richard, en larmoyant, lui dit :
« Je pleure, hélas ! de ce pauvre Holoferne
Si méchamment mis à mort par Judith. »

ÉLOGE DE CORNEILLE

Extrait du discours que prononça Racine en recevant à l'Académie Thomas Corneille, frère et successeur de Pierre Corneille (2 janvier 1685).

En quel état se trouvait la scène française lorsque Corneille commença à travailler ! Quel désordre ! quelle irrégularité ! Nul goût, nulle connaissance des véritables beautés du théâtre ; les auteurs aussi ignorants que les spectateurs, la plupart des sujets extravagants et dénués de vraisemblance ; point de mœurs, point de caractères ; la diction encore plus vicieuse que l'action, et dont les pointes et de misérables jeux de mots faisaient le principal ornement ; en un mot, toutes les règles de l'art, celles mêmes de l'honnêteté et de la bienséance, partout violées.

Dans cette enfance, ou, pour mieux dire, dans ce chaos du poème dramatique parmi nous, votre illustre frère, après avoir quelque temps cherché le bon chemin, et lutté, si j'ose

---

1. Pièce médiocre où le beau monde se porta avec ardeur pendant quelques semaines. Il était de mode d'y pleurer bien ostensiblement.

ainsi dire, contre le mauvais goût de son siècle; enfin, inspiré d'un génie extraordinaire, et aidé de la lecture des anciens, fit voir sur la scène la raison, mais la raison accompagnée de toute la pompe, de tous les ornements dont notre langue est capable, accorda heureusement le vraisemblable et le merveilleux; et laissa bien loin derrière lui tout ce qu'il avait de rivaux, dont la plupart désespérant de l'atteindre, et n'osant plus entreprendre de lui disputer le prix, se bornèrent à combattre la voix publique déclarée pour lui, et essayèrent en vain, par leurs discours, et par leurs frivoles critiques, de rabaisser un mérite qu'ils ne pouvaient égaler.

La scène retentit encore des acclamations qu'excitèrent à leur naissance le *Cid, Horace, Cinna, Pompée*[1], tous ces chefs-d'œuvre représentés depuis sur tant de théâtres, traduits en tant de langues, et qui vivront à jamais dans la bouche des hommes. A dire le vrai, où trouvera-t-on un poète qui ait possédé à la fois tant de grands talents, tant d'excellentes parties[2] : l'art, la force, le jugement, l'esprit? Quelle noblesse, quelle économie dans les sujets! quelle véhémence dans les passions! quelle gravité dans les sentiments! quelle dignité, et en même temps quelle prodigieuse variété dans les caractères! Combien de rois, de princes, de héros de toutes nations, nous a-t-il représentés toujours tels qu'ils doivent être, toujours uniformes avec eux-mêmes, et jamais ne se ressemblant les uns aux autres! Parmi tout cela, une magnificence d'expression proportionnée aux maîtres du monde qu'il fait souvent parler; capable néanmoins de s'abaisser, quand il veut, et de descendre jusqu'aux plus simples naïvetés du comique, où il est encore inimitable. Enfin, ce qui lui est surtout particulier, une certaine force, une certaine élévation qui surprend, qui enlève et qui rend jusqu'à ses défauts, si on lui en peut reprocher quelques-uns, plus estimables que les vertus des autres. Personnage véritablement né pour la gloire de son pays; comparable, je ne dis pas à tout ce que l'ancienne Rome a eu d'excellents tragiques, puisqu'elle confesse elle-même qu'en ce genre elle n'a pas été fort heureuse; mais aux Eschyle, aux Sophocle, aux Euripide, dont la fameuse Athènes ne

---

1. Racine omet *Polyeucte* que le XVIIe siècle, à grand tort, admirait moins que nous ne faisons.

2. Qualités, qui sont à l'ensemble du talent, ce que la partie est au tout. On disait : il a de belles parties d'orateur: c.-à-d. plusieurs des qualités qui font l'orateur.

s'honore pas moins que des Thémistocle, des Périclès, des Alcibiade, qui vivaient au même temps qu'eux.

Oui, monsieur, que l'ignorance rabaisse tant qu'elle voudra l'éloquence et la poésie, et traite les habiles écrivains de gens inutiles dans les États, nous ne craindrons point de le dire, à l'avantage des lettres et de ce corps fameux dont vous faites maintenant partie : du moment que des esprits sublimes, passant de bien loin les bornes communes, se distinguent, s'immortalisent par des chefs-d'œuvre, comme ceux de monsieur votre frère, quelque étrange inégalité que, durant leur vie, la fortune mette entre eux et les plus grands héros, après leur mort cette différence cesse.

La postérité, qui se plaît, qui s'instruit dans les ouvrages qu'ils lui ont laissés, ne fait point de difficulté de les égaler à tout ce qu'il y a de plus considérable parmi les hommes, fait marcher de pair l'excellent poète et le grand capitaine. Le même siècle, qui se glorifie aujourd'hui d'avoir produit Auguste, ne se glorifie guère moins d'avoir produit Horace et Virgile.

Ainsi, lorsque dans les âges suivants on parlera avec étonnement des victoires prodigieuses et de toutes les grandes choses qui rendront notre siècle l'admiration de tous les siècles à venir, Corneille, n'en doutons point, Corneille tiendra sa place parmi toutes ces merveilles. La France se souviendra avec plaisir que, sous le règne du plus grand de ses rois, a fleuri le plus grand de ses poètes.

EXTRAITS DE LA CORRESPONDANCE

UNE REVUE MILITAIRE

Le Roi fit hier la revue de son armée et de celle de M. de Luxembourg. C'était assurément le plus grand spectacle qu'on ait vu depuis plusieurs siècles. Je ne me souviens point que les Romains en aient vu un tel; car leurs armées n'ont guère passé, ce me semble, quarante, ou tout au plus cinquante mille hommes; et il y avait hier six-vingts mille hommes[1] ensemble sur quatre lignes. Comptez qu'à la ri-

---

1. Cent vingt mille hommes (six fois vingt).

gueur il n'y avait pas là-dessus trois mille hommes à rabattre. Je commençai à onze heures du matin à marcher. J'allai toujours au grand pas de mon cheval, et je ne finis qu'à huit heures du soir. Enfin on était deux heures à aller du bout d'une ligne à l'autre. Mais, si on n'a jamais vu tant de troupes ensemble, assurez-vous qu'on n'en a jamais vu de si belles. Je vous rendrais un fort bon compte des deux lignes de l'armée du roi et de la première de l'armée de M. de Luxembourg ; mais quant à sa seconde ligne, je ne vous en puis parler que sur la foi d'autrui. J'étais si las, si ébloui de voir briller des épées et des mousquets, si étourdi d'entendre des tambours, des trompettes et des timbales, qu'en vérité, je me laissais conduire à mon cheval sans plus avoir d'attention à rien ; et j'eusse voulu de tout mon cœur que tous les gens que je voyais eussent été chacun dans leur chaumière ou dans leur maison, avec leurs femmes et leurs enfants, et moi dans ma rue des Maçons avec ma famille. Vous avez peut-être trouvé dans les poèmes épiques les revues d'armées fort longues et fort ennuyeuses ; mais celle-ci m'a paru tout autrement longue, et même, pardonnez-moi cette espèce de blasphème, plus lassante que celle de la *Pucelle* [1]... A cela près je ne fus jamais si charmé et si étonné que je le fus de voir une puissance si formidable. Vous jugez bien que tout cela nous prépare de belles matières. »

(Extrait d'une lettre de Racine à Boileau, datée du camp de Givry, devant Mons, 21 mai 1692).

LE FUSELIER DE NAMUR

Un soldat du régiment des fuseliers [2] qui travaillait à la tranchée, y avait posé un gabion ; un coup de canon vint qui emporta son gabion ; aussitôt il en alla poser à la même place un autre, qui fut sur-le-champ emporté par un autre coup de canon. Le soldat, sans rien dire, en prit un troisième et l'alla poser ; un troisième coup de canon emporta ce troisième

---

1. Célèbre poème épique de Chapelain ; la première partie avait paru en 1656 ; l'autre moitié n'a été publiée que de nos jours.
2. D'après le *Dictionnaire* de Richelet (1680) on disait alors le plus souvent *fuselier* au lieu de *fusilier*. Les *fusiliers* étaient (comme le nom l'indique) les fantassins armés du fusil. — *Gabion*, panier plein de terre servant à protéger les travailleurs dans les tranchées.

gabion. Alors le soldat rebuté se tint en repos; mais son officier lui commanda de ne point laisser cet endroit sans gabion. Le soldat dit : « J'irai, mais j'y serai tué. » Il y alla et en posant son quatrième gabion eut le bras fracassé d'un coup de canon. Il revint soutenant son bras pendant avec l'autre bras, et se contenta de dire à son officier : « Je l'avais bien dit. » Il fallut lui couper le bras, qui ne tenait presque à rien. Il souffrit cela, sans desserrer les dents; et après l'opération dit froidement : « Je suis donc hors d'état de travailler; c'est maintenant au Roi à me nourrir. »

(Extrait d'une lettre de Racine à Boileau, datée du camp devant Namur, le 3 juin, 1692.)

LETTRE DE RACINE A SON FILS JEAN-BAPTISTE
SUR CICÉRON

A Fontainebleau, le 4 octobre 1692.

Je suis fort content de votre lettre, et vous me rendez un très bon compte de votre étude et de votre conversation avec M. Despréaux. Il serait bien à souhaiter pour vous que vous pussiez être souvent en si bonne compagnie, et vous en pourriez retirer un grand avantage, pourvu qu'avec un homme tel que M. Despréaux vous eussiez plus de soin d'écouter que de parler. Je suis assez satisfait de votre version; mais je ne puis guère juger si elle est bien fidèle, n'ayant apporté ici que le premier tome des *Lettres à Atticus,* au lieu du second que je pensais avoir apporté : je ne sais même si je ne l'ai point perdu, car j'étais comme assuré de l'avoir parmi mes livres. Pour plus grande sûreté, choisissez dans quelqu'un des six premiers livres la première lettre que vous voudrez traduire; mais surtout choisissez-en une qui ne soit pas sèche comme celle que vous avez prise, où il n'est presque parlé que d'affaires d'intérêt. Il y en a tant de belles sur l'état où était alors la République, et sur les choses de conséquence qui se passaient à Rome. Vous ne lirez guère d'ouvrage qui soit plus utile pour vous former l'esprit et le jugement. Mais surtout je vous conseille de ne jamais traiter injurieusement un homme aussi digne d'être respecté de tous les siècles que

Cicéron. Il ne vous convient point à votre âge[1], ni même à personne, de lui donner ce vilain nom de poltron. Souvenez-vous toute votre vie de ce passage de Quintilien, qui était lui-même un grand personnage : *Ille se profecisse sciat, cui Cicero valde placebit*[2]. Ainsi vous auriez mieux fait de dire simplement de lui qu'il n'était pas aussi brave et aussi intrépide que Caton. Je vous dirai même que si vous aviez bien lu la Vie de Cicéron dans Plutarque, vous verriez qu'il mourut en fort brave homme, et qu'apparemment il n'aurait pas fait tant de lamentations que vous si M. Carmeline lui eût nettoyé les dents.

Adieu, mon cher fils : faites mes baisemains à M. Chapelier[3].

Faites souvenir votre mère qu'il faut entretenir un peu d'eau dans mon cabinet, de peur que les souris ne ravagent mes livres. Quand vous m'écrirez, vous pouvez vous dispenser de toutes ces cérémonies de *Votre très humble serviteur*. Je connais même assez votre écriture sans que vous soyez obligé de mettre votre nom.

LETTRE DE RACINE A SON FILS JEAN-BAPTISTE
SUR LA LECTURE ET SUR LES POÈTES FRANÇAIS

Au camp de Thieusies, le 3 juin 1693.

Vous me faites plaisir de me rendre compte des lectures que vous faites; mais je vous exhorte à ne pas donner toute votre attention aux poètes français. Songez qu'ils ne doivent servir qu'à votre récréation et non pas à votre véritable étude. Ainsi je souhaiterais que vous prissiez quelquefois plaisir à m'entretenir d'Homère, de Quintilien, et des autres auteurs de cette nature. Quant à votre épigramme[4], je voudrais que vous ne l'eussiez point faite. Outre qu'elle est assez médiocre, je ne saurais trop vous recommander de ne vous point laisser aller à la tentation de faire des vers français, qui ne serviraient qu'à vous dissiper l'esprit. Surtout i' n'en faut faire contre personne. M. Despréaux a un talent qui

---

1. Jean-Baptiste avait quatorze ans.
2. « Que celui-là sache qu'il a profité, à qui Cicéron plaira fort. »
3. Précepteur du jeune Racine.

4. Elle était dirigée contre Charles Perrault, adversaire de Boileau dans la fameuse querelle des anciens et des modernes.

lui est particulier, et qui ne doit point vous servir d'exemple
ni à vous ni à qui que ce soit. Il n'a pas seulement reçu du
ciel un génie merveilleux pour la satire : mais il a encore
avec cela un jugement excellent qui lui fait discerner ce qu'il
faut louer et ce qu'il faut reprendre. S'il a la bonté de vouloir
s'amuser avec vous, c'est une des grandes félicités qui vous
puissent arriver, et je vous conseille d'en bien profiter en
l'écoutant beaucoup et en décidant peu avec lui. Je vous dirai
aussi que vous me feriez plaisir de vous attacher à votre écriture : je veux croire que vous avez écrit fort vite les deux
lettres que j'ai reçues de vous, car le caractère en parait beaucoup négligé. Que tout ce que je vous dis ne vous chagrine
point, car du reste je suis très content de vous, et je ne vous
donne ces petits avis que pour vous exciter à faire de votre
mieux en toutes choses. Votre mère vous fera part des nouvelles que je lui mande. Adieu, mon cher fils. Je ne sais pas
bien si je serai en état d'écrire ni à vous, ni à personne de
plus de quatre jours : mais continuez à me mander de vos
nouvelles ; parlez-moi aussi un peu de vos sœurs, que vous
me ferez plaisir d'embrasser pour moi. Je suis tout à vous.

LETTRE DE RACINE A SON FILS JEAN-BAPTISTE
SUR LA LECTURE DES ROMANS ET DES COMÉDIES

A Fontainebleau, le 3 octobre 1694.

... Il me paraît par votre lettre que vous portez un peu
d'envie à mademoiselle de la Chapelle de ce qu'elle a lu plus
de comédies et plus de romans que vous. Je vous dirai, avec
la sincérité avec laquelle je suis obligé de vous parler, que
j'ai un extrême chagrin que vous fassiez tant de cas de toutes
ces niaiseries, qui ne doivent servir tout au plus qu'à délasser quelquefois l'esprit, mais qui ne devraient point vous
tenir autant à cœur qu'elles font. Vous êtes engagé dans des
études très sérieuses qui doivent attirer votre principale attention, et pendant que vous y êtes engagé, et que nous payons
des maîtres pour vous en instruire, vous devez éviter tout ce
qui peut dissiper votre esprit et vous détourner de votre
étude. Non seulement votre conscience et la religion vous y
obligent, mais vous-même devez avoir assez de considération

pour moi et assez d'égard pour vous conformer un peu à mes sentiments pendant que vous êtes en un âge où vous devez vous laisser conduire. Je ne dis pas que vous ne lisiez quelquefois des choses qui puissent vous divertir l'esprit, et vous voyez que je vous ai mis moi-même entre les mains assez de livres français capables de vous amuser; mais je serais inconsolable si ces sortes de livres vous inspiraient du dégoût pour des lectures plus utiles et surtout pour des livres de piété et de morale dont vous ne me parlez jamais, et pour lesquels il semble que vous n'avez plus aucun goût, quoique vous soyez témoin du véritable plaisir que j'y prends préférablement à toute autre chose. Croyez-moi, quand vous saurez parler de comédies et de romans, vous n'en serez guère plus avancé pour le monde et ce ne sera pas par cet endroit-là que vous serez le plus estimé. Je remets à vous en parler plus au long et plus familièrement quand je vous reverrai; et vous me ferez plaisir alors de me parler à cœur ouvert là-dessus, et de ne vous point cacher de moi. Vous jugez bien que je ne cherche point à vous chagriner, et que je n'ai autre dessein que de contribuer à vous rendre l'esprit solide et à vous mettre en état à ne me point faire[1] de déshonneur quand vous viendrez à paraître dans le monde. Je vous assure qu'après mon salut, c'est la chose dont je suis le plus occupé. Ne regardez point tout ce que je vous dis comme une réprimande, mais comme les avis d'un père qui vous aime tendrement, et qui ne songe qu'à vous donner des marques de son amitié. Écrivez-moi le plus souvent que vous pourrez, et faites mes compliments à votre mère.

1. On dirait aujourd'hui *de ne point*, etc; ou bien *en un état à ne point*, etc.

TABLE

AVANT-PROPOS...................................	1
Notice sur Jean Racine.........................	3
Explication d'une scène de *Britannicus*...............	22
Notice sur *la Thébaïde* ou *les Frères ennemis* (1664)....	29
Notice sur *Alexandre* (1665)......................	34
Andromaque, tragédie (1667).	
Notice..	40
ANDROMAQUE...................................	43
Les Plaideurs, comédie (1668).	
Notice..	100
LES PLAIDEURS.................................	104
Britannicus, tragédie (1669).	
Notice..	154
BRITANNICUS...................................	159
Bérénice, tragédie (1670).	
Notice..	222
Extraits de BÉRÉNICE............................	225
Bajazet, tragédie (1672).	
Notice..	232
Extraits de BAJAZET.............................	235
Mithridate, tragédie (1673).	
Notice..	248
Extraits de MITHRIDATE..........................	252
Iphigénie, tragédie (1674).	
Notice..	267
IPHIGÉNIE.....................................	271
Phèdre, tragédie (1677).	
Notice..	335
Extraits de PHÈDRE.............................	340

Esther, tragédie (1689).
    Notice.. 364
    Prologue.. 370
    ESTHER... 372

Athalie, tragédie (1691).
    Notice.. 418
    ATHALIE.. 423

Extraits des œuvres diverses de Racine.

Cantique : Sur le bonheur des justes et sur le malheur des réprouvés.. 492
Cantique : Plaintes d'un chrétien sur les contrariétés qu'il éprouve au dedans de lui-même................................... 494
Cantique : Sur les vaines occupations des gens du siècle..... 494
Épigramme sur l'*Iphigénie* de Le Clerc........................ 496
Épigramme sur la *Judith* de Boyer.............................. 497
Éloge de Corneille (discours académique)...................... 497

Extraits de la correspondance.

Une revue militaire... 499
Le fuselier de Namur... 500
Lettres de Racine à son fils Jean-Baptiste.
    sur Cicéron... 501
Sur la lecture et sur les poètes français..................... 502
Sur la lecture des romans et des comédies.................... 503

Imprimeries réunies, rue Mignon, 2.

ARMAND COLIN et Cie, ÉDITEURS

THÉATRE CHOISI DE MOLIÈRE

NOUVELLE ÉDITION ANNOTÉE

PAR

M. MAURICE ALBERT

Agrégé de l'Université, professeur de rhétorique au collège Rollin

1 VOL. IN-18 JÉSUS, BROCHÉ, DE 600 PAGES

Prix............ 4 fr.

La nouvelle édition de Molière que nous publions contient, *in-extenso*, les plus célèbres comédies de Molière, telles que le *Misantrophe*, l'*Avare*, *Tartuffe*, les *Femmes savantes*, le *Bourgeois gentilhomme*, les *Précieuses ridicules*, et des extraits de la plupart des autres. En tête du volume se trouve une introduction générale, une *étude* sur la vie, l'œuvre, le génie de Molière. De plus, chaque pièce, qu'elle soit donnée en entier ou par fragments, est précédée d'une *notice historique et littéraire* très complète et accompagnée de *commentaires explicatifs* placés au bas des pages. Grâce à la façon dont ces différentes notices sont rattachées les unes aux autres, et dont la date et le caractère des comédies que nous avons dû supprimer sont rappelées, les élèves pourront suivre toute la carrière dramatique du poète depuis 1653 jusqu'à 1673, et se rendre compte de son génie si fécond et si varié. Quant aux pièces que nous n'avons pas publiées intégralement, les extraits de chacune d'elles sont soudés entre eux par une analyse qui permettra de se faire de la comédie entière une idée très nette et de suivre le développement de l'intrigue et des caractères de la première à la dernière scène.

Jusqu'ici on n'avait pas donné d'éditions classiques de Molière, mais seulement des comédies séparées publiées par des auteurs différents et variant de méthode et de manière de voir. Notre édition a l'avantage de renfermer en un seul volume de format commode tous les chefs-d'œuvres du maître. Tout ce théâtre a été choisi, étudié, analysé, commenté par un seul et même professeur qui, tout en profitant des travaux les plus récents de la critique moderne, a laissé de côté tout appareil d'érudition et s'est simplement efforcé de faire comprendre, aimer et admirer le plus grand des écrivains français.

ARMAND COLIN et Cie, ÉDITEURS

ŒUVRES POÉTIQUES DE BOILEAU

NOUVELLE ÉDITION ANNOTÉE

PAR

M. A. GAZIER

Docteur ès lettres, maître de conférences à la Faculté des lettres de Paris

UN VOLUME IN-18 JÉSUS

Prix : broché.......................... 2 francs.

Boileau est sans contredit le poète français dont l'étude exige le plus de soin; il fait à tout moment allusion à des faits contemporains, à des personnages que tout le monde connaissait alors, mais qui, sans lui, nous seraient absolument inconnus. Nous avons donc cru devoir commencer par cet auteur notre nouvelle collection des écrivains français destinés à l'Enseignement secondaire des filles et aux Écoles normales.

L'édition que nous avons demandée à M. Gazier, a été faite, nous pouvons le dire, et le nom de l'auteur en est une garantie suffisante, avec tout le soin désirable.

Le texte a été revu sur l'édition de 1713, qui fait autorité, car c'est le dernier que Boileau ait préparé en vue de l'impression. Chacune des pièces du recueil (Satires, Épitres, Art poétique, Lutrin) est précédée de notices et de jugements, et accompagnée de notes explicatives très nombreuses placées au bas des pages. Les indications historiques, biographiques et littéraires sont *toujours puisées aux sources*.

On a cru devoir joindre à cette édition, qui est imprimée d'une façon irréprochable, un beau portrait de Boileau, d'après le buste de Girardon qui est au Louvre, ainsi qu'une carte des Pays-Bas pour l'intelligence de l'Épitre sur le passage du Rhin.

www.ingramcontent.com/pod-product-compliance
Lightning Source LLC
Chambersburg PA
CBHW071705230426
43670CB00008B/912